새로 쓰는 택리지

새로 쓰는 택리지

5중 나선모형으로 재생하는
가거지(可居地)
전북특별자치도

김동식 지음

푸른길

차례

들어가는 글 _ 9

프롤로그 동학농민혁명은 왜 고부에서 시작됐는가?
- 전라도는 바닷길을 통한 교류 및 동아시아 물류 허브 _ 22
- 바닷길이 막히다 _ 27
- 1894년, 동학농민혁명이 불타오르다 _ 30
- 동학농민혁명은 왜 고부에서 일어났는가? _ 33
- 고부는 최대 농업생산력을 자랑하는 모순의 땅 _ 36
- 고부는 교통의 요지로 정보 유통이 빠른 지역 _ 42
- 동학의 인내천 사상을 쉽게 수용할 수 있었던 미륵신앙 중심지 _ 49
- 동학농민혁명은 지체된 성공 _ 55
- 박스글: 삼남대로(三南大路)의 성쇠(盛衰) _ 57

제1장 시민총론(市民總論)[택리지 서론 또는 사민총론(四民總論) 개념]
- 이중환의 『택리지(擇里志)』 _ 62
- 이중환이 살던 18세기는 위대한 지리학자의 시대 _ 65
- 알고 보니 조선은 지리지 및 지도의 나라 _ 68
- 우리는 모두 내면의 지리학자: 호모 게오그래피쿠스 _ 75
- 환경결정론 또는 환경가능론에서 환경맥락론으로 _ 78
- 그러함에도 기후의 힘은 세다 _ 84
- 지금은 시민의 시대 _ 89

제2장 14개 도시론[팔도론 또는 팔도총론(八道總論) 개념]

- 택리지의 팔도론 _ 96
- 전라도 윗녘과 아랫녘 _ 99
- 전라우도와 전라좌도 _ 101
- 전라도 수부 전주 그리고 전라좌도 수부 남원 _ 104
- 전라도는 '따로 또 같이', 경상도는 '우리가 남이가' _ 107
- 전라도 사람들 삶에 스며든 '따로 또 같이': 용과 미륵신앙 _ 116
- 전북자치도는 한반도 최대·최고 물산 공급지 _ 119
- 박스글: 호남은 전라도를 달리 부르는 애칭 _ 123
- 전북자치도 14개 도시 총론 _ 124
- 남원: 민족의 영산(靈山) 지리산을 품고 1300년 이상 지속돼 온 이야기 고장 _ 129
- 순창: 노령산맥과 소백산맥 사이 산악 분지가 빚어낸 찹쌀 고추장 고장 _ 143
- 임실: 그리운 임 만나러 찾아가는 고장이자 대한민국 치즈 산업 메카이며 중심지 _ 156
- 장수: 금강, 그 긴 강 시원(始原)으로 상선약수(上善若水)와 단심(丹心)의 고장 _ 169
- 무주: 전라·경상·충청 등 삼남지역 중심지이자, 커다란 너그러움(덕유, 德裕)을 품어 안은 휴양도시 _ 182
- 진안: 수태극·산태극 중심인 마이산을 품고 바람도 힘이 들어 한숨 쉬어 가는 남쪽 고원 _ 195
- 완주: 전라도 수도, 전주의 경기(京畿)이자 9경(九景)·8품(八品)·8미(八味)의 고장 _ 210
- 전주: 전북자치도 그 자체인 도시
  [신라 685년(신문왕 5) 9주 5소경에서 9주 중 하나인 전주] _ 224
- 익산: 한국의 메소포타미아 지역(금강과 만경강 사이, 웅포에서 춘포까지)에서 유라시아 대륙철도 출발역으로 _ 249

- 군산: 바다 위 산들(고군산군도)과 임옥평야(臨沃平野)가 주는 가능성(산업·물류·군사)으로 충만한 도시 _ 263
- 김제: 언덕마저 산으로 만드는 드넓은 만경(萬頃)의 땅, 해안도시에서 내륙도시로 _ 276
- 부안: 변산(邊山, 해발 509m)을 가운데 두고 둘러앉은 반도의 땅 _ 289
- 고창: 유네스코 7관왕의 고장(세계문화유산, 세계자연유산, 생물권보전지역, 람사르습지, 세계지질공원, 인류무형문화유산, 세계기록유산 등) _ 302
- 정읍: 절대 마르지 않은 샘이 깊은 고을[사랑과 평등과 협동의 도시, 그리고 눈과 노래와 의(義)와 개방의 도시] _ 315
- 한반도 모든 도시는 오래됐다 _ 329
- 아주 오래된 도시 지명들 _ 333
- 역사는 모든 고을에 지명만이 아니라 지리적 맥락을 남겼다 _ 339
- 전북자치도 14개 시군 고유의 지리적 맥락은 '지속 가능한 도시 만들기'를 위한 차별화 지점 _ 348
- 박스글: 동사로서의 도시 만들기 _ 356

제3장 복거론(卜居論)[또는 복거총론(卜居總論) 개념]

- 이중환이 말하는 살기 좋은 곳에 대한 4가지 기준 _ 360
- 지리(地理): 장풍득수(藏風得水)가 가능하고, 양전옥답(良田沃畓)이 있는 땅 _ 363
- 생리(生利): 생활을 윤택하게 만들 수 있는 유리한 위치 _ 365
- 인심(人心): 자신과 자녀의 교육 등을 위해 세상 풍속이 아름다운 곳 _ 373
- 산수(山水): 사람들을 즐겁게 하고 감정을 화창하게 하는 아름다운 자연경관 _ 376
- 이중환은 무엇을 가장 우선시했는가? _ 379
- 한양, 4가지 조건에 가장 부합하는 곳 _ 382
- 우문(愚問): 현시점에도 이 기준은 유효한가? _ 388
- 이중환 4가지 기준에 대한 현대적 해석 _ 391
- 접목할 만한 2가지 현대이론 _ 398
- 마이클 포터(Michael Porter)의 경쟁우위론: 국가 우위 결정요소로서 다이아몬드 모형 _ 400

- 케이트 레이워스(Kate Raworth)의 도넛 경제학(Doughnut Economics) _ 404
- 보론: 해방 이후 유일하게 인구가 줄어든 전북자치도 _ 406
- 지속가능한 도시 만들기 _ 414
- 지속 가능한 성장을 지향하는 복거(卜居) 대안 만들기 1: 기업 도시 _ 416
- 지속 가능한 성장을 지향하는 복거(卜居) 대안 만들기 2: 플랫폼 도시[1품(一品, Product) 도시] _ 426
- 지속 가능한 성장을 지향하는 복거(卜居) 대안 만들기 3: 네트워크 도시[1품 1핵(核, Hub) 도시] _ 432

제4장 결론[또는 총론(總論)] _ 가거지(可居地) 전북자치도

- 전북자치도는 동고서저(東高西低) 지형 _ 446
- 동고서저 지형은 '따로 또 같이' 문화로 이어졌다 _ 451
- 전북자치도는 노랑과 하양과 빨강이 조화로운 곳 _ 456
- 전북자치도가 지니는 삼색 다양성(노랑, 빨강, 하양) + 미래 라이트 그린 _ 463
- 가장 한국적인, 그래서 가장 세계적인 전북자치도 _ 468
- 전북자치도의 새로운 포지셔닝: '한국다움'의 수도, 그리고 'K-컬처'의 수도 _ 482
- 가거지 전북자치도 _ 493

에필로그 새만금을 온통 새로운 에너지를 만드는 공간으로 바꾸자

- 바다는 또 다른 땅 _ 504
- 땅 중심 사고는 간척의 역사를 낳았다 _ 506
- 세계 5대 갯벌의 하나인 서해안 갯벌의 가치 _ 509
- 전북자치도 세 번의 간척 성공사례가 새만금 개발로 나아가다 _ 515
- 새만금 개발로 잃어버린 것들 _ 519
- 새만금을 온통 새로운 에너지를 만드는 공간으로 바꾸자 _ 522

일러두기

대한민국 임시정부가 수립된 1919년을 대한민국 기년으로 삼아 병기했다.
일제강점기 1910~1945년까지는 병탄 1~36년으로 표기했다.

들어가는 글

지리의 힘은 눈에 잘 보이지 않는다. 그래서 실감하지 못한다. 하지만 우리는 누구나, 항상, 특정한 시공간에서 삶을 영위한다. 우리가 숨을 쉴 때 공기를 느끼지 못하는 만큼 자연스럽게 우리와 항상 함께 있는 것이다. 그리고 그만큼 가까이 있다 보니 지리의 힘이 잘 보이지 않는 것이다. 시간은 아예 보이지도 않는다. 그러나 지리의 힘은 언제나 일정한 영향을 미친다. 우리나라에 미치고 있는 지리의 힘을 알아보자.

우리나라 영토는 압록강과 두만강 아래다. 백두산으로부터 쭉 뻗어 내려온 백두대간을 뼈대로 알고 살아왔다. 삼면이 바다인 반도의 땅이다. 압록강과 두만강, 그리고 백두산 건너편에는 강대국 중국과 러시아가 있다. 대륙세력이다. 가까운 바다 건너에는 일본이 있고, 제법 먼 바다 너머에는 세계 패권 국가 미국이 있다. 해양세력이다. 대륙세력과 해양세력 틈바구니에 있는 반도의 땅이 우리나라다. 남북이 나뉘게 되면서 남쪽은 지금 섬으로 변해 버렸다. 따라서 한·미·일과 북·중·러 간 치열한 외교전쟁이 불가피하다. 세계도(世界島, World Island) 관점에서 한반도는 대륙 중심인 '심장 지대(Heart Land)'가 아닌 유라시아-아프리카 섬의 변방에 불과하다. 하지만 '해양세력이 육지를 에워싸느냐?' 아니면 '대륙세력이 바다를 지배하느냐?' 다투는 가운데 서로 가지려 하나 절대 가지지 못하는 완충지대다. 이른바 지정학적 조건이다.

그러면서도 우리나라는 4대 강국으로부터 독립적이다. 예컨대 동남아시아 주요 강들은 수원(水源)이 중국이다 보니 인도차이나반도에 있는 국가들은 중국 영향권에 있다. 즉 중국이 강 상류에 댐을 건설하거나 급수탑을 만들어 물을 일부 차단하면 즉각 영향을 받게 된다. 그러나 우리나라 강들은 모두 한반도 내에서만 흐른다. 백두대간과 함께 1 정간, 13 정맥이 모두 압록강과 두만강 아래에 있기 때문이다. 산은 물을 가르지 않고, 물은 산을 넘지 못하는 '산자분수령(山自分水嶺)'의 원리다. '산자분수령'은 이중환보다 불과 한 세대 아래 살았던 신경준에 의해 이론화됐다고 한다. 이른바 지형학적 조건이다.

'해가 지지 않는 나라' '영국에 의한 평화(Pax Britannica)'는 제1차 세계대전 이후 '미국에 의한 평화(Pax Americana)'로 바뀌었다. 이런 흐름이 100여 년 이상이다. 유일한 경쟁국 소련이 붕괴한 후 미국 1극 체제가 됐다가, 지금은 중국의 부상으로 미·중 패권경쟁으로 바뀌고 있다. 다만 총이 아니라 돈이 무기다. 중국은 시진핑 취임 이후 일대일로(一帶一路) 전략을 통해 중국굴기(中國屈起)를 꿈꾼다. '중국에 의한 평화(Pax Sinica)'다. 미국은 참지 못한다. 그 사이에 있는 우리나라는 안보와 경제를 분리한 실리외교를 지향해야 한다. 이른바 지경학적(地經學的) 조건이다.

스케일(Scale)을 우주로 확장하면 전 지구는 기후위기에 직면해 있다. 우리나라도 위기에 자유롭지 못하다. 현 추세라면 2100년(대한민국 182)에는 지구 평균기온이 3.7℃ 오르고 해수면이 63cm 상승한다는 연구결과도 있다. 동계올림픽을 평창에서, 동계유니버시아드 경기를 무주에서 두 번 다시 개최하지 못하게 된다. 우리나라도 지구촌 구성원으로서 2050년(대한민국 132)까지 탄소 순 배출량 '0(Zero)'을 목표로 하는 '탄소 중립(넷 제로, Net Zero)' 정책에

박차를 가하고 있다. 민간 차원에서도 '재생에너지 100%(RE100, Renewable Electricity 100%)' 목표 달성을 위해 노력 중이다. 다만 윤석열 정부하에 다소 주춤했던 측면이 있어 빠르게 뒤쫓아가야 하는 과제를 안고 있다. 이른바 기후학적 조건이다. 이 모든 조건이 우리나라를 구성하는 지리적 맥락이다.

 지리의 힘은 장기적이다. 호흡이 길다. 지리의 힘은 언제나 긴 시간 흐름을 염두에 두고 영향을 미친다. 지리와 달리 정치·경제·사회·문화는 호흡이 빠르다. '정치는 살아 있는 생물'이라는 김대중 대통령 말씀처럼 호흡이 매우 빠르다. TV를 켜면 하루에도 몇 번씩 프레임 전쟁이 벌어진다. 정치의 힘은 변화의 속도만큼 단기적 영향력이 더 세다. 다음 경제의 힘, 사회의 힘, 문화의 힘 순으로 호흡이 길어진다. 따라서 우리나라 민주화 여정도 정치 민주화부터 경제 민주화–사회 민주화–문화 민주화 순으로 진행될 것이다. 하지만 궁극적으로는 문화의 힘이 사회를 바꾸고, 이것이 다시 경제를 바꾸고, 다시 정치를 바꾼다. 김구 선생이 말씀하신 '드높은 문화의 힘'이 결국 세상을 바꾸는 것이다.

 지리의 힘 또한 눈에 보이지 않기 때문에 문화의 힘만큼 오랜 시간이 걸리는 것으로 느끼게 된다. 하지만 처음부터, 장시간, 줄곧 영향을 미친다. 예컨대 제러드 다이아몬드(Jared Diamond) 세계에서 시간 스케일은 13,000여 년이다. 그는 베스트셀러 『총, 균, 쇠』에서 '지리적 조건이 지난 13,000여 년간 전 세계인의 역사에 어떻게 영향을 미쳤냐를 밝히는 것'이 목적이라고 했다. 이 책 영국판 부제는 아예 '지난 13,000년 동안 모든 사람의 짧은 역사'다. 공간적 스케일 또한 전 세계다. 이 정도 시·공간 스케일을 염두에 두고 있을 만큼 지리의 힘은 장기적이고, 또한 그래서 근본적이다. 우리 삶을 근본적으로 규정한다. 지리적 맥락이다. 지리적 맥락은 눈에 잘 보이지 않기 때문에 의식하지 못하고 살지만, 우리를 근본적으로 규정하는 조건이다. 우리는 우리나라에서 살아가고 있기에, 우리나라가 가지고 있는 일정한 지리적 조건에 의해 영향을 받는다. 나는 현재 어딘가에 살고 있기에, 그 해당 지역이 지니는 일정한 지리적 조건에 의해 영향을 받는다. 이 조건에 대해 사람들이 대응하고 극복하는 과정이 역사다. 이 과정 안에 정치·경제·사회·문화가 모두 녹아들어 있다. 그 내용은 타협과 순응이 기본이고, 아주 작은 규모로 정복도 있다. 이처럼 지리적 맥락에 맞춰 살아가는 존재이기 때문에 우리는 '호모 게오그래피쿠스(Homo Geographicus)'다. 지리적 인간이다.

청담 이중환(清潭 李重煥)은 18세기 사람이지만 지리의 힘을 아주 잘 알았다. 그가 지리의 힘을 표출하여 만든 책이 『택리지(擇里志)』다. 당시 지리 관련 서적은 관에서 출간한 지리지(地理志)가 전부였던 시절이었다. 통치를 위해 지리를 파악하다 보니 위치, 거리 및 경계 등 기본적인 지리정보의 나열에 불과했다. 너무 밋밋했다. 재미가 없을 뿐 아니라, 아무런 호기심이나 지리적 상상력이 솟아나기 어려웠다. 어릴 때 가졌던 경험처럼 나라 이름, 위치, 면적 및 수도 이름 등 암기 대상으로만 지리를 알고 있는 것과 같다. 아는 만큼 보이고, 아는 것의 출발은 암기라지만, 지나치게 많은 암기량은 아는 것을 주저하게 만든다. 따라서 지리적 맥락에 대한 설명이 곁들여져야 한다. 그래야 암기도 잘 된다. 암기하게 되면 이해하게 되고, 이해하게 되면 재미가 생겨 새로운 창의력으로 이어진다. 옳은 방향으로 쭉 뻗어가는 힘이 생긴다.

『택리지』는 단순 지리정보만이 아니라, 그 고을에 대한 인문학적 평가를 곁들이고 있으니, 당시 사람들에게 새로움과 놀라움으로 다가왔다. 눈이 번쩍 뜨였다. 보랏빛 소(Purple Cow)다. 흥미로웠다. 세상 전체까지는 아니더라도 내가 태어나서 자라서 살아가고 있는 조선이라는 나라에 대해 많은 것을 이해하게 됐다. 막연히 풍문으로만 들었던 곳에 대해서 보다 정확하게 알 수 있었다. 직접 가 보지 못했던 곳에 대해서도 다소 흐릿하나마 이미지가 떠올랐고, 직접 가서 보고 싶다는 욕망이 생기기 시작했다. 당연히 베스트셀러가 됐다. 얼마나 선풍적이었는지 베껴 쓰는 필사(筆寫) 과정에서 이본(異本)만도 200여

종, 책 제목만도 50여 개나 될 정도였다. 그래서 사람들이 이중환을 평가하기를 근대 이전 우리나라 최고 인문지리학자라고 한다. 그리고 농포 정상기(農圃 鄭尙驥), 여암 신경준(旅菴 申景濬), 고산자 김정호(古山子 金正浩)와 함께 우리가 반드시 알아야 할 근대 이전 4명의 지리학자 중 한 명이다.

『택리지』가 어떤 책인지는 부제인 「사대부가거처(士大夫可居處)」에 잘 나타나 있다. 즉 『택리지』는 '사대부가 가히 살 만한 땅'에 대한 소개서다. 살 만한 땅에 대한 기준으로 그는 4가지를 꼽았다. '지리(地理)', '생리(生利)', '인심(人心)', '산수(山水)'다. 이를 다시 큰 관점에서 통칭하면 '지리(地理)'다. 이중환이 말한 '지리'는 미시적 집터에 관한 것이다. '생리'는 경제적 측면, '인심'은 문화경관 측면, '산수'는 자연경관 측면에서 '지리'다. 그는 지리의 힘을 설명하기 위해 사농공상, 즉 사민(四民)이 모두 하나라는 근대적 인간관을 먼저 제시한다. 이후 팔도에 대한 개괄적인 소개, 그리고 팔도에서 살 만한 땅, 즉 복거(卜居)를 얘기한다. 도읍(都邑)을 정한다면 어떤 곳, 그리고 계곡(溪居)이나 강(江居) 부근에서는 어떤 곳 등 구체적인 고을을 언급한다. 그러면서 위에서 말한 4가지 기준을 적용한다. 우선순위 또한 '지리', '생리', '인심', '산수' 순이라고 한다. 하지만 '지리'는 구체적인 집터 결정에 국한하여 설명하고 있으니 핵심은 '생리'다. 이런 관점에서 보면 당시 가장 살기 좋은 곳은 전북특별자치도다. 산업시대가 도래하기 전 농업사회에서 전북특별자치도는 경제수도 위상이다. 하지만 이는 역설적으로 그만큼 억압과 착취와 수탈이 횡행하던 모순의 땅이었다. 지리의 힘이 보여 주는 아이러니다.

이중환 시대로부터 300여 년 가까이 흘렀다. 그 사이 고단한 중세는 빛나는 근대로, 다시 불확실한 현대로 바뀌었다. 한편 사람들 머리에서 지리의 힘이 희미해졌다. 지리의 힘은 부동산이나 관광지 측면으로만 각인되고 있었다. 이런 상황에서 2000년대 초반 언젠가 '새로 쓰는 택리지'라는 주제로 책을 써야겠다고 생각했다. 지리의 힘을 알리기 위함이었다. 그러다 20여 년이 훌쩍 지나갔다. 현업에서 물러나게 됐고, 책을 쓸 여유가 생겼다. 가장 먼저 쓴 책은 『OTT 시대의 미디어 백가쟁명(한울아카데미, 2023.3.10.)』으로 30여 년 직장 생활 결산이다. 초고속인터넷과 모바일 스마트폰이 만든 미디어 백가쟁명 시대가 도래했음을 알리고, 고객 중심의 진정성이 결국 승자를 결정할 것임을 역설한 책이다. 그리고 이번이 두 번째 책으로 학업 생활을 결산하는 의미다. 지리학을 전공했고, MBA를 마쳤으며, 공학대학원에서 기술정책 박사 과정을 2025년(대한민국 107) 2월 수료했다. 따라서 이 책은 사회과학·경영학·공학 등 이론과 30여 년 실무경험을 모두 담은 책이다. 내용은 『택리지』를 현대적으로 재해석해 지리의 힘을 알리는 것에 있다. 대상 지역은 '전북특별자치도'다. 이곳을 선택한 이유는 이중환 시대에 지리의 힘이 가장 뛰어난 입지였던 이 지역이 지금은 가장 낙후된 고장으로 바뀌었기 때문이다. 가장 극단적인 예가 해방 후인 1949년(대한민국 31) 대비 인구수가 줄어든 유일한 지자체라는 사실이다. 당시 전북특별자치도 인구수는 남한 전체 약 2020만 명 기준 10% 내외인 200만 명에 근접했다. 당시 전북특별자치도에 속했던 충청남도 금산군 인구를 뺀 것이다. 그런데 2025년(대한민국 107) 6월 말 인구 약 5100만 명 대비 3% 수준인 170만 명 대 초반이다. 지난 76년간 전국 인구가 2.5배 증가했지만, 유일하게 23만 명 정도 감소해 0.88배다. 매년 0.16%씩 줄어든 것이다. 가거지(可居地) 전북특별자치도가 불가거지로 바뀌었기 때문에 12% 정도 줄어든 것이리라. 이런 상황이 조금도 호전되지 않고 오히려 악화 일로에 있으니 우려를 더욱 키운다. 게다가 수도권 등 이동에 따른 사회적 인구감소 상황이 이제는 사망 등 자연감소 상황과 맞물리면서 이중의 인구감소 위기를 겪을 것이 예상된다. 결혼식장은 장례식장으로, 유치원은 요양원으로, 학교 앞 도로에 어린이 보호구역 30km 미만 속도 표지는 노인 보호구역 표지로 바뀌고 있다. 모든 지방에서 소멸 위기를 말하고 있지만, 전북특별자치도는 특히 그 상황이 심각하다. 극지·고산지대·사막 등과 같이 사람이 거주할 수 없는

'사회적·인문지리적 아뇌쿠메네(Anökumene)'가 되어 가고 있으니, 조만간 제주도를 제외하고 가장 인구가 적은 지자체로 전락할 수도 있을지 모른다. 하지만 이를 극적으로 되돌릴 수 있는 단서가 지리의 힘에 있지 않을까 생각한다. 이 책을 쓰게 된 이유다. 대학 진학 및 직장 등으로 40여 년간 서울 생활을 마치고 다시 내려온 곳이 전북특별자치도라는 점도 영향을 미쳤다.

전북특별자치도가 이처럼 쇠락한 이유 중 하나는 우리나라 경제발전 축인 서울과 부산을 잇는 대각선에서 떨어져 있는 변방이라는 점이 작용했다고 본다. 물론 더 근본 원인을 쫓아가자면 교역 및 교류를 위해 오고 가던 먼 바닷길이 우리 역사에서 사라진 점이 컸을 것이다. 폐쇄의 공간으로 바뀌다 보니 세계가 어떻게 변화하는지 모르고 사는 청맹과니가 돼 버린 것이다. 전북특별자치도만이 아니라 전라남도, 경남 서부, 경북 북부, 충남 서부, 충북 북부 및 강원도 등 경부 축선을 벗어난 곳은 모두 변방이 됐다. 산업화 시대로 바뀌면서, 그리고 1966년(대한민국 48) 이래 중화학공업 중심 산업 정책하에서 변방은 산업입지 결정을 위한 모든 타당성 평가에서 당연히 뒤질 수밖에 없었다. 외형상으로는 합리성이 담보된 결정이지만, 존 롤스(John Rawls, 1921~2002. 병탄 12~대한민국 84)가 주장한 정의론(正義論) 관점에서는 합리를 가장한 불공정한 결정이었다. 게다가 목선이 지배하던 시대에 장점이었던 갯벌이 많고 얕은 바다는 철선으로 바뀐 시대에서는 불리한 점으로 작용했다. 철선은 아주 먼 바다로 나갈 정도로 큰 배가 정박할 수 있는 깊은 바다가 필요했기 때문이다. 하지만 이런 단점은 정책적 판단으로 충분히 극복할 수 있었던 측면이다. 그러나 개발도상국가 대한민국으로서는 당시 불균등 발전이 불가피한 상황이었다. 자원의 한계로 인해 효율화가 불가피했고, 이를 위해 차별적 불평등을 용인했다. 변방은 중심부를 위해 기능하는 봉사지역으로 전락했고, 이를 묵묵히 참고 감수했다.

하지만 역사는 변방을 계속 변방으로만 놔두지 않는다. 신영복 선생은 변방이 새로운 중심이 되는 이유는 그곳이 변화와 창조와 생명의 공간이기 때문이라고 한다. 반면 중심부가 쇠락하는 가장 큰 이유는 변화하지 못해서라고 한다. 그러면서 변방이 새로운 중심이 되기 위해서는 중심부에 대한 열등의식이 없어야 하는 것이 전제라고 말한다. 개발도상국가 대한민국은 어느덧 '눈떠 보니 선진국'이 됐다. 열등의식을 가지지 않아도 될 것이다. 이제는 그간 기울어진 운동장을 바르게 펴야 한다. 경부 축선만이 아니라 다양한 중심축을 만들어야 한다. 기존 용인된 차별에 상응하는 보상을 단행해 균형을 바로 잡아야 한다. 그리고 지금은 인공지능 시대다. 데이터, 콘텐츠, 스토리, 이미지와 체험 및 경험과 지식에 기초한 창의력이 중요한 시대다. 따라서 문화자산이 많으면 많을수록 좋은 시대다. 데이터를 지식으로 바꾸기 위해 전기가 엄청나게 많이 필요한 시대다. 가치사슬(Value Chain) 중앙인 제조공장이 아니라 양 끝단인 R&D·브랜드와 서비스·마케팅 부분에서 부가가치가 가장 많이 나오는 것으로 바뀐 스마일 커브(Smile Curve) 시대다.

전북특별자치도는 이런 시대에 유리한 지리적 맥락을 갖고 있다. 한반도를 상징하는 동고서저 지형과 함께 훌륭한 자연경관을 자랑한다. 자연경관 위에서 이 지역 사람들이 만들어 낸 뛰어난 인문경관이 풍성하다. 서쪽에는 바다와 갯벌, 그리고 드넓은 호남평야가 있어 황금어장과 황금별판을 구성한다. 동쪽에는 지리산과 덕유산 등 남한에서 가장 높은 산줄기가 있어 붉은 열매가 빨간 맛을 뽐낸다. 가운데 지역은 동서를 융합하여 하얀색 한지 문화, 왕실문화, 석탑문화, 노래문화를 만들었고, 마침내 동학농민혁명으로 이어졌다. 노랑과 빨강과 하양, 삼색 다양성이다. 이런 문화자산은 전북특별자치도를 가장 한국적인 곳으로 만들었다. 한옥, 한지, 한방, 한식에다가 한국 무술 태권도까지 모두 전북특별자치도가 중심이다. 게다가 우리나라 대하소설, 즉 큰 이야기는 대부분 전북특별자치도를 배경으로 두고 있고, 가장 한국적이라는 판소리와 농악 또한 이곳이 원류다. 이러니 전북특별자치도는 가장 한국적인, 그래서 가장 세계적인 곳이다. 따라서 전북특별자치도는 '한국다움'의 수도이자, 'K-컬처'의 수도로 포지셔닝해야 한다. 전북특별자치도 고유 특성을 하나의 스토리로 엮고 전에 없던 체험을 제공하는 것은 인공지능 시대에 가장 부합한다. 곡식과 열매가 풍족한 땅으로 만들었던 햇볕과 바람은 다시 이 지역을 태양열과 풍력 등 신재생에너지의 요람으로 거듭나게 할 수 있다. 인공지능 구현을 위해 필요한 데이터센터와 데이터센터 가동을 위해 불가피한 전력을 가까운 땅에서 공급할 수 있다. 송전선 가설 문제로 고민할 필요가 없다. 따라서 인공지능 시대에 가장 부합하는 땅이다.

새만금은 기존 관성을 뒤바꿔 새판을 짜야 한다. 경로 의존(Path Dependence)에서 벗어나 온통 새로운 에너지를 만드는 공간으로 바꿔야 한다. 환경을 해치지 않으면서도 새로운 먹거리를 만드는 방법을 모색해야 한다. 지금 당장 먹거리를 만들 수 있다면 머나먼 미래까지 미룰 필요가 없다. 불확실한 미래의 땅을 기대하기보다 새만금을 현재의 땅으로 만드는 것에 주력하자. 문제 해결 방법론인 트리즈(TRIZ)에 따르면 분리의 원리를 적용하는 것이다. 시간의 분리다. 한편 전북특별자치도의 자연자산은 신재생에너지 산업을 위한 주춧돌, 문화자산은 콘텐츠와 문화산업을 창조하는 디딤돌이 될 수 있다. 풍부한 신재생에너지 자원은 또한 AI 산업 인프라로서 든든한 버팀목이 될 것이다. 따라서 전북특별자치도는 인공지능(AI) 인프라, 콘텐츠와 문화(Contents & Culture) 및 (재생)에너지(Energy) 등 3개 산업에 기회가 있다. 2025년(대한민국 107) 2월 10일, 당시 민주당 이재명 대표가 국회 교섭단체 대표연설에서 주장한 '새로운 산업 부흥전략 A~F' 중에서 A.C.E에 해당한다. 게다가 농생명 분야에서 전북특별자치도는 일정한 지분을 갖고 있다. 전북특별자치도는 여전히 우리나라 농업수도이기 때문이다. 따라서 바이오(Bio) 산업을 포함해 A.C.E+b다. 다만 농생명 산업(특히 한방)에 특화한 바이오여서 작은 b다. 따라서 전북특별자치도는 노랑과 빨강과 하양, 삼색 다양성에 미래 라이트 그린

(Light Green)을 더한 사색(四色)이다. 새로운 산업 창출 과정에서 전북특별자치도의 자연경관과 문화경관 또한 새롭게 변화될 것이다.

마침 전북특별자치도에는 국민연금관리공단이 내려와 있으니 다양하고 새로운 금융기법에 대한 개발력이 뒷받침될 수 있다. 금융지원 못지않게 금융기법에 대한 개발력이 더 중요하다. 아울러 3가지 자립이 병행되어야 한다. 물과 식량과 에너지 자립이다. 이 3가지는 전북특별자치도답게 만드는 원동력이기도 하지만, 지속 가능한 지자체를 위해서도 반드시 지향해야 할 부분이다. 3가지 자립으로 나아가는 과정에서 일자리 자립과 재정 자립도 가능해질 것이다. 도 예하 14개 도시는 각자 보유한 가장 차별화된 지리적 맥락을 활용하여 '1품 1핵 도시'로 나아가야 한다. '기업 도시'이자 '플랫폼 도시'이자 '네트워크 도시'다. 도민 전체의 자각 – 자성 – 자치 – 자립으로 이어지는 메커니즘이다. 전북특별자치도에는 조선 최초 민간 자치 향약인 태인 고현동 향약을 운영했던 500여 년 역사와 동학농민혁명 당시 관을 대신해 농민 중심으로 집행했던 집강소 전통이 있다. 즉 유구한 역사와 전통에 빛나는 전북특별자치도민이다. 따라서 변방의식에서 벗어나 다시 중심부가 될 수 있다는 자신감을 가질 만하다. 현재는 170만여 명에 불과하지만, 출향 인구 등을 합하면 도민 출신은 500만 명을 훌쩍 넘을 것이다. 1949년(대한민국 31) 전북특별자치도 인구가 전체의 10% 수준이었고, 지금은 5100만여 명 시대다. 근무 인연이 있는 이들도 많다. 이 외에도 수많은 연고 인구 등을 대상으로 진정성 있는 마음을 다하면 힘을 보태 줄 것이다. 정부(중앙 및 지방)·기업(산업계)·대학(학계 및 연구계) 등 3중 협력체계에 더해 주민 지지 및 참여, 그리고 지리적 맥락요인까지 '5중의 나선모형(Quintuple Helix Model)'을 만들어야 한다. 쉽지는 않겠지만 반드시 지향해야 할 목표다. 그 끝은 지속 가능한 가거지 전북특별자치도다. 미래 모습이다.

이 책은 이중환 『택리지』가 모티브다. 안대회 등이 2018년(대한민국 100) 옮긴 『완역정본 택리지』 목차(서론-팔도론-복거론-결론)와 해석을 기본으로 하되, 최남선이 편집했고 가장 널리 알려진 1912년(병탄 3) 광문회본 목차[사민(四民)총론-팔도총론-복거총론-총론]를 함께 기재하는 것으로 했다. 다만 시점이 현대로 바뀌었다는 점과 전북특별자치도만을 대상으로 한다는 점 등을 고려해, 목차를 시민(市民)총론-14개 도시론-복거론-결론 순으로 약간 변형을 줬다. 이중환이 했던 질문인 '가히 살 만한 땅은 어디?'를 '전북특별자치도가 어떻게 해야 살 만한 땅이 될 것인가?'로 바꿔 대답을 찾고자 했다. 한편 이 책은 기본적으로 지리(환경)맥락론을 근저에 깔고 있다. 이는 지리(환경)가 모든 것을 결정한다는 지리(환경)결정론이나, 사람 의지와 노력에 따라 바꿀 수 있다는 지리(환경)가능론과는 다르다. 사람에 의해 충분히 바꿀 수 있는 부분이 있음을 인정하면서도 지리(환경)가 사람의 삶에 일정한 영향을 미치는 것이 불가피하다는 의미에서 지리(환경)맥락론이다. 이는 기후의 힘(天)과 지형의 힘(地)이 조건이 되어 여기에 영향을 받지만, 결국 사람(人)이 선택해서 결정한다는 천지인(天地人) 사상과 같다. 다만 이 책에서 주장하는 모든 것은 가설적 제안이다. 전문적인 학자가 아니다 보니 많은 오류와 오해가 뒤섞여 있을 수 있다. 부족함의 소산일 것이다. 그래도 조금이나마 적용할 만한 것이 있다면, 그래서 소멸하는 지방과 도시에 약간의 보탬이 된다면 이로써 충분하다. 전북특별자치도를 시작으로 전국으로 확장할 수 있는 기본 틀로 이 책이 자리 잡기를 기대한다. 아름다운 지도, 그림 등 훨씬 멋지게 책을 만들어 주신 ㈜푸른길 김선기 대표님과 편집진에게 깊은 감사를 드린다.

  작년 늦은 가을날 함께 김장하던, 그러나 지금은 극락왕생하셨을 장모님께 이 책을 바친다.

김동식

2025년 11월

익산 동심재(童心齋)에서

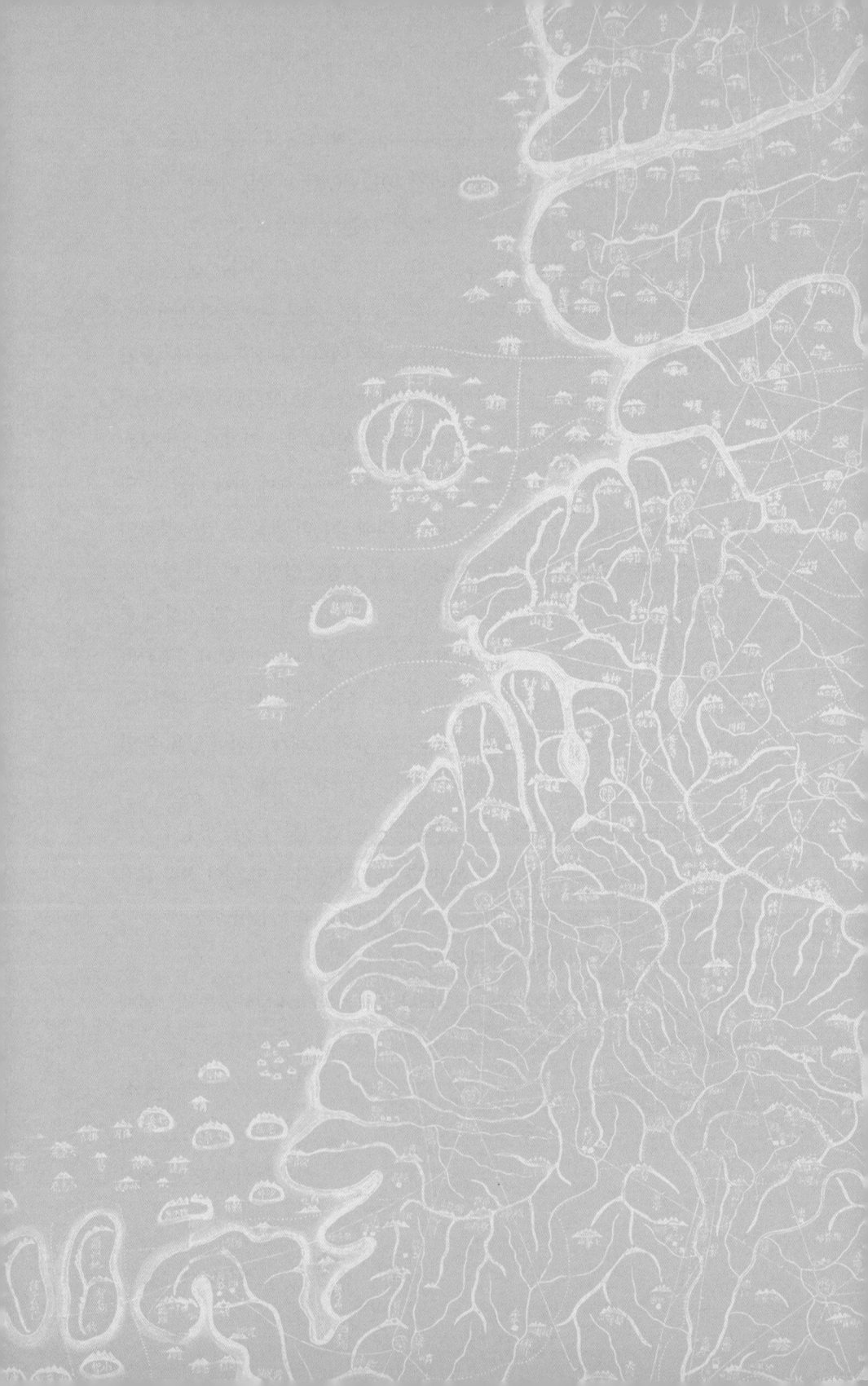

프롤로그

동학농민혁명은
왜 고부에서 시작됐는가?

전라도는 바닷길을 통한 교류 및 동아시아 물류 허브

'거꾸로 세계지도'다. 〈그림 P-1〉은 우리가 늘 보아 왔던 세계지도를 거꾸로 돌려놓은 것이어서 '거꾸로 세계지도'다. '글로벌 해양강국, 대한민국'을 꿈꾸며 2017년(대한민국 99) 해양수산부에서 널리 보급했던 세계지도다. 거꾸로 세계를 보니 우리나라는 유라시아 대륙 동쪽 끝에 작게 붙어 있는 국가가 아니라, 대륙보다 훨씬 큰 태평양을 향해 뻗어 있는 선도국가가 된다. 인도양과도 거리가 매우 가깝게 느껴지고, 동남아시아 및 오세아니아주(州)도 지척지간으로 보인다. 한반도 주변을 확대한 아래 그림을 보면 우리나라는 중국과 일본 사이에 있다는 반도 국가다. 등 뒤에는 엄청난 크기를 가진 대륙이 든든한 기반이 되고, 앞으로는 광대한 태평양을 마주하고 있다. 즉 2025년(대한민국 107) 전 세계 국가별 명목 GDP 기준 2위 중국이 뒤 배경이고, 4위 일본이 앞마당이라는 것이다. 물론 1위는 당연히 미국이고, 3위는 독일, 우리나라는 14위다(IMF, International Monetary Fund). 단순히 인구만 따지더라도 동아시아 3국

〈그림 P-1〉 거꾸로 세계 지도(출처: 해양수산부)

을 합한 인구수는 약 16억 명으로 82억 세계인구 중에서 20%에 근접한다. 아래 그림 왼쪽 위에는 '청해진 해산'과 '장보고 해산'이 보인다. 2010년(대한민국 92) 국제해저지명소위원회에서 채택한 국제해저지명이다. 국제해저지명은 해도나 인터넷상 전자 지도, 논문 등에서 활용된다.

'거꾸로 세계지도'를 다시 보자. 이와 같은 지리적 조건에서 만약 태평양 너머 무역을 하고자 한다면 당신은 어디에 입지를 정할 것인가? 입지를 결정할 때, 다른 조건이 모두 같다면(ceteris paribus), 교역국과의 거리를 고려한 선박 운송비가 가장 중요하니, 이에 따른다면 당연히 전라도 지역이다. 중국, 일본, 동남아시아 외에도 인도양을 넘어 아프리카, 중동, 유럽, 태평양을 넘어 아메리카로 뻗어 나가기 쉽다. 게다가 전라도 지역은 서울과 경도(經度)상 같은 선

〈그림 P-2〉 동해 독도 주변 해저지형도(출처: 독도종합정보시스템)

상에 있고 지형적 장애물도 별로 없으므로 정보 및 물류 접근성에도 강점이 있다. 옛날 사람들이라고 이를 모를 리 없다. 실제 전라도 지역은 바닷길을 통한 교류 및 물류 허브 역할을 해 왔던 역사가 있다. 백제 무령왕(462~523, 재위 501~523) 탄생과 무령왕릉 부장품을 통해 확인할 수 있는 사실,[1] 통일신라 장보고(張保皐, ?~846, ?~신라 문성왕 8)가 건설한 해상왕국 청해진(지금 완도군 장도),[2] 고려 때 북송 사신 서긍(徐兢, 1091~1153, 고려 선종 8~의종 7)이 고군산군도와 벽란도를 거쳐 개경으로 갔다는 기록[3] 등 무수히 많다.

전라도 지역이 바닷길 활용에 유리했던 것은 지리적 위치만이 아니다. 다음 2가지 이유를 보면 전라도 지역이 바닷길 활용에 유리했다는 점을 더욱 확인할 수 있다. 하나는 당시 배는 나무로 만든 배, 즉 목선이라는 점이다. 목선이기 때문에 수심이 얕고 갯벌이 많은 서해 쪽이 배가 정박하기에 유리하다. 또 다른 하나는 동해와 서해 수심 차이에 따른 뱃길 운항 안전성에 있다. 동해는 평균수심이 1361m, 최고수심은 4049m로 바닷길을 이용하기에는 매우 험한

---

1) 백제 25대 왕인 무령왕은 일본에서 태어났다고 한다. 조선 효종 아들인 현종과 함께 외국에서 태어난 드문 지도자 중 한 사람이다. 무령왕은 중국 양나라에 사신을 보내 외교정책을 펼쳤고, 왜에 오경박사를 보내 선진문화를 전수해줬다. 무령왕 능묘는 알려지지 않았었는데, 1971년(대한민국 53)에 공주 송산리에서 발견됐다. 왕릉 지석에는 묻힌 사람, 축조연대와 함께 사망 시 나이 외에도 무령왕이 중국 양나라 및 왜와 문화 교류한 상황이 기록돼 있다.
2) 장보고는 청해진을 설치한 후 서남해 해상권을 장악하여 당나라와 일본, 발해, 우산국 외에도 동남아시아, 인도 및 중동 제국들과 무역으로 많은 이익을 취하는 등 커다란 해상제국을 이루었다.
3) 서긍은 1123년(고려 인종 원년) 사신으로 1개월간 체류했던 경험을 정리, 다음 해 황제에게 제출한다. 이것이 『선화봉사고려도경(宣和奉使高麗圖經)』이다. 선화(휘종 연호) 연간에 황제 명을 받들어 고려에 사신으로 다녀와 정리한 글과 그림책이라는 뜻이다.

바다다. 반면 서해는 평균수심 44m, 최고수심은 103m에 불과하여 상대적으로 안전하다. 서해만이 아니라 서해를 지나 동중국해, 남중국해와 동남아시아, 인도, 중동까지 이어지는 바닷길은 상대적으로 수심이 얕다. 〈그림 P-2〉를 보면 동해는 수심이 매우 깊을 뿐 아니라 바다 아래에는 2000m가 넘는 산, 즉 해산(海山)이 많다는 것을 볼 수 있다. 그림 가운데 독도 부분을 보면, 바다 위에는 서도와 동도로 나뉜 조그만 섬만 보인다. 하지만 바다 아래를 보면 엄청난 크기를 가진 해산으로 연결되어 있다는 것을 볼 수 있다. 즉 독도는 결코 작은 섬이 아닌 것이다. 김덕진에 따르면 독도 인근에서 고기를 잡는 어부들은 강원도 또는 경상도가 아닌 대개 전라도 어부였다고 한다. 그래서인지 독도는 전라도 어부들이 발견했고, 이름 또한 전라도 사람들이 붙였다고 한다. 전라도에서는 돌을 독이라고 발음하는데, 돌로 된 섬이기 때문에 독도라고 불렀다는 것이다(김덕진, 2020: 322~329).

　전라도 지역이 바닷길 활용에 유리하다는 점은 당연히 전라도 사람이 바다 물길을 아주 잘 이해했다는 것으로 이어진다. 이런 특성이 가장 극대화된 사건은 이순신 장군이 임진·정유 양란에서 23전 23승을 거뒀다는 것이다. 게다가 23전을 하는 동안 아군 피해가 거의 없었다. 장군은 양란 이전에는 수군보다는 육군에서 대부분 복무했다. 당연히 바다에서 싸우는 해전에는 문외한이었다. 그러함에도 패배가 없었던 것은 장군이 병법에 통달했다는 점이 한 이유이고, 바닷길과 선박 및 선박 건조와 관련한 지식이 풍부했던 호남사람들 지원이 있어 가능했다는 것이 또 다른 이유다. 이는 『손자병법』 모공편(謨攻篇) 결론인 '지피지기(知彼知己)면 백전불태(百戰不殆)'와 같다.[4] 백전불태란 싸울 때와

---

[4] 손자병법 모공편 결론 부분은 知彼知己 百戰不殆(지피지기 백전불태) 不知彼而知己 一勝一負(부지피이지기 일승일부) 不知彼不知己 每戰必殆(부지피부지기 매전필태)다. 풀이하면 '적을 알고 나를 알면 백번 싸워도 위태로울 것이 없으나, 나를 알고 적을 모르면 승과 패를 각각 주고받을 것이며, 적을 모르는 상황에서 나조차도 모르면 싸움에서 반드시 위태롭다'라는 뜻이다.

싸우지 않아야 할 때를 정확히 판단해야 전투에서 위태롭지 않다는 뜻이다(손무, 2021: 143). 당시 장군은 싸울 때와 싸우지 않을 때를 정확히 구분하여 반드시 승리할 조건을 만든 후에 전투에 임했다는 것은 잘 알려져 있다. 무엇보다 우리 함선인 판옥선과 왜 주력선 세키부네 간 차이와 장단점을 충분히 이해했다. 판옥선은 바닥이 평평한 평저선(平底船)이어서 우리 바다에서 활동하기에 유리하다. 대포를 쏘고 난 이후에 나타나는 반동도 충분히 견딜 수 있고, 대포를 쏘기 위해 배를 고정한 채 회전(이른바 피봇 턴, Pivot Turn)하는 것도 가능했다. 반면 세키부네는 바닥이 뾰족한 첨저선(尖底船)으로 기동력이 좋고 원거리 항해에 유리하지만, 개펄이 많고 수심이 얕은 바다에서는 기동력이 떨어진다. 왜선 전열을 무너뜨리기 위해 만든 돌격선 성격인 거북선 또한 사전 준비 일환이다. 왜군들은 노략질 전통이 있어 상대편 배에 올라가 싸움을 하는데, 적진 깊숙이 침투하는 것이 목적인 거북선에는 왜군이 배에 오르는 것을 막기 위해 배 위에 송곳과 칼을 꽂아 둔 것이다. 장군은 특히 1) 남해는 길고 복잡한 리아스식 해안으로 목포에서 부산까지 해안선 거리는 직선거리 8배에 이르고, 2) 다도해라고 불릴 만큼 섬이 많으며, 3) 곶(串), 구미(龜尾), 개(浦), 량(梁), 치(峙) 등 이 일대 지명이 보여 주는 지리적 특성을 충분히 이해하고 있었다(이봉수, 2018: 116~120).[5] 장군은 '약무호남 시무국가(若無湖南 是無國家, 호남이 없으면 국가가 없다)'라는 글을 남겼는데, 이는 전라도 사람들이 바닷길을 잘 이해한 덕분에 23전 23승을 거둘 수 있었다는 점을 함의하고 있다. 거북선을 만들 수 있는 배경도 전라도 사람들이 가진 뛰어난 선박 건조기술이 뒷받침됐다고 한다. 전라도 사람들이 이 일대 지형과 지세 및 조류 등을 고려한 바다 물길을 충분히 이해한 것이 이순신 장군의 전승 비결이었다고 하겠다.

---

5) 곶(串)은 바다 쪽으로 불쑥 튀어나온 반도 모양 지형, 구미(龜尾)는 곶 안쪽으로 들어간 후미진 해안이나 모래사장, 개(浦)는 갯벌이 있는 갯마을 포구, 량(梁)은 주로 육지와 섬 사이 또는 섬과 섬 사이 좁은 물길, 치(峙)는 곶보다는 작은 규모 산등성이가 바다 쪽으로 돌출한 곳이다.

바닷길이 막히다

전라도가 바닷길을 통한 교류 및 물류 허브 역할을 했다는 사실은 청담 이중환(淸潭 李重煥, 1690~1756, 숙종 16~영조 32)이 쓴 『택리지(擇里志)』[6]에도 기록돼 있다(이중환, 2018: 102~103).

땅이 서해와 남해가 교차하는 지점에 있어 신라에서 당나라로 갈 때에는 모두 영암군 바닷가에서 배를 출발시켰다. 배를 타고 바닷길로 하루를 가면 흑산도에 이르고, 흑산도에서 하루를 더 가면 홍의도(紅衣島, 지금의 홍도)에 도달한다. 또 하루를 더 가면 가가도(可佳島, 지금의 가거도)에 이른다. 북동풍으로 사흘을 가면 태주 영파부 정해현(台州 寧波府 定海縣)[7]에 이르고, 만일 순풍을 타고 가면 하루만에 도착한다. 남송(南宋)이 고려와 교류할 때에도 정해현에서 배를 출발시켜 일주일이면 고려의 경계에 이르러 육지

---

6) 『택리지』는 1751년(영조 27) 초고본이 1차 완성됐고, 이중환이 사망한 해인 1756년(영조 32) 이전 어느 시점에 수정본을 만들었다고 한다. 1751년과 1756년 사이에 성호 이익(星湖 李瀷, 1681~1763, 숙종 7~영조 39) 등 친지를 비롯한 여러 명에게 서문을 요청해 받고, 책에 대한 의견을 수렴해 반영한 것으로 보인다는 것이다. 하지만 정식 간행된 것이 아니어서 필사되어 읽혔고, 이본(異本)만도 2000여 종이 있다고 하니, 원본이 어떤 것인지 정확히 알기 어렵다. 이중환이 친필로 쓴 책도 아직 발견되지 않았다(안대회, 2020: 137). 이본이 많은 것만큼이나 책 이름도 많아 대략 50여 가지에 이른다. 그간 편목(偏目, 목차 구성)과 구성은 최남선(崔南善, 1890~1957. 조선고종 27~대한민국 39)이 1912(병탄 3)년에 조선광문회를 통해 간행한 책(이하 '광문회본')에 있는 '1) 사민총론 2) 팔도총론 3) 복거총론 4) 총론'을 따르고 있었다. '안대회 등'은 수많은 사본을 검토한 후 1) 서론 2) 팔도론 3) 복거론 4) 결론 순으로 새롭게 목차를 정립했다(이중환, 2018: 13~14). 이 책에서도 '안대회 등'이 정립한 목차를 따르고자 한다. 다만 이해를 돕는 차원에서 '광문회본' 내용을 함께 표기한다. 이중환에 대한 자세한 설명은 이문종(2022) 참조

7) 이중환이 택리지에서 언급한 태주 영파부 정해현은 현재 중국 저장성(절강성, 浙江省) 닝보(영파, 寧波)시로 2023년(대한민국 105) 제19회 아시안게임이 개최된 항저우(항주, 杭州) 동쪽 인근이다. 저장성은 중국에서도 강남 중 강남으로 불리며, 장쑤성(강소성, 江蘇省), 상하이(상해, 上海)와 함께 창장강(장강, 長江, 양쯔강) 삼각주 경제 벨트를 형성하고 있다. 항저우는 중국 남송 시대 수도인 린안(임안, 臨安)으로 중국 7대 고도(古都) 중 하나이기도 하다(한중인문학교류연구소, 2021: 134).

에 오를 수 있었으니 바로 이곳이다.「팔도론」'전라도'조

이 글에서 언급한 영암군 바닷가는 지금 전남 영암군 군서면 구림리에 있는 구림마을이다. 당시에는 매우 활성화된 국제교역 중심 포구였고, 이름은 상대포(上臺浦)다. 호남 3대 명촌으로 이름난 고을이었다고 한다. 이 글에서 특히 주목할 부분은 전라도를 통해 중국과 각종 교류를 한 시점을 과거로 기술하고 있다는 점이다. 남송이 멸망한 해는 1279년(고려 충렬왕 5)이고, 『택리지』가 출간된 것은 1751년(조선 영조 27)이다. 따라서 해외 무역 거점으로서 전라도 역할은 무려 500여 년도 훨씬 전에 이미 끝났다고 말하고 있는 것이다. 즉 고려 때 이후를 전혀 말하고 있지 않은 것을 보면 어떤 교류도 있지 않았다는 것을 자연스럽게 추정할 수 있다. 당시 주요 교역 대상은 당연히 중국이었을 것이니, 남송을 뒤에 이은 원나라가 수도를 대도(大都, 지금 베이징)로 정한 영향이라고 생각한다. 즉 고려 시대 뱃길로 쉽게 도착했던 정해현, 즉 지금 항저우 부근은 북위 30도인 반면, 베이징은 북위 40도이니 베이징에 가까운 평안도로 무역 중심축이 바뀌었을 것이라 본다. 게다가 중국에서도 명나라 초 정화(鄭和, 1371~1434, 고려 공민왕 20~조선 세종 16)의 인도양 항해 이후 모든 해상교역을 차단한 상태였으니, 조선 해상무역은 역사에서 완전히 사라졌다. 결정적으로 조선 태종이 1417년(태종 17) 시행한 공도정책(空島政策, 도서 지역 거주민을 본토로 이주시킨 정책) 영향은 매우 컸다.[8] 태종은 중앙집권제 강화와 세수확보 및 왜구로부터 보호 등 목적으로 공도정책을 실시했는데, 이로 인해 조선 시대 해양 역량은 고려 시대와 비교해 크게 훼손됐다. 게다가 다른 보완대책 없이 방치 수준으로 섬을 관리함에 따라 독도 영유권 분쟁에서 빌미를 준 계기가 됐다는 비판도 있다. 이후 조선은 해상무역이 사라졌고, 간간이 바다에

---

8) 공도 정책은 임진왜란 이후 완화되어 주민들이 섬으로 돌아와 거주하기 시작했고, 1882년(고종 19)이 되어서야 공식적으로 완전히 폐지된다.

서 풍랑에 휩쓸려 표류한 기록을 『표해록(漂海錄)』이라는 이름으로 남기는 나라로 바뀌었다.[9] 바다가 닫히니 반도라는 이점은 완전히 사라졌고, 대륙에 철저히 종속됐다. 세계와 단절된, 그리고 성리학 이념에 갇힌 동굴의 시대가 됐다. 미몽에 사로잡힌, 닫힌 시간의 연속이었다. 그만큼 세상을 이해하는 힘도 사라졌다. 즉 지리적 상상력을 완전히 상실한 청맹과니 상태가 된 것이다. 몽골 명장 톤유쿠크가 말한 것처럼 '성을 쌓는 자 망하고, 길을 내는 자 흥한다.' 고인 물은 썩기 마련이다. 깊은 산 속 오솔길 옆 아름다운 작은 연못에 사는 붕어 두 마리가 서로 싸우기만 하면 나중에는 연못도 썩어들어가는 것이다.

정확히 언제 전라도 바닷길이 막히게 됐는지 나는 모른다. 다만 중국과 교류하는 것이 바닷길이 아니라 육로를 통해 이루어졌다는 것이 큰 영향을 미친 것이 분명할 거라 짐작할 뿐이다. 게다가 1426년(세종 8년) 대마도주 요청에 따라 3포, 즉 웅천(熊川, 창원 진해구) 내이포[乃而浦, 또는 제포(薺浦)], 동래(東萊, 부산) 부산포(釜山浦), 울산 염포(鹽浦) 등을 개방함에 따라 일본과 교류도 동남 해안으로 중심이 바뀌게 됐다. 중국, 일본 등 주변국과의 연계 및 교류가 갈수록 강화되면서 서북지역과 동남지역을 연결하는 축이 점점 중요하게 됐다. 이 축은 1876년(고종 13) 강화도 조약 이래 일제 대륙 침탈 야욕이 노골화되면서 더욱 강화됐다. 자연스럽게 이 축 외곽은 주변이 됐다. 주변은 소외된 지역이 됐고, 변방으로 바뀌었다.

길은 연결이자, 소통이자, 흐름이다. 이쪽과 저쪽을 하나로 잇는 것이 연결이다. 이쪽과 저쪽은 가는 사람으로서는 출구이고, 들어오는 사람 기준으로는

---

9) 1488년(성종 19년) 최부(崔溥) 금남표해록(錦南漂海錄), 1771년(영조 47년) 장한철(張漢喆) 표해록, 1801~1805년(순조 1~5년) 홍어 장수 문순득 표류기 표해시말(漂海始末)을 조선 시대 3대 표해록이라고 한다. 표해시말은 흑산도에서 홍어를 팔러 영산포로 가다가 표류하여 오키나와, 필리핀, 마카오, 중국을 거쳐 돌아온 문순득이 말한 내용을 마침 흑산도에 귀양 중이던 손암 정약전(巽庵 丁若銓. 1758~1816, 영조 34~순조 16)이 대필한 것이다. 3대 표해록 모두 전라도 사람에 의해 작성된 태평양 표류기다.

입구다. 연결된 길을 통해 사람이나 물자나 정보를 주고받는 상태로 나아가면 소통이 된다. 그리고 소통 빈도가 늘어나면 일정한 흐름이 생기게 된다. 나아가 길은 그 자체로 사람과 물자와 정보가 빚어내는 밀도의 경제에 의해 자기 증식을 하는 피드백 구조를 만든다. 모든 길은 로마로 통할뿐 아니라 모든 정보도 로마로 통하는 것이다. 하지만 반대로 길이 사라지면 이쪽과 저쪽 간의 연결이 차단된다. 이어 소통이 사라지고, 소통이 사라지면 흐름이 막힌다. 흐름이 막히면 새로운 가치를 창조하는 힘 또한 소멸하게 된다. 전라도 바닷길이 그러하다. 고려말까지는 교류와 거래 등을 위해 열린 바다였는데, 조선에 들어와서는 표류하다가 다행히 목숨을 건지면 이를 기록하는 표해록의 닫힌 바다로 바뀐 것이다. 이로 인해 전라도 운명 또한 크게 달라졌다. 태양과 바람과 공기와 물이 빚어내는 천혜의 땅 전라도는 수탈의 땅으로 바뀌게 됐다. 바깥을 돌아볼 기회가 없으니 세상 변화를 알 길이 없고, 안에서만 끼리끼리 다툼을 벌이는데, 그나마 전라도 땅이 빼앗을 것이 조금이나마 있었기 때문이다. 조선 시대 이후 현재까지 전라도 역사를 설명하는 본질과 궁극은 아마도 전라도로부터 출발했던 먼 바닷길이 사라진 것에서 찾아야 하지 않을까 생각한다. 전라도는 천혜의 땅이자 수탈의 땅이다. 그래서 모순의 땅이다.

1894년, 동학농민혁명이 불타오르다

1894년(고종 31) 갑오년이 됐다. 조선이 개국(1392년)한 지 500여 년이 흐른 시점이다. 원나라를 멸망시킨 명나라도 1421년(조선 세종 3) 수도를 난징(南京, 남경)에서 원나라 수도였던 베이징(北京, 북경)으로 옮겼으니, 이 시점을 기점으로 잡아도 470여 년이 흘렀다. 전라도 지역을 중심으로 한 먼 바닷길이 사라진 것도 아마 최소 500여 년 이상 지났을 때다. 전라도 고부 땅에서 혁명의 횃불이 올랐다. 동학농민혁명 최초의 음모는 한 달 전인 1893년(고종 30) 11월 하순에 작성되었다는 사발통문(沙鉢通文)에서 확인할 수 있다.

낫네 낫서 亂離(느이)ᄀ 낫서	났네 났어 난리가 났어
에이 참 줄 되얏지	에이 참 잘 되었지
그양 이디로 지닉서야	그냥 이대로 지내서야
百姓(빅셩)이 흔 사룸이ᄂ	백성이 한 사람이나 어디 남아 있겠나?
어디 나머 있것ᄂ	

사발통문에는 격문을 돌렸더니 백성들 반응이 더는 참을 수 없어 함께 행동하겠다고 하니 봉기를 단행하자는 것과 봉기의 구체적인 목표가 담겨 있다. 사발통문은 1968년(대한민국 50) 발견됐다. 서명이 모두 한 사람 필적이어서 위

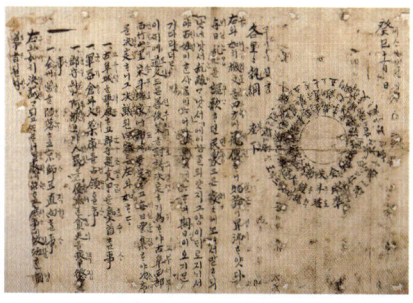

〈그림 P-3〉 동학농민혁명 시작을 알리는 사발통문

작 시비가 있었는데, 종이 감정 결과 최소 100년 전 것이라 하여 원본을 필사한 것으로 추정하고 있다(이이화, 2020c: 186~187). 이후에 일어난 일은 역사에서 알고 있는 그대로다. 2019년(대한민국 101) SBS 드라마 〈녹두꽃〉은 사실에 바탕을 두되, 극적 요소를 반영하여 동학농민혁명 전 과정을 장중하게 그리고 있다. 정읍 이평면 말목 장터 1차 봉기, 고창 무장 기포(起包)에 이은 부안 백산 창의, 정읍 황토현과 장성 황룡강 승리, 전주성 점령 및 전주 화약(和約), 이후 일제에 의한 경복궁 침탈, 공주 우금티에서의 처절한 패배에 이르기까지.

　동학농민혁명은 '혁명'이다. 혁명은 '헌법의 범위를 벗어난 국가 기초, 사회 제도, 경제 제도, 조직 따위를 근본적으로 고치는 일'이라고 정의하고 있다(국립국어원 표준국어대사전). 우리나라 혁명 기념일은 4.19 혁명 기념일과 5월 11

일 동학농민혁명 기념일 2개 외에는 없다.[10] 4.19 혁명과 동학농민혁명만을 국가 전반을 근본적으로 고치기 위한 '혁명'으로 인정한다는 것이다. 동학농민혁명의 혁명성은 전주 화약 폐정개혁(弊政改革) 12개 조와 민주주의적 지방자치기구인 집강소(執綱所) 활동에서 엿볼 수 있다. 폐정개혁 12개 조 중 특히 5조 '노비 문서는 불태워 버릴 것', 6조 '천인의 대우는 개선하고 백정 머리에 쓰는 평양립은 벗어 버릴 것', 7조 '청춘과부의 개가를 허락할 것', 12조 '토지는 평균으로 분작하게 할 것' 등은 혁명의 사전적 정의와 부합한다. 집강소는 1871년(고종 8) 프랑스 파리 코뮌에 필적한다.[11]

동학농민혁명은 '농민'혁명이다. 즉 혁명 주체가 농민이라는 것이다. 물론 전봉준(全琫準, 1855~1895. 철종 6~고종 32)이 몰락한 향반이기도 하고, 농민 외 각종 생업에 종사하는 어민, 공인, 상인 등 외에도 재인(才人, 예능인)들도 참여했다. 하지만 핵심 주체세력은 농민이었다. 조선은 양반계급에 의한 착취구조를 '농자천하지대본(農者天下之大本)'이라는 이데올로기로 포장해 왔다. 외형적으로는 농어민, 공인, 상인들도 양인으로 인정했지만, 이들은 피지배계층으로서 지배계층인 양반에 의해 지배를 받고 있었다. 이와 같은 모순은 19세기 초반 평안도 지역 관서 농민전쟁(홍경래의 난), 19세기 중반 진주 등에서 농민봉기를 불러일으켰고, 급기야 19세기 말엽 동학농민혁명으로 이어진 것이다. 고대 로마 시대 스파르타쿠스(Spartacus, BC 111~BC 71) 항쟁에 버금가는 계급

---

10) 우리나라 기념일 또는 추념일은 다음과 같다. 2.28 민주운동기념일, 3.8 민주 의거 기념일, 3.15 의거 기념일, 4.3 희생자 추념일, 4.11일 대한민국 임시정부수립 기념일, 4.19 혁명 기념일, 5.11 동학농민혁명 기념일, 5.18 민주화운동 기념일, 6.10 민주항쟁 기념일, 6.10 만세운동 기념일, 10.16 부마민주항쟁 기념일, 11.3 학생독립운동 기념일 등이다. 4.19 혁명과 동학농민혁명에만 혁명 기념일이 붙고, 그 외는 모두 운동, 의거 또는 항쟁 등을 기념하는 날이다.

11) 파리 코뮌[Paris Commune, 1871년(조선 고종 8) 3월 18일~5월 28일]이란 파리 시민들이 세운 사회민주의 자치 정부다. 노동자계급이 세계 최초로 설립한 민주적이고 혁명적인 자치 정부라는 평가가 있다.

타파 성격이 있는 것이다.[12]

 동학농민혁명은 '동학'농민혁명이다. 혁명 기저에 깔린 사상적 기반이 동학이라는 것이다. 동학 핵심교리는 인내천(人乃天)과 사인여천(事人如天)이다. '사람이 곧 하늘'이므로 '모든 사람이 멸시와 차별을 받는 것은 안된다'. 조선 지배 논리인 신분·적서제도(嫡庶制度) 등을 부정하는 교리여서 대다수 민중으로부터 큰 지지를 받았다. 이는 단군의 홍익인간 사상과도 맥을 같이 하며 민주주의적 근대성을 나타낸다. 동학에 내재한 근대성은 이후 항일 의병 전쟁, 삼일운동 및 독립운동으로 이어진 밑바탕이 됐다. 예컨대 삼일운동 민족대표 33인 중 15인이 동학이 뿌리인 천도교도다. 특히 동학 3대 교주 손병희(孫秉熙, 1861~1922. 철종 12~병탄 13)는 33인 대표로 이름을 올렸다. 그리고 서학과 달리 우리나라 고유 독자성을 중시하는 자주 의식은 한국 근현대사 모든 변곡점에 면면히 아로새겨져 있다.[13]

동학농민혁명은 왜 고부에서 일어났는가?

동학농민혁명은 왜 전라도 고부에서 일어났는가? 이 질문은 가장 기본적인 질문임에도 불구하고 쉽게 답하기는 어렵다. 조선 시대 후기 지방행정 단위가 330여 개 있었고, 고부는 종4품 군수가 수장이다. 조선 시대 지방행정 체계인 부목군현(府牧郡縣) 하에 지방관은 종2품에서부터 종6품까지 품계가 있다.

---

12) 스파르타쿠스는 기원전 73년부터 기원전 71년까지 노예들을 이끌고 반 로마 공화정 항쟁을 지도한 노예 검투사다. 카를 마르크스(Karl Marx. 1818~1883, 조선 순조 18~고종 20)는 스파르타쿠스를 '고대 역사상 가장 훌륭한 인물, 위대한 장군, 고귀한 인격, 프롤레타리아의 진정한 대표자'라 부르며 극찬했다. 스파르타쿠스는 여러 소설, 영화 및 드라마 소재가 됐다.

13) 동학농민혁명에 대한 역사적 사실 확인 및 평가는 어느 정도 정리돼 있다. 혁명 참가자를 3600명 넘게 찾았고, 지금도 찾고 있다. 등록한 유족 수만도 1만여 명이 넘으며, 접수 또한 계속되고 있다. 2019년(대한민국 101) 국가기념일로 지정되면서, 동학농민혁명 기념일로 명명되었음에도 여전히 '고부 민란'으로 설명하고 있는 자료가 많다는 점은 반드시 시정돼야 한다.

군수는 종4품이니 그리 높지도 낮지도 않다.[14] 1485년(성종 16년) 편찬된 『경국대전』에 따르면 전국에 군이 80개가 있었다고 하니 고부군은 그저 그런 군 중의 하나로 보인다. 그런데 왜 동학농민혁명은 고부에서 발발했는가? 고부는 서해가 그리 멀지 않은 곳인데, 동학은 1860년(철종 11년) 경주 사람 최제우가 창시했기에 포교는 동해에 접한 경주로부터 출발한다. 서해 인근 고부와 동해 인근 경주 간 거리는 직선으로 220km가 넘는다. 교통이 발달하지 않은데다 중앙인 한양을 거쳐 정보 교류가 이루어졌을 것이라는 점을 고려한다면, 당시 사람들이 가질 심리적 거리는 이보다 훨씬 먼 거리로 생각됐을 것이다. 실제 동학은 초기에는 서부 경남을 제외한 경상도 지역과 강원도 일부 지역에만 전파됐다. 호남지역에는 1890년대 전후로 전파됐다고 한다. 그런데 전파된 지 불과 몇 년 되지 않고, 삼남 지방 중 가장 늦게 전파된 것으로 보이는 고부에서 동학농민혁명이 일어난 것은 매우 흥미롭다.

〈그림 P-4〉 동학의 전파시기

동학농민혁명이 일어난 직접적 원인은 당시 고부 군수 조병갑(趙秉甲, 1844~1912. 헌종 10~병탄 3)의 가혹한 착취행위에 있다는 것이 정설이다.[15] 동진강

---

14) 경국대전에 따르면 조선 시대 지방행정관은 종2품 관찰사(觀察使) 또는 부윤(府尹)에서 종6품 현감(縣監)으로 구성돼 있다. 따라서 종4품인 군수(郡守)는 중간 정도의 품계라 하겠다. 임진왜란이 발발한 1592년(선조 25년) 4월로부터 1년 2개월 전인 1591년(선조 24년) 2월, 이순신 장군이 종6품 정읍 현감에서 정3품 전라 좌수사가 된 것은 가히 파격적인 승진 인사인 것은 분명하다. 물론 바로 좌수사로 발령내지 않고, 진도군수(종4품)와 가리포진 첨사(종3품)를 거치는 외양을 갖추기는 했다. 부임지에 도착하기 전에 바로 발령을 내는 형식이다.

15) 우리나라 사람이라면 조선 시대 3대 악인으로 이완용, 변학도(소설 속 인물이지만)와 함께 조병갑을 손꼽는 데 주저함이 없을 것이다. 하지만 조병갑에 대한 기록은 많지 않다. 조병갑과 변학도 모두 탐관오리의 대명사인데 공교롭게도 부임지가 조병갑은 고부, 변학도는 남원으로 지금 전북 특별자치도 지역이다. 그만큼 당시 전라도 땅이 수탈과 착취의 대상이었던 것을 반증한다고 하겠

옆 배들 평야(정읍시 이평면 소재)에는 원래 만석보(萬石洑)가 있었다.[16] 이런 사실에도 조병갑은 하류 쪽에 더 크고 새로운 만석보를 만들면서 동원된 사람들에게 품삯을 주지 않았다. 그리고 당초에 물값을 받지 않기로 했는데 보가 구축되자 약속을 어기고 물값을 과도하게 받았다. 게다가 인근 태인 현감을 지낸 자기 아버지 공덕비를 세운다고 돈을 걷기도 하는 등 백성들 원성이 자자했다. 조병갑은 1892년(고종 29년) 4월 고부 군수에 부임했는데, 그 탐학이 얼마나 심했는지 2년이 채 되지 않은 1893년(고종 30년) 11월 봉기 결의를 위한 사발통문이 작성된 것이다. 하지만 봉기는 실행되지 않았다. 1893년 11월 30일 조병갑이 익산 군수로 전임 발령이 났기 때문이다. 하지만 새로운 고부 군수 취임이 5~6차례 취소되는 사건들이 이어지고, 1894년(고종 31년) 1월 9일자로 조병갑은 다시 고부 군수로 발령을 받게 된다.[17] 그리고 바로 다음 날인 1월 10일, 말목 장터(현재 정읍시 이평면 소재. 말목장은 부안과 태인과 정읍으로 가

다. 조병갑에 대한 기록은 김상웅의 '김개남 평전'이 그나마 자세하다(김상웅, 2020: 111~114).

16) 당시 이 일대까지 배가 들어온다는 의미에서 배들 평야라고 불렀다고 한다. 일제는 이를 먹는 배로 바꾸면서 이평(梨坪)이 됐다. 원래는 마을 이름을 따서 예동보 또는 광산보라는 명칭이었으나, 아무리 가물어도 이곳에서 물을 끌어 흉년 없이 농사를 지을 수 있다고 해서 만석보라는 이름으로 불렀다. 만석 농사를 가능하게 한다는 얘기다. 만석은 일만 섬과 같다. 한 섬은 열 말이고 한 가마니이니 쌀 만 가마니를 지을 수 있었다는 것이다. 다소 과장되게 표현한 것이다.

17) 같은 군수라고 하더라도 당시 익산군은 고부군에 비해 훨씬 작은 고을이었다. 당장 인구수만 보더라도 1789년(정조 13) 호구 총수 기준 익산군 15,822명, 고부군 28,631명으로 고부군이 2배에 가깝다. 현재 같은 익산시인 여산도호부(19,011명)나 함열현(15,943명) 인구가 조금 더 많다. 반면 고부군은 고부보다 인구가 조금 더 많은 태인현(31,205명)을 포함 고창, 부안 일대 중심으로서 기능했던 역사가 있다. 당연히 고부 군수 자리는 놓치기 어려웠을 것이다. 조병갑이 다시 고부 군수가 된 이유는 당시 전라감사 김문현과 내통하여 유임을 청탁했고, 세도가였던 풍양 조씨 가문 뒷배경 등이 작용했을 것이라는 추정이 정설이다. 조병갑은 이후 파직되고 귀양을 가기도 했으나, 1895년(고종 32) 3월 19일 전봉준 등이 역모죄로 교수형을 당한지 약 3개월 만에 사면 복권이 된다. 이후 1898년(대한제국 광무 2) 대한제국 법부 민사국장에 취임했고, 고등재판소 판사가 되어 동학 2대 교주 최시형에게 사형선고를 내린다. 당시 조선 정부가 수만 명 백성을 죽음으로 몰고 간 원인을 제공한 탐학한 관리를 처벌하지 못한 결과 한일 병탄으로 이어진 것이라 하겠다. 조선 정부는 안으로부터 완전히 곪아 있던 것이다. 역사가 비극적으로 되풀이되지 않기 위해 우리가 역사를 통해 반드시 배우고 익히고 활용해야 할 내용이다.

는 삼거리에 형성된 시장)에서 혁명의 햇불이 타올랐다. 조병갑이 익산 군수로 발령이 나자 봉기를 행동으로 옮기지 않았다가 다시 부임한 바로 다음 날 거사를 단행한 것이다. 이것만 보더라도 조병갑이 행한 탐학한 착취가 봉기를 일으킨 직접 원인이 되기에 충분하다. 하지만 이는 거센 혁명이 활활 타오르게 된 발화점에 불과하다. 예컨대 제1차 세계대전이 발발한 계기는 세르비아계 한 청년이 사라예보에서 오스트리아-헝가리제국의 황태자를 암살한 사건이 직접적인 계기이지만, 보다 근본 원인은 '제국주의'에 있다는 해석과 맞닿아 있다. 사라예보가 있는 발칸지역 북쪽은 오스트리아·헝가리·우크라이나, 동쪽은 흑해와 튀르키예, 남쪽은 지중해로 열려 있다. 따라서 이 지역은 '유럽의 화약고'로서 민족·종교·문화의 다양성과 주변 강국의 대립으로 인해 마찰과 충돌이 항상 잠재돼 있었다. 당시 세계정세는 삼국동맹(독일, 오스트리아-헝가리, 이탈리아)과 삼국협상(영국, 프랑스, 러시아) 간 대립과 오스만튀르크(지금 튀르키예) 세력 약화에 따라 전쟁이 발발할 여건이 충분히 무르익고 있었다. 따라서 전쟁 발발은 필연이었는데, 그 발화점은 대체로 발칸지역일 것이라고 다들 짐작하고 있었다고 한다(유시민, 2021: 45~67). 마찬가지로 19세기 말 조선은 내부의 계급모순이 깊어지고 제국주의 열강들의 각축이 극렬해진 상황에서 어디에서 난리가 나도 전혀 이상하지 않은 형국이었다. 그러함에도 왜 고부지역에서 동학농민혁명은 시작됐는가?

고부는 최대 농업생산력을 자랑하는 모순의 땅

첫 번째 이유는 당시 전라도, 그중에서도 고부 일대가 아마도 최대의 농업생산력을 자랑하는 지역이었기 때문이라 생각한다. 농업이 중요한 시대에 너른 땅이 있고 생산력도 높은 만큼 억압과 착취 및 수탈도 극심했던 모순의 땅이었던 것이다. 고부지역은 백제 때 지방행정 조직 5방 중 하나인 중방(中方)으

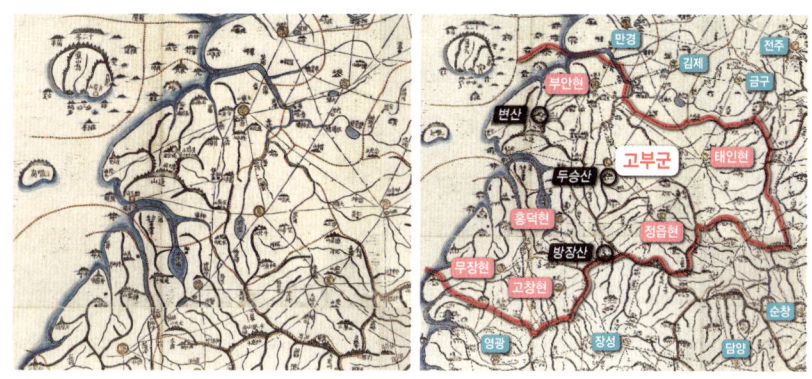

〈그림 P-5〉 조선 시대 고부군 위치

로 고사성(古沙城)이 있었고, 고려 시대에도 주변 6개 속현(屬縣)을 거느렸다. 이후 조선 시대에 들어서도 지금 전북특별자치도(이하 '전북자치도') 서남권(정읍시·고창군·부안군 등 3개 시군) 일대 중심지로 기능했다. 현재는 정읍시에 속하는 1읍 14면 중 하나인 고부면에 불과하지만, 당시에는 정읍보다 훨씬 큰 지역이었다. 1914년(병탄 5년) 일제는 행정구역 개편을 하면서 고부군을 쪼개 일부는 부안으로(대표적으로 부안군 백산면), 그리고 남아 있는 부분을 고부면으로 격하하여 정읍에 통합시킨 것이다. 〈그림 P-5〉는 고부의 중심지성을 이 지역을 둘러싼 삼신산(변산, 두승산, 방장산)을 포함하여 잘 나타내고 있다. 두승산(444m)은 정읍시, 방장산(734m)은 고창군, 변산(509m)은 부안군에 있는 산이다.[18] 그림에 보이는 고부군·태인현·정읍현은 현재 정읍시, 고창현·무장현·흥덕현은 지금 고창군, 부안현은 부안군이다.

고부 일대를 포함한 전라도 지역의 농업생산력이 매우 높았다는 것은 인구밀도를 통해 간접적으로 추론할 수 있다. 먹고 살기 좋은 곳에 사람이 모이는 것은 경험칙상 당연한 이치이기 때문이다. 김덕진에 의하면 경상도 사

---

[18] 전북자치도에서는 일봉래(一蓬萊)로 변산, 이방장(二方丈)으로 방장산, 삼영주(三瀛州)로 두승산을 삼신산으로 했다고 한다.

람들은 전라도로, 평안·함길·강원·황해도 사람들은 경상·전라도로 식량난으로 인해 옮겨 살았다고 한다.『세종실록』에 있는 기록이 근거다(김덕진, 2020: 24). 지금도 일할 기회를 찾아 서울을 비롯한 수도권에 사람이 집중되는 것과 비슷하다. 조선 시대 후기 공신력이 있는 인구통계는 통상 1789년(정조 13년) 호구총수(戶口總數) 자료를 사용한다. 당시 양인(良人) 기준 조선 인구 수는 총 7,415,659명이다. 인구가 많은 순으로 경상도 1,616,892명, 평안도 1,296,044명, 전라도 1,192,070명, 충청도 891,062명, 경기도 845,035명, 함경도 708,358명, 황해도 567,813명, 강원도 298,385명 순이다.[19] 당시 336개 고을 중 가장 인구가 많은 한성부(한양+성저십리)[20] 인구는 189,153명으로 경기도에 포함돼 있다. 양적인 수준 못지않게 질적인 수준을 알아보기 위해서는 밀도를 고려해야 한다. 따라서 인구밀도 기준으로 계산해 보면 경상도가 50.1명, 평안도는 29.9명이다. 반면 전라도는 52.3명이다.[21] 전라도는 절대 인구수 기준으로 3위지만, 면적을 반영한 인구밀도로는 단연 앞서는 것이다. 현재 행정구역으로 세분하면 전북자치도 559,056명, 광주광역시 포함 전라남도 569,698명, 제주도 63,316명이다. 인구밀도는 각각 74.6명, 44.3명, 34.3명이다.[22] 고부를 중심으로 한 주변 7개 군현 인구는 149,624명으로 인구밀도

---

19) 당시 강원도이던 평해군(12,343명)과 울진현 인구(13,576명)는 경상도에, 전라도이던 금산군(20,795명)과 진산군 인구(7940명)는 충청도에, 충청도이던 평택현 인구(5860명)는 경기도에 각각 반영했다. 호구 총수 기준으로는 경상도는 1,590,973명, 강원도는 324,304명, 전라도는 1,220,805명, 충청도는 868,187명, 경기도는 839,175명이다. 1914년(병탄 5) 행정구역 개편할 때 평해군과 울진현은 통합 울진군으로, 금산군과 진산군은 통합 금산군으로 각각 강원도와 전라북도에 속했으나, 1962년(대한민국 44) 12월에 경상북도와 충청남도로 조정, 편입됐다. 그리고 평택현은 1896년(고종 33) 평택군이 됐다가 1914년(병탄 5) 충청남도에서 경기도로 바뀌었다.

20) 조선 시대 한양은 사대문 안을 말하고 한성부(漢城府)는 한양을 포함 성 밖 10리(성저십리)까지를 포함했다. 한성부는 전주부, 경주부, 평양부 등 다른 부와 달리 특정 도(道)에 소속되지 않은 독립 행정구역이다. 한성부 기관장은 원래 한성부윤이었으나, 1567년(명종 22) 한성판윤으로 격상된다. 부윤은 종2품인데, 한성부는 수도라는 특수성을 고려하여 판서와 같은 정2품이 된 것이다.

21) 인구밀도 계산 시 현재 시도 면적을 적용했다.

22) 역시 금산군과 진산군 인구 합계 28,735명을 제외했다. 호구 총수 기준 전북자치도 인구는

는 83.4명(현재 정읍시, 고창군, 부안군 면적 기준)이다. 전북자치도 내에서도 아주 높다. 당시 한반도 전체 인구밀도가 33.2명(현재 한반도 면적인 223,663km² 기준)에 불과한 상황에서 전북자치도 및 고부 일대 인구밀도는 매우 높았다는 것을 알 수 있다. 당시 고을 간 인구밀도 표준편차는 당연히 그리 크지 않았다. 한편 전라도 읍치(邑治, 관아가 있는 행정중심지)는 56개소(전국 읍치 수는 336개소)인데, 이 중 전북자치도 28개소(지금 충남인 금산군, 진산군 포함), 광주광역시를 포함한 전라남도 25개소, 제주도 3개소이다. 읍치 수가 많다는 것 또한 전북자치도 지역 밀도가 매우 높았다는 것을 추정할 수 있게 한다. 당시 농업이 주산업(?)이었던 점을 고려하면 그만큼 기회의 땅이었다 하겠다.

전라도 지역이 높은 농업생산력을 가지고 있었다는 것은 세금 규모를 통해서도 간접적으로 확인할 수 있다. 김덕진에 따르면 18세기 후반 전라도에서 가장 많은 세금인 54만 냥을 담당했다고 한다. 근거로 제시한 것은 당시 편찬된 『부역실총(賦役實總)』인데, 이는 국가재정 수입 장부다. 다음은 경상도로 34만 냥이었다. 세금이 가장 많은 이유는 (당연한 얘기지만) 농토가 많기 때문이다. 『선조실록』에는 '전결(田結, 논밭에 매기던 세금) 대상 수가 전라도 40여만 결, 경상도 30여만 결, 충청도 27만여 결'로 기록돼 있다고 한다. 그리고 조선 초기 공납(貢納)으로 배정된 현물인 공물(貢物) 품목 수는 총 576종이었는데, 이 중 전라도는 114종으로 약 20% 비중을 차지한다. 조선 중기 이후 대동법이 실시됐다.[23] 그리고 조선전기 세금 제도인 조(租)·용(庸)·조(調)[24]가 전정(田政)·군정(軍政)·환정(還政) 등 3정으로 바뀌어 갔다. 이 중 국가 주 수입원은

587,791명이다.

23) 대동법(大同法)은 조선 후기의 조세 제도로, 각 지방의 특산물을 공물(貢物)로 바치는 대신 미곡(米穀, 쌀)이나 삼베, 무명 등 직물, 혹은 돈으로써 세금을 내도록 하는 정책이다.

24) 조(租)는 토지에 대한 세로서 곡물로 받았으며, 용(庸)은 사람에 대한 세로서 부역의 의무를 지우고, 조(調)는 호구에 대한 세로서 공물을 내도록 했다. 조선전기 세금 제도인 조용조는 중국제도를 원용한 것이다.

농토에서 거두는 전정이다. 공식적으로는 대략 1결(비옥도 등도 고려하기 때문에 면적이 일률적이지는 않았으나 대략 1만 m² 내외)당 20말 정도에 불과했지만, 전라도 지역은 부가세가 많아 100말을 넘기곤 했다고 한다. 농사를 지어도 세금 납부 후에는 남는 것이 없을 정도였다는 것이다. 군정 측면을 보면 17세기경 전국 군정 중 18.4%인 17만 4천 3백 명이 전라도에 배정됐다고 한다. 인구가 더 많은 경상도는 2위로 17.3%인 16만 3천 9백 명이었다. 19세기 고산자 김정호(古山子 金正浩, 1804(?)~1866(?). 순조 4~고종 3)가 쓴 『대동지지(大東地志)』를 보면 전라도 창고가 366개소로 전국에서 가장 많았다고 한다. 이는 환정 측면에서도 전라도 지역의 세금 부담이 가장 많았을 것으로 추정할 수 있는 단서다(김덕진, 2020b: 83~105). 전라도 내에서도 농토가 많아 인구밀도가 높았던 고부 일대는 세금 부담이 더욱 많았을 것이어서 기층 민중들이 겪었던 고통은 훨씬 심했을 것이다.

이중환은 다음과 같이 얘기하고 있다(이중환, 2018: 198).

명예를 바라는 마음이 사라지니 오로지 이익만을 좇아 외직을 중시하고 내직을 가벼이 여겨서 모두 감사나 수령이 되고자 했다. 염치와 절조를 내팽개치고 아무런 거리낌이 없었다. 「복거론」 '인심' 조

『택리지』는 동학농민혁명 시기보다 150여 년 앞선 책이니 조선은 오래전부터 안에서 썩어 가고 있었던 것이다. 특히 고부는 호남에서도 가장 부유한 고을이었고, 그만큼 수탈과 착취의 땅이었을 것이다. 당시는 외척 민씨 정권이 주도권을 잡고 있었는데, 19세기 초중반 안동 김씨 세도정치 시기보다 매관매직이 훨씬 심했다고 한다. 매관매직 대상은 주로 지방관이었고, 신임 또는 연임을 하려면 감사 1만 냥, 현감 3천 냥, 물산이 풍부한 고을은 훨씬 더 비쌌다고 한다. 특히 전라감사, 평안감사 및 여주목사, 나주목사, 김해부사와 함

께 고부군수는 매관매직 가격이 매우 비싼 지역 중 하나였고, 전라감사 3년을 지내면 3대에 걸쳐 부를 누렸다고 할 정도였다고 한다(이이화, 2020a: 73). 조병갑이 익산 군수로 발령을 받고도 다시 고부 군수로 남으려고 했던 이유도 이와 같았을 것이다. 조병갑 또한 당연히 매관매직을 통해 어렵게 고부 군수가 됐을 것이고, 2년이 채 되지 않은 상태에서 옮기는 것이 너무 아쉬웠을 것이다. 재직하는 동안 착취하면서 느꼈던 기쁨과 즐거움도 한 몫 거들었을 것이다. 당연히 익산 군수로 옮기는 것은 받아들이기 어려운 일이었을 것이다.

당시 최대 농업생산력을 자랑하는 고부 일대는 아마도 농업수도 역할을 했던 것이리라 유추할 수 있다. 현재 울산이 제조업 시대가 되어 우리나라 산업수도 역할을 하는 것처럼 말이다. 국내 최고 산업도시인 울산지역 공장 노동자들은 민주노총 산하 금속노조의 주축으로 한국 노사관계를 결정하는 가장 선두에 있다. 특히 현대자동차 노동조합은 1987년(대한민국 69) 노동자 대투쟁과 1990년(대한민국 72) 골리앗 투쟁 등 한국노동운동 역사에서 중요한 변곡점을 이끌었다고 얘기되고 있다. 즉 울산지역 제조 대기업 노사관계는 가장 진취적이어서 전국 노사관계 표준을 선도하고 있다는 것이다.[25] 제조업 시대에 생산 주체가 노동자라면 농업시대에 생산 주체는 농민이다. 가장 높은 농업생산력은 고부 일대가 그만큼 수탈과 착취 대상이 됐다는 것을 의미한다. 작용이 있으면 반작용이 있는 법이다. 수탈과 착취는 모순구조 타파 및 저항으로 이어지기 마련이다. 울산지역이 깨어 있는 노동자의 땅이었던 것처럼, 고부지역은 깨어 있는 농민의 땅이었다고 하겠다.

---

25) 울산지역이 한국 노사관계 표준을 선도해 왔다는 사실에 대한 상세한 설명은 양승훈, 2024: 127~152 참조

고부는 교통의 요지로 정보 유통이 빠른 지역

두 번째 이유는 고부지역이 교통의 요지라는 점에서 기인한다. 고부지역은 전라도 윗녘 중심지 전주(全州)와 아랫녘 중심지 나주(羅州) 중간에 있다. 교통의 요지다. 교통로는 역사학에서는 행정통신, 조세 및 공물 수송수단의 의미에 국한되지만, 지리학에서는 사람과 물자 수송로, 각종 정보가 교환되는 문화 전파로다(최영준, 1990: 10). 따라서 전라도 큰 도시인 전주와 나주 중간이라는 위치는 사람과 물자 및 정보 교환에 매우 유리한 입지였다는 것으로 이해할 수 있다. 특정 지역 정중앙이라면 더욱 큰 입지가 될 개연성이 있지만, 항상 그러하지는 않다. 예컨대 전라도 정중앙은 정읍 내장산 추령(秋嶺. 갈재. 노령산맥에서 노령 갈재는 갈대이나, 내장산 갈재는 가을을 줄인 말이다)을 넘어서자마자 나오는 순창군 복흥면이다. 고부지역 약간 오른쪽이다. 『택리지』에도 이러한 내용을 담은 언급이 있다(이중환, 2018: 95~97). 아래 내용에서 동쪽으로 흐르는 시내는 추령천이다. 복흥산 일대는 전라도 정중앙이긴 하지만, 평균 고도 300m 내외 산악분지여서 인근 고부 일대를 중심으로 한 평야 지대와 비교하여 정보교류가 훨씬 불리했을 것이다.

> 마이산 한 줄기가 서남쪽으로 내려가다가 임실(任實)과 전주 사이에서 갈라지는데 한 줄기는 서쪽으로 가서 금구(金溝)의 모악산이 되어 만경강(萬頃江)과 동진강(東津江) 사이에서 그치고 다른 한 줄기는 서남쪽으로 내려가서 순창 복흥산(復興山)과 정읍의 노령(蘆嶺)이 된다. 여기가 남북으로 오가는 데 이용하는 큰 길이다.
> … (중략) …
> 복흥산은 전라도 중앙에 위치하며, 양쪽에 산을 끼고 들판이 펼쳐져 큰 동네를 형성하고 시내가 동쪽으로 흐른다. 사람들이 고을을 설치할 만한 터라 말

하고, 숙종 임금 때 이곳에 병영을 설치하려 하였으나 성사되지 않았다.
「팔도론」 '전라도' 조[26]

하지만 대체로 특정 지역 중앙에 있다는 것은 입지적으로 중심지가 되기 쉽다. 사람과 물자와 정보를 사통팔달(四通八達)로 연결하는 것이 어렵지 않기 때문이다. 전쟁을 대비하는 측면에도 유리하다. 예컨대 경상도 감영은 다소 북쪽인 상주에 있었는데, 임진왜란 직후인 1601년(선조

〈그림 P-6〉 대구의 중심성(최영준, 1990: 49)

34) 대구로 옮기게 된다. 대구는 산으로 둘러싸인 분지 지형으로 중앙에 100여 리에 달하는 넓은 들이 있고 가운데 금호강이 흐른다. 경상도 중앙에 있어 남북 간 거리가 거의 비슷해 지형상 훌륭한 도회지였다는 것이다(최영준, 1990: 48). 안동 분지는 상주보다 더 위쪽이고 김해평야는 너무 아래쪽에 치우쳐 있다. 대구는 경상도에서 위치적 중심이라는 특성에다 들까지 넓으니 중심지가 되기에 충분했다. 1603년(선조 36) 충청감영이 청주에서 공주로 옮긴 이유도 유사하다. 한편 순창 복흥 지역은 대구와 유사하게 산악분지이지만, 너른 평야 지대가 많은 전라도에서는 교통 및 정보교류에 불리하다. 큰 도시로 성장하기 위해 꼭 필요한 큰 강이 없기도 하다. 추령천(秋嶺川, 길이 37km, 유역면적 167km²)이라는 섬진강 지천이 있지만, 대구 금호강(琴湖江, 길이 116km, 유

---

26) 신정일이 옮긴 『새로 쓰는 택리지』(이중환, 2014: 87)와 이익성이 옮긴 『택리지』(이중환, 1971: 96)에서는 복흥산이 아니라 부흥산으로 번역돼 있다. 한자 復을 '다시 부' 또는 '회복할 복' 중 어떻게 읽을 것인가의 차이로 보이는데, 복흥면이라는 지명이 있는 것으로 보아 복흥산(710.1m)으로 읽는 것이 맞을 것이다.

역면적 2053.3km²)에 비할 수 없다. 따라서 복흥면은 순창 소속이지만, 아주 가깝고 정보 교환에 유리한 정읍시와 교류가 더 많다. 심지어 복흥면 주민들은 1995년(대한민국 77) 정주시[정읍군 정주읍이 1981년(대한민국 63) 정주시가 됨]와 정읍군 도농 통합을 추진할 때 정읍시에 편입을 요구하기도 했다.

조선 시대 우역(郵驛)제도와 도로망 체계를 자세히 살펴보면 조선 시대 교통 요지가 지니는 의미를 잘 이해할 수 있다. 유교가 사상적 기반인 조선 시대에 도로는 왕이 내리는 명령을 전달하는 도구이며, 지배자의 권위를 상징하는 수단이었다(최영준, 1990: 24). 먼저 우역제도에 대해서 알아보자. 조선 시대에는 지방행정 조직인 8도와는 별도로 40개 역도(驛道)를 운영했다. 왕이 내리는 명령을 빠르고 정확하게 전달하기 위해 전국 8도를 역도 40개로 정비한 것이다. 역도란 몇 개의 역참(驛站)을 하나로 묶은 것인데, 역참에서는 공문서를 전달하는 공무 수행자에 숙소 및 마필 공급 등 편리를 제공한다. 쉽게 설명하면 아주 큰 역으로 40개 역도가 있었고, 작은 역으로 537개 역참이 있다는 것이다. 역도를 운영하는 장(長)은 문관 종육품 외관직으로 찰방(察訪)이라고 불렀다. 조선 시대 우역제도를 정보통신 관점에서 본다면, 중앙과 (8도 지방 행정 구역과 무관한, 즉 8도 관찰사 통제를 받지 않는) 40개 하위 거점[통신망 용어로는 노드(Node)]인 역도, 그리고 역도 아래 소규모 거점인 역참을 연결하는 나뭇가지형 계층망으로 설명할 수 있다. 하지만 당시는 근대 전기통신이 나오기 전이어서 사람이 직접 (또는 말을 이용하거나) 이동하면서 전달하는 구조였다. 따라서 역참과 역참까지를 연결하는 역로는 도로망과 같은 범주에서 이해할 수 있다. 또한 (쉽게 놓치지만) 근대 전기통신이 발달하기 전 당시 도로망은 정보통신망이라고 할 수 있다. 순창 사람 여암 신경준(旅菴 申景濬, 1712~1781, 숙종 38~정조 5)이 쓴『도로고(道路考)』는 어로(御路), 6대로, 역로, 봉로(烽路) 등 영조 때 이용되던 교통로 정보를 종합한 지리서다.『도로고』는 단순 거리만 표시하는 단계를 넘어 처음으로 교통망을 대상으로 해 저술한 단일본이라는 의의가 있다고 한다. 사방 경계까지 거리만 표시했던 조선 시대 전기 지리지와 달리 도로 비중이 중요해지는 시기에 나타난 지리 인식 변화를 반영한 지리서라는 것이다(고동환 외, 2022: 331~332). 신경준이 기술한 여러 길 중에 당시 사람들 삶과 가장 관련된 길은 6대로다. 이는 조선 시대 후기 한양으로부터 전국 팔도 주요 읍치까지 연결하는 도로망인 6대로와 각 대로 주변 군현까지의 길을 나타내고 있다. 한양을 중심으로 서북–동남 축과 동북–서남 축을 X축으로 삼고, 여기에 좌우 방향인 동쪽 평해(지금 경북 울진군)와 서쪽 강화 축을 포함한 형태다. 따라서 당시 우리나라 도로망은 X축에 좌우 동서로를 포함한 소행성(asteroid, *) 모양으로 이해하면 된다. 다음 〈표 P-1〉은 신경준이 정리한 6대로 현황이다.

한편 조선 시대 각 군현 간 및 한양까지 거리를 보기에 편리하게 만들어 놓은 정리표(程里表) 기준으로는 9대로가 있다고 한다. 신경준이 말한 6대로를 기본으로 하고, 여기에 더해 충주~봉화 간 봉화대로, 진위(평택)~보령 간 충청수영대로, 삼례(완주)~통영 간 통영 대로를 포함한다. 하지만 당시 대로라고 하더라도 성인 2명이 함께 걷기에도 힘들 정도로 그리 넓은 도로는 아니었다고 한다(전국지리교사모임, 2019: 326~328). 당연히 수레 이용은 제한적이었고, 물류망은 육로가 아닌 강이나 바다를 통한 뱃길이 주로 이용됐다. 중국

〈표 P-1〉「도로고」 전국 6대로 주요구간과 거리(류명환, 2014: 90, 재인용)

대로 번호	명칭	주요 구간	거리(리)
1	경성서북저의주로제일	경성 – 의주 – 압록강	1,085
2	경성동북저경흥로제이	경성 – 경흥 – 서수라보(지금 함경도 경흥)	2,504
3	경성동저평해로제삼	경성 – 평해(울진)	865
4	경성동남저동래로제사	경성 – 동래 – 부산진	937
5	경성서남저제주로제오	경성 – 해남 – 관두량(해남) – 제주	970
6	경성서저강화로제육	경성 – 강화부	120

* 제1로의 경우 의주까지는 1,075리, 제2로의 경우 경흥까지는 2,444리, 제4로의 경우 동래까지는 907리

과 달리 수레 이용이 활성화되지 않았다는 점에 대해 연암 박지원(燕巖 朴趾源, 1737~1805. 영조 13~순조 5)은 『열하일기(熱河日記)』에서 안타까움을 토로한 바가 있다(고미숙, 2012: 62~65). 이용후생(利用厚生) 관점이다. 박지원 주장에 공감하면서도 인위를 최소화하고자 하는 한국인 특유 자연관이 반영된 것으로 긍정적으로 해석하고 싶다. 또한 우리나라는 중국과 달리 산지가 많아 뱃길이 훨씬 효율적이어서 굳이 수레를 개발할 필요가 없었다는 점도 감안해야 한다. 〈그림 P-7〉

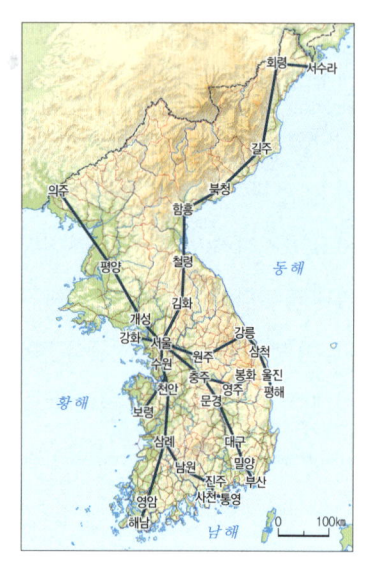

〈그림 P-7〉 조선 시대 9대로

은 조선 시대 9대로다. 이 중 서울에서 수원, 천안, 공주, 삼례를 지나가는 길이 이른바 삼남대로(신경준 6대로 중에서는 제5로인 제주로)다. 이 길은 서울에서 출발해서 삼례까지 거의 직선으로 내려오다가 삼례에서 분기하게 된다. 삼례에서 한쪽은 나주-영암-해남을 거쳐 뱃길로 제주까지 이어지는 삼남대로 본 길이고, 다른 한쪽은 남원을 거쳐 진주-사천-통영까지 이어지는 통영대로다. 충청도-전라도-경상도 등 삼남지역을 모두 연결하는 길이기 때문에 삼남대로다. 이처럼 삼례는 전라도 전 지역과 경남 서부 권역을 포괄한 도로망인 삼남대로 중심축이었다. 만약 이순신 장군이 백의종군이 아니라 바로 삼도수군통제사로 명을 받았다면, 삼남대로를 거쳐 통영 대로를 따라 내려갔을 것이다. 물론 실제는 어머니를 만나러 아산에 잠깐 들르고, 남원 운봉을 지나면서부터 약간 달라진다. 권율(權慄. 1537~1599, 중종 32~선조 32) 도원수가 있는 합천이 목적지였기 때문이다.

고부지역이 교통 요지라는 점은 정보 커뮤니케이션 관점에서 고부 일대 지역이 40개 역도 중 삼남대로 중심축인 삼례도(三禮道)에 배속되어 있었다는 것에 있다. 삼례도는 삼남대로를 따라 전라도에 들어와서 가장 먼저 만나게 되는 역참이다. 삼례도 역참은 현재 완주군 삼례읍 삼례리에 있었고, 그 터에는 지금 삼례 동부교회가 있다(이이화, 2020b: 83). 삼례도는 전라도 북서부 지역(전북자치도 서부) 13개 속역(屬驛)을 담당했는데, 고부, 정읍, 태인 및 부안 지역 등에 자리 잡은 역참은 대부분 삼례도에 속한다. 각종 공문서 및 공적 물품이 오고 가는 역로이자 사람과 물자와 정보가 교류되는 도로 성격이 있어, 이 일대는 당연히 각종 정보 전달 및 확산 등에 유리했을 것이다. 즉 한양에서 내려오는 소식, 전라도 및 경상도 서부지역에서 올라가는 소식을 아주 빠르게 파악할 수 있었다는 것이다. 게다가 고부 일대는 곰소만을 배경으로 한 바닷길로도 두루 통하는 지역이기도 하다. 육상 교통이 크게 발달하지 않은 시대에 해상 교통이 가지는 중요성은 이루 말할 수 없다. 예컨대 만약 전체가 하나의 커다란 분지인 경상도 지역에 동해가 인접하지 않았다면, 이 지역은 아주 폐쇄적인 공간이었을 것이다.[27] 신라가 통일하는 것 또한 쉽지 않았을 것이고, 경제적으로 낙후되어 도태되었을지도 모른다. 그리고 인근 동해안에서 건너온 안동의 명물 간고등어도 맛보지 못했을 것이다.

에버렛 로저스(Everett Rogers, 1931~2004, 병탄 22~대한민국 86)에 따르면 확산이란 1) 하나의 개혁(또는 혁신)이, 2) 시간을 두고, 3) 사회체계 내 구성원들 사이에서 4) 특정 채널을 통해 커뮤니케이션이 일어나는 과정이라고 정의한다. 즉 개혁(또는 혁신) 확산을 구성하는 4가지 주요 요소는 1) 개혁(또는 혁신), 2) 커뮤니케이션 채널, 3) 시간, 4) 사회체계라는 것이다. 개혁은 새로운 것이

---

27) 한반도 산줄기를 물길이 갈라지는 분수계(分水界)에 따라 분류한 것은 신경준이 만든 것이라 추정되는 「산경표(山經表)」에 따른 것이다. 이에 따르면 우리나라 산줄기는 대간 1개[백두대간(白頭大幹)], 정간 1개 [장백정간(長白正幹)] 및 13개 정맥이 있는데, 경상도 지역을 보면 백두대간, 낙동정맥(洛東正脈), 낙남정맥(落南正脈)에 둘러싸여 있어 커다란 분지라는 점을 확인할 수 있다. 대구는 분지 내 분지이니 여름철 그렇게 더운 것이다.

라고 인식하는 아이디어, 관행 또는 사물 등을 말하고, 커뮤니케이션 채널은 정보 교환을 통한 확산을 위해 개혁(또는 혁신) 메시지를 한 개인이 다른 개인으로 전해 주는 수단을 의미한다. 확산에서 시간 차원은 개혁 결정이 순차적 단

〈그림 P-8〉 동학농민혁명 삼례봉기 역사광장 표석

계를 거치므로 일정 시간이 필요한 동적 과정이라는 점을 알려주며, 사회체계는 공동 목표 달성을 위해 문제 해결에 관여하는 상호 연결된 단위들의 협력체계로 정의한다(로저스, 2005: 10~41). 새로운 아이디어 확산은 대인 네트워크를 통해 이동하는 사회화 과정으로서 '지역적인 근접성(Geographical Nearness)'이 개혁 확산 여부에 큰 영향을 미친다고 하겠다(로저스, 2005: 316). 즉 확산의 이슈는 속도의 이슈이기도 하는데, 뉴턴(Isacc Newton, 1643~1727, 조선 인조 21~영조 3) 세계에서는 가속도가, 아인슈타인(Albert Einstein, 1879~1955, 조선 고종 16~대한민국 37) 세계에서는 전파 및 채택 속도가 중요하다. 당연히 여기에 지리적 근접성이 크게 영향을 미칠 수밖에 없다.

　로저스가 했던 주장을 동학농민혁명에 접목하여 보면, 혁명이 필요하다는 아이디어 채택, 그리고 이 새로운 아이디어가 동질적 특성을 가진 농민들 사이에 빠르게 전파되고 확산할 수 있었던 당시 도로망, 특히 삼례지역 정보 교환망에 큰 영향을 받았던 것으로 정리할 수 있다. 실제 삼례는 동학 농민군이 일제의 경복궁 침탈에 맞서 서울로 진격하기 직전 2차 봉기를 했던 지역이기도 하다. 삼남대로에서 서울로 가는 삼거리여서 많은 농민이 집결하기 좋은 장소였기 때문이다. 그리고 고부 일대 지역은 같은 삼례도에 속해 있어 빠른 정보의 습득 및 확보에 크게 유리했을 것으로 본다. 동학 농민 혁명군이 1차 봉기 때는 반봉건적 구호인 보국안민(輔國安民, 나라를 돕고 백성을 편안케 한다)

을 기치로 내걸었으나, 2차 때는 척왜척양(斥倭斥洋, 왜와 서양 침탈을 물리치자)이라는 반제국주의적 성격으로 변모하는데, 이는 그만큼 정보 유통이 빨랐기 때문으로 추정할 수 있다.

동학의 인내천 사상을 쉽게 수용할 수 있었던 미륵신앙 중심지

세 번째 이유는 종교적, 사상적 특성에서 찾아볼 수 있다. 전라도, 특히 전북자치도는 미륵신앙 중심이다. 미륵신앙은 미륵불 또는 미륵보살에 대한 신앙인데, 미륵불은 아직 오지 않았으나 반드시 와야 할 부처를 말한다. 미륵신앙은 '모든 중생이 스스로 구원되기 어려운 일이니 집단적 구제를 한다'는 사상으로 '수행을 통해 스스로 부처가 된다'는 개인 구제 사상 석가모니 가르침과는 다르다. 미륵신앙 가운데서도 현세에서 공덕을 쌓아 보살이 있는 도솔천에서 태어나고자 하는 것이 미륵 상생 신앙이라면, 보살이 더욱 빨리 이 땅에 와서 구원해 주기를 기원하는 것이 미륵 하생 신앙이다. 하생 신앙은 기독교 메시아사상과 궤를 같이한다고 볼 수 있다. 상생 신앙이 강한 인도나 중국과 비교해, 한국은 하생 신앙 흔적이 많다고 한다. 미륵신앙은 특히 삼국시대에 가장 성했는데, 고려 시대에는 선종과 화엄종 세력에 밀리면서 기층 민중에 스며들었고, 이후에 민중 신앙으로 면면히 이어져 왔다고 한다(한국문화유산답사회, 1994: 64~65).

전북자치도가 미륵신앙 중심이라는 점은 먼저 639년(백제 무왕 40) 만들어졌다는 익산 미륵사(彌勒寺)를 통해 확인해 볼 수 있다. 지금은 절터만 남아 있어 미륵사지라고 불리는데, 바로 옆에는 국립익산박물관이 자리 잡고 있어 미륵사 및 백제 왕도 익산을 잘 소개하고 있다. 미륵사를 품었던 미륵산(彌勒山, 430m)은 바로 우측 용화산(龍華山, 342m)을 포함하기도 하는데, 미륵산이나

〈그림 P-9〉 백제 익산 미륵사 복원 모형(출처: 국립익산박물관)

용화산이나 다 같은 의미이다. 석가모니불에 뒤이어 사바세계(娑婆世界, 현재 우리가 사는 세계)를 교화할 미륵불 세계가 용화세계이기 때문이다. 미륵사는 총 5만 평으로 동양 최대. 유홍준에 따르면 미륵사는 다른 예가 없는 '3탑 3 금당 3회랑'의 특이한 가람 배치 및 목탑을 중심으로 좌우 석탑을 거느리고 있는 안정적 삼각형 구도 등이 특징이라고 한다. 〈그림 P-9〉는 미륵사 복원 모형이다. 중앙에 큰 목탑이 있고 좌우에 석탑 2기가 있다. 1탑 1금당 또는 1탑 3금당이 아니라 3탑 3금당 양식이다. 목탑은 9층으로 높이가 최소 50m 이상일 것으로 추정되고, 석탑 또한 9층으로 24m에 달한다. 이는 신라에서 가장 높은 석탑인 감은사지 석탑이 13m에 불과한 것과 비교하면 2배에 가깝다. 흔히 중국은 벽돌로 쌓은 전탑(塼塔), 일본은 목탑, 한국은 석탑의 나라라고 한다. 미륵사지 석탑(국보 제9호)은 가장 크고 목탑에서 석탑으로 넘어가는 과정에서 나타난 최초 석탑으로 목탑 양식을 그대로 보여 준다. 즉 돌 수만 장으로 짜 맞춰 목조건축이 지니는 아름다움을 표현한 것이다. 부여 정림사 5층 석탑 ⇨ 신라 의성 탑리 5층 석탑 ⇨ 감은사지 3층 석탑 ⇨ 불국사 석가탑으로 발전하는 우리나라 석탑 탄생 기원이기도 하다. 유홍준 선생은 특히 추녀 묘사 부분을 백미로 꼽는다(유홍준, 2011c: 247~271). 백제 사람들, 특히 익산 사람들이 탑을 만드는 기술은 신라 황룡사지 9층 목탑으로 이어졌고, 목조건축 기술은 일본으로 건너갔다는 것으로 알려져 있다. 대표적으로 578년(백제 위덕왕 25)

설립되어 세계에서 가장 오래된 기업이라는 평가를 받는 곤고구미(금강조, 金剛組)가 있다. 이 기업은 일본 쇼토쿠 태자가 시텐노지(사천왕사) 건축을 위해 초빙한 백제 사람 류중광[柳重光, 곤고 시게미쓰(金剛重光)]이 설립했다. 류중광이 전주 류씨라는 점은 이 지역에서 일본으로 넘어갔다는 것을 반증한다.

백제 무왕(武王, 581년 이전~641, 재위 600~641)이 익산으로 천도를 하기 위해 왕궁을 만들고, 최대규모 절과 탑을 만들었던 것은 백제 부흥 의지를 만천하에 보여 주고 싶었던 때문으로 추정한다.[28] 절 이름을 미륵사로 지은 것도 자신이 왕으로 있던 시대에서 나라를 중흥시켜 미륵 세상으로 만들고 싶은 염원을 담은 것으로 보인다. 따라서 무왕이 가진 이런 의지와 염원은 당시 백성들에게 크게 호응을 얻었을 것이다. 하지만 역사의 수레바퀴는 너무나 가혹했다. 무왕이 641년(무왕 42) 사망하고, 이어 보위에 오른 의자왕(義慈王, 599~660, 재위 641~660) 20년인 660년, 백제는 나당 연합군에 의해 멸망하게 된다. 이는 백제인들에게 매우 큰 상처로 남았을 것이다. 특히 익산을 위시한 주변 고을 사람들에게는 무왕의 죽음, 그리고 얼마 지나지 않은 시점에 찾아온 나라의 멸망까지 더욱 큰 고통으로 다가왔을 것으로 생각한다.

물론 미륵산이라는 이름은 익산 외에 통영, 진주, 이천, 울릉, 천안에도 있다. 미륵신앙 또한 이 지역만이 숭상했다고만 볼 수 없다. 미륵신앙은 기층 민중 신앙으로 자리 잡았기 때문에 방방곡곡에 그 흔적을 남겼다. 궁예(弓裔, 869~918, 신라 경문왕 9~고려 개국년)도 철원 지방에 나라를 세우면서 본인을 미륵이라고 했다. 미륵보살은 성불한 후에 중생을 제도하기 위해 용을 닮은 용화수(龍華樹)라는 나무 아래에서 법회를 3번 연다고 한다. 이를 용화라고 하니 곧 미륵은 용과 통한다고 하겠다. 용을 고어로 '미르' 또는 '미리'라고 하는데,

---

28) 익산이 백제의 수도였는지 여부에 대해 학술적으로 확실히 정리되지는 않았지만, 법적으로는 엄연히 경주·부여·공주와 함께 우리나라 4대 고도(古都) 중 하나다(고도보존및육성에관한특별법 제2조 제1호).

〈그림 P-10〉 금산사 미륵전 및 미륵전 내 삼존입불

어근은 '밀-'로서 물을 의미한다. 즉, 용은 물의 신으로 평야 지대에는 비를 기원하는 민간신앙 모태(송수권, 1990: 239)라는 점에서 농사짓는 사람들 모두의 신앙일 수 있다. 하지만 이 지역은 두 가지 점에서 차별점이 있다. 하나는 이 일대가 가장 넓은 농업지대라는 점이다. 특히 벼농사는 다른 밭작물보다 훨씬 많은 물이 필요한데, 이 지역은 밭보다 논이 압도적으로 많다. 벼농사=물=용(미르)=미륵으로 연쇄적으로 이어지는 관념의 깊이가 훨씬 강했을 것으로 추정한다. 또 다른 하나는 무왕 탄생설화가 용과 관련되어 있다는 점에서 그러하다. 『삼국유사(三國遺事)』 '무왕조'에 따르면 무왕은 과부인 어머니가 연못[무왕 어린 시절 이름인 서동(薯童, 마 서, 아이 동), 즉 맛동과 용의 연못을 합한 이름으로 지금은 마룡지(馬龍池)라고 함]에 사는 용과 인연을 맺어 낳았다고 돼 있다. 이는 중국 한나라 고조 유방(劉邦, BC 256~195) 탄생설화와 같은데, 용 탄생설화는 새로운 개국 의미가 있다. 부흥에 이르지 못하고 결국 패망하게 되는 나라 현실을 보면서, 이 일대 사람들은 더욱더 새로운 미륵 세상에 대해 갈구했을 것으로 보인다.

미륵 사상에 대한 추앙은 김제 모악산(母岳山, 796m) 금산사(金山寺)로 이어진다. 금산사는 599년(백제 법왕 원년)에 임금의 복을 비는 사찰로 만들어졌다가, 766년(신라 혜공왕 2년)에 진표율사(眞表律師)에 의해 중창됐다고 한다. 진표율사는 한반도 미륵신앙 시조로 금산사에서 법상종(法相宗, 신라 5교 중 하나)을 열었다고 한다. 따라서 금산사는 미륵불을 신봉하는 법상종 근본사찰이다. 금산사에 가보면 우리나라에서 유일하게 볼 수 있는 3층 법당이 있다. 국보 제62호 미륵전이다. 다층으로 된 복잡한 건물 짜임은 황룡사 9층 목탑 및 미륵사 9층 목탑과 같은 목조탑 건축방식을 끌어온 것으로 건물 높이는 18.91m다. 1층은 대자보전(大慈寶殿), 2층은 용화지회(龍華之會), 3층은 미륵전(彌勒殿)이라는 현판이 걸려 있다. 미륵은 다른 말로 자씨(慈氏)라고 하니 3개 현판 모두 미륵불을 모신 곳임을 뜻한다. 가운데에는 옥내 입불로서는 동양에서 가장 큰 11.82m 미륵입상이 있고, 좌우에는 소조불이 있어 미륵삼존 입불이라고 한다(한국문화유산답사회, 1994: 66~68). 보통 본존에 모시는 석가불은 대장전(大藏殿)에 따로 모셔져 있다. 대장전은 보물 제827호다. 금산사가 있는 모악산은 계룡산과 함께 우리나라 2대 신흥종교 발상지로 알려져 있다. 두 산 모두 평야 위에 홀로 우뚝 솟아 있어 주변 사람들에게 성스러운 공간으로 인식된 것이라고 한다(최창조, 2000: 119).

모악산 금산사 반대편 너머는 전주다. 전주는 견훤(甄萱, 867~936, 신라 경문왕 7~고려 태조 19)이 미륵을 자처하며 후백제를 세운 곳이다. 모악산 줄기 제비봉(帝妃峰, 300m)에는 기축옥사(己丑獄事, 이로 인해 호남 유림은 중앙 진출 기회가 뿌리부터 잘렸다고 함) 주인공인 정여립(鄭汝立, 1546~1589. 명종 원~선조 22) 이야기가 지금도 회자하고 있다. 제비봉, 이름이 제왕의 비라니 멋지지 않은가? 기축옥사는 임진왜란 발발 3년 전인 1589년(선조 22)에 일어난 일이다. 정여립이 주창한 천하공물설(天下公物說)과 하사비군론(何事非君論)은 '천하는 일정한 주인이 따로 없으니 누구라도 임금으로 섬길 수 있다'라는 것이다. 시대를 한참 앞선 혁명성을 확인할 수 있다. 따라서 정여립은 한국사 최초 공화주의자라는 평가가 있다. 그리고 고부 출신(정확히는 지금 정읍시 이평면) 증산 강일순(甑山 姜一淳, 1871~1909. 고종 8~대한제국 융희 3)이 증산교를 창시한 곳도 금산사 바로 옆이다. 강증산은 죽으면서 '나를 만나려면 금산사 미륵을 보라'고 얘기하기도 했다고 한다(송수권, 1990: 244). 조선 시대 또 하나의 혁명가인 교산 허균(蛟山 許筠, 1569~1618. 선조 3~광해군 10) 또한 이 일대와 관련이 있다. 허균은 우리나라 최초 한글 소설인 『홍길동전』 저자로 잘 알려져 있는데, 소설 속 율도국(栗島國) 모델이 부안 위도(蝟島)라는 설이 있다. 위도는 섬 모양이 고슴도치를 닮았다고 해서 고슴도치 위(蝟) 자를 쓴다. 허균이 가진 혁명사상은 그가 주창한 호민론(豪民論)에 있다. 그는 백성을 현실순응자 항민(恒民), 불만 토로자 원민(怨民), 시대적 상황에 따라 체제를 전복하려고 기도하는 자인 호민으로 나눈다. 국가권력이 백성을 가혹하게 수탈한다면 백성은 이를 뒤엎을 권리가 있고, 이때 뒤엎는 주체가 호민이라는 것이다. 유교 이데올로기의 민본(民本)이 아니라 민권(民權)을 주창한, 즉 백성이 객체가 아니고 주체라는

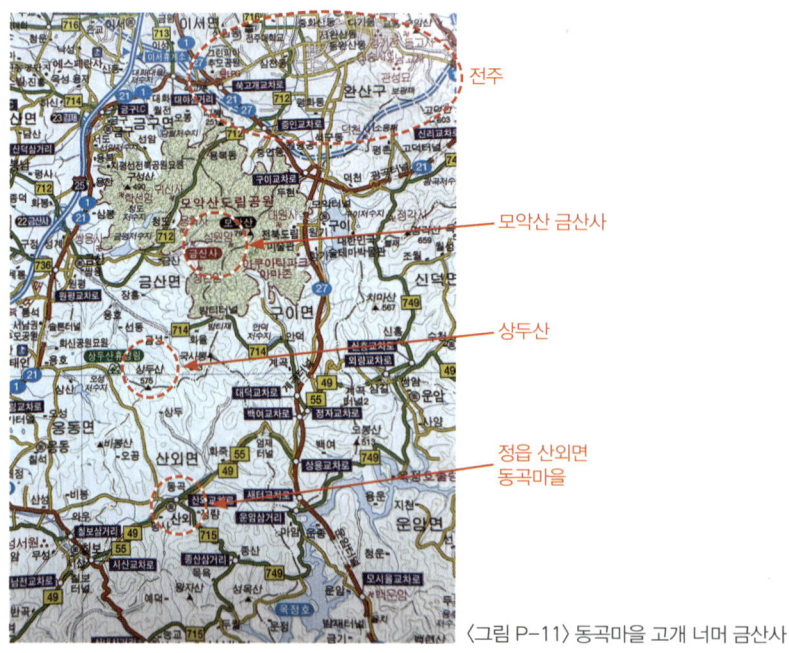

〈그림 P-11〉 동곡마을 고개 너머 금산사

매우 급진적인 역성혁명론을 피력한 것이다(한정주, 2014년 10월 8일자).

이 일대가 미륵신앙 중심이라는 점은 동학농민혁명 두 거두(巨頭) 전봉준과 김개남(金開男, 1853~1894, 철종 4~고종 31)에게 확실히 영향을 미친 것으로 보인다. 그림 〈P-11〉 하단에 보이는 지금 정읍 산외면 동곡마을은 두 혁명가가 소년 시절을 보냈던 곳이다. 구전에 따르면 1865년(고종 2), 전봉준이 11살 때 동곡리 아랫지금실로 이사를 왔고, 이웃 마을에 살던 김개남과 자주 어울렸다고 한다(김상웅, 2020: 46). 정읍 산외면 동곡마을 뒷산은 상두산(象頭山, 575m. 코끼리 머리를 닮아 상두산이라고 함)인데, 이 산을 넘으면 바로 김제 금산사다. 산외면 동곡마을에서 금산사까지 거리는 10km 조금 넘는 것에 불과하다. 두 사람은 당연히 어렸을 때부터 미륵 사상에 대해 많이 듣고 성장했을 것이다. 여기에 '사람이 곧 하늘(人乃天)', '사람을 하늘 같이 섬겨야 한다(事人如天)'와 함께 '잘못이 바로 잡힌 새로운 세상이 열린다는 후천개벽(後天開闢)' 등 동학의 메시지는 그들의 가슴에 혁명의 불길을 끌어당겼을 것으로 보인다.

동학농민혁명은 지체된 성공

지리학자 최창조 선생은 '천혜를 받았으므로 편견을 당해야 하는 땅, 이것이 전라도의 모순'이라고 했다(최창조, 2000: 125). 가장 높은 농업생산력과 풍부한 물산의 산지여서 양반 등 지배계급에 의한 수탈의 땅이 전라도라는 것이다. 그중에서도 고부 일대는 빠른 정보네트워크가 있어 당시 모순된 현실을 정확하게 이해할 수 있었을 것이다. 나아가 토착 미륵신앙의 배경이 있어 모순된 현실을 전복시키려는 주체적인 민중의식을 가지고 있었다. 여기에 덧붙여야 할 더 근본적인 원인이 있다. 한반도에서 아주 크고 넓은 바다로 나아가는 길을 잃어버린 것이다. 대륙의 변방이 된 것이다. 폐쇄적 국가에 개방적 도시는 존재하지 않는다. 사방이 꽉 둘러 막힌 이데올로기의 동굴에 갇혀, 오직 '끼리

끼리'의 문화에 매몰되어 버린 것이다. 이로 인해 천혜의 땅 전라도는 나은 미래로 나아가는 전초기지가 되지 못하고, 지배계급 내부에서 서로 빼앗으려는 수탈과 착취의 땅이 됐다. 이러한 모순을 해결하려고 혁명의 불씨가 당겨졌으나, 당시 무능한 조선 정부에서 외세를 불러오면서 결국 파국으로 끝이 났다. 2019년(대한민국 101) SBS 드라마 〈녹두꽃〉은 동학농민혁명에 참가했던 주인공 백이강(고부 출신. 별명이 '거시기')이 의병대장이 돼 활동하는 것으로 그 파국의 반전을 그리고 있다.

2025년(대한민국 107)은 동학농민혁명이 일어난 지 131주년이 되는 해이다. 그리고 매년 5월 11일은 2019년(대한민국 101) 정부가 제정·공포한 동학농민혁명 기념일이다. 5월 11일(음력 4월 7일)은 동학 농민군이 황토현에서 첫 승리를 거둔 날이다. 동학농민혁명은 1919년 3·1운동, 1960년 4·19혁명, 1979년 부마 민주항쟁, 1980년 광주민주화운동, 1987년 민주항쟁, 2016년에서 2017년에 걸친 촛불 혁명, 그리고 2024년에서 2025년에 이어진 빛의 혁명까지 이어진 대한민국 민중의 저항정신 뿌리라고 평가되고 있다. 특히 가장 오랫동안, 가장 넓은 지역에서, 가장 많은 피를 흘린 민중항쟁이라는 점에서, 내용이나 규모 면에서 서유럽의 근대혁명에 전혀 뒤지지 않는다는 평가가 있다(이이화, 2020c: 280). 정부에서 4.19 혁명 기념일과 함께 유이(唯二)하게 혁명 기념일로 지정했다는 것은 전술한 바 있다. 해방된 이후에도 한동안 '동학란' 또는 '고부 민란'이라고 불리면서 비적이나 폭도의 반란으로 규정됐다는 것과 비교하면 격세지감(隔世之感)이다. 1894년(고종 31)부터 무려 125년이 지나서다. 역사의 힘이다. '역사란 현재와 과거의 끊임없는 대화다. 그리하여 과거와 미래와의 일관된 연관성을 가질 수 있다'라고 에드워드 카(Edward Hallett Carr. 1892~1982, 조선 고종 29~대한민국 64)는 정의했다. 현시점에서 동학농민혁명은 그의 책에서 언급하고 있는 '지체된 성공'(에드워드 카, 1988: 172)의 가장 뚜렷한 사례다. 명백히 실패했음에도 그 실패가 밑바탕이 되어 대한민국의 성장과 번영에 결정적인 역할을 했기 때문이다. 당시 한반도 곳곳에 드높았던 선조들의 그 뜨거운 가슴과 냉철한 머리, 그리고 이에 입각한 피땀 어린 열정과 도전에 옷깃을 여민다.

삼남대로(三南大路)의 성쇠(盛衰)

"조선에서 가장 많은 사람이 강을 건너다닌 나루는 어디였을까?" 정답은 국립서울현충원 부근 '동재기 나루'다. '동재기'는 지금 동작(銅雀)인데 銅(구리 동)과 雀(참새 작)의 소리를 빌려온 것이라고 한다. 가장 많은 사람이 오고 갔던 이유는 삼남대로와 관련이 있다. 삼남대로는 전라도 56개 전체, 충청도 54개 중 44개, 경상도 서남부 9개, 경기도 서남부 4개 등 총 113개 고을(전국 336개 고을 중 약 34%)이 연결돼 있다. 삼남대로 주변은 너른 평야 지대가 많아 인구밀도도 매우 높은 지역이니 더욱 그러하다. 《문화일보》 칼럼 〈이기봉의 우리 땅 이야기〉 '동재기 나루' 편(2024년 7월 15일 자)에 나오는 글이다. 조선 시대 가장 많은 사람이 건넜던 나루가 동작 나루라면, 가장 많은 사람이 넘나들던 큰 고개는 남태령(南泰嶺)이었을 것이다. 지금 서울 사당역과 과천 사이에 있는 그 남태령이다. 동학농민군이 공주 우금티에서 패배하지 않았다면, 남태령을 넘어 지금 동작대로를 따라 동작 나루로 갔을 것이고 한강을 건너 한양으로 진격했을 것이다. 2024년(대한민국 106) 12월 21~22일 사이 삼남 지방에서 농민들이 몰고 올라온 트랙터를 경찰이 막았으나, 응원봉의 힘으로 이를 돌파한 것을 남태령 대첩이라고 부른 것도 마찬가지 맥락이다. 동학농민군이 넘지 못했던 남태령을 130년 후 삼남에 있는 농민들이 트랙터를 타고 넘었기 때문에 그 의미를 크게 강조한 것이다. 그만큼 삼남대로는 조선 시대 가장 많은 사람의

〈그림 P-12〉 일제의 대륙 침탈 야욕을 위한 철도 개통

애환과 사연이 함께 했던 길인 것이다.

하지만 지금은 삼남대로에 대한 기억이 거의 없다. 삼남대로만이 아니라 조선 시대 6대로 또는 9대로에 대해 잘 알지 못한다. 조선 시대 대로가 가지고 있는 특징은 한양에서 목표지점, 즉 종점까지 거의 직선이라는 것이다. 본문에 있는 〈그림 P-7〉을 다시 보면 의주까지 의주대로, 함경도 서수라까지 경흥대로, 부산까지 영남대로(신경준 6대로에서는 동해로), 해남까지 삼남대로(신경준 6대로에서는 제주로) 등 대부분 직선에 가깝다. 예외가 약간 있는데, 이는 당시 주요 거점도시들을 포함하기 위해 필요한 경우에 국한된다. 당시 산 밑으로 터널을 뚫거나, 도로를 포장한다는 등 고민은 하지 않고, 있는 그대로를 유지한 상태에서 가장 효율적인 방법을 채택한 결과라고 생각한다. 물론 공학기술이 그리 높지 않았고, 한국인 특유 자연관이 반영된 것이리라. 따라서 경상도 서부권의 경우, 삼례(전주)-오수(당시 남원. 지금은 임실)를 거쳐, 운봉 지나 함양으로 넘어가는 길이 가장 빨랐을 것이다. 지금도 서울에서 경남 서부권을 가기 위해 부산을 거친다는 것은 매우 비효율적이다. 대구를 거쳐 다시 내려가는 길 또한 매우 멀다. 지금도 서울에서 진주에 가려면 대전-통영 간 고속도로를 통해 내려가는 길이 가장 빠르다. 예전에 공주-전주-남원을 거쳐 함양으로 걸어서 넘나들던 길이 대전-금산-장수를 경유, 함양으로 가는 고속도로로 바뀐 것이다. 사람들 머리 안에 삼남대로에 대한 기억이나 인식은 없어도 당시 사람들이 선택했던 가장 효율적인 노선은 그대로 살아 있기 때문이다.

삼남대로를 비롯한 조선 시대 대로가 사라진 것은 근대 철도교통의 등장으로 비롯됐다. 대로가 우리 역사에서 사라진 가장 결정적인 계기가 철도 개통에 있다는 것이다. 한성에서 강화까지 이어진 강화대로는 1899년(대한제국 광무 3년) 경인선 철도가 개통되면서 사라졌다. 영남대로와 의주대로는 러시아와 전쟁을 벌일 목적으로 일제가 서둘러 만들었던 경부선 철도와 경의선 철도에 자리를 넘겨주었다. 〈그림 P-12〉에서 알 수 있는 것처럼 철도는 일제의 대륙 침탈 야욕을 위해 서둘러 만들어야 했던 수단이었다고 하겠다. 『2019 신한국철도사 1_총론』에 따르면 경부선 철도는 1905년(대한제국 광무 9) 1월 1일 완전 개통, 경의선 철도는 같은 해 4월 말까지 주요 구간을 개통한다. 경부선은 단순한 식민지 철도가 아니라 아시아와 유럽을 연결하는 간선(幹線)철도라는 점을 고려해, 일제가 1892년(고종 29)부터 1903년(대한제국 광무 7)까지 실지 측량을 한 것만도 5회에 이른다. 그러나 경의선은 러시아와 전쟁을 위해 빠른 개통이 더 큰 목표로 바뀌었기 때문에 용산에서 개성까지는 대한철도회사가 이미 만들었던 실측자료를 빼앗고, 개성에서 의주 구간은 의주 대로를 따라 노선이 만들어졌다. 경부선 개통을 위해 가장 크게 고려한 것은 최단 거리로 서울과 부산을 연결하되, 소백산맥을 가장 쉽게 넘는 것이었다. 그 결과 다소 직선 형태의 노선이 대전을 지나는 약한 S자형으로 바뀌게 된 것이다. 즉 일제는 경부선 하나로 정치, 군사, 사회, 경제를 한꺼번에 지배할 수 있도록 노선을 선정한 것이다(국토교통부 외, 2019: 41~45). 전라도 지방을 연결하는 호남선은 1914년(병탄 5) 1월 22일 개통하는데, 기존 경부선에서 대전까지 노선을 그대로 활용한다는 의미에서 출발이 서울이 아니고 대전이 된다. 기차역 기준으로는 대전역이 아니라 서대전역이다. 그리고 호남선 종점 또한 제주와의 뱃길을 염두에 둔 해남이 아니라 목포로 바뀌게 된다. 정상적인 국가 경영이라면 제주도와의 연결을 중시해 여전히 해남지역까지 철도 노선을 설계했을 것이다. 하지만 일제는 면화 수탈 목적으로 의도적으로 목포를 개방했다. 이것만 보더라도 일제는 확실히 대륙 침탈 목적이 훨씬 컸다는 것을 간접적으로 확인할 수 있다. 일제가 조선을 점령하고 산업을 일으킨 것을 근거로 경제성장을 이끌었다고 주장하는 식민지 근대화론이 가지는 허구성도 엿볼 수 있다. 철도 등장과 더불어 일제에 의해 콘크리트로 포장된 도로[이른바 신작로(新作路)] 또한 만들어진다. 시초는 1908년(대한제국 융희 2년)에 개통된 전주-군산 간 도로다. 이른바 전군가도(全群街道)다. 호남평야에서 소출한 쌀을 운송하기 위해 일제가 만들었다. 지금은 대구까지 이어지는 국도 제26호선 일부로서 '번영로'가 공식 이름이지만, 전군가도라는 이름이 여전히 익숙하다. 면화 수탈을 위해 목포항이 1897년(대한제국 광무 1) 개항한 것처럼, 쌀 수탈을 위해 군산항이 1899년(대한제국 광무 3) 개항됐다. 그리고 전군가도를 따라 저가의 쌀을 수출이라는 미명으로 군산항까지 운송했던 것이라 하겠다.

이처럼 일제에 의한 대륙 침탈 과정에서 삼남대로는 사라지게 됐다. 당연히 삼례에서 분기한 통영대로 또한 사라지게 된다. 근대 교통수단과 교통망이 등장하면서 조선 시대 옛길은 하나하나 사라지게 된 것이다. 조선 시대 대로 체계에 있어 서울을 중심으로 평안-경상, 함경-전라를 잇는 핵심 X축 모형은 사라지고, 서울-부산 단일 축 모형으로 바뀌게 된 것이다. 영남대로가 경부선 철도로 바뀌면서, 영남대로상 안성, 충주, 문경, 상주 등이 쇠락하고, 경부선 역이 정차하는 평택, 대전, 김천, 구미 등이 발전하게 됐다. 삼남대로와 통영대로 분기점은 기존 삼례에서 왼편 약간 위쪽인 솜리[한문으로 표기하면 이리(裡里), 지금 익산]로 바뀌게 된다.[1] 그리고 통영대로상 남원으로부터 운봉-함양-진주-통영으로 이어지던 노선은 사라지고, 구례-순천-여수로 이어지는 전라선 방향만 살아남게 됐다. 그만큼 전라도와 경상도 간 거리는 멀어지게 됐다. 가야지역이라는 역사적 유산, 지리산 아래 및 섬진강 생활문화권, 그리고 통영대로상 고을이라는 속성을 공유하고 있음에도 말이다. 게다가 전라도에서 경상도로 가기 위해 기차를 통해 이동한다면 서대전역에서 내려 서대전네거리 지하철역까지 15분 가까이 걸어서 이동해야 한다. 이후 지하철 세 정거장을 더 가야 대전역에 도착하고, 여기에서 경부선 기차를 탈 수 있다. 너무나 번거롭고 참으로 불합리한 일이 아닐 수 없다. 예컨대 삼남지역 중심지 무주지역을 거점으로 한 후 주요 광역도시를 연결하고 이들 광역도시를 연결하는 환상(環狀) 고속열차가 만들어지면 어떨까 생각해 본다. 2002년(대한민국 84) 12월 천안-논산 간 고속도로가 민자로 만들어지고, 2015년(대한민국 97) 4월 호남고속철도(KTX)가 개통됐다. 근 100여 년 만에 서울과 전라도 간 교통로가 조선 시대 삼남대로의 모습에 가깝게 된 것이다. 다만 천안삼거리는 오송 삼거리로 변했다.

---

1) 당시 솜리는 10여 호가 사는 아주 조그만 마을이었는데, 역이 개통되고 일본인들이 거주하게 되면서 크게 발전하게 된다. 반면 조선 시대 익산군 읍치가 있었던 미륵사 주변의 금마면 일대는 급격히 쇠퇴한다.

제1장

시민총론(市民總論)

[택리지 서론 또는
사민총론(四民總論) 개념]

이중환의 『택리지(擇里志)』

나는 이렇게 말한다. 옛날에는 사대부가 없었고, 누구나 백성이었다(李子曰: 古無士大夫, 皆民也)(이중환, 2018: 35).

이중환이 쓴 『택리지』 서론(광문회본에서는 사민총론) 첫 문장이다. 이중환의 사민 평등관을 보여 주는 핵심 문장이다. 선비는 벼슬하는 사람일 뿐, 농부나 공인이나 상인과 다름이 없다는 것이다. 사민(四民)이다. 계급이 없다. 그는 사민평등 상태에서 언젠가부터 사대부라는 호칭이 등장했고, 이후 농부·공인·상인과는 길이 달라졌다고 한다. 즉 사대부는 존귀해지고 반대로 농부·공인·상인은 천해졌다고 한다. 처음으로 사람(人)이 등장한 것이다. 사대부와 사대부 아닌 것(즉 사람과 백성)으로 분화한 것이다.[1] 사대부에게는 '사대부다

---

1) 인(人)과 민(民)은 다른 개념이다. 물론 인이 일반적인 인간(또는 내가 아닌 남)을 지칭하기도 하지만, 인과 민이 대칭적으로 사용되었다면 이 경우는 신분으로 이해되어야 한다. 즉 인은 최소한의

움'이 중요한데, 핵심은 옛 성인의 법을 지키는 것이다. 거꾸로 성인의 법을 지키기 때문에 사대부라는 호칭을 잃지 않는 것이다. 나아가 '한결같이 사대부다운 행실'을 하려면 부(富)를 쌓고, 이를 바탕으로 예(禮)를 지켜야 가능한 것이다. 즉 사대부는 원래 사민의 하나였으나, 이제는 사민과는 다른 사대부가 됐으니, 사대부 자격과 품위를 지속 유지하고 가문 보전을 위한 경제적 기반이 필요하다는 것이다. 이중환은 이처럼 사대부는 '사대부다움' 유지와 가문 보전을 위한 경제적 기반이 필요하다는 의미에서 책을 쓰게 된 배경(또는 이유)을 설명한다.[2] 경제적 측면을 가미하여 주거지 선택의 문제를 본격적으로 제기하고 있다는 점에서 이중환의 선구적인 측면이 엿보인다.

『택리지』의 다른 이름은 〈사대부가거처(士大夫可居處)〉다. '사대부가 가히 거처할 만한 곳'이라는 뜻이다. 이 책은 이본(異本)이 200여 종에 달하고, 책 이름도 50여 종에 이를 만큼 나오자마자 선풍적인 인기를 끌었다고 한다. 『동국지리해(東國地理解)』라는 제목을 가진 한글로 번역된 이본도 있어 여성들도 읽었다고 추정한다(이중환, 2018: 6, 13). 이 책이 선풍적인 인기를 끈 이유는 국가에서 편찬한 기존 지리지(地理志, 예, 세종실록지리지)와는 달리 일상의 삶과 직접 연관된 구체적인 지리정보를 제공해 주었기 때문이라 생각한다. 지리지

사회적인 지위[사(士) 계급 이상]을 가지고 있고, 민은 다스림을 받는 민초를 가리킨다는 것이다. 한편 인은 군자(君子)이고, 민은 소인(小人)으로 해석하기도 한다.

2) 원문 '是以作士大夫可居處(시이작 사대부가거처)'의 해석이다. 이 책을 쓰면서 기본 텍스트로 사용한 '안대회 외'는 '이런 이유로 〈사대부가거처〉를 썼다'로 해석한다. 〈사대부가거처〉가 택리지의 다른 이름으로 불리게 된 배경이다. 한편 신정일은 이 부분을 '그러한 까닭에 사대부는 살 만한 곳을 마련해야 한다.'라고 해석했다(이중환, 2014: 32). 지을 작(作) 해석을 '글을 짓다'로 할 것인지, 아니면 '마련하다'로 할 것인지에 대한 차이로 보인다. 뒤에 이어지는 문장은 '蓋時有利不利(개시유리불리), 地有善惡(지유선악), 人有進退出處之異也(인유진퇴출처지이야)'다. 해석은 '무릇 시기에는 이롭고 이롭지 않은 차이가 있고, 땅에는 좋고 나쁜 구별이 있으며, 사람에게는 나아가고 물러나는 다름이 있다'. 맥락상으로는 '이런 이유로 〈사대부가거처〉를 썼다'고 얘기하다가 '가거처'에는 유불리가 있다고 해석하는 것은 어색하다. 이보다는 '사대부는 살 만한 곳을 마련해야 하는데 시기의 유불리 차이, 땅의 좋고 나쁜 구별, 사람의 나아가고 물러나는 다름이 있다'로 설명하는 것이 자연스럽다.

[서양 지리학이 들어오면서는 지지(地誌)는 행정 통치와 군사 목적의 성격이 강해 건조한 사실의 나열에 그치다 보니 사람의 관심을 끌기에 부족했다. 예컨대 신경준이 쓴 『도로고(道路考)』 '권지이(券之二)'에서 전라도를 설명한 부분을 보면,

감사(監司) 겸 전주부윤영(全州府尹營)은 전주에 있다. 병사영(兵使營)은 강진에 있다.
좌수사영(左水使營)은 순천에 있다. 우수사영(右水使營)은 해남에 있다.

라고 기술하고, 이어 여산부(礪山府. 여산도호부사가 다스리는 고을. 현재 익산시 여산면)부터 함열감(咸悅監. 함열현감이 다스리는 고을. 현재 익산시 함열읍)까지 전라도 내 고을을 차례차례 모두 나열한다. 그리고 각 고을에 대한 설명으로는 동서남북 네 방향 인접 고을까지 경계 및 감영(監營)·병영(兵營)·통영(統營)·수영(水營)·서울(京)까지 거리를 기술하는 것에 그친다(류명환, 2014: 325~346). 각 고을과 인접 고을 등과의 상호관계를 단지 거리로만 나타내고 있다. 다른 설명은 하나도 없다. 따라서 행정과 군사 목적 필요성 외에는 없다. 해당 도로를 이용하는 사람에게 더 쓸만한 정보가 없는 것이다. 그러니 문장이 모두 건조하다. 해당 지역에 대한 호기심이 전혀 발생하지 않는다. 당연히 나의 삶과 무관하게 느껴진다. 따라서 지리적 상상력이 전혀 생기지 않는다. 현대에 와서도 각 고을에 대한 소개를 이처럼 지지(地誌) 측면에 치우쳐 단순 사실 나열에 그치다 보니 그 너머에 있는 앎의 재미와 즐거움을 놓치고 있다고 생각한다. 사람들이 흔히 지리 과목을 어렵고 재미없는 단순 암기과목으로 치부하는 것과 맥을 같이하는 것이라 하겠다. 지리적 상상력을 확장하는 교육은 이제 필수다.

관에서 편찬한 단순 사실 나열식 지리지에 익숙하던 사람들에게 『택리지』

등장은 획기적이었다. 아마도 세스 고딘(Seth Godin, 1960~, 대한민국 42~)이 말한 '보랏빛 소(Purple Cow)'로서 다가왔을 것이다. 들판에 있는 누런 황소들 사이에 보랏빛 소는 확실하게 눈에 띄었을 것처럼 말이다. 이는 사람 본연이 가지고 있는 3가지 욕구를 자극했기 때문이라 생각한다. 먼저 좋은 곳에서 살고 싶은 욕구다. 지금도 그렇지만 당시에도 좋은 곳에서 살고 싶은 욕구가 있었다는 것이다. 좋은 곳에 대한 기준을 소개하고, 그 기준에 따라 어떤 지역이 살 만한 곳이라고 설명하니 『택리지』는 일종의 부동산 백과사전이다. 또 하나는 가 보지 못한 지역에 대한 궁금증을 해소하고 싶은 욕구이다. 지금이야 비행기로 지구 반대편까지 가 보는 세상이 됐지만, 당시에는 읍내 장터에 가 보는 것도 새로운 볼거리였던 시절이다. 말로만 듣던 고을 및 가 보고 싶었던 산천에 대해 그 위치, 지세 및 특징 등을 소개하는 식으로 호기심을 충족시켜 준다. 그러니 『택리지』는 관광 안내 책자다. 마지막은 설화·전설 등에 관한 것이다. '발 없는 말이 천 리 간다'라는 속담이 있을 정도로 우리나라는 소문에 민감하다. 여기에 구체적인 사람과 지명 등을 포함하면 아주 그럴듯한 이야기가 된다. 사람들 입을 통해 전해 듣는 재미가 제법 쏠쏠하다. 전하는 사람은 어깨에 힘주고 스스로 자랑스럽게 생각한다. 얘기할 거리가 풍부하니 읽은 보람이 있다. 따라서 『택리지』는 새로 나온 이야기책이자 신상(新商)이다.

이중환이 살던 18세기는 위대한 지리학자의 시대

조선 후기 땅에 대한 높은 관심은 새로운 지리지, 지도 그리고 지도책으로 이어졌다. 수요(필요)가 있으면 공급이 따른다는 것은 '사람 살이'의 기본 원리 중 하나이기 때문이다. 공교롭게 18세기 중반에 세 사람의 위대한 지리학자가 등장한다. 청담 이중환, 여암 신경준과 농포 정상기(農圃 鄭尙驥, 1678~1752. 숙종 4~영조 28)다. 이중환 『택리지』가 나온 해는 1751년(영조 27)이다. 신경준이

『강계고(疆界考)』, 『사연고(四沿考)』, 『도로고(道路考)』, 『산수고(山水考)』, 『가람고(伽藍考)』 등 지리서를 편찬한 것 역시 모두 18세기 중반이다(고동환 외, 2022: 33~88, 305~378).[3] 정상기는 지도학자다. 정상기가 그린 〈동국대지도(東國大地圖, 보물 제1538호)〉가 나온 것은 1740년대라고 추정되고 있다. '조선 시대 지도는 〈동국대지도〉 이전과 이후로 나뉜다'라고 얘기될 정도로 이 지도는 획기적이다. 우리나라 최초로 축척(약 42만분의 1)을 사용한 것이 가장 대표적이다. 백리척(百里尺, 100리를 1척으로 나타내는 축척)이다. 이후 관청이나 민간에서 널리 필사돼, 조선 후기 지도제작의 흐름을 선도했다(오상학, 2005: 42). 아쉽게도 원본은 전해지지 않고, 관에서 모사한 것만 남아 있다. 원본이 남아 있었다면 국보로 지정됐을 것이다. 최초로 축척을 사용해서 매우 정확한 지도를 만들었기 때문이다.

위대한 지리학자 세 사람이 하필이면 18세기 중엽을 함께 살았다는 것은 우연으로만 볼 수 없다. 현대에 들어와서도 공교롭게도 마이크로소프트 빌 게이츠, 애플 스티브 잡스, 구글 에릭 슈미트가 모두 1955년(대한민국 37)생이다. 이들이 20세가 되어 청년기가 된 1975년(대한민국 57)은 개인 컴퓨터 혁명 역사에서 가장 중요한 해로 꼽기도 한다. 말콤 글래드웰(Malcolm Tymothy Gladwell, 1963~, 대한민국 45~)은 인류 역사상 가장 부유한 75인 명단에서 19세기 중반에 태어난 미국인이 14명이 되는 것에 주목했다. 미국은 1860년대와 1870년대에 철도가 건설되기 시작했고, 월 스트리트가 등장했다. 공업생산으로 확고히 변화하면서 새로운 경제규칙으로 패러다임 전환(Paradigm

---

3) 「강계고」는 고조선부터 조선 중기까지 우리나라 영토의 역사적 변화를 고증하는 내용, 「사연고」는 영조시대 우리나라 영토의 범위를 고증한 것으로 강계고의 영조시대 시점 현대판이다. 「도로고」는 전국 도로를 계통적으로 정리한 책, 「산수고」는 우리나라 산과 강을 체계적으로 정리한 책, 「가람고」는 도별 해당 군현의 사찰 기록이다(고동환 외, 2022: 53). 신경준은 이 책들을 바탕으로 1770년(영조 46) 관에서 편찬한 「동국문헌비고(東國文獻備考)」 13고(考) 중 여지고(輿地考) 부분을 맡아 작성했다. 중국의 속국이 아닌 조선의 독자성을 강조한 부분은 영조시대 조선의 공식적인 시각으로 자리매김 됐다고 한다(고동환 외, 2022: 306).

Shift)이 일어나고 있었던 때다. 즉 19세기 중반이라는 시대적 환경에서 자연스럽게 도출되는 특별한 기회가 중요했다는 것이다(글래드웰, 2009: 50~85). 따라서 18세기 중반 조선에서도 뭔가 새로운 변화가 일어나고 있었다고 볼 수 있다. 그 뭔가는 봉건적 조선 사회에 새로운 변화를 이끌어가는 추동력이 됐을 것이다. 역사에 가정은 없다지만 세계사적으로 제국주의가 등장하지 않았다면, 조선 내부에서도 자생적인 역량 축적으로 자연스럽게 자본주의에 편입되는 과정을 겪었을지도 모른다. 그 과정이 답답하겠지만, 더디더라도 역사에서 진보는 필연이기 때문이다.

18세기 중반, 땅에 대한 높은 관심, 그것도 내가 사는 땅만이 아니라, 살고 싶은 새로운 땅, 그리고 가보고 싶은 땅에 대한 높은 관심은 일정한 경제력이 뒷받침되지 않으면 나타나지 않았을 것이다. 이런 관심은 (물론 부유한 양반 계층과 토호 지주에 국한된 것이겠지만) 매슬로우(Abraham Harold Maslow, 1908~1970, 대한제국 융희 2~대한민국 52) '욕구 위계 5단계설' 중 최소한 4단계인 '자기존중' 욕구와 5단계 '자아실현' 욕구로 볼 수 있다. 기본적인 생존(1단계)과 안전(2단계), 그리고 소속감(3단계)이 뒷받침되어야 4단계인 '자기존중' 욕구로 넘어가는데, '자기존중'을 위해서는 최소한도 경제적 여건이 있어야 하기 때문이다. 최근 우리나라에서도 국민소득 3만 달러가 넘어가면서 해외여행이 활발해지는 것과 같은 이치라 할 것이다. 하지만 〈변강쇠가〉에서 보여주는 것처럼 기층 민중은 오히려 차별과 핍박 속에 유랑하는 사람이 늘어나는 상황이었으니, 그만큼 부의 양극화가 매우 극심했을 것이라는 반증으로 보이기도 한다.

당시 일정한 경제력을 확보하고 있었다는 것은 전체적인 농업생산력이 제법 궤도에 올랐기 때문으로 볼 수 있다. 물론 당시 자본주의가 본격적으로 태동하고 있었던 유럽과 비교하면 한참 부족했을 것이다. 즉 상대적으로 부족하지만, 절대적인 수준에서는 느리지만 좋아지고 있었다는 말이다. 가장 결적인 이유는 이앙법[移秧法, 볍씨를 모관(못자리)에서 싹을 틔운 후에 논에 옮겨 심는 방식] 전파 및 확산일 것이다. 조선 전기까지는 벼농사를 짓기 위해서 직파법(直播法, 모를 옮겨 심지 않고 볍씨를 바로 뿌리는 방식)에 의존했다. 벼농사는 물을 많이 필요로 하는데 한반도는 봄철에 가뭄이 심해 이앙법을 바로 적용할 수 없었기 때문이다. 이는 17세기 중반까지 조선 정부에서 모내기를 법으로 금지한 이유이기도 했다. 하지만 조선 시대 후기로 가면서 수리시설이 개선됐고, 점차 모내기를 금지할 수 없을 정도로 이앙법이 전국으로 퍼져나갔다. 이앙법은 모내기 전까지 땅을 이용할 수 있어 보리 외에도 특화작물(면화, 연초 등) 등 이모작을 가능하게 했다. 잡초제거 및 병충해 방지 등에도 유리하여 생산량이 대폭 증가했다. 상업발달의 원인이 되기도 했다. 따라서 당시 생산력 향상으로 인해 자본주의가 싹트고 있었다는 점이 새로운 욕구로 이어졌고, 이런 욕구가 위대한 지리학자 3인의 등장을 가져왔다고 할 것이다.

알고 보니 조선은 지리지 및 지도의 나라

하지만 수요가 충분했더라도 역량이 되지 않으면 공급은 이를 충족시킬 수 없다. 새로운 지리지, 지도, 그리고 지도책이 나올 수 있었던 것은 선행 기술과 지식 및 제도적 기반이 뒷받침됐을 것이다. 하지만 선행 기술 측면에서는 일목요연하게 드러나지 않는다. 그러다 보니 갑작스럽게 새로운 지리지가 나오고 시대를 뛰어넘는 지도가 나온 것처럼 보이기도 한다. 하지만 기술은 선행 기술이 없이는 새로운 기술로 이어지지는 않는다. 당장은 명확하게 기록되어 있는 자료가 없어 분명하게 확인할 수는 없으나, 언젠가 연결고리를 밝힐 수 있는 자료가 나올 것이라는 기대를 해 본다.

선행 지식과 관련 주목할 부분은 조선 초기 1481년(성종 12)에 편찬한 『동국여지승람(東國輿地勝覽)』과 이를 확장한 『신증동국여지승람(新增東國輿地勝

覽)』 등 지리지다. 『동국여지승람』은 팔도별 지도를 앞에 두고, 이어 도별 연혁·풍속·궁궐·관부(官府)·학교·토산(土産)·성곽·산천·누정(樓亭)·사사(寺社)·역원(驛院)·교량 등을 차례대로 수록하고 있다. 이 책 이름에서 '동국'은 조선, '여지'란 땅과 동의어이고, '승람'은 보기 좋은 경치, 명승지를 가리키니 '조선 땅의 명승지'라는 뜻이다. 『신증동국여지승람』은 1530년(중종 26) 기존 『동국여지승람』에서 인물 비중을 늘려 '신증', 즉 새로 증편한 것이다. 성종 시절에 나온 『동국여지승람』은 아쉽게도 현존하지 않고, 중종 때 간행된 『신증동국여지승람』만 남아 전한다. 참고로 『신증동국여지승람』 서문 다음에 〈팔도총도[八道總圖. 일명 동람도(東覽圖)]〉가 있다. 이는 우리나라 최고(最古) 목판인쇄 전국지도이다. 독도가 그려져 있어 '독도는 우리 땅'이라는 확실한 증거이기도 하다. 지도의 힘이다.

조선 초기 각종 지리지 및 지도를 편찬하는 과정에서 쌓아 올린 지식은 이 외에도 많이 있다. 각 도의 감영에서는 도별 고을 지리지, 각 고을에서 자체적으로 자기 고을 하나만 편찬한 읍지(邑誌) 등 매우 많았다. 전국 단위·도 단위·고을 단위 지리지들이 쏟아낸 정보들은 단지 정보에 그치지 않고 특정 고을 하나하나를 이해하는 지식이 됐을 것이다. 게다가 각 고을 단위 지도와 지도책도 그려졌다. 지금도 남아 있는 당시 고을 지도를 보면 한국 회화사에서도 큰 의미를 지니고 있을 정도로 아름답다(이기봉, 2021: 17~37). 조선 초기부터 쌓인 이런 정보들이 누적되어 18세기 독보적인 지리학자 3명에게도 계승됐을 것이다.

조선 시대에 들어와 이처럼 지리지와 지도를 편찬하는 것이 가능했던 가장 큰 이유는 중앙집권체제를 유지할 수 있다는 자신감에 있다. 고려 시대만 하더라도 지방관을 파견하더라도 모든 고을에 미치지는 못했다. 따라서 고려 시대에는 '주현(主縣)·속현(屬縣) 제도'를 운영할 수밖에 없었다. 조선 시대에 와서 1451년(문종 원년)에 발간한 『고려사(高麗史)』 지리지를 보면, 고려 시대 고을 수는 경(京) 4, 목(牧) 8, 부(府) 15, 군(郡) 129, 현(縣) 335, 진(鎭) 29 등 모두 520여 개에 달한다고 한다. 이 가운데 116개 고을에만 수령이 파견됐고, 나머지에는 파견되지 않았다. 수령이 파견된 고을을 '주현', 파견되지 않은 고을을 '속현'이라고 하는데, 주현이 속현을 행정적으로 간섭하지만, 속현도 독자적인 통치조직을 지니고 향리들에 의해 운영됐다(김덕진, 2018: 169~170). 조선에 들어와서는 중앙정부에서 전국 지방관을 모두 파견할 정도로 중앙집권이 강화됐다. 태종이 공도정책을 취한 것도 섬 지역은 중앙 통제가 어려울 것이라는 판단 때문이라고 얘기한 바 있다. 중앙집권을 실효적으로 하기 위해 당시 조선 정부는 각 고을 정보를 지도와 함께 제출하도록 요구했고, 그 결과 전국 단위 지리지가 촘촘한 정보로 완성될 수 있었다.

제도와 관련해서는 앞에서 언급한 바 있던 우역제도가 크게 도움이 됐을 것이다. 잘못된 지리정보는 우역제도를 운영하는 과정에서 수없이 보정 작업을 거치면서 정확한 정보로 바꿔 나갔을 것이다. 봉수제도 또한 우역제도와 같은 맥락에서 정보 오류를 고칠 수 있는 계기가 됐을 것이다. 부목군현 모든 고을에 지방관을 파견하는 제도, 호패제를 실시하여 양민 숫자를 전국적으로 파악할 수 있게 한 제도 등도 도움이 됐을 것이다. 따라서 고려 시대와 달리 중앙 정부에서는 정확한 영토에 대한 실상, 농토 및 특산품, 산천과 포구, 도서, 사찰에서 누정 등 속속들이 파악할 수 있게 됐다. 특히 인구, 호구 등에 대한 3년 단위 정기조사는 행정, 군사, 납세 등 통치에도 활용됐을 뿐만 아니라 각 고을 특성을 제대로 이해할 수 있게 해 주었을 것이다.

이처럼 조선 시대 전기 관청에서 지리지, 지도, 그리고 지도책을 만드는 과정에서 쌓아 올린 기술, 지식 및 제도적 기반은 18세기에 이르러 민간에서도 새로운 지리책과 지도 제작 등으로 이어진다. 이어 19세기 들어 김정호가 18세기 위대한 지리학자 3인이 이룬 업적과 역량을 종합한다. 그 결과 3대 지리지인 『동여도지(東輿圖志)』, 『여도비지(輿圖備誌)』, 『대동지지(大東地志)』 편찬과 3대 지도인 〈청구도(靑邱圖)〉, 〈동여도(東輿圖)〉, 〈대동여지도(大東輿地圖)〉 제작을 한다. 이 중 1861년(철종 12) 4번째 〈대동여지도〉를 완성한 후 이에 맞춰 만든 지리지인 『대동지지』에 주목해야 한다. 이는 총 30권 15책으로 미완성이다. 이전에 만들었던 『동여도지』[4]와 『여도비지』[5] 등을 참고해 생애 네 번째이자 마지막으로 만든 전국 지리지다. 특히 목판본인 『대동여지도』 22첩과 함께 이용하는 것을 전제로 편찬된 지리지라고 한다. 이해를 위해 몇 가지 설명하면, 먼저 '동'은 중국 기준으로 동쪽인 우리나라, '여'는 '수레 여' 자로 수레에 모든 것을 실어 나를 수 있는 것처럼 고을, 산천, 도로 등 우리나라 구석구석을 보여 준다는 의미로 이해하면 된다. '청구'는 예전 중국에서 우리나라를 가리키는 말이니 '우리나라 지도'라는 의미다. 〈청구도〉는 내비게이션이 나오기 전 모르는 길을 찾기 위해 자동차마다 꽂혀 있던 '전국도로지도'와 같은 지도책이라고 이해하면 된다. 형식도 '전국도로지도' 책과 비슷하다. 〈동여도〉와 〈대동여지도〉 등은 지도첩(地圖帖, 여러 장 지도를 묶어 만든 책)이다. 상하 일정한 거리 같은 위도상에 있는 것을 1첩이라고 하고, 이것을 모으면 전국지도가 된다. 〈동여도〉는 〈청구도〉와 같이 책자 형태로 나오기도 했고, 〈대동여지도〉와 같이 첩 형태로 제작되기도 했다. 〈청구도〉와 〈대동여지도〉는 모두 5번에 걸쳐 제작됐는데, 〈청구도〉 초본과 〈대동여지도〉 3번째 이름이 모두 〈동여도〉다(이기봉, 2021: 217).

  조금 더 구체적으로 보면, 〈청구도〉는 최초 1834년(순조 34) 〈동여도〉라는 이름으로 초본이 만들어진다. 같은 해 다시 〈청구도〉라는 이름으로 만들어지고, 이후 1834~1845년(순조 34~헌종 11) 사이에 1차 개정본, 1846~1849년(헌

---

4) 『동여도지』는 1830~1845년까지 20책으로 1차, 1846~1849년까지 3책으로 2차 등 2번에 걸쳐 제작됐다.

5) 『여도비지』는 1850~1856년까지 어시재 최성환(於是齋 崔瑆煥, 1813~1891, 순조 13~고종 28)과 함께 20책으로 제작됐다. 김정호에 의한 3번째 지리지다.

종 12~헌종 15)에 2차, 3차 개정본 등 총 5번에 걸쳐 제작된다. 책을 만들고 개정판을 내는 것과 유사하니 계속 보완을 한 것으로 보면 된다. 〈청구도〉는 전국을 남북 29층, 동서 22개 판으로 구획하여 그린 것이다. 방안(方眼, 모눈) 눈금으로 나눠 그렸는데, 방안 하나는 남북이 100리, 동서 70리가 되도록 구분했다. 하지만 〈청구도〉는 책자 형태여서 우리나라를 전도 형태로 보기는 어렵다. 즉 책을 펼치면 특정 방안의 부분 지도만 나오는 것이다. 현대에 와서도 '전국도로지도' 책자를 펼치면 특정 지역 지도만 나오는 것과 같다. 우리나라 전체 지도를 한 눈에 볼 수 없을까 하는 고민에서 나온 것이 첩으로 만든 〈대동여지도〉다. 〈대동여지도〉 역시 1850년(철종 원년) 이후 1864년(고종 원년)까지 모두 5번에 걸쳐 제작한다. 1850~1856년(철종 원~철종 7) 사이에 14첩짜리, 18첩짜리 각각 〈대동여지도〉 이름으로 제작한다. 1857~1860년(철종 8~철종 11) 사이에는 23첩짜리 〈동여도〉라는 이름으로 3번째 제작한다. 〈동여도〉는 〈대동여지도〉를 줄인 말이다. 각 첩을 북쪽으로부터 순서대로 펼치면 우리나라 전도가 나오는 형태다. 다만 이때까지는 필사본이어서 우리나라 전도 1장씩을 만든 것으로 이해하면 된다. 4번째 〈대동여지도〉는 1861년(철종 12), 5번째는 1864년(고종 원년)에 제작한다. 1861년이 신유년이기 때문에 신유본(辛酉本), 1864년이 갑자년이기 때문에 갑자본(甲子本)이라고 한다. 이 4, 5번째 〈대동여지도〉는 목판본이다. 모두 22첩이다(이기봉, 2021: 216~226). 그전 필사본이라 1장씩밖에 만들 수 없었던 한계를 극복하기 위해 아예 목판을 만들어 다량으로 찍어낼 수 있게 된 것이다. 〈청구도〉는 보물 제1594-1~3호로 지정돼 있다. 그리고 〈대동여지도〉는 보물 제850-1~3호, 경상남도 유형문화유산 제275호, 부산광역시 유형문화유산 제188호로 지정돼 있다. 〈대동여지도〉를 찍는 데 활용된 목판 역시 보물 제1581호로 지정돼 있다. 아마 우리나라 역사상 이렇게 국가 보물을 많이 만든 사람은 세종대왕 외에는 없을 것이다. 하지만 세종대왕은 국가자원을 충분히 활용할 수 있는 위치에 있었다는 점을 고려

하면 혼자서 이런 업적을 이룬 김정호의 위대함에 더욱 눈길이 간다.

여기에서 2가지 의문이 든다. 첫 번째는 통상 지도는 1장이라고 생각하는데, 그 1장이 어떻게 3건의 보물로 지정됐고, 지방 유형문화유산으로 등록되었는가 하는 것이다. 게다가 〈대동여지도〉 중 보물로 지정된 것은 모두 1861년(철종 12)에 제작된 '신유본'이다. 즉 '신유본'은 1건으로 생각되는데, 어떻게 보물은 3건이 지정될 수 있는지 궁금하다. 이에 대한 설명은 이때 만들어진 〈대동여지도〉가 목판본이어서 하나의 판본으로 여러 번 인쇄가 가능했기 때문이라고 쉽게 이해하면 된다. 국가유산청 설명에 따르면 '초판(신유본)과 재판(갑자본)의 간행 부수는 확실하지 않으나 현재 30여 점이 넘는 판본이 국내외에 소장된 것으로 볼 때 적지 않게 간행된 것으로 보인다'고 한다. 〈청구도〉 역시 보물로 지정된 것이 여럿이니 이 또한 여러 차례 필사돼 책자화된 것으로 이해하면 된다. 이에 대해 이기봉은 김정호에 있어 지도제작은 상품개발과 같아 양반 등 수요층에 팔기 위해 지속 개선 및 혁신을 했던 것으로 설명한다.[6] 또 한 가지 의문은 아직 국보로 지정된 건은 하나도 없다는 점이다. 근대적인 과학 및 측량기술이 도입되지 않은 상태에서 단지 문헌 정보에 의해서만 의존하여 실제와 거의 흡사한 지도를 그렸다는 것은 유례가 없을 정도로 독보적이기 때문이다. 경이롭기까지 하다. 〈청구도〉는 2권짜리 지도책이고, 〈대동여지도〉는 14첩, 18첩, 23첩, 22첩, 22첩으로 된 지도책, 즉 지도첩이다. 각각 5번에 걸쳐 개정됐으니 책으로 치면 5판까지 나온 셈이다. 판마다 수많은 변경사항이 있을 것이고, 이 변경사항 하나하나에 김정호의 혁신이 반영되어 있다. '찾아보기', '축척 표시', 기호 사용 및 범례', '통계정보 표시' 등에 있어 이용자를 위한 편의성과 실용성을 지속 보완한 것이다. 게다가 〈대동여지도〉 4

---

6) 이기봉은 『조선 최고의 개발자, 김정호(덕주, 2021)』에서 김정호가 지도를 만드는 과정을 상품개발 과정으로 설명하면서 그가 지도마다 어떤 혁신을 매번 펼쳐왔는지 등을 합리적 추론에 따라 소개하고 있다.

〈그림 1-1〉 수선전도 목판 및 목판 인쇄본

번째, 5번째는 이전 필사본과 달리 목판본이다. 당시 지도에 대한 수요가 얼마나 있었는지는 정확하지 않다. 이런 사실에도 왜 김정호는 대량 보급을 염두에 두었는지 의문이다. 〈대동여지도〉 서문 격인 '지도유설(地圖類說)'을 통해 간접적으로 그 이유를 확인할 수 있다. '지도유설'에서 김정호는 '지도는 세상이 어지러우면 쳐들어오는 적을 막는 일을 돕고 포악한 무리를 제거하며, 평화로운 시절에는 나라를 경영하고 백성을 다스리는 데 필요하다'라고 말한다. 지도를 이렇게 바라보고 있었다면 김정호에게 지도의 대중화는 당연한 지향점이었을 것이다. 특히 〈그림 1-1〉에 보이는 '수선전도(首善全圖)' 목판(보물 제853호) 제작을 통해 대중화에 성공했던 경험이 영향을 미쳤을 것으로 본다. '수선'은 우리말로 서울이다. 이런 점들을 고려할 때 최소한 〈대동여지도〉 목판은 국보급으로 올려야 하지 않을까 싶다. 독보성, 혁신성, 대중적 실용성 등을 총합한 것으로 생각되기 때문이다.

한편 김정호가 백두산을 몇 차례 등정했다는 등 일화가 전해지지만, 이는 해당 인물에 대한 관심을 높이는 긍정적 측면이 있음에도 전혀 사실과 다르다. 차라리 김정호가 어떻게 각종 지지 정보를 활용하여 지도화(地圖化)할 수 있었는지 그 과정을 체계적으로 정리, 설명하는 것이 훨씬 나을 것이다. 그리고 김정호가 1820년(순조 20)부터 사망 시기로 추정되는 1866년(고종 3)까지

40여 년 이상 어떻게 지도제작이 가능했던 것인지를 이해하는 것도 중요하다. 그리고 그 과정에서 어떤 혁신기법이 녹아들어 지속 개선돼왔는지를 알아보는 것도 흥미로운 지점이다. 그래야 조선 후기에 꾸준히 지리책과 지도가 만들어질 수 있던 배경을 충분히 이해할 수 있을 것이다. 이에 대한 과정을 해석하는 일 또한 지리지 및 지도의 나라였던 조선을 이해하는 데 도움이 될 것이다. 김이재는 김정호에 대해 '아주 정확한 국내지도를 편찬했지만, 사회적 인정을 받거나 국가적 지원을 받지 못했다'라며 못내 아쉬워한다. 그러면서 '만일 그가 국가의 지원을 받아 해외 원정을 떠나 세계지도를 만들고 백성들에게 보급할 수 있었다면 조선의 운명은 달라지지 않았을까?' 하는 의문을 던진다. 세계지도의 아버지라고 평가받는 영국의 제임스 쿡(James Cook, 1728~1779, 조선 영조 4~정조 3)처럼 말이다(김이재, 2021: 60).

우리는 모두 내면의 지리학자: 호모 게오그래피쿠스

사람은 시간적 찰나와 공간적 위치 속에서 살아가게 돼 있다. 시간적 찰나를 살아가는 사람들이 얽히고설켜 만나는 한순간을 일기일회(一期一回)라고 한다. 이 또한 공간적으로 동일 위치라는 우연이 곁들여져야 가능한 일이다. 흔히 시간과 공간을 뭉뚱그려 시공간이라고 얘기하는 이유다. 칸트(Immanuel Kant, 1724~1804, 조선 경종 4~순조 4)는 시간과 공간은 사람의 인식에 따라 형성되는 것이 아니라, 인간에게 선험적으로 주어져 있는 인식의 조건이라고 했다(최병두 외, 2016: 50). 그리고 그는 모든 지식이 두 가지 방식으로 구축될 수 있고, 또한 분류될 수 있다고 주장했다. 하나는 현상의 기원을 탐구하는 과정에서 축적되는 지식 유형으로 시공간이라는 물리적 측면을 무시하기 때문에 논리적 분류방식이다. 다른 하나는 기원이나 특성이 이질적이지만 같은 시간 또는 같은 장소 또는 같은 시공간에서 발생하는 것으로 물리적 분류방식이라고 한다. 논리적 분류방식에 의한 학문은 물리학, 생물학, 경제학, 정치학 등 대부분 학문이 해당하고, 물리적 분류방식에 의한 것은 역사학과 지리학이다. 즉 시간이라는 관점이 학문의 영역에 들어오면 역사학이며, 공간의 측면에서는 지리학이 되는 것이다. 칸트는 이를 "지리학은 현재의 시점에서 공간을 기술하는 것이고, 역사학은 공간을 시간의 흐름 속에서 기술하는 것이다"라고 했다고 한다(전종한 외, 2017: 57~58). 이처럼 시공간은 함께 하면서 항상 우리를 규정하고 있는 것이라 하겠다. 다만 둘 사이에 다른 점이 있다면 시간은 흘러 사라지지만, 공간은 사라지지 않고 항상 나의 곁에 있다는 점일 것이다. 사람이 지리적 인간, 즉 '호모 게오그래피쿠스'인 이유다.

'호모 게오그래피쿠스'는 현생 인류 중에서도 지리 감각이 좋고, 공간적 의사결정에 능했던 종만 살아남았으니, 우리는 모두 공간 감각과 이에 대한 이해가 내재화돼 있다는 말이다(김이재, 2021: 22). 이는 '어디야?'라는 질문으로부터 출발해 '무엇이', '어떻게', '왜'로 확장하는 지리학으로 자연스럽게 이어지는 이유다. 머피(Alexander B. Murphy)는 지리학이 수학, 도덕, 정치, 상업 영역 등에서 모든 '공간의 차이'와 관련된 주제이자 세계에 대한 지식을 통합하는 수단이기 때문에 지리학을 통한 배움이 인간 발전 기초가 된다는 주장을 펼쳤다. 그리고 지리학의 주요한 관심은 "왜 그것이 그곳에 있는가?(Why of where)"라고 한다(머피, 2022: 30, 40). 즉 지리학자의 관심은 지리적 현상이 '어디'에서 발생했는가, 그리고 그와 같은 현상이 왜 '그곳'에서 발생했는지에 있다는 것이다. 이때 '어디'와 '그곳'은 구체적인 '위치(또는 '입지', Location)'이기도 하고, 특정 '장소(Place)'이기도 하다. 이를 보다 추상화하면 '공간(Space)'이 되고, 어떤 때는 '지역(Region)'이 되기도 한다. 거꾸로 공간에 의미를 부여하면 그곳은 장소가 된다(투안, 2020: 13~21). 한편 구체적인 '어디'와 '그곳'에 대한 경계 구분이 중요한데 여기에서 '스케일(Scale)'의 문제가 나온다. 스케일은 지역 단위, 국가 단위, 전 세계적 단위 등 다양하다. 스케일을 확장하면 우주 차원으로 나갈 만큼 지리학이 관심을 가지는 영역은 광대하다. 우리를 둘러싸고 있는 모든 자연·사회·인문환경과 우리가 살아가는 땅과의 관계 속에서 벌어지는 모든 현상이 지리학자가 관심을 가지는 학문 대상인 것이다. 최근 기후위기에 대한 우려가 많이 있는데, 이 또한 지리학에서도 기후학자의 관심 영역이다. 자연·사회·인문과학을 모두 통섭(Consilience)한다는 점, 지리학의 가장 큰 특징이자 장점이다. 지리학의 힘이다.

블레이(Harm De Blij, 1935~2014, 병탄 26~대한민국 96)는 『왜 지금 지리학인가(WHY GEOGRAPHY MATTERS)』에서 사례를 들어 체계적으로 지리학을 소개하고 있다. 그는 지리학이 추구하는 분야를 4가지 전통으로 설명한다. 먼저 지리학은 인간세계·자연 세계를 함께 다루기 때문에 단순한 '사회'과학이 아니라는 것이다. 우리를 둘러싼 세상 전체를 대상으로 하고 있다는 것이다. 블레이는 특히 이 점이 지리학이 가지는 가장 큰 강점이라고 한다. 두 번째는 인간 사회와 자연환경 모두가 대상이기에 이들 사이 복잡한 관계를 평가하는 최적 위치에 있다는 점이다. 세 번째는 낯선 문화권이나 멀리 떨어진 지역에 직접 가서 이해하려고 한다는 점이다. 이런 전통으로 인해 지리학자는 '현지답사'를 최고 미덕으로 생각할 정도로 답사를 체질화하고 있다. 흔히 얘기하는 '우문현답(우리 문제는 현장에 답이 있다)'은 지리학자 DNA에 깊숙이 박혀 있는 것이다. 지정학 관점에서는 지도자의 지리적 편협성은 국가안보에 심각한 위기를 가져올 수 있다는 점까지 확장할 수 있다. 네 번째로 지리학자는 입지(location)를 연구하는 전통이 있다는 점이다. '왜 하필 그 자리에?', '입지에 따라 미래는 어떻게?', '왜 어떤 도시는 성장하고 번성하는데 왜 인접한 다른 도시는 쇠퇴하는가?' 등에 대한 관점이다. 지리학의 전통, 방법론, 그리고 기술 기반에 있는 생각을 한 단어로 표현하면 '공간'이다. 즉 세상을 '공간적'으로 바라본다는 것이고, 이는 역사학자가 '시간적' 또는 '연대기적'으로 본다는 것, 경제학자와 정치학자가 '구조적'으로 바라본다는 것과 차이가 있다. 즉 지리학은 '공간'이라는 커다란 우산 아래 공간적으로 표현되는 과정, 체계, 행동, 기타 수많은 현상을 연구하고 분석하는 다양성의 학문이라는 것이다. 이런 의미에서 블레이는 명확히 정의하기 어려운 지리학의 확장성과 유연성을 지리학이 지닌 힘 중의 하나라고 주장한다. 그러면서 그는 '지리상 발견의 시대는 끝났어도 지리학적 발견의 시대는 절대로 끝나지 않을 것'이라고 얘기하곤 했다고 한다(블레이, 2015: 18~25).

환경결정론 또는 환경가능론에서 환경맥락론으로

호모 게오그래피쿠스(Homo Geographicus)는 자신을 둘러싼 땅과 자연환경·사회환경·인문환경을 종합하여 맥락적 사고를 한다. 이를 '지리적 맥락' 또는 '환경적 맥락'이라고 한다. 이는 '환경결정론'과는 다르다. '환경결정론'이란 '인간 활동이 자연환경에 일 방향으로 강한 영향을 받는다'라는 주장인데, 독일 지리학자 프리드리히 라첼(Friedrich Ratzel, 1844~1904. 조선 헌종 10~병탄 5)이 효시라고 알려져 있다. '환경결정론'적 시각으로 가장 대표적인 책은 제러드 다이아몬드(Jared M. Diamond, 1937~. 병탄 28~)의 『총, 균, 쇠』를 흔히 꼽는다. 이 책은 뉴기니 사람인 알리가 '당신네 백인들은 그렇게 많은 화물을 발전시켜 뉴기니까지 가져왔는데, 어째서 우리 흑인들은 그런 화물들을 만들지 못한 겁니까?'라고 질문하는 것으로 시작한다. 이 질문에 대해 다이아몬드는 '민족마다 역사가 다르게 진행된 것은 각 민족의 생물학적 차이 때문이 아니라 환경적 차이 때문'이라고 답한다(다이아몬드, 2015: 16, 35). 그리고 이런 답변을 구하기 위해 객관적 사실을 토대로 하나하나 증명해 나간다. 매우 과학적이다. 따라서 이런 과학적 논증 과정 전체를 보지 않고 쉽게 환경결정론으로 단정하기에는 어폐가 있다. 다이아몬드가 다루는 시간 스케일이 무려 1만 3천

년이기 때문이다.[7] 즉 지리 환경의 영향은 단기적으로 인지하지 못할 수 있으나, 장기의 관점에서는 분명하게 영향을 미치는 것이기 때문이다. 그것도 다이아몬드의 시각처럼 1만 년이 넘어간다면 더욱 그러하다. 게다가 공간적 스케일도 전 지구를 대상으로 하고 있다. 인류가 지구 속에서 살아가는 이상 지리 환경의 영향 아래 있는 것은 당연한 것 아닌가? 그래서 다이아몬드는 하나의 사건이나 현상의 직접 원인을 설명하면서도 계속해서 근본원인 또는 궁극원인을 추구하고 있는 것이라 하겠다. 직접 원인은 대개 시공간적 근접성이나 경제·사회·문화적 밀접성을 가지고 설명되나, 근본원인 또는 궁극원인은 결국 전 지구적 환경으로부터 도출될 것이기 때문이다.

'지리적 맥락' 또는 '환경적 맥락'은 '환경가능론'과도 다르다. '환경가능론'은 프랑스 지역 지리학자인 비달 블라쉬(Vidal de la Blasch, 1845~1918. 조선 헌종 11~병탄 9)로부터 출발한다. 이는 자연이라는 불가피한 한계 속에서 인간의 선택 가능성을 강조한다. 블라쉬의 핵심 개념은 '향토(pays)'와 '생활양식'이다. '향토'는 인간과 자연환경이 하나의 조화를 이루고 있는 총체적인 존재다. '생활양식'은 지역(향토)마다 고유 환경 속에서 주민들이 생계를 꾸려 나가기 위한 생업을 중심으로 일상생활이 조직돼 있는 양상을 의미한다. 이러한 생활양식은 환경에 의해 결정되는 것이 아니라 적응하면서 형성되는 것으로 문화를 통해 주민들에게 '인식'된 환경(milieu)이 토대가 된다고 한다(최병두 외, 2016: 60~62). 그러나 이러한 생각은 환경만이 결정적이지 않다는 의미여서, 또 다른 결정론적 시각이라고 할 것이다.

'환경적 맥락' 또는 '지리적 맥락' 사고는 환경(또는 지리)의 영향이 분명히 있다는 점을 인식하면서도 이것이 그 지역을 전적으로 결정하는 것이 아니라고 땅(또는 특정 지역이나 장소)을 이해한다. 환경의 영향이 하나도 없는 '우연'이 그

---

[7] 이 책의 영국판 부제는 '모든 이들의 최근 1만 3천 년간의 짧은 역사(A short history about everyone for the last 13,000 years)'이다. 1만 3천 년을 짧은 것이라고 표현한 것이 인상적이다.

〈그림 1-2〉 시애틀을 떠나는 마지막 사람은 전등을 꺼 주세요.

지역에 영향을 미치는 경우도 허다하기에 환경이 전적으로 결정하는 것은 아닙니다. '우연'이 지역에 영향을 미친 대표 사례가 엔리코 모레티(Enrico Moretti, 1968~, 대한민국 50~)가 쓴 『직업의 지리학(THE NEW GEOGRAPHY OF JOBS)』에 나오는 〈두 도시 이야기〉다. 두 도시 중 한 곳은 미국 워싱턴주 시애틀이고, 다른 한 곳은 뉴멕시코주 앨버커키다. 이 두 도시는 노동시장에 있어 큰 차이가 없었다. 시애틀은 세계 최대 항공기 제작업체 및 방위산업체인 보잉이 위치하는 등 제조 기반이 매우 강한 도시였다. 앨버커키 역시 인텔 사 대규모 공장이 지금도 있는 등 시애틀과 유사하다. 그런데 한순간에 두 도시 간 차이가 발생하게 된다. 결정적인 것은 1979년(대한민국 61) 1월 1일 마이크로소프트가 앨버커키에서 시애틀로 이전한 것이다. 마이크로소프트가 1975년(대한민국 57) 4월 4일 앨버커키에서 창립된 후 만 4년이 되지 않은 시점이었다. 하지만 시애틀이 소프트웨어 회사가 자리 잡을 만한 곳도 아니었다고 한다. 당시 시애틀은 오히려 쇠락하는 자동차 산업도시 미시간주 디트로이트에 가까웠고, 무엇이든 내다 파는 도시여서 '거대한 전당포'로 비유되곤 했다. 〈그림 1-2〉는 당시 시애틀에 걸린 거대한 옥외 광고판이다. '시애틀을 떠나는 마지막 사람은 전등을 꺼 주세요'라는 광고판 내용은 당시 시애틀이 처한 미래에 대한 절망과 암울한 분위기를 잘 나타내고 있다. 이러한 상황이니 마이크로소프트가 시애틀로 이전한 것은 전혀 경영상 판단이 아니다. 창업자 빌 게이츠(William Henry Gates, 1955~, 대한민국 37~)와 폴 앨런(Paul Gardner Allen, 1953~2018, 대한민국 35~대한민국 100) 고향이 시애틀이었기 때문에 이전한 것이다. 우연이다. 하지만 이 우연으로 마이크로소프트가 시애틀로 이전한 후 도시의 매력이 커지고, 다른 소프트웨어 기업을 끌어들이는 강력한 자석으로 작용하게 된다. 마이크로소프트가 시애틀로 이주한 이후 만들어진 분위기는 아마존이 시애틀에 최초 인터넷 서점을 차린 것에도 영향을 미친다. 아이러니한 것은 아마존 창립자 제프 베조스(Jeff Bezos, 1964~, 대한민국 46~) 고향이 앨버커키라는 점이다. 빌 게이츠가 고향 시애틀로 이주한 것처럼 제프 베조스 역시 고향 앨버커키에서 회사를 세울 수 있었다. 마찬가지로 마이크로소프트 역시 시애틀로 이전하지 않고 앨버커키에 그대로 남아 있을 수 있었다. 빌 게이츠 고향이 시애틀이었고, 고향으로 돌아가서 사업을 하겠다는 결정 등 여러 우연이 겹쳐 시애틀과 앨버커키 두 도시 운명을 결정적으로 가른 것이다(모레티, 2014: 121~131). 이 외에도 우연이 지역 성패를 결정하는 사례는 매우 많다. 실리콘 밸리도 마찬가지다. 초창기 캘리포니아주 정부의 세제 혜택, 스탠포드 및 UC 버클리 대학의 창의적 인재, 캘리포니아 해안지역의 온화한 좋은 날씨 등 현재 나오는 성공 요인 분석은 사후적, 결과론적 해석인 경우가 많다.

　이런 우연을 고려하면 환경결정론이 성립하기 어렵다는 점을 알 수 있다. 하지만 환경이 결정적이지 않더라도 영향을 미치지 않는다고 할 수 없다. 예컨대 지정학에서 러시아가 부동항을 확보하려고 시도한 여러 사례가 있다는 점은 잘 알려져 있다. 러시아에서 바다로 쉽게 연결되는 곳이 북극해다. 하지만 북극해는 대부분 얼어붙어 있어 항구나 항로 개척이 매우 어려웠다. 제정 러시아 표트르 대제(영어로 피터 대제. Peter the Great. 1682~1725, 조선 숙종 8~영조 원년)는 제해권 장악을 위해 핀란드와 에스토니아 사이 발트해 쪽에 새로운 수도로 상트페테르부르크를 건설한다. 하지만 발트해 역시 겨울철에 상당 기간 얼어붙어 있어 이용이 제한적이었다. 바다로 가는 또 다른 길은 튀르키예

통제에 있는 보스포루스 해협과 다르다넬스 해협이 있는 흑해 항로다. 〈그림 1-3〉을 보자. 윗부분 상트페테르부르크를 보면 발트해 쪽으로 열린 좁은 바다가 보인다. 그리고 아랫부분을 보면 흑해에서 왼쪽 아래로 열린 더 좁은 바다가 보인다. 연달아 이어진 아주 좁은 바다 계곡이다. 따라서 이 지역을 통과하기 위해서는 튀르키예에 의존하는 것이 불가피하다. 게다가 큰 바다인 대서양으로 나가려면 지중해를 또 건너야 한다. 흑해 북쪽 마치 주머니 모양처럼 삐죽 튀어

〈그림 1-3〉 러시아 해양 출구

나와 있는 부분이 보이는데 이곳이 크림반도다. 러시아가 19세기 중반 크림전쟁(1853~1856년, 조선 철종 4~철종 7)을 벌이고, 2022년(대한민국 104) 전면적으로 확대된 우크라이나와의 전쟁 모두 지중해 출구 확보를 위한 벌이는 노력의 일환이다. 러시아에는 동부에 블라디보스토크 항구도 있다. 원래 이 땅은 발해의 영토이기도 했고, 러시아 땅이 되기 전에는 중국 청나라 땅이었다. 중국 청나라와 영국·프랑스 연합군 간 제2차 아편전쟁(1856~1860년, 조선 철종 7~철종 11)이 끝나면서 베이징 조약을 맺을 때 러시아가 중재한 대가로 얻은 땅이다. 러시아로는 아주 큰 행운이다. 하지만 수도 모스크바 등 러시아 핵심 지역으로부터 시베리아를 건너 약 9000km 떨어진 곳에 있어 의미가 크게 퇴색된다. 게다가 블라디보스토크 역시 1년에 4개월은 얼음에 갇히는 데다 동해와 연결돼 있어 한국과 일본의 영향권을 무시하기도 어렵다. 이러다 보니 러시아는 '대륙에 버금가는 크기를 가지고 있음에도 거의 내륙에 갇혀 있

다'라고 블레이는 말한다(블레이, 2015:405~406). 러시아는 자국의 팽창을 위해 부동항이 필요했고, 이를 위해 제정 러시아 시절부터 300여 년 이상을 노력했지만, 아직 뾰족한 해답을 찾지 못했다고 정리할 수 있다. 팀 마샬은 러시아가 부동항(따뜻한 물이 흐르는 해상 교통로)이 없는 것이 '지리적 아킬레스 건'이라고 한다. 러시아는 가장 넓은 나라지만 지리에게 복수의 일격을 당한 것이라는 것이다(마샬, 2016: 119~157). 기후위기와 함께 지구온난화로 인해 러시아는 북극항로를 개척할 수 있을지도 모른다. 러시아에 운명처럼 다가오는 행운일지도 모른다. 이재명 정부가 북극항로가 열릴 것에 대비해 부산을 해양물류 거점으로 삼으려고 하는 이유이기도 하다. 이 또한 자연환경이 우리 삶에 영향을 미친다는 무시할 수 없는 사례다. 이런 환경 변화에 따라 지역별 유불리가 있고 나아가 흥망성쇠가 일어나기도 하는 것이다.

환경이나 지리가 전적으로 결정적이지는 않지만, 일정한 영향을 미친다는 것이 환경맥락론 또는 지리맥락론이다. 인간 의지와 선택으로 무엇이든 가능한 것처럼 해석하는 환경가능론과는 다르다. 환경적 맥락 또는 지리적 맥락을 고려한다는 것은 해당 지역만이 가진 고유 특성이 있다는 상대주의적 시각이다. 해당 지역을 둘러싼 자연환경·사회환경 등이 그 지역에 살아가는 사람들과 부딪힘 속에서 해당 지역만이 가지는 고유성·독자성·차별성을 만들어 낸다는 것이다. 지역 공간과 그 공간에 살아온 인간과의 상호작용이 장구한 시간 속에서 얽혀 펼쳐 온 결과가 해당 지역의 현재라고 할 것이다. 이때 환경이 사람들의 삶에 영향을 미치고 사람들이 이를 헤쳐 나가는 과정에서 여러 가지 사건들이 일어나는데, 이때 그 사건들의 줄기를 우리는 역사라고 부른다. 그리고 해당 지역의 현재는 자신의 고유성·독자성·차별성이 되어 해당 지역의 미래 방향타이자 결정인자가 된다. 하지만 이런 지리적 맥락을 제대로 고려하지 않으면 잘못된 결과로 이어지기도 한다. 지역마다 맥락이 다르므로 다른 맥락에는 다른 접근방법이 필요하다는 것이다. 머피는 빈곤 지역의 사회경제적 발전과 환경적 지속가능성을 추구하는 노력이 실패하는 경우가 많은데, 이는 지역 특수 상황을 간과하기 때문이라면서 삭스(Jeffrey David Sachs, 1954~, 대한민국 36~)가 수행한 밀레니엄 빌리지 프로젝트를 언급한다. 밀레니엄 빌리지 프로젝트는 케냐 데투 지역에 현금과 인프라를 집중적으로 투입하는 방식으로 진행된 프로젝트다. 하지만 현지 전통이 파괴되고 지역 질서가 무너지는 부작용으로 이어졌다. 현금과 인프라가 특정 지역에 투입되자 인근 마을에서 많은 사람이 몰려들게 됐고, 이는 거꾸로 그 지역 고유 장점인 교통 중심지로의 기능을 상실하게 됐다는 것이다(머피, 2022: 148~149). 최근 많은 지자체에서 증가하는 그저 그런 축제와 행사 등은 고육지책이라는 점에서 이해가 되지만 해당 지역색을 오히려 반감시키는 결과로 이어질 수 있다. 각자의 매력을 찾아 이를 극대화하는 것이 지역이 살아갈 길이라 생각한다. 다른 것은 다른 것이다. 기업 경영에서 '차별화해라, 그렇지 않으면 죽음뿐이다(Differentiate or Die)'라는 격언은 고을 경영에 있어도 진리다. 지리적 맥락이다.

그러함에도 기후의 힘은 세다

환경의 영향에서 기후의 힘은 특히 무시할 수가 없다. 과학기술이 크게 발전한 현대에도 기상정보는 정확히 예측할 수 없어 항상 틀리곤 한다. 확률적이다. 브라질에 있는 나비의 날갯짓이 미국 텍사스에 토네이도를 발생시킬 수도 있다. 나비효과(Butterfly Effect)다. 미국 기상학자 에드워드 로렌츠(Edward Norton Lorenz, 1917~2008, 병탄 8~대한민국 90)가 1961년(대한민국 43) 기상 관측을 하다가 발견한 것이라고 한다. 이후 물리학에서 말하는 카오스 이론의 토대가 됐다. 지금은 초기 조건이 작게 변화하더라도 전체에 막대한 영향을 미칠 수 있다는 복잡계 특성을 이르는 말로 확장돼 활용되고 있다. 멀리 있는 곳에서 일어난 작은 변화가 지금 내가 사는 땅에 새로운 영향을 미칠 수 있다는 것이니 기후의 힘은 예상하기 어렵다. 현재도 이러하니 과학기술이 훨씬 덜 발달한 과거에는 더욱 어려웠을 것이다. 그래서 하늘(天)은 숭배의 대상이 됐다. 이기봉은 하늘은 자연을 구성하는 요소 중 하나일 뿐이지만, 농업 문명을 기반으로 한 지역에서는 자연만이 아니라 인간세계를 창조하고 움직이는 최고 존재 또는 힘으로 여겼다고 한다. 농업 풍흉은 국가 번영을 결정하는 근본요소이기 때문이다. 그러니 전근대 사회에서 통치자가 기우제를 하는 경우가 흔한 것이다(이기봉, 2025년 1월 20일 자). 우리나라에서도 농사의 신 선농(先農)과 후직(后稷)을 모시고 풍년을 기원하는 선농제(先農祭)를 지냈다. 삼국 시대부터라고 한다. 조선 시대에 들어와서는 태조를 시작으로 경술 병탄 직전 1908년(융희 2)까지 진행됐다고 한다. 왕이 선농단에서 제사를 지낼 때, 왕비는 선잠단에서 잠신(蠶神, 누에치기의 신) 서릉(西陵)에 제를 올린 후 뽕을 따서 누에를 치는 시범을 보였다고 한다. 선농단은 지금 동대문구 제기동, 선잠단은 성북구 성북동에 있다. 한편 이런 환경요소는 오로지 빗물에만 의존했던 천수답(天水畓)에서 벗어나 수리 관개시설 개발 과정 등에서 과학기술이 발전하게 되는 동인이 되기도 했다. 기후의 힘을 극복하기 위한 사람의 노력이라 하겠다.

　기후의 힘은 종종 과장되기도 한다. 대표적인 사례가 더운 나라에 사는 사람들은 선천적으로 게으르다는 편견이다. 반면에 산업혁명을 받아들여 선진국에 들어선 나라들이 대부분 4계절이 있는 중위도에 사는 사람들이어서 그들만이 발전과 성장 수혜를 누릴 자격이 있다는 것이다. 오만과 편견이다. 이런 생각을 극대화하게 된 배경이 된 것이 독일 기상학자인 쾨펜(Wladimir Peter Köppen. 1846~1940, 조선 헌종 12~병탄 31)의 세계 기후지도다. 그는 기온과 강수량 지표에 근거하여 세계의 기후를 분류하는 체계를 고안했다. 쾨펜이 1884년(조선 고종 21) 발표한 세계 기후지도를 보면 세계 주요 강대국 중에 적도, 열대기후, 사막기후, 고위도, 극 기후권에 있는 나라는 하나도 없다. 주로 온대 및 대륙성 냉대 기후에 있는 나라들만 강대국 범주에 들어가 있다. 이에 당시 지리학자 등은 성공을 거둔 특정 문화권이 특정한 기후지대와 공간적으로 확실히 결부돼 있는 것을 보고 착각을 한다. 상관관계를 인과관계로 해석한 것이다. 이는 환경결정론으로 이어졌다. 그리고 유럽 중심주의, 문명만이 진보이자 행복이라는 사고체계, 심지어는 서구만이 인종적으로 우월하다는 인종차별주의로 확장된다. 하지만 이것이 사실이 아니라는 것을 논증한 책이 환경결정론으로 거꾸로 오해를 받는 『총·균·쇠』다. 유리한 환경적 기회가 우월한 위치로 이어졌다는 주장이 이 책을 환경결정론으로 오해를 하는 지점이다(블레이, 2015: 213~221). 개인적으로는 환경맥락론 또는 지리맥락론이라고 생각한다. 아무리 사람이 노력해도 바꾸지 못할 자연의 힘은 있는 것이고, 그 맥락 속에 일정한 주어진 조건이 있는 것은 불가피하기 때문이다. 환경결정론 시각으로 확장된 점과 무관하게 쾨펜의 세계 기후지도는 그 자체로 큰 과학적 업적이라고 할 것이다.

결정론으로 비약하지 않더라도 기후의 힘이 세다는 것은 분명하다. 사람이 통제할 수 없는 영역이 분명히 있는 것이다. 박정재는 『기후의 힘』에서 현 지질시대인 홀로세(Holocene, 약 1만 년에서 현재)까지 기후변화 주요요인을 여섯 가지로 제시한다. 1) 지구의 세차운동, 2) 북대서양 자오선 역전순환 변동, 3) 태양 활동, 특히 태양 흑점 수 변화, 4) 화산 폭발, 5) 적도 태평양 해수면 온도변화, 6) 피드백 메커니즘을 꼽는다.[8] 박정재는 이어 기후변화가 인

---

8) 세차운동은 지구 자전축이 약 2만 3천~2만 6천 년 주기로 움직인다는 것이다. 이에 따라 지구 공전궤도가 원형에서 타원형으로 변하게 되고 북반구 계절성에 영향을 미친다. 북반구 계절성이 강해지면 간빙기가 도래하고, 약해지면 빙기가 돌아온다. 공전궤도가 원형에 가까울 때는 빙기나 간빙기로 전환되는 기후변화는 없다. 대서양 자오선 역전순환은 대서양 남북 방향에서 일어난 열염순환과 관련이 있다. 열염순환은 바닷물 열에너지와 농도의 변화로 인해 형성되는 해류의 장기적 흐름을 말한다. 이 순환이 원활하지 않으면 북반구를 중심으로 갑작스러운 한랭기가 나타날 가능성이 있다. 홀로세 전기에 큰 영향을 미쳤다. 태양 표면의 흑점 수가 증가하면 지구로 유입되는 태양 에너지양이 증가한다. 태양 흑점 수 변화 주기는 11년이다. 화산이 폭발할 때는 상당히 많은 양의 이산화황이 대기 중으로 방출되는데 여러 지역에서 비슷한 시기에 화산 폭발이 발생하면 눈에

간 역사에 영향을 미치는 여러 사례를 제시한다. 우리나라 사례도 있다. 13세기 초는 칭기즈칸(영어로 Genghis Khan, 1162~1227, 고려 의종 16~고종 14)이 정복 전쟁을 집중한 시기로 당시 몽골 지역은 가장 강수량이 높은 시기였고, 반면 같은 시기 고려는 가뭄과 기근으로 백성이 곤궁했다는 것이다. 몽골 초원 지역은 생산성이 매우 높았고, 말을 먹일 풀은 흔했던 반면, 고려는 가뭄이 극심해 맞서기 힘들었다는 것이다. 기후의 힘이다. 그리고 조선 시대 영·정조 시기(1724~1800년)는 기후가 양호했을 가능성이 큰 시기인 만큼 정치 외적으로 기후환경이 도움을 준 것은 아닐까 하는 의문을 던진다. 반면 이후 순조 시기(1800~1834년)는 수해와 전염병까지 겹쳐 사회 혼란이 가중됐는데 이것도 기후가 영향을 미쳤을 것이라 한다. 특히 1815년(순조 15)에는 인도네시아 탐보라 화산이 폭발하여 이듬해 조선에 극심한 흉년으로 이어지기도 했다고도 한다(박정재, 2021: 248~253). 탐보라 화산 폭발은 얼마나 엄청난 것이었는지 4200m이던 산이 1500m나 사라져 2722m로 줄어들었다고 한다. 한편 이동민은 1670년(현종 11)과 1671년(현종 12)에 일어난 경신 대기근을 언급한다. 1670년이 경술년, 1671년이 신해년이기 때문에 앞 글자를 따 경신 대기근이라고 하는데, 한반도 역사상 최악의 기근이라고 한다. 당시는 동아시아 소빙기여서 동아시아 하계 계절풍이 약해진 시기에는 명나라에 가뭄이, 계절풍이 회복한 시기에는 조선에 극심한 기근을 초래했다는 것이다. 조선 인구 최대 14%에 달하는 100만~140만 명이 굶주림과 전염병으로 목숨을 잃었을 정도로 참혹했다고 한다(이동민, 2023: 175~178). 블레이에 따르면 중국 명나라에서

띄는 기후변화가 나타날 수 있다. 적도 태평양 해수면 온도변화는 홀로세 후기 기후변화에 영향을 크게 미쳤다. 소위 엘니뇨 남방진동이라는 해양과 대기의 대순환과 관련이 있다. 엘니뇨는 무역풍이 약해지면서 적도 서태평양에 모여 있던 따뜻한 물이 중 태평양과 동태평양으로 이동하면서 온도를 높이게 되고 이로 인해 여러 기상 이변을 일으킨다. 피드백 메커니즘은 직접적인 기후변화 요인은 아니다. 다만 요인 간 상대적 영향에 따라 변화 경향이 증폭하는 것을 양의 피드백, 억제하는 것을 음의 피드백이라 한다. 자세한 내용은 박정재, 2021: 42~63, 194~201

정화의 원정이 중단된 것도 기후 영향이었다고 한다. 정화 원정대 규모를 보면 처음 출항한 1405년(조선 태종 5) 315척의 배와 2만 7천 명의 선원으로 이루어졌다. 가장 큰 배는 선원 500명이 탈 수 있었으며, 길이가 140m가 넘고 갑판 네 개, 돛대 아홉 개에 30일 동안 항해해도 충분한 물과 식량을 실을 수 있었다. 정화 원정은 1433년(세종 15)까지 7차에 걸쳐 진행됐는데, 본토에 가뭄이 극심해 수확량이 급감하고 사회적 무질서와 전염병이 횡행하게 되자 중단하게 된다. 이후 명나라 황제들은 해상 탐험을 중단하고, 대양 항해 선박을 모조리 불태울 것을 명하면서 난징 조선소에서도 쌀을 싣고 북부 기근 지역까지 운항할 수 있는 바지선만을 건조하게 했다고 한다(블레이, 2015: 99).

  이 외에도 기후의 힘이 세다는 것을 입증할 수 있는 사례는 무수히 많다. 바야흐로 지금은 세계적인 기후위기 시대다. 하지만 앞서 얘기한 6가지 기후변화 주요요인처럼 자연현상에 기인한 것이 아니라, 사람의 활동으로 인해 영향을 받고 있다는 점에 그 심각성이 있다. 우리나라 역시 기후위기로 인한 영향 아래에 있다. 해수면 상승, 높은 해수면 온도에 따른 강한 태풍, 집중호우로 인해 도시지역에서도 발생할 수 있는 대형 산사태 등 우려되는 부분이 많다. 그리고 한반도와 한반도를 둘러싼 해양 생태계 변화 및 이에 따른 철새의 텃새화, 식생 분포의 북상, 주요 어종의 지역 이동, 나아가 쌀 경작의 중단 우려 등도 심각하다. 기후의 힘에 대한 이해를 높여 이를 극복하기 위한 지혜가 요구되는 시점이다(박정재, 2021: 295~299). 사실상 글로벌 표준이 된 RE 100(Renewable Electricity 100)이나 ESG[Environment(환경), Social(사회), Governance(지배구조)의 머리글자] 경영이 갈수록 중요해지는 이유다. 이재명 정부에서 에너지 고속도로를 깔겠다면서 에너지 믹스 중심축을 신재생에너지로 바꾸는 것도 마찬가지다. 서남해안 등 지방에 새로운 기회가 될 수 있다.

지금은 시민의 시대

지금부터 270여 년 전 이중환은 자신이 사대부라는 사실 때문에 실존적 고민에 처해 있었다. 몰락한 남인 양반으로 중앙 정계로부터 버림받았다. 친구들과 함께 또는 혼자 한반도 곳곳을 찾아다녔다. 다시 관직을 맡고자 해도 아무도 불러주지 않았다. 혹여 불러준다 한들 중앙 정계는 지나치게 당파적이어서 자신의 세계관과 맞지 않아 다시 관직을 맡고 싶지 않았다. 당시 중앙 정계는 탕평이라는 외피가 있었지만, 이는 오히려 당파 간 일정한 거리 두기를 하며 이익을 탐하는 것에 급급함을 촉발하고 있는 것으로 보였다. 어떻게 할 것인가? 사대부 신분을 버리고 농부·공인·상인으로서 삶을 살 것인가? 아니면 사대부다움을 유지하면서 사대부다운 행실을 지속할 것인가? 사대부다운 행실을 위해서는 예를 지켜야 하고, 예는 부를 쌓지 못하면 제대로 확립될 수 없는데 이는 또 어떻게 해결할 것인가?

> 그리하여 어쩔 도리 없이 집안을 세우고 논밭을 마련하여, 관혼상제의 네 가지 의례를 지켜 위로는 부모를 받들어 섬기고 아래로는 자식을 길러 가문을 보전하는 계획을 세우지 않을 수 없다(이중환, 2018: 37).「서론」

이 내용은 이중환이 당시 처한 실존적 상황을 잘 소개하고 있다. 그는 1) 집안을 세우기, 2) 논밭을 마련하기, 3) 네 가지 의례를 지켜 부모를 섬기기, 4) 자식을 길러 가문을 보전하기 등 최소한 이 4가지를 실현해야 한다고 생각했다. 이런 생각에서 '사대부로서 과연 어디에서 살 것인가?', 즉 '사대부가 살 만한 땅이 어디인가?'를 주제로 책을 쓴 것이다.

이중환은 책을 쓰면서 자신이 실제 가서 보고 느꼈던 경험을 많이 활용했을 것이다. '호모 게오그래피쿠스' 속성이다. 그러나 이것만으로는 당연히 충분하지 않았다. 따라서 당시 나온 여러 지리지 및 지도 등도 참고했을 것이다. 1840년대 제작되었을 것으로 추정하는 정상기 〈동국대지도〉를 참고했는지는 정확하지 않다. 그즈음 신경준에 의해 발간된 『산수고』 등 각종 지리지를 검토했는지도 확실하지 않다. 하지만 이중환이 책에서 지명을 소개한 부분을 보면 마치 그 지역을 가 본 것처럼 생생하게 그리고 있다. 이걸 보면 아마도 지리 지식은 이중환만이 아니라 당시 모든 사대부가 가지고 있어야 할 기본 소양이었을 것이다. 자신이 모르는 부임지로 언제라도 떠나야 할 운명이라 생각해서 미리 준비해 두는 필수 지식으로 국토에 대한 지식, 즉 지리가 있었을 것이다. 게다가 사대부는 기본적으로 부국강병을 어떻게 할 것인가에 대한 생각을 끊임없이 해야 하는 것이 본업이다. 당시는 과거에 합격하여 입신양명(立身揚名)하는 것이 효도라고 생각했던 시절이다.9) 입신양명을 위해 과거에 합격하려면 국가 경영에 대한 생각이 기본이다. 그러다 보니 새로운 지리정보가 나오면 이를 알고 싶은 지적 욕구 또한 충만했을 것이다. 당시는 농업생산력이 높아 가던 시점이어서 원시 상태의 자본축적까지는 아니더라도 서서히 상품경제가 활성화되고 있었다. 이중환은 이 부분을 특히 주목했다. 기존에 알고 있던 정보와 다른 부분이니 더더욱 관심을 끌었을 것이다. 당연히 사대부 계층이 크게 호응했을 것이다. 알고 보니 조선이 지리지 및 지도의 나라였다는 사실은 이런 추정을 뒷받침해 준다.

한편 당시 사람들은 현재를 사는 우리와 달리 '호모 게오그래피쿠스' 속성이 훨씬 발달했을 것이다. 예컨대 현재 우리는 도로라고 하면 자동차가 다니는 길로 생각하여 이 길 외에는 전혀 생각하지 못하지만, 당시 사람들은 산길, 들길, 논길, 고갯길, 바닷길 등 수많은 지름길, 즉 사람이 다니는 길을 잘 알고

---

9) 효경에 있는 立身行道 揚名後世 以顯父母 孝之終也(입신행도 양명후세 이현부모 효지종야) 구절에서 나온다. 풀이하면 몸을 세워 도(道)를 행하고 후세에 이름을 날려 부모를 드러나게 하는 것이 효도의 마지막이다.

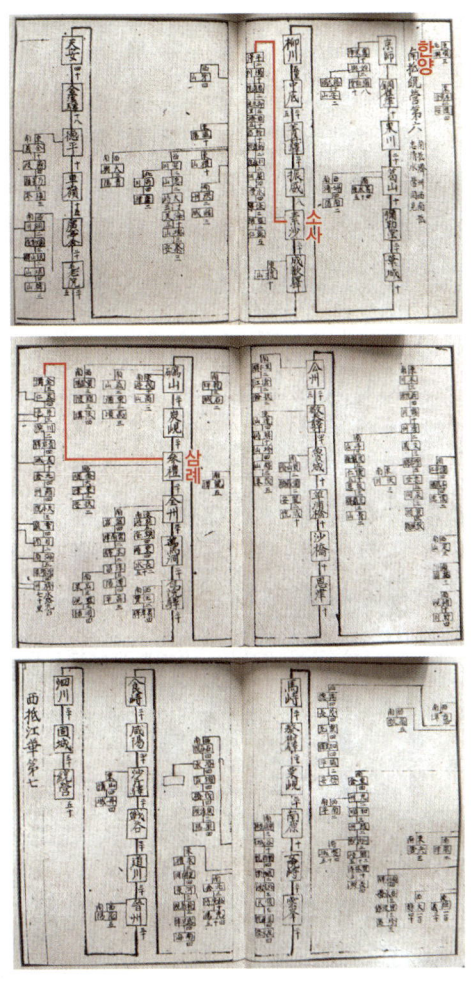

〈그림 1-4〉 서유구 『임원경제지』 중 팔역정리표(八域程里表). (서유구, 2019c: 384~395)

있었을 것이다. 지도가 없어도, 내비게이션이 없어도 '정리표(程里表)'만 있으면 어디든 찾아갈 수 있었다.[10] 정리표는 통상 한양에 이르는 각각의 노선을 체계화한 '거경정리표(距京程里表)'와 도별로 읍치(邑治) 간의 거리를 일목요연

---

10) '정리표(程里表)'는 도리표(道里表), '기리표(記里表)', '거리표(距里表)', '노정기(路程記)' 등으로도 불린다.

하게 표로 정리한 '도군상거표(道郡相距表)' 또는 '열읍상거표(列邑相距表)'를 합해 만들었다. 오늘날 내비게이션과 같다. '산경표'가 자연지리적 인식을 바탕으로 우리나라의 산줄기를 체계화한 것이라면, 정리표는 국토에 대한 인문지리적 인식이 적용된 사례라고 이해할 수 있다. 정리표가 주로 먼 거리 장사를 하는 사람들에 널리 이용되었기 때문에 그러하다. 〈그림 1-4〉는 풍석 서유구(楓石 徐有榘. 1764~1845, 영조 40~헌종 11)가 쓴 『임원경제지(林園經濟志)』 총 113권 중 109~113권인 「예규지(倪圭志)」 내 〈팔역정리표〉 중 일부다(서유구, 2019c: 384~395). '임원(林園)'은 농촌을 뜻하고, '경제'는 살림살이니, 농촌생활의 살림살이에 관한 백과사전으로 이해하면 된다. 「예규지」는 가정경제 백과사전이다. 그림에 있는 〈팔역정리표〉는 「예규지」 중에서도 마지막 113권에 있는 내용으로 조선 시대 9대로 중에서 삼남대로, 통영대로 및 충청수영 대로를 포함한다. 〈팔역정리표〉상으로는 6번째 한양에서 '남쪽으로 통영까지' 편이다. 앞 그림에서부터 아래로 큰 네모들을 잇는 선을 따라가면 경사(京師, 서울)-동작진-과천-갈산-미륵당-화성-유천-중저-청호역-진위-소사-성환역-천안-금계역-덕평-차령-광정창-모원-공주-경천역-노성-초포교-사교-은진-여산-탄현-삼례-전주-만마동-오원역-마치-오대수역-율현-남원-여원치-운봉-식치-함양-사근역-전곡-도천-진주-사천-고성-통영 순으로 이어진다. 이를 보면 소사에서 충청수영대로, 삼례에서 삼남대로 본 길이 빠진다. 그림 사이사이 보이는 숫자는 그 전 기점으로부터 거리다. 즉 가운데 그림에서 전주 아래에 표시된 三十(30)은 직전 고을인 삼례에서 전주까지 30리라는 것이다. 지도나 내비게이션이 필요 없다. 삼례에서 전주까지 가는 방향만 알고 있으면 찾아갈 수 있다. 가는 길 중도에 장승, 돌무더기(積石), 비석, 정자나무 등이 이정표 역할을 해주었기 때문에 그리 어렵지 않게 목적지에 도착했다. 지금도 지명에 남아 있는 '오리목', '오리터' 등은 대체로 옛길의 표지가 있었던 곳이다. 그러니 정리표와 자기 걸음 정도만 알고 있으면 전국 장시까지 걸리는 시간을 쉽게 예측할 수 있다. 「예규지」서문에는 '팔도 시장과 그 거리를 붙인 이유는 재물을 증식하려는 자들이 기일에 맞춰 상품을 거래하고 여정을 계산해 유통되기를 바라기 때문'이라고 〈팔역정리표〉를 만든 이유를 설명하고 있다(서유구, 2019b: 73). 이처럼 옛사람들은 내비게이션에 익숙한 현대인과는 다른 지리 감각을 가질 수밖에 없었을 것이다. 특히 상업경제가 발달하고 있던 시점에 먼 거리까지 다니면서 상품유통을 하려던 사람에게는 필수 지참 물품이었을 것이다. 정리표가 문헌으로 등장한 것이 1770년(영조 46)에 편찬된『동국문헌비고』내『여지고』에서 부·군·현 정리표와 거경정리표를 따로 작성한 것에서부터이니 조선에서 상업경제는 이때를 전후로 본격화된 것이 아닌가 추정한다.

이중환 시대로부터 270여 년이 흘렀다. 세상은 너무나 많이 바뀌었다. 대표적으로 교통과 통신이 달라졌다. 조선 시대 하나였던 교통로와 통신로가 분리되었다. 사람들이 직접 걸어야 했던 길은 자동차가 다니는 도로로 바뀌었다. 멀리 있던 사람과 만나기 위해서 직접 걸어 찾아가야 했던 번거로움도 사라졌다. 교통수단과 통신수단도 모두 달라졌다. 먼 거리 여행을 하기 위해 들고 다녔던 정리표와 지남철(나침반)은 모두 핸드폰 안으로 들어갔다. GPS(Global Positioning System)가 탑재된 스마트폰은 나의 위치를 정확하게 알려준다. 컴퓨터에 들어간 길 안내 도우미(네비게이션)도 있다. 초기에는 일일이 목적지를 검색해야 했는데 지금은 말로 하면 찾아주는 시대가 됐다. 한발 더 나아가 사람과 끊기지 않는 대화를 통해 훨씬 정확한 대답을 알려주는 생성형 인공지능 시대가 다가왔다.

사대부라는 호칭은 이제 존재하지 않는다. 호칭이 사라졌으니 이제는 누구나 백성이다. 사민이다. 관료이든 농부, 공인, 상인이든 모두가 같다. 이 점이 중요하다. 근대를 거치면서 사민은 시민(市民)이 됐다. 지금은 시민의 시대다. 단지 도시 시민만이 아니라 국가 시민이자 세계 시민의 시대다. 하지만 세계는 평평하지 않다. 마을과 마을 간, 고을과 고을 간 차이가 크다. 긍정적인 다름도 있지만, 부정적인 차별도 있다. 중심은 커다란 구심력으로 자꾸 주변을 당기려 하는데, 주변은 여기에 속수무책이다. 중심은 중심대로 일자리와 기회와 역동성을 주는 역할이 있고, 주변은 주변대로 도시에 식량, 물 및 자원을 제공하는 역할이 있다. 하지만 갈수록 주변이 사라지고 있어 이런 조화로움이 무너지고 있다. 서울집중이다. 도농격차다. 수도권 1극 체제다. 지방 소멸이다. 한편 태양의 끌어당김의 힘과 지구의 끌어당김의 힘, 그리고 달의 끌어당김의 힘이 균형을 맞추는 게 자연의 이치인데 자꾸 어긋나려고만 한다. 기후 위기다.

　이 모든 어려움을 해결하는 길은 '상보성(Complementarity) 회복'에 있다. 상보성이란 자연스러움이다. 서로 양립할 수 없는 것들이 조화롭게 균형을 잡는 것, 이것이 자연스러움이다. 중심부와 주변부, 서울 또는 수도권과 지방, 도시와 농촌은 서로 대립하는 것이 아니라 자기만의 강점을 살려 서로 조화와 균형을 찾는 것이다. 내가 사는 고을은 그 특유의 강점으로 주변 다른 고을을 돕고, 그 주변 고을은 또 나의 고을을 돕는 '더불어 숲 정신'이 필요하다. 그 중심은 당연히 시민의 힘이다. 호모 게오그래피쿠스로서 시민은 해당 지역의 지리적·환경적 맥락을 가장 잘 알고 있으며, 그 맥락에서 강점을 추출해 어려움을 극복해 온 전통이 있다. 정치권과 지방정부에만 맡겨 두기에는 현재 상황은 엄혹하다. 시민 연대를 통한 기본방향은 '지속 가능한 도시 만들기'여야 할 것이다. 다음 장부터는 전북자치도 14개 도시에 대한 지리적 맥락을 살펴보고, 이 맥락에 맞춰 해당 도시들의 지속가능을 위한 방향성을 알아보도록 하겠다.

제2장

14개 도시론

[팔도총론(八道總論) 개념]

택리지의 팔도론

『택리지』 팔도론은 서설부터 시작한다. 서설에서는 먼저 우리나라 강역이 백두산으로부터 비롯했다고 설명한다. 곤륜산(崑崙山)에서 남쪽으로 뻗다가 다시 동쪽으로 향해 의무려산(醫巫閭山)이 되었다가 산줄기가 끊겨 요동 벌판이 되었고 벌판을 건너 백두산으로 솟구친다는 얘기를 한다. 그리고 백두산은 『산해경(山海經)』에서 말한 불함산(不咸山)이라고 한다는 점도 언급한다.[1] 이후 지리적 위치에 따른 팔도 개관, 팔도에 있던 왕조, 그리고 그 왕조가 조선까지 어떻게 이어져 왔는지를 간략하게 소개한다. 다음에는 조선 강역, 이 강역에 대한 사는 사람들에 대한 특성 설명과 함께 역사에 대한 대강이 이어진

---

1) 이 내용은 「산해경」 해경(海經) 편 대황북경(大荒北經)에 언급돼 있다. '대황의 한가운데에 불함이라는 산이 있고 숙신씨국이 있다'는 문장이다. 주석에는 불함은 곧 장백산(백두산)이고, 숙신씨국은 요동으로부터 3000리 되는 곳에 있는 나라로 읍루국이라고도 한다. 사람들이 활쏘기를 잘 하고 굳세고 강한 활을 산출한다고 돼 있다(정재서 역주, 1996: 318)

다. 이 대강 속에는 고려 시대 경대부(卿大夫)와 정승이 사대부 뿌리이며 과거 제도로 선발된 사대부까지 포함하여 조선 시대 사대부로 이어져 왔다는 것을 적시한다.

서설 다음으로 팔도론이 본격적으로 이어진다. 평안도-함경도-황해도-강원도-경상도-전라도-충청도-경기도 순이다. 일반적으로 생각해 보면 서울이 있는 경기도를 먼저 언급한 후 특정 방향성을 가지고 기술할 것 같은데 이중환은 평안도를 가장 먼저 언급한다. 이후 마치 숫자 3을 거칠고 날카롭게 적을 때 나타나는 궤적 순이다. 공교롭게 숫자 3을 가운데로 나눠 위는 지금 북한 지역, 아래는 남한지역이다. 이중환이 평안도를 가장 먼저 기술한 것은 1) 기자조선이 자리했던 땅이었다는 역사성과 2) 중국과 경계로 맞닿은 지역이기 때문에 조선 강역을 명확히 하는 국토지리 관점 등을 염두에 뒀던 것으로 보인다. 평안도 다음이 함경도인 이유 역시 우리나라 강역 경계를 확실히 설명하기 위한 국토지리 관점으로 해석할 수 있다. 이처럼 먼저 우리나라 좌우 북쪽 경계를 분명히 했으니 이후 순서는 특별한 원칙이 없어도 된다. 그러함에도 수도 서울이 있는 경기도 지역을 가장 나중에 기술하려고 했던 것은 분명해 보인다. 그러다 보니 함경도에서 강원도로 내려가지 않고 황해도 지역으로 한 번 방향을 틀었다가 이후 강원도, 그 아래 경상도, 그 왼쪽 옆에 있는 전라도, 위쪽 충청도-경기도 순으로 이어진다. 이것을 통해 보면 당시 바다를 국토로는 인식하지 못했던 것으로 보인다. 즉 땅 중심 사고가 당연히 지배적이었던 것이다. 따라서 경상도 지역이 알고 보면 일본과 경계라는 인식은 거의 하지 못했을 것이다.

『택리지』의 팔도론은 사대부가 가히 살 만한 땅이 어디인가를 설명하기 위해 반드시 언급해야 하는 기본 필수 지식과 같은 부분이다. 즉 앞부분에 팔도에 대한 기본 설명이 있어야 이후 가히 살 만한 땅을 찾는 복거론(卜居論)으로 이어지는 흐름이 자연스럽다. 팔도론은 책 전체 내용 중 50% 정도 되는 분량이다. 이후 복거론이 40% 정도니 이 책은 팔도론과 복거론이 거의 전부다. 이 책 또한 남한에 있는 9개도 지역을 차례대로 개관하는 것이 맞을 것이나 그렇게 하면 책 자체가 너무 방대해지게 된다. 이중환이 살던 시대인 1700년대 중반과 비교해 300여 년 가까이 지난 현재 모든 도시는 너무 커졌고, 이들 간의 관계도 매우 복잡하다. 즉 이중환이 살던 시대에는 기본적인 지리정보를 제공하는 것만으로 해당 지역을 어느 정도 소개할 수 있으나, 지금은 그 정도 소개하는 것만으로 해당 지역을 제대로 이해하기에 한계가 있기 때문이다. 게다가 필자 또한 전국 모든 지역을 다룰 정도로 충분히 준비하기에는 시간이 더 필요하다. 따라서 우선 전북자치도 부분만을 먼저 기술하고자 한다. 이 지역을 가장 먼저 꼽은 이유는 현재 전국 17개 광역 지자체 중에서 가장 쇠락하고 있는 지역이고, 또 그 위상이 이중환 시대와 비교해 가장 극적으로 차이가 나는 지역이기도 해서다. 이 지역은 여전히 농림수산업에 의존하고 있고, 산업화 시대를 거치면서도 지역 기반 주요 대기업이나 산업 등이 머리에 떠오르지 않을 정도로 변변한 산업기반이 없다. 이중환 시대에 가장 잘 사는 지역이 현재에 와서는 가장 못 사는 지역 중 하나가 된 것이다. 이를 가장 극단적으로 나타내는 것이 해방 이후 인구가 줄어든 유일한 지자체라는 점이다. 해방 후 남한 인구는 약 2천만 명이 넘고, 이 중 전북자치도 인구는 10% 수준인 약 200만 명 정도인데 2025년(대한민국 107) 6월 말 인구수는 약 173만 명에 불과하다. 전국 평균 2.5배 수준으로 인구가 증가했는데 전북자치도는 12% 정도 줄어든 것이다. 한편 필자가 태어난 고향이어서 다른 지역보다 상대적으로 조금 더 알고 있고, 40여 년 서울 생활을 마치고 현재 거주하는 지역이라는 점도 고려했다. 제2장은 전북자치도의 이와 같은 극단적 상황에도 그간 축적돼 살아 있는 지리적 맥락을 기반으로 새로운 기회 단서를 찾고자 하는 것이 주제다.

전라도 윗녘과 아랫녘

전북자치도는 전라도 윗녘이다. 아랫녘은 지금 기준 광주광역시와 전라남도다. 윗녘과 아랫녘은 노령산맥을 경계로 나뉜다. 노령산맥 어원이 된 노령(蘆嶺)은 갈재(갈대가 많은 고개)라고 부르던 높이 276m 밖에 되지 않는 낮은 고개다.[2] 전북자치도 정읍시와 전라남도 장성군을 연결한다. 전라도 차원으로 스케일을 확대하면 전주에서 정읍, 장성, 그리고 광주광역시를 지나 나주까지 연결한다. 전라도(全羅道)는 바로 이 전주(全州)와 나주(羅州)에서 나온 것이다. 이 길은 고려 시대 현종(992~1031, 고려 성종 11~현종 22, 덕종 즉위년)이 거란 침입으로 나주로 몽진할 때 이용한 길이다. 이후 조선 시대에도 한성에서 해남까지 가는 삼남대로 대표적 고갯길이 되었다. 앞장에서 언급한 〈팔역정리표〉에 따라 전주에서 나주까지 가는 길에 있는 각 역을 순서대로 나열하면, '전주-금구-태인-정읍-천원-청암역-장성-북창-나주'다. 전주부터 나주까지 거리는 '정리표'와 함께 있는 '열읍상거표'에 따르면 250리다. 조선 시대 10리는 약 4.45km [현재 남아 있는 주척(周尺) 길이인 약 20.62cm 기준]이니 111.25km다. 인터넷 검색으로는 120km로 나온다. 노령은 정읍 천원과 장성 청암역 사이에 있다. 이 길은 지금 호남고속도로 호남터널과 제1번 국도상 호남 제2터널이 뚫려 고갯길이 터널길로 바뀌었다.

---

2) 정읍에는 또 다른 갈재가 있다. 이때 '갈'은 가을을 줄인 말로 한문으로 표현하면 추령(秋嶺)이다. 정읍에서 내장산 좌측 순창으로 넘어가는 고갯마루(해발 320m)다. 고개를 넘으면 순창 복흥면이 나오는데 이곳이 이중환이 말한 전라도의 정가운데다.

전라도 윗녘과 아랫녘은 원래 마한(馬韓) 땅이다. 이어 백제(百濟) 땅이 됐다. 백제는 '백성(百姓)이 즐거이 따른다'라고 해서 붙인 이름인데, 숫자 '백(百)'은 옛말로 '온'이고 '온'은 '모든'이란 뜻이다(송수권, 1990: 26). 남북국 시대 신라 685년(신문왕 5년) 윗녘은 전주[全州 또는 완산주(完山州)], 아랫녘은 무주[武州 또는 무진주(武珍州)]가 되었다. 전주 또는 완산주에서 전(全)이나 완(完)은 모두 우리 말로는 '전체'나 '전부'를 의미하는 '온'이니, 전주는 백제라는 나라 이름을 물려받은 것이라 할 수 있다.[3] 지금도 전주 별칭은 '온고을'이다. 백제 정통이라는 의미다. 무진주에서 진(珍)은 지금은 진으로 읽으나, 당시에는 '돌' 또는 '들'로 읽었다고 하니(이른바 훈독) 무등산에서 유래한 것이라고 한다. 무등산 서석대를 보면 이해가 된다. 물이 많은 곳이라 물에서 나왔다는 얘기도 있다. 광주는 광주천과 무등산에서 흘러나온 수많은 소하천으로 인해 늪지가 많아 물이 많은 들판이라고 해서 '물들'이라는 지명으로 불리기도 했다고 한다. '물들'에서 무등산 '무등'으로 이어졌다는 것이다.

고려 초 995년(성종 14년)에는 신라 9주는 다시 10도로 바뀌는데, 이때 전주는 강남도(江南道), 무주는 해양도(海陽道)가 된다. 도(道)라는 지명이 처음으로 등장한 것이다. 강남도는 금강 남쪽, 해양도는 바다 북쪽이란 말이다.[4] 1018년(현종 18년)에는 지방행정 조직 5도와 군사 조직 양계(兩界)로 바뀌면서 강남

---

[3] 고어(古語)에서 백은 온, 천은 즈믄이다. 백이란 숫자는 아주 큰 수여서 전체를 아우르는 수로 인식된 결과로 보인다. 백제는 백 개 고을이 아니라 모든 고을, 백성(百姓)은 백 개의 성씨(姓氏)가 아니라 귀족이 아닌 모든 사람이다. 한편으로는 '온전하다'는 의미에서 사람이 살기 좋은 조건을 갖춘 온전한 땅이라는 해석하기도 한다(전국지리교사모임, 2019: 293).

[4] 당시 강남도는 전주, 영주(현재 고부), 순주(현재 순창), 마주(현재 옥구) 등 52개 주현을 관장했다. 현재 전북자치도 지역이다. 해양도는 나주, 광주, 정주(현재 영광), 승주, 패주(현재 보성), 담주(현재 담양), 낭주(현재 영암) 등 76개 주현을 관장했다. 현재 광주광역시와 전라남도 지역이다. 통일신라 때 완산주·무진주와 거의 같은 지역이다. 강남도 중심은 전주, 해양도 중심은 광주였다. 그리고 당시 전국 584개 주현 중에서 강남도와 해양도에 128개 주현이 있어 전체의 22%를 차지했다. 그리 크지 않은 면적임에도 제법 큰 비중을 차지하고 있던 것이다. 농업이 기본인 당시 국가 경제에서 이 지역이 차지하는 위상을 또 한 번 확인할 수 있다(김덕진, 2018: 23~24)

도와 해양도는 합해져 전라도가 된다. 1000년이 넘는 전라도 역사가 시작된 것이다.[5] 전국 8도 중 가장 오래된 지명이다. 전라도는 조선 말인 1895년(고종 32년) 23부(府)로 바뀔 때 전주부, 남원부, 나주부, 제주부로 나뉜다. 하지만 23부는 일본이 메이지 유신 이후 1871년(고종 8) 시행했던 폐번치현(廢藩置県, 지방 통치를 담당하였던 번을 폐지하고, 중앙정부가 통제하는 부(府)와 현(縣)으로 일원화한 행정 개혁)을 본떠 급하게 만든 지방행정 체제여서 우리 실정과 맞지 않았다. 급기야 다음 해인 1896년(고종 33년) 23부는 13도로 다시 바뀌게 된다. 종전 8도 중 남부 3개도, 북부 2개도는 남북으로 나누고, 경기도, 황해도, 강원도 등 3개도를 포함하여 13도가 된 것이다. 하지만 전라도 윗녘은 전라북도, 아랫녘은 전라남도가 됐다.

전라우도와 전라좌도

조선 시대 지방행정 조직은 8도 체제지만, 행정편의를 위해 한 도를 좌우로 나누어 통치했다(김덕진, 2018: 48). 경상도는 낙동강 본류를 기준으로 좌우로 나뉘었고, 전라도는 남북으로 뻗어 있는 큰길, 즉 삼남대로가 경계였다. 좌우 구분은 용상에 앉아 있는 임금이 기준이다 보니 통상 우리가 보는 지도상 방위의 개념과는 다르다. 〈그림 2-1〉을 보면 청색이 전라우도, 적색이 전라좌도다. 반면 서울보다 북쪽인 평안도 등은 통상 방위 개념과 같다. 따라서 전라우도에는 현재 제주도 3개 고을을 포함한 서남부 평야 지대 35개 고을, 전라

---

5) 전라도는 1018년 명칭이 등장하고 한 번도 바뀌지 않는다. 경상도와 충청도는 명칭이 계속 변화하다가, 경상도는 1314년(고려 충숙왕 원년), 충청도는 1356년(고려 공민왕 5년)에서야 확정된다. 전라도와 비교해 300여 년 후이다. 경상도는 경상진주도(1105년) ⇨ 경상주도·진협주도(1171년) ⇨ 경상주도(1186년) ⇨ 경상도(1314년)로, 충청도는 양광충청주도(1106년) ⇨ 양광주도·충청주도(1171년) ⇨ 양광도(1314년) ⇨ 충청도(1356년)로 계속 변화해 왔다. 강원도는 고려 시대에 삭방도(995년) ⇨ 춘주도(1178년) ⇨ 교주도(1263년) ⇨ 회양도(1314년) ⇨ 교주강릉도(1388년)로 바뀌었다가 조선 시대인 1395년(태조 4년) 강원도가 된다(김덕진, 2018: 25~26).

좌도에는 지리산 산록에 접한 고을 등 24개 고을이 속했다. 전북자치도로 보면 지금 전주시, 익산시, 군산시, 정읍시, 김제시와 완주군, 부안군, 고창군(5시 3군)이 우도에 포함되고, 남원시와 순창군, 임실군, 장수군, 무주군, 진안군(1시 5군)이 좌도에 속했다. 조선 시대 기준으로는 우도 35개 고을 중 20개, 좌도 24개 고을 중 8개가 포함된다. 수영(水營)도 우수영과 좌수영으로 나뉘었고, 암행어사도 우도 암행어사와 좌도 암행어사로 따로따로 파견되었다고 한다(김덕진, 2018: 48~49). 조

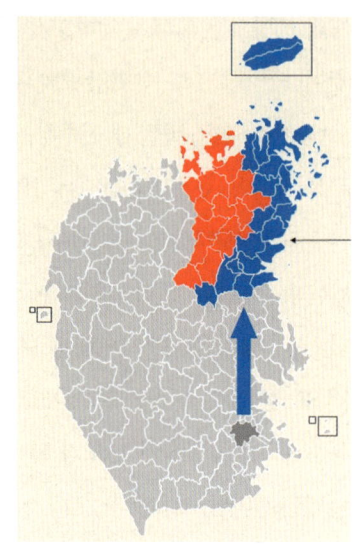

〈그림 2-1〉 전라좌우도 구분
(우도 청색, 좌도 적색)

선 시대에는 전라도 좌·우로 구분했는데 1896년(고종 33) 13도로 바뀔 때(칙령 제36호 「지방 제도와 관제 개정에 관한 안건」) 왜 남북으로 바뀌게 됐는지 명확하지 않다. 다만 행정상 편의가 있었을 것으로 추정할 뿐이다. 충청도는 좌·우도가 변동이 없이 명칭만 남북도로 바뀌게 된 것 또한 이유를 알기 어렵다.

전라 좌·우도 체제가 조선 시대 내내 이어졌으니 그 기간이 500여 년이다. 따라서 같은 전라도라고 하더라도 전라좌도와 전라우도 간에는 풍습과 문화가 다르다. 좌도는 내륙과 산악지대, 우도는 해안과 평야지대라는 지형상 특성 차이로 인해 좌·우도 간 문화의 차이로 이어진 것이다. 예컨대 판소리 경우에도 좌도의 동편제와 우도의 서편제로 구분한다는 것은 잘 알려져 있다. 특히 1993년(대한민국 75) 국산 영화 중 흥행 1위 〈서편제〉를 통해 많은 사람이 알게 됐다. 그리고 농악 경우에도 전라도는 '좌도 농악'과 '우도 농악'이 서로 다르다. 농악은 2014년(대한민국 96) 우리나라에서 17번째(총 23개)로 유네스코 인류무형문화유산에 등재됐다. 〈그림 2-2〉는 우리나라 농악 5대 문화

권인데, 전라도는 좌도 농악(대표 '이리 농악')과 우도 농악(대표 '임실 필봉농악')이 별도 문화권을 형성하고 있음을 보여 준다. 농악 5대 문화권 중 전라도에만 2개 문화권이 따로 있다는 것은 전라도에서는 농사짓는 일이 그만큼 흔하고 지배적인 생업이었기 때문일 것이다. 하지만 이는 반대로 '농자천하지대본(農者天下之大本)' 이데올로기하에서 가장 큰 수탈로 이어질 수 있는 토대가 됐던 땅이라는 것으로 해석할 수 있다. 한편 판소리와 농악이 이처럼 좌우로 나뉨에도 그 바탕은 전라도라는 이름 아래 같은 뿌리이니 전라도는 '따로 또 같이' 문화를 가지고 있다고 해석할 수 있다. 즉 전라도 정체성을 공유하고 있다는 것이다. '따로 또 같이' 문화는 동부 지역은 덕유산과 지리산 등 아주 높은 산악지대지만, 이들을 제외하고는 서부 해안지대까지 크게 막힌 곳이 없는 전라도 지형이 영향을 미쳤을 것으로 생각한다. 지리가 사람들 삶에 영향을 미치고 있다는 것이다. 지리의 힘이다. '따로 또 같이' 문화는 뒤에 조금 더 자세히 설명하고자 한다.

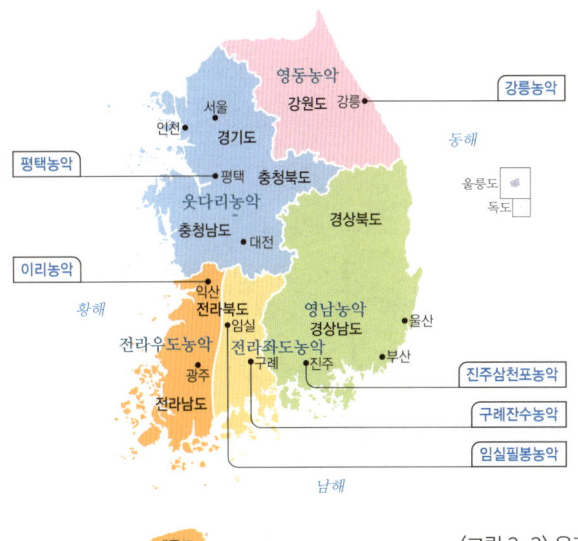

〈그림 2-2〉 우리나라 농악의 5대 문화권

전라도 수부 전주 그리고 전라좌도 수부 남원

전주는 전라도 수부(首府, 감영이 있는 곳)다. 한 도에는 감영이 하나만 있으므로 수부라는 표현은 전주에게만 쓸 수 있다. 전주는 종2품 부윤(府尹)이 다스리는 고을인데, 전주 부윤은 전라도 관찰사를 겸한다. 즉 전주라는 고을을 다스리는 사또이기도 하고, 전라도 지역의 방백(方伯, 지금의 도지사)이기도 하다는 것이다. 당시 서울에는 정2품 한성판윤(判尹)이 있었고, 지방에는 5개의 부가 있었는데 이 중 하나가 전주부다. 나머지 네 개는 평안도 평양부, 의주부, 함경도 함흥부, 그리고 경상도 경주부다. 오랫동안 한 나라의 수도였던 평양, 경주 등과 어깨를 나란히 한다. 전주와 같이 부윤 및 관찰사가 함께 있는 곳은 평양(평안도)과 함흥(함경도)이다. 의주와 경주에는 관찰사가 없다. 전라도 수부라는 것은 현재 기준으로 1개 광역시(광주) 및 3개도(전북자치도, 전남도, 제주도) 수장이라는 의미다. 당시 나라 살림을 거의 책임지다시피 할 정도로 가장 농업 생산력이 높은 지역을 통할한다는 점도 있다. 게다가 이씨 왕조 본향이다. 이러니 전주는 현재 광역시보다 몇 배나 큰 위상을 가진 고을이었던 것이라 하겠다. 마찬가지로 경상감영(조선 초기에는 경주, 상주, 달성, 안동 등 전전하다가 임진왜란 이후는 대구에 정착)은 3개 광역시(부산, 대구, 울산)와 2개도 수장이 있었

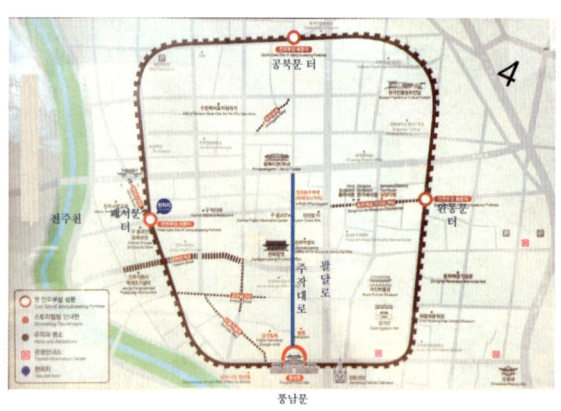

〈그림 2-3〉 전주부성과 4대문 현재 위치

104 새로 쓰는 택리지

던 곳이다.

행정 편의를 위해 전라 좌·우도로 구분한다고 했다. 전주는 우도 쪽에 있으니 좌도를 담당하는 행정 중심도시(일종의 수부)가 필요한데 이곳이 남원이다. 남원은 종3품 지방관 도호부사(都護府使)가 장(長)이다. 지방관을 품계 순으로 정리하면, 관찰사·부윤(종2품)-목사·대도호부사(정3품)-도호부사(종3품)-군수(종4품)-현령(종5품)-현감(종6품) 순이다. 참고로 정2품 한성판윤(한성부 수장은 판서와 같은 품계여서 판윤이라고 함)은 지방관이 아니라 경관(京官)이다. 도호부사는 목사(牧使)나 대도호부사(大都護府使)보다 한 직급 아래다. 목사는 이름이 '주(州)'로 끝나는 20개 고을에만 해당한다.[6] 다산 정약용(茶山 丁若鏞, 1762~1836. 영조 38~헌종 2)이 쓴 『목민심서(牧民心書)』에서 '목'이 목사에서 나온 것이다. 지방관을 통칭하여 목민관이라는 하기도 한다. 도호부사가 수장으로 있는 지역은 18세기 말 전국에 76개가 있었다. 도호부사는 역시 76개 지역에 있던 종4품 지방관 군수보다는 두 직급 위다. 조선 시대 악인을 가장 대표하는 한 사람인 변학도는 전라좌도를 총괄하는 남원 도호부사였으니, 그 품계가 제법 높고 위세도 대단했던 지방관이라 하겠다. 동학농민혁명 때 농민군이 전주성을 점령하고 난 후 전봉준은 전주, 그리고 김개남은 남원을 거점으로 활동했다는 점도 이 두 지역이 전라 좌·우도의 수부였다는 점을 간접 확인할

---

6) 목사가 다스리는 20개 고을은 충주, 상주, 진주, 함경도 길주, 황해도 해주, 양주, 나주, 성주, 황해도 황주, 홍주(홍성), 평안도 정주 및 안주, 청주, 공주, 제주, 원주, 전라도 광주, 여주, 능주(화순), 파주 등이다. 순서는 1789년(정조 13) 호구총수 인구수 기준이다. 가장 인구가 많은 충주는 87,331명, 가장 적은 파주는 10,154명이다. 당시 '고을 주'가 들어가는 고을은 큰 고을을 대표하는데, 인구수 만으로 보면 조선 건국 400여 년이 지난 시점에 고을마다 차이가 매우 크다는 것을 확인할 수 있다. 현재 북한 지역에 있는 고을은 도 이름도 함께 표기했다. 괄호 앞은 조선 시대 지명이고 괄호 안은 현재 지명이다. 이외 '고을 주'가 들어가는 고을은 전주부, 평안도 의주부, 경주부, 경기도 광주유수부, 평안도 삭주도호부, 함경도 후주도호부 등이 있다. 유수부(留守府)는 수도권 요충지에 설치됐다. 행정구역상으로 부였으나 부윤이 아닌 유수가 장관이었고, 한성판윤처럼 지방관이 아닌 경관이 임명됐다. 하지만 유수부는 한성부와 달리 도에 속했다. 개성·강화·경기도 광주·수원·춘천 등 5곳이 있었고, 품계는 종2품에서 정2품까지다. 함경도 후주도호부는 19세기 중반 평안도에 배속되면서 4군 중 하나인 무창부와 병합하여 후창군이 됐다.

수 있다. 지금 기준으로 전라도 및 전라좌도 수부가 모두 전북자치도 내에 있었다는 것이다.

왜 전라도 수부는 전주이고, 전라좌도 수부는 남원인가? 전주가 전라도 수부인 것은 누구나 쉽게 생각할 수 있다. 전주는 조선을 개국한 태조 이성계(李成桂, 1335~1408. 고려 충숙왕 복위 3~조선 태종 8)의 본향이기 때문이다. 이성계는 조선을 개국하자마자 1392년 조상의 고향 전주에 '완산유수부'를 설치한다. 이후 1403년(태종 3)에는 전주부로 개칭한다. 이에 전주는 전주 이씨 본향이라는 의미에서 '조경지지(肇慶之地)'라고 한다. '조(肇)' 자가 '비롯되다', '창시하다'를 의미하므로 '경사스러움이 비롯된 땅' 정도로 해석하면 된다. 전주는 '풍패지향(豊沛之鄕)'이라고 부르기도 한다. '풍패지향'은 중국 한나라 고조 유방의 고향인 '풍패(중국 강소성 패군 풍현)'에서 나온 말로 역시 전주가 조선왕조 발상지라는 말이다. 그래서 전주 객사 현판도 '풍패지관(豊沛之館)'이다. 여기에서 이름을 따서 전주성 남문 이름은 풍남문(豊南門, 보물 제308호), 서문 이름은 패서문(沛西門)이다. 〈그림 2-3〉은 조선 시대 전주부성과 사대문 위치를 표시한 그림이다. 남문인 풍남문에서 '풍패지관' 객사까지 이어진 길이 주작대로(지금 전라감영로)다. 지금 전주에서 가장 넓은 팔달로 옆이다. 전주부성 서문인 패서문은 동학농민혁명 당시 농민군이 전주성을 점령할 때 공격에 성공하여 가장 먼저 진입한 문이다. 하지만 일제에 의해 가장 먼저 허물어진 문이기도 하다. 1907년(조선 광무 11년, 융희 원년) 전주-군산 간 신작로인 전군가도를 만들기 위해 도로를 내면서 가장 먼저 무너진 것이다. 이후 풍남문을 제외하고 동문(완동문, 完東門)과 북문(공북문, 拱北門)도 무너졌다. 당시 외국인은 사대문 바깥에 거주할 수밖에 없었는데, 성문이 허물어지자 일본인들이 전주부성 내에 거주지를 마련하는 일이 많아지기 시작했다. 그러자 이에 대한 대응 차원에서 무너지지 않은 풍남문 근처에서 한옥을 짓고 살았던 것이 지금 전주 한옥마을이다. 역사의 아이러니다.

그럼 남원이 왜 전라좌도 수부가 됐는지 알아보자. 남원은 전라좌도에서 가장 큰 고을이 아니다. 전라좌도에는 순천도호부도 있고, 광주목도 있다. 1789년(정조 13) 호구총수 기준 인구수도 순천도호부나 흥양현(현재 고흥군)보다 적다.[7] 그러함에도 남원이 전라좌도 수부인 이유는 1) 전라좌도 내 다른 큰 고을들과 비교해 한양과의 접근성이 가장 좋고, 2) 길게 늘어진 전라좌도 중앙에 위치한다는 점, 3) 역도 중 하나인 '오수도(鰲樹道)'가 자리 잡고 있어 교통의 요지라는 점을 꼽을 수 있다. 남원 소속 오수도는 운봉, 구례, 곡성, 순천, 광양 등을 포괄한다. 〈팔역정리표〉를 다시 보면, '남원-여원치-운봉-식치-함양-사근역-전곡-도천-진주-사천-고성-통영'으로 이어지고 있음을 확인할 수 있다. 즉 전라좌도와 경상우도가 남원(운봉) 삼거리에서 갈라져 연결되고 있다고 이해하면 된다. 그리고 무엇보다 4) 신라 685년(신문왕 5년) 남원경으로부터 시작한 역사적 상징성이 크게 영향을 미쳤을 것으로 본다. 삼한이 통일된 지 얼마 지나지 않은 시점에서 남원은 작은 수도가 됐고, 신라가 멸망한 것이 935년이니 250여 년간 작은 수도 지위가 이어진 것이다. 그러니 당연히 이 일대 주변 고을에서는 남원을 대표 중심 고을로 생각했을 것이다.

전라도는 '따로 또 같이', 경상도는 '우리가 남이가'

전라우도와 전라좌도 간 문화와 풍습이 서로 다른 이유는 전라도 지형에서 비롯된 측면이 크다고 얘기한 바 있다. 『산경표』에서 백두대간(白頭大幹) 및 정맥(正脈)을 보여 주는 〈그림 2-4〉를 보자.[8] 『산경표』를 구성하는 핵심원리는

---

7) 1789년(정조 13) 호구총수 기준으로 남원도호부 인구수는 43,411명이다. 순천도후부는 46,330명, 흥양현은 45,044명, 광주목은 32,690명이다. 하지만 인구수는 거꾸로 남원도호부가 전라좌도 수부였다는 것에서 비롯한 결과일 수도 있다. 참고로 지금 남원시인 운봉현 인구 7,055명을 합하면 50,466명이다.
8) 우리가 학교에서 배웠던 태백산맥을 포함한 현 산맥 체계는 일본의 지질학자인 고토 분지로(小藤

〈그림 2-4〉 조선 시대 백두대간 및 정맥

'산은 강을 넘지 못하고, 강은 산을 넘지 못한다'에 있다. 이를 산자분수령(山自 分水嶺, 산은 자연스레 물을 나누는 고개가 된다)이라고 표현한다.[9] 『산경표』에는

文次郎, 1856~1935, 철종 7~병탄 26)가 지질구조에 근거해 제시한 것이다. 이 구조는 실제 지형과 정확히 일치하지는 않는다. 땅 밑에 있는 지질학 관점이기 때문이다. 당연히 땅 위를 사는 우리 민족이 느끼고 체험하는 삶과는 동떨어져 있는 인위적인 구분이다. 지리학 관점에서는 『산경표』와 같이 대간과 정간, 정맥 등으로 구분하는 것이 맞다.

9) 산자분수령(山自分水嶺)에는 예외가 하나 있다. 평균 해발고도 650m로 하늘 아래 첫 도시라는 별칭을 가진 강원 태백시에는 강물이 산을 뚫고 지나간 자리에 생긴 못이라 하는 구문소(求門沼)가 있다. 태백시 황지에서 발원한 혈내천이 태백시를 관통하여 남쪽으로 흐르다가, 철암 쪽에서 내려오는 철암천과 만나기에 앞서 오랜 세월에 걸쳐 바위산을 뚫어 만들어 낸 못이다. 구문소는 강물이 산을 뚫고 지나가며 큰 석문을 만들고 그 아래로 깊은 소를 이루었다는 뜻이다. 구문소는 '구무소'를 한자로 표기한 것으로 '구무'는 '구멍', '굴'의 고어다. 또 다른 말로는 강이 산을 뚫고 흐르는

백두대간 외 13개 정맥이 있는데, 작은 땅덩어리에 불과한 전북자치도에 백두대간과 금남정맥, 호남정맥, 금남호남정맥 등 3개 정맥이 있다. 이들은 모두 전북자치도 동쪽에 자리를 잡고 있다. 우리나라 지형 특성을 통칭 동고서저(東高西低)라고 하지만, 이는 중부지역에만 해당하는 말이다. 백두산이 있는 북부나 덕유산, 지리산이 있는 남부는 동중중고서저(東中中高西低)다. 남부지방을 횡단해서 보면 동중(東中)은 영천 보현산(1124m), 밀양 가지산(1240m) 등을 포함한 영남 알프스, 그리고 경주 토함산(745m) 등이다. 중고(中高)는 덕유산(1614m), 지리산(1915m) 및 가야산(1433m)이 삼각축을 형성하고 있는 부분이다. 서저(西低)는 당연히 호남평야다. 이런 의미에서 전북자치도만을 횡단하면 이 지역이 오히려 전형적인 동고서저 지형이다. 그것도 동고는 아주 높고, 서저는 아주 낮다. 백두대간 끝자락 지리산은 남한 내 육지 최고봉이고, 그 바로 위 덕유산은 설악산(1708m)에 이어 남한 내 육지에서 세 번째로 높다. 정리하면 백두대간에 있는 지리산과 덕유산이라는 큰 산 2개, 그리고 금남정맥, 호남정맥과 그 사이 금남호남정맥에 위치한 1000m가 넘는 산들이 동쪽 산악지대를 구성한다. 한편 지리산, 덕유산 외 민주지산(1242m), 적상산(1034m), 대둔산(878m), 운장산(주줄산, 1126m), 마이산(687m), 장안산(1237m), 강천산(603m), 추월산(731m), 모악산(794m), 내장산(763m), 선운산(336m), 방장산(743m), 백암산(741m), 변산(509m) 등 전북자치도 내 16개 산은 전국적으로도 유명한 명산이다. 지리산·덕유산·내장산·변산 등은 국립공원, 대둔산·마이산·모악산·선운산 등은 도립공원, 장안산은 장수군 군립공원, 강천산은 순창군 군립공원으로 지정되어 있다. 운장산(주줄산)은 노령산맥에서 가장 높은 산이다. 이중환은 '주줄산에서 한 맥이 나와 전주부를 이루고 있고, 이곳에

내라고 하여 '뚜루내'라고도 하며, 『세종실록지리지』와 〈대동여지도〉 등 고문헌에는 구멍 뚫린 하천이라는 뜻의 천천(穿川)으로 기록돼 있다고 한다. 이 일대가 석회암 지역이기 때문이다(이우평, 2007b: 137~147).

전라감영이 있다'라고 말했다(이중환, 2018: 97). 이 16개 명산은 2002년(대한민국 84) 10월 '세계 산의 해'를 기념해 산림청에서 선정 및 공표한 전국 100대 명산에 포함돼 있다. 이런 지형이 영향을 미쳐 겨울철 바닷가로부터 습한 기운이 내륙으로 오다가 갑자기 솟은 높은 산에 부딪혀 눈으로 바뀌어 내린다. 전북자치도가 다설지역이 된 이유다.

〈그림 2-4〉에서 백두대간 왼쪽 전북자치도 지역을 보면 금남정맥과의 사이에 흐르는 금강이 보인다. 금강은 장수에서 출발, 진안, 무주를 거쳐 충청북도와 충청남도를 돌아 익산으로 들어와 군산으로 나간다. 금강은 길이 398km, 유역면적 9912km²로 유로 길이 기준 남한 세 번째 강이다. 백두대간, 금남호남정맥 그리고 호남정맥 사이에는 섬진강이 흐르고, 금남정맥에서는 만경강, 호남정맥 좌측으로는 동진강이 나온다. 섬진강은 길이가 224km로 남한에서 네 번째 긴 강이고, 유역면적은 4912km²다. 그리 큰 면적이 아닌 (8073km², 남한 면적의 8% 규모) 전북자치도에 금강과 섬진강 등 남한 3, 4위 강이 흐르는 것이다. 게다가 금강, 만경강, 동진강, 섬진강 등 그리 작지 않은 이 4대강 발원지 역시 모두 전북자치도다. 그리고 금강 아래 만경강과 동진강이 흐르는 해안가 쪽으로 드넓은 호남평야가 있다. 호남평야는 지평선이 보이는 아주 너른 땅이며 한반도 최대평야다. 면적은 약 3500km²으로 동서 50km, 남북 80km에 달한다.[10] 전북자치도 면적이 약 8000km²이니 여기에 대비하면 약 43%다. 호남평야는 경지면적만으로도 1992km²니 전북자치도 약 4분의 1 수준이다. 바다에는 무인도 포함 130여 개 섬이 있다. 한국섬진흥원에 따르면 우리나라 지자체별 섬 규모는 전남(2104개), 경남(552개), 충남(286개), 인

---

10) 한반도에서 가장 큰 평야라고 하더라도 이웃 중국, 일본과 비교해서는 새 발의 피다. 일본 간토평야는 17,000km²로 호남평야보다 5배 가까이 크다. 중국의 경우 양쯔강 일대는 20만km², 황하강 하류 화북평야는 30만km²다. 만주 라오허강 유역은 40만km²로 호남평야보다 무려 100배 이상이다(이철승, 2021: 47).

천광역시(192개) 순이다. 전북자치도는 5위 수준이다. 작은 땅이지만 적지 않은 수의 국립공원이 있고, 16개의 국가지질공원 중 3개, 우리나라 유네스코 세계지질공원 5곳 중 1개가 전북자치도에 있다.[11] 이것이 전북자치도 지형이다.

전라도 전체로 확대하면, 전남지역에는 영산강과 탐진강이 흐르고 영산강에는 나주평야, 탐진강에는 장흥·강진평야가 있다. 우리나라 섬 전체를

〈그림 2-5〉 유네스코 세계유산, '한국의 갯벌'

통상 3300여 개라고 할 때 60%가 넘는 섬이 전남지역에 몰려 있으니 해산물이 가장 풍성한 곳이다. 그리고 전남지역 해안가에는 반도와 만과 곶이 매우 많다. 만약 지역을 둘러싸고 있는 길이, 즉 둘레를 가지고 크기를 따진다면, 전남지역은 우리나라에서 가장 큰 곳이라 할 것이다. 해안가 전체와 2000개가 넘는 섬 둘레 전체를 따지면 전남이 압도적 1위다. 게다가 바닷가에는 다양한 생물이 살아가는 천연 생태계로서 갯벌이 있다. 유네스코 세계유산에 등재된 우리나라 갯벌 4개 지역 중 신안 갯벌, 보성·순천 갯벌 2개 지역이 전남에 있다. 나머지 2곳 중 한 곳은 고창 갯벌로 같은 전라도인 전북자치도에 있고, 또 다른 한 곳인 서천 갯벌은 금강 하구와 면해 있는 지역을 포괄하니 이 또한 전북자치도와 관련이 있다. 특히 신안 갯벌 비중은 유네스코 세계유산

---

11) 국립공원으로는 지리산(1967년 지정, 1호), 내장산(1971년 지정, 8호), 덕유산(1975년 지정, 10호), 변산반도국립공원(1988년 지정, 19호)이 있다. 국가 지질공원으로는 전북 서해안권(2017년 지정), 진안·무주(2019년 지정), 고군산군도(2023년 지정) 국가 지질공원이 있다. 전북 서해안권은 유네스코 세계지질공원에도 등재된 국내 5곳 중 1곳이다.

지역 중 거의 86%(1284.11km² 중 1100.86km²)에 가깝고, 주변 완충 구역 기준으로는 90% (745.92km² 중 672.54km²)가 넘는 비중이다. 여기에 조선 시대에는 전라도였던 제주도까지 포함하면 전라도 지역은 훨씬 다채로워진다. 육지에서 한참 떨어진 곳이어서 제주도 독자 문화는 불가피하니 제주도를 제외한 육지만을 고려하더라도 전라도 지형은 참 다채롭다.

이를 종합하면 전라도 지형은 최소한 3가지 다양성 측면에서 다른 지역과 차이를 가져왔다고 하겠다. 먼저 물산이 다양하다. 산과 들과 갯벌과 바다에서 나오는 물산이 다양할 뿐 아니라 풍성하다. 자연 그대로 구할 수 있는 것도 많지만 농림어업 과정을 통해서 얻을 수 있는 것도 많다. 양적으로도 풍부하지만, 질적으로도 풍성한 것이다. 두 번째 다양성은 인문·자연경관이다. 지형이 다르니 주변에 얻을 수 있는 것이 다르다. 그러니 사는 곳, 입는 것, 먹는 것에서도 사소한 차이가 있고, 이는 다양성으로 이어진다. 세 번째로는 사람들도 다양하다. 산사람, 들사람이 있지만, 바닷사람도 있다. 특히 강가나 바닷가를 개간하여 경작지를 넓히기 위해 땀 흘렸던 개땅쇠도 있다. 이런 다양성은 전라도 사람이 개방적이고 유연하며 융합적인 사고를 갖도록 촉발했을 것으로 본다.

이처럼 산으로 강으로 막힌 듯하면서도 바다로 열려 있는 곳이 전라도다. 왼쪽은 평야지대지만, 오른쪽은 산악지대다. 해안가로부터 천천히 오른쪽으로 이동하다 보면 정맥 3개가 가로막고, 더 오른쪽으로 가면 백두대간이 우뚝 서 있어 더 크게 가로막는다. 그러니 해안지대를 포함한 평야지대와 정맥과 대간 등 산악지대는 '따로'다. 해안지대에서는 '해물 비빔밥', 평야지대에서는 '육회비빔밥'을 먹지만, 산악지대는 '산채비빔밥'을 먹는다. 바다와 들과 산이 그만큼 다른 것이다. 이번에는 거꾸로 백두대간에서 출발하면 계속해서 내리막길이다. 표고 차이가 1900m이니 백두대간보다 낮은 곳에 사는 사람들은 다 같이 산 아래 사람들이다. 그러니 백두대간 아래는 산악지대이든 해안지대 및 평야 지대이든 모두 같은 사람들로 '또 같이'다. '해물 비빔밥', '육회비빔밥'이나 '산채비빔밥' 모두 '비빔밥'이다. 바다에서는 해초, 들에서는 나물, 산에서는 산나물 모두 같은 나물이니 그만큼 또 같은 것이다. 이처럼 동쪽 산악지대와 서쪽 해안지대 및 평야지대 간에는 생태적·문화적·기질적 차이가 분명히 형성됐으나, 전라도라는 정체성 아래에서 하나였다고 하겠다.

다시 한번 〈그림 2-4〉를 보면 한강과 낙동강[12]은 물길이 하나로 모인다는 것을 알 수 있다. 한강은 동쪽과 남동쪽은 백두대간, 남서쪽은 한남금북정맥, 남쪽은 한남정맥, 북쪽은 한북정맥에 의해 둘러싸여 있다. 한남금북정맥은 한강 남쪽과 금강 북쪽 사이의 산줄기, 한남정맥은 한강 남쪽, 한북정맥은 한강 북쪽 산줄기라는 의미다. 백두대간을 포함해서 4가지 방향에서 흘러내리는 물이 모여 한강을 이루고 있다는 것이다. 그리고 한강은 양평 용문산(1158m)과 청계산(658m) 부근에서 합수한다. 즉 남한강과 북한강을 가르는 산줄기가 있는데 이것이 한강기맥(漢江岐脈)이다. 백두대간 왼쪽 물은 한강으로 흐르고, 오른쪽 물은 낙동강으로 흐른다. 백두대간 좌우로 흐르는 두 강이 남한에서는 1, 2위를 다투는 큰 강이라는 것이다. 유역면적으로는 한강이 36,693km^{2}로 1위, 낙동강이 23,384km^{2}로 2위지만, 길이로는 낙동강이 510km로 1위, 한강이 494km로 2위다. 낙동강은 백두대간, 낙동정맥 그리고 낙남정맥 안쪽을 흐른다. 낙동강 역시 한강처럼 물길이 하나로 모이는 것이다. 금호강, 황강, 남강, 밀양강 등 지류와 반변천, 내성천, 위천, 감천 등 지천이 있지만 모두 낙동강으로 합류하는 것이다.

백두대간, 낙동정맥, 낙남정맥에 둘러싸여 있다는 점은 경상도 지형을 규정

---

12) 대동여지도에 붙은 설명에 의하면, 한강이라는 명칭은 우리말 '한가람'에서 비롯했다고 한다. 그러니 한강은 '크고', '길며', '넓은' 강이다. 조선 시대에는 한강을 경성을 지나는 강인 이유로 경강(京江)이라고 많이 불렀다. 심지어 같은 강을 서강(서쪽), 용산강, 동호(동쪽) 세 구간으로 나누고 통틀어 '삼강'이라고 부르기도 했다. 낙동강에서 낙동이란 상주[옛 이름이 상락(上洛)]의 동쪽이란 말이다.

한다. 이중환도 「팔도론」 '경상도 조'에서 이 부분을 강조한다(이중환, 2018: 82).

경상도는 지리가 가장 아름답다. 강원도 남쪽에 있어 서쪽으로는 충청도·전라도와 맞닿았고, 북쪽에는 태백산이 있다. 풍수가가 말하는 하늘로 치솟은 수성(장천수성, 하늘로 솟은 산들이 구불구불 내려간 모양)의 형국으로 태백산 왼편에서 큰 지맥이 하나 나와 동해에 바짝 붙어서 내려오다 동래 바닷가에서 멈추고, 태백산 오른편에서 또 하나의 큰 지맥이 나와 소백산·작성산(鵲城山)·주흘산(主屹山)·희양산(曦陽山)·청화산(靑華山)·속리산·황악산(黃岳山)·덕유산·지리산 등을 이루고 남해 바닷가에서 멈춘다. 두 지맥 사이에는 비옥한 평야가 1,000리에 걸쳐 뻗어 있다.

경상도 지역은 사방이 산으로 둘러싸여 있으니 기(氣)가 다른 곳으로 빠지지 않고 뭉쳐 있는 곳으로 보아 아름다운 지리라고 설명하는 것이다. 태백산 왼편에서 나온 지맥은 낙동정맥이고 오른편에서 나온 지맥은 백두대간이다. 이때 왼편, 오른편은 한양에서 임금이 볼 때 기준이니, 통상 우리가 보는 지도와 위치가 다르다. 소백산(1440m)은 경북 영주와 충북 단양 사이, 작성산(848m)은 충북 제천과 단양 사이, 주흘산(1106m)은 경북 문경, 희양산(999m)은 문경과 충북 괴산 사이, 청화산(984m)은 경북 상주·문경 및 괴산 사이, 속리산(1058m)은 상주·문경과 충북 보은·괴산 사이, 황악산(1111m)은 경북 김천과 충북 영동 사이에 있는 산이다. 이처럼 높은 산들이 이어져 있으니 옛사람들에게 있어 백두대간이라는 커다란 산줄기를 극복하기는 쉽지 않았다. 백두대간 아래쪽에 사는 사람들로서는 개성이든 한양이든 각 왕조 중심부와 연결되기 위해 이 산줄기를 극복해야 했다. 죽령(竹嶺, 696m), 조령(鳥嶺, 642m), 이화령(梨花嶺, 548m) 등 여러 고개가 발달한 이유다. 이처럼 사람들이 쉽게 넘나들기 위한 고갯마루조차 500~600m나 되니 백두대간 이쪽과 저쪽은 달라도 한참 다를 수밖에 없었다. 한참 낮은 추풍령(秋風嶺, 221m)을 넘어가는 길이 있었으나 이 고개는 위 세 고개보다 남쪽에 있어 그만큼 멀리 돌아가야 했다. 따라서 백두대간 안쪽 사람들은 그들만이 가지는 고유문화를 형성했을 것이다. 경상도 오른쪽에 있는 낙동정맥 건너편에는 동해가 있고, 아래쪽에 있는 낙남정맥 너머에는 남해가 있다. 두 정맥에서 바다까지는 그리 멀지 않다. 정맥과 바다 사이 땅이 그리 넓지 않다 보니 이 지역은 독자 문화를 형성하기보다는 정맥 안쪽 넓은 땅에서 만들어진 문화에 흡수되었을 것이다. 최영준은 '소백산맥은 영남대로상에서 가장 큰 자연장벽'이라고 말한다. 그러면서 조령 남쪽 영남지방은 북서부 소백산맥과 동부 태백산맥으로 둘러싸인 커다란 분지라고 설명한다. 최영준이 말한 북서부 소백산맥이 백두대간이고, 동부 태백산맥은 낙동정맥으로 이해하면 된다. 게다가 낙남정맥까지 있으니 이 땅은 최영준 말처럼 커다란 분지라고 할 것이다. 이 분지를 낙동 분지라고 하는데 대체로 한강 유역보다 낮고 평평한 지역으로 범람원 등이 매우 발달했다고 한다(최영준, 1990: 29). 대구가 더운 것도 분지 중의 분지이기 때문이다. 이중환이 말한 1000리에 걸쳐 뻗어 있는 비옥한 평야가 이곳이다. 낙동강이 간헐적으로 범람하면서 주변 땅을 비옥하게 만들었으니 이 일대는 농작물이 잘 자랐다. 바깥에는 백두대간과 낙동정맥, 낙남정맥 등이 막아 주고, 안쪽에는 비옥한 땅과 풍부한 강물이 있어 안에서 살기에 너무 좋았다. 동해는 너무 깊어 쉽게 범접하기 어려웠고, 해안선은 갯벌 등도 없이 밋밋하고 단조로웠다. 그 안에만 있으면 큰 변화가 없이 모든 것이 안정된 것으로 느껴졌다. 게다가 낙동강 물을 함께 공유하고 있으니 낙동강 공동체 문화를 형성하기 아주 좋은 조건이었다. 그래서 경상도는 '우리가 남이가!'를 외친다. '우리가 남이가!'는 경상도 사람들 내에서는 '같은 일을 도모거나 친한 사이를 과시'하기 위해 흔히 쓰이는 말이라고 한다(신승남, 2017년 3월 27일 자). 따라서 경상도는 좌·우도를 낙동강을 기준으로 나누었으나, 사실 좌·우도 간 다른 문화와 풍습은 별로 보이지 않는다. 경상도 전체가 커다란 분지이기 때문에 매우 유사한 풍습과 문화로 이어진 것이다. 한 마디로 전라도가 '따로 또 같이'라면 경상도는 '우리가 남이가'다.

전라도 사람들 삶에 스며든 '따로 또 같이': 용과 미륵신앙

전라도 사람들이 지형에 따라 다른 문화를 형성했으면서도 기본적으로는 전라도 정체성을 유지했던 이유는 농사를 짓는다는 공통점이 있기 때문이라고 생각한다. 특히 서부지역에 너무나 크고 너른 땅에서 농사짓는 모습을 보고 동부 지역 사람들은 경외 또는 소외감을 느꼈을 것이다. 땅은 비좁지만 어떻게 하든 이를 개척하여 농사지을 수 있는 땅으로 만들기 위해 노력했을 것이다. 특히 한국 사람들은 쌀, 그리고 따뜻한 쌀밥에 대한 집착이 매우 강했다. 그래서 아무리 척박한 땅이라도 물을 댈 수만 있으면 벼농사를 지으려고 했다. 하지만 물은 항상 부족했다. 따라서 관개시설을 보충하기 위해 보를 쌓고 논까지 물길을 냈다. 조선 후기 이앙법이 도입되면서부터 물은 더욱 중요해지기 시작했다. 논에 물대기와 물빼기는 노동력이 많이 들어가는 작업이었다. 두레와 같은 공동 협업조직이 만들어진 배경이다. 게다가 가뭄은 빈번하게 일어났다. 이철승은 쌀 경작 시스템과 재해가 끊기지 않는 환경과 조화를 찾는 과정에서 상황관리를 안정적으로 하기 위한 매개체로 국가 역할이 자리매김됐다고 한다(이철승, 2021: 106). 기본적으로 벼농사에 물이 많이 필요할 뿐 아니라 빈번한 가뭄을 극복하는 과정에서 사람들은 물이 중요함을 크게 인식하게 된 것이다. 전라도 서부지역 사람들이 부러워 논을 만들었던 동부 지역 사람들도 마찬가지다. 자연스럽게 두 지역 사람들은 같은 정서를 공유하면서 정체성에 대한 공감대가 형성됐을 것이다.

벼농사는 물이 많이 필요하지만, 인위적으로 통제하기가 쉽지 않았다. 따라서 물을 댈 수 없으면 하늘에서 내리는 빗물에 의지할 수밖에 없으므로 천수답(天水畓)이라고 불렀다. 물을 댈 수 있는 논인 무논과는 다르다. 가뭄이 들면 비를 내리게 해달라고 임금이 기우제를 올린다. 그만큼 농사, 특히 벼농사를 짓는 곳에서는 충분한 물이 있다는 것이 중요하다. 따라서 동아시아 벼농사 문화권에서는 용을 신성시했다. 하늘을 나는 것 중에서 봉황이 우두머리인 것만큼 물에 사는 것 중에서 용이 우두머리였다. 호랑이는 산에 사는 것 중에서 대왕으로 신성시됐다. 참고로 깃털 달린 360종류 짐승 중 우두머리는 주작, 껍데기를 가진 360종류 짐승 중 우두머리는 현무다. 좌청룡, 우백호, 남주작, 북현무다. 뱀이 500년을 살면 비늘이 생기고, 다시 500년을 더 살면 용이 되는데, 이후 뿔이 돋는다고도 한다. 우리나라에서는 뱀이 여의주를 얻지 못하여 용이 되지 못하면 이무기가 된다. 용은 여의주를 통해 신통력을 발휘한다. 바다를 다스리는 신은 용왕이라고 부른다. 이처럼 신성시되는 동물이기 때문에 역대 왕조는 용을 제왕을 상징하는 것으로 삼았다. 임금의 얼굴은 용안(龍顔), 임금이 입는 옷은 용포(龍袍), 임금이 앉는 의자는 용상(龍床), 1996년(대한민국 78)부터 1998년(대한민국 80)까지 159부작으로 방영된 KBS 드라마〈용의 눈물〉은 용루(龍淚)다.

이처럼 농사와 밀접한 동물이다 보니 용은 지명에도 흔적을 남겼다. 2021년(대한민국 103) 국토지리정보원에서는 총 10만여 개 지명 중 십이지 열두 동물과 관련된 것이 4109건이라는 조사보고서를 발표했다. 이 중 용과 관련된 지명이 1261개로 가장 많은 수를 차지했다. 그중 전라남도가 310개로 가장 많았으며, 다음으로 전북자치도 229개, 경상북도 174개, 경상남도 148개 등의 순이다. 광주광역시 및 제주도를 포함해 전라도 전체를 합하면 568개다. 전체 45% 규모다. 용만이 아니다. 십이지 동물이 들어간 지명은 전라도가 전체 40% 수준이다. 특히 광주광역시 및 전라남도에서 십이지 동물이 들어간 지명은 총 1037개로 전체 25% 수준이다.[13] 전라남도에 섬이 2100여 개가 있다는 점이 어느 정도 영향을 미친 것으로 보인다. 섬 이름은 동물 모양 등을 따라 이름을 붙이는 경우가 많기 때문이다. 그러함에도 전라남도에 특히 많다는 것은 궁금한 지점이다. 용은 십이지 중 다섯 번째 동물이자 유일한 상상 속 동물이다. 사람들이 언제부터 용을 숭상했는지는 모른다. 다만 중국 선진(先秦) 시대(BC 900년경~BC 206년)에 저술됐다고 추정되는 대표적인 신화집 및 지리서인『산해경』 중 '해경' 조 '대황동경(大荒東經)' 편에 '응룡(應龍)'이 나온다. 우리가 아는 용처럼 하늘에서 비를 내리게 하는 일을 맡고 있어 가뭄이 들 때 응룡 모습을 만들면 큰비가 내렸다고 한다. 서양용처럼 날개가 달려 있다(정재서 역주, 1996: 293). 전라도 전체에 용이 들어간 지명이 가장 많다는 것은 그만큼 농사와 관련이 매우 깊다는 점을 역설하는 것이라 하겠다. 면적 기준으로 경상북도(대구 포함)는 2.5 전북자치도, 경상남도(부산, 울산 포함)는 1.5 전북자치도라는 점을 고려할 때 전북자치도에 용이 들어간 지명이 상대적으로 매우 많다는 것도 확인할 수 있다. 프롤로그에서 '벼농사=물=용(순 우리말로 미르)=미륵'으로 이어지는 관념이 연쇄적으로 일어난다고 했다. 이처럼 용으로부터 출발하여 미륵신앙과 연결되는 부분이 전라도를 '또 같이' 정체성으로 이어진 것이라 하겠다.

---

13) 지명으로 쓰인 십이지 동물 중 용 다음으로 말이 744개, 소가 731개, 호랑이 389개, 닭 293개 순이다. 가장 적은 동물인 원숭이는 총 8개에 불과한데 경남지역이 3개로 가장 많다. 원숭이가 사는 일본과 가깝다는 점이 흥미롭다. 다음이 양으로 40개다. 한반도에서는 원숭이와 양을 잘 볼 수 없다는 점이 영향을 미친 것으로 생각하면서도 눈에 보이지 않는 상상 속 용을 가장 많이 지명으로 삼았다는 점도 재미있다. 그만큼 물이 농사에 가장 중요했고, 물을 불러모으는 힘을 가진 용에 대한 경외심이 있었을 것으로 보인다. 전라남도는 원숭이를 제외하고 모든 동물에 대해서도 가장 많은 지명이 발견되고 있다는 점도 신기하다(국토지리정보원, 2021년 4월).

전북자치도는 한반도 최대·최고 물산 공급지

　전북자치도는 높은 산과 평평한 너른 땅, 그 사이를 흐르는 큰 강과 천, 그리고 바다와 섬과 이들 사이 갯벌까지 모든 것이 골고루 분포한다. 이와 같은 지형적 특성은 이 지역을 한반도 최대의 물산 공급지로 만들었다. 무엇보다 쌀의 최대 생산지라는 점이 중요하다. 우리나라 사람은 (주식이 쌀이기도 하지만) 쌀에 대한 선호가 지나칠 정도로 높기 때문이다. 그래서 우리나라는 쌀 경작이 사실상 불가능하다고 여겨지던 곳에서도 벼농사를 성공시킨 사례가 많다. 이철승의 『쌀 재난 국가』를 보면, 임진강 이북은 벼농사에 부적합한 기후임에도 이를 극복해서 지금은 북한에서도 쌀농사를 짓는다는 내용이 있다. 게다가 만주 지역에서도 물을 끌어댈 수 있는 곳이라면 벼농사를 시도했다. 1933년(병탄 24)에는 아무르강(흑룡강. 4444km, 세계 8위) 가에서도 벼를 키우면서 쌀농사에 성공했다고 한다. 북위 50도 이북에서 쌀농사에 성공한 세계 최초 사례다. 심지어 스탈린 체제 아래 카자흐스탄으로 강제 이주한 고려인은 이곳이 전통적으로 밀농사 지역임에도 쌀농사를 지었다고 한다. 박지원이 쓴 『열하일기』에 병자호란 때 끌려간 조선인들이 쌀농사를 짓는다는 기록도 있다고 한다. 가뭄이 들면 임금이 직접 기우제를 지내는 모습이 그리 낯설지 않았던 것도 쌀농사가 가지는 중요성 때문이다. 이 정도면 한국인에게 쌀에 대한 선호는 거의 중독 수준이다.

　하지만 한반도는 동남아시아, 중국 강남, 일본 남부와 비교해 상대적으로 강수량이 부족하고 가뭄도 잦아 쌀농사를 짓기에 매우 척박한 땅이었다. 산악분지에도 사람들이 모여 고을을 형성했는데 산악분지는 대개 관개에 매우 불리하다. 게다가 한반도에는 호남평야를 제외하고는 면적이 $200km^2$를 넘는 평야가 드물다. 이와 비교해 호남평야는 면적이 약 $3500km^2$니 군소 작은 평야의 최소 17배가 넘는다(이철승, 2021: 56~61). 상황이 이러하니 전북자치도는 이루 말할 수 없을 정도로 중요했을 것이다. 김덕진이 쓴 『전라도의 탄생』을 보자. 전라도는 나라 세금의 절반을 부담할 정도여서 국가 창고 역할을 했다고 하는데, 당연히 전북자치도가 자랑하는 비옥한 땅이 결정적이었다. 게다가 전북자치도는 기후가 온화하고 강수량이 적지 않은 편이다. 수리 관개시설이 발달하여 기원전부터 익산 황등제(黃登堤)가 있었고, 김제 벽골제(碧骨堤), 정읍 고부 눌제(訥堤) 등도 있었다.[14] 그러니 전북자치도를 위시한 전라도에 재해가 들어 작황이 좋지 않으면 나라 살림에 큰 타격이 됐다. '국용전재호남(國用專在湖南)'이라는 말이 나온 배경이다. '국용전재호남'은 '나라의 씀씀이는 오로지 호남에 달려 있다'라는 의미다(김덕진, 2020: 90~94).

『택리지』「팔도론」 '전라도' 조를 보면 물산 공급지로서 전라도에 대한 평가를 확인할 수 있다(이중환, 2018: 94). 반면에 풍속에 대한 평가가 전반적으로 매우 박하다는 것도 알 수 있다. 이중환은 「복거론」 '산수' 조에서 전라도와 평안도는 직접 가 보지 않았다고 얘기했으니, 아마도 주변 사람들로부터 전해 들은 평가가 반영됐을 것으로 생각한다. 그러나 전라도가 물산 중심지 역할을 했다는 점은 명확히 확인할 수 있다. 전라도는 그만큼 천혜의 자연환경을 가지고 있었던 것이라 하겠다.

전라도는 토지가 넉넉하고 비옥하며, 서쪽과 남쪽이 바다를 접하고 있어서 생선과 소금, 메벼와 벼, 비단실과 무명실, 모시와 닥종이, 대나무와 목재, 귤과 유자 등의 작물에서 이익을 많이 얻었다. 풍속이 음악과 여자, 사치를 숭상하고, 경박하고 교활한 사람이 많으며 학문을 중시하지 않는다. 따라서

---

14) 이 3개 저수지를 이른바 '호남 3호(湖南三湖)'라고 한다. 호남 명칭 기원이라는 설도 있다. 하지만 조선 시대에 들어와 이들 저수지는 거의 이용되지 않았다고 한다. 그나마 벽골제는 조선 태종 때 한 번 정비한 적도 있었으나, 이 또한 세종 이후 방치됐다. 『택리지』〈팔도론〉 '전라도' 조에도 '신라 때부터 큰 둑이 많았으나, 우리 조선에 들어와서 모두 방치한 탓에 가뭄이 잦고 수확이 적다'라는 구절이 있다(이중환, 2018: 109). 왜 개축하거나 정비하여 사용하지 않았는지 정확한 이유를 모르겠다.

과거에 급제하여 현달한 사람이 경상도보다 적다. 학문에 힘쓰고 행실을 닦는 사람으로 자처하는 이들이 적은 탓이다. 「팔도론」 '전라도' 조

너무 박한 평가라 생각했는지 이중환은 '전라도' 조 마지막에서는 다음과 같이 약간 열려 있는 의견을 피력한다. 그러면서도 전라도는 살 만한 곳이 아니라고 결론을 짓는다(이중환, 2018: 109).

무릇 전라도는 나라의 최남단에 자리 잡아 토지가 비옥하고 물산이 풍족하다. 산골에 있는 고을은 샘물과 시냇물로 물을 대어서 흉년이 드물고 수확은 많으며, 바닷가 고을은 둑을 막아 물을 대었다. 신라 때부터 큰 둑이 많았으나 우리 조선에 들어와서 모두 방치해 둔 탓에 가뭄이 잦고 수확이 적다.
… (중략) …
만일 현자가 거처하면서 부유하고 넉넉한 산업을 바탕으로 예절과 겸양, 학문과 덕행을 가르친다면 또한 살 만한 땅이 되지 않겠는가? 게다가 기이하고 아름다운 산천이 많은데도 고려에서 조선에 이르도록 현달한 이들이 그다지 많지 않았으니 마땅히 한 차례 산천의 기운이 뭉쳐 인재를 길러낼 것이다. 다만 당장은 거리가 너무 멀고, 풍속이 어지러워서 살 만한 곳이 못된다. 「팔도론」 '전라도' 조

이중환이 이처럼 평가한 것에 대해 몇 가지 의견이 있다. 먼저 「팔도론」 어디에도 전라도와 같이 풍부한 물산을 소개한 지역이 없다는 것이다. 평안도 등 나머지 7개 도에 대한 설명은 개별 고을에 대한 소개에 치중한다. 그나마 충청도에 '물산은 풍부하지만, 전라도나 경상도에 미치지 못한다'는 구절(이중환, 2018: 110)이 있으나, 물산에 대한 설명으로는 의미 없는 내용이다. 전라도는 다른 지역과 비교하여 풍부한 물산에 있어 추종을 불허하는 것이다. 두 번

째 물산의 질 측면에서도 전라도는 압도적이다. 이중환이 거론하는 전라도 물산에는 삶의 기본 요소인 의식주를 모두 포함하고 있다. '의(衣)와 관련, 비단실과 무명실과 모시, 식(食)과 관련, 생선과 소금, 메벼와 벼, 귤과 유자, 주(住)와 관련, 대나무와 목재 등을 아우른다. 게다가 지식과 정보 전달 및 문명 전수 매체인 종이까지 좋다고 한다. 이러니 양적 측면 못지않게 질적 측면에서도 전라도 물산은 수월성(秀越性)을 자랑하는 것이다. 세 번째로는 전라도에 대한 편견, 한양 중심 사고와 유교 이데올로기에 치우친 시각이다. 전라도 지역은 한반도 서쪽에 있어 경도(經度, longitude, 동경 127도)가 한양과 같다. 게다가 한양까지 가는 길에 험한 산이나 큰 강도 별로 없어 상호 연결에 어려움이 없는 지역이 대부분이다. 물론 제주가 포함돼 있어 '최남단'이란 표현을 한 것으로 보이나, 이를 가지고 전체적으로 한양과 거리가 멀다고 얘기하는 것은 어폐가 있다. 게다가 전라도보다 한양에서 거리가 먼 평안도, 함경도, 경상도 등에 대해서는 먼 거리라고 표현한 얘기가 하나도 없다. 그리고 이중환은 벼슬한 사람의 수를 가지고 좋은 땅이라고 평가했는데, 이는 「복거론」에서 거론한 4가지 기준[지리, 생리(生利), 인심, 산수 순]과 무관하다. 이중환은 4가지 기준 중 지리가 가장 중요하다고 했지만, 기저에 깔린 것은 '생리'다. 그렇다면 가장 좋은 땅은 전라도여야 하니 이 부분에서 정반대 설명을 하는 것이다. 게다가 벼슬한 사람 수나 인구 대비 벼슬한 사람 비중 등 질적인 측면 등 근거는 없다. 주관적인 인상 평가라고 생각한다. 이중환은 당시 유학자들이 영남학파와 기호학파로 나뉘어 성장했던 연장선에서만 판단하고 있는 것으로 보인다. 『택리지』「복거론」 '인심' 조에서 당쟁의 역사를 복기하고 있는 이유도 이와 같을 것이다.

하지만 주관적인 시각은 말 그대로 보는 사람 주관이니 편차가 심하다. 예컨대 기업에서도 '고집이 세다'라는 평가에 대한 해석은 정반대로 달라질 수 있다. 이를 '꽉 막혀 고지식하다'라고 해석할 수도 있지만, 다른 쪽에서는 '소신이 있다'라고 해석하기도 한다. 전라도에 대한 평가도 마찬가지일 것이다. 치원 황상(巵園 黃裳, 1788~1863, 정조 12~철종 14)이 쓴 『치원총서(巵園叢書)』에

> **호남은 전라도를 달리 부르는 애칭**
>
> 호남이라는 명칭을 언제부터 사용했는가에 대해 고석규 전 목포대 총장은 조선 성종과 중종을 거치면서 다른 지역과 구분되는 지역성을 가지기 시작했다고 말한다. 『세종실록』에 최초 1번 언급한 기록이 나오고, 이후 빈도가 조금씩 높아져 『중종실록』부터는 호남이라는 호칭이 빈번해졌다는 것이다(이종근, 2023년 11월 15일 자). 고려 시대 성종 때 지방 행정 구역은 10도 체제였고, 이때 전북자치도 일대를 강남도라고 불렀으니, 호남보다는 강남으로 불릴 수도 있었을 것이다. 하지만 당시 전남지역은 해양도(바다 위쪽)였고, 강남도와 해양도는 서로 다른 지역 정체성이다. 당시 경상북도 상주를 중심으로 한 일대(경북 북부 및 충북 일부) 명칭은 영남도였다. 낙동정맥 너머 경주가 중심인 지역은 영동도(경북 남동부 및 경남 동부), 영동도를 제외한 나머지 경남 지역은 진주가 중심으로 지리산 아래라는 의미에서 산남도였다. 영남이란 별칭이 사용된 것 또한 『세종실록』에 처음으로 기록이 한 번 언급됐다고 한다(고성훈, 2007년 8월 24일 자). 이 세 지역을 합해 영남으로 부른 것은 고개 아래라는 지역 정체성이 같기 때문으로 보인다. 당시 선비들이 호를 갖는 것처럼, 지역성이 점점 구체화하는 과정에서 일종의 호와 같이 별칭을 만들지 않았을까 싶다.
>
> 호남지역을 왜 호남으로 불렀는가에 대해서는 여러 설이 있다. 1) 금강은 다른 말로 호강(湖江)이니 호강 아래, 2) 벽골제·황등제·눌제 등 3호, 이 중 특히 벽골제 아래, 3) 제천 의림지 아래, 4) 중국 호남성을 본떠 명명하였다는 설 등이다. 하지만 가설 4개 모두 한계를 지니고 있다는 점은 분명하다. 먼저 금강은 충남과 전북 경계지만 중류 부분은 충남·북을 아우른다. 따라서 금강 아래라고 한다면 위로는 청주, 옥천, 영동, 공주, 부여 등을 포함하는 더 넓은 지역이어야 한다. '벽골제 아래' 설은 벽골제 약간 위쪽 전주를 포함하지 못하고, 3호 아래라는 설 역시 마찬가지로 일정 부분을 빠트릴 수밖에 없다. 다만 3호가 있는 땅으로 이해한다면 그나마 수긍할 수 있는 측면이 있다. '제천 의림지 아래' 설은 '충청도 호서와 전라도 호남에서 '호'가 같은 호수여야 일관성 있다'라는 점에서 나온 설로 보인다. 하지만 영남지방에서 '영'은 소백산맥 조령이지만, 영동과 영서지방에서 '영'은 대관령으로 서로 다른 '영'이다. 따라서 호남과 호서에서 '호'도 다른 호로 볼 수 있다는 점에서 이 안도 설득력이 떨어진다. 중국 호남성을 본떴다는 설도 전라도 외 다른 지방은 대체로 우리나라 지형과 관련되는데 호남만 이렇다는 것도 이해하기 어렵다. 아마도 금강 아래 지역이 다른 지역과는 다른 정체성이 형성됐고, 이를 애칭으로 편하게 부를 필요가 점차 증가하면서 만들어진 호칭이 아닐까 생각한다. 이후 애칭으로 부르는 관행이 점차 조선 8도 전체로 확산한 것으로 보인다.

있는 『택리지』 필사본에서 전라도를 평가한 부분은 훨씬 객관적이다. 황상은 정약용이 강진으로 유배 갔을 때, 그로부터 수학한 최초 제자이자 수제자로 평가받는다. 『치원총서』는 『택리지』 출간 후 100여 년이 흐른 1860년대에 작성된 것이라고 한다. 황상은 전라도 기질이 형성된 배경을 지역 풍토와 연결해 해석한다. 전라도는 물산이 풍부해 생활이 풍족한 덕분에 성품이 유약하고 생활이 게으르며, 원대하게 계획하지 않고 쉽게 사귀고 쉽게 헤어지는 기질을 얻게 되었다는 것이다. 그러면서 이런 기질을 훌륭하다고 칭찬하지는 못하나, 속을 있는 그대로 드러내는 진정성은 인정해야 한다고 주장한다. 그리고 황상은 영남 사람에 대해 이중환은 질박하며 도탑다고 호평했으나, 이는 뻣뻣하고 사나우며 남에게 돈 한 푼 내주지 않는 인색한 기질을 가진 것으로 평가할 수 있다고 논박한다. 마치 동전의 양면과 같다는 것이다. 그리고 영남이 학문하는 식자가 많다면, 호남은 절의를 지킨 인물이 많고, 호협하며 기개를 숭상한다고 추켜세운다. 종합적인 평가다. 이중환이 '호남에 인물이 없지만, 산천이 좋으니 가르침을 받으면 좋은 인물이 나올 것'이라고 말한 것에 대해서도 반박한다. 황상은 '게다가 기이하고 아름다운 산천이 많아서 고려 이래로 현달한 이들이 많이 배출됐다'라면서 이중환이 한 말을 정면으로 부정한다. 앞으로 나오는 것이 아니라 이미 많이 나왔다는 것이다(안대회, 2020: 204~208). 즉 이중환은 '산천이 많은데도'라고 했는데, 황상은 이를 '산천이 많아서'로 바꾼 것이다. 황상이 한 주장이 훨씬 진실에 가깝고 객관에 부합한다고 생각된다.

전북자치도 14개 도시 총론

백두고원을 포함한 백두산 일대 총면적은 약 8000km^{2}라고 한다(이우평, 2007a: 13~14). 전북자치도 면적인 8073.3km^{2}과 비슷하다. 서울 면적이 605.23km^{2}이니 서울 13개를 합해 놓은 것과 같다. 완주군이 원래 전주시에 속했다가

1935년(병탄 26) 전주가 부로 승격하면서 분리된 것을 고려하면 전북자치도는 원래 13개 도시다. 공교롭게 미국 연방도 13개 주로부터 시작했다. 한편 남한에서 가장 큰 경상북도(대구광역시 포함) 크기는 약 20,000km²이다. 전북자치도 면적을 1로 한다면 경상북도는 약 2.5 전북자치도다. 두 번째로 큰 강원도는 약 2.1 전북자치도다. 가장 작은 제주도는 약 4분의 1 크기인 0.23 전북자치도다. 전북자치도보다 작은 곳은 충청북도와 제주도 외에는 없다.

이렇게 작은 도에 14개 시군이 모여 있다. 6개 시, 8개 군이다. 2.5 전북자치도인 경상북도(대구광역시 포함)가 11개 시, 12개 군이 있는 것과 비교해 상대적으로 많은 시군이 있다고 하겠다. 하지만 신라 때 완산주는 41개 군현, 고려 때 강남도는 52개 주현, 조선 때 전라도 중 전북자치도 부분에 28개 부목군현이 있었던 것과 비교하면 상당히 광역화된 것이라 하겠다. 참고로 전라남도(광주광역시 포함)는 신라 때 무진주는 58개 군현, 고려 때 해양도는 76개 주현, 조선 때는 27개 부목군현이 있었고, 현재는 광주광역시를 포함해서 6개 시 17개 군이 있다. 전북자치도 못지 않은 밀도다.

우리나라는 국토 70% 정도가 산지이고, 평균 해발고도는 약 500m에 가깝다고 한다(이우평, 2007a: 51). 전북자치도 14개 시군 중 시외버스터미널 기준으로 가장 높은 곳은 장수군인데 420m(아이폰 고도계 앱 2024.4.14일 측정)다. 두 번째는 진안군으로 290m(2024.4.14일 측정), 세 번째는 순창군으로 220m(2024.5.12일 측정)다. 이에 반해 익산시와 군산시와 부안군은 10m다(익산시와 부안군은 2024.4.21일 측정, 군산시는 2024.5.19일 측정). 즉 전북자치도는 평균적으로 낮은 고도이고, 도시 간 고도차이가 크다는 점을 확인할 수 있다.[15] 의외인 것은

---

15) 해발고도는 해수면으로부터의 높이로 흔히 알고 있지만, 정확하게는 수준원점(水準原點)으로부터의 높이다. 우리나라 수준원점은 인천광역시 남구 인하대 후문에 있다. 인천 앞바다를 기준으로 고도를 측정하는 것이다. 일제 강점기인 1914~1916년(병탄 5~7) 사이에 측정해 세운 것이다. 원래 중구 항동에 있었는데 바다가 매립되면서 1963년(대한민국 45) 이곳으로 옮겨왔다. 그러니 해발 0m가 아니라 26.6871m 다. 북한은 원산 앞바다, 중국은 톈진 앞바다에 수준원점이 있어 남

제2장 14개 도시론[팔도론(八道論) 또는 팔도총론(八道總論) 개념]

지리산 인근이라 높을 것이라고만 생각했던 남원 해발고도가 100m(2024.5.12 일 측정)에 불과하다는 점이다. 이처럼 낮은 평지에서 (경남 함양, 산청 경계에 있는 지리산 최고봉인 천왕봉까지는 아니더라도) 남원에 소재하는 가장 높은 곳인 반야봉(1732m)까지는 엄청난 비약이다. 지형적으로 전북자치도를 우측으로 90도 돌리면 유럽 모습과 비슷하다. 서쪽 해안 및 평야 지대는 유럽 플랑드르 지역(이른바 베네룩스 3국이 있는 저지대)을 상기시키며, 동부 산악지대는 알프스 산맥을 연상시킨다. 동부에는 지리산, 덕유산 외에도 해발 1000m가 넘는 산 (남덕유산, 대덕산, 백운산, 삼봉산, 민주지산, 장안산, 팔공산, 덕두산, 운장산, 덕태산, 적상산, 구봉산 등)과 봉우리가 즐비하니 가히 호남 알프스라고 할만하다.[16] 무려 20여 곳이다.[17]

한과 백두산 높이가 다르다. 남한은 2744m인데, 인천 앞바다가 원산 앞바다보다 6m 높으므로 북한은 2750m다. 중국은 2749.2m다(이우평, 2007b: 19~20). 참고로 수평적 거리 기준은 도로원표다. 서울은 광화문사거리. 도로 한복판이어서 동화면세점 근처에 설치돼 있다. 남원은 향교동 향교 오거리, 순창은 순창읍 중앙로 사거리, 임실은 임실읍 이도리 소재 삼거리, 장수는 장수읍 장수군 도로관리사무소, 무주는 무주읍 무주우체국, 진안은 진안읍 진안 로터리, 전주는 완산구 경원동 1가 기업은행 전주지점, 익산은 익산시청, 군산은 군산시청, 김제는 김제시청, 부안은 부안군청, 고창은 고창읍 석교사거리, 정읍은 정읍시청이다(국토교통부 통계자료).

16) 호남 알프스는 완주 송광사를 출발점으로, 종남산~서방산~위봉산~원등산으로 이어지는 제1구간과 완주군 동쪽 끝에서 진안군 쪽으로 연석산~운장산~구봉산으로 이어지는 2구간으로 구분한다. 총 33개 봉우리와 고개로 구성돼 산행 거리가 100리(약 43km)에 이르고 있다. 구병산과 속리산을 잇는 43.9km는 '충북 알프스'라고 한다. 영남 동부 지역 해발 1000m 이상 산악군은 유럽 알프스에 빗대어 일컫는 영남 알프스라고 지칭한 것을 원용한 것으로 볼 수 있다. 일본에는 히다산맥(飛驒山脈), 기소산맥(木曽山脈), 아카이시산맥(赤石山脈) 등 3개 산맥을 하나로 묶어서 일본 알프스라고 부른다. 3000m가 넘는 고산지대다. 먼저 지명이 만들어진 영남 알프스나 일본 알프스 특징이 고산지대라는 점을 고려하면 호남 알프스도 1000m 넘는 20여 곳으로 다시 정하는 것이 어떨까 한다.

17) 전북자치도에서 1000m가 넘는 산들은 지리산 반야봉(1732m, 남원), 덕유산(1614m, 무주), 지리산 삼도봉(1550m, 남원), 지리산 토끼봉(1533m, 남원), 남덕유산(1507.4m, 장수), 대덕산(1290m, 무주), 백운산(1278.6m, 장수), 삼봉산(1254m, 무주), 민주지산(1242m, 무주), 장안산(1237m, 장수), 민주지산 석기봉(1200m, 무주), 민주지산 삼도봉(1177m, 무주), 지리산 바래봉(1167m, 남원), 팔공산(1151m, 장수), 덕두산(1150m, 남원 운봉), 운장산(1125.9m, 진안, 장수), 덕태산(1113m, 진안), 적상산(1034m, 무주), 복두봉(1017m, 진안), 구봉산(1002m, 진안, 무주) 등이다(네이버 블로그 〈들꽃 향기의 풀내음, 꽃내음〉 참조).

전북자치도가 지금은 14개 시군이지만 조선 시대에는 28개 부목군현, 고려 시대 강남도는 52개 주현이 있었다고 얘기한 바 있다. 중앙정부의 통제가 지방 구석까지 완전히 미치지 못했기 때문에 자생적으로 형성되었던 소규모 고을이 남아 있었다. 하지만 조선 시대에는 중앙에서 모든 고을에 관리를 파견할 수 있을 정도로 중앙집권이 완성돼 고을 통폐합을 통한 광역화로 고을 수가 많이 축소된 것이다. 지금 전주는 조선 시대 전주부(지금 전주시와 완주군 용진읍·구이면·봉동읍·삼례읍·상관면·소양면 및 일부 완주군 운주면·익산시·김제시·충남 논산시 포함), 완주는 고산현(완주군 경천면·고산면·동상면·비봉면·운주면·화산면), 익산은 익산군, 여산도호부, 용안현 및 함열현, 군산은 옥구현과 임피현, 정읍은 정읍현, 태인현 및 고부군, 남원은 남원도호부(남원시 및 일부 순창군·임실군·장수군·전남 곡성군·구례군 포함)와 운봉현(지금 남원시 운봉읍·산내면·아영면·인월면), 김제는 김제군, 금구현 및 만경현, 부안은 부안현, 고창은 고창현, 흥덕현 및 무장현, 순창은 순창군, 임실은 임실현, 진안은 진안현과 용담현, 장수는 장수현, 무주는 무주도호부였다. 여기에 충청남도 금산군(조선 시대 금산군과 진산군)이 전북자치도에 포함돼 있었다. 우선 전라 좌·우도 수부인 남원과 전주 영역이 지금보다 훨씬 컸다는 점이 눈에 띈다. 남원은 순창, 임실, 장수만이 아니라 전라남도 일부 지역까지 포함했고, 전주는 지금 완주군 대부분과 익산, 김제 및 충청남도 논산시 일부까지 통할했다. 예컨대 지금의 익산시 중심부 대부분(남중동, 마동, 모현동, 신동, 영등동, 어양동, 주현동, 중앙동, 창인동 등)은 모두 전주부에 속해 있었다. 지금 익산역이 있는 익산시 창인동도 전주부에 속해 있었던 것이었다. 이 일대는 1906년(대한제국 광무 10년) 전주에서 익산으로 편입됐다. 두 번째로 눈에 띄는 것은 익산은 5개 고을(익산군, 여산도호부, 용안현, 함열현 및 전주 속현이었던 현 익산 중심부), 정읍·김제·고창은 3개 고을이 합해져 지금의 익산시, 정읍시, 김제시, 고창군이 됐다. 주로 평야 지대에 인접한 지역이다. 평야 지대인 만큼 사람들이 살 만한 땅이 많아 여러 고을로 나뉘었던 것이라 하겠다. 그리고 이들 도시는 군산과 함께 모두 일제 강점기 시대에 크게 성장한 곳이다. 군산이 개항 후 크게 달라졌다는 점은 누구나 알고 있을 것이다. 익산은 중심지가 금마면(익산군)과 여산면(여산도호부)에서 익산역(당시 이리역) 개통으로 역 중심으로 바뀌었다. 정읍은 고부군이나 태인현보다 작은 동네였으나 역시 정읍역 개통 후 훨씬 커지게 됐다. 신태인역이 개통되면서 기존 태인(지금 정읍시 태인면)보다 신태인(지금 정읍시 신태인읍)이 훨씬 커지기도 했다. 김제는 금구현이 전주와의 접근성 및 사금 광산 등 영향으로 훨씬 중요한 동네였으나, 김제역 개통 이후 중심지가 바뀌었다. 고창은 모양성(고창읍성) 일대에서 성 아래 지역으로 관공서가 이동, 형성되면서 중심지가 바뀌었다. 모양성이 헐리지 않고 옛 모습 그대로 남아 있는 이유이기도 하다. 중심지가 바뀌지 않았으면 새로운 도로가 만들어지면서 성이 헐렸을 것이기 때문이다.

전북자치도 14개 시군은 배후도시 완주군이 있는 전주시를 제외하고는 모두 도농복합도시이다. 물론 도농복합시(또는 도농통합시)라는 개념은 시 중에서 농촌 지역을 배후지로 할 때 사용한다. 하지만 시 지역이든 군 지역이든 경관상으로는 모습에 큰 차이가 없다. 따라서 군 지역까지 아울러서 도농복합도시라고 표현해도 무방하리라 생각한다. 시군 모두 시청·군청 등 행정 중심기능이 있고, 행정상 통제를 받는 주변 읍면이 있는 같은 구조다. 도 밑에 시·군 ⇨ 읍·면 ⇨ 동·리의 계층구조를 따르는 것이다. 차이는 중심지에 있는 고층 아파트 수와 서비스 기능이다. 따라서 굳이 시·군을 구분할 필요 없이 도시라는 단어로 일률적으로 설명하는 것이 낫다고 생각한다. 서비스 기능 중에서는 특히 약국 존재 여부가 중요할 것으로 보인다. 면 단위에서 가장 마지막까지 남아 있을 주요 기능은 아마 약국일 것이기 때문이다. 이처럼 서비스 기능이 계층별로 자리를 잡는다는 것이 독일 지리학자 크리스탈러(Walter Christaller, 1893~1969, 조선 고종 30~대한민국 51)가 주창한 중심지 이론이다(핸슨, 2001:

243~270).[18]

한반도 지형은 흔히 중국 대륙을 향해 모로 누운 거수(巨獸. 예, 호랑이) 뼈대에 비유하곤 한다(이철승, 2021: 47). 거수 등뼈가 바로 백두대간이고, 13개 정맥이 있다. 대간과 정맥 사이로 강과 하천이 흐르고, 하천 중·상류 지역에는 산지로 둘러싸인 분지가 있다.[19] 한반도 도시가 대부분 하천 부근이나 구릉성 분지에 자리를 잡는 이유다. 특히 하천 부근은 농사를 지을 수 있고 취락지로 적합한 땅이 많기 때문이다. 전북자치도 14개 시군 역시 해안가, 구릉성 평지 및 산악분지에 중심지가 있다. 해안가에는 군산·김제·부안·고창, 구릉성 평지에는 완주·전주·익산·정읍이 있다. 남원(남원분지), 순창(순창분지), 임실(임실분지), 장수(장수분지), 무주(무주분지), 진안(진안고원)은 산악분지에 중심지가 있다. 이 중 남한에서 가장 높은 영산(靈山) 지리산을 품고 있는 남원부터 알아보도록 하겠다. 우리나라 도시 중 가장 오래된 지명이라는 점도 고려했다. 지리적 맥락이 도시에 어떻게 투영되었는지가 중심 내용이다.

남원: 민족의 영산(靈山) 지리산을 품고 1300년 이상 지속돼 온 이야기 고장

지리산을 빼고 남원을 말할 수 없다. 지리산은 한라산에 이어 남한에서 가장 높은 산(1915m)이다. 백두산과 함께 우리 민족의 영산으로 불리는 산이다. 백두산으로부터 시작한 백두대간 끝을 멋지게 장식한다. 전북자치도 남원을

---

18) 1933년(병탄 24) 독일 남부지역 도시를 실증 분석해 만든 도시분포와 계층체계에 대한 이론이다. 중심지는 중심성의 상대적 크기에 따라 고차 중심지와 저차 중심지로 구분되며, 고차일수록 저차 보다 중심지 간 거리가 더 멀고, 규모가 더 크며, 다양한 중심기능을 가진다는 이론이다. 중심지 계층 간 포섭원리다.
19) 북한강을 끼고 발달한 춘천분지와 해안분지, 남한강의 충주분지와 이천분지, 금강의 공주분지와 옥천분지, 섬진강의 남원분지와 구례분지, 영산강의 광주분지와 장흥분지, 낙동강의 안동분지와 대구분지 등이 그 대표적인 예다(이우평, 2007b: 61).

위시해 경상남도(산청, 하동, 함양), 전라남도(구례) 등 3개도(5개 도시)에 걸쳐 있는 아주 큰 산이다. 신라 오악(북악 태백산, 서악 계룡산, 중악 팔공산, 동악 토함산, 남악 지리산), 조선 사악(서악 송악산, 북악 비백산, 중악

북한산, 남악 지리산), 대한제국 오악(북악 백두산, 서악 묘향산, 동악 금강산, 중악 북한산, 남악 지리산)에 모두 지정된 산으로 국가로부터 제사를 받는 대상이 되기도 했다. 이런 의미 등이 이어져 1967년(대한민국 49) 12월 29일 대한민국 최초 국립공원으로 지정된다. 지정된 면적이 광주광역시와 맞먹는 크기로 육상에 있는 국립공원 중에서 가장 큰 규모다. 국립공원 관할구역으로 지정되지 않았지만, 지리산 산군으로 묶이는 산들을 포함하면 면적이 더욱 커진다. 규모에 있어 남한에서 가장 넓은 지역을 자랑하는 산인 것이다.

지리산은 부를 때는 '지리산'이라고 하지만 쓸 때는 '지이산(智異山)'이라고 쓴다. 이중환은 백두대간 맥이 크게 끊긴 것이어서 '두류산(頭流山)'이라고 불리며, 봉래산인 금강산, 영주산인 한라산과 함께 삼신산의 하나인 '방장산'이라고 언급하고 있다(이중환, 2018: 217). 방장산이라 부른 기원은 당나라 시성 두보(杜甫, 712~770, 신라 성덕왕 11~혜공왕 6)가 그 위치를 마한·변한·진한 땅이 아니라는 의미에서 '삼한 외(三韓 外)'라 특별히 일컫는 등 아주 오래된 것이다. 일부는 '지루하다' 사투리 '지리'를 한자로 옮긴 것이라 하는데, 이때 '지루하다'는 '게으르다'가 아니라, '너무 넓고 너무 깊어 끝이 없다'는 뜻으로 새겨야 한다고 얘기한다(최열, 2024: 408). 한편 '두류산'은 남해 앞에서 잠시 멈추었다 하여 '두류산(頭留山)'이라는 한자로 적기도 한다. 산세가 험하지 않고 두루뭉술한 육산[肉山, 험한 바위로 된 악산(岳山)이 아니라 흙으로 된 산이기 때문에 이

를 뜻하는 우리말 '두루', '두리'가 한자로 표기되는 과정에서 '두류'가 됐다는 주장도 있다. 887년(신라 정강왕 2, 진성여왕 원년) 최치원이 쓴 〈쌍계사 진감선사 대공탑비〉에 있는 지리산에 대한 최초 기록에 따르면 '지이산(地異山)'이다. 『삼국사기』에서는 '지리산(地理山)', 『삼국유사』에서는 '지이산(智異山)'으로 썼다. 고대 불교에서는 지혜를 표상하는 '대지문수사리보살(大智文殊師利菩薩)'이 이곳에 머물며 불법을 전하고 중생을 제도하는 도량으로 삼았기 때문에 '문수도장(文殊道場)'이라 불렀다고 한다. '대지문수사리보살'에서 '지(智)'와 '리(利)' 자를 따서 '지리산(智利山)'으로 부르다가, 이후 지혜로운 이인(異人)인 문수보살이 갖가지 형상으로 나타나는 산이란 뜻에서 지리산(智異山)으로 부르게 되었다고 한다(이우평, 2007b: 177). 산 하나를 두고 이처럼 많은 이름이 전해지고 있고, 그 내용 또한 구성이 다양하다는 점에서 지리산은 위대하다.

제주도 해안선 길이는 253km이지만 지리산 둘레는 320km나 되니 그 골짜기가 매우 많고 깊다는 것을 알 수 있다. 산이 높으니 골짜기도 깊은 법인 것이다. 칠선계곡(함양 소재), 한신계곡(또는 백무동 계곡, 함양 소재), 뱀사골(남원 소재), 피아골(구례 소재) 등 유명한 계곡들이 많은 이유이다. 칠선계곡, 한신계곡, 뱀사골은 지리산 3대 계곡으로 평가한다. 피아골은 이강천(李康天, 1921~1993, 병탄 12~대한민국 75) 감독에 의해 1955년(대한민국 37) 영화 소재가 되어 영화화되었다. 영화 제목 역시 〈피아골〉이다. 이강천 감독은 이 영화로 1956년(대한민국 38) 우리나라 최초 영화상인 제1회 금룡상(金龍賞) 감독상을 탔다. 당시 휴전이 된 지 2년밖에 되지 않았고, 빨치산이 완전히 소탕되기도 전이었던 때에 빨치산을 다룬 영화였으니 이런저런 말도 많았다. 빨갱이를 인간적으로 그렸다는 점 때문에 많은 구설에 올랐으나, 오히려 이 부

〈그림 2-6〉 영화 〈피아골〉 포스터

분이 영화 깊이를 더해 주고 있다고 해서 한국 전쟁영화의 수작으로 평가받고 있다. 지리산 면적은 약 483km²이고, 덕유산이 약 229km²이니 지리산 면적이 2배가 넘는다. 설악산은 399km²다. 지리산 북·동 사면으로 내리는 빗물은 진주 남강이 됐다가 낙동강으로 합류한다. 남·서 사면으로 내리는 빗물은 진안 마이산(馬耳山, 암마이봉 687.4m, 수마이봉 681.1m)에서 내려오는 물과 합류하여 섬진강을 이룬다. 풍성한 이야기가 있는 깊은 골짜기들과 남한에서 가장 긴 강인 낙동강과 가장 아름다운 섬진강 원천(源泉)이라는 점만 가지고도 지리산은 위대하다.

이중환도 당연히 지리산에 대해 평가한다.

「복거론」'산수' 조를 보면 이중환도 지리산을 위대한 산으로 평가했음을 엿볼 수 있다. 지리산은 신선들이 모여드는 곳이고, 부유한 산(富山)이라는 것이다(이중환, 2018: 217~218). 이중환은 이런 평가에 이어 백두대간 중 가장 뛰어난 8개 산 중 하나로 꼽는다.[20]

지리산은 남해 인근에 있다. 백두대간의 맥이 크게 끊긴 곳이어서 두류산(頭流山)이라고도 불린다. 세상에서는 금강산을 봉래산(蓬萊山)으로, 지리산을 방장산(方丈山)으로, 한라산을 영주산(瀛州山)으로 여기니 이른바 삼신산(三神山)이다. 지리지에서는 지리산을 태을진인(太乙眞人)이 머물고 있어 신선들이 모여드는 곳이라 하였다.

지리산은 골짜기가 구불구불 서려 있고 깊고도 크다. 또 흙이 두텁게 쌓여 토질이 비옥하므로 온 산 어디나 사람이 살기에 알맞다. 산 안에는 100리나 되는, 길게 뻗은 골짜기가 많고, 바깥쪽은 좁아도 안쪽은 넓어 이따금 사

---

[20] '안대회 등'은 백두대간 중 가장 뛰어난 산 8개로 금강산, 오대산, 태백산, 소백산, 속리산, 선유산, 덕유산, 지리산을 꼽는다(이중환, 2018, 221쪽 각주). 이중환은 백두대간에 있는 산으로 이 8개 산 외에 설악산과 한계산, 도장산, 청화산 등을 언급하고 있는데, 설악산에 대해 매우 적게 기술하고 있다는 점이 의아하다.

람에게 알려지지 않은 곳도 있어서 주민들이 관아에 세금을 내지 않기도 한다. 땅이 남해에 가까워 기후가 따뜻하고 산중에 대나무가 많다. 또 감과 밤이 몹시 많아 저절로 열렸다가 저절로 떨어진다. 높은 산봉우리의 땅에 기장이나 조를 뿌려도 어디든 무성하게 잘 자란다. 평지의 전답은 모두 1묘에 1종을 수확한다. 따라서 산중에는 시골집이 사찰과 뒤섞여 있고, 승려든 속인이든 대나무를 꺾고 감과 밤을 주워서 힘쓰지 않아도 넉넉하게 생리를 얻는다. 농사에 그다지 힘쓰지 않아도 모두 풍족하다. 이 때문에 인근 주민이 모두 흉년을 몰라서 지리산을 부유한 산이라고 한다.「복거론」'산수' 조

이 부분 외에도 이중환이 지리산 일대에 내린 평가는 매우 우호적이다. 개인적으로 볼 때 이중환은 이 일대를 가장 살기 좋은 곳으로 평가하고 있다고 생각할 정도다. 책에서 높은 평가를 한 다른 여러 지역이 있음에도 그 지역들은 부분적인 장점만을 언급한다. 하지만 지리산 지역은 모든 부분에서 골고루 높은 평가를 하고 있다.「팔도론」'전라도' 조에서는 남원 동남쪽 성원(星園) 마을을 아름다운 산수를 자랑하는 곳으로 소개하면서, 이곳에서 구례까지 비옥한 논이 많은 들판이 펼쳐져 있고, 특히 구례 구만촌(지금 구례군 광의면 구만리 일대로 보이는데, 한 자료에는 남원 땅으로 나옴. 국립중앙도서관, 2015: 130)은 가장 살 만한 곳이라고 언급한다(이중환, 2018: 104).「복거론」'생리' 조에서는 나라 안에서 가장 기름진 땅은 전라도 남원과 구례, 그리고 경상도 진주와 성주라고 하면서, 이곳에서는 논에 볍씨 한 말을 뿌리면 최하 80두에서 최상 140두까지 수확하지만, 다른 곳은 그렇지 못하다고 한다(이중환, 2018: 175). 생산량이 최하 80배에서 140배까지라고 하니 엄청난 생산력이다.「복거론」'산수' 조에는 오직 구만은 지리산이 동쪽에 있어 치세든 난세든 머물러 살만하다는 내용도 있다(이중환, 2018: 265). 이쯤 되면 지리산은 영험하여 위대할 뿐 아니라 살기 좋은 곳이기도 하다. 그 중심이 남원이다

지금 지리산은 5개 도시에 걸쳐 있으나, 조선 시대에는 8개 고을이었다. 지금 구례군은 구례현, 하동군은 하동도호부였다. 현재 남원시는 남원도호부와 운봉현, 산청군은 산청현과 단성현, 함양군은 함양군과 안의현이 통합된 것이다. 지리산 자락에 8개 고을이 있었다는 것 또한 지리산이 그만큼 크고 골짜기가 깊었다는 것을 말해 준다. 한라산이 있는 제주도는 전체 면적이 1846km²로 지리산보다 훨씬 크지만 3개 고을(제주목, 정의군, 대정군)에 그친다. 인구수도 1789년(정조 13) 호구총수 기준 제주 3개 고을은 63,316명이나, 지리산 8개 고을은 145,263명으로 배가 넘는다.[21] 산청현(山淸縣)과 안의현(安義縣) 고을 이름은 원래 산음현(山陰縣)과 안음현(安陰縣)이었다. 1767년(영조 43)에 바뀐 것이다. 『영조실록』 43년 윤7월 2일 기사를 보면, '안음현(安陰縣)에서 일곱 살 여자아이가 임신해 아이를 낳았으니, 지명에 있는 '음(陰)' 자를 '맑을 청(淸)' 자와 '옳을 의(義)'자로 바꿨다'라고 기록하고 있다. 산음현은 드라마 〈허준〉에서 구암 허준(龜巖 許浚, 1539~1615, 중종 34~광해군 7)이 스승 유의태를 만나 명의로 거듭나는 기회를 제공해 준 고장으로 묘사되고 있다.[22] 물론 사실은 아니다. 하지만 한의학에서 사용하는 많은 약초가 지리산 깊은 골짜기 이미지

---

21) 지리산 8개 고을 인구는 남원도호부 43,411명, 함양군 24,198명, 하동도호부 20,549명, 안의현 16,602명, 단성현 13,839명, 산청현 10,778명, 구례현 8,831명, 운봉현 7,055명 등 145,263명이다. 반면 한라산 3개 고을 인구는 제주목 39,762명, 정의군 14,829명, 대정군 8,725명으로 63,316명이다.
22) 드라마 〈허준〉은 극작가 이은성(1937~1988, 병탄 28~대한민국 70) 각본인 1975~1976년(대한민국 57~58) MBC 일일드라마 〈집념〉에서 출발한다. 이후 1977년(대한민국 59)에는 영화 시나리오로 바뀌어 영화화[영화 이름은 〈집념〉]됐고, 다시 이은성 사후 2년인 1990년(대한민국 72)에는 3부작 소설[춘, 하, 추, 동으로 기획됐으나, 추(秋) 편 일부와 동(冬) 편이 미완성. 이은성 유고작임] 〈동의보감〉으로 출간돼 400만 부 이상 팔리는 베스트셀러가 됐다. 이후 1991년(대한민국 73)에는 서인석 주연 14부작 〈동의보감〉, 1999~2000년(대한민국 81~82)에는 전광렬 주연의 64부작 〈허준〉, 2013년(대한민국 95)에는 김무생 아들인 김주혁(1972~2017)의 135부작 〈구암 허준〉으로 리메이크 되어 방영됐다. 드라마 〈집념〉은 1976년(대한민국 58) 백상예술대상 TV 부문 작품상과 남자 최우수연기상(김무생)을 받았다. 영화 〈집념〉은 1977년(대한민국 59) 백상예술대상 연극·영화·TV 부문 대상과 영화부문 작품상을 탔다. 전광렬 주연 드라마 〈허준〉은 최고 시청률 64.8%로 지금도 사극 부문 1위(전체 4위) 시청률을 기록하고 있다.

와 맞아 그럴듯하게 받아들여지고 있다. 원작 『동의보감』은 3부작 대하소설이다.

『동의보감』 외에도 지리산은 그 높고 많은 봉우리와 속 깊은 골짜기만큼 참 많은 대하소설을 낳았다. 이병주(李炳注, 1921~1992, 병탄 12~대한민국 74) 『지리산』 7권, 박경리(朴景利, 1926~2008, 병탄 17~대한민국 90) 『토지』 20권, 조정래(趙廷來, 1943~, 병탄 35~) 『태백산맥』 10권, 최명희(崔明姬, 1947~1998, 대한민국 29~80) 『혼불』 10권 등이다. 엄밀히 따지면 이병주 『지리산』과 조정래 『태백산맥』은 지리산이 배경이고, 박경리 『토지』는 하동 평사리, 최명희 『혼불』은 남원 사매면 서도리에 있는 노봉마을 등 지리산 자락에 있는 마을이 배경이다. 우리나라 대하소설을 대표하는 작품들이 모두 지리산과 지리산 자락 마을이 배경이라는 점은 주목할 만하다. 『지리산』은 1989년(대한민국 71) KBS에서 8부작 드라마가 됐다. 소설 『태백산맥』은 1983년(대한민국 65) 9월부터 월간지 『현대문학』에 연재되기 시작됐다. 이를 단행본으로 만들었는데, 1986년(대한민국 68) 제1부 3권부터 1989년(대한민국 71) 제4부 3권까지 총 10권이다. 1994년(대한민국 76)에는 영화화됐다. 안성기(김범우 역)·김명곤(염상진 역)·김갑수(염상구 역)·오정해(소화 역)·신현준(정하섭 역) 등이 열연했다. 1994년(대한민국 76) 청룡영화상 최우수작품상과 기술상을 탔다. 『태백산맥』은 1988년(대한민국 70)에 나온 이우태[李愚兌, 필명 이태(李泰), 1922~1997, 병탄 13~대한민국 79]가 쓴 지리산 빨치산 수기 『남부군』과 함께 역사의 질곡과 분단의 상흔을 잘 그려낸 작품이다. 『남부군』은 정지영(鄭智泳, 1946~, 대한민국 28~) 감독이 1990년(대한민국 72)에 영화화했다. 2022년(대한민국 104)에 정지아(鄭智我, 1965~, 대한민국 47~)가 쓴 소설 『아버지의 해방일지』에 와서는 빨치산이었던 아버지와 빨치산 자녀 세대의 굴곡진 삶이 이해와 공감의 상으로 넘어가고 있음을 잘 알 수 있다. 지리산 빨치산은 70여 년 전 이야기가 되어 점점 곪은 상처가 아물어가는 중인 것이다. 『토지』는 영화로 1번, 드라마로 3번 각색

됐다. 영화는 1974년(대한민국 56)에 제작됐는데 총 5부 중 1부만이 영화화됐다. 주인공은 김지미였고, 그해 대종상 영화제 최우수작품상을 수상했다. 이후 1979~1980년(대한민국 61~63)에는 한혜숙 주연으로 드라마 48부작이 방영됐고, 1987~1989년(대한민국 69~71)에는 최수지 주연으로 103부작이었다. 이 두 드라마는 모두 KBS에서 제작했다. 한혜숙 주연은 총 5부 중 3부까지, 최수지 주연은 4부까지만 드라마화됐다. 2004~2005년(대한민국 86~87)에는 김현주 주연 52부작이 방영됐다. 김현주 주연은 총 5부 완간이 된 이후 방영한 최초 드라마다. SBS에서 제작했다. 최명희『혼불』은 미완이다.『혼불』주 배경인 서도리에는 지금은 폐역인 서도역이 있는데, 2018년(대한민국 100) 방영된 tvN 드라마〈미스터 션샤인〉촬영지로 잘 알려져 있다. 소설『혼불』에는 '여뀌 꽃대 부러지는 소리'가 반복적으로 나온다. 남원을 가로지르는 요천(蓼川)에서 '요'가 '여뀌 요' 자인만큼 여뀌가 흔했고, 이것이 소설에 이어진 것으로 보인다고 한다(김민철, 2013: 192~201).

지리산이 우리에게 이야기를 들려준 것은 아주 오래됐다. 한국문화유산답사회에서 펴낸『답사여행의 길잡이 6』에 있는 만복사(萬福寺) 부분을 보자. 매월당 김시습(梅月堂 金時習, 1435~1493, 세종 17~성종 24)이 쓴 최초 한문소설집『금오신화(金鰲新話)』소설 5편 중 제1편이「만복사저포기(萬福寺樗蒲記)」다. 만복사가 배경이니 남원이다. 수능에도 출제될 만큼 유명한 이야기다.『금오신화』에서 '금오'는 경주 금오산(金鰲山, 468m)을 말하며, '신화'는 말 그대로 '새로운 이야기'이니 소설이다. 김시습은 '금오산에 있는 용장사에 7년간 은거하며 지은 새로운 이야기'라고 해 '금오신화'라는 제목을 붙였다. 만복사는 남원시 왕정동 일대로 지금은 터만 남아 있다. 만복사터는 교룡산(蛟龍山, 518m) 줄기 기린봉 기슭이며, 앞에 요천이 있어 전형적인 배산임수를 보여 주는 터라고 할 수 있다. 이 일대가 예전 남원 시가지 중심이었으며, 만복사는 '만복사로 돌아가는 승려[만복사 귀승(萬福寺 歸僧)]'를 남원 팔경 중 하나로 분류할 정도로 남원에서 가장 큰 절이었다. 시주를 마치고 돌아가는 스님 수가 너무 많은 것이 장관이어서 팔경 중 하나가 된 것이다. 만복사는 정유재란 때 소실된 이래 복원되지 못했다. 1탑 3금당 식의 독특한 가람 배치가 특징이다. 만복사 터 주변에는 '백들', '썩은 밥배미' 등 당시 사찰 규모를 추정해 볼 수 있은 지명들이 많다. '백들'은 승려들이 널어놓은 빨래로 만복사터 앞 제방이 온통 하얗다고 해서 붙은 지명이며, '썩은 밥배미'는 절에서 나온 음식 찌꺼기를 처리하는 장소다. 〈만복사저포기〉는 남원 사는 총각 양생과 죽은 처녀의 애틋한 사랑을 그리고 있는데, 『춘향전』과는 반대로 남자가 절개를 지키는 내용이다. 부처님과 저포(樗蒲, 윷놀이와 유사한 게임) 놀이를 하는 과정이 주요 소재다(한국문화유산답사회, 1996: 116~124). 만복사는 1621년(광해군 13) 현곡 조위한(玄谷 趙緯韓,1567~1649, 명종 22~인조 27)이 쓴 한문 소설 『최척전(崔陟傳)』의 배경이기도 하다. 이 소설은 임진왜란과 정유재란 과정에서 헤어진 최척과 옥영 부부에게 닥친 기구한 운명과 재회 과정을 그린 전기소설이다. 이 소설도 수능 교재에 여러 차례 수록됐고, 모의평가에도 출제된 바 있다. 이 소설에서 만복사는 최척이 살던 동네 인근에 있다. 그리고 이야기 전개 과정에서 옥영이 꾸는 꿈에 만복사 부처(장육금불, 丈六金佛, 크기가 6척이나 되는 금불상)가 수시로 나와 향후 행동 방향을 알려주곤 한다.

지리산은 이처럼 남원을 이야기가 풍성한 고장으로 만든다. 많은 이야기 중에서 가장 특별한 것은 고창 사람 동리 신재효(桐里 申在孝, 1812~1884, 순조 12~고종 21)가 정리한 판소리 여섯 마당 중 세 마당이 지리산 자락이 배경이라는 점이다. 먼저 『춘향전』은 너무나 잘 알고 있을 것이다. 호남제일루[23] 광한

---

23) 호남제일성은 전라감영이 있는 전주부성이다. 풍남문 북측 이층에 호남제일성이라는 현판이 걸려 있다. 호남제일문은 고속도로 톨게이트에서 전주로 진입할 때 통과해야 하는 문이다. 4차선 도로에 맞춰 1977년(대한민국 59) 만들어졌고, 1991년(대한민국 73) 도로 확장으로 철거됐다가, 1994년(대한민국 76) 확장된 도로 폭에 맞춰 현재에 이른다. 호남제일정은 정읍 피향정, 호남제일루는 남원 광한루다. 참고로 영남제일관은 경상감영 남문이다. 영남제일문은 김천에 있는데, 호남

루(廣寒樓, 보물 제281호)에서 이몽룡과 성춘향이 처음 만나 사랑하고 헤어짐, 춘향이 지킨 절개, 그리고 통쾌한 어사 출두 등은 너무 잘 알려져 있다. 영화로도 무수히 만들어졌다. 방자를 주인공으로 2010년(대한민국 92) 개봉한 패러디 영화 〈방자전〉도 있고, 향단을 주인공으로 한 〈향단전〉이라는 2007년(대한민국 89) MBC 드라마도 있다. 매년 음력 4월 8일 전후에는 '춘향제'가 열리는데 남원 중고등학교 1학기 중간고사는 이 기간을 피해 치를 정도다. '춘향제'는 우리나라 최고(最古)이자 최고(最高) 지방 축제다. 1931년(병탄 22)부터 개최되어 2025년(대한민국 107)이 제95회 '춘향제'다. 춘향제는 관광객만이 아니라 지역주민도 함께 참여해 즐길 수 있는 축제라고 한다. 남원 사람들은 명절에는 가족들과 보내고, 친구들과는 '춘향제' 기간에 만난다고 한다. '춘향제'가 열리는 광한루원 인근 주막에는 남원 내 모든 토속 막걸리가 나와 흥취를 돕는다. 광한루원 연못물은 인근 요천 물을 끌어와 계속 순환하는 구조여서 깨끗함을 유지하고 있다고 한다(전국지리교사모임, 2019: 316~318).

남원은 『흥부전』 고장이기도 하다. 인월면 성산리는 흥부가 태어난 곳이고, 아영면 성리는 흥부가 놀부에게 쫓겨나 유랑하다가 정착하여 복을 누리고 살았던 곳이라고 한다. 성리에는 흥부를 연상시키는 '춘보'라는 사람의 얘기가 전해오고 있고, 인근에 화초장 바위, 허기재 등 『흥부전』과 관련된 지명도 많이 남아 있다고 한다(한국문화유산답사회, 1996: 146). 아영면 성리에는 흥부 마을이 조성되어 있다. 2017년(대한민국 99) 영화 〈흥부〉는 『흥부전』이 만들어지는 과정을 코믹하게 그리고 있다. 1986년(대한민국 68) 만들어진 이대근, 원미경 주연 영화 〈변강쇠〉 원작은 판소리 〈변강쇠가〉다. 외설적인 내용으로 유명한데, 사실 이야기 대부분은 유랑민 생활과 그 과정에서 나타나는 참혹한 모습에 관한 것이다. 배경은 함양 마천면 벽송사 일대라는 자료도 있고(한국문

제일문과 같이 인위적으로 2000년(대한민국 82)에 만들어졌다. 영남제일루는 밀양 영남루다. 중국 산해관은 천하제일관으로 이곳이 뚫리면 베이징까지는 일사천리다.

화유산답사회, 1996: 172), 남원시 산내면 백장암 부근이라는 자료도 있다(디지털남원문화대전). 두 지역 간 거리가 10km가 채 되지 않으니 같은 곳이라고 해도 무방하다. 실제 남원 운봉과 함양 마천지역에는 〈변강쇠가〉 주요 소재인 돌장승과 나무장승이 매우 많이 남아 있다(한국문화유산답사회, 1996: 131~141, 169~173). 여기에 더해 「심청전」 배경이 전남 곡성이라는 얘기도 있다. 관음사 연기설화에 바탕을 두고 있다는 것이다. 곡성 오곡면에는 '심청 한옥마을'이 만들어져 있다. 곡성 오곡면은 남원 바로 아래, 구례 바로 왼쪽 위치로 지리산 자락에서 그리 멀지 않은 곳이다. 이쯤 되면 판소리 여섯 마당이 모두 지리산 배경으로 만들어졌다고 해도 무방하다. 〈적벽가〉와 〈수궁가〉는 배경이 각각 중국과 용궁이니 특정 지역과 관련이 없기 때문이다. 남원은 판소리 '동편제' 고장이기도 하다. 판소리 명인 송흥록·송만갑·이화중선·박초월·안숙선 등이 모두 남원 출신이다.

이처럼 수많은 이야기를 낳은 지리산 자락 대표 고을은 남원이다. 이중환은 남원을 이렇게 소개한다(이중환, 2018: 103~104).

복흥산 동쪽에는 임실, 순창, 남원, 구례가 있으며 모두 산골에 있는 고을이다. 마이산 남쪽 골짜기의 물이 임실을 지나 남쪽으로 남원에 이르러 요천(蓼川)과 만나 잔수진(潺水津)과 압록진(鴨綠津)이 되는데, 강 서쪽에 옥과·동복·곡성이 있다. 강은 압록진에서 비로소 동쪽으로 꺾여서 악양강(岳陽江, 섬진강 상류지류의 옛 명칭)이 되어 남해의 조수와 만났다가, 지리산 남쪽을 따라 돌아가며 섬진강이 되어 남하하여 남해로 흘러 들어간다. 이리하여 섬진강은 전라도와 경상도의 경계가 된다.
남원성 성곽은 임진왜란 때에 명나라 장수 양원이 쌓았다가 정유재란 때에 왜적에게 함락되었다. 이 땅에는 여전히 어렴풋이 살기가 서려 있다.
남원 동쪽으로 노령을 넘으면 운봉현이 나온다. 지리산 북쪽의 고개 팔량치

(八良峙)가 있어서 전라도와 경상도를 잇는 큰 길이다. 고을 앞에는 황산(荒山)이 있는데 고려 말에 우리 태조께서 이곳에서 왜구를 크게 섬멸하였다.
「팔도론」'전라도' 조

남원은 1) 경상도와 경계가 되는 섬진강이 흐름, 2) 남원성이 있었고 정유재란 때 함락됐음, 3) 운봉현 팔량치(八良峙, 513m)를 통해 경상도와 연결됨, 4) 태조가 왜구를 크게 소탕한 지역임 등으로 요약할 수 있다. 키워드는 '경계', '성', '길', '왜구 섬멸' 등이다. 남원이 군사전략상 매우 중요한 위치였다는 점을 확인할 수 있는 키워드다. 실제 남원 지역은 삼한 시대에 마한, 진한 및 변한사람이 공존하는 땅이었고, 삼국시대에는 백제, 신라와 가야 간 쟁투가 극심했던 지역이었다. 원래 마한 땅이었는데 백제에 속했다가, 가야 반파국 영토였다가 이후 백제와 신라가 번갈아 가며 주인이 바뀌었다. 남원 인월면(조선시대 운봉현 소속) 유곡리와 두락리 고분군은 2023년(대한민국 105) 9월 18일 유네스코 세계유산이 된 가야 고분군 7개 중 하나다. 이 일대가 가야 일부였다는 점을 극명하게 나타내 준다. 즉 백제와 신라만이 아니라 가야까지 3개 나라가 서로 차지하려고 다툴 만큼 군사전략상 중요한 땅이었던 것이라 하겠다. 특히 운봉 지역은 500m 내외 고원지대[여원치(女院峙, 477m)와 팔량치(八良峙, 513m) 사이]여서 방어에 유리했을 것이니 더욱 중요했을 것이다. 운봉 지역이 지금은 남원시에 속해 있지만, 삼국시대 이래 내내 독자적인 고을로 지속해 왔던 이유이기도 하다.

이중환이 말하는 남원성은 남원읍성이다. 군사전략상 남원 지역은 요충지여서 인근에 20여 개 산성이 있었고, 이 중 교룡산성(蛟龍山城)이 대표

〈그림 2-7〉 남원읍성 북쪽 성벽 일부

적이다. 남원 별칭인 용성(龍城)은 이 교룡산성에서 나왔다.[24] 교룡산(518m) 중턱에 만들어진 산성인데, 동쪽 복덕봉, 서쪽 밀덕봉이 마치 용 두 마리가 서로 안고 비상하는 형국이어서 교룡산이라는 이름을 얻었다. 2024년(대한민국 106) tvN 드라마 〈정년이〉에서 김태리가 불렀던 '남원산성'이 바로 이곳이다. 동학농민혁명 때 김개남 장군이 전주 화약 후 집강소를 열어 농민군을 이끌고 주둔한 곳이기도 하다. 평평한 분지에 우뚝 솟은 교룡산은 남원 시내 어디를 가도 잘 보여 예부터 이정표 역할을 했고, 가장 싸우기 좋은 곳이었다. 이중환은 정유재란 때 명나라 장수 양원이 남원성을 쌓았다고 했는데, 이는 정확하게는 왜군의 침입을 대비하여 개축한 것이다. 당시 양원은 천혜의 요새 '남원산성(교룡산성)'으로 들어가지 않고, 남원읍성에서 왜군을 막다가 결국 패퇴하고 만다. 당시 조선군은 남원산성에서 왜군을 막자고 했으나 양원은 말을 듣지 않았고, 결국 참패로 이어진 것이다. 이때 남원읍성에서 순절한 민·관·군 1만여 의사들을 기리기 위한 곳이 '만인의총(萬人義塚)'이다. 역사에 가정은 없지만, 당시 양원이 조선군 말을 들었다면 전쟁은 다른 양상으로 펼쳐졌을 것이다. 남원읍성에서 패배하게 되자 결국 호남지역을 왜군에게 내주게 됐고, 조선은 다시 백척간두에 서게 된다. 남원은 경상도에서 호남으로 넘어가는 관문이어서 남원이 무너지자 바로 호남이 위험에 빠진 것이다. 하지만 이순신 장군이 명량해전에서 승리하자 왜군은 보급이 끊겼고, 충청도 직산(지금 천안)에서 더는 진격하지 못하게 된다. 1597년(선조 30)을 사건 순으로 보면, 이순신 장군 삼도수군통제사 파직 및 원균 통제사 임명(음력 2월 25일) ⇨ 이순신 장군 백의종군 시작(음력 4월 1일) ⇨ 원균 칠천량 해전 참패(음력 7월 15일) ⇨ 조·명 연합군 남원읍성 전투 패배(음력 8월 13~16일) ⇨ 이순신 장군 명량해전 승리(음력 9월 16일) 순이다. 참으로 드라마틱했던 1597년 정유년이다. 한편 남원읍성

---

24) 남원에 있는 용성초, 중, 고등학교는 이 별칭에서 가져온 것이다. 남원에는 교룡초등학교도 있다.

은 마치 바둑판처럼 '우물 정(井)' 자 모양으로 길이 나 있고 외곽이 네모반듯하다. 이처럼 정자형(井字形) 시가지는 우리나라에서 보기 드물며 평양성과 남원읍성이 대표적이라고 한다. 둘레에는 해자가 만들어져 있었고, 요천 물을 끌어들였다. 객사 이름은 용성관(龍城館), 남문 2층 누각 이름은 완월루(翫月樓)였다. 동학농민혁명 때 동문과 남문이 소실되고, 일제 강점기 때 서문과 북문이 헐렸다. 성곽 또한 도시가 확장되면서 대부분 헐려 나가고, 북쪽 성벽 일부만 남아 있다. 다만 성안에 있었던 광한루는 지금도 건재하다(한국문화유산답사회, 1996: 128).

남원은 군사전략상 요충지여서 신라 685년(신문왕 5)에 9주 5소경(小京)을 설치할 때 남원경(南原京)이 됐다. 게다가 이 지역은 경상도와 전라도를 연결(통영대로)하는 고개만이 아니라, 하동-구례-곡성을 거쳐 광한루 앞에 도착하는 섬진강(요천) 뱃길도 유용할 만큼 교통 요지다. 신라 5소경 중 현재 남원경만이 살아남았다. 서원경(청주)은 그나마 서원구라는 구 이름으로 남았지만, 중원경(충주), 북원경(원주), 금관경(김해)은 모두 사라졌다. 그러니 2025년(대한민국 107)은 남원이라는 지명이 생긴 지 1340년이 되는 해다. 이처럼 기나긴 역사 속에서 형성된 문화적 맥락은 웅대한 봉우리와 품 깊은 골짜기를 가진 지리산과 어우러져 남원을 이야기의 고장으로 만들었다.

남원 시내에는 광한루원 인근 '남원고전소설문학관'이 있다. 『만복사저포

〈그림 2-8〉 남원고전소설문학관 및 남원다움관 내 전시물

기』,『최척전』 등이 소개되어 있다. 그 앞에는 '남원다움관'이 있다. 이야기가 넘치는 고장 남원, 남원을 살아가는 사람들 이야기로 가득하다. 남원은 한 마디로 '지리산을 품고 1300년 이상 지속돼 온 이야기 고장'이다. 지리산이 먼저 있어 수많은 이야기, 그 가운데『춘향전』도『혼불』도 있는 것이다. 지리산을 상징하는 고장이 남원이라는 점이 중요하다. 남원 지리산이다. 남원의 포지셔닝이다.

순창: 노령산맥과 소백산맥 사이 산악 분지가 빚어낸 찹쌀 고추장 고장

순창은 산악분지다. 군청 소재지를 중심으로 동, 서, 북쪽은 산으로 둘러싸여 있다. 담양과 곡성으로 이어지는 남쪽은 약간 열린 땅이지만 이내 높아진다. 특히 순창읍 북서쪽 방향 노령산맥 줄기가

지나가는 곳에 순창에서 가장 유명한 4개 산이 북두칠성 국자 모양으로 자리를 잡고 있다. 이 모양을 이어 가면 손잡이 부분은 진안 마이산 부근으로 보인다. 4개 산은 내장산(內藏山, 763.5m)부터 시계 반대 방향으로 추월산(秋月山, 731m), 강천산(剛泉山, 584m) 및 회문산(回文山, 837m)이다. 내장산과 추월산은 각각 정읍과 전남 담양에 걸쳐 있을 뿐 아니라 순창보다는 정읍, 담양에 있는 산으로 더 알려져 있다. 강천산은 1981년(대한민국 63) 1월 7일 전국 최초로 지정된 순창군 군립공원이다. 내장산, 추월산 및 강천산은 '2002년 세계 산의 해'를 맞아 산림청에서 전국 100대 명산 중 하나로 지정됐다. 회문산은 전

〈그림 2-9〉 북두칠성 국자 모양인 순창 주요 4산

북자치도 내에 있는 5개 국립자연휴양림 중 하나(나머지 넷은 덕유산, 변산, 운장산, 신시도)다. 임실 강진면·덕치면, 정읍 산내면 및 순창 구림면 경계에 있다. 주변이 산으로 둘러싸여 있고, 앞쪽에 섬진강이 지천 구림천과 함께 감싸듯이 휘감고 있어 지형적으로 피난처로 삼기에 유리한 곳이다. 김대건 신부 일가가 1846년(헌종 12) 병오박해 때 피신했던 곳이고, 한국전쟁 중 조선로동당 전북 도당 조선인민유격대가 이곳에 아지트를 설치하기도 했다. 이태가 쓴 『남부군』에 잘 나타나 있다.

순창은 마한 때 오산(烏山) 또는 옥천(玉川)이었다. 백제 때는 도실(道實), 신라 757년(경덕왕 16)에 순화(淳化)가 됐다가, 고려 때인 940년(태조 23) 순창(淳昌)이 된 이래 계속 이 지명이었다. 순창도 벌써 1100여 년에 가까운 역사가 있는 고장이다. 순화나 순창이나 모두 '순박한 순(淳)' 자를 쓰는 것을 보아 이 고장 사람들의 인품 또는 이 지역이 가진 평온함을 느낄 수 있다. 이전에는 왜 오산 또는 옥천이었고, 도실이었는지는 알 수 없다. 다만 신라 경덕왕 때 '순화'로 바뀐 것은 당시 직제 및 지명을 모두 한자로 바꾸는 한화정책(漢化政策)에 따른 것이라는 점은 알려져 있다. 한화정책은 당나라를 본뜬 것인데 나라가 커지면서 통치를 위한 표준화 필요성 때문에 취한 정책으로 생각한다. 현재 우리나라 지명이 만들어지는 결정적인 첫 번째 계기이기도 하다.[25] 마한어 및 백제어로 당시 그 지방 사람들이 불렀던 지명이 신라어로 바뀐 것이 한 번의 변화, 이것이 다시 한자로 바뀐 것이 두 번째 변화였을 것이다.

  순창 사람들은 적성강(赤城江, 섬진강을 순창에서 부르는 말)과 강천산에 대한 애착이 강하다. 채계산(釵筓山, 342m)에 출렁다리를 만들어 관광코스로 개발한 이유도 적성강에 대한 풍취를 즐기고자 함이다. 채계산은 적성강 변에서 동쪽을 바라보면 마치 '비녀를 꽂은 여인이 누워서 달을 보며 창을 읊는 모습'인 월하미인(月下美人) 형상을 했다고 해서 붙은 이름이다. 그래서 산 이름이 '비녀 채'와 '비녀 계' 자를 쓰며, 채계산 다른 이름이 적성산(赤城山)인 이유다. 실제 이곳에서는 많은 소리꾼이 나왔으며, 적성강에 배를 띄우고 풍류를 즐겼다고 한다(향토문화전자대전). 적성강 모래는 곱고 아름다운데, 이는 모래가람, 모래내, 사천(沙川), 다사강(多沙江) 등 섬진강 별칭이 생기게 된 배경이다. 어린 시절 어머니, 형들과 함께 적성강에서 다슬기를 잡던 기억이 새롭다. 채계산 출렁다리는 순창 10경 중 제2경이다. 제1경인 강천산에는 강천사[剛泉寺, 신라 887년(진성왕 1) 도선국사 창건]까지 8km 정도 이어진 강천 계곡과 삼인대(三印臺)라는 유적이 있다. 중종 때 담양부사 눌재 박상(訥齋 朴祥, 1474~1530, 성종 5~중종 25), 부안현감 석헌 유옥(石軒 柳沃, 1487~1519, 성종 18~중종 14), 순창군수 충암 김정(沖庵 金淨, 1486~1521, 성종 17~중종 16) 세 사람이 죽음을 무

---

25) 두 번째는 1413년(조선 태종 13년) 지방행정 조직 재편, 세 번째는 1914년(병탄 5) 일제 행정구역 개편 시기라고 볼 수 있다. 소규모 지방조직을 통·폐합했고, 이 과정에서 통합된 지명이 새롭게 등장했다. 예컨대 서울 종로구 인사동 지명은 1914년 개편 때 이 지역에 있었던 조선 시대 관인방(寬仁坊)과 대사동(大寺洞)에서 '인(仁)'과 '사(寺)'를 합해 인사동이 됐다. 여기에서 대사동은 지금의 탑골공원에 원각사(圓覺寺)가 있었기 때문에 붙어진 이름이다. 종로구 창신동(昌信洞)은 인창면(仁昌面)과 숭신면(崇信面)의 합성, 반대로 숭인동은 숭신면과 인창면의 합성이다(주성재, 2023: 80). 수많은 변화에도 현재까지 한글로 된 지명이 살아 있는 곳이 있다는 것에 경외감을 느낀다. 지하철역 명에서도 분당선 '한티역', 5호선 '애오개역', 9호선 '노들역' 등에 있는 역이름이 모두 한글지명이다.

〈그림 2-10〉 채계산 출렁다리에서 바라본 적성강과 적성뜰(사진: 전은신)

름쓰고 폐비 단경 왕후 신씨(중종 정비) 복위를 상소하기로 맹세한 유적이라고 한다. 세 사람이 허리에 차고 온 직인(職印)을 풀어 소나무 가지에 걸어 두었다고 해서 붙은 이름이다(최열, 2024: 368). 강천산은 토종꿀로도 유명하다.

   강천산은 또한 단풍으로 유명한 내장산 못지않게 단풍이 좋다. 그리 멀지 않은 곳이니 이 인근에서 며칠씩 단풍휴가를 보내는 것도 좋을 것이다. 두 산 사이에는 갈재[가을재, 추령(秋嶺)]라는 고개가 있는데 고개 위에서 아래로 내려다보는 풍경도 장관이다. 그러니 강천산, 내장산과 그 사이에 있는 추월산을 함께 연결하는 '가을 단풍 트레일 코스'를 만드는 것도 좋을 듯하다. 갈재를 넘어가는 길은 정읍에서 순창으로 가는 가장 빠른 길이다. 그러함에도 1970년대까지만 하더라도 정읍에서 순창까지 시외버스를 타고 3시간 가까이 걸렸다. 지금은 도로 사정이 좋아져서 1시간 이내에 도착한다. 구불구불 이어진 길을 따라 갈재를 넘으면 내리막길이 따로 없이 거의 평지에 가깝다. 남부군이 거점으로 삼은 이유가 이런 지형적 이점 때문이다. 고개를 넘자마자 순창 복흥면이 나오고, 복흥면은 이내 쌍치면으로 이어진다. 복흥면은 이중환이 전라도 중간 위치라고 얘기했던 곳이다. 평야가 많은 지방에서 상대적으로 고지

〈그림 2-11〉 강천산 출렁다리와 단풍(사진: 전은신)

대여서 중심지성을 발휘하지 못했다는 것은 프롤로그에서 얘기한 바 있다. 복흥면은 우리나라 초대 대법원장 가인 김병로(佳人 金炳魯, 1887~1964, 조선 고종 24~대한민국 46) 선생 고향이다. 전북자치도에 헌법재판소 및 대법원을 이전해야 한다는 명분이다. 쌍치면에는 장성 사람 하서 김인후(河西 金麟厚, 1510~1560, 중종 5~명종 15) 선생이 후학 양성을 위해 강학했던 현장이었던 훈몽재(訓蒙齋) 등을 복원해 놓았다. 김인후는 문묘에 모신 '해동 18현' 중 한 분이다. 유네스코 세계문화유산 장성 필암서원(筆巖書院)에 배향되어 있다. 김병로는 김인후 15대손이다.

강천산 남쪽으로 바로 이어진 봉우리 이름은 광덕산(廣德山, 578m)이다. 바로 이어진 곳이어서 강천산 옛 이름이 광덕산이기도 했다. 기억해야 할 것은 이 광덕산을 그린 그림이 남아 있다는 것이다. 실물이 드물게 남아 있는 15세기 실경 산수화인데, 그림 이름은 〈광덕산 부도암도〉다. 귀래정 신말주(歸來亭 申末舟, 1429~1503, 세종 11~연산군 9) 아내 설씨 부인이 그린 그림이다. 'ㅇㅇㅇ의 아내'라는 설명이 구구하다. 신말주는 보한재 신숙주(保閑齋 申叔舟, 1417~1475, 태종 17~성종 6) 막내 동생이다. 설씨 부인은 1482년(성종 13) 쇠락한 강천사 복원 운동을 시작하면서 글씨 14점과 그림 1점을 묶어 『권선문첩(勸善文帖, 보물 제728호)』을 만들었다고 한다. 이는 성금 출연을 요청하는 일종의 선언 문서다. 여기에 담긴 그림 한 점이 바로 〈광덕산 부도암도〉다. 화폭 상단에는 강천산 주봉과 줄기, 하단에는 바위, 소나무 등을 배치하고, 우측 가운데 작은 암자인 부도암을 그려 놓았다. 이 부도암이 중창을 거쳐 강천사가 된 것이다. 이 그림은 1) 당대 유행하는 주류 화풍을 구사하고 있고, 2) 그 시절 유일한 여성 화가 작품이라는 점에서 보물 같은 그림이라는 평가를 받는다(최열, 2024: 370). 특히 조선 시대 여류화가로 대부분 신사임당(申師任堂, 1504~1551, 연산군 10~명종 6)만 알고 있는데, 설씨 부인 그림이 현존한다는 점은 매우 뜻깊은 일이다. 남편 신말주는 형인 신숙주 변절에 실망해 아내 고향 순창에 내려와 정자를 하나 세우고, 이름을 귀래정(歸來亭, 신말주 호도 여기에서 따와 귀래정)이라고 했다. 김인후도 아내 고향 쌍치에서 강학당을 개설했으니, 순창은 여러모로 아내 역할이 중요한 고장이다.

고려 때부터 순창을 세거지(世居地)로 삼고 있었던 순창 설씨 아내와 그 아내를 따라 순창에 들어와 고령 신씨 입향조가 되는 신말주는 이후 순창 사람들 이야기를 훨씬 풍성하게 만들어준다. 순창 설씨에 대해 먼저 알아보자. 강천산 인근 팔덕면 산동리에는 팔왕(八旺) 마을이 있는데, 여기에는 순창의 성황대신(성황당에 배향한 인물로 일종의 수호신 역할)으로 모신 경재 설공검(敬齋 薛公儉, 1224~1302, 고려 고종 11~충렬왕 복위 4) 할머니 옥천 조씨 부인에 관한 얘기가 있다. 옥천 조씨 할머니는 젖이 네 개나 달려 아들 네 쌍둥이를 낳아 모두 잘됐으므로, 당시 왕이 '너희가 나보다 낫다'고 한데서 팔왕 마을이라는 지명이 유래했다고 한다(한국문화유산답사회, 1994: 192~193). 순창 설씨는 원래 경주 설씨였다. 경주 설씨는 신라 시조 박혁거세(朴赫居世, 기원전 69~기원 후 4) 탄생설화에 나오는 6부 촌장 중 한 사람인 설거백(薛居伯)으로부터 시작한다. 원효대사[元曉大師. 속명은 설서당(薛誓幢), 617~686, 신라 진평왕 49~신문왕 6]와 설총(薛聰, 655~?, 신라 태종무열왕 2~?)이 경주 설씨다. 경주 지역을 근거로 세거했는데, 36세손인 설자승(薛子升)이 1124년(고려 인종 2)에 순화백(淳和伯)에 봉해지면서 관향을 순창으로 바꿨다. 따라서 경주·순창 설씨라고도 한다. 설자승 손자가 설선필이고, 옥천 조씨 부인은 설선필 아내다. 가계도를 단순화하면 설자승 – 설정 – 설선필(옥천 조씨) – 설신 – 설공검이니, 설자승은 설공검 고조할아버지인 것이라 하겠다. 이후 순창에서는 설씨 인물들이 많이 나왔고, 새로운 이야기들도 쓰였다. 1511년(중종 6) 무렵, 채수(蔡壽)가 지은 소설 『설공찬전(薛公瓚傳)』도 그중 하나다. 이 소설은 원래 한문 소설이나 전해지지 않는다. 대신 한글로 번역된 책이 크게 유행했는데, 한글본은 설공찬 영혼이 사촌 형제 설공침 몸에 들어가 여러 가지 사건을 일으키다가 저승에 관한 이야기를 하는 부분까지 남아 있다. 그 이후는 빠져 있다. 영혼이 옮겨서 붙는다는 빙의(憑依)와 저승 등을 다룬다는 점에서 '조선판 엑소시스트'라는 평가가 있다. 원래 한글로 쓰인 것은 아니지만, 한글로 표기된 최초 소설이라는 점에서 소설사적 의의가 있다.

다음은 입향조 신말주로부터 시작하는 고령 신씨 이야기다. 고령 신씨는 고려 23대 임금 고종(재위 1213~1259) 조에 문과 급제한 토호 출신 신성용(申成用)이 시조다. 신말주는 8세손인데, 그들 자손은 아직도 순창읍 가남리 집성촌에서 살고 있다. 그가 순창에서 살기 시작한 이후 고령 신씨 문중도 매우 융성하였다. 여암 신경준이 가장 대표적인 인물이다. 신경준은 지리학자이자 언어학자이자 천문학자다. 물론 가장 기본은 성리학자다.[26] 신경준이 보인 지리학에 관한 관심은 당연히 천문학으로 이어졌을 것이다. 지리와 천문은 천지인 사상에서 하나로 연결되어 있기 때문이다. 실제 그는 천문학 지식을 활용하여 지

---

26) 이른바 조선 후기 등장한 실학과 성리학을 마치 다른 것으로 이해하기 쉬운데 실상 모든 실학자는 바탕이 성리학자다. 조선 사회에서 입신양명 또는 자기 수양을 위해서는 기본적으로 유학 공부가 필수다. 조선 유학이 성리학이니 조선 시대 모든 유학자는 기본적으로 성리학을 공부한 사람들이다. 굳이 실학을 성리학과 다른 것이라고 구분해 설명하다 보니 혼선이 생겼다고 생각한다. 예를 들어 레오나르도 다 빈치를 설명할 때는 화가이지 조각가, 발명가, 건축가, 해부학자, 지리학자, 음악가 등으로 설명하는 것처럼 실학자도 이런 방식으로 설명해야 한다. 이런 의미에서 보면 신경준은 지리학자, 언어학자, 천문학자다. 실학이란 것이 당시 기존 유학과는 다른 근대과학의 속성을 표상하는 것이라는 의미에서 사용한 것이라면, 굳이 실학자라는 부기를 하는 것은 군더더기로 보인다.

도제작에 있어 정확성을 높였다고 한다. 그리고 그가 천문학 지식을 지도제작에 활용하는 논리와 한반도 지리적 체계를 파악하는 기본 논리가 성리학의 전통적인 자연철학 맥락에 의존하고 있다고도 한다(고동환 외, 2022: 385). 언어학은 지명 고증 및 지리적 공간 규명을 위해 자연스러운 관심 확장이었고(고동환 외, 2022: 313), 각 소리가 지방 간에는 어떤 차이를 보이는지에 대한 분석을 시도한 것도 같은 맥락으로 볼 수 있다(고동환 외, 2022: 109). 이처럼 하나에 관한 관심은 또 다른 하나 이상에 관한 관심으로 이어지는 것이니, 이것이 학문하는 사람이 가져야 할 자세일 것이다. 지금처럼 학문을 세분화하지 않은 당시에는 경계가 따로 없이 넘나들면서 학문 성과를 거두는 것은 매우 흔한 일이었다. 흔히 다방면에 창의적인 능력을 발휘하는 사람(대표적으로 레오나르도 다빈치)을 가리켜 '르네상스인(Renaissance man)'이라고 부르는데, 신경준도 이에 못지않다고 할 것이다. 고동환 외(2022)의 『여암 신경준 연구』를 보면, '르네상스인' 신경준을 잘 소개하고 있다. 신경준은 당대에도 '해박지재(該博之才)', '경제지재(經濟之才)'라는 평가와 함께 '엄박(淹博, 학식이 매우 넓고 깊음)'이라고 했다고 한다. 그는 불교, 도교와 제자백가 사상에도 해박했다고 한다. 이를 이교구류(二教九流)에 능통했다고 평가한다. 이교는 불교와 도교이고, 구류는 유가·도가·음양가·법가·명가·묵가·종횡가·잡가·농가 등 제자백가 사상이다. 게다가 신경준은 지리학자, 언어학자, 천문학자 외에도 시인, 병법가, 공학자, 식물학자 등 면모도 동시에 가지고 있었다고 한다. 특히 신경준은 1) 사승(師承) 관계가 없는 자득학문(自得學問)이라는 점, 2) 이단에 관용적이며 기술과 실용을 중시했다는 점 등에 있어 특별함이 있다고 한다. 이런 점을 보면 아마 시대를 뛰어넘는 자질과 역량을 가졌던 것은 분명해 보인다. 신경준을 다시 역사 전면에 드러낸 위당 정인보(爲堂 鄭寅普, 1893~1950, 고종 30~대한민국 32) 선생은 '신경준이 국정을 담당했다면, 망국이 아니라 일본을 능가하는 발전을 시켰을 것'이라며 아쉬움을 표하기도 했다고 한다. 현재는 주로 국어, 국토 및 국사를 연구한 국학자 정도로 협소하게 신경준을 평가하고 있지만, 실제는 훨씬 그 이상이라는 것이다(고동환 외, 2022: 30~32). 조선 시대 '르네상스인'에는 다산 정약용, 풍석 서유구, 반계 유형원(磻溪 柳馨遠, 1622~1673, 광해군 14~현종 14) 등을 꼽을 수 있을 것이다.

지리학자로서 신경준은 당시 기존 지리지 또는 백과전서에 부록 형태로 포함돼 있어 잘 드러나 보이지 않던 지리학 영역인 '강계', '도로', '산천', '사찰' 등을 독립시켜 독자적인 지리서를 저술했다. 나아가 영조 명을 받아 관찬 지리지『여지고(輿地考)』와『동국여지도(東國輿地圖)』를 편찬해 중국 속국이 아닌 조선 독자성을 강조한 점도 신경준이 보여 준 위대한 점이다(고동환 외, 2022: 371). 무엇보다 가장 뛰어난 점은 당시 우리나라 지리관을 '산자분수령(山自分水嶺)'이라는 5글자로 집약했다는 데에 있다고 생각한다. 산자분수령은 '산은 강을 넘지 못하고, 강은 산을 넘지 못한다'라는 의미다. 전국 산줄기를 1대간, 1정간, 13정맥으로 구분한『산경표(山經表)』는 이런 생각을 잘 반영한다. 다만 이 책은 저자, 간행 시기 등이 정확하지 않아 신경준이 쓴『여지고』를 바탕으로 하여 후대 사람이 쓴 책으로 얘기되고 있다. 물론 저자 표기가 없을 뿐 신경준이 썼다고 주장하는 사람들도 있다. 개인적으로 신경준 외에 이를 정리하여 책으로 엮는 것은 불가능할 것으로 생각한다. 신경준이 직접 썼든, 다른 사람이 신경준 생각을 이어받아 썼든, 생각 원천은 신경준이다. '산자분수령' 개념은 우리나라 사람들이 가진 지리관을 그대로 대변하고 있고, 김정호가 대동여지도를 만들 때도 크게 반영됐다는 점에 그 위대성이 있

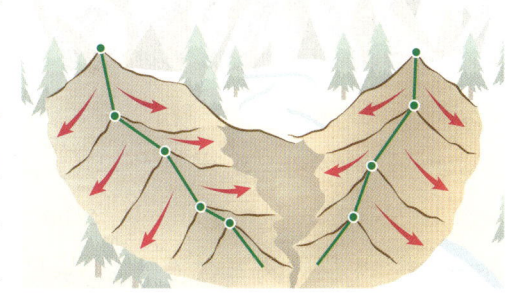

〈그림 2-12〉 산자분수령 개념도
산봉우리를 이은 능선은 비가 왔을 때 빗물을 가르는 분수령(녹색 부분)이 된다.

다고 생각한다. 산경(山逕)이란 산줄기를 의미하기 때문에 산맥과는 다르다. 산맥은 고도가 높고 연속성이 뚜렷하지만, 산경은 높이가 중요하지 않다. 물과 물이 갈라지는 곳이면 고도가 낮은 조그마한 언덕이라도 산경이 되기 때문에 연속성이 떨어진다. 산경 특징이 잘 나타나는 곳은 남원시 운봉 분지다. 운봉 분지는 고도가 높아도 평탄하여 산맥이라 할 수 없지만, 배가 넘어갈 수는 없는 곳이어서 산경으로 분류한다고 한다. 즉 물과 물이 나뉘는 곳이다. 이런 의미를 담았는지 알 수 없으나 공교롭게 백두대간 생태교육전시관이 남원 운봉에 있다. 『산경표』를 보면 옛사람들이 가지고 있던 자연관, 즉 세상을 바라보는 관점을 이해할 수 있다. 흔히 말하는 생활문화권 또한 산자분수령이라는 우리나라 고유 지리관에 따라 달라진 것이다(전국지리교사모임, 2019: 326~328). 이중환이 조선 시대 최고 인문지리학자라고 한다면, 신경준은 이를 뛰어넘는 최고의 인문자연지리학자라 할 것이다.

순창에서 순창 설씨와 고령 신씨 두 가문이 결합한 것은 역사상 우연일 것이다. 여기에는 어떠한 자연지리적 필연이 개입할 여지가 없다. 다만 순창이 안온한 고을이고, 사람들이 순박하고 후한 인심을 가졌다는 점이 분명히 영향을 미쳤을 것이다. 전국 최고 명품인 순창 고추장 또한 이런 후덕함과 어느 정도 연관이 있을 것이다. 고추장을 빚는 아낙네들의 손맛이 그것이다. 그러함에도 고추장은 왜 순창인가에 대한 설명은 부족하다. 고추장은 된장, 간장과 함께 우리나라 대표적인 장(醬) 중 한 종류이고, 특히 우리나라 사람들 밥심을 추동하는 근원이다. 고추장은 메주나 찹쌀 등에 고춧가루를 넣어 맵게 담근 양념장이다. 우리나라 모든 지역에서, 그리고 모든 가정에서 고추장을 만들어 왔음에도 고추장 하면 순창을 거론한다. 그래서인지 순창 고추장은 2011년(대한민국 93) 지리적 표시제 제8호 농산물로 등록됐다. 순창 고추장이 유명한 이유는 특이한 수질과 토양 때문이라는 것이 정설이다. 순창읍 반경 5km 안에서 자라는 고추와 콩이 아니면 그 맛이 아니라고 한다. 고추장이 전국적 명성을 얻은 이유는 태조 이성계가 순창에 있던 무학대사를 찾아가서 고추장 맛을 본 후, 맛을 잊을 수 없어 진상하도록 했기 때문이라는 일화도 있다(최열, 2024: 368~370). 하지만 이는 고추가 들어온 것이 임진왜란 이후이기 때문에 거짓이라는 주장이 있다. 그러자 이 일화를 지지하는 측에서는 원래 산초를 원료로 장을 만들었는데, 임진왜란 이후 산초가 귀해지자 고추로 대체하면서 고추장이 되었다고 주장한다. 즉 당시 이성계가 맛본 것은 지금의 고추장은 아니지만, 고추장 원류에 해당하는 것이니 명칭과는 무관하게 고추장이라는 것이다. 한편 순창 고추장을 만든 것은 수질과 토양에다 산악분지 특유의 안개가 더해져서 그렇다는 주장도 있다. 수질과 토양만으로는 왠지 부족한 느낌이 드니 안개까지 등장한 것이다. 실제 순창과 비슷한 수질과 토양이 있는 곳은 제법 있을 것이지만, 안개까지 3박자를 모두 갖추기는 쉽지 않을 것이다. 하필이면 왜 순창인가에 대한 답을 찾으려다 보니 여러 해석이 나오는 것으로 보인다. 그만큼 고추장은 순창이 독보적인 고장이고 고추장이 우리 음식문화에 차지하는 비중이 그만큼 크다는 점이 여러 의문을 갖는 배경이라 할 것이다.

순창 고추장이 맛난 핵심 비결은 고추와 콩인 것은 분명해 보인다. 일단 원재료가 좋아야 제품도 좋은 것 아닌가. 그런데 그 원재료를 만든 것은 순창 지역만이 가진 수질과 토양과 안개에 바탕을 둔다. 여기에 순창만이 가진 수질, 토양, 안개를 가져오는 지형 특성에 관한 가설 하나를 제시하고자 한다. 〈그림 2-13〉은 순창군 위치. 보이는 것처럼 순창군은 임실군과 함께 소백산맥과 노령산맥 사이에 위치한다. 두 군은 공교롭게 섬진강 물길로 연결되어 있다. 이처럼 두 산맥 사이에 있고 인근에 제법 큰 강물이 있는 곳은 전국을 통틀어 여기 밖에 없을 것이다. 전북자치도를 지나가는 소백산맥은 덕유산과 지리산이라는 큰 산 두 개에다 민주지산(岷周之山, 1241m. 전라, 경상, 충청의 3도에 걸친 유일한 산으로 전북 무주, 경북 김천, 충북 영동에 걸쳐 있다), 대덕산(大德山, 1290m. 무주 무풍면 소재) 등이 있다. 노령산맥에는 운장산(雲長山, 1126m. 진안), 마이산(馬耳山, 667m. 진안), 팔공산(叭公山, 1151m. 진안), 모악산(母岳山, 793m. 완주, 김제), 내장산(內藏山, 763m. 정읍), 문수산(文殊山, 620m. 고창) 등이 있다. 임실과 순창 모두 이 두 개의 산맥 사이에 있는데, 그러함에도 순창이 더 맛난 고추

〈그림 2-13〉 순창군 위치

장을 만드는 이유는 고도에 있지 않을까 생각한다. 시외버스터미널 기준 고도계 앱으로 측정한 해발고도는 임실은 90m(2024.5.12일 측정)이다. 반면 순창은 임실보다 100m 이상 높은 220m(2024.5.12일 측정)다. 즉 순창은 두 개의 산맥 사이에 있고, 최소 200m 이상 높은 지대라는 점이 섬진강으로 합류하는 좋은 수질, 특유의 토질, 그리고 이들이 빚어내는 안개 등과 어우러졌을 것이다. 특히 섬진강 강물과 200m 이상이 되는 고도가 상호작용하여 안개도 빚어냈을 것이다. 그리고 이것이 다시 순창 고추장 비결로 이어지지 않았을까 추정하는 것이다. 물론 과학적으로 충분히 검증된 결과는 아니다. 하지만 기상청에 따르면 순창은 다른 전북 동부 내륙(남원, 임실, 장수, 무주, 진안)과 달리 중부내륙(완주, 전주, 익산, 정읍) 기후로 분류된다. 전북 동부내륙은 기온 연교차와 강수량 월 편차가 크고, 중부내륙은 해안성 기후와 산악성 기후 특성이 혼재되어 나타난다고 한다(기상청 날씨 누리). 실제 진실은 무엇인지 정확히 알 수는 없지만, 해당 지역 기후와 지형이 빚은 조합, 산과 땅과 물 및 이를 둘러싼 오묘한 조화가 영향을 미쳤을 것이라는 점은 분명하다. 가설은 현시점에서 내리는 대답이다. 검증을 통해 기각, 채택 여부가 결정될 것이다.

한 가지 안타까움은 고추장이 커다란 식품산업으로 성장하기에는 아직 부족하다는 점이다. 물론 대기업인 청정원에서 순창 고추장을 브랜딩했다는 것

은 고무적인 일이다. 그리고 순창 고추장 민속 마을을 만들고 매년 10월 말에서 11월 초 개최하는 순창 '장류 축제' 등을 통해 관광객을 유치하는 것은 순창 고추장이 가진 미덕이다. 다만 여기에서 한발 더 나아갈 수 없을까 하는 아쉬움이 있다. 고추장을 만드는 메주(콩과 맵쌀)와 여기에 찹쌀과 고춧가루 등 주재료들도 널리 알려졌으면 한다. 순창 메주, 순창 찹쌀, 순창 고춧가루 등으로 말이다. 추가로 고추장을 이용한 새로운 음식 및 고추장 유통 집산역할까지 함께한다면 생산-가공-유통까지 제대로 된 6차 산업을 만들 수 있을 것이다. 여기까지 나아가야 노동력에 의존하는 저부가가치 생산기지로만 전락하지 않을 것이기 때문이다. 물론 이는 지역 특산물 모두에 해당하는 말일 것이다. 하지만 우리 식탁에서 매일 같이 접할 정도로 친근하고, 해외여행을 가면서도 즉석밥과 튜브형 고추장을 챙겨 가야 안심하는 우리네 정서에서 고추장은 다를 수도 있지 않을까 생각해 본다. 다시 한번 강조하면 고추장은 '한국인 밥심'을 추동하는 근원이기 때문이다.

　순창은 한 마디로 '노령산맥과 소백산맥 사이 산악분지가 빚어낸 찹쌀고추장 고장'이다. 이 부분이 순창만이 가지는 차별화 포인트다. 따라서 '고추장 산업을 제대로 된 6차 산업으로 만들기'에 주력해야 한다. 여기에 더해 조선 최고 지리학자 신경준을 테마로 다양한 브랜딩 시도를 하는 것은 어떨까 한다. 네덜란드 소도시인 스헤르토헨보스('s-Herogenbosch)가 중세 화가 히에로니무스 보스(Hieronymus Bosch)를 통한 창조적 도시 만들기에 성공한 것처럼 말이다. 성공요소는 정치적 의지, 오랜 시간을 아우르는 비전, 도시 이야기를 만들고 뿌리내리기, 폭넓은 파트너 네트워크와의 협업 등이라고 한다(리처즈 & 다위프, 2021: 51). 순창 역시 소도시이기 때문에 대도시 성공 모델을 따라 할 수 없다. 소도시만이 가진 장점인 네트워킹, 만남을 위한 공간, 문화 클러스터, 협력에 대한 우호적 분위기 등 소프트 인프라스트럭처(Soft Infrastructure)를 잘 개발한다면 충분히 가능하리라 본다(리처즈 & 다위프, 2021: 27).

임실: 그리운 임 만나러 찾아가는 고장이자 대한민국 치즈 산업 메카이며 중심지

임실은 한문으로는 임실(任實)이라고 쓰고, 뜻까지 적으면 '맡길 임', '열매 실'이다. 가득 차서 무르익어야 열매가 맺히는 것이니, 열매 실은 '실제'나 '실질' 등 의미로도 쓰인다. 그러니 임실은 '실질적인 것으로 가득한 고장' 정도로 해석하면 너무 과장일까? 이렇듯 한문으로 뜻풀이를 한 임실이란 지명은 참 아름답다. 임실은 백제 때 잉힐군(仍肹郡)이었다가, 신라 757년(경덕왕 16) 한화정책에 따라 임실군이 됐다. 이 지역은 한때는 가야 땅이기도 했다. 따라서 '잉힐'이 백제어인지 가야어인지, 아니면 마한어인지 변한어인지 알 수 없다. 다만 순우리말 잉힐 의미와 유사한 한자어로 바꾼 것이라고 짐작되기 때문에 아마도 당시 '잉=임'의 의미, '힐=실(마을)'의 의미였을 것이다. 즉 임실을 한글로 풀이하면 '임'은 '그리워하는 사랑과 사모 대상'의 의미로서 '임'이다. '실'은 마을을 방언으로 '마실'이라고 할 때 '실'이니 '마을' 또는 '고을'이다. 예컨대 '고도실'이라는 마을 이름이 제법 있다. 영천에도, 예산에도, 공주에도, 남원에도 있다. '고도'는 높은 곳, 곧게 뻗은 곳, 도로가 나 있는 곳 등 다양하게 해석되지만, '실'은 마을을 의미하니 '고도실'은 결국 골짜기에 있는 마을이라는 것이다. 정리하면 임실은 '임과 함께 하는 마을'이라 해석할 수 있다. 그리고 그리운 임이 있으니, '임을 만나러 언제라도 찾아가고 싶은 고을'이다.

이처럼 임실은 한자 뜻도 좋지만, 한글로 풀이한 지명은 더욱 정겹게 느껴진다. 그러니 아예 지명을 한글로 바꾸는 것이 어떨까 생각한다. 시군 단위에서 한글로 쓰는 지명은 서울 외에는 없으니 2번째 만으로도 의미 있다. 덧붙여 '그리운 임 만나러 찾아가는 고장, 임실'이라는 캐치프레이즈를 내건다면 훨씬 좋을 것이다. 저 푸른 초원 위에 그림 같은 집을 짓고 사랑하는 우리 임과 한 백 년 살고 싶은 '임과 함께의 고장, 임실'도 좋다. 대중가요 〈임과 함께〉는 남진(南珍, 1945~, 대한민국 27~)이 부른 불후의 히트곡이다. 1972년(대한민국 54) 등장한 이후 50년이 지났음에도 여전히 멜로디만 들어도 바로 알 정도로 귀에 익숙하다. 가사처럼 보통 사람들의 삶 속에 초원 위 그림 같은 집은 중산층이 가진 소박한 꿈이기 때문일 것이다. 게다가 그 집에서 그리운 임과 항상 함께한다면 말 그대로 금상첨화다. 임이 그리워 만나러 가는 마음은 '신촌 블루스' 시절 고 김현식(金賢植, 1958~1990, 대한민국 40~72)이 부른 〈골목길〉 감성이다. 가슴이 두근거린다. 하지만 결국 만나지 못하고 꿈으로 찾아가기도 한다. 하지만 임도 나를 찾아 길을 떠나 결국 만나지 못한다. 가곡 〈꿈〉이 주는 애상(愛想)이다. 〈꿈〉은 황진이(黃眞伊, 1506~1567, 중종 원~명종 22) 한시를 김억(金億, 1896~?, 고종 33~?)이 현대 시로 번역한 것에 김성태(金聖泰, 1910~2012, 병탄 1~대한민국 94)가 곡을 붙인 것이다. 김성태는 2008년(대한민국 90) 민족문제연구소가 선정한 친일인명사전에 수록됐다. 영화 〈임아, 그 강을 건너지 마오〉에서 보여 주는 애절함도 있다. 이 영화는 2014년(대한민국 96) 개봉했는데 480만 명이 넘는 관객을 모았다. 국내 최대 관객을 모은 독립영화 및 다큐멘터리다. 한국 시가 사상 가장 오래된, 고조선 시대 뱃사공 곽리자고(藿里子高) 아내 여옥(麗玉)이 지은 〈공무도하가(公無渡河歌)〉가 전하는 절절함이다. 만해 한용운(萬海 韓龍雲, 1879~1944, 고종 16~병탄 35)에게 임은 조국이다. 그가 1926년(병탄 17)에 발간한 시이고, 이 시가 담긴 시집의 이름이기도 한 「임의 침묵」에서 임은 떠났지만 언젠가 다시 돌아올 임이다. 고등학교 국어 문제집에 항상 등장하는 시다. 이 시는 56년이 흐른 1982년(대한민국 64) 광주에서 행진곡으로 바뀐다. '앞서서 가나니 산 자여 따르라'라고 하면서 '깨어나서 외치는 뜨거운 함성' 〈임을 위한 행진곡〉이다. 백기완(白基玩, 1932~2021, 병탄 23~대한민국 103) 시에 바탕을 두고 황석영(黃晳暎, 1943~, 병탄 34~)이 작사를 했고, 김종률(1958~, 대한민국 40~)이 곡을 붙였다. 광주민주화운동 희생자 윤상원과 박기순 두 사람은 영혼결혼식을 하게 되고, 이를 위해 작곡한 민중가요로 1980년(대한민국 62) 광주 5.18 민주화운동을 상징하는 곡이다. 친일파 안익태(安益泰, 1906~1965, 대한제국 광무 10~대한민국 47)가 만든 애국가를 버리고 이 노래로 바꿔야 한다는 주장이 있을 정도로 대한민국 대표 민중가요이다. 지금은 아시아 노동자 투쟁가로까지 확대됐다. 이런 모든 '임'을 소재로 한 노래 중 대표는 바로 〈아리랑〉이다. '나를 버리고 가시는 임은 십 리도 못 가서 발병 난다'라고 할 정도로 임과 이별해야 하는 마음은 아리고 쓰리다. '아리아리랑', '쓰리쓰리랑'에서 임과 헤어져야 하는 아리고 쓰린 마음은 더욱 커진다. 〈아리랑〉에서의 임을 한용운 「임의 침묵」에서와 같이 조국으로 해석하면 이 노래가 주는 구슬픈 비장미가 더욱 느껴진다. 조국을 빼앗겨서 이별해야만 하는 상황이 됐으니 가다가 발병이 나서라도 다시 돌아오기를 바라는 임이 되는 것이다. 그래서 언젠가 다시 돌아올 임이라는 것이다. 이처럼 그리움의 대상인 '임'이라는 이미지의 확장성은 무궁무진하다. 그리고 그 이미지에 맞춰 실제 체험을 하면서 느끼고 공감하는 공간을 곳곳에 만들고 이를 하나의 스토리로 엮는다면 임실을 찾는 이유는 넘칠 것이다. 임실을 아예 한글로 바꾸는 것이 우리에게 주는 새로운 가치다.

  임실은 섬진강(蟾津江, 유로 길이 224km) 상류다. 섬진강은 낙동강, 한강, 금강에 이어 남한 내 유로 길이 4번째 강이다. 일반적으로 4대강에 포함하는 영산강(榮山江)보다 유로 길이가 95km가 더 길다. 섬진강 상류 덕치면에 사는 김용택(金龍澤, 1948~, 대한민국 30~) 시인에게 섬진강은 "그리움과 기다림과 아름다운 바라봄을 가르쳐준 누님"이 된다(『섬진강 4』 「누님의 초상」). 그리고 "우리들의 땅이신 어머님"이 된다(『섬진강 9』). 또한 "우리가 이 땅에 나서 이 땅에 사는 것"이 모두 아버님 덕분이라는 노래로 이어진다(『섬진강 12』, 「아버님의 마음」). 그리하여 섬진강은 마침내 임을 그리워하는 사랑의 편지가 된다(『섬진강 15』 「겨울, 사랑의 편지」). 김용택 시인은 1969년(대한민국 51)부터 40여 년간 초등학교 교사로 재직하다 2008년(대한민국 90) 정년 퇴임했는데, 무려 26년간 2학년 담임을 맡았다고 한다. 1982년(대한민국 64) 시 「섬진강」을 발표해 등단했고, 1985년(대한민국 67)에는 섬진강 연작시를 묶은 시집 『섬진강』을 출간했다. 섬진강과 관련한 시를 많이 발표해 '섬진강 시인'이라고 불린다. 그에게 섬진강은 누님이자 어머님이자 아버님이다. 그리고 사랑이다. 나아가 그 사랑을 담은 애틋한 사랑 노래가 되는 것이다. 아울러 그는 "따뜻한 피만이 얼 수 있고 따뜻한 가슴만이 진정 녹을 수 있음(『섬진강 15』, 「겨울, 사랑의 편지」)"을 믿는다(김용택, 1993: 12~15, 26, 29~31, 50~51). '그리운 임 만나러 찾아가는 고장, 임실'이 섬진강과 함께 들려주는 따뜻한 노랫가락이다. 섬진강이 있으므로 임실은 진정한 '임과 함께의 고장, 임실'이 되는 것이다.

  섬진강 물길은 아름다운 곳이 많다. 우리나라 봄은 섬진강변 화사한 꽃과 함께 온다고 얘기하기도 한다. 〈그림 2-14〉를 보면 하류에는 광양 매화마을이 있다. 매년 3, 4월, 이 일대는 하얀색 매화꽃으로 가득하다. 청매실 농원 중심으로 온통 매화밭이다. 건너편 하동 일대에도 매화로 가득하기는 마찬가지다. 주변에는 재첩식당이 줄지어 있고, 인근에는 배밭이 있다. 매화와 벚꽃이 지면 연노랑 배꽃이 이어지는데 장관이다. 하류에서 물길을 거슬러 올라가다 보면 소설 『토지』 배경으로 유명한 하동 악양면 평사리가 나오고, 조금 더 위로 가면 '전라도와 경상도를 가로지르는 섬진강 줄기 따라' 있는 화개장터다. 이곳에서 쌍계사 가는 물길이 화개천이다. 하동에서 구례까지 가는 길, 그리고 화개천을 따라 쌍계사 올라가는 길 모두 벚꽃길이 이어진다. 쌍계사는 남도 범패[梵唄, 불교 의식을 진행할 때 사용하는 모든 음악가 시작된 곳이고, 선종

불교 효시가 된 절이라고 한다. 매년 4월 초면 구례 산동면 지리산 자락에는 샛노란 산수유가 온 산을 뒤덮는다. 광양 매화가 구례 산수유보다 일주일 먼저 피지만, 시기를 잘 맞추면 함께 볼 수 있다고 한다. 광양 매화마을 축제가 끝날 즈음에 가서, 매화를 먼저 보고 올라가는 길에 산수유를 보는 일정이다. 구례에서 조금 더 올라가면 남원 앞을 흐르던 요천이 합류하는데

〈그림 2-14〉 아름다운 섬진강 명소

이곳이 곡성이다. 곡성은 섬진강 자전거도로, 17번 국도, 증기기관차가 다니는 철로, 전라선 철로, 섬진강 둘레길까지 각각 5개 길이 겹으로 지나간다. 곡성은 또한 구례, 하동으로 이어지는 '섬진강 100리 벚꽃길' 기점이기도 하다. 벚꽃이 지고 매년 4, 5월에는 곡성 17번 국도를 따라 철쭉꽃이 한창이다. 철쭉꽃이 떨어진 5월 말에는 곡성 장미 축제가 뒤를 잇는다. 섬진강 물길 따라 광양 매화에서 곡성 장미까지 꽃길이 이어지는 것이다. 그리고 매화와 장미 사이, 구례 산수유 마을, 곡성에서 구례 지나 하동까지 100리 벚꽃길, 하동 배꽃길, 그리고 이어진 곡성 철쭉 길까지 섬진강 꽃길은 우리나라에서 가장 아름다운 길이라 해도 손색이 없을 것이다.

이제 섬진강 상류로 가 보자. 이곳에서 가장 아름다운 풍경은 덕치면 진메마을에서 천담마을을 지나 구담마을에 이르는 구간이다. 이 일대도 역시 매화와 벚꽃이 유명하다. 진메마을은 김용택 시인이 사는 곳이어서 더욱 유명

해졌다. 조금 더 물길을 따라 올라가면 옥정호(玉井湖)가 나오는데, 이 또한 섬진강에서 가장 아름다운 곳 중 하나다. 옥정호는 섬진강댐 건설로 인해 만들어진 인공호수다. 섬진강댐은 총 3차에 걸친 과정을 거쳐 현재에 이른다. 1차는 1926년(병탄 17)에 완공되는데, 현재 댐보다 2.4km 상류인 임실군 강진면 옥정리에 높이 33m로 건설됐다. 그리고 임실군 운암면 운정리 굴등마을에서 취수하고, 약 2.7km 도수로를 설치하여 현재 정읍시 산외면 종성리로 용수를 공급했다. 일제 강점기 동진강 농업용수가 부족했기 때문에 이를 보충하여 호남평야 쌀을 수탈하고자 함이었다. 이때 이름은 '운암제' 또는 '운암저수지'였고, 댐 이름도 운암댐이었다. 도수로를 통해 흐르는 물은 낙차(75.2m)를 이용하여 전기를 생산한다. 초당 15톤 물을 통해 5120kw 발전을 한 것이다. 남한 최초 수력 발전소이자 유역변경식 발전소인 운암 발전소다. 지금 기준으로는 초라하지만, 100여 년 전에는 최첨단이었다. 운암 발전소는 1933년(병탄 24)부터 1985년(대한민국 67)까지 운영됐다. 이후 1940년(병탄 31)부터 확장공사를 하게 되는데 태평양 전쟁으로 중단, 1948년(대한민국 30) 재착공, 한국전쟁으로 다시 중단하게 된다. 이 과정이 2차다. 이후 1961년(대한민국 43) '제1차 경제개발 5개년계획(1962~1966)' 사업에 포함되면서 다시 공사에 착수해 1965년(대한민국 47) 완공된다. 이 과정이 3차이며, 명칭도 섬진강댐 또는 섬진제로 바뀌게 된다. 섬진강댐은 대한민국에서 최초로 건설한 다목적댐이다. 운암댐을 확장해 새롭게 건설한 섬진강댐은 높이가 33m에서 64m로 높아졌고, 총저수용량도 6900만 톤에서 4억 6600만 톤으로 대폭 증가했다. 기존 운암댐은 섬진강댐에 잠기게 되어 기능을 완전히 상실했다. 그리고 정읍시 산내면 능교2리 용암부락 취수구에서 이어진 약 6.2km 도수로를 통해 정읍시 칠보면 시산리로 용수를 공급하는데, 낙차가 최초 75.2m에서 2배 늘어난 151.7m다. 발전용량도 훨씬 커지면서 기존 운암 수력 발전소와 함께 약 3만kw 이상 발전한다. 이 발전소 이름이 칠보 수력 발전소다. 칠보 수력 발전소는 섬진강댐 확장공사 과정에서 댐공사는 중단했으나 발전시설은 준공하여 1945년(대한민국 27)부터 1호 발전기를 가동했다. 1965년(대한민국 47) 2호기, 1985년(대한민국 67)에는 기존 운암 수력 발전소 중단과 함께 3호기를 준공했다. 섬진강 댐 확장 건설 완공으로 수몰된 지역 사람들은 부안 계화도 간척지에 새로 주거지를 마련해 줘 정착했다. 여전히 같은 섬진강물을 이용하는 것이다. 계화도 간척지는 2006년(대한민국 88) 새만금 방조제 물막이 공사가 완공됨에 따라 바다로부터 격리된 내륙으로 바뀌었다. 따라서 해안이 사라졌고, 수산 양식업도 쇠락하게 되어 이들은 다시 이주할 수밖에 없는 운명이 됐다. 섬진강댐은 2015년(대한민국 97)에 상수원 보호구역이 해제되면서 붕어섬까지 연결되는 출렁다리 및 호수 주변 물안개길이 멋지게 조성돼 있다. 호수뷰 카페들도 좋지만, 봄철 벚꽃 터널도 장관이다. 전북자치도 내에서 가장 크고 가장 멋진 호수다. 데이비드 헨리 소로(David Henry Thoreau,1817~1862, 순조 17~철종 13)가 살았던 월든(Walden) 호수 3배 크기다. 공교롭게 수심은 30m 내외로 거의 같다. 옥정호를 찾는 것은 물욕에서 벗어나 청빈하고 검소한 삶이 주는 또 하나의 즐거움에 부합한다. 여기에서 한발 더 나아가 광양 매화마을부터 옥정호까지 섬진강 꽃길 트레일 코스를 만들면 어떨까 한다.

옥정호가 있는 운암면과 김용택 시인 고향 덕치면 사이에는 강진면(江津面)이 있다. 서쪽으로 정읍 산내면이 연결되고, 동쪽은 임실 청웅면, 남서쪽에 회문산이 있다. 〈그림 2-15〉를 보면 강진면은 옥정호 아래 섬진강 본류가 휘돌아가는 곳이다. 전라남도 강진군(康津郡)과 같은 '강진'을 쓰지만, 한문이 다르다. 강진면에서 강은 '강 강' 자이지만, 강진군에서 강은 '편안 강' 자다. 둘 다 '나루 진' 자를 쓰고 있으니 아마 뱃길이 통하는 포구였을 것이다. 하지만 강진면은 강 이쪽과 저쪽을 건너게 해 주는 나룻배가 오고 가는 포구지만, 강진군은 보다 먼 바다로 나가는 기항지 역할을 한다. 오른쪽 그림 강진만은 바다가 안쪽으로 깊게 들어간 형상으로 정박하는 것이 매우 편해 '편안 강' 자를 쓴 것

〈그림 2-15〉 임실 강진면과 전남 강진군 강진포구

으로 보인다. 강진면은 섬진강 상류 맑은 물 때문에 붙여진 '갈담(葛潭)'이라는 별칭이 있다. 인근에는 모양이 붓을 닮아 이름 붙인 필봉산(筆峰山, 580m)이 있고, 그래서 그 일대 지명은 필봉이다. 이곳이 호남 좌도 농악 대표인 임실 필봉농악이 지금도 전수되고 있는 곳이다. 임실 필봉농악은 1988년(대한민국 70)에 국가중요무형문화재(제11-5호)로 지정됐다.[27] 또한 2014년(대한민국 96)에는 진주삼천포 농악(영남농악), 평택농악(웃다리 농악 또는 경기충청 농악), 이리 농악(호남 우도 농악), 강릉농악(영동농악)과 함께 유네스코 인류무형문화유산으로 등재됐다. 필봉농악은 300여 년 전통이지만, 초기에는 단순히 당산굿, 마당밟기 정도였다고 한다. 그러다 1920년(병탄 11)경에 인근 덕치면 사람 박학삼을 상쇠(풍물패 지도자 격으로 쨍과리를 가장 잘 치는 사람)로 초빙하여 배우면서 현재와 같이 높은 수준이 됐다고 한다. 맺고 끊음이 분명하여 쨍과리 가락

---

27) 국가중요무형문화재 제11호는 농악이다. 제11-1호는 진주삼천포 농악(1966.6.29일 지정), 제11-2호는 평택농악, 제11-3호는 이리농악, 제11-4호는 강릉농악(이상 1985.12.1일 지정), 제11-5호는 임실 필봉농악(1988.8.1일 지정), 제11-6호는 구례 잔수농악(2010.10.21일 지정), 제11-7호는 김천금릉 빗내농악, 제11-8호는 남원농악(이상 2019.9.2일 지정)이다.

이 힘차고 씩씩하며, 개인 기교보다는 단체 화합과 단결을 중시한다(국가유산청 홈페이지). 역사에는 뛰어난 한 사람이 끼친 영향이 있는 것은 분명하다. 이순신 장군이 대표적인 사례다. 이런 사람들이 큰 사람, 위인(偉人)이다. 하지만 이와 더불어 지역 특유 풍토와 정서 등도 같이 어우러졌을 것으로 생각한다. 강진면은 오른쪽은 산으로, 나머지 지역은 강으로 에워싸여 있지만, 강물이 간헐적으로 범람했던 땅은 비옥했을 것이고, 강 건너와 산 너머에도 자그마한 농토에서 땀 흘리는 여름지기들이 함께 있으니 더욱 신명이 났을 것이다. 그래서 전라도 농악은 '보여 주기' 보다는 '같이 놀기'를 위주로 하는 공동체가 함께 하는 한바탕 굿판이다.

임실은 섬진강 상류이다 보니 조선 시대 강물을 이용한 뱃길은 그리 활발하지 않았다. 섬진강 전체로도 강폭이 좁고 물속에 바위가 많아 배가 다니기에 불편했다고 한다. 대신 임실은 전북자치도 동부 산지 6개 도시 중에 고도가 가장 낮아 육로는 제법 발달했다. 전북자치도 동부 6개 도시는 가장 높은 곳부터 장수(420m, 2024.4.14일 측정) - 진안(290m, 2024.4.14일 측정) - 순창(220m, 2024.5.12일 측정) - 무주(190m, 2024.4.7일 측정) - 남원(100m, 2024.5.12일 측정) - 임실(90m, 2024.5.12일 측정) 순이다. 다시 말하지만, 아이폰 고도계 앱으로 각 도시 시외버스터미널에서 측정한 것이다. 임실은 상대적으로 고도가 낮고, 전주와 남원 가운데 위치하다 보니 교통의 요지로 기능한 것이다. 당시 전주는 전라도 수부, 남원은 전라좌도 수부이니 이 두 지역을 연결하는 위치는 매우 중요했을 것이다. 특히 오수지역은 전국 40개 역도 중 하나인 오수도(鰲樹道)가 있는 곳이다. 오수도는 전라좌도 5개 고을과 12개 역참을 관장했다. 지금은 임실군 내에 있지만 1906년(대한제국 광무 10)까지는 남원에 속하는 지역이었다. 전주로부터 시작해서 남원에 이르는 길까지 완주 상관면 - 임실 관촌면 - 임실읍 - 임실 오수면 등을 지나게 된다. 조선 시대 한성에서 출발한 삼남대로는 완주 삼례에서 두 갈래로 갈라지는데, 남원을 지나 통영대로로 빠

지는 한 갈래가 이 길이다. 삼남
대로 본 줄기는 정읍-장성-광주
를 거쳐 나주-영암-해남으로 이
어진다. 지금 1번 국도 기준으로
나주까지는 같지만, 영암-해남으
로 바로 내려가는 삼남대로와 달
리 1번 국도는 나주에서 꺾여 목
포로 길이 휘어진다. 통영대로는
남원에서 다시 갈라져 운봉 지나

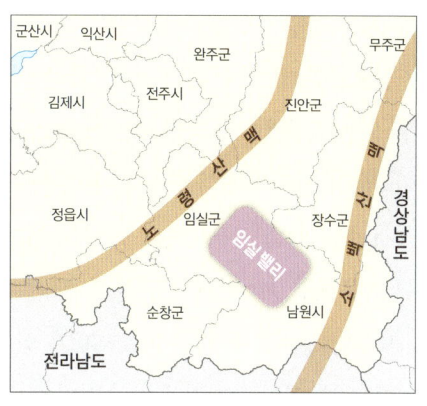

〈그림 2-16〉 가칭 임실 밸리

함양 거쳐 통영까지 가는 통영대로 본 길과 구례를 거쳐 순천까지 이어지는 길로 나뉜다. 전주와 남원을 잇는 임실 관촌면-임실읍-임실 오수면 일대는 지금도 임실 내에서 인구가 가장 많은 지역이다. 임실군 전체 인구 50% 이상이 이 길을 따라 모여 살고 있다.[28] 실제 전주에서 남원까지 이동하다 보면 이 3개 지역은 상대적으로 평탄하고, 주변에는 산지가 많아 마치 계곡처럼 보인다. 이런 지형 특성을 따서 언젠가 특정 산업단지를 표상하는 'ㅇㅇㅇ 밸리'가 조성되면 어떨까 상상해 본다. 가칭 '임실 밸리(또는 I-Valley)'라는 명칭을 붙여 본다. 실리콘 밸리도 어떤 목적하에 계획적으로 만들어진 것이 아니라 여러 우연이 겹쳐 현재에 이른 것이니, 알지 못하는 미래가 기다리고 있을 수도 있다. 전주와 남원 배후도시라는 특성이 주거지 교외화 현상과 맞물리면 또 다른 변화가 뒤따를 수도 있을 것이다. 전주를 거쳐 군산항으로 또는 남원을 거쳐 광양항 또는 여수항으로 갈 수도 있으니 물류 거점으로도 나쁘지 않을 것이다.

가칭 '임실 밸리'에 있는 고을들을 살펴보자. 먼저 관촌면에는 사선대(四仙

---

28) 2025년 6월 말 기준 임실군 전체 인구수는 25,401명이다. 임실읍(7,100명), 관촌면(3,024명), 오수면(3,331명) 인구를 합하면 13,455명으로 전체 53% 수준이다.

臺) 국민 관광지가 있다. 섬진강 상류 오원천(五院川) 기슭에 있는 마루(臺)다. 지금으로부터 2천여 년 전, 임실 운수산(雲水山, 490m) 두 신선과 진안 마이산 두 신선이 경관이 수려하고 뛰어난 이곳에서 즐겨 놀았다고 해서 사선(四仙)이라는 명칭이 생겼다고 한다. 운수산에서 '운수'는 임실 별칭이기도 하다. 그래서 읍지 이름도 운수지(雲水志)다. 사선대는 많은 사람이 찾는 유원지로 바뀌었다. 매년 9월 말경 '사선 문화제'라는 축제를 개최하고 있다.

오수면에는 오수 의견비(義犬碑)가 있다. 주인을 구한 개 이야기에서 비롯한다. 한 노인이 잔칫집에 놀러 갔다가 술에 취해 낮잠을 자고 있는데 불이 났다. 데리고 간 개가 불을 끄기 위해 강물에 몸을 적셔 주인 주위에는 불이 접근하지 못하도록 했고, 그 결과 주인은 살았으나 개는 결국 죽음에 이르렀다는 이야기다. 주인은 자기를 위해 죽은 개 무덤을 만들었고, 무덤 위에 지팡이를 꽂아 뒀는데, 나중에 이것이 커서 한 그루 느티나무가 됐다고 한다. 그래서 '개 오(獒)' 자와 '나무 수(樹)' 자를 따서 오수라는 지명이 생겼다고 한다. 가장 많이 알려진 이야기 중 하나다. 얼마나 인상적이었는지 비각을 갖춘 의견비를 세웠고, 원래 둔남면(屯南面)이었던 이 지역 이름도 1992년(대한민국 74) 오수면으로 바뀌었다. 의견 공원이 만들어져 있고, 매년 의견문화축제를 개최한다. 의로운 개에 대한 존중 의미를 담아 '개 견(犬)' 자나 '개 구(狗)' 자를 쓰지 않고 '개 오' 자를 썼다는 주장도 있다.

임실읍에는 임실 치즈 농협이 운영하는 치즈 공장이 있다. '임실 하면 치즈'라고 말할 정도로 브랜드 이름도 '임실 치즈'다. 임실 필봉농악이 뛰어난 한 사람을 초빙하여 그 수준을 높인 것처럼, 임실 치즈에도 한 위인이 등장한다. 벨기에 출신 지정환(池正煥. 본명 디디에 엇세르스테벤스, Didier t'Serstevens, 1931~2019, 병탄 23~대한민국 101) 신부다. 그는 1959년(대한민국 41) 대한민국에 입국해 천주교 전주 전동성당 소속 신부로 있다가, 임실성당과 부안성당을 거쳐 1964년(대한민국 46)에 임실성당 주임신부가 된다. 부안성당에 있을 때는 간척지를 조성해 농민들에게 제공해 줬다고 한다. 임실성당에 와서는 농민들이 가난에서 벗어날 수 있도록 치즈 공장을 세웠다. 하지만 치즈 불모였던 나라에서 생산에 성공하기는 어려웠다. 그러던 1969년(대한민국 51) 드디어 대한민국 최초로 치즈 생산에 성공한다. 이후 치즈 공장을 협동조합 체제로 바꾸어 농민들에게 공장의 운영권 및 소유권을 양도한다. 참으로 대단한 분이다. 한국 민주화운동에도 관여해 70년대 유신체제 반대 운동을 했고, 1980년(대한민국 62)에는 트럭에 우유를 싣고 와 광주 시민군에 나눠줬다는 일화도 있다. '임실지' 씨 시조가 됐고, 향년 87세이던 2019년(대한민국 101) 선종하셨다. 전주 치명자산(致命者山, 치명자는 '목숨을 바친 자'라는 뜻) 천주교 성직자 묘지에 안장됐다.

임실 치즈에서 특히 주목할 점은 해외 발효식품 중 우리나라 현지화한 최초사례라는 점이다.[29] 서양은 우리와 달리 치즈 외에는 자랑할 만한 발효식품이 적다. 물론 와인이나 맥주 등도 있지만, 술은 전 세계 모든 지역에 특산주가 있다. 하지만 치즈는 다르다. 따라서 서양 치즈를 현지화했다는 것은 서양 발효식품 전부를 들여온 것이나 진배없다. 지금은 낫토나 요구르트도 생산하고 있고, 국내산 와인이나 맥주 등도 만들고 있지만, 1960년대 서양 치즈를 현지화했다는 것은 대단한 일이다. 당시에는 치즈에 대한 인식도 적었고, 수요처도 고급 호텔 등 한정적이었을 것이기 때문이다. 한편 우리나라 발효식품은 종류도 다채롭고 질적으로도 우수하다.[30] 특히 전북자치도 발효식품들

---

[29] 1933년(병탄 24) 일제가 만든 대일본맥주 영등포공장이 건립됐다. 하지만 이는 우리가 직접 한 것은 아니다. 그리고 1969년(대한민국 51) 우리나라 최초 와인 '파라다이스'가 판매되기 시작하는데, 이는 포도가 아니라 사과가 주원료인 애플 와인이라 본래 와인과는 성격이 다르다고 하겠다. 대표 사과 산지인 대구에서 생산됐다.

[30] 한국은 발효식품 왕국이라 할 만큼 그 종류가 다양하다. 외교부에서는 해외에 한국 발효식품을 소개하면서 크게 다섯 가지 분류 기준을 가지고 홍보하는데, 가장 먼저는 당연히 김치다. 김치는 미국 잡지 〈헬스(Health)〉에서 '세계에서 가장 건강한 음식'으로 소개될 정도로 인정받고 있다. 김치 종류를 보면 배추김치, 물김치, 갓김치, 총각김치, 파김치, 오이소박이 등 다양하다. 여기에 지방

은 양적으로나 질적으로 모두 압권이다. 매년 국제발효식품엑스포를 전주에서 개최하는 이유이기도 하다. 발효를 주제로 열리는 세계 유일 국제박람회다. 2025년(대한민국 107)이면 제23회 대회가 되니 연원도 오래됐다. 발효음식으로 유명한 전북자치도에서 서구 대표 발효식품 치즈를 현지화시킨 것은 다소 아이러니다. 가장 한국적인 것이 가장 세계적이다. 가장 세계적인 것이 가장 한국적이다. 임실은 한 마디로 '그리운 임 만나러 찾아가는 고장'이다. 섬진강은 그 고장을 훨씬 아름답게 만든다. 지명을 한글로 바꾸고 임과 관련한 스토리텔링으로 채운다면 독보적인 위상을 가질 수 있을 것이다. 우리나라 치즈산업 메카이자 중심지라는 점을 임과 연결한다면 금상첨화일 것이다.

마다 각기 특색 있는 김치도 있고, 또 같은 유형이라 하더라도 젓갈을 무엇을 쓰는가에 따라서도 달라진다. 집안 대대로 김치 담그는 비결이 있기도 해서 가정마다 김치 풍미가 다르다. 두 번째로는 장이다. 된장, 고추장, 간장, 청국장, 막장 등 종류도 많다. 모두 콩에서 나오는 것인데 우리나라만큼 콩을 사용한 음식이 많기도 드물다. 대표적인 것이 콩나물과 두부다. 순창에는 고추장, 전주에는 콩나물국밥, 완주 소양면에는 순두부가 유명하다. 세 번째는 식초다. 이 또한 어떤 재료를 쓰는가에 따라서도 현미식초, 쌀식초, 사과식초, 감식초 등이 있다. 현미식초는 전북 정읍, 감식초는 경북 청도에서 나오는 것이 유명하다. 네 번째는 젓갈류다. 오징어젓갈, 새우젓갈, 명란젓, 창란젓, 멍게젓갈 등이 있다. 김치 맛은 젓갈에서 나온다고 할 정도로 젓갈은 중요하다. 충남 홍성 광천 젓갈시장, 충남 논산 강경 젓갈시장과 부안 진서면 곰소 젓갈시장은 우리나라 3대 젓갈시장이다. 곰소 젓갈은 인근 염전에서 나오는 소금을 사용했는데, 이 소금이 영광 법성 굴비와 곰소 젓갈을 만들었다고 한다. 전북자치도 음식 맛은 곰소만 소금과 젓갈에서 비롯된다는 얘기도 있다. 다섯 번째는 발효주다. 막걸리(탁주), 청주, 약주 등이 있다. 전북자치도에는 전주 이강주(梨薑酒), 정읍 죽력고(竹瀝膏), 고창 복분자(覆盆子) 등이 유명하다. 이강주는 완주 지역(특히 이서면) 배와 완주 봉동면 생강, 죽력고는 대나무 진액, 고창은 복분자를 사용한다. 막걸리는 토속 향토주여서 고을마다 유명한 막걸리가 많다. 전북자치도에서는 정읍 태인 '송명섭 막걸리'가 유명하다. 전국 막걸리 중에 만드는 장인 이름을 걸고 제조하는 것은 송명섭 막걸리가 유일하다. 전주 쌀막걸리도 유명한데 전주에는 막걸리 골목이 있고, 2024년(대한민국 106)에는 제1회 막걸리축제가 열리기도 했다. 마지막으로 장독이 있다. 흙을 구워 만든 장독은 미세한 기공이 있어 미생물, 효모 등이 통과하며 식품의 발효를 돕는다. 또 온도, 습도를 흡수 조절하는 기능이 있어 오랫동안 숙성시키는 데 최적이다. 과학적인 원리를 담았다. 즉 발효는 부패와 동전의 양면과 같은 것이어서, 자칫 잘못 관리하면 몸에 해로운 부패로 이어지기 때문에 부패 방지 기능이 있다는 것이다. 한마디로 장독은 발효식품을 위한 우리나라 고유 특별한 용기라 하겠다. 익산 함열읍에는 장독 4000여 개가 살아 숨 쉬는 '고스락(으뜸, 최고를 뜻하는 순우리말)'이 있다. 고창에 가면 도산리 고인돌 유적이 있다. 남방식 4기와 북방식 1기가 마치 모듬 상차림처럼 정갈한 모습을 보여 준다. 원래 민가 뒤뜰 장독대에 있었다고 해 '장독대 고인돌'이라고 부른다. 북방식 1기는 가장 최남단에 있는 북방식 고인돌이다.

장수: 금강, 그 긴 강 시원(始原)으로 상선약수(上善若水)와 단심(丹心)의 고장

장수는 전북자치도 동부 경계선에 길게 늘어선 지역이다. 위쪽으로 무주가 있고, 아래쪽에는 남원이 있다. 경계선 바깥 오른쪽은 경상남도 함양군이다. 물론 위쪽으로 거창군이 살짝 걸쳐 있지만, 대부
분 함양군과 마주하고 있다. 왼쪽으로는 위부터 진안, 임실이 차례로 있다. 이 지역은 전형적인 산악지대다. 한 책에 평균 고도가 430m라는 기록이 있다(한국문화유산답사회, 2000: 214). 실제 장수 시외버스터미널 기준 아이폰 앱으로 측정한 고도가 420m였으니, 아마 평균 고도는 430m보다 훨씬 높지 않을까 생각한다. 이중환이 장수 지역을 설명한 부분은 다음과 같다(이중환, 2018: 118). 이해를 위해 직접 언급하지 않은 앞부분도 포함했다.

> 속리산은 남쪽으로 달리다 추풍령에서 크게 끊기고, 다시 일어나 황간(黃澗)의 황악산이 되고, 전라도로 들어가 무주의 덕유산이 된다. 또 덕유산에서 나와 장수와 남원 사이에서 크게 끊겼다가 서쪽으로 가서 임실의 마이산이 된다.
> … (중략) …
> 덕유산과 마이산 사이에서 동서로 펼쳐진 고을의 시내와 골짜기 물이 하나로 합해져 금강의 발원지가 되니 바로 적등강(赤登江)이다. 「팔도론」'충청도' 조

이 내용은 '전라도' 조에 있는 것이 아니라, '충청도' 조에 있다. 오류를 수정하자면, 임실 마이산은 진안 마이산으로 바꿔어야 한다. 번역이 잘못된 것이 아니라 실제 원문에도 임실 마이산(任實 馬耳山)으로 되어 있다(이중환, 2014: 262). 하지만 마이산은 한 번도 임실 소재였던 적이 없다. '이중환이 전라도와 평안도 지역은 가 보지 않았다'(이중환, 2018: 209)고 했는데 이에 따른 오류라 생각한다. 적등강은 금강 상류를 부르는 다른 이름이다. 섬진강을 순창 사람들이 적성강이라 부르는 것과 같다. 「복거론」 '산수' 조에는 이 지역에 관한 보다 구체적인 설명을 한다(이중환, 2018: 260).

이 두 고을은 산천과 경치, 토지와 생리가 안동의 유명한 여러 마을과 막상막하다. 그러므로 '소백산과 태백산 아래, 황수(潢水) 유역[31]은 참으로 사대부가 살 만한 곳이다'라고 하겠다.
이에 버금가는 곳은 적등산(赤登山), 월이산(月伊山) 남쪽이니, 용담에는 주줄천이 있고, 금산에는 제원천(濟原川)이 있고, 장수에는 장계(長溪)가 있고, 무주에는 주계(朱溪)가 있다. 이 네 지역은 시내와 산의 경치가 매우 빼어나고, 토지가 아주 비옥하며, 목화와 벼를 재배하기에 알맞다. 들은 관개가 잘되어 농사의 풍흉을 걱정하지 않으며 이런 점은 태백산, 소백산과 황수 지역에 비할 바가 아니다. 「복거론」 '산수' 조

이 내용은 '산수' 조 중 '계거(溪居, 시냇가에 살 만한 주거지)' 부분에 있는 글이다. '계거'는 '강거(江居, 강가에 살 만한 주거지) 다음 글이다. 이 두 부분은 『택리지』 책 이름에 가장 부합한다고 하겠다. 다음 부분이 '결론'으로 이어지니 사실상 결론에 가깝다. 한편 이중환은 바닷가, 강가, 시냇가 주거지를 비교하면

---

31) 원문은 '이백지하 황수지상(二白之下 潢水之上)'이다(이중환, 2014: 293). 즉 태백산과 소백산(이백) 아래이고, 낙동강 상류로 보이는 황수 위쪽이라고 하니 지금 경북 영주 지역으로 추정된다.

서, 시냇가 주거지가 가장 좋다고 말한다. 다음이 강가, 바닷가 순이다. 강가가 좋지 않은 이유는 경사가 심한 산으로 장마 등에 물이 짧은 시간에 빠르게 내려오니, 집 등을 수시로 허물어야 하기 때문이라고 한다. 바닷가가 마지막인 이유는 1) 바람이 많이 불어 낯이 쉽게 검게 되고, 2) 질병에 많이 걸리고, 3) 식수가 나오는 샘이 부족, 4) 땅에 소금기가 있고, 5) 탁한 바닷물로 인해 운치가 맑지 않기 때문이라고 한다. 반면 시냇가는 1) 평온한 아름다움과 정갈한 운치가 있고, 2) 물을 대고 농사짓는 즐거움을 누릴 수 있으므로 가장 좋다고 한다. 그러면서 이중환은 시냇가 주거지 중 영남 예안 지방 도산과 안동 하회 지역을 최고로 꼽는다(이중환, 2018: 256~257). 위 내용은 안동과 더불어 황수 유역 두 고을(영주 순흥과 풍기로 추정)이 살 만한 곳이고, 이에 버금가는 곳으로 진안 용담, 금산, 장수, 무주 등 전라도 네 지역 천변을 꼽고 있는 부분이다. 내용 중 적등산은 옥천과 영동 사이 월이산(551m)이다. 적등산 남쪽 전라도 네 지역은 농사에 가장 뛰어나다고 한다. 이 중 장수 장계 지역에는 지금 군산에서 대구로 이어지는 제26번 국도가 지난다. 제26번 국도 중 군산-익산-전주까지 구간이 '전군가도'다. 이 국도는 바로 '백두대간 육십령 터널'로 이어지고, 터널을 통과하면 경남 함양 땅이다. 국도 바로 아래에 2005년(대한민국 87) '통영-대전 고속도로'가 만들어지면서 '육십령 터널'이 따로 만들어져 있다. 육십령(六十嶺, 734m, 장수-함양)은 소백산맥 고개 중 하나인데, 가장 위로부터 죽령(竹嶺, 696m, 단양-영주), 조령(鳥嶺, 642m, 괴산-문경), 이화령(梨花嶺, 548m, 괴산-문경), 추풍령(秋風嶺, 221m, 영동-김천), 육십령, 팔량치(八良峙, 513m, 남원-함양) 순이다. 육십령이 가장 높다. 육십령은 고개가 크고 높으니 지명 유래도 여러 가지다. 1) 도적 떼가 많으니 최소 장정 60명이 함께 넘어가야 해서, 2) 고개에 굽이가 60번이라서, 3) 장수 읍치에서 함양 안의면까지 60리(약 23km)이기 때문에 이름이 나온 것이라고 한다.

장수가 매우 높은 산간지대라는 것은 〈그림 2-17〉을 보면 더욱 자세히 알 수 있다. 그림을 보면 장수 지역 경계가 모두 높은 산으로 둘러싸여 있다는 것을 확인할 수 있다. 1000m 넘는 산만도 덕유산 시루봉(시루峰, 1105m) 및 삿갓봉(삿갓峰, 1419m)부터 시계 방향으로 남덕유산(南德裕山, 1507m), 구시봉[구시峰, 1015m], 영취산(靈鷲山, 1075m), 백운산(白雲山, 1279m), 팔공산(叭公山, 1149m), 성수산(聖壽山, 1059m) 등 8곳이다. 백운산은 전국에 똑같은 산 이름이 30군데가 있

〈그림 2-17〉 산으로 둘러싸인 장수군 지형

는데, 장수 백운산이 가장 높은 곳이다. 팔공산은 대구에 있는 팔공산(八公山, 1192m) 국립공원과 한자가 다르다. 대구 팔공산은 원래 이름은 공산이었는데, 후삼국 시절 견훤(甄萱, 867~936, 신라 경문왕 7~고려 태조 19)과 싸우다 죽은 신숭겸(申崇謙, ?~927, 신라 경순왕 원년)을 비롯해 왕건 8공신을 기리기 위해 팔공산이 되었다. 장수 팔공산에서 팔은 '나팔 팔' 자다. 진안에도, 임실에도 한자까지 같은 성수산이 있다. 진안 성수산은 482m, 임실 성수산은 876m이니 장수 성수산이 가장 높다. 장수군 경계 안쪽인 장수읍, 번암면, 계남면에 걸쳐 있는 장안산도 1237m다. 장안산은 산림청이 지정한 전국 100대 명산 중 하나인데, 여름에는 덕산계곡 덕산용소, 가을에는 억새밭이 유명하다. 1986년(대한민국 68)에 장수군 군립공원으로 지정되었다. 이처럼 높은 산이 많으니 장수에서 사람이 사는 모든 마을은 산악분지라 할 것이다.

장수는 한반도 남부에서 가장 큰 두 산인 덕유산과 지리산 사이에 있다. 인접해 있는 경상남도 함양군도 마찬가지지만, 함양군은 훨씬 더 길게 내려오면서 지리산에 이어진다. 특히 지리산 최고봉 천왕봉(天王峯)이 함양에 있다. 천

왕봉은 무등산(無等山, 1187m), 속리산(俗離山, 1058m), 계룡산(鷄龍山, 609m) 최고봉이기도 하니 4개 국립공원의 최고봉 이름이라 하겠다. 이름 그대로 '하늘에 있는 왕'이니, 가장 높은 봉우리 이름을 천왕봉이라 했던 것으로 보인다. 〈그림 2-17〉을 다시 보면, 장수 경계에 있는 산들도 대개 1000m 내외이지만, 덕유산과 지리산에 워낙 큰 봉우리들이 많아 상대적으로 낮아 보인다. 아마 서해에

〈그림 2-18〉 장수, 덕유산과 지리산 사이

서 동쪽을 바라보면 마치 말 안장처럼 움푹 꺼져 보일 것인데, 이런 모양으로 보이는 산은 통상 '안장 안(鞍)'자를 써서 '안산'이라고 이름 붙인 경우가 많다. 예컨대 서울 연세대 뒤에 있는 안산이 이런 경우다. 고개에 이름 붙이는 경우는 더욱 많다. 안장을 우리 말로 길마라고 하는데, 길마 사투리인 질마를 따서 '질마재'라는 이름을 가진 고개도 많다. 고창 사람인 미당 서정주(未堂 徐廷柱, 1915~2000, 병탄 6~대한민국 82) 시집 제목에 『질마재 신화』가 있다. 서정주 고향에도 '질마재'가 있어 시집 제목으로 삼은 것이다. 이 일대는 좌측 전라도 장수와 우측 경상도 함양 간 경계 의미보다는 덕유산과 지리산 사이에 움푹 들어가 있는 남북 사이 지형 차이가 더 크게 느껴지는 곳이다. 그러함에도 왜 장수는 전라도, 함양은 경상도로 나뉘었는지 의문이다. 이 지역이 덕유산과 지리산에 비교할 바는 아니더라도 1000m가 넘는 산이 많고, 장수, 함양 두 지역을 연결하는 육십령 또한 700m가 넘는 고개 등 험한 지형이 경계를 만들었을 것으로 추정한다.

여하튼 장수군에는 덕유산과 지리산보다는 낮지만 제법 높은 산들이 줄지은 듯 이어져 있다. 그 모습이 오르락내리락할 것이니 '덕유-지리 랠리(Rally)'

라 명명하는 것은 어떨까 한다. 테니스 등 스포츠 경기에서 공을 계속해서 주고받는 것을 영어로 '랠리(Rally)'라고 표현하는데, 산 모습이 오르락내리락하는 것과 유사하게 보아 사용한 것이다. 한편 장수군 경계를 둘러싸고 있는 1000m 넘는 산(봉우리 포함) 8개소(덕유산 시루봉, 삿갓봉, 남덕유산, 영취산 구시봉, 영취산, 백운산, 팔공산, 성수산)를 묶어 '장수 알프스'라고 명명하는 것도 좋다고 생각한다. 물론 덕유산과 지리산에 있는 고봉(高峯) 들을 포함하여 제2 호남 알프스(또는 장수 알프스 플러스)라고 해도 좋다. 특히 장수를 중심으로 한 이 지역은 알프스산맥과 유사점이 많다. 먼저 알프스산맥이 나라 간 경계로 기능하는데, 이 지역도 경상남·북도, 전라남·북도 및 충청남·북도의 경계선이 된다. 두 번째로는 알프스산맥에는 유럽 최고봉인 몽블랑산(Mont Blanc, 4808m)과 두 번째로 높은 마터호른산(Matterhorn, 4478m)이 있는데, 이는 남한 내륙에서 최고봉인 지리산과 덕유산이 있는 것과 유사하다. 마지막으로는 알프스산맥으로부터 뻗어 나간 물줄기다. 알프스 북면으로 내린 빗물은 프랑스 론강(길이 813km), 독일 라인강(1230km), 중부유럽을 관통하는 다뉴브(도나우)강(2858km)이 된다. 그리고 남면으로 내린 빗물은 이탈리아 포강(652km)으로 흘러간다. 알프스산맥이 발원지인 유럽 큰 강 네 개다. 론강은 유럽 주요 강 중에서 지중해로 흘러가는 유일한 강이다. 라인강은 알프스에서 독일, 네덜란드를 지나 북해로 흘러간다. 라인강은 로마제국 북쪽 경계이며, 유속이 매우 빠르고 깊어 다뉴브강과 운하로 연결되어 흑해로도 흘러간다. 다뉴브강은 러시아 볼가강(3690km)에 이어 유럽에서 2번째로 긴 강이다. 흑해로 흘러간다. 포강은 이탈리아 북부 지역을 가로질러 아드리아해로 흘러간다. 장수를 중심으로 한 이 지역, 즉 전북자치도 동부 산악지대도 마찬가지다. 산악지대 동쪽으로 흐르는 물은 남강(190km) 발원지(함양 남덕유산 부근)로서 낙동강에 합류한다. 장수읍 수분치(水分峙)에 있는 뜬봉샘은 금강(錦江, 398km) 발원지다. 금남호남정맥 사이를 흐르다 금남정맥을 빙 돌아 서해로 흘러나간다. 진안 백운면 데미샘에서 출발한 섬진강(蟾津江, 223km)은 호남정맥 우측으로 흘러가다 남해로 빠져나간다. 게다가 동부 산악지대와 평야지대가 접한 완주 동상면 밤샘은 만경강(萬頃江, 77.4km), 정읍 내장산은 동진강(東津江, 51km) 발원지다. 영산강(榮山江, 139km)은 정읍 바로 아래인 담양 가마골 용소가 발원지다. 유럽 알프스에서 출발한 물길이 동서남북 사방으로 흘러가는 것처럼 전북자치도 동부 산악지대에서 흘러가는 강물도 사방으로 흩어진다. 높은 산봉우리들이 있는 만큼 빗물이 모든 방향으로 흩어지는 것은 당연하다. 이 마지막 이유가 이 일대를 가장 알프스답게 만드는 공통점이라 생각한다.

장수가 발원지인 금강에 대해서는 더 자세히 알아보자. 금강 발원지 뜬봉샘에서 금강 포구까지는 직선거리로 약 70km가 조금 넘는다. 반면 금강 길이는 398km이니 5배나 먼 길을 돌아 서해로 들어가는 것이다. 우리나라 강 중에 발원지로부터 강물이 빠져나가는 바다 포구까지의 직선거리 대비 유로 길이가 이렇게까지 차이가 나는 경우는 거의 없다. 즉 금강은 바로 서해로 흘러가지 않고 북쪽으로 진안, 무주를 거쳐 충남 금산으로 들어간다. 다시 충북 옥천, 영동, 보은까지 올라갔다가, 청주에서 내려오는 물을 받아들인 후 이후 다시 방향을 틀어 세종특별자치시, 충남 공주로 가서 여기에서 다시 방향을 틀

〈그림 2-19〉 금강 천리 물길

어 남쪽으로 내려간다. 이후 부여를 거쳐 논산 강경에서 다시 왼쪽으로 방향을 돌려 익산, 군산과 충남 서천 사이 서해로 나간다. 전체적으로 아래로 열린 말발굽(역 U자형) 모양이다. 이는 개성을 향해 활을 겨누고 있는 모양이어서 호남이 배역을 품은 땅이라고 하는 왕건 훈요십조 제8조 배경이다. 하지만 훈요십조를 언급하고 있는 『고려사 지리지』를 보면, 배역을 품은 우리나라 3대 강으로 영산강, 섬진강, 낙동강을 꼽고 있다. 이는 고려 시대 수도인 개경, 즉 중부지역 중심 사고라고 볼 수 있다. 하지만 기준을 반대로 적용하면 호남 등 금강 남쪽은 오히려 중심으로 바뀐다(최창조, 2000: 116). 금강의 역 U자 모형은 성호 이익(星湖 李瀷, 1681~1763, 숙종 7~영조 39)이 산발사하(散髮四下) 호남 물길은 인심이 흩어져 배역을 품은 땅으로 평가한 배경이기도 하다. 반대로 낙동강은 한 군데로 물길이 모이기 때문에 영남은 인심이 뭉쳐 충신이 나온다는 논리로 이어진다. 이중환은 이익 문인이자 재종손이다. 이중환이 『택리지』「복거론」'인심' 조에서 붕당의 역사와 폐해, 그리고 가운데 남인이 쇠락한 것 등을 언급한 이유는 같은 남인인 이익에게서 영향을 받은 것이라 할 것이다(이중환, 2018: 185~202). 『고려사 지리지』에서 배역을 품은 강이었던 낙동강은 조선 후기에 와서는 충의를 대표하는 강으로 바뀌었다. 역사는 기록하는 사람에 의해 좌우되는 것이기 때문일까? 이런 이유가 아니더라도 지형 등 자연 지리적 특성과 인심은 어느 정도 기질로 연결되겠지만, 이는 다름의 문제이지 좋거나 나쁜 것을 결정하는 문제는 아니다. 게다가 산으로 내리는 모든 빗물은 기본이 산발사하다. 지형에 따라 모이기도 하고 흩어지기도 하는 것이다. 단지 그럴 뿐이다. 여기에 가치가 개입될 여지는 없다. 유럽에서도 프랑스 강들은 산발사하(대서양, 지중해, 북해 등)지만, 독일 강물은 한군데로 모이는 경향(대표적으로 라인강)이 있어 '프랑스적 호남, 독일적 영남'이라고 얘기한다(최창조, 2000: 116~118). 그래서 프랑스와 독일은 서로 다른 것일 뿐이다. 이를 프랑스가 더 좋은 곳, 독일이 더 좋은 곳이라고 우격다짐하는 것은 넌센스다.

이렇게 긴 금강 발원지를 품은 것 때문에 아마도 장수(長水)라는 지명이 나왔을 것이다. 장수군 내 1읍 6면 이름이 모두 산천(山川)으로부터 비롯된 것도 마찬가지 영향으로 보인다. 1읍은 장수읍이다. 6면 이름을 보면 각각 장계면(長溪面), 계남면(溪南面), 계북면(溪北面), 천천면(天川面), 산서면(山西面), 번암면(蟠岩面)이다. 물과 계곡과 내와 산과 바위. 이 정도라면 장수는 노자가 말한 '상선약수(上善若水)' 고장이라 하면 지나친 과장일까? 노자『도덕경(道德經)』제8장에 있는 내용은 다음과 같다(노자, 1995: 47~50).

上善若水. 水善利萬物而不爭, 處衆人之所惡, 故幾於道.
居善地, 心善淵, 與善仁, 言善信, 正善治, 事善能, 動善時. 夫唯不爭, 故無尤.
가장 훌륭한 것은 물처럼 되는 것입니다. 물은 온갖 것을 위해 섬길 뿐, 그것들과 겨루는 일이 없고, 모두가 싫어하는 낮은 곳을 향하여 흐를 뿐입니다. 그러기에 물은 도에 가장 가까운 것입니다.
낮은 데를 찾아가 사는 자세, 심연을 담은 마음, 사람됨을 갖춘 사귐, 믿음직한 말, 정의로운 다스림, 힘을 다한 섬김, 때를 가린 움직임. 겨루는 일이 없으니 나무람 받을 일도 없습니다.

모두가 싫어하는 낮은 곳을 향하여 날마다 자기를 낮추면서 흐르는 물. 남들과 다투지 않고, 의식하지 않으면서 남을 돕는 물. 즉 '함이 없는 함'을 하는 물은 노자가 말한 '도'를 설명하는 최고 상징이다. 도가도 비상도(道可道 非常道)다.
장수는 산 문화만 있는 것이 아니다. 산이지만 산에 영향을 미친 들 문화도 있다. 대표적으로 장수향교와 논개 사당인 의암사 및 논개 생가 등이 있다(한국문화유산답사회, 2000: 216). 먼저 장수향교 대성전은 보물이다. 장수읍 장수

〈그림 2-20〉 장수향교 600주년 기념비와 정충복 비

리에 있는데 보물 제272호다. 국가유산청 설명에 따르면 국보와 보물은 특별한 기준에 의해 엄격하게 구분되는 것은 아니라고 한다. 국보는 보물 중 1) 제작연대가 오래됐고, 그래서 그 시대 표준이 될 수 있는 특별히 뛰어난 작품이거나, 2) 제작 기술이 특별하게 우수해 비슷한 예를 찾아볼 수 없는 것, 3) 그리고 워낙 역사적으로 저명한 인물이 제작했거나, 유서가 깊은 것 등이 지정 대상이다. 현재 남한에 남아 있는 향교는 231개라고 하는데, 이 중 국보로 지정된 것은 하나도 없다. 다만 보물로 지정된 것에는 장수향교처럼 대성전만 지정되었거나, 또는 명륜당만 지정되었거나, 이 둘 모두가 지정된 곳이 있다. 그리고 전체적으로 보존 잘된 향교에서는 동무(東廡)·서무(西廡) 등까지 보물로 지정돼 있다.[32] 총 231개 향교 중 13곳이 장수향교처럼 대성전이 보물로 지정됐다. 장수향교는 강릉향교와 함께 1963년(대한민국 45) 1월 21일 가장 먼저 지정됐다. 다음은 나주향교인데, 지정된 시점은 1963년 9월이다. 그 외 향교들은 모두 1970년대 후반 이후다. 강릉향교는 크다는 점에서, 장수향교는

---

[32] 대성전은 공자와 공자 수제자 등의 위패를 모시는 곳이고, 동무·서무는 대성전에 모시지 않는 제자 및 우리나라 18현 등의 위패를 모시는 곳이다. 명륜당은 강의실이고, 동재와 서재는 기숙사라고 이해하면 된다.

우리나라에서 가장 오래된 것이라는 점에서 지정됐다. 장수향교는 1407년(태종 7)에 만들어졌으니 벌써 600년이 넘었다. 임진왜란을 거치면서도 살아남아 조선 전기 향교 모습을 잘 보여 준다. 임진왜란 때 노비 정경손이 '먼저 내 목을 베고 향교에 들어오라'고 해서 이 기개에 놀란 왜군이 물러났다는 일화가 전해진다. 장수향교가 살아남은 이유다.

한편 장수향교 대성전은 건축사적으로도 의미가 크다고 한다. 장수향교는 명륜당 좌우에 배치되는 동재(東齋)와 서재(西齋)가 특이하게 뒤쪽에 자리 잡았다. 다른 향교에서 보기 힘든 사마재(司馬齋)와 양사재(養士齋)가 동서 양재 북쪽으로 부가돼 있으며, 동무와 서무는 아예 없다(한국문화유산답사회, 2000: 231). 이런 점을 종합하면, 장수향교는 1) 오래됐고, 2) 비슷한 예를 찾아보기 어려우며, 3) 유서가 깊은 이야기가 있다는 등 이유로 국보가 되기에 충분하다. 남한에도 장수향교를 최초 국보로 지정한다면 의미 있을 것이다. 참고로 북한에는 평안북도 창성 향교가 국보 제45호다. 장수향교에는 600주년 기념비와 장수향교를 지킨 노비 정경손을 기리는 비(정충복비, 丁忠僕碑)가 세워져 있다. 평균 고도 400m 이상 높은 산악지대인 장수에까지 향교를 세웠다는 점에서 조선 시대 통치역량을 엿볼 수 있다. 게다가 산악지대 장수향교가 가장 오래됐다는 점은 참으로 아이러니다.

〈그림 2-21〉 논개 사당 의암사와 의암사에서 바라본 의암호

장수 지역에 있는 또 다른 들 문화는 논개(論介, 1574~1593, 선조 7~선조 26)와 관련한 것이다. 성을 붙이면 '주논개(朱論介)'다. 논개는 장수에서 가장 큰 자랑거리다. 장수를 찾아가면 온통 논개를 기리는 공간으로 가득하다는 것을 알게 된다. 임진왜란 때 '주논개'가 진주에서 왜장을 껴안고 뛰어내린 바위 이름이 의암(義巖)인데, 장수 읍내에는 의암호가 있고, 이를 둘러싼 의암공원이 조성되어 있다. 의암공원에서 논개 사당인 의암사(義巖祠) 방향으로 올려다보면 의암루(義巖樓)가 있다. 장수군청 앞에는 수령이 400여 년 이상 된 의암송(義巖松)도 있다. 논개를 기리게 된 것은 임진왜란 후 20여 년이 흐른 1620여 년경 어우당 유몽인(於于堂 柳夢寅, 1559~1623, 명종 14~인조 1)이 쓴 『어우야담(於于野談)』으로부터 시작됐다고 한다. '창기(娼妓)' 편이 아니라 '효열(孝烈)' 편에서 논개 순국 사실을 처음으로 문자화한 것이다. 맨몸으로써 저항하여 지조를 나타냈으니 국가보훈부 분류 기준에 따르면 '논개 열사(烈士)'다. 이즈음에 함경도 의병장 정문부(鄭文孚, 1565~1624, 명종 20~인조 2) 둘째 아들 정대륭(鄭大隆, 1599~1661, 선조 32~현종 2)이 아버지 유언에 따라 논개가 죽음을 택한 바위에 '의암(義巖)'이라는 전서체 글자를 새겼다고 한다(한국문화유산답사회, 2000: 236). 안타깝게도 지금은 글자가 마모되어 잘 보이지 않고 바위에 균열이 생기고 있다고 한다. 최근 30년 이래 급격하게 변화한 것인데, 당국의 다각적인 보존 노력을 기대한다.

장수에는 장수향교 충복 정경손과 주논개에 이어 의인이 한 사람 더 있다, 1678년(숙종 4) 장수현에 통인으로 있던 백씨가 주인공이다. 당시 장수 현감이 말을 타고 산비탈을 지나가는데 말발굽 소리에 놀란 꿩이 날아오르고, 이에 현감의 말도 덩달아 놀라 벼랑 밑으로 떨어져 말과 현감이 모두 목숨을 잃었다고 한다. 현감을 뒤따르던 통인 백씨는 자신이 잘못해 현감이 죽게 됐다며 손가락을 깨물어 꿩과 말 그림과 '타루(墮淚, 눈물을 흘리다)' 두 글자를 쓴 후 몸을 던져 순절했다고 한다. 오랜 시간이 지난 1802년(순조 2) 장수 현감으로 부임한 최수형이 이 사연을 듣고 주인을 따라 죽은 백씨 의리를 널리 알리고자 '타루비'를 세우고 제사를 지내게 했다고 한다. 그 절벽엔 지금도 꿩과 말 그림이 돋을새김 돼 있고, 타루애(墮淚崖)라는 붉은 글씨가 음각으로 새겨져 있다. 장수에서는 백씨를 포함 의인 세 분을 기려 '장수 삼절'이라 해서 기리고 있다. 모두 평범한 기층 민중이라는 점에서 산악지대가 낳은 또 다른 아이러니다. 한편 기억은 오래가고 위대하다는 점을 새삼 느끼게 된다. 왜란이 끝난 지 약 250여 년이 흐른 1846년(헌종 12) 정경손 업적을 추모하여 비를 세웠고, 논개 의거 30년 후에 이를 기리기 위해 바위에 의암이라는 글씨를 새긴 것, 통인 백씨를 위해 약 120여 년 후 타루비를 세운 것 등이 그러하다. 현재까지도 이 3인을 '장수 삼절'로 기리고 있는 것도 마찬가지다.

장수는 이 세 사람이 보여 준 '양귀비꽃보다 더 붉은 그 마음' 따라 2024년(대한민국 106) 제1회 '빨간 맛의 향연, 레드 푸드 페스티벌'을 개최했다. 그간 개최하던 '한우랑 사과랑 축제'에 토마토, 오미자를 포함하여 국내 최초인 빨간 맛 축제로 거듭난 것이다. 빨강이라는 특정 색깔을 선점했다는 점에서 혁신적이다. 빨강이라는 키워드로 묶으면 인근 '논산 딸기 축제', '고창 복분자와 수박 축제', '정읍 내장산과 순창 강천산 단풍축제', '신안 흑산도 홍어 축제' 등과도 연계도 가능할 것으로 본다. 장수 레드 푸드 이미지가 훨씬 두드러질 것이다. 한편 장수에는 사과빵도 있다. 소보루 같은 모양에 안에는 크림과 사과잼, 겉은 빨간색으로 덮여 있는데, 가느다란 초콜릿을 잘라 앙증맞게 사과 꼭지를 만들었다. 한편 장수에는 질 좋은 곱돌(각섬석) 산지로서 곱돌 제품, 번암면 막걸리도 유명하다.

장수는 한 마디로 금강의 시원으로 상선약수와 단심의 고장이다. 수분치 뜬봉샘이 그 시원이다. 직선거리로 뜬봉샘과 약 7.5km(약 16리) 정도 떨어진 곳에 있는 진안 데미샘은 섬진강 시원이다. 지척이라 할 만큼 가깝지만, 뜬봉 샘물은 북으로, 데미 샘물은 남으로 내려가는 길을 택한다. 유로 길이 기준 우리나라에서 3위, 4위로 긴 강이 공교롭게 이 일대에서 출발하는 것이다. 한없이 낮은 곳을 향해 내려가는 물이 여기에서부터 시작했으니 장수는 자연지리적 상선약수의 고장이다. 한편 장수는 아이러니하게도 산악지대이면서 충의 삼절을 낳았으니 인문지리적 단심의 고장이다. 하지만 상선약수와 단심은 눈에 보이지 않는다. 형상화하기에는 추상적이다. 장수가 '빨간 맛 고장'이라는 캐치프레이즈를 내건 것은 아주 절묘하다. 빨간색은 그나마 눈에 보이기 때문이다. 특히 빨간색은 시간적으로나 위계상으로 모든 색을 앞선 원초의 색이면서 가장 우월한 색이기 때문이다(파스투로, 2020: 16~28). 이처럼 상선약수와 단심은 빨간색으로 통한다. 따라서 빨강을 내세우면서 빨간색이 가진 원초 이미지에 상선약수와 단심 이미지를 포함하는 작업이 중요할 것이다.

무주: 전라·경상·충청 등 삼남지역 중심지이자, 커다란 너그러움(덕유, 德裕)을 품어 안은 휴양도시

무주는 조선 시대 도호부다. 도호부는 종3품 지방관인 도호부사가 다스리는 고을이다. 정3품인 목사와 대도호부사 다음이다. 종4품 군수나 종5품 현령, 종6품 현감보다 높은 품계 지방관이 파견되는 곳이

니 그만큼 중요한 곳이다. 무주가 원래부터 도호부는 아니었다. 조선 초기에는 무주현(茂朱縣)이었다. 조선이 지방조직을 정비한 1414년(태종 14)에 무풍현(茂豊縣, 소재지는 지금 무주 무풍면)과 주계현(朱溪縣, 소재지는 지금 무주읍)을 합할 때 각 고을의 한 글자를 따서 무주현이 된 것이다. 그래서 조선 시대 큰

고을에 붙던 '고을 주(州)' 자가 아닌 '붉을 주(朱)' 자를 쓴다. 그러다가 1674년 (현종 15)에 금산 안성현(安城縣, 지금 무주 안성면)을 편입해 무주도호부로 승격하게 된다. 승격하게 된 계기는 왕조실록을 보관하는 적상산(赤裳山, 1034m) 사고(史庫)가 설치됐기 때문이다. 사고가 설치된 배경은 다음과 같다. 왜란이 끝난 이후 새롭게 설치했던 묘향산(妙香山, 1909m) 사고가 후금 위협 및 관리 소홀 등으로 손실 우려가 있어 새로운 장소를 모색하게 된다. 1614년(광해군 6) 적상산성에 실록전(實錄殿)을 건립했고, 1618년(광해군 10)부터 실록이 봉안되기 시작, 1633년(인조 11)까지 묘향산 사고 실록을 옮겨서 보관하게 된다. 1641년(인조 19)에는 선원각(璿源閣)을 건립, 『선원록(璿源錄)』을 봉안해 사고가 완성됐다. 『선원록』은 조선 왕실 족보다. 문제는 조정의 재정 지원이 없어 사고 운영 경비를 무주현 백성들이 부담하다 보니 이에 대한 원성이 많았다. 이에 대한 대안으로 인근 고을 편입 등과 함께 도호부로 승격하여 재원 문제를 해결하게 했다.[33] 도호부 격에 맞게 세수를 크게 늘린 것이다.

---

33) 실록을 보관하는 사고를 둔 것은 고려 때부터다. 궁궐 안에 '내사고', 지방에 '외사고'를 두는 이원화된 체제였다. 고려 시대 '외사고'는 충주에 있었다. 조선 시대 '내사고'는 춘추관으로 정착됐다. '외사고'는 원래 있던 충주사고에다 세종 때 경상도 성주와 전주에도 사고를 두어 춘추관과 함께 4사고 체제가 된다. 하지만 임진왜란 때 전주사고를 제외하고, 나머지 세 개 사고에 있는 실록은 모두 불타게 된다. 정읍 선비 안의(安義, 1529~1596, 중종 24~선조 29)와 손홍록(孫弘錄, 1537~1600, 중종 32~선조 33)이 전주 경기전(慶基殿)에 있는 역대 실록과 전적(前籍)을 내장산 용굴에 숨겨 전주사고는 살아남게 된다. 정읍 선비들이 후대에 남겨준 위대한 유산이다. 이들이 없었다면 조선 전기 역사 기록이 통째로 사라지고 유네스코 세계문화유산 등재도 없었을 것이다. 임란 이후 조선은 4사고 체제를 다시 정비한다. 읍성 안에 있던 사고들을 모두 깊은 산속으로 옮겨 5사고 제제로 바꾼 것이다. '내사고'인 춘추관 사고는 그대로 두고 '외사고'는 강화·묘향산·태백산·오대산 등 산간 지역에 뒀다. 강화사고는 원래 강화부 안에 뒀으나, 1606년(선조 39) 마니산, 다시 1660년(현종 원년)에는 정족산 사고로 바뀐다. 그리고 사고에는 수호사찰을 뒀는데 정족산은 전등사(傳燈寺), 적상산은 안국사(安國寺), 태백산은 각화사(覺華寺), 오대산은 월정사(月精寺) 등이다. 한일병탄 이후 일제는 한국사를 연구한다는 명분으로 필요에 따라 실록을 이리저리 옮겨 버렸고, 사고는 완전히 버려지게 된다. 적상산 사고 실록은 구 황실 문고로 편입돼 창경궁 장서각으로 이안(移安)됐다. 이후 한국전쟁 중 분실된 것으로 알려져 왔으나, 최근 북한에 있는 것으로 확인됐다고 한다(한국문화유산답사회, 2000: 247~251). 무주군은 묘향산에서 적상산으로 사고를 옮긴 것을 기리기 위해 실록 이안을 재현하는 행사를 개최하곤 한다.

이처럼 무주가 도호부가 된 것은 사고 보관 목적에 부합하는 천혜 자연조건이 빚은 우연이다. 하지만 이 우연으로 도호부가 됐으나 고을 성장은 제한적이었다. 예컨대 인구수 기준으로 1966년(대한민국 48) 76,000여 명을 정점으로 계속 감소해 2025년(대한민국 107) 6월 말 기준 22,917명에 불과하다(국가통계포털). 또 다른 우연이 필요하다. 무주가 성장하기 위한 또 다른 우연은 무주 위치가 가지고 있는 중심지성을 활용한 것이 아닐까 생각한다. 무주는 대전, 전주와 거의 비슷한 거리에 있다. 하지만 대전과 비교해 상대적으로 전주와 연결되는 교통이 좋지 않아, 무주 사람들은 상급학교 진학을 위해 대전으로 나가곤 했다. 가장 문제는 전주와 진안고원까지의 길이었다. 평야 지대인 전주로부터 고도가 높은 고원지대로 올라가는 길은 생각만큼 쉽지 않았다. 예전에는 포장되지 않는 곰티재를, 그 후에는 구불구불 넘어가는 2차선 모래재를 넘어 진안으로 갔다. 1997년(대한민국 79)에 무주 동계유니버시아드 대회에 맞춰 4차선 보룡재가 개통된 이후, 전주와의 접근성이 개선되어 균형을 잡아가고 있다. 최근에는 새만금-포항 간 고속도로도 있어 훨씬 편하다. 진안까지 시외버스로 2시간 가까이 걸리던 길이 30분 정도 걸리는 길로 바뀐 것이다. 지금은 무주에서 대전, 무주에서 전주 모두 1시간이면 접근할 수 있다.

시야를 조금 확대해 보자. 무주는 부산, 대구, 대전, 광주, 울산 등 수도권이 아닌 5개 지방 광역시 모두 중심에 위치한다. 먼저 무주는 대구와도 그리 멀지 않다. 대전이나 전주와 마찬가지로, 무주에서 대구까지 1시간이면 도착한다. 지금은 경부선 철도나 경부고속도로상 대전에서 충북 영동, 경북 김천을 거쳐 대구로 가는데, 충남 금산, 무주를 경유, 경북 성주로 가는 길도 고려해 볼 수 있다. 무주는 경남 서부권과의 거리도 가깝다. 무주 오른쪽 바로 아래는 경남 거창이다. 그 아래는 합천이고, 그 아래는 의령이다. 합천에서 방향을 바꿔 창녕과 밀양을 지나면 부산으로 이어진다. 그러니 무주를 기점으로 거창, 합천, 창녕, 밀양, 부산까지 연결하는 고속철도를 만들면 경남 서부권 지역에

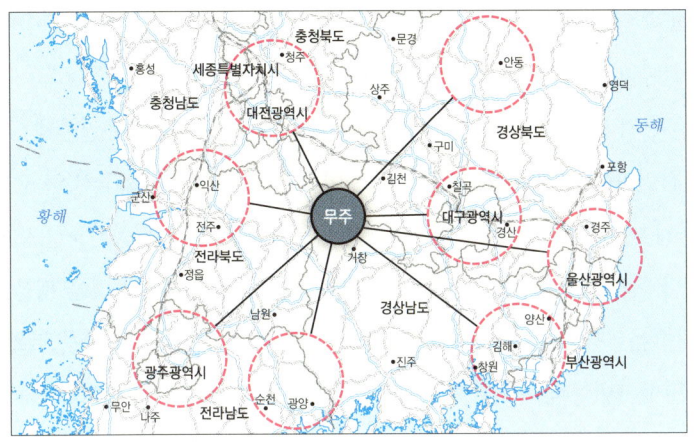

〈그림 2-22〉 전라도, 경상도, 충청도, 삼남지역을 연결하는 무주군 중심지성

서도 부산과의 접근성이 훨씬 개선된다. 전북자치도와 부산까지 거리 역시 가까워진다. 이는 상주, 문경, 예천, 안동, 영주, 봉화 등 경북 북부권과 연결도 적용할 수 있다. 경북 북부권과의 접근성은 바로 강원 지역으로 이어진다. 광주광역시와 여수, 순천, 광양 등과 연결되는 것도 고려하면, 북서-동남 방향 단일 축에서 X축 모양 간선 교통망을 다시 형성할 수 있다. 조선 시대 9대로에서 확인된 X자형 도로망(한양을 중심으로 의주-동래 간 축과 함경도 서수라-해남 간 축)을 고려할 수 있게 되는 것이다. 한발 더 나아가 무주를 중심으로 〈그림 2-22〉에 보이는 7개 대도시와 연결하고 이 7개 도시를 빙 둘러 순환하는 환상 고속철도를 만드는 것도 가능할 것이다. 지방 균형 발전을 위한 비수도권 환상열차다. 수도권에 있는 환상 지하철(전철)에 상응한다. 특히 우리나라는 이미 65세 이상 인구가 20%가 넘는 초고령사회에 진입(2024년 12월 23일자) 했고, 2056년이면 중위연령(median age, 총인구를 연령순으로 나열할 때 정중앙에 있는 사람의 해당 연령)이 60.2세가 된다(국가데이터처 국가통계포털). 노령인구가 이처럼 증가하는 상황에서는 당연히 자동차를 통한 이동보다 철도교통이 중요하다. 무주를 중심축으로 한 비수도권 기간 철도망을 구축하고 간선 철도를

촘촘하게 연결한다면 비수도권 지역 상호 간에도 교류가 활발해질 수 있다. 상호 교류 없는 지방 균형발전은 허상이다.

  무주가 가지고 있는 지리적 중심지성은 무주가 전국에서 유일하게 5개 도의 접점이라는 것에 기인한다. 무주는 바로 위쪽이 충청남도(금산)와 접해 있고, 시계 방향으로 차례로 충청북도(영동), 경상북도(김천), 경상남도(거창)와 붙어 있다. 전라도, 경상도, 충청도를 삼남 지방이라고 불렀던 것을 떠올리면, 무주는 삼남 지방의 위치적 중심이다. 전북자치도는 모양이 오른쪽으로 기울어진 평행사변형과 비슷한데, 무주는 그 오른쪽 위 귀퉁이 부근이라 전북자치도 기준으로도 변방이다. 그것도 귀퉁이이니 변방 중에서도 변방이다. 그러나 시야를 한층 확대하고 나니 삼남 지방 중심이 됐다. 예전에는 워낙 산간 지역이어서 접근에 여러 장애가 있었지만, 현대 공학기술로 보면 전혀 문제가 아니다. (지금 늘어지고 있기는 하지만) 만약 대통령실 등 모든 행정기능이 세종특별자치시에 들어와 사실상 행정수도가 된다면, 무주 입지는 중요해질 것이다. 행정기능까지 세종으로 이전하면, 자연스럽게 국회 이전도 속도가 빨라질 것이다. 어떤 정당 주장처럼 헌법재판소는 전주, 대법원은 광주, 대검찰청은 대구로 이전하는 것까지 실현된다면, 무주 중심지성은 훨씬 강화될 것이다. 행정수도 세종의 행정·입법 기능과 시너지 측면에서도 일정 역할을 할 수도 있을 것이다. 실질적인 지방 균형 발전은 무주 중심지성을 염두에 두고 정책을 펴는 것이 열쇠가 되지 않을까?

  하지만 모든 것을 역사상 우연에만 맡길 수 없다. 현실은 현실 그 자체로 인정해야 한다. 『택리지』「복거론」 '산수' 조에서 덕유산을 언급한 부분을 보자(이중환, 2018: 217). 남원을 설명할 때 지리산을 빼놓을 수 없는 것이라면, 무주 역시 덕유산으로부터 출발해야 제대로 된 설명을 할 수 있기 때문이다.

  덕유산은 흙산이다. 산 위에는 구천동(九泉洞)이 있어 산수경관이 그윽하고 깊숙하다. 구천동 아래에는 적상산성(赤裳山城)이 있고, 석벽이 산성을 에워싸고 치마처럼 둘러 있으며 위쪽은 평탄하다. 그래서 나라에서는 이곳에 성을 쌓았고, 역사서와 실록을 보관하게 하였다.

덕유산 동쪽에는 안음과 지례(知禮)가, 북쪽에는 설천(雪川)과 무풍(舞豊)이 있다. 설천과 무풍은 남사고가 복지라고 한 땅이다. 골짜기를 벗어나면 곁에 산이 하나 있으며 전답이 비옥하여 부유한 마을이 많아서 속리산 위쪽 산에 견줄 바가 아니다. 「복거론」 '산수' 조

이 내용에 대해 몇 가지 얘기할 부분이 있다. 먼저 구천동에서 '천(泉)'과 무풍에서 '무(舞)'는 각각 '일천 천(千)'과 '무성할 무(茂)'로 바꿔야 한다. 이중환이 잘못 기재한 것인지 당시에는 이렇게 불렀는지 정확하지 않다. 다만 현재는 '일천 천'과 '무성할 무'를 쓴다. 다음으로 덕유산은 흙산이라는 것이다. 덕유산은 주봉인 향적봉(香積峰, 1614m)에서 시작하여 남으로 덕유평전(德裕平田, 1480m)을 거쳐 남덕유산(南德裕山, 1507m)에 이르는 육중하고 부드럽게 이어지는 산자락이 장장 100리에 걸쳐 있는 산이다. 남덕유산은 장수 지역이다. 이런 흙산은 기암절벽이 아름다운 설악산(雪嶽山, 1708m)과 같은 악산과는 확연히 다르다. 덕유산 이름 또한 이런 부드러운 산세와 사람을 품는 듯한 넉넉한 모습을 '덕이 넘쳐나는 여유로움'으로 표현한 것이라 하겠다. 이처럼 유려하고도 장대한 산세를 갖게 된 것은 덕유산 고산부를 이루는 지질이 선캄브리아대 변성암(變成巖, 이전에 있었던 암석이 변화돼 만들어진 암석)류인 편마암(片麻巖, 기존 암석이 고온 고압으로 변성과정을 받아 생기는 변성암의 하나)이기 때문이다. 지리산 또한 덕유산과 거의 같은 시기인 원생대 중기 20억~18억 년 전에 형성된 것이어서 마찬가지로 흙산이다. 편마암은 수평으로 단단한 구조이기 때문에 절리(節理, 암석에 생긴 갈라진 틈) 발달이 탁월한 화강암과 다르다(이우평, 2007b: 146~148). 무등산 서석대(瑞石臺, 1050m)를 비롯해 산꼭대기에 멋

들어진 바위가 있는 곳은 대개 화강암이라고 보면 된다. 반면 흙산 덕유산은 1500m에 가까운 고지대에 드넓은 평원이 펼쳐져 있다. 이른바 덕유평전이다. 지리산 세석평전(細石平田, 잔돌밭)과 마찬가지로 철쭉 군락지로도 유명하다.

세 번째는 구천동에 관한 얘기다. 구천동에서 '동(洞)' 자는 우리가 흔히 '동네(洞네)'라고 할 때 '동'이라고만 알고 있지만, 골짜기를 뜻하는 '골 동'이기도 하다. 예컨대 서울 청계천 발원지인 백운동천(白雲洞天)은 '흰 구름이 피어나는 골짜기'를 의미하는 것이다. 우리나라 최초 서원인 백운동 서원에서 '동'도 역시 마찬가지로 골짜기다. 구천동 역시 골짜기를 뜻한다. 구천동은 향적봉 기슭 백련사(白蓮社)에서 발원해 무주를 지나 설천에 이르기까지 약 70리다. 33경을 자랑한다. 무려 13개 대(臺)와 10개 소(沼), 그리고 여러 폭포 등 아름다운 풍치가 33경이라 하니 압도적이다. 이름이 널리 알려진 관동팔경(關東八景)이나 단양팔경(丹陽八景)과 비교해 4배 이상 볼거리가 있다는 것 아닌가? 이처럼 다양한 암석 경관은 편마암으로 이루어진 고산부와 달리 아래는 화강암 계열로 이루어져 있기 때문이다(이우평, 2007b: 148).

네 번째는 적상산성에 관한 이야기다. '붉을 적' 자와 '치마 상'자를 쓴다. '붉을 적' 자를 쓰는 이유는 이 지역의 편마암과 화산암에 붉은색 성분이 있기 때문이라고 한다. 이 지역 이름에 '붉을 적', '붉을 단(丹)', "붉을 주(朱)' 자가 들어간 이유다. 현재 무주는 주계현과 무풍현이 통합된 것이라 말한 바 있는데, 삼국시대에 주계현은 백제 땅으로 적천(赤川), 무풍현은 신라 땅으로 단천(丹川)이었다(최열, 2024: 371). 특히 덕유산 왼쪽에서 무주 읍치를 한 번 더 감싸 안은 적상산(赤裳山, 1034m)을 구성하는 암석은 퇴적암으로 적색 역암 및 적색 셰일 등이다. 이 암석층이 산 중턱 400m 안팎 폭으로 절벽을 이루며 치마처럼 둘러 있는 것이다. 산꼭대기는 평탄하고 물은 풍부한데 산 중턱이 깎아 지른 절벽이라 군사적으로 천혜의 요새다. 당연히 산성이 들어섰다. 고려말 최영(崔瑩, 1316~1388, 고려 충숙왕 3~우왕 14) 장군 건의로 축조됐다고 한다. 적상산

사고가 만들어지면서 산성이 정비됐고, 이후 군사 목적보다는 역대 실록과 왕실 족보인 선원록을 안전하게 보전하는 역할로 변모하게 된다. 한편 적상산에는 양수발전소가 1995년(대한민국 77) 건설됐다. 산정에는 커다란 인공호수가 있고 정상 부근까지 아스팔트 도로가 있어 접근성도 좋다(이우평, 2007b: 153).

다섯 번째, 덕유산 동쪽 안음은 지금 함양군 안의면이고, 지례는 김천시 지례면이다. 함양은 경상남도이고, 김천은 경상북도. 안음이 안의면으로 바뀌게 된 배경은 남원 편에서 소개한 바 있다. 북쪽에 있다고 하는 설천과 무풍은 무주가 현에서 도호부로 승격되면서 통합된 땅이다. 골짜기(아마도 구천동)를 벗어나면 산이 하나 있다고 했는데 민주지산으로 보인다. 민주지산 삼도봉은 경북 김천, 충북 영동에 걸쳐 있으니, 말 그대로 전라도와 경상도와 충청도 삼도에 걸쳐 있다. 지리산 삼도봉(날나리봉, 1550m. 전남 구례-경남 하동-전북 남원)도 있지만, 민주지산과 덕유산 사이에 있는 대덕산(大德山, 1290m) 삼도봉(경북 김천-경남 거창-전북 무주)도 있다. 하지만 삼도가 남북으로 나뉜 이후가 되어서야 이런 명칭을 붙일 수 있는 이들과 달리 민주지산은 본래 의미에 있어 삼도봉이다. 한편 민주지산과 같이 삼도에 걸쳐 있는 산으로는 어래산(御來山, 1063m. 충북 단양-강원 영월-경북 영주)이 있다. 경상도, 충청도, 강원도 등에 걸쳐 있다. 산 이름은 조선 단종이 영월에 귀양 왔던 것에서 유래한다고 하는데, 우리나라 대표적인 오지 중 하나다.

여섯 번째, 격암 남사고(格菴 南師古, 1509~1571, 중종 4~선조 4)가 말한 '복지라고 한 땅'은 『정감록(鄭鑑錄)』에 수록된 「남격암십승지론(南格菴十勝地論)」을 일컫는 것으로 보인다. 정작 정감록은 지은이가 명확하지 않다. 십승지는 난리를 피할 수 있는 열 곳으로 1) 공주 유구와 마곡(계룡산), 2) 무주 무풍(덕유산), 3) 보은 속리산, 4) 부안 변산, 5) 성주 만수동(가야산), 6) 봉화 춘양(태백산), 7) 예천 금당곡(소백산), 8) 영월 정동 상류, 9) 남원 운봉 두류산, 10) 풍기 금계촌(소백산) 등이다. 남사고는 여러 예언서를 남겨 '한국의 노스트라다무스'라는 평가를 받는다. 대표 예언서인 『격암유록(格菴遺錄)』 필사본이 1977년(대한민국 59)에 등장했는데 가짜라는 의견이 지배적이다. 십승지는 주로 백두대간 인근에 자리하고 있다. 공주 계룡산 부근과 부안 변산 정도가 예외다. 지금 행정구역 기준으로는 경상북도 4곳, 전북자치도 3곳, 충청남도 1곳, 충청북도 1곳, 강원도 1곳 등이다. 경상북도 면적은 2.5 전북자치도, 강원도 면적은 2.1 전북자치도라는 점을 고려하면, 상대적으로 작은 전북자치도인데 복지가 매우 많다 할 것이다. 복지란 전쟁이 났을 때 피난하기 쉬운 곳을 내포한다는 점을 고려할 때, 평야 지대로만 알고 있던 전북자치도 복지는 의외로 다가올 것이다. 평야 지대와 산악 지대가 골고루 발달한 전북자치도의 미덕이다.

무주군은 1읍 5면이다. 면적이 약 632km²이니 605km²인 서울보다 약간 크다. 서울이 25개 구를 가지고 있다는 것을 고려하면 각 읍·면 크기가 매우 크다. 한편 겨우 6개 읍·면을 가지고 군 하나를 이루는 것은 매우 드문 경우다. 게다가 이 중 약 30% 이상이 덕유산 국립공원이다.[34] 거창, 함양, 장수에 덕유산이 걸쳐 있기는 하지만 걸쳐 있는 부분은 미미한 수준이다. 〈그림 2-23〉을 보면 덕유산 국립공원(연한 녹색) 대부분 무주다. 하지만 무주에는 덕유산만 있는 것이 아니다. 덕유산 국립공원 앞뒤로 또 다른 산줄기가 있다. 앞쪽에는 적상산, 봉화산, 매방재산 등이, 뒤쪽에는 민주지산과 대덕산 등이 있다. 좌측 위 무주읍 뒤쪽으로 산줄기가 세 겹인 것이다. 무주 시외버스터미널 기준 해발고도가 190m(2024.4.7일 측정)에 불과하니, 덕유산 최고봉

〈그림 2-23〉 무주군에 있는 주요 산

---

34) 무주는 덕유산 비중이 커서 전북자치도 내에서도 경작지 비율이 가장 낮다고 한다. 두 번째가 진안인데 15% 수준이다(한국문화유산답사회, 2000: 214).

인 향적봉까지 바로 올라가지 못하고 한숨 돌릴 공간이 필요했을 것이다. 그리고 내려가는 길에도 한걸음 쉬었다가 내려가는 것이다. 거꾸로 향적봉 위에서 아래를 내려다보면 무주 읍내는 마치 '크지만, 매우 너그러운 사람 품에 안겨 있는 모습'처럼 보일 것이다. 큰 덕(德), 넉넉할 유(裕). 그래서 덕유다.

설천면에 있는 라제통문(羅濟通門)은 무주 구천동 33경 중 제1경이다. 삼국시대 신라와 백제 경계였다고 하는 곳이다. 지금도 문 이쪽저쪽이 말투도 풍습도 다르다고 한다. 하지만 무주에서 경상북도 김천으로 가려면 이 문을 지나 15km 이상 지난 후 덕산재(德山재, 640m)를 넘어야 하니 라제통문은 전라도 쪽으로 한참 들어와 있다(한국문화유산답사회, 2000: 256~257). 라제통문으로부터 출발해 깃대봉과 거칠봉 사이로 구천동 계곡이 이어지고, 계곡 따라 올라가면서 차례대로 33경이 이어진다. 최고봉 향적봉이 제33경이다. 제32경은 향적봉 바로 아래에 있는 백련사(白蓮社)다. 덕유산은 매우 큰 산임에도 이름난 절이 없는데 그나마 백련사가 있다. 한국전쟁으로 인해 몇몇 부도를 제외하고는 남아 있는 것이 별로 없지만, 백련사는 의미 있는 절이다. 이유는 조선 시대 선종사(禪宗史)의 명맥을 잇는 스님들이 모두 덕유산에서 수행했기 때문이라고 한다. 대한불교 조계종(曹溪宗) 종조(宗祖)인 태고 보우(太古 普愚, 1301~1382, 고려 충렬왕 27~우왕 8)로부터 출발하는 법통은 서산대사 청허 휴정(淸虛 休靜, 1520~1604, 중종 15~선조 37) 스님에게 와서 최고 경지에 이른다. 휴정 스님 스승이 부용 영관(芙蓉 靈觀, 1485~1571, 성종 16~선조 4) 스님인데 덕유산에서 수행했다고 한다. 그리고 영관 스님으로부터 뛰어난 두 제자가 나오는데 휴정 스님과 부휴 선수(浮休 善修, 1543~1615, 중종 38~광해군 7) 스님이다. 선수 스님도 덕유산에서 수행했다고 한다. 이 외에도 너무나 많은 유명한 스님이 덕유산에서 생애 한 시절을 보냈다고 하니 덕유산은 큰 산인 만큼 품도 넓었던 것이라 하겠다(한국문화유산답사회, 2000: 251~255).

덕유산이 보여 주는 너그러운 품과 함께 청정환경은 무주를 관광·레저형

기업도시를 지향하는 휴양도시로 만들었다. 우선 겨울철 덕유산은 히말라야를 연상시킬 만큼 설경이 아름답다. 그리고 눈이 많은 곳 가운데 하나다. 남쪽에 위치한 전북자치도가 통상의 생각과 달리 눈이 많이 내리는 이유는 평야지대와 산악지대 고도 차에 기인한다. 겨울에는 시베리아 고기압이 확장한다. 이때 대륙 찬 공기가 서해를 건너며 수증기를 흠뻑 머금은 채 내륙으로 빠르게 이동하게 되고, 갑자기 높아지는 산악지대 산비탈에 부딪혀 강제 상승하게 된다. 이 과정에서 단열팽창으로 냉각되어 눈으로 내리는 것이다. 덕유산에는 같은 이유로 비도 많이 내린다(이우평, 2007b: 149~150). 덕유산 일대가 설경도 아름답고, 눈이 많이 온다는 사실은 무주가 1997년(대한민국 79) 동계유니버시아드 대회를 개최하게 된 배경이다. 이 대회를 계기로 무주 덕유산 리조트가 마련돼 휴양도시의 품격을 높이고 있다. 게다가 많은 장소가 국가 지질공원으로 등재돼 있다. '아는 만큼 보인다'고 구천동 33경 구경과 함께 다양한 암석, 하상 침식, 감입곡류 등 지질환경을 감상할 수도 있다. 양수발전소를 보는 재미도 있다. 적상산 적상호(해발고도 약 860m)와 적상호 4배 규모 무주호(해발고도 약 270m) 간 인공낙차(약 590m)를 이용해 발전을 한다. 적상호에서 발전을 위해 낙하했던 물은 무주호에 가뒀다가 심야 전력을 이용해 다시 적상호로 올라간다(이우평, 2007b: 153). 참고로 적상산 사고는 적상호 만들 때 수몰됐고, 호수 위쪽 현재 사고는 복원한 것이다.

 무주가 자랑하는 몇 가지를 추가하고자 한다. 먼저 지리적 표시제에 무주라는 지명을 브랜딩하여 등록된 농림축산물이 6개나 된다. 사과(농축산물 제56호), 머루(임산물 제20호), 머루와인(임산물 제37호), 천마(임산물 제45호), 호두(임산물 제49호), 오미자(임산물 제54호) 등이다. 덕유산 고로쇠 수액(임산물 제33호)도 등록돼 있다. 참 많다. 덕유산 고로쇠 수액은 무주만이 아니라, 덕유산에 걸쳐 있는 인근 장수, 거창, 함양 지역도 함께 한다. 하지만 덕유산 상당 부분이 무주에 있다는 점을 고려하면 이 역시 무주를 대표지역으로 꼽아야 할 것이다. 참고로 장수 오미자(임산물 제52호)도 등록돼 있다. 다음 자랑거리는 우리나라 최대 반딧불이 서식지 남대천이다. 반딧불이는 천연기념물 제322호로 지정돼 있다. 반딧불이는 아주 맑은 1급수 물이 있는 계곡에서만 서식하기 때문에 무주지

〈그림 2-24〉 무주 읍내 남대천

역은 그만큼 청정환경이라는 얘기다(한국문화유산답사회, 2000: 255). 무주는 작은 도시지만, 덕유산 그 큰 자락에서 내려오는 물들이 조그만 하천들을 많이 만들었고, 그 하천 물고기로 만든 어죽도 유명하다. 무주 사람들은 어죽을 여름날 별미로 즐겨 먹는다고 한다(한국문화유산답사회, 2000: 241). 그리고 향적봉에서 중봉(中峯, 제2덕유산, 1594m)에 이르는 8부 능선에는 수령이 300~500년인 주목과 구상나무 1000여 그루가 천연 군락을 이룬다. 곤돌라를 타고 설천봉까지 올라간 후 20분 걸으면 정상 향적봉이 나오고, 여기에서 20분 더 걸으면 중봉이다. 이 일대는 한국 식생 경관 중 가장 보존가치가 높은 극상림(極相林, Climax Forest) 지구에 속한다. 검독수리, 까막딱따구리, 사향노루 등 희귀종을 비롯한 약 600여 종 동식물이 서식하고 있다. 특히 한반도 북방계와 남방계가 맞대고 자라는 독특한 생태구조를 지녔다(이우평, 2007b: 151). 이 모든 것을 종합하면 무주 자랑거리는 대부분 친환경 청정 이미지와 관련이 있다. 깨끗하다는 이미지다. 그만큼 자연과 가깝다는 이미지다. 이런 이미지는 어떤 지역도 쉽게 갖기 어려운 특별함이다. 마지막으로 무주 무풍에는 3·8장인 무풍장이 선다. 전라, 경상, 충청 경계로 삼도 사람이 모인 화합 장터다(한국문화유산답사회, 2000: 254). 삼도가 함께 모이니 화개장터보다 더 널리 알려져야 하는데 그렇지 못하고 있다. 대신 2·7장인 인근 설천 시장이 삼도봉 시장으로 이름을 바꿔 2004년(대한민국 86) 개장했다. 삼도 경계라는 점은 무주

〈그림 2-25〉 한풍루 그리고 최북 미술관 및 김환태 문학관

가 가지는 또 다른 특별함이다.

이 정도면 무주는 휴양도시로서 충분한 자격을 가지고 있는 것 아닌가? 몇 겹 산자락에 포근하게 둘러싸여 있는 무주. 거의 모든 마을이 계곡을 끼고 있기에 길을 잃더라도 계곡을 따라 내려가다 보면 마을이 나온다는 무주. 청정 환경이니 그 초입에 들어가기만 하더라도 심신 피로가 금방 날아 가버릴 것만 같은 무주. 그간은 높은 지대여서 접근성에 어려움이 있었으나, 지금은 이것도 해결돼 지방 5대 광역시와 연결 중심지로서 무주. 새로운 무주다. 세계 태권도 성지로서 국립 태권도원을 품고 있는 것은 또 다른 자랑거리다. 남대천을 끼고 언덕배기에 한풍루(寒風樓)가, 그 바로 옆에는 최북 미술관과 김환태 문학관이 있다. 다채로운 모든 것을 받아들이는 커다란 너그러움, 그래서 무주는 덕유다.

무주는 한 마디로 삼남지역 중심지이자, '커다란 너그러움'을 품어 안은 휴양도시다. 삼남지역 가운데 위치한 입지는 무주가 가지는 가장 특별한 차별점이다. 게다가 덕유산을 품고 있고 덕유산 앞뒤로 산줄기가 이어져 있어 세 겹으로 둘러싸여 있다는 점은 무주를 더욱 돋보이게 한다. 문제는 산이 높다 보니 길을 내기 어렵지 않겠나 하는 우려가 있다. 하지만 지금도 동·서 간 고속철도 건설이 여러 곳에서 추진 중이고, 백두대간 고산준령이 전혀 장애가 되고 있지 않다. 동·서 간 고속철도는 서울–부산 간 단일 축에서 수평축을 추가하는 과정이지만 이보다 더 중요한 것은 전라도와 강원도를 연결하여 X자 형 (가칭 'X선' 고속철도)을 만드는 것이다. 그리고 이 과정에서 빠진 경남 서부권 등 여러 지역을 국가 철도망에 연결(가칭 '삼남선' 또는 '제2 경부선')하고 주요 광역시 순환철도를 만들어 중심지 무주 역할을 새롭게 조명해야 할 것이다. 게다가 1인당 국민소득이 갈수록 높아지는 상황에서 휴양도시는 더욱 귀하다. 세 겹 산속에 있으면서 사시사철 풍성한 자연을 느낄 수 있는 고장인 무주는 이런 측면에서 최적이다. 전라·경상·충청 삼남 중심지성이 언젠가 빛을 발할 날이 올 것이라 믿는다. 아니 믿음으로는 부족하고 이를 위해 전력을 다해야 한다.

진안: 수태극·산태극 중심인 마이산을 품고 바람도 힘이 들어 한숨 쉬어 가는 남쪽 고원

진안은 고원이다. 고원은 고도가 높지만 평탄한 지역이기 때문에 사람이 거주하기에도 적당하다. 다만 해안가 평지와 비교해 온도와 기압이 다를 뿐이다. 열대 지방에서는 오히려 서늘해서 더욱 선호되기도 한다. 평균 고도가 높고 평평한 지역이 있어 통상 '지붕'에 빗대어 표현하곤 한다. 세계의 지붕은 파미르 고원(Pamir Mountains)이다. 파미르 고원은 평균 고도가 6100m가 넘고, 최고봉은 타지키스탄에 있는 이스모일 소모니 봉(Ismoil Somoni Peak)으로 해발고도가 7495m다. 이스모일 소모니는 타

지크 시조로 알려진 사만 왕조 수장 이름이다. 한반도 지붕은 개마고원(蓋馬高原)이다. 개마고원은 해발고도가 2000m 안팎이고, 최고봉은 당연히 백두산이다. 남한에서 가장 높은 산은 한라산이지만, 한반도 전체로 확대하면 60위권에 불과하다. 1~50위까지가 모두 개마고원 일대에 있는 산들이다. 진안고원은 호남지방의 지붕으로 평균 고도 500m 내외이다. 무주, 장수 지역 일대를 포함한다. 참고로 경상도나 충청도 지방은 딱히 고원이 없어 지붕이라고 불릴 만한 곳이 없다. 강원도에서는 대관령 일대가 고원지대다. 최대 해발고도가 900m가 넘어 남한 최대, 최고 고원이다. 두 번째가 진안고원이다. 남원 운봉고원도 평균 고도가 500m 내외이니 진안고원에 버금간다. 진안고원 인근 최고봉이 덕유산이라면, 남원 운봉고원 인근 최고봉은 지리산이라고 이해하면 간명하다. 이런 측면에서 보면 전북자치도는 매우 독특한 지형을 가지고 있다고 하겠다. 한반도에서 가장 넓은 평야 지대와 평균 해발고도 500m 이상의 고원지대, 그리고 덕유-지리 랠리를 잇는 높은 산들의 조합. 전북자치도만이 고유하게 가진 특별함이다.

진안은 백제 때 난진아현(難珍阿縣) 또는 월량(月良)이었다가, 757년(경덕왕 16)에 진안현(鎭安縣)이 됐다. 진안도 1200년이 넘는 고을이라 하겠다. 그러함에도 기억은 오래간다. 백제 때 이름 '월량(月良)'이 어떤 말을 한문으로 바꾼 것인지 모른다. 하지만 월량은 산 정상에서 바라본 '산 그리메'를 '물결이 넘치는 모습'으로 빗댄 '넘을 월(越), 물결 랑(浪)'으로 바뀌어 살아남았다. 진안 고을이 자랑하는 아름다운 경치를 월랑팔경(越浪八景)이라고 하는 배경이다. 월랑팔경 제1경은 마이귀운(馬耳歸雲)이다. 마이산 구름이 천천히 사라지는 모습이다. 새벽 안개나 비구름이 걷히면서 나타나는 마이산 비경(秘境) 모습이다(한국문화유산답사회, 2000: 218~219). 마이산을 빼고 진안의 풍광을 논할 수 없을 테니 당연히 제1경으로 꼽았을 것이다.

마이산에 대해서는 자세하게 알아보자. 마이산은 철마다 시대마다 이름을 달리한다. 봄에는 돛대봉(안개 속에 솟은 봉우리), 여름에는 용각봉(龍角峰, 여름철 숲 위로 삐쳐 나온 용의 뿔), 가을에는 마이봉, 겨울에는 문필봉(文筆峰, 붓을 세운 모양)이라고 불린다(이우평, 2007b: 155). 시대별로 신라시대에는 '서다산(西多山)'인데, '서다', '솟다'라는 말을 한자음 표기한 것으로 추정한다. 고려시대에는 '용출봉(湧出峰)'으로 불렸다고 한다. 역시 '솟아나다', '솟아오르다'는 뜻이다. 조선 시대에는 이성계에 관해 내려오는 야사와 관련하여 '속금산(束金山)'이라는 별칭을 가지게 된다. 태조 이성계가 왕위에 오르기 전 꿈을 꾸었는데, 그 꿈에서 신선이 금자(尺)를 하나 주면서 '이것을 가지고 국가를 바르게 다스리라'라고 했다는 것이다. 이성계는 1380년(고려 우왕 6) 황산대첩 후 귀경길에 마이산을 보게 됐는데, 신선이 금자를 주던 곳과 너무나 똑같아서 놀랐다고 한다. 신선이 내려준 금자(金)를 묶은(束) 모양이라 속금산이 된 것이다. 이를 소재로 삼봉 정도전(三峰 鄭道傳, 1342~1398, 고려 충혜왕 복위 3~조선 태조 7)이 만든 악장(樂章, 조선 시대 궁중음악에 쓰이던 시가)이 〈몽금척(夢金尺)〉이다. 같은 이름으로 만든 춤도 있다. 조선 시대 궁중에서 경사스러운 잔치 때 추던 춤을 '정재(呈才)'라고 하는데, 〈몽금척〉은 정재 중 하나였다. 조선왕조 500여 년 동안 줄곧 궁중에서 연행됐다고 한다(한국문화유산답사회, 2000: 219~220). 하지만 속금산은 별칭으로 그치고, 조선 태종 때부터 마이산으로 불렸다. 『택리지』에는 이중환이 마이산이라는 이름이 어떻게 만들어진 것인지 설명하는 구절이 있다(이중환, 2018: 95).

덕유산은 충청도, 전라도, 경상도 세 도가 만나는 지점에 자리 잡고 있다. 서쪽으로 한 줄기가 나와서 전주 동쪽에 이르러 마이산의 쌍석봉(雙石峰)이 되는데 높게 솟구쳐 하늘에 닿을 듯하다. 옛날에 공정대왕께서 호남 지역에서 사냥하며 무예를 닦는 행사를 하실 때 생김새가 말의 귀를 닮았다고 하여 마이산이라 이름을 붙이셨다. 「팔도론」 '전라도' 조공정 대왕은 태종 임금이다. 마이산 두 봉우리를 쌍석봉이라고 표현한 것이 재미있다. 이중환은 이 외에도 마이산에 대해 여러 차례 언급한다. 덕유산과 지리산 못지않다. 두 산만큼 마이산이 널리 잘 알려져 있어 이 부근의 지형과 각 고을 위치 등에 대한 설명력을 높이는 데 훨씬 쉬웠기 때문으로 보인다. 먼저 「복거론」 '산수' 조에 있는 내용이다(이중환, 2018: 205).

덕유산 정기가 서린 줄기는 서쪽으로 뻗어서 마이산이 되고, 거칠고 탁한 줄기는 남쪽으로 뻗어서 지리산을 이룬다. 「복거론」 '산수' 조

이 내용은 덕유산과 지리산 설명과 함께 마이산을 중간에 포함하고 있는데, 역시 마이산이 덕유산으로부터 서쪽으로 뻗어 나왔다고 말하고 있다. 다음은 덕유산과 마이산 사이에 있는 고을들과 물길에 관한 얘기다(이중환, 2018: 118).

덕유산과 마이산 사이에서 동서로 펼쳐진 고을의 시내와 골짜기 물이 하나로 합해져 금강의 발원지가 되니 바로 적등강(赤登江)이다. 남쪽에서 북쪽으로 달려 옥천 동쪽에 이르고, 다시 속리산에서 내려오는 물과 합하고 서쪽으로 꺾여 금강이 된다. 적등강 동쪽에 장수와 무주, 영동, 황간, 청산(靑山), 보은이 있고, 서쪽에는 진안과 용담(龍潭), 금산, 옥천이 있다. 장수와 무주, 금산, 용담, 진안은 전라도의 경계가 되고, 옥천, 보은, 청산, 영동, 황간은 충청도의 경계가 된다. 무주와 장수는 덕유산 아래에 있고, 궁벽한 수풀과 깊은 계곡이 많으며 산세가 막혀 있다. 「팔도론」 '충청도' 조

이중환이 말하는 금강 발원지는 장수 '뜬봉샘'이다. 위치는 덕유산도 마이산도 아니다. 신무산(神舞山, 897m)이다. 이중환이 말한 것처럼 덕유산과 마이산 사이다. 장수 '뜬봉샘'에서 출발한 금강은 지나는 고을마다 부르는 이름이

제각각이다. 한강(漢江, 유로 길이 494km)을 마포구 쪽은 서쪽이라 서강(西江)이라고 부르고, 성동구 쪽은 동쪽에 있어 동강(東江) 또는 동호(東湖)라고 부르는 것과 같은 이치다. 용산 부근에서는 용산강, 송파 부근에서는 송파강으로도 불렸다. 금강은 금산 일대에서는 적벽강(赤壁江), 옥천을 지나면서는 적등강, 공주는 웅진강(熊津江), 부여에서는 백마강(白馬江), 그리고 서천과 군산 부근에서는 진강(鎭江)으로 불렸다. 그리고 전체적으로 호수 같다고 해서 호강(湖江)으로 부르기도 했다. 호남지방 어원이라는 '호'다. 이 모두 스케일의 차이다. 자기 고을에서는 전체를 보기 어렵기 때문이다. 이중환이 말하는 적등강에 합류하는 속리산에서 내려오는 물은 보청천(報青川)으로 추정된다. 보청천은 보은과 청산(지금 옥천군 청산면) 지역에서 한 글자를 딴 이름이다. 이중환은 진안과 용담을 구분해 기술하고 있는데, 조선 시대에 진안은 종6품 현감이 다스리는 고을, 용담은 종5품 현령이 다스리는 고을로 나뉘어 있었다. 용담은 일제 강점기 때 1914년(병탄 5) 지방행정 조직 개편으로 진안에 통합됐다. 〈그림 2-26〉 '진안군 읍면 위치'에서 용담면(龍潭面), 주천면(朱川面), 정천면(程川面), 안천면(顔川面), 동향면(銅鄕面) 일대다. 용담 5개 면 중 '못 담(潭)' 자와 '내 천(川)' 자가 4개 면에 들어간 것을 보면 댐이 만들어질 것은 운명이었나 보다. 용담댐은 2001년(대한민국 83) 완공됐다. 대청댐에 이어 금강에 만들어진 2번째 다목적댐이다. 참고로 마이산은 진안읍과 마령면에 걸쳐 있고, 동향면은 구리를 채굴하는 장소가 있어 만들어진 지명이다. 구

〈그림 2-26〉 진안군 읍면 위치

리를 캐는 동향광산은 몰리브덴을 캐는 장수 금곡광산, 활석을 캐는 완주 신보광산 등과 함께 전북자치도에 드물게 있는 광산 중 하나다.

『택리지』 「복거론」에는 다음과 같은 내용도 있다(이중환, 2018: 260~261).

> 네 고을(용담, 금산, 장수, 무주)의 중간에는 전도(前島)와 후도(後島), 죽도(竹島)라는 세 개의 섬이 있어 이들이 빚어내는 경치가 훌륭하다. 다만 시내와 산의 빼어난 경치가 좋기는 하나 농토가 조금 먼 것이 아쉽다. 그러나 네 개의 고을은 동쪽과 서쪽에 큰 산과 깊은 골짜기가 있어서 병란을 피할 곳이 가장 많다. 「복거론」 '산수' 조

이 부분은 이전 장수 편에서 언급했던 것에 바로 뒤이은 내용이다. 장수 편에서 언급했던 내용을 다시 복기하면 진안 용담, 금산, 장수, 무주 천변 4곳은 관개가 잘 돼 농사의 풍흉을 걱정하지 않아도 될 정도이니, 안동 등과 더불어 사대부가 살 만한 곳이라는 내용이다. 이중환이 말하는 네 고을의 중간은 지금의 진안 상전면(上田面) 일대로 보인다. 〈그림 2-26〉을 보면 상전면은 진안읍 바로 위쪽인데 용담호에 가장 많이 수용돼 있다. 상전면에는 상도치와 하도치라는 마을이 있는데, 이를 전도와 후도로 표현한 것이 아닐까 한다. 죽도는 지금도 있다. 〈그림 2-27〉에서 보이는 것처럼 물길이 차면 섬이 됐다가 마르면 육지가 된다. 죽도라는 이름은 대나무가 많고, 바로 앞 천반산(天盤山, 647m)이 죽순처럼 솟았다고 해서 붙은 이름이라고 한다. 이중환은 여기에서 다시 한번 네 고을(무·진·장+금산)

〈그림 2-27〉 진안 죽도(사진: 진안문화원)

이 '지리'와 '산수' 관점에서도 뛰어나다고 언급하고 있다.

한편 죽도는 '정여립 역모 사건'과 함께 얘기해야 한다. 혁명사상가 정여립은 고향인 진안 죽도에서 신분의 상하귀천에 얽매이지 않고 누구나 참여할 수 있는 대동계(大同契)를 조직한 후 학문과 무예를 훈련했다. 하지만 이것이 당시 정권에서 소외됐던 서인들이 역모 사건으로 몰아갈 빌미를 준다. 역모에 몰린 정여립은 결국 죽도에서 아들과 함께 자결한다. 일설에 따르면 관군에 의해 살해됐다는 주장도 있다. '정여립 역모 사건'은 아마도 호남 역사에 있어 가장 비극적인 사건 중의 하나일 것이다. 전북자치도 사람들은 지금도 이 사건이 호남을 차별하는 배경 중 하나였다고 얘기하고 있다. 진안 죽도는 바로 그 역사적인 현장이다. 이중환도 관련 내용을 언급하고 있다(이중환, 2018: 189).

얼마 뒤 이이가 죽고 기축년(1589)에 정여립(鄭汝立)의 옥사가 일어났다. 임금이 정철에게 위관(委官, 임시 재판장) 자격으로 옥사를 다스리게 하였더니, 동인 가운데 평소 과격했던 이들은 죽거나 귀양을 가서 그로 인해 조정이 완전히 비어 버렸다. 기축년부터 신묘년(1591)까지 국문이 끝나지 않고 이어지고 번져서 대단히 크게 확대되었다. 「복거론」 '인심' 조

이 문장과 떨어져 다음 부분이 언급돼 있는데, 이 부분을 함께 읽어야 전체 맥락을 이해할 수 있다(이중환, 2018: 199).

전라도에서는 우리 왕조 중엽 이후로 큰 관리가 거의 나오지 않았다. 인재를 배양하지 못해서 인물이 너무 적다. 「복거론」 '인심' 조

이중환은 위 두 부분을 구분해 언급하고 있는데, 모두 같은 「복거론」 '인심'

조에 있는 내용이다. 첫 부분은 조선 후기 당쟁 역사에서 동인과 서인 간 경쟁을 설명하기 위한 객관적인 사실로서 기축옥사를 언급하는 부분이다. 참고로 동인은 기축옥사 이후 남인과 북인으로 나뉘게 되는데, 이중환은 서애 유성룡(西厓 柳成龍, 1542~1607, 중종 37~선조 40)을 추종하는 남인이다. 남인은 대부분 영남 사람이라 남인이라고 한다. 북인은 아계 이산해(鵝溪 李山海, 1539~1609, 중종 34~광해군 1)를 대표로 하는데, 이산해가 살던 집이 서울에 있어서 북인이다. 두 번째 부분은 지역별로 당파성을 언급하는 차원에서 전라도를 설명하는 부분이다. 분명히 다른 내용임에도 다르게 보이지 않는 이유는 정여립 옥사가 호남에 미친 영향이 너무 컸다고 전해지기 때문이다. 기축옥사 이후 3년간 호남지역 사림과 동인 세력 등 무려 1천여 명에 이르는 선비들이 숙청당했다. 이로 인해 정여립은 '남도 사림 씨를 말리고 호남을 반역향으로 낙인을 찍게 만들어 조선 중기 이후 호남사람들에게는 정치·사회적 활로를 막아 버린 인물'이라는 평가를 받게 된다. 정여립이 설립한 대동계와 천하공물설(天下公物說)과 하사비군론(何事非君論) 등 혁명사상이 빌미를 줬기도 했지만, 최근 연구결과는 '정여립 역모 사건'이 조작이었다는 것에 거의 일치하고 있다고 한다(한국문화유산답사회, 2000: 227~229). 정여립에 대한 재평가는 호남 및 호남사람에 대한 정당한 평가로 이어져야 한다고 생각한다.

다음은 이중환이 가거지로서 진안이 가진 매력을 언급하고 있는 부분이다. 한 부분은 「팔도론」'충청도' 조에 있고(이중환, 2018: 120), 다른 한 부분은 「복거론」'생리' 조에 있다(이중환, 2018: 177). 앞에서도 적등강을 언급하면서 '충청도' 조에서 설명하는 것처럼, 이 부분도 '충청도' 조에 있다. 왜 전북자치도 동북부 지역을 '충청도' 조에서 언급하고 있는지 이유는 알 길이 없다. 다만 금강 상류 부분을 딱히 전라도와 충청도로 나누기 어려워서인가 생각한다.

진안은 마이산 아래에 있고, 땅이 담배를 재배하기에 알맞다. 무릇 진안 경내에 있는 땅은 아무리 높은 산꼭대기라 하더라 해도 담배를 심으면 어디든 무성하게 잘 자라므로 많은 주민들은 담배 재배를 생업으로 삼는다.

진안 북쪽에는 용담이 있다. 산천의 경치가 기이하고, 주줄천(珠崒泉, 주자천)과 반일암(半日巖)이 있어 병란을 피할 만하다.
「팔도론」 '충청도' 조

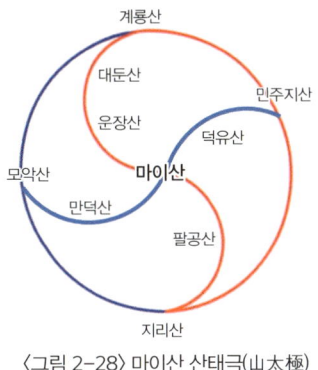

〈그림 2-28〉 마이산 산태극(山太極)

이 밖에도 진안의 담배밭, 전주의 생강밭, 임천과 한산의 모시밭, 안동과 예안의 왕골자리밭은 조선 제일의 산지로서 부자들이 물품을 독점하여 엄청난 이문을 남긴다.「복거론」 '생리' 조

담배와 커피는 사람들이 가장 좋아하는 기호품 중 하나다. 담배는 왜란 이후 우리나라에 도입됐다. 음식물이 아닌 기호품으로서 대중들에게 사랑받은 최초가 아닐까 생각한다. 조선 시대 최고 담배 산지 진안은 이제는 최고 담배 산지가 아니다. 대신 이웃 금산이 충청남도로 바뀐 후에 인삼 재배를 도입, 최고 산지로 탈바꿈했다. 국내 시장 약 15% 정도가 진안 인삼이라고 한다. 주줄천은 지금 주천면 일대다. 이 일대에는 반일암(半日巖) 외에 운일암(雲日巖)도 있다. 햇빛을 하루 반나절만 볼 수 있다고 해서 반일암, 깎아지른 절벽 사이에 따로 길이 없고 오가는 구름 외에 햇빛을 거의 볼 수 없어 운일암이라고 한다. 참 깊은 계곡으로 절경이다.

이제 다시 마이산으로 가보자. 이우평에 따르면 마이산은 풍수지리상 수태극(水太極)과 산태극(山太極)이 동시에 있는 영험한 산이라고 한다(이우평, 2007b: 155). 즉 물길과 산세가 S자형인 태극 모양 그 중심에 마이산이 자리 잡고 있다는 것이다. 먼저 마이산은 이 지역 물길이 남북으로 흩어지는 특성으로 인해 수태극을 이루고 있는 산이라고 한다. 마이산 두 봉우리 사이 천황문이 분수령으로 같은 빗물이더라도 북쪽으로 가면 금강으로, 남쪽으로 가면 섬진강으로 흘러가는 것이다. 실제 금강은 용담호를 지나서 남쪽에서 북쪽으로 치닫다가 충청도 일대를 한번 휘돌아 감고 서해로 흘러간다. 반면 섬진강은 남쪽으로 쭉 내려가서 전라남도와 경상남도 경계선을 이루면서 남해로 내려간다. 이는 알프스 융프라우산 부근에서 라인강은 북쪽으로 흘러 북해로 나가지만, 론강은 서쪽으로 흘러 레만호에 멈추었다가 다시 남쪽으로 내려가서 지중해와 합류하는 것과 유사하다. 앞서도 말했지만, 금강 발원지 장수 '뜬봉샘'과 섬진강 발원지 진안 백운면 팔공산 '데미샘' 간 거리가 불과 8km 미만에 불과하다. 남한에서 3번째, 4번째로 긴 강이 이 정도 가까운 거리에서 출발한 것이다. 유사하게 남한에서 제일 긴 낙동강(510km) 발원지는 태백시 매봉산(1303m) 너덜샘이고, 남한강(375km) 발원지는 바로 건너편 금대산(1096 m) 검룡소(劍龍沼)다.

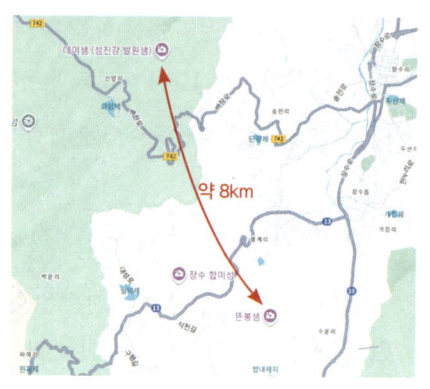

〈그림 2-29〉 금강 발원지 '뜬봉샘'과 섬진강 발원지 '데미샘'

마이산은 산태극도 이루고 있다고 한다. 즉 마이산을 중심으로 운장산(1126m), 대둔산(878m), 계룡산(845m)은 북으로 이어져 있고, 팔공산과 지리산은 남쪽을 향하여 이어져 있다. 또 만덕산(762m)과 모악산(794m)은 서쪽으로, 반면 덕유산과 민주지산은 동쪽으로 이어져 있다. 동서남북 네 방향에 걸쳐 십자형으로 산태극을 이루고 있다는 것이다. 참고로 운장산은 진안에서 가장 높은 산이다. 대둔산은 완주와 충남 논산, 금산에 걸쳐 있는 산으로 전북자치도와 충청남도 모두 도립공원으로 지정했다. 케이블카는 완주에 있다. 계룡산은 우리나라 국립공원 1호(1967년 12월 29일 지정)인 지리산에 이어 경주국립공원(2호), 한려해상국립공원(4호)과 함께 1968년 12월 31일 국립공원(3호)으로 지정된 산이다. 모악산처럼 평야 지대에 우뚝 솟아오른 산이어서 숭배 대상이 됐고, 수많은 신흥종교 발상지로 유명하다. 팔공산은 진안과 장수에 걸쳐 있다. 호남정맥이 연결되는 까닭에 호남의 진산이라고 한다. 만덕산은 원불교 창시자인 소태산 박중빈(少太山 朴重彬, 1891~1943, 고종 28~병탄 34) 대종사가 제자들을 데리고 처음 훈련을 한 곳으로 진안에 있다. 원불교에서는 5대 성지 중 하나로 여기고 있다. 지리산은 남원 편에서, 덕유산과 민주지산은 무주 편에서 설명했다. 이처럼 마이산을 중심으로 해서 여러 산이 태극 모양으로 펼쳐진 모습이 아름답다. 마이산은 이처럼 수태극·산태극 중심이니, 이런 공간이 우리 바로 곁에 있다는 것은 삼천리 금수강산이 우리에게 주는 축복이다.

　마이산은 세계 유일 부부봉이다. 마치 부부가 나란히 있는 모습이어서 한 곳을 암마이봉(686m), 다른 한 곳을 수마이봉(680m)이라고 한다. 마이산 두 봉우리 중 수마이봉은 경사가 급해 올라가지 못하지만, 암마이봉은 정상까지 오를 수 있다. 하지만 쉽지는 않다. 위로 드러난 부분 외에 지하에 잠긴 부분까지 합하면 무려 1500m에 달한다고 한다. 1억 년 역사가 빚어낸 것이다(한국문화유산답사회, 2000: 219~222). 마이산은 멀리서 보면 매우 매끄럽게 보이지만 가까이 가보면 까칠까칠하고 사이에 구멍이 뚫려 있는 부분이 많다. 이는 마이산이 자갈과 모래가 섞인 역암(礫巖, 자갈바위)으로 구성돼 있기 때문이다. 따라서 역암 외에는 흙 한 줌 찾아볼 수 없어 마이산은 흔히 거대한 천연 콘크리트 더미에 비유되곤 한다. 역암이 지표에 노출돼 풍화와 침식을 받으면 역(礫, 조약돌 역, 자갈 역) 주위 점토나 모래가 먼저 풍화돼 역이 그 자리에서 쉽게 빠져나가게 된다. 역이 빠져나간 부분이 구멍 뚫린 것처럼 보이는 것이다. 이 구멍을 타포니(tafoni)라고 하는데, 마이산 타포니는 세계적으로 매우 드물게 대규모 군집 형태를 보인다고 한다. 역암 풍화를 보여 주는 전형으로 학계에서 관심이 많다. 한편 이때 떨어져 나온 크고 작은 암석들은 마이산 탑사(塔寺) 돌탑을 쌓는 것에 사용됐다고 한다. 자연이 주는 오묘함과 아름다움이라 하겠다(이우평, 2007b: 154~163). 마이산 탑사는 이갑룡 처사[李甲龍, 본명 이경의(李敬議) 1860~1957, 조선 철종 11~대한민국 39]가 만들었다. 처사는 임실 사람으로 25세 때 유불선 삼교에 바탕을 둔 용화세계 실현을 꿈꾸며 이곳에 들어왔다고 한다. 백팔번뇌에서 벗어나고자 하는 염원을 담아 무려 30여 년간 탑 108기를 쌓았다. 그저 널린 게 탑이니 탑사(塔寺, 탑으로 만들어진 절)로 불린다. 현재 80여 기가 남아 있는데, 10m짜리 원뿔탑과 3m짜리 외줄탑으로 구성돼 있다. 탑사 가장 높은 곳에 자리한 가장 크고 중심에 있는 두 개 원뿔탑 이름은 일월탑이다. 마치 마이산 부부봉 지상 버전으로 보인다. 아무런 도구나 보조물 없이 이 모든 탑을 만들었다는 것이 대단하고, 100여 년 가까운 세월 동안 무너지지 않고 형태를 유지하고 있다는 것은 신비롭다(한국문화유산답사회, 2000: 223~227). 국립공원이 되어 세계적 자랑거리로 하기에 충분하다.

무·진·장 지역은 전북자치도 지붕이자 호남지역 지붕이다. 한반도 북부지방 지붕을 개마고원 일대, 중부지방 지붕을 강원도 대관령 부근이라고 한다면, 무진장 지역은 남부지방 지붕이다. 진안고원은 지붕으로 올라가는 초입이다. 진안고원을 일단 올라가야 무주로 가든 장수로 가든 한다. 무주와 장수는 진안과 비교해 훨씬 높은 산들이 많이 있지만, 기복이 있다. 하지만 진안은 대부분(80% 정도) 산간 지역이면서 상대적으로 기복이 적어 고원이라고 하는 것이다. 진안은 면적이 도 내에서 완주 다음으로 넓지만, 산간지대라 경작지 비율은 15%에 불과하다고 한다. 무주에 이어 거꾸로 꼴찌에서 두 번째다(한국문화유산답사회, 2000: 214). 한편 고원지대는 지정학적·군사적으로 매우 중요한 역할을 하기도 한다. 예컨대 중국과 인도는 히말라야산맥(Himalayas) 일대를 두고 국경을 마주하고 있으며 국경분쟁을 벌이고 있다. 따라서 이 지역은 중국에서 '천연 만리장성'이고, 거꾸로 인도에서는 '인도판 만리장성'이다. 특히 중국 관점에서 티벳 고원(Tibetan Plateau)에 대한 통제는 매우 중요하다. 거꾸로 이 지역을 인도에 통제권을 내준다면 인도는 중국 심장부로 바로 밀고 내려갈 수 있는 전초기지를 확보하게 된다. 게다가 중국의 주요 강인 황허(5464km), 양쯔(6300km), 그리고 메콩강(Mekong River, 4020km) 수원이 모두 티벳 고원에 있다. 따라서 이 지역을 뺏기면 '중국 급수탑'이

〈그림 2-30〉 바람도 쉬어 가는 곳, 진안

사라지는 것이다(마샬, 2016: 33~37). 진안 지역도 고원 운명이었는지 2001년 (대한민국 83) 용담댐이 구축돼 전북자치도 급수원이 됐다.[35] 하지만 이로 인해 진안읍과 6개면 일부가 수몰돼 진안군 인구 40%가 이주민이 됐다.

진안은 고원이다. 이 특성을 한 마디로 어떻게 표현할까 고민했는데 진안 답사를 갔던 날 찾을 수 있었다. 바람도 쉬어 가는 곳. 답사 갔던 날 진안 고원 시장에서는 인삼이 많이 팔리고 있었다. 인삼을 도소매 판매에만 의존하지 않고 한 발 더 나가면 어떨까? 전북자치도에는 전국 한약학과 3개 중 2개, 한의과대학 11개 중 2개, 약학대학 37개 중 3개소가 있다. 절대적으로 매우 높은 비중이다. 인구수 대비 기준으로는 더 말할 나위 없다. 약령시도 새롭게 만들고, 연구개발을 통한 새로운 기능성 약품도 만들고 등등. 게다가 익산에는 국가식품산업클러스터가 있으니 한방 식품 기업을 육성하는 것도 의미가 있을

---

35) 용담댐은 총저수량 기준으로 6위 규모의 댐이다. 국내 1~10위까지의 댐 순위는 1위 소양강댐 29억 톤, 2위 충주댐 27억 5천만 톤, 3위 대청댐 14억 9천만 톤, 4위 안동댐 12억 4800만 톤, 5위 화천댐(파로호) 10억 1800만 톤, 6위 용담댐 8억 1500만 톤, 7위 합천댐 7억 9천만 톤, 8위 임하댐 5억 9천만 톤, 9위 주암댐 4억 5700만 톤, 10위 섬진강댐(옥정호) 4억 3천만 톤이다. 이 중 3위 대청댐과 6위 용담댐은 금강, 10위 섬진강댐은 섬진강에 있는 댐이다. 한편 완공은 됐으나 평상시 물을 저장하지 않은 평화의 댐은 물이 채워지게 되면 26억 3천만 톤 규모로 3위로 올라가게 된다.

것이다. 인삼은 산업적 확장성을 충분히 가지고 있기 때문이다.

진안은 마이산을 품고 있다. 마이산은 수태극과 산태극 중심이라고 하니 특별히 영험한 곳이다. 그러니 인삼 중에서도 태극삼을 특화하는 것이 어떨까 한다. 태극삼은 갓 수확한 수삼과 푹 쪄서 말린 홍삼 사이 중간이다. 고원이라는 이미지도 중요하다. 게다가 진안고원은 운봉고원과 함께 남부지방에 있는 대표 고원이다. 따라서 '수태극과 산태극 중심 고을, 진안고원에서 만든 태극삼'이란 홍보 문구만으로도 시장 반응은 뜨거울 것이다. 특히 인삼 주요 산지 브랜드로 진안은 시장 점유율 대비 인지도가 낮다. 인근 금산이나 강화 등은

> ### 산과 강이 빚어내는 경계: 삼도봉과 삼수령, 그리고 삼합점
>
> 산과 강은 넘거나 건너야 할 대상이다. 그러다 보니 산과 강은 경계가 되곤 한다. 산 안쪽과 산 바깥쪽, 강 이쪽과 강 건너는 나와 남, 우리와 상대를 구분하는 기준이 되는 것이다. 잘 알다시피 한반도는 압록강과 두만강, 그리고 백두산 아래라는 지역 정체성을 가진다. 그래서 5000여 년 이상 한반도 내라는 지역 정체성을 공유하면서 대한민국에서 함께 살고 있다고 인식한다. 물론 지금은 휴전선이라는 인위적인 경계선이 있지만, 본질은 아니다. 자연스럽지 않은 인위적 경계는 반드시 조속하게 청산돼야 한다. 삶에 대한 본성을 저해하는 것이기 때문이다.
>
> '무주' 편에서 말한 것처럼 삼도봉이 전국 여러 군데 있는 만큼 산은 확실히 경계 의미가 강하다. 반면 강은 바로 보이는 강 건너로 배를 통해 이쪽과 저쪽을 쉽게 오갈 수 있어 경계 의미가 약하다. 수많은 문명이 강을 중심으로 형성되고 발전했던 이유다. 우리는 히말라야 문명, 알프스 문명, 록키 문명, 백두산 문명 등은 말하지 않지만, 황하 문명, 인더스 문명, 메소포타미아 문명, 나일 문명 등은 세계 4대 문명이라고 얘기한다. 경상도 지방이
>
>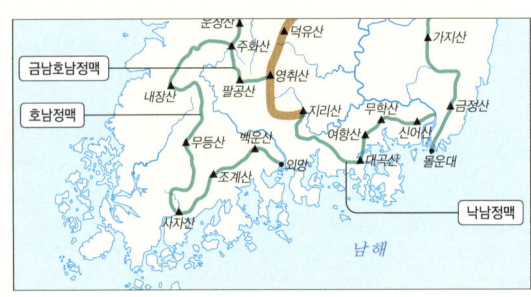
> 〈그림 2-31〉
> 섬진강 문화권

낙동강을 공유하고 있어 '우리가 남이가' 문화가 형성된 것도 소통과 교류 매개로서 강이 기능했던 역할을 보여준다. 섬진강 또한 백두대간, 호남정맥, 금남호남정맥, 낙남정맥 사이를 흐르고 있어 이 주변 일대를 같은 문화권으로 분류하는 이유도 비슷하다. 특히 섬진강 일대는 박정희 정권 때부터 여수-순천-광양과 진주지역을 묶어 별도 독립시키자는 논의가 있었고, 노무현 정부에서도 영·호남 7개 시군을 묶어 '섬진강 특별자치도'를 만들자는 주장이 있기도 했다고 한다. '섬진광역시', '한려광역시' 등 광역시, '섬진강도', '전라동도', '한려도' 등 분도(分道), '남해안 특별해양시' 등 특별시 주장도 있었다고 한다. 지금은 영·호남으로 나뉘어 있지만, 수천 년간 역사적으로 공유해 온 지역 정체성이 있어 이런 주장이 나오는 것으로 생각한다.

'진안' 편에서는 금강과 섬진강이 약 8km도 되지 않는 가까운 거리에서 발원하고 있다는 것과 함께 낙동강과 남한강 발원지 또한 같은 태백시에 있다는 점을 말한 바 있다. 태백시에는 삼수령(三水嶺, 920m)도 있다. 한강, 낙동강, 오십천 등 세 개의 물길을 가르는 고개라 해서 삼수령이다. 빗물이 북쪽으로 가면 한강을 통해 서해로, 남쪽으로 가면 낙동강을 통해 남해로, 동쪽으로 가면 오십천을 통해 동해로 가게 된다. 속리산은 삼파수(三坡水, 언덕 파)다. 한강, 금강, 낙동강이 나뉘는 삼파수 중심이 속리산 문장대라는 내용이 『신증동국여지승람』에 있다. 실제 판독결과는 문장대가 아니라 천왕봉이라고 한다. 서쪽으로는 남한강, 남쪽으로는 금강, 동쪽으로는 낙동강이다.

지리 경계가 빚어내는 특이점으로 삼합점(三合點, tripoint)도 있다. 세 나라 국경이 합쳐지는 한 지점을 삼합점이라고 한다. 두만강은 북한-중국-러시아 세 나라의 삼합점이다. 각 나라 앞글자를 따서 CNKPRU(China- People's Republic of Korea-Российская Федерация)라고 한다. 삼합점 중에는 삼도봉처럼 산꼭대기 봉우리인 경우가 있는데, 이러한 곳은 일부러 찾아가지 않는 한 사람 통행이 드물고 철책이나 장벽으로 뒤덮여 있을 때도 많다고 한다. 세 나라 이상의 국경이 평지나 강에 위치한다면 국제도시로 발달할 가능성이 크다. 대표적으로 프랑스-독일-스위스 국경에 자리한 스위스 바젤이 있다. 아프리카 나미비아, 보츠와나, 짐바브웨, 잠비아 일대에는 사합점 카중굴라(Kazungula)가 있다. 정확하게 한 점을 경계로 4국이 맞닿은 것은 아니지만, 삼합점 두 개가 150m 정도 간격을 두고 붙어있어서 거의 사합점이나 마찬가지라고 한다. 빅토리아 폭포에서 가까운 거리에 있다. 미국에는 유타, 콜로라도, 애리조나, 뉴멕시코 네 주의 사합점이 있다. 이름도 네 귀퉁이라는 뜻으로 Four Corners다. 캐나다에도 노스웨스트, 누나부트, 서스캐처원, 매니토바 네 주가 만나는 Four Corners가 있는데, 여기는 수많은 호수만 있는 외진 곳이어서 접근하는 것이 매우 어렵다고 한다. 우리나라에는 대구 달성군-경남 창녕군-경북 고령군이 만나는 삼합점이 낙동강 위에 존재하며, 강을 따라 700m 정도 서쪽에는 경남 창녕군-경남 합천군-경북 고령군이 만나는 삼합점도 존재하여 축척이 큰 지도로 볼 때 마치 사합점처럼 보인다고 한다. 이런 특성은 4색 정리 문제와 관련이 있다. 평면을 몇 개의 부분으로 나누어 각 부분에 색을 칠할 때, 서로 맞닿은 부분을 다른 색으로 칠한다면 4가지 색으로 충분하다는 정리이다. 지구상에 아직 오합점은 존재하지 않는다.

초등학교 교과서에도 나오니 보다 널리 알려져 있다. 그러니 그저 그런 인삼이 아니라는 차별화가 필요하다. 시장을 세분화해 '태극삼 시장에서는 1위'라는 위치를 선점해야 한다. 태극삼이나 홍삼이나 효능 차이는 거의 없고, 활용하는 분야도 차이 나지 않는다. 따라서 지금 홍삼이 차지하고 있는 지위를 태극삼이 대체 또는 보완할 여지가 충분하다. 진안은 한 마디로 수태극·산태극 중심 마이산을 품고 있고, 바람도 힘이 들어 한숨 쉬어 가는 남쪽 고원이다. 인삼은 바람도 힘이 들어 한숨 쉬어 가는 곳, 진안의 힘이다.

완주: 전라도 수도, 전주의 경기(京畿)이자 9경(九景)·8품(八品)·8미(八味) 고장

완주는 전주다. 시간상 스케일로 볼 때 완주가 전주가 아닌 것은 불과 100년이 되지 않는다. 1935년(병탄 26) 전주군 전주읍이 전주부로 승격하면서 전주군이 완주군으로 바뀌었다. 이때 부(府) 개념은 조선

시대 부목군현 부제와는 다르다. 일제는 1910년(병탄 1) 전국 13개 도 밑에 하부조직으로 부와 군을 두고 각각 부윤과 군수를 두었다. 조선 시대 부목군현에서 목과 현이 없어지고 부와 군으로 단순화한 것으로 이해하면 된다. 그러다 1914년(병탄 5) 도농분리제에 입각한 새로운 부제를 신설해 경성부를 비롯한 전국 12개 부를 만든다.[36] 그리고 일본 본토 행정구역 체제인 시정촌(市町村)제를 본떠 우리나라 지방 행정조직을 부읍면(府邑面) 형태로 바꿨다. 도농분리제는 조선 시대 (부목)군현제 기저에 깔린 전통적인 향촌 자치 개념을 무

시한 것으로 군 내에 있는 개별 읍면을 승격시키는 제도다. 1995년(대한민국 77) 도농통합제가 도입될 때까지 이런 개념이 운영됐다. 부는 지금 시 개념과 유사[1949년(대한민국 31) 부는 시로 바뀜]한데, 시는 통상 인구 5만 명 이상, 읍은 인구 2만 명 이상으로 이해하면 된다. 물론 시나 읍이 된 이후 인구변동이 있어 정확히 들어맞지는 않는다. '지방자치법'에는 보다 복잡하고 다양한 기준이 있다.

완주는 전주다. 공간상 스케일로 볼 때 완주는 전주를 둘러싸고 있는 모습이다. 마치 서울을 둘러싼 지역을 서울 근교라고 해서 경기(京畿)라고 부르는 것과 유사하다. 경기라는 개념은 1018년(고려 현종 9) 고려 수도 개성 주변 몇 개 현을 개성에 예속시키고 경기라고 부르던 것에서 시작한다. 통상 기(畿)라고 하면 수도 왕성 중심 사방 500리를 일컫는 개념이라고 한다. 신라 685년(신문왕 5) 9주 5소경으로 지방행정 조직이 재편될 때, 전북자치도 전체가 전주(또는 완산주)였다. 전주에서 '온전할 전(全)'이나 완산주에서 '완전할 완(完)'이나 순우리말로는 '전부', '완전'을 뜻하는 '온'이다. 다시 한번 말하면 백제에서 '일백 백(百)' 자는 우리말로 '온'이니 전주나 완주나 모두 백제 이름을 온전히 이어받은 고을이다. 이후에도 완주 북쪽 별도 고산현으로 존재했던 고산 일대(고산면, 비봉면, 동상면, 화산면, 경천면, 운주면) 부분을 제외하고는 모두 전주였다. 그래서 지금도 전주에는 완산구가 있고, 전주 진산이라는 완산(完山)에는 완산공원이 조성돼 있다. 지금 전주는 1914년(병탄 5) 인근 고산 지역과 통합됐고, 도농분리제에 따라 전주군 전주면이 된다. 이후 1931년(병탄 22)에는 전

---

36) 당시 12부는 경성, 인천, 부산, 원산, 대구, 평양, 목포, 군산, 마산, 진남포, 신의주, 청진 등 12개 도시다. 이 중 일본 개항장이었던 곳이 일곱 군데다. 개항 순서대로 부산(1876년), 원산(1880년), 인천(1883년), 목포(1897년), 진남포(1897년), 군산(1899년), 마산(1899년) 등이다. 경성, 평양, 대구, 신의주, 청진은 조선 시대에도 큰 도시들이다. 개항장은 함경북도 성진(1899년), 평안북도 용천 용암포(1904년)에도 있었으나, 이들 지역은 부로 승격되지 않았다. 참고로 이때 경성은 경기도 경성부가 돼 서울에 경기도청이 들어서게 된다. 경기고, 경기여고 등이 서울에 있게 된 배경이다.

주읍으로, 1935년(병탄 26)에는 전주부로 승격하게 된다. 이후 총 7번(1940년, 1957년, 1973년, 1983년, 1987년, 1989년, 1990년)에 걸쳐 완주군 일부가 조금씩 전주시에 편입됐다. 1989년(대한민국 71) 편입 시에는 이서면이 완주군 나머지와 완전히 분리되어 월경지가 됐다. 따라서 이서면은 완주군과 동떨어진 섬처럼 보이게 된 것이다. 1994년(대한민국 76)에는 김제 일부가 전주에 편입됐다.

완주는 전북자치도 동부 산악지대 6개 지역과는 다른 모습을 보여 준다. 즉 동부 산악지대 6개 시군은 들 문화가 없는 것은 아니지만 산 문화가 주로였는데, 완주부터는 점차 들 문화 중심으로 바뀌는 것이다. 다음은 「팔도론」 '전라도' 조에 있는 완주 부분이다(이중환, 2018: 97~99). 들에서 나는 농산품에 대한 얘기로 가득하다. 원래 하나였으니 지금 완주 지역 내용을 전주로 언급한 부분이 많다.

> 주줄산 서쪽에 있는 여러 골짜기의 물은 고산현(高山縣)을 거쳐 전주 경내로 흘러서 율담(栗潭), 양전포(良田浦), 오백주(五百州)가 된다. 큰 시냇물로 물을 대니 토지가 매우 비옥하고, 벼·물고기·생강·토란·대나무·감 등을 기르고 팔아 이익을 얻으므로 마을마다 살아가는 데 필요한 물자를 다 갖추고 있다.
> 전주 서쪽 사탄[斜灘(만경강)]에서는 배가 오가고 생선과 소금이 거래되며, 전주부 치소는 인구가 조밀하고 재화가 쌓여 있어서 한양과 별 차이가 없으니 참으로 큰 도회지이다. 「팔도론」 '전라도' 조

이 부분에서 언급하고 있는 주줄산은 지금 운장산인데, 운장산 한 줄기는 위봉산(威鳳山, 524m)으로 이어진다. 위봉산은 완주 소양면과 동상면에 걸쳐 있다. 조선 태조의 어진을 봉안하기 위해 1675년(숙종 원년)에 쌓은 위봉산성이 있다. 백제계 사찰 특징 중 하나인 평지성이다. 동학 농민군이 전주성을 점

거할 때 판관 민영승이 태조 어진을 가지고 몸을 숨겼던 곳이기도 하다. 지금은 유일하게 서문 터만 남아 있다. 위봉산에는 절이 14개 있었다고 하는데, 현재는 소양면 쪽에 위봉사만 남아 있다. 일제 강점기 전북자치도 일원 46개 사찰을 관장하는 본사가 되기도 했다. 위봉사 주불전은 보광명전(普光明殿, 보물 제608호)인데, 후불 벽 뒷면을 꽉 채운 백의관음보살입상이 멋지게 자리하고 있다고 한다. 완산팔경 하나인 60m 높이의 위봉폭포도 구경거리다(한국문화유산답사회, 2000: 207~213).

주줄산 서쪽 여러 골짜기 물은 모두 만경강(萬頃江, 81km)으로 합류한다. 만경강 발원지는 동상면 원등산(遠燈山, 713m) 줄기 '밤샘'이다. 여기에서 출발한 만경강은 동상 저수지를 지나 왼쪽으로 방향을 돌린 다음 고산면 율소리(栗所里, 17번 국도 앞대산 터널 옆)에 이르는데, 여기가 율담으로 일컬어지고 있다. 양전포는 율담을 지난 만경강 남쪽, 즉 지금 용진읍 일대, 오백주는 그 북쪽 삼례읍 일대라고 한다. 율담 왼쪽에는 봉동읍이 있다. 정리하면 율담, 양전포, 오백주는 지금 용진읍, 삼례읍, 봉동읍 일대다. 이 일대는 읍 3개가 모여 있는 독특한 지역이기도 하다. 가장 먼저 삼례(1956년)가 읍이 됐고, 이후 봉동(1973년), 용진(2015년) 순이다. 인구는 삼례읍은 22,140명(2025년 6월 말 기준, 주민등록인구통계), 봉동읍은 24,228명, 용진읍은 10,857명이다. 용진은 읍이 되기 위한 기본조건(인구 2만 명 이상)을 충족하지 못한다. 하지만 2012년(대한민국 94) 완주군청이 전주에서 이전해 왔기 때문에 읍이 됐다. 군 사무소 소재지일 경우 읍으로 할 수 있다는 '지방자치법' 제10조 제3항 제1호가 적용된 것이다. 즉 1935년(병탄 26) 전주가 완주에서 분리된 이래 80여 년 가까이 완주군청이 전주에 있었다는 말이다. 2012년(대한민국 94) 군청이 들어선 이후 도와 행정안전부에 승격 요청을 했고, 2015년(대한민국 97)에 최종 승인 통보를 받았다. 봉동 아래 삼례가 있고, 봉동과 삼례 왼쪽이 익산 춘포면이다. 지금은 익산이지만 원래 전주부 동일면이었다. 현재 익산 시가지 일대는 옥야현(沃野縣)으로

〈그림 2-32〉 삼례 비비정(飛飛亭)과 만경강 낙조

고려 시대 이후 전주 속현이었다. 산하에 동일면·남일면·남이면·서일면·북일면 등 다섯 개 면이 있었는데, 1906년(대한제국 광무 10) 월경지 정리 정책에 따라 익산에 편입됐다. 춘포는 이름에 강이나 내에 조수가 드나드는 '개 포(浦)' 자를 쓰고 있으니, 당연히 뱃길을 이용하는 포구였다. 한글로 '봄개'다. 아름답다. 통상 나루 크기에 따라 가장 큰 곳을 항(港), 다음이 포(浦), 마지막으로 진(津)을 쓴다고 하니, 춘포는 강가에 있으면서도 제법 큰 나루였을 것으로 생각한다. 물론 딱 들어맞지 않은 경우도 많다. 지명이라는 것이 당시 그 지역 사람들이 불렀던 것이고, 그 지역 사람들이 공간에 대해 느끼는 스케일에 따라 크게도 작게도 느껴졌을 것이기 때문이다. 그래서 그런지 항이 들어간 지명을 찾기는 매우 어렵다. 포항(浦項)이나 부안 궁항(弓項), 서천 장항(長項)에서 항은 항구를 의미하는 항이 아니라 바다로 돌출한 지형 의미를 담아 '목덜미 항(項)' 자를 쓴다. 반면 포와 진이 들어간 지명은 아주 많다. 서울 지하철역 기준으로 마포, 영등포, 반포 등이 모두 '개 포' 자를 쓴다. '나루 진' 자를 쓰는 역으로는 노량진, 한강진 등이 있다. 잠실나루, 송파나루, 마곡나루, 여의나루 등은 아예 순우리말 나루를 쓰는 역이다.

삼례 지역에 대해서는 한 번 더 언급해야 한다. 이 일대 자연과 만경강은 강변에 비비정(飛飛亭)이라는 멋진 정자를 만들었다. 그리고 백사장에 내려앉은 기러기 떼를 비비정에서 바라본 모습을 표현한 '비비낙안(飛飛落雁)'을 완산팔경[37]의 하나로 승화시켰다. 이곳에서 바라본 만경강 낙조 모습은 황홀하다.

다음은 이중환이 완주 특산물로 언급하고 있는 벼, 물고기, 생강, 토란, 대나무, 감 등에 대해 알아보자. 이 내용은 진안 편에서 거론했던 「복거론」 '생리' 조 부분과 「복거론」 '산수' 조에 있는 다음 내용을 함께 봐야 한다. 먼저 '생리' 조 부분이다(이중환, 2018: 177).

이 밖에도 진안의 담배밭, 전주의 생강밭, 임천과 한산의 모시밭, 안동과 예안의 왕골자리밭은 조선 제일의 산지로서 부자들이 물품을 독점하여 엄청난 이문을 남긴다. 「복거론」 '생리' 조

완주에 여러 특산품이 있지만, 특히 생강은 조선 제일이라는 것이다. 생강은 생강나무와는 전혀 다른 식물이다. 특유한 향기와 매운 맛이 난다. 몸을 따뜻하게 해 주어 감기 예방에 탁월하다. 그리고 혈관에 쌓인 콜레스테롤을 몸 밖으로 배출해 동맥경화나 고혈압 등 성인병 예방과 이뇨작용을 도와 부기 제거에 효과적이라고 한다. 이런 효능이 있어 한약재로 널리 쓰인다. 생강주, 죽력고 등 술 재료로도 쓰인다. 우리나라에는 고려 시대 때 전해졌다고 하는데, 당시 완주 봉동읍이 대표 산지였다. 지금은 봉동 일대에서 재배하는 생강밭이 많이 보이지 않는다. 상당수 현대자동차 봉동 공장으로 바뀐 것이다. 현재 생강은 안동 지역이 가장 큰 생산지역이다. 다음은 '산수' 조다(이중환, 2018: 264~265).

---

[37] 완주군은 2015년(대한민국 87) 새롭게 '완주 9경'을 지정했다. 제1경 대둔산 도립공원, 제2경 고산 자연휴양림, 제3경 모악산 도립공원, 제4경 대아수목원, 제5경 송광사 벚꽃길, 제6경 삼례 문화예술촌, 제7경 동상 운장산 계곡, 제8경 위봉사, 위봉폭포, 위봉산, 제9경 화암사다.

고개에서 벗어나 들판에 내려앉은 시냇가 마을은 이루 다 헤아릴 수 없을 만큼 많다. 공주의 갑천, 대전의 유성을 첫째로 꼽아야 하고, 전주의 율담을 둘째로, 청주의 작천을 셋째로, 선산의 감천을 넷째로, 구례의 구만을 다섯째로 꼽아야 한다.

… (중략) …

율담은 동쪽으로는 높은 산을 끼고 서쪽으로는 좋은 밭과 이웃하고 있다. 남쪽에는 큰 냇물이 흐르고, 논은 어디나 1묘에 1종을 수확한다. 낚시질하는 즐거움과 농사를 짓는 이득이 갑천 못지않고, 전주와 자주 가까워 이용(利用)과 후생(厚生)이 함께 갖추어져 있다.

… (중략) …

이 다섯 곳은 지리와 생리가 지극히 훌륭하므로 도산이나 하회보다도 훨씬 좋다. 다만 고개에서 조금 멀리 떨어져 있어서 평상시에만 대대로 살 만하고 병란을 피할 수는 없다.「복거론」'산수' 조

좋은 밭이 있으니 토란이 좋고, 1묘에 1종을 수확하는 논이 있으니 쌀이 좋다. 당연히 농사짓는 이득이 있는 것이다. 게다가 율담 남쪽 큰 냇물이 흐르니 물고기가 좋고, 낚시질하는 즐거움이 있다. 동쪽으로 높은 산을 끼고 있으나 고개에서 조금 멀리 떨어져 있으니 산 아랫마을에 대나무와 감도 좋다. 이중환이 언급한 완주 특산물은 지금 완주에서 자랑하는 '완주 8품'[38)]과는 다소 차이가 있다. 완주 농특산물인 '완주 8품'은 곶감(동상면), 생강(봉동읍), 딸기(삼례읍), 한우(화산면), 대추(경천면), 양파(고산면), 마늘(고산면), 감식초 등이다. 곶감과 생강을 제외하고는 제법 달라졌다. 딸기, 한우, 양파, 마늘 등 더욱 들 문화

---

38) 완주군은 완주 9경 지정과 함께 완주 8품, 완주 8미도 지정했다. 완주 8미로는 1. 한우고기구이, 2. 순두부 백반, 3. 로컬 푸드 밥상, 4. 묵은지 닭볶음탕, 5. 산채 정식, 6. 민물 매운탕, 7. 다슬기탕, 8. 참붕어찜 등이다.

가 두드러졌다. 감은 동상면 곶감과 완주 전반에서 생산하는 감식초로 이어졌다. 동상면 곶감은 씨가 없고 당도가 높아 조선 왕실에 진상했다고 한다. 고종에게 진상했다고 해서 고종시(高宗枾)라는 별칭이 있다. 봉동은 한국 자생 생강을 최초로 재배한 시배지이기 때문에 조선시대 이래 우리나라 생강농업 종가집이라고 평가받는다. 봉동 생강은 이서 등 완주 일원 배와 함께 최남선이 말한 조선 3대 명주 이강주(梨薑酒)를 낳았다.

이중환은 이처럼 완주를 두고 '지리'와 '생리'가 훌륭해 이용과 후생 모든 측면에서 사람들이 대대로 살 만한 땅으로 꼽고 있다. 병란을 피할 수 없는 것을 단점으로 거론하고 있으나, 현대 전쟁 양태와는 무관하니 지금은 단점이 아니다. 완주가 가진 이런 특성은 완주 로컬 푸드(Local Food) 운동으로 이어진다. 로컬 푸드 운동은 가까운 지역(우리나라에서는 통상 해당 시군 내로 국한됨)에서 생산된 친환경 농산물을 해당 지역에서 소비하자는 것이다. 이 운동은 1) 자기 고장에서 재배한 신선한 농산품을 자기 고장 사람들이 소비, 2) 그 결과 생산과 소비에 있어 선순환이 이루어져 지역경제를 살리는 의미, 3) 지역에서 생산한 농수산품 유통단계를 생략하여 직거래 등 의미가 있다. 1986년(대한민국 68) 이탈리아에서 시작한 슬로 푸드(Slow Food) 운동을 본격적인 기원으로 삼는다. 맥도널드 패스트 푸드(Fast Food) 진입에 대응하는 차원이었다. 이후 전 유럽으로 퍼져나갔다. 캐나다 '100마일 다이어트'도 널리 알려진 로컬 푸드 운동의 하나다. 일본에서는 '지산지소(地産地消) 운동'을 하는데, 말 그대로 그 지역에서 생산되는 농산물을 그 지역에서 소비하자는 운동이다. 우리나라에서는 완주에서 로컬 푸드 운동이 본격화됐다. 2008년(대한민국 90) 시작했고, 지금도 국내에서 가장 성공적이라는 평가를 받는다. 완주군과 지역 10개 농축협이 공동으로 설립한 법인인 완주 로컬 푸드 체제로 운영되다가, 2014년(대한민국 96) 소규모 농가도 참여할 수 있도록 완주 로컬 푸드 협동조합 체제로 전환했다. 지금도 전주·완주 일대 직매장 5개를 운영하고 있으며, 온라인 쇼핑몰 개념 '해피 스테이션'도 운영한다. 여기에 이르기까지 완주군 뽀빠이 공무원 '강평석' 씨 공이 컸다고 한다. 그는 박원순 전 서울시장으로부터 '대한민국 최고 공직자'라는 칭찬을 받기도 했다. '강평석' 씨 사례는 일본에서는 널리 알려진 '지역을 바꾸는 슈퍼 공무원' 성공사례 중 하나다. 물론 한 사람만으로 모든 것이 이루어졌다고 말하는 것은 비약일 것이다. 이를 위해 함께 뜻을 모아 활동한 수많은 완주군민이 있었을 것이다.[39] 다만 완주 로컬 푸드가 한층 더 나아가지 못하고 있다는 아쉬움이 있다. 향후 진로 방향에 있어 로컬 아이덴티티 계속 유지와 규모의 경제 실현을 위한 글로벌(완주 이외는 모두 글로벌) 확장 사이에 딜레마가 있다고 본다. 개인적으로 오프라인 매장에서는 로컬 아이덴티티를 유지하면서 온라인 쇼핑몰에서는 글로벌 연대가 필요하다고 본다. 완주만이 아니라 단계적으로 인근 도시, 전북자치도, 나아가서 다른 도 도시들과 연대하여 확장하는 모습이다. 그리고 온라인 연대가 확장될수록 오프라인 매장도 차츰 글로벌로 나아갈 힘이 생길 것이다. 유통에서 O2O(Online to Offline)는 필연이기 때문이다. 가설적으로 '공유지의 비극'을 뛰어넘은 새로운 집합행동 논리 또는 확장된 로컬 단위의 협동조합 모델이 대안이 아닐까 생각해 본다. 시장에 맡기는 것으로는 공공 이익 확보가 어려우며, 지방정부가 직접 몰 또는 앱을 운영하는 형태도 바람직하지 않을 것이다. 시장 또는 정부 논리가 아닌 제3의 길을 찾아가는 매우 어려운 과정이다.

지금까지 만경강을 끼고 있는 주변 들에 관한 이야기를 했다면 이제부터는 산에 관한 이야기를 해 보자. 구체적으로는 완주를 말하면서 빼놓을 수 없는 두 절에 관한 이야기다. 먼저 경천면 불명산(佛明山, 480m)에 있는 화암사(花巖寺)다. 화암사는 8백여 평 대지 위에 8채 건물이 있는 아주 작은 절이다. 전형적인 산지 가람 입지면서도 평지성을 지향한다. 특히 이 절은 다른 절에는 없

---

[39] 완주 로컬푸드 사례에 대한 자세한 설명은 강평석(2017) 참조

는 몇 가지 특징이 있다고 한다. 먼저 문이 없다. 절에 가면 흔히 볼 수 있는 일주문, 사천왕문, 금강문, 해탈문, 불이문 등 어떠한 문도 없다. 들어가는 문을 대신해 마주치는 것은 누각 우화루(雨花樓, 보물 제662호)다. 하지만 이 또한 막혀 있다. 통상 절 입구에 있는 누각은 아래로 진입하는 형태, 즉 누하진입(樓下進入)이 가능하다. 예컨대 영주 부석사(浮石寺) 가는 길에 일주문 지나 본전인 무량수전(無量壽殿, 국보 제18호)으로 가기 전에 마주치는 것은 안양루(安養樓)다. 안양루 아래 계단을 올라가면 기둥 사이가 마치 출입문처럼 열려 있고, 다시 조금 더 올라가면 바로 보이는 것이 무량수전이다. 무량수전을 보고서 숨을 돌릴 겸 뒤돌아보면 소백산맥의 광대한 산 그리메가 별천지로 다가온다. 안양루도 2022년(대한민국 104) 보물로 지정됐다. 하지만 화암사 우화루는 따로 문이 없어 왼쪽으로 난 계단으로 돌아 올라가야 한다. 우화루 1층은 돌담으로 막혀 있다. 우화루가 아니라 돌아가라고 해서 우회루(迂廻樓)인지도 모르겠다. 여하튼 우화루를 돌아 절 마당에 올라와서 돌아보면 우화루는 마치 단층인 것처럼 보인다. 정면으로 보이는 것은 극락전(極樂殿, 국보 제316호)이다. 이 극락전에 화암사 두 번째 특징이 있다. 극락전은 백제, 고려, 조선 시대 건축양식이 혼재되어 있는데 특히 백제계 양식인 하앙구조(下昻構造, 일조량이 많은 더운 지역에서 기둥과 공포 사이에 첨가하여 지붕의 처마를 깊게 내밀고 좀 더 높게 들어 세움으로써 건물 내부에 빛이 적게 들어올 수 있도록 만든 구조)로 되어 있다. 하앙에 의해 만들어진 깊은 처마는 강수량이 많은 평야 지대에 적합한 기능으로 일본 호류지(法隆寺) 금당과 5층 목탑에 남아 있다. 우리나라에서는 그간 하앙구조가 발견되지 않아 중국에서 바로 일본으로 건너간 것으로 일컬어졌다. 하지만 1976년(대한민국 58) 화암사 극락전에서 하앙구조가 확인돼 우리나라를 거쳐 건너간 것으로 바뀌었다. 그래서 학계에서는 해방 이후 건조물 문화재계 최대의 발견이라는 찬사를 한다고 한다. 이 외에도 1714년(숙종 40)에 했다고 하는 아주 오래된 극락전 단청, 내부 천장에 있는 닫집, 한 글자씩 떨어진 '극(極)·락(樂)·전(殿)' 현판 등은 화암사 극락전이 가진 독특함을 돋보이게 한다(한국문화유산답사회, 2000: 164~181).

두 번째는 소양면 종남산(終南山, 608m)에 있는 송광사(松廣寺)다. 산에 있는 절이지만 드넓은 대지에 세워진 평지사찰이다. 평지사찰이다 보니 일주문, 금강문, 천왕문, 대웅전 중심축이 일직선상에 있다. 당연히 산지사찰과는 진입 방식이 다름을 알 수 있다. 완주 송광사는 승보사찰(僧寶寺刹)로 유명한 순천 송광사와는 다른 절이다. 불교에서는 귀의 대상인 불(佛)·법(法)·승(僧)을 세 가지 보물(三寶)이라고 하는데, 이에 빗대어 불보·법보·승보사찰이 있다. 불보사찰(佛寶寺刹)은 부처님의 진신사리가 모셔져 있는 양산 통도사(通度寺), 법보사찰(法寶寺刹)은 팔만대장경이 모셔져 있는 합천 해인사(海印寺)다. 그리고 순천 송광사는 불교의 승맥(僧脈)을 이어가는 절이라고 할 만큼 유명한 스님이 많은 이유에서 승보사찰이다. 순천 송광사는 승보사찰이라는 말이 어울리게 지눌, 혜심을 비롯한 16국사를 배출했다. 완주 송광사는 순천 송광사와 한문도 같다. 여기에는 고려 시대 보조국사 일화와 관련이 있다고 한다. 보조국사가 완주 종남산을 지나다가 여기에서 신령스러운 샘물을 마시고 기이하게 여겨 절을 경영하려고 했다고 한다. 하지만 절을 짓지 못하고 돌로 메워 두었다가, 순천 조계산(曹溪山, 887m)으로 가서 송광사를 짓고 머물렀다. 그리고 문도들에게 '종남산에 돌로 메워둔 곳은 후일 덕이 높은 스님이 도량을 열 것'이라고 했다고 한다. 보조국사 얘기에 따라 향후 절이 지어지면서 이름도 같이 송광사가 되었다는 얘기다. 창건 불사가 완료된 1636년(인조 14)에 만들어진 개창비(開創碑)에 있는 내용이다. 완주 송광사는 순천 송광사에 비교할 바는 아니지만, 보물도 제법 있다. 가장 먼저 사천왕문에 있는 사천왕(보물 제1255호)은 제작연대가 1649년(인조 27)이다. 이처럼 분명한 제작연도가 있어 사천왕상 기준작이라고 한다. 대웅전은 보물 제1243호다. 대웅전 경사진 빗천장에는 20여 장 비천도(악기 연주, 춤추는 모습 등)가 천장화로 그려져 있다.

대웅전 안에는 소조삼존불이 있는데 우리나라에서 가장 큰 소조불이다. 대웅전에 들어가면 왼쪽부터 아미타여래불-석가모니불-약사여래불 순으로 앉아 계시는데, 각각 5.2m-5.5m-5.2m로 모두 5m 이상이다. 나라에 변고가 생기면 불상에서 땀이 흐른다고 한다. 소조삼존불과 삼존불의 복장유물은 보물 제1274호다. 완주 송광사에 있는 또 하나 보물은 범종루다. 1996년(대한민국 78) '완주 송광사 종루'라는 이름으로 보물 제1244호가 되었다. 이 종루 특징은 우리 전통건축에서는 아주 드문 십자형 평면을 채택했다는 점이다. 그래서 별칭이 '십자각'이다. 종루이니 2층이다.[40] 종루 네 귀퉁이에는 절에서 사용하는 네 가지 법구인 범종(梵鐘), 목어(木魚), 운판(雲版), 법고(法鼓)를 하나씩 비치했다. 이 네 가지 법구를 사물(四物)이라고 한다. 풍물에서 말하는 사물놀이와 직접 관련은 없다고 하나, 범종은 징(바람), 목어는 장고(비), 운판은 꽹과리(천둥), 법고는 북(구름)으로 빗대면 지나친 비약일까?

화암사 가는 길에서 금산으로 가다 보면 대둔산(878m)이 나온다. '호남 금강산' 또는 '작은 설악산'이라고 불릴 정도로 바위로 이루어진 봉우리들이 많다. 완주 9경 중 제1경이다. 그만큼 완주에서는 가장 큰 자랑거리다. 특히 대둔산은 산세가 험하기도 했고, 호남지방과 호서지방의 경계로 기능하는 등 군사적으로 매우 중요한 지역이었다. 임진왜란 때 도원수 권율(權慄, 1537~1599, 중종 32~선조 32), 황진(黃進, 1550~1593, 명종 5~선조 26) 장군 등이 중심이 되어 승리한 이치(梨峙, 우리말로는 배티)가 대둔산에 있다. 황진은 남원 사람으로 영의정만 18년 했다는 황희(黃喜, 1363~1452, 고려 공민왕 12~조선 문종 2) 정승 5대손이다. 1590년(선조 23) 일본에 다녀와서 왜가 조선을 침탈할 것이라고 보고한 통

---

40) 서울 종로에 있는 종각은 2층으로 만들어진 누각이기 때문에 종루로 부르는 것이 맞다. 현재 있는 것은 조선 시대 만들어져 있던 단층 보신각을 복원하면서 2층으로 크게 확장한 것이다. 따라서 이름도 보신각이 아니라 보신루가 돼야 하는데, 원래 있던 이름 보신각을 살리다 보니 종루가 아니라 종각이 된 것으로 보인다.

신사 정사 황윤길(黃允吉, 1536~?, 중종 31~미상) 역시 남원 사람으로 황진 5촌 당숙이다. 대둔산은 이 외에도 동학농민혁명에서 동학군 마지막 항전지이고 빨치산을 소탕한 곳이기도 하다. 『택리지』에는 대둔산에 대한 다음과 같은 설화가 있다(이중환, 2018: 228).

> 대둔사는 뒷산이 계룡산의 소조산(小祖山, 주산)이다. 절 뒤에 백운암(白雲巖)이 있다. 임진왜란이 일어나 함열 사람 손순목(孫順穆)이 어릴 때 어머니를 잃었다. 그래서 이 암자에서 수륙도량을 열어서 7일 동안 기도하였다. 손순목이 엎드려 있다가 문득 꿈을 꾸었더니 나한 한 사람이 '네 어머니가 앞산에 있다'라고 일러주었다. 손순목이 놀라 일어나 두루 살펴보니 노파 한 명이 앞산의 바위 위에 있었다. 급히 가서 확인하니 바로 자신의 어머니였다. 어머니가 '왜국에 포로로 잡혀 있었는데 아침이 되어 동이를 들고 물을 길러 가던 중에 한 스님이 나타나 그의 등에 업혀 여기에 오긴 했으나 무슨 영문인지 모르겠다'라고 말했다. 대중들이 깜짝 놀라고 그 사연에 따라 암자 이름을 득모암(得母庵)으로 바꾸었다. 「복거론」 '산수' 조

이중환이 계룡산 소조산이라고 언급한 곳은 대둔산일 것이다. 여기에서 말하는 고산은 지금 고산면이 아니라, 조선 시대 고산현을 말한다. 지금 대둔산이 있는 완주 운주면은 조선 시대에 고산현 소속이었기 때문이다. 대둔산은 전북자치도 완주와 충청남도 논산, 금산 지역에 걸쳐 있다. 전북자치도와 전라남도 경계는 정읍과 장성 사이 노령, 충청남도와 경계는 대둔산으로 이해하면 되니, 전북자치도는 한편으로 '대둔산과 노령 사이'라고 표현할 수 있다. 함열은 지금 익산 함열읍을 말한다. 한편 이중환이 책에서 말한 대둔사, 백운암이나 득모암 모두 지금은 찾을 수 없다. 이중환이 왜 이 설화를 기술했는지는 모른다. 다만 완주가 전설과 설화가 살아 있는 고장이라는 것은 분명하다고

하겠다. 『택리지』에는 이와 같은 전설 및 설화가 대략 40종 이상 수록돼 있다. 이중환은 각 지방 전설과 설화 등이 어느 정도 진실을 담고 있으므로 전승되어 내려왔다고 판단해서 수록했다고 한다. 이는 이중환이 공간을 지리적 관찰 대상으로만 간주하지 않고, 사람이 살아가는 삶과 역사가 숨 쉬는 곳으로 대했기 때문이다. 이는 당시 지리서로서는 생각하기 어려웠다는 점에서 이중환이 보여 주는 위대함이 있다(안대회, 2020: 229~256).

송광사가 있는 종남산 중턱에는 아원 고택 등 오성 한옥마을이 조성돼 있다. 아원 고택은 'BTS 2019년 썸머 페스티벌' 촬영지로도 널리 알려져 있다. 평지에 있는 전주 한옥마을과 함께 산지에 있는 오성 한옥마을도 패키지로 둘러보는 것도 좋다. 오가는 길에 송광사 인근 화심 온천을 들르고 화심 순두부도 곁들이면 더욱 좋다. 화심 순두부는 6.25 때 피난 시절 생계를 위해 순두부를 만들어 팔기 시작해서 현재에 이르렀다고 한다. 물경 75년이다.

그럼 완주와 전주는 다시 통합해야 할까? 현재로서는 주민들이 결정해야 할 사항이라는 답을 할 수밖에 없다. 다만 한 가지 선행되어야 할 것은 정치

〈그림 2-33〉 아원고택 입구 및 오성 한옥마을

적 주장과 당위 설파 이전에 이후 주민들 삶은 어떻게 바뀔 것인가에 대한 밑그림이 있어야 한다고 본다. 완주·전주 통합은 역설적으로 전북자치도 내 또 다른 집중문제를 불러일으킬 것이기 때문이다. 통합된 전주 이외 지역은 지방 소멸시대에 이중의 소멸을 겪게 될 수 있다. 완주는 한 마디로 전라도 수도, 전주의 경기이자 9경(九景)·8품(八品)·8미(八味) 고장이다. 전주를 중심으로 하고 배후지 역할을 충실히 하는 것이다. 통합 여부와 무관하게 완주는 전주와 공생과 협력을 통해 함께 성장을 모색해야 하리라 본다.

전주: 전북자치도 그 자체인 도시[신라 685년(신문왕 5) 9주 5소경에서 9주 중 하나인 전주]

전주는 전북자치도 그 자체다. 자주 거론했지만, 신라 685년(신문왕 5) 전북자치도 일원 전부가 전주(또는 완산주)였다. 신라는 백제와 고구려를 멸하고 난 이후 지방 행정조직을 정비하여 9주 5소경 체제로 바꾼다. 백제 땅을 3분(전주, 웅주, 무주), 고구려 땅을 3분(한주, 삭주, 명주), 신라 및 가야 땅을 3분(상주, 강주, 양주) 등 9개 주로 재편한다. 그리고 전략적으로 중요한 요충지를 수도인 서라벌(경주) 외 작은 수도라는 의미로 5소경을 둔다. 백제 땅에 2곳[서원경(지금 청주), 남원경(남원)], 고구려 땅에 2곳[중원경(충주), 북원경(원주)], 그리고 옛 가야 땅 본거

〈 신라 9주 5소경 〉

지에 1곳[금관경(김해)] 등 5곳이다. 수도 서라벌이 통일된 땅 동남부에 치우쳐 있다 보니 이런 편중을 보완할 필요가 있었기 때문이다. 9주는 고대 중국(하·상·주나라)의 행정구역인 구주(九州)를 본떴다고 하고, 5소경은 5행으로부터 나왔다고 추정되고 있다. 전북자치도 내 전주와 남원은 이때부터 지명이 시작됐으니 2025년(대한민국 107)이 1340주년이다. 경상북도 상주와 함께 가장 오래된 지명이다. 전주는 완산주 또는 안남도호부 등으로 변동되기도 했지만, 남원은 이때부터 줄곧 같은 지명이다. 거의 드문 사례다. 한편 전북자치도와 전라남도는 이때 정해진 전주와 무주의 경계가 현재의 경계가 됐다는 점도 확인할 수 있다.

　전주는 전북자치도 그 자체다. 전주는 원래 마한 땅이다. 백제 때 지명은 완산이다. 신라 때 지금 전북자치도 일대가 9주 중 하나로 바뀌었을 때도 현재 전주 지역은 이 일대 중심이었다. 후삼국 시절 전주 위상은 한 단계 올라간다. 후백제 도읍이 된 것이다. 전주 사람들이 가진 자부심은 더욱 커졌을 것이다. 고려 때 전주는 전국 12목 중 하나인 전주목이었다. 조선이 되어 전주 사람들이 가진 자부심은 또 한 차례 거듭난다. 이성계 본향이 전주였기 때문이다. 이성계는 나라를 세운 후 전주를 즉각 완산유수부로 승격시킨다. 태종대에 와서 지방을 8도 체제로 정비할 때 전주는 전라도 수부가 된다. 후백제 도읍, 조선이란 나라의 관향, 나아가 전라도 수부로 이어진 전주의 위상이다. 특히 전라도 수부라는 위상은 매우 컸다. 전라도는 지역적으로 지금 광주광역시와 전라남도, 제주특별자치도까지 포함한다. 당시 관찰사는 현재 전북자치도 도지사와 비교하여 약 3배 가까운(전북자치도 약 8,073km^2 vs. 전라도 약 22,781km^2) 넓은 지역을 관장하는 것이다. 게다가 전라도는 조선 시대 경제수도였다. 전라도는 조선 시대 사람들 삶에 직결되는 쌀과 목화, 이외에도 생선, 소금, 목재 등 많은 상품이 산출되는 최고 생산지다. 따라서 인구밀도도 높고, 세금도 가장 많이 부담하는 등 조선 기반 경제를 상당수 책임졌다. 특히 조선 시대 이후 줄곧 지역 중심지로 기능했던 도시는 전주 외에는 거의 없다. 지금은 큰 도시인 부산이나 인천, 대전은 조선 시대에는 궁벽한 곳이었다. 대구는 임진왜란 이후에 감영이 들어선 곳으로, 그 이전에는 경주, 상주나 김해, 진주 등이 훨씬 큰 도시였다. 충청도에서는 충주, 청주나 공주, 홍주(홍성) 등이 큰 도시였다. 전라남도에서는 광주광역시와 나주가 번갈아 가면서 그 일대 중심부를 차지했으나, 주로 나주였다. 강원도 원주, 춘천은 강릉과 함께 세 도시가 세 솥발처럼 역할을 나눈다. 하지만 전주는 조선 시대 이후 한 번도 바뀌지 않고 수많은 사람과 돈과 물산들이 모두 집결한 도시였다. 당시 이러한 위상은 한반도 남부에서는 서울 다음이었을 것으로 생각한다. 전북자치도로 규모가 축소된 지금도 모든 것이 전주로 모인다. 전주 외 나머지 13개 시군의 특장점은 전주에서 하나로 합해진다. 막힘이 없이 하나로 만난다. 원효(元曉. 617~686, 신라 진평왕 39~신문왕 6)대사가 주창한 핵심사상인 원융회통(圓融會通)이다.

전주는 전북자치도 그 자체다. 전주는 대처(大處)다. 조선 시대 전라도 사람들이 대처로 간다고 하는 것은 전주에 간다는 얘기다. 더 큰 대처인 서울은 너무 멀다. 전주에서 서울까지는 500리다. 하루에 100리를 간다 해도 5일이 걸린다. 서울에 관한 얘기는 건너 전해 들은 것이 전부다. 전주는 대처이니 큰 장이 선다. 평양, 대구와 함께 전국 3대 장이 전주장이다. 모든 물산이 모여든다. 당연히 새로운 볼거리, 먹을거리, 즐길 거리가 가득하다. 모든 물산이 모여드니 대처 전주장에만 가더라도 세상 모든 것을 다 본 것 같았을 것이다. 지금 전주는 예전과는 다른 의미에서 대처다. 최소한 전북자치도 사람에게는 그러하다. 전주에는 종합대학이 있다. 상급 종합병원이 있다. 지방법원이 있다. 다른 곳은 지원이다. 전주에는 지역방송총국이 있다. 지역신문사가 있다. 한국은행, 산업은행, 수출입은행이 있다. 스포츠 구단 및 커다란 축구장 등 스포츠 경기장이 있다. 전주가 전북자치도 중심 소재지로서 도청과 도 교육청이 있기 때문이다. 따라서 굳이 서울까지 가지 않아도 될 중요한 업무를 전주에서 다 처리할 수 있다. 그리고 더 나은 기회를 찾는 사람에게도 멀리 가는 리스크가 너무 크다고 생각하는 사람들은 전주로 간다. 그래서 전주 외 다른 도시들은 작아지고, 도 전체 인구수 또한 줄어들고 있음에도 전주는 커졌다. 13개 시군 사람들이 이러저러한 이유로 전주로 모여드니 전주는 전북자치도 그 자체다.

마이산 줄기가 북쪽으로 가서 주줄산[珠崒山(운장산. 雲長山)]이 되는데 진안과 전주 사이에 있다.
주줄산에서 서쪽으로 한 맥이 나와서 전주부를 이루고, 이곳에 전라감영이 있다. 전주 동쪽으로 가면 위봉산성(威鳳山城)에 이르고, 조금 북쪽에는 기린봉(麒麟峰)이 있다. 기린봉에서 한 맥이 나와서 전주부 서쪽에 이르면 건지산(乾止山)을 이루는데, 전해오는 말에 따르면 왕실 조상의 능이 있다. 영조 임금께서 경술년(1730)에 감사에게 명하여 백성의 무덤을 모조리 옮기고 10리를 구획하여 표를 세워 금양(禁養)하도록 하였다. 건지산의 한 맥을 따라 서쪽으로 가면 덕지(德池)가 있는데 상당히 깊고 넓다. 덕지를 지나면 평탄한 언덕이 나타나 넓은 들판을 둘러싸고 있으며, 만마동(萬馬洞)에서 흘러 들어오는 물을 역으로 맞아들이고 있다. 지리가 아름다워서 참으로 살 만한 곳이다. 「팔도론」 '전라도' 조

『택리지』에 있는 전주에 대한 설명이다(이중환, 2018: 97). 주줄산은 지금 운장산(1126m)으로 노령산맥에서 가장 높은 산이다. 지금 주줄산은 진안과 전주가 아니라 진안과 완주 사이에 있다. 전주부 기관장 전주 부윤과 전라감영 기관장인 전라도 관찰사는 별도의 기관이다. 그래서 이중환도 별도로 언급하는 것이다. 국립전주박물관 소장 〈완산부 지도(보물 제1876호)〉에서도 전주부 관아와 전라감영은 따로 있다. 하지만 통상 전라도 관찰사가 전주 부윤을 겸했

다. 전주부 조금 북쪽에 있는 기린봉(271m)은 전주 우백호라고 한다. 기린토월(麒麟吐月)은 전주 10경 중 제1경이다.[41] 전주부 서쪽 건지산(乾止山, 101m)은 전북대학교 뒷산이다. 왕실 조상 능이 전해온다고 하는 걸 보니 이중환 시대까지는 능을 확실히 찾지 못했던 것으로 보인다. 영조 때 특정 장소를 비정하고 푯말을 세운 후 금양(禁養, 수목 벌채, 분묘 설치, 농지 개간, 토석 채취 등 금지)하는 등 노력이 있었지만, 묘역 조성까지는 이르지 못했다. 이후 고종이 1899년(대한제국 광무 3)에 장소를 비정하고 묘역을 조성해 조경단(肇慶壇)이라고 명명했다. 태조는 개국 이후 이 일대를 조상 능이 있는 곳이라 하여 각별하게 지키도록 했으나, 구체적인 장소는 고종 때에 와서야 확정한 것이다. 아마도 대한제국으로 바꾼 후 왕실의 정통성을 강조하기 위한 목적으로 추정한다. 여기에서 말하는 왕실 조상은 전주 이씨 시조 이한(李翰)인데, 이성계는 이한 21세손이다. 조경단은 〈조선태조어진(국보 제317호)〉을 모신 경기전(영정을 실제로 모신 정전. 보물 제1578호), 경기전 권역에 함께 있는 전주 이씨 사당 조경묘(肇慶廟) 등과 함께 전주가 조선 본향이라는 점을 증명하는 3대 장소라고 할 것이다. 건지산 서쪽 덕지는 고려 시대 이래 천연 못으로 1525년(중종 20)에 제방이 축조되었다. 3만 평이 넘는다. 지금은 전주 시민공원으로 덕진공원이 조성돼 있다. 공원에는 전북자치도가 낳은 문인들(신석정, 김해강, 이철균, 백양촌) 시비와 법조 3성인상(김홍섭, 김병로, 최대교)이 만들어져 있다.[42] 전봉준 동상과 김

---

[41] 전주 10경은 1) 기린토월(麒麟吐月): 동으로 비켜 솟은 기린봉에 솟아오르는 여의주 같은 달빛 2) 한벽청연(寒碧晴烟): 옥류동 아래 한벽당(寒碧堂)의 맑고 아담한 조망 풍정 3) 남고모종(南固暮鐘): 남고산 저녁노을을 갈라 울리는 남고사 범종 소리 4) 다가사후(多佳射候): 다가천변 물을 끼고 사정에서는 한량들이 삼현육각을 울리며 활 솜씨를 겨루는 풍정 5) 비비낙안(飛飛落雁): 삼례 한내 백사장에 달빛이 무르녹는데 갈 숲에 사뿐히 내려앉은 기러기떼들 6) 덕진채련(德津採蓮): 뜸북이 우는 달밤 호면을 바라보며 짐짓 꺾어든 연꽃 풍정 7) 위봉폭포(威鳳瀑布): 폐허에 홀로 살아 옥으로 포말져 떨어지는 비경 8) 동포귀범(東浦歸帆): 고산천 돌아 선창에 들어오는 소금배, 새우젓배, 생강, 곡식배 등 풍정이다. 지금 완주 일대 경치가 포함돼 있다.

[42] 신석정(辛夕汀, 1907~1974, 대한제국 융희 원년~대한민국 56)은 부안 출신이다. 대표적인 목가 시인으로 널리 알려져 있다. 하지만 창씨 개명도 거부하고, 4.19와 5.16 때에도 독재에 저항

개남 장군, 손화중 장군 추모비도 있다. 특히 김개남 장군 추모비에는 기단부 위 자연석에 '개남아 개남아 김개남아'라는 신영복(申榮福, 1941~2016, 병탄 32~대한민국 98) 선생 글씨가 남아 있다. 이 글귀는 김개남 장군이 관군에게 붙잡혀 이송될 때 길목마다 사람들이 외쳤던 말에서 따온 것이라 한다. '개남아 개남아 김개남아 / 수만 군사 어디다 두고 / 짚둥우리가 웬말이냐!' 김개남을 황소 달구지 위에 태운 뒤 열 손가락에 대못을 박고, 달구지 서까래 위에 짚둥우리를 덮어씌웠기 때문이다(김상웅, 2020: 30). 이처럼 전북자치도가 낳은 위대한 사람들을 전주 덕진공원에 모두 모아서 기리고 있다는 점에서도 전주는 전북자치도 그 자체다. 만마동은 지금 완주 상관면 일대다. 여기에서 흘러들어오는 물은 만경강 지류인 전주천으로 상관면 슬치(250m)가 발원지다. 넓은 들판을 둘러싸고 있는 평탄한 언덕은 지금 팔복동이다. 여기에서 또 다른 만경강 지류인 삼천(三川)을 맞이한다. 삼천은 완주군 구이면 백여리에서 시작하는데, 계월천·광곡천·독배천 등 3개 지류가 합류하기 때문에 삼천이다. 전주천과 삼천이 합류하는 곳은 전주 두물머리다. 삼천을 받아들인 전주천은 전주 고랑동에서 다시 만경강으로 흘러 들어간다. 만마동이 있는 상관면에는 1811년(순조 11)에 축성된 2층 높이 대규모 성문인 만마관(萬馬關, 천군만마라도 다

한 시를 많이 썼기 때문에, 목가 시인으로만 평가하기가 제한된다고 한다. 김해강(金海剛, 1903~1984, 광무 7~대한민국 66)은 전주 출신이다. 초기 계급투쟁을 리얼리즘 형식으로 표현한 경향시를 썼으나, 일제 강점기 말에는 친일 시를 써서 친일 문학인 42인에 선정됐다. 이철균(李轍均, 1927~1987, 병탄 18~대한민국 69)은 전주 출신이다. 전통적 서정시인이자 고독한 감꽃 시인으로 유명하다. 백양촌 신근(白楊村 辛槿, 1916~2003, 병탄 7~대한민국 85)은 부안 출신 시인이다. 외로움과 아픔과 시름을 그리고 있지만, 이를 극복하는 의지를 보여 준다는 평가를 받는다. 김홍섭(金洪燮, 1915~1965, 병탄 6~대한민국 47)은 김제 출신으로 서울고등법원장을 했다. 김병로(金炳魯, 1887~1964, 고종 24~대한민국 46)는 순창 사람으로 호가 가인(佳人)이다. 일제 강점기 신간회에 참여했으며, 조선국 3대 민족 인권변호사였다. 초대 대법원장이다. 최대교(崔大敎, 1901~1992, 광무 5~대한민국 74)는 익산 출신으로 서울고등검찰청 검사장을 역임했다. 청렴검사를 상징하는 검사이기도 했지만, 민족문제연구소가 발간한 친일인명사전에 수록돼 있기도 하다. 1995년(대한민국 77) 사법 100주년을 맞아 언론에서 법관 350명을 상대로 가장 존경하는 법률가를 조사했다. 1위는 가인 김병로(46%), 2위는 김홍섭(41%)이었다고 한다.

〈그림 2-34〉 전주천과 삼천 두물머리

막아낼 수 있는 관문)이 있었다. 왜적이 남원을 거쳐 임실 지나 전주로 들어올 때 1차 방어 요새로 만들어졌다. 만마관 남쪽 군대 주둔지가 남관진(南關鎭)이다. 상관면은 만마관 위쪽이어서 생긴 지명이다. 상관면 남쪽 바로 아래는 임실 관촌면(館村面)인데, 이때 관은 '빗장 관(關)'이 아니라 '집 관(館)'이다. 관촌은 '여관 마을'이라는 뜻으로 전주로 가는 상인들 여각이 많이 붙여진 지명이다. 만마관은 당시 호남제일관(湖南第一關)으로 불렸는데, 일제 전라선 부설 등으로 훼손되어 현재는 성터 흔적과 남관진 조성비만 남아 있다. 경상감영 남문은 영남제일관(嶺南第一關)이자 낙서루(洛瑞樓)인데, 전라감영은 1차 방어선인 호남제일관 만마관이 성 밖에 있었던 것이라 하겠다. 전라감영 남문은 풍남문(豊南門, 보물 제308호)이자 호남제일성(湖南第一城)으로 2차 방어선이었다. 최근 만마관과 남관진을 복원하자는 주장도 있다. 서울이 아님에도 2차에 걸친 방어선을 갖추고 있었다는 지역적 독특함을 자산화하자는 주장이다.

전주는 '축제의 도시'다. 자랑거리가 너무 많기 때문이다. 사람들은 대개 전주를 한옥마을이 있는 곳 정도로만 알고 있는데, 이는 단지 표피일 뿐이다. 축제 종류도 다양하고 깊이가 있다. 어느 도시에서도 따라오기 어려울 정도로 풍성하다. 전주에서 2024년(대한민국 106)에 개최한 축제 수는 22개다. 전주의 맛·멋·흥이다. 문화의 힘이다. 잠깐 개인 경험을 소개하면 필자는 20여 년도 훨씬 전 1년간 전주에서 케이티 전북동부영업국 영업부장으로 근무한 적이 있다. 당시만 하더라도 풍남제, 대사습놀이, 한지문화축제, 국제영화제, 세계소리축제, 국제발효식품엑스포 정도였다. 복숭아 축제 및 독립영화제가 당시에도 개최되었다는 것을 이번에 처음 알았다. 당시 축제들을 뚜렷이 기억하는 것은 영업부 성격상 통신지원과 함께 영업 활동도 병행했기 때문이다. 당시에도 '지방에는 축제가 참 많구나' 하면서 지방자치제가 되어 쇠락하는 지방경제 순환을 위해 축제를 개최하는 것으로 생각했다. 20여 년이 지난 지금 14개 축제가 증가했으니, 지방자치가 확고히 정착하고 있다는 느낌이 든다. 역설적으로 경제 쇠락을 어떻게든 막아보려는 고육책이 아닌가 하는 생각이 든다.

한편 축제가 양적으로 증가했지만, 질적으로 나아졌는지는 의문이다. 먼저 1) 축제별로 뚜렷한 정체성에 따른 명확한 방향성이 있는가? 모든 축제는 중장기 비전에 따른 발전 방향이 필요하다. 예컨대 전주 단오제는 전주 시민의 날 ⇨ 풍남제 ⇨ 단오제 순으로 변화해 왔는데, 이 변화과정에서 각각 충분한 논거가 있었을 것이다. 하지만 본질은 같은데 명칭만 바꾼 것은 아닌지 의문이다. 2) 축제 성패를 결정하는 판단 기준은 있는가? 모든 축제는 지역 발전에 도움이 되는지에 대한 평가 기준이 있어야 한다. 평가 기준 설정에 있어 한 방향은 전주 구도심 재생에 도움이 되는 기획이어야 할 것이다. 또 다른 방향은 글로벌 시대에 맞춰 외국인도 자연스럽게 참여할 수 있는 기획이어야 할 것이다. 3) 주민 참여를 충분히 끌어내고 있는가? 지속성과 확장성을 위해서는 지역주민 참가가 필수적이다. 주민 아이디어와 의견 반영 과정이 선행돼야 주민 참가도 수반될 것이다. 주민 참가를 이끌기 위해서는 관 주도 거버넌스에서 탈피해야 한다. 오피니언 리더급 몇몇 사람들로 구성한 위원회 체제로는 한계가 있다. 관 주도에서 민-관 합동으로, 이후 자연스럽게 '민 주도 및 관 지원' 체제로 이행해야 한다. 이래야 축제 본질에도 맞고 영속성도 가능하다. 4) 축제를 통해 지역사회에 주는 메시지는 무엇인가? 지역 경제발전과 주민 화합에 도움이 된다는 필요성이 지역주민들에게 충분히 전달돼야 한다. 지역 축제는 지역주민들 단합을 도모하는 한마당 잔치이기도 하지만, 지역 특산물을 이용하는 타지 소비자들에 대한 감사 표현이기도 하다. 따라서 당연히 5) 축제 밑바탕에 자리 잡은 진정성은 무엇인가? 축제는 상업적 수익 이전에 팬서비스여야 한다는 것이다. 진정성 있는 팬심이 드러나면 자연스럽게 해당 지역에 대한 팬덤이 생길 것이다. 팬덤은 다시 축제를 활성화하는 원동력이 될 것이다. 팬덤을 확보하지 못하는 어떤 축제도 지속성에 한계가 있을 것이다.

〈표 2-1〉은 2024년(대한민국 106) 전주에서 개최한 축제 목록이다. 전주 축제 특징을 정리하면, 먼저 (당연한 얘기지만) 주로 봄(5월)과 가을(10월)에 집중돼 있다. 총 22개 축제 중 13개다. 그러니 전주는 매년 5월과 10월이면 축제로 들썩인다. 특히 10월에는 2023년(대한민국 105)부터 각기 진행했던 축제를 모아 '전주 페스타 202X'라는 브랜드로 통합했다. 2024년(대한민국 106)에는 10월 3일에서 26일까지 '전주 페스타 2024'라는 이름으로 비빔밥 축제, 독서대전, 팝 페스티벌, 막걸리 축제 등(〈표 2-1〉에서 연녹색으로 구분)을 모았다. 그러니 10월에는 한 달 내내 축제다. 전주 단오제는 매년 음력 5월 5일 단오에 맞춰, 한복 데이는 추석 명절에 진행한다. 여름철 축제도 있다. 수확기에 맞춘 전주 복숭아 축제, 더운 날 갈증 해소를 위한 가맥 축제, 전주 책쾌 등은 7월, 록 페스

〈표 2-1〉 전주시에서 2024년 개최한 축제 목록

	축제 이름	시작	2024년 개최일자(회수)	특기사항
1	전주 단오제	1959	2024.6.8~6.10 (66회)	• 2007년까지는 풍남제로 개최
2	전주 대사습놀이	1975	2024.5.18~6.3 (50회)	• 대한민국 최고의 국악 경연대회 • 1732년(영조 8) 시작한 3000여 년 전통
3	전주 한지문화 축제	1997	2024.10.9~10.13 (28회)	• 매년 10월 10일은 한지의 날 • 전주국제한지산업대전 명칭 병행
4	명품 전주 복숭아 축제	1999	2024.7.17 (26회)	• 전주는 복숭아 집산지 및 개량품종 창발지

5	전주 국제영화제	2000	2024.5.1~5.10(25회)	• 2024년 43개국 232편 공식 참여
6	전북 독립영화제	2001	2024.10.31~11.4 (24회)	• 2024년 총 948편 접수, 49 작품 상영
7	전주세계소리 축제	2001	2024.8.14~8.18 (23회)	• 전북자치도 주최. 매년 전주 한국 소리 문화의 전당과 전북 14개 시·군에서 개최 • 2009년은 신종플루로 미개최
8	전주 국제발효 식품 엑스포	2003	2024.10.24~10.28 (22회)	• 2024년 20여 개국 참가
9	전주 비보이 그랑프리	2007	2024.5.25(17회)	• 2020년은 코로나 19로 취소
10	전주 비빔밥축제	2007	2024.10.3~10.6(17회)	• 2009년은 신종플루 여파로 취소
11	한복 데이	2012	2024.9.14~9.18	• 2024년은 시내버스 운전원 등 대상
12	남부시장 야시장	2014	–	• 매주 금, 토요일 17:00~23:00
13	전주 가맥 축제	2015	2024.7.25~7.27(10회)	• 컨셉: 오늘 만든 맥주! 오늘 마신다
14	전주 얼티밋 뮤직 페스티벌	2016	2024.8.9~8.11(9회)	• 비지정석 스탠딩 야외공연 형식
15	전주 문화유산 야행	2016	2024.5.31~6.1(1차) 2024.10.4~10.5(2차)	• 2023년 야간 관광 특화도시에 선정 • 2023년, 2024년은 2차에 걸쳐 진행
16	전주 독서대전	2018	2024.10.11~10.13 (7회)	• 2017년 대한민국 독서대전 개최지 선정 이후 매년 개최
17	전주국제단편 영화제	2018	2024.9.26~9.30(7회)	• 16개국 45편 영화 상영
18	전주 정원산업 박람회	2021	2024.5.2~5.6(4회)	• 국내 최대규모인 138개 업체 참여
19	조선 팝 페스티벌	2021	2024.10.18~10.20 (4회)	• 전통 가락과 대중음악을 접목한 조선팝
20	전주 예술 난장	2023	2024.10.11~10.13 (2회)	• 2023년 동아시아문화도시로 선정 • 마술, 마임, 서커스, 인형극, 음악, 공중퍼포먼스 등 거리예술
21	전주 책쾌 (册儈, 서적상)	2023	2024.7.6~7.7(2회)	• 독립출판 북페어, 2024년 89팀 참여
22	전주 막걸리 축제	2024	2024.10.25~10.26 (1회)	• 삼천동 막걸리 골목 중심 17개 음식점 참여

티벌인 얼티밋 뮤직 페스티벌과 전주세계소리축제 등은 8월에 개최한다. 전주국제단편영화제는 매년 9월에 개최한다. 매주 금, 토요일에는 연중 불문하고 남부시장 야시장이 선다. 남부시장은 조선 중기에 전주부성 밖에 만들어진 시장이다. 자연스럽게 지역 유통 중심지로 성장했고, 1970년대까지만 해도 전국의 쌀값을 좌우했을 정도로 호남권 최대 전통시장이 됐다. 남부시장 2층에는 2011년(대한민국 93) 문화체육관광부 문전성시 사업(문화를 통한 전통시장 활성화 시범사업) 일부로 시작한 '청년몰'이 개설돼 있다. 모토는 '적당히 벌어 아주 잘 살자'다(전국지리교사모임, 2019: 309~310). 남문 밖에 있어 남문시장으로 알고 있는 사람들이 많은데 남부시장이 공식 명칭이다. 1936년(병탄 27) 5800여 평 규모로 시장이 새롭게 조성되면서 남부시장으로 공식화했다.

두 번째, 22개 축제 중 전주세계소리축제는 도 차원에서 개최하는 유일한 축제다. 따라서 전북자치도 14개 시군 모두에서 행사를 진행한다. 세계소리축제는 판소리를 근간으로 전 세계 음악을 한 자리에 모은 축제다. 판소리가 전주만이 아니라 도 전역에서 걸친 문화라는 점에서 도에서 주최하되, 모든 시군이 함께 하는 것으로 보인다. 판소리로는 전주에서 권삼득[權三得, 본명 권정(權人+政). 1771~1841, 영조 47~헌종 7]이 유명하다. 완주 용진면 사람으로 사람 소리·새소리·짐승 소리의 세 소리를 얻었다고 해서 삼득으로 불렀다고 한다. 판소리는 17세기경에 등장하는데 이때 유명한 명창들 이름은 거론되지만, 구체적인 활동 사항은 나타나지 않는다. 18세기 중반부터 명창들 이름과 활동 사항이 나타나기 시작하는데, 그 처음에는 항상 권삼득이 있다. 이처럼 판소리 초창기를 이끌었기 때문에 판소리계에서는 그를 매우 중요하게 생각한다. 아마 권삼득이 양반 출신 소리꾼이었다는 점도 크게 작용했을 것이라고 한다. 전주에는 그를 기리는 '권삼득로'라는 도로명이 있다.

세 번째, 스케일이 지역(Local or Regional), 국내(National), 국제(Global) 등으로 다양하다. 지역 축제로는 단오제, 복숭아 축제, 남부시장 야시장, 가맥 축제 및 막걸리 축제 등이 있다. 지금은 중단됐지만, 여울목 섶다리 축제, 아중호반문화제 등도 있었다. 여울목 섶다리 축제는 앞에서 언급한 두물머리 부근 여울목에서 수량이 줄어든 가을철에 섶다리를 만들고 축제를 연다. 가을철에 만들어진 섶다리는 이듬해 5월경에 철거한다. 두 개 축제는 시민 주도 축제라는 점에서 차별성이 있으나, 섶다리 축제는 2008년(대한민국 90)부터 2020년(대한민국 102)까지 운영하다가 중단됐고, 아중호반문화제는 2015년(대한민국 97) 개최된 이후 아쉽게도 지속하지 못하고 중단했다. 국내 스케일로는 대사습 놀이, 문화유산 야행, 독서대전 등이 있다. 2000년(대한민국 82)부터 2010년(대한민국 92)까지 '약령시 한방 엑스포'를 개최하기도 했으나 지금은 중단했다. 약령시란 봄과 가을에 연 2회 열리는 약재 전문시장인데, 전주는 1651년(효종 2)에 전국 최초로 약령시를 개설한 곳이다(김덕진, 2020: 183). 현재까지 명맥이 이어지고 가장 규모가 컸던 대구 약령시는 1658년(효종 9)에 시작됐다고 한다. 전주 약령시는 도내 지리산, 덕유산, 회문산, 내장산, 변산반도 등 훌륭한 약재 생산지로부터 고품질 한약재를 가져와 유통하는 장터다. 약전 거리는 현재 다가동 우체국 사거리와 완산교 사이에 있었다고 한다. 지금도 그 일대에는 한의원, 한약국 등 관련 업종이 모여 있다. 글로벌 차원에서는 전주 국제영화제 등 3개 영화제, 세계소리축제, 국제 발효식품 엑스포 등을 꼽을 수 있다. 2018년(대한민국 100) 시작한 국제단편영화제를 제외하고는 모두 2000년대 초반에 시작한 오래된 축제들이다. 세계소리축제와 국제 발효식품 엑스포의 경우 우리나라에서 가장 한국적인 전북자치도가 개최지로 가장 적합하다. 전북자치도는 맛·멋·흥의 고장이기 때문이다. 한편 현대 사회에서 영화는 맛·멋·흥을 조화롭게 표현하는 것이 가장 필요한 대표적인 종합예술이다. 따라서 지역 정체성과 고유성 측면에서도 영화제를 개최하기에 가장 적합한 곳이다. 특별한 지역성 없이 영화제를 개최하는 곳도 있는데, 전주는 이런 도시들보다는 훨씬 유리한 측면이 있다. 가장 한국적인 도시는 가장 세계적인 도시일 것이기 때문이다.

  네 번째, 전통적인 것에만 그치지 않는다. 전통 의미를 확장한 것들과 새로운 유형 등 다채로운 축제 유형을 자랑한다. 전통적인 것으로는 단오제, 대사습놀이, 한지문화축제, 국제 발효식품 엑스포, 한복데이, 전주 책쾌 및 지금은 중단된 약령시 한방 엑스포 등이 있다. 전통 의미를 확장한 것으로는 세계소리축제, 조선팝 페스티벌, 예술난장 및 독서대전 등이 있다. 전주는 조선 제1 출판 도시여서 전주 책쾌라는 이름을 가진 축제가 있지만, 이를 확장하여 독서대전을 열기도 한다. 전주가 출판문화 도시였던 것은 출판에 필요한 판재(板材, 나무)·각수(刻手, 출판 전문가)·한지(韓紙, 종이) 등이 충분했기 때문이다. 전주에서 출간된 책을 완판본이라고 했고, 민간이 출간한 것을 방각본이고 했는데, 전주에서 민간이 책을 출판한 것은 완판 방각본이다. 서울 다음으로 가장 많은 방각본이 출판된 곳이 전주다. 새로운 유형 축제로는 각종 영화제와 얼티밋 뮤직 페스티벌, 가맥 축제 등이 있다. 일반 영화제, 독립영화제, 단편 영화제 등 영화제를 총망라하여 구색을 갖추고 있다. 얼티밋 뮤직 페스티벌은 록 뮤직 페스티벌이다. 여름날 야외에서 록 뮤직 중심으로 대중공연을 한다. 미국에서 1960년대부터 유행했던 것이 우리나라에도 도입되어 1990년대 후반부터 시작됐다. 전주는 다소 늦은 감이 있지만, 리듬과 박자와 소리를 사랑하는 전북자치도 사람에게는 의미 있는 축제라 하겠다. 가맥 축제는 1980년대부터 생겨난 가게 맥주 문화가 활성화되어 축제로까지 승화된 사례다. 막걸리 축제 또한 1990년대 말 이후 막걸리 골목 문화가 확대되어 축제로 된 것이니 마찬가지 맥락이다.

  다섯 번째, 단지 국내 축제에만 그치지 않고, 이를 산업 측면 확대 및 국제화하려는 경향이 엿보인다는 점이다. 예컨대 1997년(대한민국 79)부터 개최한 전주한지문화축제는 2024년(대한민국 106)부터는 전주국제산업한지대전이라는 명칭을 함께 사용한다. 산업 관점 접근과 함께 국제화를 동시에 도모하는 것으로 보인다. 정원산업박람회나 약령시 한방 엑스포라는 명칭을 사용하는 것도 마찬가지다. 특히 우리나라 한지는 신라 시대에는 '계림지', 고려 시대에는 '고려지', 조선 시대에는 '조선지'라는 브랜드

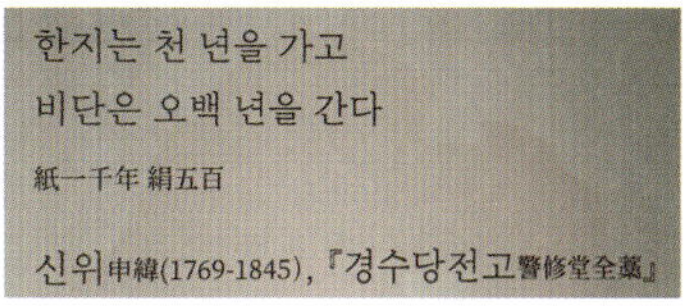

> 한지는 천 년을 가고
> 비단은 오백 년을 간다
> 紙一千年 絹五百
>
> 신위 申緯(1769-1845), 『경수당전고警修堂全藁』

〈그림 2-35〉 국립전주박물관에서 2024년 6월 2일 촬영

가 중국 등에 널리 알려져 있을 만큼 품질이 좋기로 유명하다. 중국은 주로 뽕나무 껍질을 이용하지만, 우리나라는 닥나무로 만들었기 때문에 1) 1천 년 이상 견디어 올 정도로 질기고, 2) 매끄러워서 먹물을 잘 받아 글씨와 그림 모두에 좋다고 한다. 이 중에서도 전주(완주)와 남원 종이가 가장 좋았다고 한다(김덕진, 2020: 183). 전주 토양은 화강암이 풍부해서 닥나무가 자라기 적합했고, 전주천에서 맑고 깨끗한 물을 손쉽게 구할 수 있어 한지 산업이 발달할 수 있었다. 그래서 전주는 고려 중기 이래 수백 년 동안 한국 대표적인 종이 산지였을 뿐 아니라 대규모로 판매되고 유통되는 종이 시장으로도 명성이 높았다. 앞에서 얘기한 것처럼 종이는 출판문화로 이어져 서울을 제외하면 지방에서 가장 많은 책을 찍어내는 등 완판본이 됐다. 지식산업 중심지가 된 것이다. 전주 한지는 전주 사람들이 가진 예술적 감각과 장인정신과 결합해 전주부채로

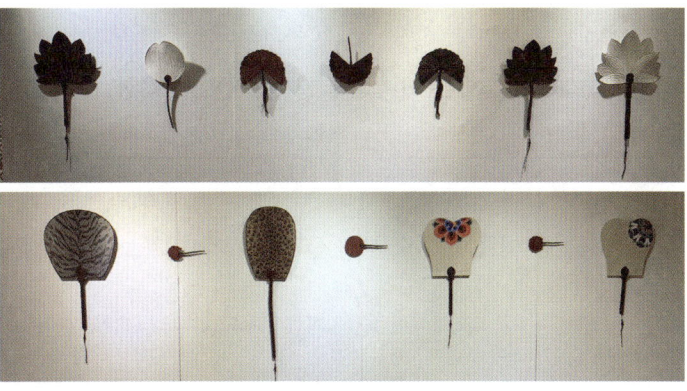

〈그림 2-36〉 전주부채박물관에 전시된 아름다운 부채들

이어진다. 전라감영에 선자청(扇子廳)을 만들어 단옷날 임금에게 올리는 진상품으로 부채를 만들기도 했다. '단오 선물은 부채요, 동지 선물은 책력이라'. 부채에는 8가지 미덕이 있어 팔덕선(八德扇)이라고 한다.[43] 전주 캐릭터 '맛돌이'와 '멋순이'는 전주부채 태극선과 합죽선을 의인화한 캐릭터다(전국지리교사모임, 2019: 302~305). 전주에 가면 한지 관련 건물들이 많다. 전주한지산업지원센터(경원동 소재), 전주전통한지원(풍남동 소재), 전주천년한지관(서서학동), 전주 한지박물관(팔복동 소재) 등이 있다. 한지포토문화공간인 지슴갤러리(풍남동)와 부채박물관(동서학동)도 있다. 완주 소양면에는 대승 한지마을도 있다. 한지는 현대에도 세계적인 경쟁력이 충분히 있다. 창의적인 기획으로 한지 활용 상품의 시장 매력도를 높일 수 있기를 기대한다.

여섯 번째, 정부 등에서 주관하는 특정 도시 선정 및 예산지원 확보와 연계하여 축제를 개최하고 지속하는 경우가 제법 있다는 점이다. 전주문화유산야행은 2023년(대한민국 105) 야간관광특화도시 선정이 계기가 되어 추진했다. 전주독서대전은 2017년(대한민국 99) 대한민국독서대전 개최지 선정 후 지속하고 있다. 전주예술난장은 2023년(대한민국 105) 동아시아문화도시로 선정된 결과다. 축제 개최를 위해 필요한 재정 지원을 받기 위함으로 보인다. 한편으로 안타까운 현실이지만, 다른 한편으로 보면 그만큼 문화적 자산이 충분하기에 가능했던 것으로 보인다. 전주가 가진 문화적 자산은 전주가 전라도 수부였다는 점이 크게 작용했을 것이다. 전라도 예인들이 보유한 수준 높은 기량이 빚어낸 것이 대사습놀이다. 여기로부터 세계소리축제, 조선팝페스티벌 등이 파생한다. 전북자치도 내에서 자라는 닥나무는 질 좋은 한지로 이어졌다. 이는 출판업 융성을 이끌고, 최고 부채 산지로 이어졌으며, 다시 한지문화축

---

43) 부채가 지닌 8가지 미덕은 1) 비를 가려 젖지 않게 해 주는 덕, 2) 파리나 모기를 쫓아주는 덕, 3) 바닥에 앉을 때 깔개가 돼주는 덕, 4) 여름날 땡볕을 가려주는 덕, 5) 방향을 가리킬 때 지시봉 구실을 하는 덕, 6) 사람을 오라고 시킬 때 손짓을 대신하는 덕, 7) 빚쟁이와 마주치게 됐을 때 얼굴을 가려주는 덕, 8) 남녀가 내외할 때 서로 얼굴을 가려주는 덕 등이다. 7)번과 8)번 덕은 애교스럽다.

제, 독서대전, 책쾌 등으로 확장됐다. 국제발효식품엑스포는 사실상 전라도가 자랑하는 맛깔나는 발효식품이 기반이 됐기 때문에 개최가 가능했을 것이다. 그리고 전라도 내 좋은 약재에 의한 약령시 한방 엑스포도 있다. 이런 의미를 보더라도 전주는 전북자치도 그 자체다.

이런 자산이 배경이 돼 전주는 2006년(대한민국 88) 한국전통문화 중심도시, 2010년(대한민국 92) 국제슬로시티, 그리고 2012년(대한민국 94) 유네스코 음식창의도시로 지정됐다.[44] 음식 창의도시로는 전 세계에서 콜롬비아 포파얀(Popayan, 2005년), 중국 청두(Chengdu, 2010년), 스웨덴 외스터순드(스웨덴어 Östersunds, 2010년)에 이어 4번째다. 전주가 음식 창의 도시로 선정된 배경에 대해 전북자치도 공식 블로그는 1) 전주비빔밥 2) 전주 콩나물국밥 3) 약 막걸리인 모주(母酒) 등 3가지 때문이라고 설명하고 있다. 이 중 전주비빔밥과 전주 막걸리는 각각 2007년(대한민국 89), 2024년(대한민국 106)에 축제로 거듭났다. 비빔밥은 우리나라 대표 음식으로 외국인들이 가장 선호하는 한국 전통 요리다. 전주비빔밥은 고급화된, 그리고 전주에서 특화된 비빔밥으로 이해하면 된다. 집에서도 쉽게 해먹을 수 있고, 전국 각지에도 고유의 비빔밥이 있었음에도, 전주비빔밥을 최고로 꼽는 이유다. 임금님 수라상에 전주비빔밥이 올라간 이유이기도 하다. 전주비빔밥에는 전주 미나리, 전주 또는 남원 황포묵, 무주, 진안, 장수 등 산악지대 산나물, 해안가에서 자란 다시마튀각 등에다 콩나물, 고추장 및 육회 등이 들어간다. 특히 미나리, 황포묵, 콩나물 등은 전주 10미[45] 중 하나로 전주비빔밥에서 빼놓을 수 없는 재료다. 전주비빔밥은 전

---

44) 유네스코 음식 창의 도시는 2024년(대한민국 106) 현재 56개 도시로 늘어났다. 전주에 이어 2023년(대한민국 105) 강릉이 추가됐다. 우리나라 유네스코 창의 도시는 2012년(대한민국 94) 가장 먼저 디자인 창의 도시(서울), 공예 창의 도시(이천) 등이 선정됐고, 이후 공예와 민족예술(진주와 김해), 미디어아트(광주), 영화(부산), 문학(원주, 부천) 등이 선정돼 총 12개 도시다. 음식을 포함해서 7개 전 분야에 걸쳐 가입 도시를 둔 세계 유일 국가이기도 하다.

45) 전주 10미는 1) 기린봉 일대 열무, 2) 교동(오목대) 황포묵, 3) 신풍리(팔복동) 애호박, 4) 서낭골(기린봉 밑) 파라시(감), 5) 소양(완주 소양면) 서초(담배), 6) 삼례(완주 삼례읍) 무, 7) 한내(전주천)

주 일원에서 나는 좋은 식재료가 있어야 제맛을 즐길 수 있다는 것이다. 즉 전주는 전라도에서 자라는 식재료들이 모이는 큰 도시여서 비빔밥 문화를 낳았다고 볼 수 있다는 것이다. 비빔밥 재료들이 모두 전주 고유 재료는 아니지만, 주변 지역에서 질 좋은 재료들을 쉽게 확보할 수 있었고, 전라도 부녀자들이 가지고 있는 뛰어난 음식 솜씨 덕분에 예전과는 다른 특화된 고급 비빔밥을 만들 수 있었다. 그러니 전주비빔밥은 고급화된, 그리고 특화된 비빔밥이다. 비빔밥은 그 자체로 커머닝(Commoning)이다.

콩나물국밥은 전주 사람들이 매일같이 접하는 일상이다. 전날 친구들과 기분 좋게 술 한잔하고 나면 다음 날 아침 전주 사람들은 으레 콩나물 국밥집을 찾는다. 조기 축구회에서 즐겁게 공을 차고 난 이후에도 콩나물국밥이다. 이후 모주 한 잔 걸치면 모든 숙취가 다 해소된다. 이러니 전주 사람들은 비빔밥보다 콩나물국밥을 전주를 대표하는 음식이라고 꼽는다. 콩나물은 전 세계에서 우리나라에서만 먹는다고 한다. 서양은 물론이고 중국이나 일본도 콩나물을 먹지 않는다. 숙주나물을 먹었을 뿐이다. 러일전쟁 때 러시아가 일본에 패한 이유가 해군의 비타민 부족 때문이라는 얘기가 있다. 김경은이 『집, 인간이 만든 자연』이라는 책에서 소개하고 있다. 채소와 과일을 공급받지 못한 러시아 군인은 각기병 등 각종 질병에 시달려 전력이 약해졌다는 것이다. 반면 일본은 콩나물을 재배해서 먹었기 때문에 각기병이 걸리지 않았다. 즉 러시아는 콩에서 단백질만을 섭취한 것인데 일본은 콩나물을 통해 비타민 C를 섭취할 수 있었다는 것이다. 씨앗 상태인 콩에는 비타민 C가 전혀 들어 있지 않지만, 싹이 튼 이후에 비타민 C가 생성되기 때문이다. 즉 콩이 싹 트면 단백질이 비타민으로 바뀌는 것이다. 이런 역사에도 일본에서는 콩나물을 즐겨 먹지 않는다. 우리나라에서만 콩나물을 먹은 이유를 온돌 문화와 연관 지어 해석하

게, 8) 한내 & 남천(전주천) 모래무지, 9) 선녀머(중화산동) 미나리, 10) 교동 콩나물 등이다. 조선 시대에 지정한 것이니 당연히 완주 지역을 포함하고 있다.

는 견해가 있다. 온돌로 지지는 따뜻한 구들목이 있어야 콩이 발아하는 것이기 때문이다. 세계 최고의 난방문화인 온돌 시스템은 콩나물이라는 신품종 채소 개발로 이어진 것이다.[46] 한의학에서는 콩나물과 같이 물만 주면 쑥쑥 자라는 힘을 '생발지기(生發之氣)', 즉 성장을 가져오는 원천이라고 한다. 또 콩나물 새싹을 '대두황권(大豆黃卷)'이라고 부른다. 대두황권을 말린 것이 한국 최고 구급약인 '우황청심원(牛黃淸心元)'을 만드는 주요 원료 중 하나다. 참고로 중국이 우황청심원을 흉내 내서 만든 것이 우황청심환(牛黃淸心丸)인데 우리 것과는 다르다. 우황은 소 쓸개에 질환이 생겨서 한데 뭉친 것이다. 나물에 대한 문헌상 최초 기록도 식용이 아니라 약용에 대한 것이라고 한다. 콩나물이 우황청심원 원료가 된 것은 힘줄이 당기는 증상을 치료하거나 근육이 뭉친 것을 풀어주는 효능이 콩나물에 있기 때문이다(김경은, 2021: 144~148). 콩나물은 김치와 함께 한국을 대표하는 필수 음식이다. 이런 콩나물로 국밥을 만든 것이 전주 사람들이 가진 창발성이다. 전주 사람들이 콩나물국밥을 얼마나 좋아하는지 알 수 있는 것 중 하나가 조리방법도 1) 남부시장 식과 2) 삼백집 식으로 나뉜다는 점이다. 수란(水卵)에 대한 처리와 육수 등에 대한 차이가 있다.[47] 물만 주면 쑥쑥 자라나는 콩나물 '생발지기'가 지역 내 모든 분야로 확산하기를 희망한다. 참고로 전주 음식문화로는 한정식과 민물고기 매운탕인 오모가

---

46) 콩나물은 전 세계적으로 우리나라만 먹는다고 한다. 일본은 습하기 때문에 콩나물을 먹지 않는다. 이 또한 우리나라 특유 온돌 문화와 관련이 있을 것이라는 반증이다. 그리고 볶거나 삶아 완전히 익히는 음식문화와 관련이 있다는 해석도 있다. 다른 나라는 거의 익히지 않은 상태에서 나물을 먹기 때문에 콩나물 대신 숙주나물을 먹는다는 것이다. 서양에서는 콩에서 콩나물이 되는 것을 보고 털이 있고 다리가 하나 달린 유령이 들어 있다고 생각해서 먹지 않았다고 한다. 여하튼 콩나물은 우리나라 특유 음식이다. 이 외 우리나라에서만 먹는 음식으로는 깻잎, 참외, 도토리묵 등도 있다(김혜인, 2020년 5월 20일자).

47) 수란은 달걀을 깨뜨려 수란 뜨는 기구인 '수란짜'에 담고 끓는 물에 넣어 흰자만 익힌 음식이다. 수란에 대한 처리에 있어 남부시장 식은 수란이 별도로 나오고, 삼백집 식은 계란을 국밥에 풀어 나온다. 육수에서도 남부시장 식은 오징어 육수이고, 삼백집 식은 따로 육수가 없이 콩나물 그 자체 맛에 충실하다.

리탕도 유명하다.

　모주는 막걸리를 이용해서 만든 탁주 종류 중 하나다. 주류로 분류되지만, 알코올 도수가 1% 내외여서 술인 듯, 술 아닌 듯, 술 같은 듯한 술이다. 모주 하면 대부분 전주다. 해남 고구마 모주, 장성 구선생 모주 등도 있다고 하나 미미하다. 전주 모주는 대추, 생강, 감초, 계피 등 한약재를 넣어서 색이 진하고 향이 강하다. 마치 수정과를 마시는 듯한데 일반적으로는 해장국을 먹고 해장술로 마시는 경우가 많다. 이때 해장국으로는 대개 콩나물국밥이다.

　마지막 특징은 지방자치제가 도입된 1995년(대한민국 77) 이후에 축제 수가 증가하고 있다는 점이다. 이전에는 단오제와 대사습놀이만 있었다. 단오제는 1949년(대한민국 31) '전주 시민의 날'로 시작했다가, 1967년(대한민국 49) 전주부성 남문인 풍남문 중건 200주년을 기념하여 풍남제로 바꾸어 진행했다. 2007년(대한민국 89)까지는 제49회 풍남제였던 것이 다음 해인 2008년(대한민국 50)부터는 제50회 단오제가 됐다. 대사습(大私習)놀이에서 시습놀이는 조선 숙종 때 마상 궁술대회와 영조 때 물놀이와 판소리, 백일장 등 민속 무예 놀이를 일컫던 말이다. 개인적으로 스스로 배우고 익혔던 것을 한데 모아 겨루면서 잔치를 벌이니 사습놀이다. 1732년(영조 8) 재인청(才人廳, 재인이나 광대들의 오락적 연예활동을 행정적으로 다스렸던 관청)과 가무 대사습청 설치에 따라 전주에 4개 정(亭, 활을 쏘는 정자)을 두면서 대사습놀이가 시작됐다고 한다. 이런 놀이와 음식문화는 그만큼 전주 지역이 가진 풍요로움과 넉넉함과 함께 특히 아전 등 향리에 의한 문화 예술적 수요가 있어 발전했다고 할 것이다. 물론 기층 민중 착취로 인한 모순도 숨어 있었을 것이다. 1975년(대한민국 57) 부활할 때는 판소리·농악·무용·시조·궁도 등 5개 분야였다가, 1983년(대한민국 65)부터는 판소리 분야가 명창부와 일반부로 세분되고, 기악·민요·가야금병창 등이 추가되어 9개 분야, 2010년(대한민국 92)에는 명고수부가 추가되어 총 10개 분야가 됐다. 우리나라 전통음악과 관련해서 수많은 대회가 있지만, 전주 대사습놀이가 가장 권위를 가진 국내 최고 대회라 할 것이다. 대사습놀이 역사와 전통은 현재에도 면면히 내려오고 있다.

축제는 광장문화다. 혼자 있는 공간인 밀실 문화와는 다르다. 최인훈(崔仁勳, 1934~2018, 병탄 25~대한민국 100) 소설『광장』에서 주인공 명준은 남과 북 사이 차이를 광장과 밀실에 빗대어 말한다. 남은 자기 자신만이 있는 공간인 밀실만 있고 광장은 공허한데, 북은 자신만이 있는 공간인 밀실도 보장하지 않는다는 것이다. 남에서 광장이 공허한 것은 자신 이익만 치중하고 다른 사람에 관한 관심은 적다는 것이고, 북은 밀실을 보장하지 않음으로 인해 개인이 가진 주체적인 역량에 대해 무시한다는 것이다. 소설은 1985년(대한민국 67) KBS 6.25 특집드라마 2부작으로 방영됐고, 1986년(대한민국 68) 백상예술대상 연출상을 받았다. 첫 문장은 '바다는, 크레파스보다 진한, 푸르고 육중한 비늘을 무겁게 뒤채면서, 숨을 쉰다'로 시작한다. 이 소설에서 가장 유명한 글귀이기도 하다(최인훈, 2014: 23). 쉼표 3개가 인상적이다. 광장은 영어로는 스퀘어(Square), 스페인어로는 플라자(Plaza), 이탈리아어로는 피아짜(Piazza), 독일어로 플랫츠(Platz), 그리스어로는 아고라(Agora)다. 서양에서 도시의 모든 길은 광장으로 통한다. 따라서 광장에서 사람들이 자연스럽게 마주치게 도시가 설계돼 있어 광장 문화가 매우 발달했다. 광장에서 모든 사람이 모이기 때문에 마녀사냥을 하던 곳도 광장이고, 기요틴 등으로 죄수를 처형하는 곳도 광장이다. 반면 동양에서는 광장이 그리 크게 발달하지 않았다. 대신 개념이 약간 다른 시장(시골에서는 장터)에서 모든 만남과 어울림이, 그리고 탄핵과 죄수 처형 등이 이루어졌다. 시장에서 시는 도시(都市. 도읍 도, 저자 시)를 말하는 시다. 조선에서도 상업상 거래가 활발해지면서 장시(場市)가 발달했다. 보통 5일마다 열리던 사설 시장이다. 보부상이라는 행상이 있어서 농산물, 수공업 제품, 수산물, 약재 따위를 유통했다. 장이 서려면 당연히 넓은 마당이 필요했고, 그 넓은 마당에 파는 사람, 사는 사람만이 아니라, 볼거리를 보여 주는 사람, 이를 구경하는 사람 등이 모여들었다. 장터는 서양에서 광장과 같은 역할을 했다. 장날에는 장터 국밥이 있었다. 김진애는 광장이 사람을 매혹하는 이유로 1) 공간감, 2) 찬란함, 3) 수많은 사람의 존재, 4) 다양한 활동들의 체험을 꼽는다. 그리고 그에게 광장은 도시의 특징인 익명성을 잠시나마 잊게 만드는 공간이다. 함께 공유하는 그 무엇이 있음을 잠시나마 믿으면서, 그 열린 공간에서 같이 할 때 우러나온 마음, 이를 '광장 정신'이라고 한다. 그리하여 '광장 정신'은 시민 정신이 된다(김진애, 2019: 42~59). 2002년(대한민국 84) 서울시청 광장에서 함께 했던 월드컵 응원, 2016년(대한민국 98) 광화문 광장에서 보여 준 도도한 촛불 항쟁 또한 광장 정신의 연장선에 있다. 촛불 혁명은 2024~2025년(대한민국 106~107)에 응원봉 빛의 혁명으로 바뀌었다. 동학농민혁명으로부터 출발한 우리나라 민중항쟁 역사가 빛의 혁명으로 완성되는 느낌이다. 전주에서도 축제가 증가하는 만큼 역동적인 광장문화도 커지고 있다. 광장문화는 시민이 가진 창발성과 어우러져 한층 강화된 새로운 역동성으로 이어질 것이다. '한바탕 전주!'로, '세계를 비비고', 나아가 '다시 전라도 수도로' 거듭나기를 기대한다.

그럼 이제 전주는 어떤 분야에 특히 중점을 두어야 할까? 전주는 전라도 수부였기 때문에 모든 사람·돈·물자가 모이고, 다시 새로움과 다양함으로 변이되고, 그리고 새로움과 다양함 중에서 선택하는 과정이 그간 성공방식이었다. 이런 성공방식을 통해 수많은 문화 콘텐츠와 풍성한 인문자산이 현재까지 살아남았다. 도시진화학이다. 지금도 마찬가지다. 현시점 환경에서 가장 우월한 문화 유전자를 자연선택하는 과정이 필요한 것이다. 먼저 한옥마을이다. 사람들은 한옥마을을 사랑한다. 아니 사랑할 수밖에 없다. 문화경관이 뛰어나기 때문이다. 가장 많은 한옥이 800여 채나 남아 있고, 풍남문(보물 제398호)과 경기전이 풍취를 더해 준다. 태조 이성계와 관련된 이목대(梨木臺)와 오목대(梧木臺)도 있다.[48] 로마네스크 양식을 보여 주는 전동성당은 근대 공간이어서 조선 시대로만 국한되었다면 뭔가 허전했을 한옥마을의 균형을 바로잡아준다. 『혼불』 작가 최명희 문학관, 동학혁명기념관 등 볼거리가 참 많이 있다. 특히 한옥마을이 만들어지게 된 스토리도 좋다. 서울 한옥마을은 1930년대 한옥을 대량으로 지어 분양한 주택일 뿐이다. 마치 아파트 공급처럼 말이다. 반면 전주 한옥마을은 일본인이 도시를 침탈하는 것에 대한 맞대응 성격이다. 민족자존 차원에서 시작된 한옥 건설이니 더욱 의미 있다. 그래서 사람들이 많이 찾아온다. 전통적인 아름다움에 젖어 한복으로 갈아입고 사진도 찍고, 맛있는 것도 먹고, 재미있는 것들을 찾아 즐기기도 한다. 연합뉴스 보도에 따르면 2023년(대한민국 105) 한 해 한옥마을을 방문한 관광객 수는 1500만 명이 넘었다고 한다. 2022년(대한민국 104) 1130만여 명에 비교해 36% 증가한 숫자다. 그리고 외국인 관광객이 1만 5천여 명에서 7만 4천여 명으로 5배 가까이 증가하였다(김동철, 2024년 3월 4일 자). 외국인이 증가하고 있다는 점은 특히 주목할 부분이다. 전주는 서울을 능가하는 가장 한국적인 도시여서 가장 세계적인 도시가 되기에 충분하다.

하지만 문제는 한옥마을에 그치고 있다는 점이다. 전북자치도 내 다른 문화유산들과 연계를 통한 수평적 확장이 필요하다. 전주 한옥마을을 들르고 완주 오성 한옥마을도 함께 보거나, 제대로 된 한옥을 보기 위해 정읍 산외면 김명관 고택을 찾는 경로도 만들 수 있다. 구례 운조루(雲鳥樓)나 논산 명재 윤증(明齋 尹拯, 1629~1714, 인조 7~숙조 40) 고택과 연계해도 좋다. 통영-대전고속도로 육십령 터널을 넘어 경남 함양 지곡면에 있는 개평 한옥마을에 가서 일두 정여창(一蠹 鄭汝昌, 1450~1504, 세종 32~연산군 10) 고택에서 하루를 묵어도 좋다. 정여창 고택은 드라마 〈토지〉, 〈다모〉, 〈미스터 션샤인〉, 〈슈룹〉, 〈정년

---

48) 이목대는 이성계의 4대조 목조 이안사(穆祖 李安社, 1204~1274, 고려 신종 7. 희종 즉위~원종 15. 충렬왕 즉위년)가 살았다는 곳이다. 오목대는 이성계가 황산대첩에서 승리한 후 축하연을 한 곳이다. 이곳에서 전주 이씨 종친들과 함께 잔치를 벌이면서 흥에 겨워 한고조 유방이 불렀다는 대풍가(大風歌)를 불렀다고 한다. 역성혁명을 통한 천하 제패를 하고 싶은 흉중을 드러낸 것이다.

이〉 등 촬영지이기도 하다. 최명희 문학관은 조정래 소설을 바탕으로 한 김제 아리랑 문학관이나 군산 채만식(蔡萬植, 1902~1950, 대한제국 광무 6~대한민국 32) 문학관 또는 익산 가람 이병기(嘉藍 李秉岐, 1891~1968, 고종 28~대한민국 50) 선생 생가와 고창 미당 서정주(未堂 徐廷柱, 1915~2000, 병탄 6~대한민국 82) 선생 생가와 연결하는 것도 좋다. 아예 소설 『혼불』 배경이자 서도역이 있는 남원 사매면 노봉마을이나, 지리산을 배경으로 한 다른 소설들과 묶는 여행코스도 좋다. 동학농민혁명 당시 맺은 전주 화약 스토리를 엮어 풍남문 일대만이 아니라, 무장기포 현장인 고창 무장읍성, 최초 승전지 정읍 황토현 기념관, 부안 백산대회 현장인 백산을 엮어 함께 보는 것도 가능하다. 1791년(정조 15) 한국 교회 최초 순교자인 윤지충, 권상연 순교현장인 전동성당을 전국 다른 천주교 성지와 함께 묶는 노력도 좋다. 이를테면 스토리가 있는 관광코스를 전주를 중심으로 설계하자는 것이다. 스토리 투어리즘이다. 사이사이 영화나 드라마 촬영지도 포함하는 것도 좋다. 콘텐츠 투어리즘이다. 한옥마을에 국한하지 않고, 다른 지역 스토리, 콘텐츠와 연계하는 것은 결국 전주 한옥마을을 더 많이 찾게 되는 선순환 고리로 이어질 것이다.

전주에서도 한옥마을만으로는 부족하다. 여러 공간이 필요하다. 가장 주목해야 할 곳은 고사동 일대 객리단길 또는 '영화의 거리' 부근이다. 이 일대는 전주 객사(客舍)인 풍패지관(豊沛之館, 보물 제583호)이 있어 서울 경리단길 이름을 빌려 객리단길이라고 부른다. 객사+경리단길이다. 특히 전주 객사는 중요하다. 조선 시대 각 고을 문화경관을 구성하는 것에 있어 꼭 필요한 장소 2군데가 하나는 향교, 다른 하나는 객사라는 점을 고려하면 객사의 중요성을 알 수 있다. 조선 시대 고을 지도를 보면 수령이 관장하는 동헌과 함께 향교와 객사는 필수적으로 그려져 있다. 이 두 곳은 자기 고을 정수라고 판단해서 그린 것이어서 랜드마크 성격으로 기능했다. 조선 정부는 '1읍 1교 원칙'에 따라 모든 고을에 향교를 세웠다. 1967년(대한민국 49) 1월 1일 도서벽지에서도 의

무교육을 진흥하기 위해 작은 섬까지 초등학교를 지어 운영했던 것과 유사하다. 대한민국은 이를 위해 도서벽지교육진흥법까지 제정했다. 향교에서 소과(小科)를 준비하여 통과하면 한성으로 올라가 성균관에서 대과(大科) 준비를 하는 구조였다. 또 다른 필수공간 객사는 객관(客館)이라고도 한다. '손님 객(客)' 자가 들어가서 고을 차원에서 맞이하는 손님(예컨대 중앙정부 관료 등)을 모시는 집 정도로 치부하기 쉽다. 하지만 이는 부차적인 것이고, 가장 중요한 기능은 전패[殿牌]. 대한제국 이후부터 궐패(闕牌)를 안치하는 것에 있다. 전패는 임금, 궐패는 황제를 상징한다. 각 고을 수령은 매월 초하루와 보름 및 왕 탄신일 등에 객사에 모셔진 전패에 절하는 망궐례(望闕禮)를 행한다. 그리고 고을을 떠났다가 돌아올 때 반드시 전패에 문안례를 올렸고, 임지에 새로 부임할 때도 전패에 배례하는 것이 순서였다. 단순한 숙소 의미 그 이상이다. 조선은 객사라는 공간을 통해 강력한 중앙집권을 다지고 확장해 나간 것이다. 즉 조선이 500여 년 이상 존속할 수 있었던 핵심적인 기제 중 하나가 객사. 이 중에서도 가장 대표적인 것이 조선 본향인 전주 객사다. 전국 곳곳에 있는 객사 중 가장 먼저 보물로 지정되었던 이유이기도 하다.[49] 이런 의미 및 상징 등을 고려할 때 전주 객사를 국보로 하는 것도 좋을 것이다.

전주 객리단길 일대가 의미 있는 것은 객사에서 풍남문으로 이어지는 길(전라감영로)에 2020년(대한민국 102) 복원한 전라감영이 있고, 또한 반대편으로는 '영화의 거리'가 있다는 점이다. 전주를 상징하는 신구 문화경관을 한꺼번에

---

49) 고을 객사는 제법 남아 있는데 국보로 지정된 것은 없다. 여수에 있는 전라좌도 수군절도영 객사 진남관(鎭南館, 국보 제304호), 통영 삼도수군통제영 객사 세병관(洗兵館, 국보 제305호)은 군사행정기관인 진영 객사다. 북한에는 고을 객사 중 성천도호부 객사 동명관(東明館, 북한 문화유물 제32호)이 국보다. 보물에는 풍패지관 외 나주목 객사 금성관(錦城館, 보물 제2037호), 청송군 객사 운봉관(雲鳳館, 보물 제2049호), 안성현 객사 정청(보물 제2155호), 거제현 객사 기성관(岐城館, 보물 제2158호) 등이 있다. 모두 각 고을 별칭을 객사 이름으로 사용했지만, 전주 객사 풍패지관이라는 이름만큼 웅대하지 않다. 게다가 사이에 '갈지(之) 자' 한 자가 더 있어 그 위엄을 더한다. 객사는 아니나 강릉도호부 객사인 임영관(臨瀛館)으로 들어가는 삼문(三門)이 국보로 지정(제51호)돼 있다.

〈그림 2-37〉 전주 영화의 거리

① CGV 전주 고사점
② 메가박스 전주 객사점
③ 조이엔시네마 전주
④ 전주 시네마타운
⑤ 전주디지털독립영화관 및 전주 영화비
⑥ 전주 국제영화제 행사장
⑦ 옛 삼남극장 터
⑧ 옛 코리아극장 터

볼 수 있다. 그리고 객사와 함께 감영이 조선 시대 위치에 그대로 자리하고 있는 곳은 전주가 유일하다. '영화의 거리'에는 지금도 극장이 4개나 밀집해 있다. 이것이 기반이 되어 전주에는 영화 관련 축제를 3개 개최한다. 가장 유명한 전주국제영화제는 '디지털', '대안', '독립'이라는 키워드를 가지고 2000년(대한민국 82)에 시작했다. 국내에 영화제를 개최하는 지역이 많지만, 오래된 전통 극장가에서 영화제를 개최하는 곳은 거의 없다. 제일 오래된 부산국제영화제는 새로 조성한 센텀 시티를 활용한 것이지, 전주와 같은 전통적인 극장가와는 다르다. 그러니 전주 '영화의 거리'는 독보적이다. 특히 영화는 종합예술로서 이로 인한 파급효과가 막강하니, 전주 국제영화제를 크게 살리는 것은 예향 전주 위상을 크게 돋보이게 할 것이다. 따라서 도민 전체의 영화 사랑이 뒷받침돼야 한다. 영화 사랑이 실수요로 이어져 극장 관객이 늘어난다면, 영화제 앞날도 창창할 것이다. 리처드 플로리다(Richard Florida, 1957~, 대한민국 39~)는 창조계급 유인이 창의 도시를 만든다고 했다(플로리다, 2008: 52~57). 창조계급이 선호하는 라이프스타일인 삶의 질, 개방성, 도시 문화를 즐길 수 있는 곳. 축제 도시 전주의 미래다. 객사 중심 앞뒤로 새로운 문화공간을 확산하고, 이것을 구도심 전체로 확대한다면, 가장 한국적인 도시 전주로 거듭날 것이다. 한옥마을의 수평적 확장이다. 마치 인사동에서 시작하여 북촌 한옥마을 ⇨ 삼청동 ⇨ 서촌 ⇨ 익선동으로 이어진 것과 유사하다. 가장 한국적인 전주는 가장 한국적인 전북자치도다. 전주는 전북자치도 그 자체이기 때문이다. 전주는 원융회통 공간이자 플랫폼이다. 플랫폼 참여자 모두에 혜택이 돌아간다. 플랫폼 경제가 우리에게 알려준 미덕이다.

익산: 한국의 메소포타미아 지역(금강과 만경강 사이, 웅포에서 춘포까지)에서 유라시아 대륙철도 출발역으로

익산은 고려 시대 익주였다. 익주는 풍성함을 더하는 땅이라는 의미다. 조선에 들어와 1413년(태종 13) 지방 제도를 정비할 때 20여 개 큰 고을을 제외하고 작은 고을은 주(州)라는 지명에서 천(川)이나 산  (山) 등으로 바뀌었다. 이때 인주는 인천으로, 울주는 울산으로, 익주는 익산으로 바뀌었다. 해(海)로 바뀐 곳도 있는데, 금주가 김해로 바뀌었다. 해당 지역을 나타내는 가장 특징적인 지형을 본떠 붙인 것으로 보인다. 같은 바닷가 부근임에도 서해 쪽은 인천으로, 동해 쪽은 울산으로, 남해 쪽은 김해로 바뀐 것

〈그림 2-38〉 배산 정상 연주정(聯珠亭)에서 바라본 익산 동서남북

이 재미있다. 당시 사람들의 바다와 강에 대한 생각, 그리고 읍치 위치 등이 영향을 미치지 않았을까 한다. 현재 익산 시가지는 대부분 낮은 평지여서 가장 높은 산[배산(盃山, 86m)]도 100m가 채 되지 않는다. 산이라고 부르기에도 낮은 곳이다. 〈그림 2-38〉은 배산 정상에 있는 연주정(聯珠亭)에서 바라본 익산 동서남북이다. 익산 시가지에 산이 거의 없음을 확인할 수 있다. 산도 없는 지역인데 왜 익산으로 부르는지 궁금하다. 비밀은 오른쪽 위 사진에서 멀리 보이는 미륵산에 있는 것으로 보인다. 조선 시대 익산군 읍치는 금마면 동고도리, 즉 미륵산과 미륵산 줄기 용화산 아래에 있었기에 익산이 된 것으로 생각한다.

현재 익산 시가지 일대는 고려 시대 이래 옥야현이었다고 얘기한 바 있다. 만경강에서 바라보면 푹 싸인 곳에 있어 속에 있다는 의미에서 속리(또는 숍리, 속에 파묻혀 있는 마을) 이름으로 불리던 곳이었다. 여기에 호남선 기차역이 들어서고, 마을 이름 속리를 한자로 바꾼 이름이 이리(裡里)다. 옥야현은 전주에 직접 속한 고을이기도 했지만, 주로 속현으로 있었다. 옥야현은 1906년(대한제국 광무 10) 월경지 정리 정책에 익산군에 편입됐다. 이후 1914년(병탄 5) 일제는 부군면(府郡面) 통합 정책 시행으로 조선 시대 여산도호부, 함열현, 용안현(당시는 1894년 갑오개혁으로 각각 여산군, 함열군, 용안군)을 익산군에 통합했다. 이런 점에서 보면 현재 익산은 조선 시대 5개 고을이 합해진 곳이다. 이렇게 5개 고을이 통합된 곳은 전국에서도 매우 드문 경우다.

익산은 현재 1읍 14면 14동이다. 1읍은 함열읍이고, 예전 함열현 관내였다. 함열현은 지금의 함열읍을 포함하여 성당면·웅포면·함라면·황등면 일대를 포함한다. 용안현은 용안면과 용동면 일대다. 익산군은 금마면·삼기면·왕궁면·춘포면 일대다. 여산도호부는 여산면·낭산면·망성면과 충청남도 논산시 강경읍 일부와 연무읍 상당수를 포함한다. 오산면과 시내 14동은 대체로 옥야현 관내였다. 통합 익산은 면적이 507.1km²이다. 전북자치도 내에서 익산보다 면적이 작은 곳은 순창(495.8km²), 부안(493.5km²), 군산(377.7km²), 전주(205.5km²) 정도다. 순창이나 부안은 조선 시대에도 순창군, 부안현이었고, 군산은 임피현과 옥구현을 합한 지역이다. 익산은 그리 크지 않은 면적임에도 5개 고을이 합한 곳이니, 이 일대가 얼마나 사람들이 살 만한 곳이 많았는가를 간접 확인할 수 있다. 농사짓기 좋고, 너른 땅을 가지고 있었으니, 사람들이 많이 모여 살았을 것이다. 그리고 바다로부터 약간 떨어져 있어 바닷물에 의한 농사 피해 우려도 적었을 것이다. 게다가 익산은 금강과 만경강 사이에 위치하여 농사짓기에 필요한 물 공급에 있어 그리 큰 걱정이 없었을 것이다. 물론 당시는 관개시설이 제대로 구축되어 있지 않은 상태여서 농사지을 땅이 지금보다는 훨씬 적었을 것이다. 그러함에도 확률적으로 농사지을 땅이 많았을 것이라는 추정은 가능하다. 익산이 금강과 만경강 사이 비옥한 땅이라는 점은 마치 비옥한 초승달 지대, 메소포타미아 지역을 연상케 한다. 메소포타미아는 '중간'을 뜻하는 '메소스'와 '강'을 뜻하는 '포타무스'를 합해 만들어진 단어로 '두 강 사이'라는 말이다. 지금 이라크 지역을 관통하는 유프라테스강(유

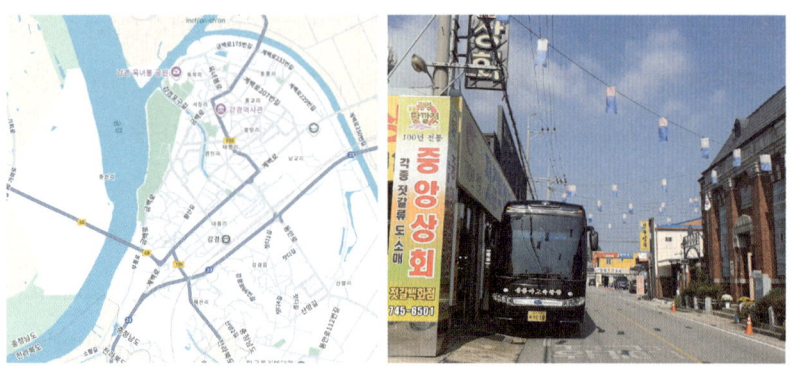

〈그림 2-39〉 강경포구와 강경읍내

로 길이 2800km, 유역면적 500,000km²)과 티그리스강(유로 길이 1900km, 유역면적 375,000km²) 사이에 있어 메소포타미아라는 것이니 익산은 메소포타미아다. 세계적으로 가장 큰 메소포타미아는 중국 황허강(유로 길이 5465km, 유역면적 944,970km²)과 양쯔강(유로 길이 6300km, 유역면적 1,808,500km²) 사이일 것이다. 이른바 중원이다. 물론 이 정도 큰 스케일에 비할 바 아니지만, 당시 사람들 눈에는 금강과 만경강 사이는 충분히 매력적인 땅이었을 것이다.

익산이 메소포타미아 지역이라는 점은 대표적인 포구 2개로 표상할 수 있다. 북쪽 금강 쪽으로는 웅포면 웅포(熊浦)가 있고, 남쪽 만경강 쪽으로는 춘포면 춘포(春浦)가 있다. 우리말로는 각각 곰개와 봄개다. 웅포는 금강 중류 지역 공주를 달리 부르는 웅진(熊津)과 다르다. 웅포는 바다로 이어지는 뱃길이어서 웅포이고, 웅진은 강 이쪽저쪽을 연결하는 것에 불과한 나루여서 웅진이지 않을까 생각한다. 금강은 장수 뜬봉샘에서 출발하여 세종까지 올라갔다가, 왼쪽으로 돌아 공주·부여를 지나, 논산 강경지역에서 바다로 본격 여정을 시작한다. 강경은 바닷길로 통하는 최초 포구인 강경포(江景浦)가 있는 곳이다. 지금은 크게 쇠락했지만, 예전에는 매우 큰 포구였다. 서해를 통해 한양까지 연결하는 뱃길의 기항지였기 때문이다. 지금도 강경 젓갈은 아주 유명하다. 〈그림 2-39〉 왼쪽 사진을 보면 익산 바로 위쪽이라는 점을 확인할 수 있다. 금강 본류로 흘러들어오는 물길은 논산천이다. 이 그림만 보면 전북자치도로 편입되더라도 전혀 어색하지 않을 정도다. 오른쪽 사진에는 젓갈을 파는 상점이 있고, 맞은편에는 1913년(병탄 4)에 지어진 일본식 옛 한일은행 강경지점 건물이 보인다. 강경은 일제 강점기까지 매우 큰 도회지로 성장했으나, 군산항 역할이 줄어들면서 함께 쇠락해 지금은 명맥만 남아 있다.

강경포로부터 출발한 배들은 군산과 서천 사이에 있는 진포를 지나 서해로 나간다. 웅포는 강경포와 진포 사이에 있는 중간 기착지다. 한때는 강경포를 위협할 만큼 큰 포구로 성장하기도 했으나, 철도 개통에 따라 다른 포구들과 함께 쇠락했다. 지금은 자전거길이 조성돼 있고, 황포 돛대를 운영하고 있으며, 캠핑장도 있다. 덕양정 낙조가 유명해 웅포 곰개 나루 해넘이 축제를 한다. 이중환도 강경포-웅포-진포로 이어지는 입지에 대해 잘 설명하고 있다(이중환, 2018: 178).

> 공주 동쪽은 물이 얕고 여울이 많아 배가 통행하지 않는다. 부여와 은진에서 비로소 바닷물이 들어오고 나가기 때문에 백마강 이하의 진강 일대는 모두 배가 오감으로써 생기는 이익을 거두고 있다. 「복거론」 '생리' 조

공주 동쪽 물은 지금 금강을 말한다. 금강은 공주를 지나, 부여·은진·익산을 거쳐, 서천과 군산 사이를 통해 서해로 나아간다. 그리고 금강은 공주에서는 웅진강, 부여에서는 백마강, 서천과 군산 사이는 진강으로 불렸다. 바닷물이 들어온다는 은진은 조선 시대 은진현이고, 강경포는 은진현 바로 옆이니 백마강 포구로 기능했다. 백마강은 강경포를 지나면서 진강이 되었고, 진강에는 웅포와 진포가 있어 배를 통한 교역 거점으로 활용된 것이다.

춘포는 만경강에서 바다로 향한 첫 기항지다. 조선 시대에는 나루로서 역

할을 했지만, 일제 강점기 때에는 춘포역이 만들어져 이 일대 쌀 수탈 기지로서 역할이 컸던 곳이다. 쌀 탈취를 위한 일본인 농장과 이주민 촌락이 들어서며 마을이 형성되어 전체 주민 10%가 일본인이었다고 한다. 일본인은 마을을 '대장촌(大場村)'이라고 불렀고, 그 중심에 있었던 마을을 중촌(中村)이라 했는데, 지금도 옛 이름을 그대로 쓰고 있다. '대장촌'은 큰 농장이 있는 마을을 의미한다. 이 큰 농장에 있었던 일본식 목조 농장가옥, 일본식 정원을 그대로 간직한 김성철 가옥, 쌀을 정미했던 공장 등이 옛 일제 침탈 흔적을 지금도 여실히 느낄 수 있다. 1905년(대한제국 광무 9) 초기 교회(지금 대장교회)가 들어섰던 곳이기도 하다.

웅포와 춘포 사이에 있는 익산은 이름과 달리 산이 거의 없는 평야 지대다. 함열현, 용안현 및 전주 속현이었던 옥야현 등이 여기에 해당한다. 여산도호부 등 익산 동부 지역에 일부 산이 있으나, 이 또한 가장 높은 산이 천호산(天壺山)으로 500m에 불과하다. 이중환은 이 지역을 지리, 생리 및 산수 측면에서 한강 유역에 버금가는 살 만한 땅으로 언급하고 있다(이중환, 2018: 255~256). 한양과 가깝고, 토질이 기름져서 농사짓기에 좋고, 교역에도 유리하다는 것이다.

오직 부여 아래쪽은 남쪽으로는 은진까지, 서쪽으로는 임피까지 물가에 자리 잡은 마을이 많다. 마을들이 삼남의 중심인 데다 한양과 멀리 떨어져 있지 않다. 들이 가깝고 토질이 상당히 기름져서 농사를 지을 만한다. 메벼와 찰벼가 나고 주민들은 모시와 삼베, 물고기와 게를 팔아 이익을 얻는다. 남쪽과 북쪽에서 운송되는 물산을 받아서 강과 바다의 배들이 모여드는 집산지이기도 하다. 한강 유역 이외에는 오직 여기가 살 만한 땅이다. 「복거론」 '산수' 조 '강가의 주거지' 편

현재 웅포면과 춘포면 사이에는 함열읍이 있다. 조선 시대에 함열읍과 함라

면, 황등면 등은 함열현이었다. 이 일대에서 가장 유명한 것은 황등석이다. 미륵사지 석탑 및 왕궁리 5층 석탑을 만들 때 사용한 바로 그 화강암이다. 풍부하고 질 좋은 황등석은 우리나라 최초 석탑인 미륵사지 석탑이 만들어진 배경이다. 앞서 얘기한 바 있듯이 미륵사지 석탑은 목조건물 건축방식을 적용했기 때문에 석재를 나무처럼 다룰 수 있을 만큼 정교한 가공기술이 필요했다. 따라서 지금도 우리나라 석공 대부분이 익산 황등면 출신이라고 할 정도다. 빙허 현진건(憑虛 玄鎭健, 1900~1943, 대한제국 광무 4~병탄 34)이 쓴 소설 『무영탑(無影塔)』에서 무영탑(석가탑)을 만들기 위해 신라로 간 아사달과 정혼자 아사녀 또한 황등 사람일 것이라고 한다. 물론 아사달과 아사녀는 소설 속 인물이다. 게다가 소설에서는 부여 사람으로 언급돼 있다. 그러함에도 황등 사람이라 추정하는 것은 그만큼 이 일대 사람들이 보유한 석공 기술이 뛰어났기 때문에 황등 사람이 아니고서는 설명할 수 없다는 것이다. 현진건은 백제로부터 신라로 넘어가 황룡사 9층 목탑을 만들었다는 아비지를 염두에 두고 창작하다 보니 부여라고 언급할 따름이라는 것이다. 함열읍에는 이를 염두에 두고 작지만 정겨운 '아사달 공원'과 '돌 숲 공원'이 조성되어 있다. 백제 석재 가공기술은 현대로 이어져 익산을 보석의 도시로 탈바꿈하게 한다. 1970년대 익산은 수출자유지역으로 지정됐고, 익산 귀금속 보석공단이 조성된다. 보석이 나오는 지역이 아님에도 공단이 조성된 것은 석재 가공기술이 뛰어난 점을 염두에 뒀을 것으로 추정한다. 1998년(대한민국 80) IMF 이후 보석 가공산업은 침체기를 겪게 된다. 인건비가 싼 동남아로 공장이 이전하고, 기술자는 고임금을 주는 일본 등으로 진출했기 때문이다. 그러함에도 국내 유일 보석박물관이 있고, 매년 보석 대축제가 열린다. 황등 육회비빔밥 또한 유명하다. 흔히 전주비빔밥, 진주비빔밥과 함께 전국 3대 비빔밥 중 하나라고 평가한다. 그리고 호남 3호라고 하는 김제 벽골제(碧骨堤), 정읍 눌제(訥堤)와 함께 황등제(黃登堤)가 있었던 곳이기도 하다. 반계 유형원(磻溪 柳馨遠, 1622~1673, 광해군 14~현종 14)도 『반계수록(磻溪隧錄)』에서 이 제방 3개를 '나라 안에서 가장 큰 제언이자 가장 중요한 조세 근원'으로 밝혔다. 저수지가 있어야 농사를 짓고, 농사를 잘 지어야 세금을 걷을 수 있으므로 근원이라 표현한 것이다. 황등제는 2019년(대한민국 101) 조사에서 기원전 5~3세기에 축조되었다는 것이 밝혀질 만큼 아주 오래된 수리시설이다. 지금은 그 둑을 따라 도로가 나 있지만, 형태는 확인할 수 있다. 웅포와 춘포 사이에 있는 또 다른 평야 지역 용안현은 지금의 용안면과 용동면 일대이니 매우 작은 현이다. 조선 시대 전라도 56개 고을 중에서도 가장 작았다. 실제 1789년(정조 13) 호구총수에 따르면 5625명으로 전라도에서 인구가 가장 적다. 당시 전주가 72,505명이었으니 8%에도 미치지 못한다.

웅포와 춘포 사이, 즉 대한민국 메소포타미아 지역은 뛰어난 입지로 한 나라에서 도읍이 된 역사가 많다. 이때 도읍지는 모두 조선 시대 익산군 지역이다. 가장 먼저는 마한 도읍지다. 이익이 쓴 『택리지』 서문에도 '호강(虎康, 기자조선의 마지막 임금인 기준의 시호)이 바다를 건너 마한으로 들어간 뒤로는 정통이 남방으로 옮겨 갔다'라고 언급하고 있다(이중환, 2018: 27~28). 이 내용은 이중환이 쓴 『택리지』 본문에도 있다(이중환, 2018: 42).

> 이후에 기자가 중국을 떠나 조선에 봉해져 평양에 도읍하였다. 그의 후손인 기준은 진나라 초엽에 연나라 사람 위만(衛滿)에게 쫓겨 바다에 배를 띄워 전라도 익산군으로 도읍을 옮기고 국호를 마한이라 하였다. 기씨의 나라 마한의 경계는 역사책에 자세히 밝혀져 있지는 않으나 진한, 변한과 함께 나라를 유지하여 삼한을 이루었다. 「팔도론」 '팔도론 서설'

기자가 평양에 도읍한 조선은 기자조선이다. 진나라 초엽이라고 하면 진시황이 중국을 통일했을 때를 의미한다. 연나라 사람은 지금 북경 일대인 연(燕)

지역인데, 이 지역 사람 위만에 의해 기자조선은 위만조선으로 바뀐다. 그리고 기자 후손인 기준이 익산으로 내려와 마한을 세웠다는 것이다. 마한은 삼한 중 가장 세력이 컸고, 54개 소국이 있었다고 한다. 정확한 역사 기록이 없어 설왕설래하고 있지만, 이중환이 적은 내용이 맞을 것으로 생각한다. 기록과 무관하게 기억은 오래가기 때문이다. 당시 한반도에 살던 사람들 기억 속에 계속 각인되어 있었기 때문에 줄곧 이어져 왔을 것이다. 실제『고려사』나『제왕운기』에도 관련 기록이 있다고 하는데, 이 또한 기억을 반영한 것으로 생각한다. 여하튼 이런 기억이 이어져 내려와 이익에게도, 이중환에게도 전해진 것이다. 다만 마한이 자체 기록한 역사서가 없어 확정적으로 얘기하지 못할 따름이다. 이후 익산은 또 한 번 도읍이 된다. 물론 이 또한 설왕설래가 많다. 백제 30대 무왕(武王. ?~641, 재위 600~641)이 왕궁면 일대에 왕궁을 만들고 도읍을 옮겼다는 백제 도읍설이다. 왕궁이라는 것에는 대체로 동의하면서도 도읍이었는가 하는 것에 대해서는 논란이 있다. 세 번째 도읍설은 신라가 통일 후 보호국 또는 자치국 형태로 세운 보덕국(報德國. 674~683, 문무왕 14~신문왕 3) 도읍지라는 것이다. 신라는 통일 후 고구려 마지막 왕 보장왕(寶藏王. ?~682) 외손인 안승(安勝, ?~?)을 보덕왕으로 세워 고구려 유민 등을 익산으로 이주시켰다고 한다. 익산 네 번째 도읍설은 후백제 견훤과 관련이 있다. 견훤은 무진주(지금 광주)에서 독자 세력을 천명하고, 900년(신라 효공왕 4) 전주에서 후백제를 개국한다. 그러함에도 견훤이 익산에서 '왕궁리 5층 석탑 축조' 내지 '미륵사탑 개탑(開塔)' 등을 했다는 얘기가 전해온다. 마한 및 백제 정통성과 연계 강화 목적으로 익산에서 의식을 크게 행사했다는 것이다. 실제 도읍은 전주지만, 익산에서 단행한 의식 등이 당시 민중에게 각인되어 익산 도읍설이 나온 것이 아닐까 한다. 여하튼 익산은 후백제 개국 과정에서 매우 의미 있는 역할을 한 도시라는 점은 분명한 것으로 보인다. 이처럼 조선 시대 익산군은 현재 익산시가 자랑하는 근원이자 바탕이라 하겠다. 지형적으로 보더라도 익산시 전체에서 300m가 넘는 산(미륵산과 용화산)이 있는 지역이기도 하다. 수리 관개시설이 완벽하지 않은 상태에서 하천 범람과 바닷물 침수에 대비하여 가장 안전한 지역은 이 지역밖에 없었을 것이다. 금마면에 미륵사지가, 그리고 왕궁면에 왕궁지가 있는 이유다.

여산도호부는 조선 초기에는 여산현이었다. 태종비 원경왕후(元敬王后, 1365~1420, 고려 공민왕 14~조선 세종 2) 민씨 고향이어서 여산군이 되었다가, 1699년(숙종 25) 단종비 정순왕후(定順王后, 1440~1521, 세종 22~중종 16) 송씨의 관향(貫鄉)이라고 해서 여산도호부로 승격됐다. 여산도호부는 전라북도 입구다. 지금은 논산시 연무읍 소재인 황화정(皇華亭)에서 전라도 신·구 관찰사 인수인계를 하는 교귀의식(交龜儀式)이 이루어졌다. 참고로 경상도 관찰사가 교귀의식을 행하던 곳은 문경새재에 있는 교귀정(交龜亭)이다. 여산이 전라북도 입구라는 점은 판소리 〈춘향가〉에서 '어사가 전라도로 내려오는 대목'에서도 등장한다. 이 대목은 '남대문 바삐 내달아 청파 역마 잡아타고 칠패, 팔패, 배다리 지나'로 시작한다. 청파는 용산 청파동이다. 칠패, 팔패는 남대문 밖에 있는 시장의 이름이고, 배다리는 청파 주교(靑坡 舟橋)로 덩굴내[만초천(蔓草川)]에 놓였던 다리다. 이어 삼남대로에 있는 길들을 죽 따라가다 황화정에서 역졸을 두 패로 나눈 다음 전라좌·우도로 암행을 하도록 한다. 이후 모날 모시(춘향전에는 금월 십사일)에 남원 북문에 집결하도록 지시한다. 황화정은 여산도호부에 속해 있었으나, 여산이 익산에 통합되면서 익산군 황화면이 된다. 이후 황화면은 1963년(대한민국 45) 논산군 연무읍에 편입되어 충청남도로 바뀌게 된다. 지금도 호남고속도로를 타고 내려가다 여산휴게소가 보이면 이 지점부터 전라도 땅이 된다. 여산 원수리 참실골에는 우리나라 시조 전통을 혁신한 가람 이병기(嘉藍 李秉岐, 1891~1968, 조선 고종 28~대한민국 50) 생가가 있다.

웅포와 춘포 사이는 그 너른 땅으로 인해 먹고 살기 좋은 땅이었다. 미륵사지에서 서쪽을 향해 바라보면 풍성함으로 가득한 비옥한 땅이 보였다. 오른

① 한국식품산업클러스터진흥원(본관) ② 식품패키징센터 ③ 식품품질안전센터
④ 식품기능성평가지원센터 ⑤ 파일럿플랜트 ⑥ 식품벤처센터
⑦ 소스산업화센터 ⑧ HMR기술지원센터 ⑨ 농식품원료중계공급센터
⑩ 기능성식품제형센터 ⑪ 청년식품창업센터 ⑫ 기능성원료은행

〈그림 2-40〉 한국식품산업클러스터 조감도

쪽으로는 금강, 왼쪽으로는 만경강 물길이 있어 그 비옥한 땅을 더욱 풍족하게 만들었다. 익산 사람들은 그 풍성함과 풍족함과 더불어 4번에 걸쳐 한 왕조 도읍지 역할을 했다는 자부심으로 가득했을 것이다. 게다가 20세기가 되자 익산에 행운의 여신이 찾아왔다. 호남선(대전 조차장~목포 간)이 지나가는 익산역이 들어선 것이다. 이후 전라선(익산~여수엑스포 간)이 연결되고, 나아가 장항선(천안~익산 간) 종점(기점)역이 되었다. 21세기에 들어서는 KTX와 SRT까지 정차하는 역이 됐다. 서울에서 KTX나 SRT를 타고 광주를 거쳐 목포를 가거나, 전주를 거쳐 여수를 가거나 익산역은 반드시 정차한다. KTX, SRT 모두 익산을 거친 후에 전라도 다른 지방으로 가게 되어 있기 때문이다. 조선 시대 여산도호부가 전라도의 초입인 것처럼, 그리고 여산도호부에서 이몽룡이 전라좌·우도 두 방향으로 역졸들을 내려보내는 것처럼, 지금은 역시 익산에서 기찻길로 좌우로 나뉘는 것이다. 1970년대에는 또 다른 행운이 익산에 찾아왔다. 1973년(대한민국 55) 마산에 이어 국내 2번째로 (수출)자유무역지대로 선정된 것이다. 익산이 보석의 도시가 된 것이다. 그러나 이 행운은 영구적이

지 않았다. 자유무역지대 초기에는 외국 기업이 들어오기도 했으나, 이후 하나둘씩 떠나기 시작해 2010년(대한민국 92) 자유무역지대가 해제된다. 이에 따라 익산자유무역지역은 2011년(대한민국 93) 익산국가산업단지에 편입됐다. 그나마 2014년(대한민국 96)에는 한국식품산업클러스터가 익산에 70만 평 규모로 구축돼 새로운 기회를 엿보고 있다.

향후 익산은 어떤 비전이 있을까? 개인적으로 2가지 기회가 있지 않을까 생각한다. 하나는 국가 차원 한국식품산업클러스터가 있는 만큼 이를 활성화하는 것이다. 산업클러스터와 산업단지는 본질이 같다. 예전에 많이 있었던 공업단지나 농공단지는 기본 속성이 공장 토지 저가 매각에 의한 기업 유치다. 하지만 산업클러스터나 산업단지는 기본이 산학연 연계다. 그래서 개별 기업 단위 공장 토지 차원이 아니라 산업 차원이기 때문에 산업클러스터 또는 산업단지라는 이름을 쓰는 것이다. 산업단지는 운영 주체에 따라 국가산업단지와 일반 산업단지로 나눈다. 중앙정부 차원이면 국가산업단지이고, 지자체 차원이면 일반 산업단지로 이해하면 된다. 한국식품산업클러스터는 농림축산식품부 산하이기 때문에 국가산업단지에 준용한다. 한국식품산업클러스터에는 산업 진흥을 위해 입주기업을 지원하는 한국식품산업클러스터진흥원 등 12개 지원시설이 단지 내 함께 있다. 클러스터가 조성되고 정부 차원 클러스터진흥원까지 있지만, 아직 성과는 매우 미미하다. 현재까지(한국식품산업클러스터진흥원홈페이지, 2025년 6월 30일 기준) 150여 기업이 입주하고 있는 것이 전부다. 전국 단위 국가산업단지 총 53개에서 입주기업(한국산업단지공단통계, 2024년 4분기 기준)이 약 67,500여 개인 것과 비교해서 턱없이 적다. 국가산업단지는 1 산업단지당 평균 약 1270여 개 입주기업이 있다. 클러스터가 조성된 지 10여 년이 지났음에도 다른 국가산업단지 입주기업 수와 비교 약 8분의 1에도 미치지 못한다. 게다가 해외 입주기업은 1개에 불과하다. 이 또한 본사는 수도권이어서 공장만 들어와 있는 셈이다. 우리나라 양대 식품산업인 CJ제일

제당과 청정원 어느 곳도 들어와 있지 않다. 가장 대중적인 식품인 라면 공장도 없다. 인큐베이팅 성격 기업 입주라고 치부하더라도 성공사례도 없다. 게다가 클러스터라는 명칭을 붙이는 것도 미흡하다. 클러스터 핵심은 산학연 연계다. 산학연 네트워킹을 통해 새로운 기회를 모색하고, 기술학습을 통해 기회를 구체화하며, 사용자-생산자 관계를 통한 암묵지와 정보 유통 등 집적 이익을 통해 기회를 확장해야 한다. 직접 한국식품산업클러스터를 가보면 벌판 위 외로운 섬처럼 보인다. 개별 기업은 기업대로 또 하나 외로운 섬이다. 물론 진흥원과 개별 네트워킹이 있을 수 있고, 이를 통해 타 기업과 연계를 통한 네트워킹 확장이 간헐적으로 발생할 수 있다. 하지만 그뿐이다. 산업 특성 및 체계적인 육성전략 등 로드맵 없이 지역균형 정책 포장을 위해 익산에 산업단지 하나 만들어준 꼴이다. 차라리 식품 하나라도 특화하여 집중하면서 다른 식품으로 확산하는 전략이 어떨까 싶다. 개인적으로 한방식품이 적합하다고 생각한다. 전주와 익산 사이인 클러스터 입지는 인근 원광대학교와 우석대학교 한의과대학, 한약학과 등과 연계할 수 있다. 이 두 대학은 전국 12개 한의과대학(한의학전문대학원 1개 포함) 중 2곳이며, 전국 3개 한약학과 3곳 중 2곳이다. 게다가 전북자치도는 조선 시대 이래 한약재 산지로 유명한 곳이다. 두 대학을 매개로 뛰어난 한약재 연구와 기능식품으로 상품화하려는 관련 기업 유치를 엮는다면 클러스터가 가지는 기본 2가지 속성인 네트워크와 기술학습이 이루어질 것으로 생각한다. 방향을 잡고 꾸준히 전개하면서 성공사례가 나올 때까지 기다리는 인내가 필요하다. 성공사례가 하나라도 나오면 그때부터는 선순환 피드백 고리에 들어가 자연스럽게 확장될 것이라 기대한다.

또 다른 기회는 3개 철도 노선이 교차한다는 점을 활용하는 것이다. 이 3개 노선은 우리나라 서부권 전역을 연결한다. 익산이 가진 가장 큰 강점이다. 하지만 이러한 강점이 제대로 활용되지 않고 있다. 강점이 제대로 활용되려면 익산은 '비즈니스 베이스캠프'가 되어야 한다. 충청권 및 전라권, 나아가 경상

〈그림 2-41〉 유라시아 대륙철도 출발역, 익산역

권 서쪽 지방으로 여행을 하기 위한 '투어 베이스캠프'가 되어야 한다. 하지만 익산에는 변변한 숙소가 없다. 물론 익산역 부근 인화동에 호텔촌이 있어 중저가로 이용할 수 있어 '비즈니스 베이스캠프' 기능은 일부 수행한다. 4성급 호텔이 하나 있기도 하지만 부족하다. 게다가 가족여행을 위한 콘도 또는 휴양 리조트가 없다. 예컨대 독립기념관 등 외에 특별히 볼만한 곳이 많지 않음에도 천안 시내에 대형 리조트가 있는 이유는 천안을 '투어 베이스캠프'로 사용하는 것이기 때문일 것이다. 따라서 익산에 콘도 또는 대형 리조트를 유치한다면, 이곳을 베이스캠프로 삼아 주변 관광지를 여행할 수 있다. 나아가 '스토리 투어리즘' 또는 '콘텐츠 투어리즘'을 할 수 있는 코스도 설계돼야 한다. 특히 전북자치도 내 수많은 영화 또는 드라마 상영장소를 찾아가는 코스를 설계한다면 더욱 좋을 것이다. 무엇보다 렌터카 및 대중교통 등 인프라가 마련되어야 한다. 자동차로 여행하는 사람들도 있겠지만, 익산은 철도교통이 너무 좋기에 익산까지는 철도로, 익산에서는 렌터카를 이용하면 훨씬 편리할 것이다. 마치 제주도로는 비행기 또는 배로 이동하지만 제주도에서는 렌터카를 이용하는 것과 마찬가지다. 그리고 택시, 버스 등 다른 대중 교통수단과 연계되는 것은 중요하다. 렌터카까지 이용할 필요가 없는 여행객을 위해서 대중 교통수단을 손쉽게 이용할 수 있도록 하기 위함이다. 이런 것들이 입소문이 나서 사람들이 익산역을 베이스캠프로 활용하기 시작한다면, 이 또한 선순환 피드백 고리가 자연스럽게 만들어질 것이다. 이런 기반이 갖춰질 때, 익산이 소망하는 미래 '유라시아 대륙철도 출발역, 익산역'도 언젠가 실현될 것이다.

군산: 바다 위 산들(고군산군도)과 임옥평야(臨沃平野)가 주는 가능성(산업·물류·군사)으로 충만한 도시

군산은 해안 도시다. 가장 높은 산이 해발 230m에 불과한 망해산(望海山)이다. 정상에 오르면 서해와 금강이 바로 손에 잡힐 듯 보인다. 고을 이름이 '무리 군(群)', '뫼 산(山)'이니 여러 산이 무리 지어 있는

고을이라는 뜻인데 군산은 해안 도시다. 그리 큰 산도 별로 없는 해안가에 산이라는 지명이 들어간 것은 고군산군도(古群山群島) 때문이다. 고군산군도는 16개 유인도와 47개 무인도로 이루어진 곳이다. 섬들이 무리 지어 있어 군도(群島)다. 북송 때 사신으로 온 서긍(徐兢, 1091~1153, 고려 선종 8~의종 7)은 흑산도를 거쳐 군산도에 머물렀다가 개경으로 간다. 사신을 마치고 돌아가 쓴 책이 『선화봉사고려도경(宣和奉使高麗圖經)』인데, 여기에 처음으로 '군산도(群山島)'라는 이름이 등장한다. 책 이름은 선화(송나라 흠종 대의 연호) 연간(1123년, 고려 인종 원년)에 고려에 사신으로 다녀오며 본 것을 글과 그림을 곁들여 설명했다는 의미이다. 서긍은 배를 타면서 바라본 이 일대 섬들이 마치 여러 산이 무리 지어 있는 것 같아 이를 군산도라는 이름을 붙여 책에 자세히 서술해 놓았다. 이렇게 보면 군산도로 충분한데, 군산군도로 얘기하는 것은 군더더기로 보인다. 조선 세종 때 옥구현 진포 북쪽에 군사시설인 군산진(群山鎭)을 설

치했는데, 이와 구별하기 위해 군산군도를 고군산군도로 바꿨다고 추정한다. 군산진은 고려말 최무선(崔茂宣, 1325~1395, 고려 충숙왕 12~조선 태조 4)이 왜구를 물리친 진포해전 승전지다. 이미 군산진이 있음에도 1624년(인조 2)에는 군산도에 수군진(고군산진)을 또 하나 설치하니 구별할 필요성이 더욱 생기게 됐다. 자연스럽게 군산진과 구별하기 위해 고군산이라는 지명을 본격적으로 쓰기 시작한 것으로 보고 있다. 군산진과 고군산진. 수군진을 2개 운용한 것은 매우 이례적이다. 그

〈그림 2-42〉 명량대첩 후 조선수군 이동로

만큼 군사적 중요성이 컸기 때문일 것이다. 고군산진은 이순신 장군이 명량해전에서 승리 후 이동하여 조선 수군을 정비하기 위해 정박했던 곳이었단 점이 설치 배경이라 추정한다. 당시 이순신 장군 일정을 따라가 보면 1597년(선조 30) 음력 9월 15일(양력 10월 25일) 전라우수영(지금 해남 문내면)에서 왜선이 접근하는지 지켜본다. 다음 날인 9월 16일(양력 10월 26) 드디어 왜선이 접근한다는 보고를 받고 울돌목(명량, 鳴梁)으로 출정한다. 새벽 3~4시경이다. 출정 후 12시간이 훌쩍 지난 오후 5~7시에 전투는 승리로 끝난다. 이후 전력을 정비하기 위해 전략적 후퇴를 해서 9월 21일(양력 10월 31일) 고군산도에 정박한다. 이때 정박한 고군산도가 선유도다. 〈그림 2-43〉에서 볼 수 있듯이 고군산군도는 60여 개가 넘는 섬들이 군락을 이루고 있고, 섬 뒤쪽은 아늑한 포구처럼 돼 있어 천혜 요새다. 특히 고군산군도 중심인 선유도(그림에 고군산진 터가 있는 섬)는 아래쪽은 좁고 위쪽은 넓어 군사 전략상 유리한 고지다. 이런 이유로 이순신 장군 정박 이후 이곳에도 수군진이 만들어졌을 것이다. 그리고 흑산도

〈그림 2-43〉 고군산군도 지도

에서 올라오는 방향에서 바라보면 이곳은 섬이 무리 지어 있어 마치 바다 위 산성처럼 보였을 것이다. 서긍이 했던 표현은 멋지고 정확하다.

이렇게 중요한 지역을 이중환이 빠트릴 리 없다. 「복거론」 '산수' 조에 군산도가 언급돼 있다(이중환, 2018: 239).

> 군산도(群山島)는 전라도 만경 앞바다에 있고, 첨사가 통솔하는 고군산진(古群山鎭)이 설치되어 있다. 섬 전체가 바위산이고, 뭇 봉우리가 뒤를 막을 뿐 아니라 좌우에서 에워싸고 있다. 내부에 차항이 있어 배를 감추기에 좋다. 항구 앞쪽은 어량(魚梁)이어서 매년 봄여름 고기잡이철이면 각 고을의 상선들이 구름처럼 모여들고 안개를 피우듯 북적대며 배 위에서 어물을 판매한다. 주민은 이를 통해 치부하여 앞 다투어 저택과 의식(衣食)을 마련하는데 호화롭고 사치스럽기가 육지 사람들보다 심하다. 「복거론」 '산수' 조

군산도는 만경 앞바다에 있다고 했는데, 실제 당시에는 만경현에 속해 있었다. 1914년(병탄 5)에서야 군산(당시 옥구군)에 편입된 것이다. 뒤쪽을 포함해 3면이 막혀 있는 아늑한 포구여서 배를 감추기 좋은 곳이다. 이중환은 이를 내부에 차항이 있다고 표현하고 있다. 어량은 물살을 가로막고 물길을 한 군데로만 터놓은 다음에 거기에 통발 등을 놓아 물고기를 잡는 장치인데, 아예 지

세가 어량과 같아서 어업 생산성이 높아 먹고 살기 좋다고 한다. 얼마나 돈을 많이 벌었는지 호화롭고 사치가 심하다고도 한다. '지리'와 '생리' 모두 좋다는 것이다.

한편 고군산군도는 경관이 빼어나기까지 하니 '산수' 측면에서도 좋다. 지금도 관광지로 유명하며, 국가 지질공원으로 지정돼 있다. 2010년(대한민국 92) 새만금 방조제 준공 이후 선유도를 비롯한 주요 섬이 육지와 연결되면서 관광객 수가 증가 추세다. 매년 300만 명 가까운 관광객이 이곳을 찾는데, 갈수록 더욱 증가할 것으로 기대한다. 다도해해상국립공원이나 한려해상국립공원 못지않은 절경에 더해 육지와의 접근성이 좋아졌기 때문이다. 고군산군도 초입인 신시도와 무녀도 사이는 고군산대교로 연결돼 있는데 이 다리는 국내 최초이자 세계 최장(400m) 1주탑 현수교다. 통상 기둥 2개로 지탱하는 것과 달리 기둥이 하나다. 무녀도는 선유대교를 통해 선유도로 연결되고, 다시 장자대교를 통해 장자도로 연결된다. 선유도는 남섬과 북섬이 긴 사주(砂洲, 모래사장)로 연결된 하나의 섬이다. 이 사주가 선유 8경 중 하나인 명사십리다.[50] 해수욕장이 있다.

군산은 고군산군도 외에 육지에 있는 임피현·옥구현 두 곳이 통합해 이루어진 곳이다. 고군산군도는 만경현에 속해 있던 곳이었으니, 조선 시대 기준으로는 이 두 곳만이 군산이다. 임피와 옥구는 대부분 간척지를 포함한 평야 지대여서 두 고을 이름을 따서 임옥평야라고 부르기도 한다. 이중환은 임피현에 대해서는 오성산과 서지포 마을 소개를 하고, 옥구현에 대해서는 자천대

---

50) 선유 8경은 1) 선유낙조(선유도 일몰), 2) 명사십리, 3) 망주폭포(여름철 망주봉에서 쏟아지는 7~8개의 물줄기), 4) 평사낙안(모래사장에 내려앉은 기러기), 5) 무산십이봉(선유봉에 올라 바라볼 때 보이는 12개 섬), 6) 장자어화(밤에 꽃처럼 불을 켜고 고기 잡는 장자도 고깃배), 7) 월영단풍(신시도 내 해발 198m인 월영봉 단풍), 8) 삼도귀범(섬으로 돌아오는 돛배 3척의 형상으로 보이는 장구섬, 주삼섬, 앞삼섬 등 무인도 3곳)이다. 선유도가 이 일대를 대표하는 섬이어서 고군산군도를 통칭해 선유도라고 일컫기도 한다.

설화를 가지고 설명한다(이중환, 2018: 99~101).

황산촌(黃山村, 논산시) 서쪽에는 용안(龍安)·함열(咸悅)·임피(臨陂)가 있는데 모두 진강(鎭江) 남쪽에 있으며, 임피의 오성산(五城山)은 경치가 매우 뛰어나고 기이하다. 금강 양편에서 마주보는 형국이 펼쳐지고, 서지포(西枝浦)라는 큰 마을이 있다. 배가 정박하는 포구로 강경, 황산과 함께 강가의 이름난 마을로 일컬어진다. 임피 서쪽 지역은 옥구로 서해를 접하고, 자천대(自天臺)라는 작은 동산이 바닷가 모래사장을 뚫고 들어가 있다. 자천대 위에는 두 개의 돌 항아리가 있어 신라의 최치원(崔致遠)이 태수를 지낼 때 항아리 안에 비밀문서를 감추어 두었다고 전한다. 커다란 돌항아리가 동산에 방치되어 있어도 사람들이 함부로 열어보지 못하였다. 끌어당겨 움직여 보기라도 하면 바다에서 갑자기 비바람이 몰아쳤다. 마을 사람들이 이 점을 이용해서 가뭄이 들 때마다 수백명이 모여 큰 밧줄로 항아리를 끌면 바다에서 비가 억수같이 쏟아져서 논밭을 흠뻑 적셔주었다. 그러나 봉명사신(奉命使臣, 임금의 명을 받든 사신)이 옥구현에 올 때마다 번번이 가서 구경하느라고 고을에 큰 폐를 끼쳐 옥구 사람들이 괴로워했다. 옛날에 자천대에 있던 정자를 100년 전에 허물었고 돌 항아리도 땅에 묻어 흔적을 없애 버렸다. 지금은 가서 구경하는 이들이 없다. 「팔도론」 '전라도' 조

임피 오성산(五聖山, 227.7m)은 군산에서 망해산 다음으로 높은 곳으로 다섯 노인에 대한 전설이 있다. 이중환은 오성산을 '재 성(城)'자로 표기했으나, 지금은 '성인 성(聖)' 자다. 지금 '성인 성' 자를 쓰는 이유는 다섯 성인 전설에 따른 것이라고 한다. 이 전설은 『택리지』 이후 나온 『여지도서(輿地圖書)』[51] 임

---

[51] 여지도서는 1757년(영조 33)~1765년(영조 41) 전국 각 군현에서 편찬한 읍지를 모아 엮은 전국 지리지다.

피현 부분에 나오기 때문에 이중환이 '재 성'자를 쓴 것이 오류인지, 중도에 이름이 바뀐 것인지는 불명확하다. 전설 내용은 이렇다. 당나라 소정방이 백제를 공격하면서 오성산에 주둔했는데, 안개로 길을 잃어 헤맬 때 다섯 노인을 만나 백제 사비로 가는 길을 물었다고 한다. 노인들은 나라를 침공하러 온 사람들에게 어떻게 길을 알려주냐며 항거했고, 소정방은 이들을 죽였다. 다만 그 충절을 기려 오성산 위에 묻고 장사를 지내 주었다고 한다. 정상에 오르면 이 전설에 따라 다섯 노인을 성인으로 기리는 묘가 만들어져 있다. 전망대가 있어 한눈에 군산 주변을 360도로 볼 수 있다. 패러글라이딩을 할 수 있는 곳이기도 하다. 이중환에 따르면 임피에는 서지포라는 큰 포구가 있다고 한다. 금강 하류이기 때문에 논산 강경포-익산 웅포에 이어 바다로 바로 나가기 직전 포구다. 옥구에 있다는 자천대는 이중환이 책에서 소개한 최치원에 관한 총 6개 이야기 중 하나다.[52] 최치원은 신라 말 지식인으로 매우 뛰어난 능력이 있음에도, 6두품이다 보니 제6관등인 아찬(阿湌)까지 밖에 올라가지 못했다.[53] 이중환은 정계에서 밀려나 정치를 혐오하는 난세 지식인 최치원을 통해 자신을 비춰본 것으로 보인다. 자천대 얘기에서 최치원은 거의 신성한 존재로 승화돼 나타난다. 이중환은 자천대를 작은 동산으로 표현하고 있으나, 근대에 와서 최치원 일화를 쫓아 누각을 만들어 놓았다. 다만 이름은 '스스로 자', '하

---

52) 최치원에 관한 이야기 총 6종은 1) 옥구 자천대 전설, 2) 전라도 쌍계사에 최치원 화상과 유적이 남아 있음(《복거론》 '산수' 조), 3) 합천 가야산 홍류동 계곡에서 최치원이 신발을 벗어두고 사라졌음(《복거론》 '산수' 조), 4) 안동 청량산 난가대에는 최치원이 바둑 두던 바위가 있음(《복거론》 '산수' 조), 5) 전라도 영암은 당나라 해상 교통로로 최치원을 비롯한 유학생 유학 경로임(《팔도론》 '전라도' 조), 6) 남해현 금산에는 최치원이 노닐던 곳으로 그가 쓴 글씨가 남아 있음(《복거론》 '산수' 조) 등이다(안대회, 2020: 238).

53) 신라에는 제1~17 관등까지 총 17개 품계가 있다. 제1~5 관등은 성골이나 진골 등 왕족만이 가능했다. 최치원은 신라 시조 박혁거세 신화에 나오는 신라 6촌(또는 사로 6촌) 중 하나로부터 출발한 경주 최씨다. 신라 6촌은 알촌 양산촌, 돌산 고허촌, 취산 진지촌, 무산 대수촌, 금산 가리촌, 명활산 고야촌으로 이들로부터 각각 이(李)·정(鄭)·최(崔)·손(孫)·배(裵)·설(薛)씨가 나왔다. 본관은 모두 경주다. 이 6개 성씨는 모두 6두품으로 품계 상승에는 한계가 있었다.

늘 천' 자의 자천이 아니라, '자줏빛 자'와 '샘 천'을 쓴 자천대(紫泉臺)로 바뀌었다.

　고군산군도와 임옥평야. 즉 군도와 평야가 군산을 지형적으로 설명하는 전부다. 이와 같은 지리적 특성이 군산의 과거와 현재를 만들었다고 생각한다. 군산 지형이 가진 고유한 특성이 산업·물류·군사 등 3가지 부분에서 경쟁력으로 이어진 것이다. 고군산군도가 없었다면 새만금 방조제는 건설되지 못했을 것이다. 〈그림 2-44〉에서 볼 수 있는 것처럼 새만금 방조제는 군산 옥구반도와 부안 변산반도를 연결한다. 방조제 중간 옥도면 아래 있는 섬들이 고군산군도다. 중간에 이 섬들이 없었다면 두 반도를 잇는 방조제를 만든다는 것은 생각조차 할 수 없다. 한편 옥구반도 쪽 연결점은 비응도(飛鷹島)다. 이름에서 알 수 있듯이 원래 옥구군 미면(현 군산시 미성동)에 있던 섬이었다. 그리고 옥구군 미면은 김제 광활면과 부안 계화면 등 전북자치도 3대 간척지 중 하나다. 〈그림 2-44〉에서 빨간 점선으로 돼 있는 부분이다. 미면과 광활면과 계화면이라는 간척 기반이 없었다면 새만금 방조제도 없었다. 새로운 기회를 보고 과감하게 바다 쪽으로 뻗어 나간 것이 새만금 방조제라는 것이다. 새만금 방조제 안쪽에는 산업연구용지, 농업용지 및 관광 레저용지 등이 지정돼 있다. 모두 산업기반으로 활용하기 위해서다. 고군산군도는 뛰어난 풍광이 있어 신선이 노니는 곳이라는 이름, 선유도(仙遊島)가 통칭이다. 관광산업을 육성하기 위해 활용할 수 있는 자산이다. 물론 방조제를 막은 것이 잘한 것인가에 대한 평가는 별론이다. 육지 물류망과 연결하면 군산항을 활용한 바닷길은 그 가치가 훨씬 커진다. 예로부터 군사기지로 적합하기도 했다. 고려 시대에는 수군진이 만들어졌다. 조선 태조 때에는 왜구를 방어하고자 수군 부대인 만호영을 선유도에 설치했다. 이후 이 수군 부대를 옥구군 북면 진포로 옮겼다. 이처럼 군산은 산업·물류·군사 등 3가지 측면에서 입지 우위가 있는 것이다.

　평야 지대에 대해서도 알아보자. 임옥평야는 '온 나라에 흉년이 들어도 이

〈그림 2-44〉 옥구반도와 변산반도를 연결하는 새만금방조제

곳 농사만 잘되면 큰 걱정 없다'라고 할 정도로 비옥하다. 옥구라는 이름 또한 기름진 들이 한없이 이랑 지어 이어진 장관을 두고 옥야구혁(沃野溝洫)이라고 하는 것에서 유래했다고 한다(한국문화유산답사회, 1994: 48~50). 당시에는 농업이 산업이던 시절이어서 산업기지 역할을 한 것이다. 그런데 이 지역은 단지 너른 들만 있었던 것이 아니다. 바로 서해로 이어지는 금강이라는 큰 강도 있다. 그 강에서 출발한 배들은 바로 한양으로 이어진다. 이런 이유로 고려시대 때부터 한양으로 보내기 전에 쌀을 모아 둔 창고[조창(漕倉) 또는 조운창(漕運倉)]가 있었다. 그리고 삼국시대부터 중국과 교역창구 역할을 했다. 중국과 일본을 잇는 교량역할을 하기도 했다. 물류 거점이다. 즉 군산은 금강 하류에 있다는 점에서 다른 서해안 도시들과 큰 차이가 있다. 목포가 성장한 배경 또한 영산강 하류 지점에 있는 포구여서다. 금강(유로 연장 397.79km, 유역면적 9912.15km^2)은 영산강(유로 연장 138.75km, 유역면적 3371km^2)보다 3배 가까이 큰 강이다. 따라서 군산은 서해안 도시 중에 가장 뛰어난 입지를 가지고 있고,

이에 따라 중요한 역할을 해 온 역사가 있다. 1899년(대한제국 광무 3) 5월 1일, 군산은 일제 강압으로 개항을 한다. 부산·원산·제물포·경흥·목포·진남포에 이은 일곱 번째 개항이다. 옥구군에 딸린 조그만 포구였던 현 군산 시내에 상전벽해가 일어난다. 임옥평야를 아우르는 호남평야 쌀을 실어 나르는 거점이 된다. 거꾸로 일본 공업제품의 유입구가 되기도 한다. 일제로부터 이중 수탈 창구가 된 것이다. 1908년(대한제국 융희 2)에 이미 옥구 지방에는 200여 군데 일본인 농장이 있어 우리나라 백성을 소작인으로 거느리고 있었으며, 식민지 시대 군산항을 통해 일본으로 간 물자 가운데 95%가 쌀이었다고 한다(한국문화유산답사회, 1994: 50). 1908년(대한제국 융희 2)에는 전군가도가 개통되고, 1912년(병탄 3)에는 군산선이 개통되어 호남선과 연결됐다.[54] 오늘날 군산은 익산, 전주와 함께 전북자치도 내 3대 공업지역 중 하나다. 군산 외항은 1980년(대한민국 62)에 완성됐고, 간석지를 흙으로 메운 널찍한 땅에 임해 공업단지가 건설됐다. 군산은 특히 2000년(대한민국 82) 자유 무역지역으로 지정됐다. 게다가 군산은 군사적 요충지로서 역할도 했다. 고려 말 왜구를 물리친 최무선이 승전한 진포(고려 시대 군산항 이름) 해전지다. 지금도 군산에는 공군기지(Kunsan Air Base)가 마련돼 있다. 군산 공군기지는 군산공항(〈그림 2-44〉 옥구읍에 비행기 표시가 있는 곳)에 있는 주한미군 공군과 대한민국 공군 군용비행장이다. 이처럼 지리적 특성으로 인해 군산은 산업·물류·군사적 기회로 가득한 가능성 도시다.

1899년(대한제국 광무 3) 개항 후 군산은 그 가능성이 극대화됐다. 군 단위에

---

54) 호남선은 1911년(병탄 2) 7월 대전~연산 간 39.9km를 개통한 것을 시작으로, 연산~강경 구간 (1911년 11월), 강경~이리 구간(1912년 3월), 이리~김제 구간(1912년 10월), 김제~정읍 구간 (1912년 12월), 나주~학교 구간(1913년 7월), 학교~목포 구간(1913년 5월), 광주 송정~나주 구간(1913년 10월), 정읍~광주 송정 구간(1914년 1월)이 차례로 개통됐다. 1914년(병탄 5) 1월 22일 총 260.6km의 호남선 전통식이 목포에서 거행됐다. 군산선이 개통된 시점에는 연산~정읍까지 호남선이 연결돼 있었기 때문에 논산평야, 임옥평야 등 포함 호남평야 주요 도시에는 기차가 개통됐다고 할 수 있다.

서 옥구부로 승격됐다가, 1910년(병탄 1) 국권 피탈과 함께 군산부로 개칭됐다. 1914년 행정구역 개편 때는 전국 12부 중 하나가 됐다. 부는 현재 시와 유사한 행정단위이다. 따라서 군산은 전북자치도 내에서 전주에 앞서 가장 먼저 시가 된 곳이다. 당시 전국 12개 부 중 경성·대구·평양부를 제외하면 인천·목포·부산·마산·진남포·신의주·원산·청진·군산 등 모두 항구도시다. 이중 인천·목포·부산·마산·진남포·원산·군산 등 7개 지역은 개항도시다. 이런 내력에 따라 군산은 일제 강점기 개항도시가 영향을 미친 흔적이 매우 많이 남아 있다. 전국지리교사모임이 쓴 『지리 쌤과 함께하는 우리나라 도시여행』에 자세한 내용이 나와 있다(전국지리교사모임, 2016: 272~289). 군산에는 일제 강점기 당시 전국 최대 규모 개인농장을 소유했던 구마모토 리헤이 별장(현재 이영춘 가옥)이 있었다. 농장 내 철도까지 개설돼 있었다고 한다. 지금 근대역사박물관 자리는 원래 장항과 군산 간 배가 도착하던 항구였다. 인근에 1900년대 건립된 군산세관이 있다. 최근까지 세관으로 활용됐다. 동국사(東國寺)라는 국내 유일 일본 사찰이 그대로 남아 있다. 군산항과 군산 시내를 연결하기 위해 일제 강점기에 만들어진 해망굴도 있다. 일본인 금고 이름을 딴 '사가와 커피'라는 카페가 있고, 카페 옆에 일본식 정원이 있다. 조차가 커서 썰물 때 배가 육지에 대기 어려운 점을 고려해 뜬다리 부두[부잔교(浮棧橋)]가 4기 만들어졌다. 뜬다리는 간만의 차이가 심한 곳에서 썰물임에도 배가 육지에

〈그림 2-45〉 군산 뜬다리
[부잔교(浮棧橋)] 부두

댈 수 있도록 한쪽만을 고정해 수위에 따라 오르내리도록 한 다리다. 뜬다리 부두 시설이 완공된 후 군산항 쌀 반출량이 200만 석을 넘었다고 한다. 이외에도 군산이 개항된 이후 일제에 의해 만들어진 건물들은 지금 근대 역사문화 거리로 만들어져 역사 관광지가 됐다.

일제 수탈 흔적은 군산 곳곳에 남아 있다. 먼저 군산 농가들은 가옥이 흩어져 분포하는 산촌(散村)에 가깝다고 한다. 원래 협동작업이 많은 벼농사는 집촌이 유리하다. 하지만 농경지 규모가 커지면 효율적인 농경지 관리에는 불리하다. 반면 산촌은 가옥이 농지와 가까이에 위치해 농지관리에 유리하다. 일제 입장에서는 조선 농민을 토지와 조금이라도 더 가까이 살게 하면서 최대한의 노동력을 투입할 수 있게끔 한 것이다. 먹거리 측면에도 흔적이 남아 있다. 군산은 전국 두 번째로 보리재배 면적이 넓은 곳이다. 군산 찰보리쌀은 군산 쌀과 함께 지리적 표시제 등록 농산물이다. 군산 찰보리쌀은 제49호, 군산 쌀은 제97호다. 지금도 매년 5월이면 꽁당보리 축제를 한다. 보리로 만든 보리만주도 유명하다. 군산에서 가장 많이 먹는 물고기는 박대다. 일본사람들이 먹지 않는 어종이어서, 우리나라 사람들 차지가 됐기 때문이다. 짬뽕도 유명하다. 짬뽕은 나가사키에 살던 복건성 출신 화교가 가난하고 배고픈 화교들이 값싸면서도 배부르게 먹을 수 있도록 하려고 만든 것이 기원이라고 한다. 일본과 교류가 많은 군산에도 소개됐는데, 당시에는 국물이 하얀 나가사키 짬뽕이었다. 1960~1970년대까지 화교들 재산 소유를 제한하면서 화교 중 일부가 해외로 떠나 버렸고, 이후 고춧가루 사용을 시작한 것이 군산 짬뽕이 유명해진 계기가 됐다. 짬뽕의 한국화다. 화교 재산 소유 제한은 전 세계에서 유일하게 우리나라에만 차이나타운이 만들어지지 못한 배경이 되기도 했다. 지금도 짬뽕 거리에 가면 많은 짬뽕집을 만날 수 있다. 빵집들도 유명하다. 특히 이성당은 전국 3대 빵집으로 널리 알려져 있다. 일본인이 하다가 해방 이후 우리나라 사람에 의해 다시 문을 연 곳이다. 토종 빵집이 프랜차이즈 빵집과 경쟁

〈그림 2-46〉 군산 짬뽕거리 및 이성당 빵집

〈그림 2-47〉 도로에 그대로 남아있는 철로 흔적

해서 살아남은 곳이기도 하다. 이성당 대표 빵은 단팥빵이다. 단팥빵은 중국에서 건너온 팥과 서양의 이스트를 대신한 누룩으로 발효시킨 것이다. 일본 신사가 있었던 서울 남산 근처에 왕돈가스가 유명한 것처럼, 돈가스도 유명하다. 단팥빵과 돈가스는 오므라이스, 카레라이스 등과 함께 일본이 강조하는 화혼양재(和魂洋才. 근대화 시기 일본의 구호. 중국은 中體西用. 조선은 東道西器) 대표 사례다. 〈그림 2-47〉에서 보이는 것처럼 길거리에는 쌀 수탈 등을 위해 만들어진 철로 흔적이 도로 곳곳에 그대로 남아 있다. 침목까지 있는 완벽한 상태로 철로가 있는 경암동 철길마을도 있어 사람들을 끌어모은다. 마지막으로 근대 역사문화 거리 외에도 일제 강점기 집들이 아직도 많이 남아 있다. 이처럼 독특한 경관으로 인해 군산은 수많은 영화 배경이 되고 있다. 가장 잘 알려진 것은 〈장군의 아들 1~3(각각 1990년, 1991년, 1992년 개봉)〉과 〈8월의 크리스마스(1998년 개봉)〉일 것이다.[55] 〈장군의 아들〉 촬영지 '히로쓰 가옥'과 〈8월의 크리스마스〉 촬영지 '초원사진관'은 특히 유명해 많은 사람이 찾는다. 가장 많이 영화 촬영지가 된 곳은 히로쓰 가옥과 함께 해망굴, 경암동 철길마을이다. 수많은 영화 촬영지 군산은 역사가 전해 준 뛰어난 문화자산이다.

전북자치도에는 서해안 쪽으로 4개 도시가 있다. 북쪽부터 군산-김제-부안-고창 순이다. 그러함에도 군산이 산업-물류-군사 측면에서 나은 입지라고 생각하는 이유는 금강 하류이기 때문이다. 물론 만경강과 동진강 사이에 있는 김제, 변산반도가 있는 부안, 영광과 함께 칠산바다를 공유하는 고창 등도 그 나름대로 의미 있는 지역이다. 군산에는 조창이 있고 조운선이 드나들며, 그 배후에는 쌀과 다른 곡식들을 키우는 드넓은 평야 지대가 있다. 이런 곳을 지키기 위한 지형적인 이점도 있어 군사기지로 활용된 것이다. 군산은 이런 특성이 발현되어 미래를 만들 것으로 생각한다. 구체적인 업종이 달라지고, 실어 나르는 물건이 달라지고, 무기와 군수품이 달라질 뿐이다. 군산이 낳은 소설가 채만식은 치열한 현실비판 정신과 탁월한 형상화 능력이 뛰어나다고 한다(한국문화유산답사회, 1994: 57). 그가 쓴 소설 『탁류』는 노령, 지리산, 속리산 물을 받은 금강 남쪽 줄기와 이보다는 좀 단순한 북쪽 물줄기를 설명하고, 강경으로부터가 '옳게 금강'이라면서 시작한다. 그리고 그 강이 다해 바다로 들어가는 언덕배기 군산을 소개하면서 그 긴 이야기를 풀어간다(채만식, 2014: 7~9).

---

55) 이 외에도 군산은 〈동갑내기 과외 하기(2003년 개봉)〉, 〈말죽거리 잔혹사(2004년 개봉)〉, 〈바람의 파이터(2004년 개봉)〉, 〈청연(2005년 개봉)〉, 〈타짜(2006년 개봉)〉, 〈화려한 휴가(2007년 개봉)〉, 〈라디오 데이즈(2007년 개봉)〉, 〈가비(2012년 개봉)〉, 〈변호인(2013년 개봉)〉, 〈남자가 사랑할 때(2014년 개봉)〉, 〈군산, 거위를 노래하다(2018년 개봉)〉 등 영화 촬영지다.

이렇게 에두르고 휘돌아 멀리 흘러온 물이, 마침내 황해(黃海) 바다에다가 깨어진 꿈이 무엇이고 탁류째 얼러 좌르르 쏟아져버리면서 강은 다하고, 강이 다하는 남쪽 언덕으로 대처(大處: 市街地) 하나가 올라앉았다. 이것이 군산(群山)이라는 항구요, 이야기는 예서부터 실마리가 풀린다.

금강은 채만식이 묘사한 대로 전북자치도 장수에서 시작해 충청북도로 올라갔다가 다시 충청남도로 가서 전북자치도와 경계를 만들면서 바다로 흘러간다. 이처럼 3개 도에 걸친 모든 욕망과 꿈을 싣고 바다로 가기 바로 전이 군산이다. 군산이 가진 산업·물류·군사 가능성이 조기에 더욱 크게 실현될 날을 기대한다.

김제: 언덕마저 산으로 만드는 드넓은 만경(萬頃)의 땅, 해안도시에서 내륙도시로

김제는 볏골(벼의 고을)이다. 백제 때 볏골을 벽골(碧骨)이라는 한자로 표기한 것이라고 한다. 신라 757년(경덕왕 16) 한화정책 때 김제군(金堤郡)이 됐다. 최열이 쓴 『옛 그림으로 본 조선 3』을 보면 '둑 제(堤)' 자는

벽골제에서 '제'다. 다만 김(金)에 대한 해석이 두 가지다. 하나는 크다는 의미를 나타내는 명사인 '큼'이 금으로 바뀐 것이라는 것이다. 즉 '큰 둑, 벽골제의 땅'이라는 것이다. 또 하나는 이 일대가 금이 많아 '금이 많이 나는 벽골제의 땅'이라는 것이다. 김제가 금이 많이 나는 이유는 바다였다가 점차 메워졌기

때문이라고 한다. 이 일대에 '금' 자를 붙인 지명이 많은 이유이기도 하다(최열, 2024: 350). 실제 김제에 '금' 자를 붙인 지명을 보면, 금구면, 금산면, 금천(대율) 저수지 및 금산사가 있다. 이런 의미에서 보면 김제는 '벼의 고을'이자 '금의 고을'이다.

〈그림 2-48〉을 보면 김제시는 시내와 1읍(만경읍) 14면으로 구성돼 있다. 산으로 보이는 부분은 동남쪽에 금구면과 금산면 일부에 그친다. 이 일대가 금산사가 있는 모악산이다. 금산면에서 왼쪽으로 정읍 감곡면과 신태인읍이 있고, 그 왼쪽이 벽골제가 있는 부량면이다. 부량면을 포함하여 시·읍·면 모두가 대부분 평지다. 전국에서 가장 넓은 평야 지대다. 호남평야는 이 일대를 포함하여 전북자치도 모든 평야 지대와 충남 서천, 부여 및 논산까지 아우른다. 〈그림 2-48〉을 다시 보면 김제는 두 강 사이에 있다. 위쪽은 만경강으로 이 일대를 만경 평야, 아래쪽은 동진강인데 이 부분은 김제평야라고 따로 부른다. 둘을 합해 김만 평야라고 하는데, 새만금이란 말이 나온 배경이다. 평야는 말 그대로 평평한 들판이다. 이 들판은 농사짓는 땅과 갯벌로 구성돼 있었다. 특히 우리나라 기후는 여름철 집중호우로 인해 하상계수(河狀係數)[56]가 높다. 하상계수가 높은 만큼 강폭이 유동적이다. 강물이 흘러가지 않을 때 그 주변 땅은 대부분 질퍽거리므로 농사짓기에 어렵다. 인공 제방을 쌓고 질퍽거리는

---

[56] 하상계수(유량변동계수, Coefficient of flow fluctuation)란 강이 흘러가는 특정 지점에서 최대 유량을 최소 유량으로 나눈 값이다. 하상계수가 크다는 것은 취수, 수운, 홍수 대응 등에 어렵다. 우리나라 강들은 여름철 집중호우가 내리는 계절 특성으로 하상계수가 매우 높다. 즉 호우기에는 강물이 흘러가는 구역이 매우 넓다. 반면 평상시에 흘러가는 구역은 매우 좁다. 이처럼 흘러가는 강물이 큰 유동성을 보이기 때문에 우리나라는 유럽처럼 운하가 발달하기 어렵다. 따라서 이른바 '4대강 대운하'란 허상이다. 우리나라 강들은 각각 한강 1:393, 낙동강 1:372, 금강 1:299, 영산강 1:682, 섬진강 1:715라는 하상계수를 가진다. 가장 높은 예성강은 1:13200이다. 반면 유럽 라인강은 1:14, 파리를 흐르는 센강은 1:23, 런던을 흐르는 템즈강은 1:80이다. 홍수 등으로 인해 강 양쪽으로는 범람원이 형성되고, 배후습지와 자연제방이라는 경관을 만든다. 하천 범람을 막기 위해 인공 제방을 쌓고 물을 빼서 배후습지를 농경지 또는 시가지로 바꾸는 과정이 우리나라 간척 역사다. 제방과 강물 사이에 턱이 있는 평평한 공간이 둔치(일본말로 고수부지)인데, 우리나라는 이를 잘 개발하여 시민 공간으로 만들어서 활용하고 있다. 높은 하상계수가 우리에게 준 미덕이다.

〈그림 2-48〉 금구면과 금산면 외는 모두 평야인 김제시(1읍 14면)

땅을 개간해 농사짓는 땅으로 바꾼 것이 우리나라 간척의 역사다. 특히 지금 김제에서 농사짓는 땅 상당수는 간척을 통해 경작지로 바꾼 것이다. 흔히 간척사업이 일제 강점기 때 수리조합을 만들어서 가능했던 것으로 생각하기 쉽지만, 간척은 한반도에 농사가 시작한 이래로 계속되어 온 역사다. 그 당시 보유하고 있는 기술력으로, 그때그때 가지고 있는 도구와 방법으로 한 뼘 한 뼘, 나아가 한 배미 한 배미 땅을 넓혀 나간 것이다. 따라서 갯벌을 농토로 만든 사람은 개땅쇠다. 갯벌에 사는 평범한 사람이다. 김제는 문병란(文炳蘭, 1935~2015, 병탄 26~대한민국 97) 시인이 시로 표현한 대표적인 '개땅쇠의 땅'이다.

이중환 역시 '개땅쇠의 땅' 김제를 살 만한 곳이 상당히 많다고 말했다. 「팔도론」 '전라도' 조 내용을 보자(이중환, 2018: 101).

모악산 서쪽에는 금구(金溝)와 만경(萬頃) 두 개 현(縣)이 있다. 물과 샘이 제법 맑고 산세 또한 살기를 벗은 채로 들녘을 감돌아 흐른다. 두 개의 물줄

기 양쪽이 오므려 닫혀서 기운과 맥이 흐트러지지 않아 살 만한 곳이 상당히 많다.「팔도론」'전라도' 조

모악산 서쪽에 금구현과 만경현 외에 김제군도 있는데 기술되어 있지 않다. 빠트린 것인지, 인식이 없었던 것인지 불투명하다. 다만 확실히 전라도 땅을 가 보지 않았다는 이중환이 말한 것을 토대로 보면 인식이 없었던 것으로 추정한다. 금구현에는 금산사가 있고, 만경현은 밭 사이 경계[두둑]가 만 개나 되는 고장이니, 그야말로 아주 너른 땅이라 하겠다. 표준국어대사전에 따르면 1경은 3000평으로 9917.4m²에 해당한다. 그러므로 만경은 3000만 평, 대략 10,000×10,000, 즉 1억m²(≒ 99,174,000m² = 99.174km²)다.[57] 정확하게 이런 면적이라는 것이 아니라 (영어로 엑스포를 만국박람회라고 다소 과장되게 부르는 것처럼) 그만큼 넓다는 것이다. 사방이 들판이다 보니 이 지역 경관 중 하나는 야트막한 구릉만 있으면 무덤이 보인다. 산지가 거의 없어 무덤 쓸 곳이 드문 까닭이라고 한다. 이 가운데 모악산이 홀로 우뚝 솟아 있으니 신성시했다고 한다. 모악산에는 금산사, 귀신사 등 외에 각종 종교단체의 집회소가 있다. 계룡산 다음으로 토착 종교 집단이 많이 모이는 곳이다. 증산교 창시자 강증산과 관련된 유적이 있기도 하다(한국문화유산답사회, 1994: 58). 〈그림 2-49〉를 보면 교회, 절, 성당, 증산교, 동학 등이 이 인근에 몰려 있다는 것을 확인할 수 있다. 이중환은 두 개의 물줄기 양쪽이 오므려 닫혔다고 표현했는데, 현재 두 강 물줄기를 제대로 묘사하고 있어 매우 인상적이다. 만경강이 김제·완주·전주·익산·군산과 연결된다면, 동진강은 김제·정읍·부안·고창과 연결된다. 즉 전북자치도 서부 평야 지대 8개 시군은 이 두 강이 흐르는 곳이다. 그러니 이 두 강 사이 김제는 또 다른 메소포타미아 지역이다. 한편 동부 산악지대

---

57) 중국에서 쓰던 논밭 넓이의 단위 1경은 100 묘(畝, 이랑)로, 그 넓이는 시대에 따라 달랐다. 중국 상고시대에는 사방 6척을 1 묘, 진나라 이후에는 240보를 1 묘라고 했다고 한다.

6개 시군은 금강과 섬진강이 흐른다. 이중환이 김제에 대해 지리와 산수 측면만을 언급하고 있다는 점은 아쉽다. 이 땅은 당시 기준으로도 벼농사를 가장 크게 짓는 곳이어서 생리 측면에서도 뛰어났을 것이기 때문이다. 게다가 조선 후기에는 이앙법이 전파된 시점이어서 쌀농사 후 보리 농사를 짓는 이모작이 가능했을 것이다. 당연히 생리 측면에서 김제는

〈그림 2-49〉 모악산 인근 종교

압도적이었을 것이다. 현재도 이 일대는 우리나라에서 쌀과 보리 생산량이 가장 많은 곳이다. 특히 겨울철 청보리는 한우가 먹고 배설물이 다시 거름이 되는 친환경 순환 농법 기반이 된다. 청보리를 먹은 한우 고기라는 점을 강조해 '김제 지평선 한우'라고 브랜딩했다. 지평선 한우를 사용한 육회비빔밥도 있다.

김제는 우리나라에서 유일하게 지평선을 볼 수 있는 곳이다. 그래서 이 땅에 대해 가장 널리 알려진 말 중 하나는 '징게 맹개 외배미들'이다. '징게 맹개'는 '김제 만경'이란 말에 대한 사투리이고, '외배미'란 이 배미 저 배미 할 것 없이 모두 한 배미로 트였다는 데서 온 말이니, '김제 만경 너른 들'이라는 뜻이다. 들이 넓으니 농사를 위해 물도 많이 필요하다. 특히 벼농사는 밭농사와 비교해 물을 더욱 많이 필요로 한다. 김제에 벽골제가 있는 이유다. 벽골제는 백제 330년(비류왕 27)에 축조됐다고 한다. 우리나라 가장 오래된 저수지라고 평가받고 있다. 『삼국사기(三國史記)』에 기록이 있어서다. 다만 백제 본기가 아니라 신라본기 흘해 이사금 21년 조라고 기록돼 있다. 하지만 당시 김제는 백제 땅이었기 때문에 오류라고 생각한다. 당시 백제가 김제 지역까지 통치권을 미쳤는지는 정확하지 않기 때문에 마한인들이 만든 것일 수도 있다. 다만 시점이 백제 비류왕 27년이라는 것 정도로 이해해야 할 것이다. 벽골제는 기록

이 남아 있어 최고(最古) 저수지라고 평가하지만, 이 외에도 많은 저수지 또는 저수지를 만들기 위한 제방 등 흔적이 수없이 있다. 당장 전북 자치도에서만도 벽골제와 함께 삼호(三湖)라고 불리는 익산 황등제(黃

〈그림 2-50〉 벽골제 장생거(長生渠)

登堤, 기원전 2~3세기 추정)와 고부 눌제(訥堤, 백제 시대 추정)가 있다. 당진 합덕제(合德堤. 백제 위덕왕 또는 후백제 견훤 재위 축조 추정), 제천 의림지(義林池. 신라 진흥왕 대 축조 추정), 상주 공검지(恭儉池. 삼한 시대 축조 추정), 밀양 수산제(守山堤. 삼한 시대 축조 추정) 등도 있다. 아마도 이름 없는 저수지는 이보다 훨씬 많았을 것이다. 농사를 짓기 위해서는 물이 많이 필요하지만, 우리나라 기후 특성상 여름철 장마와 태풍 이후에는 대체로 비가 적다. 당연히 농사를 위해 물을 가두어 둘 필요를 직감적으로 이해했을 것이기 때문이다. 기록이 없을 뿐이다. 다만 기억과 흔적은 남아 있다. 한편 벽골제는 농업용 저수지가 아니라, 바닷물 침입을 막는 방조제라는 주장이 있다. 이른바 뉴라이트 경제사학자 측 주장이다. 우리나라는 이런 큰 저수지를 만들 만한 역량이 되지 않아 일제 식민시대에 와서야 수리 관개시설을 정비했다는 식민사학과 맥이 닿아 있다. 근거로 드는 것이 역사 기록에서 언급하고 있는 벽골제 규모가 당시 기술력으로는 불가능하다는 것이다. 벽골제 충적 토양이 갯벌에 있는 개흙이라는 점 등 근거를 들어 방조제라는 주장을 하는 지리학자도 있다(이우평, 2017b: 174). 이러저러한 근거를 들어 제법 과학적인 것처럼 얘기하고 있지만, 수문이 있다는 것만으로 방조제가 아니라는 것은 분명하다. 바닷물은 소금물이기 때문에 곡식 생장에 전혀 도움이 되지 않는다. 바닷물로 벼농사를 가능하게 만드는 것은 현대 기술력으로도 불투명하다. 2017년(대한민국 99) 중국에서 바닷물에서 자라는 벼 상용화에 성공했다는 기사가 있으나, 이 기사에서도 민물 섞지 않은 순수 바닷물로 재배할 수 있는 벼를 개발하는 데 몇 년이 더 걸린다고 말하고 있다(안승섭, 2017년 10월 17일 자). 현대에도 불투명한데 당시에 바닷물을 막기 위한 방조제를 만들면서 수문을 만들 필요는 하나도 없다. 게다가 기록은 없더라도 무수히 많은 저수지 흔적이 남아 있다. 벼농사를 짓기 위해 물이 필요하고, 월별 강수량 변동이 큰 우리나라 기후를 보더라도 알려지지 않은 저수지는 훨씬 많았을 것이라는 점은 무리 없이 추정할 수 있다. 따라서 방조제라는 주장은 기각돼야 한다. 수문이 있는 방조제는 전혀 성립하지 않는 형용모순이다. 기본을 설명하지 못하는 가설은 과학 외피를 뒤집어쓴 것일 뿐이다. 게다가 옛날을 현재 시점 눈으로 해석하는 것은 매우 큰 오류로 이어질 수도 있다고 생각한다. 예컨대 이집트 피라미드만 하더라도 현대 과학으로도 이해할 수 없어 불가사의라고 하지 않는가?

조선 중종 때 지리서 『신증동국여지승람(新增東國輿地勝覽)』에는 벽골제에 수문이 5개(수여거·장생거·중심거·경장거·유통거) 있었다고 한다. 지금은 장생거(長生渠)와 경장거(經藏渠)만 남아 있다. 벽골제 유적지에 가면 장생거를 볼 수 있다. 벽골제 인근에는 신털미산(해발 15.9m)이 있다. 벽골제 보수를 위해 동원된 백성들이 이곳에서 쉬면서 해지는 짚신을 버리거나, 짚신에 엉겨 붙은 흙을 털다 보니 그 흙이 작은 산이 됐다고 한다. 이를 한문으로 바꾼 초혜산(草鞋山)이라는 별칭이 있다. 20m도 되지 않는 이처럼 작은 언덕도 산이라고 부를 정도이니, 이 일대가 얼마나 낮은 지대인지 확인할 수 있다. 한편 동학농민혁명 때 '서면 백산 앉으면 죽산'이라는 말이 원래 벽골제에서 유래했다는 얘기도 있다. 벽골제 논두렁에서 서서 보면 부안 백산면까지 보이고, 앉으면 김제 죽산면이 보인다는 말에서 비롯됐다는 것이다. 〈그림 2-48〉을 보면, 벽골제가 있는 김제 부량면 아래가 부안 백산면이 있고, 위가 김제 죽산면이다. 사실 여부를 떠나 매우 그럴듯하다.

벽골제 유적지에 가면 20m가 넘는 거대한 용 두 마리가 싸우고 있는 형상

〈그림 2-51〉 벽골제 추정지 전경

〈그림 2-52〉 벽골제 랜드마크 쌍룡

인 조형물이 가장 눈에 띈다. 〈그림 2-52〉다. 이와 함께 쌍룡 전설도 전해 온다.[58] 선한 용 백룡과 심술 궂은 용 청룡이 나온다. 여기에 남녀 간 사랑과 연민이 함께 한다. 용은 벽골제 수신(水神) 또는 수호신이다. 용은 벽골제에서만이 아니라 모든 농사짓는 사람에게 수호신이다. 용은 여의주라는 구슬이 있

---

58) 자세한 쌍룡 전설은 다음과 같다. 신라 790년(원성왕 6년)에 벽골제를 증축할 때, 총감독인 원덕랑은 공사 협의를 위해 김제 태수 집을 자주 드나들게 됐다. 태수에게는 딸이 있었는데 이름은 단야낭자다. 단야낭자는 원덕랑을 자주 보면서 연민의 정을 품게 됐는데, 원덕랑에게는 정혼을 한 월내낭자가 있었다. 한편 벽골제는 워낙 큰 저수지여서 두 마리의 용이 살고 있었다. 태풍과 홍수 등 자연재해를 막아주는 선한 용인 백룡과 사람들을 괴롭히는 심술궂은 용인 청룡이다. 벽골제가 완성될 무렵 청룡이 심술을 부려 폭풍우로 벽골제 제방을 무너뜨리기 시작했다. 백룡이 말렸으나, 청룡은 말을 듣지 않고 처녀를 제물로 바치라고 했다. 그때 마침 월내낭자가 원덕랑을 찾아 김제까지 오게 됐고. 김제 태수는 월내낭자를 보쌈을 해서 바치도록 했다. 그런데 정작 보쌈해온 사람은 단야낭자였다. 원덕랑을 사랑한 나머지 대신 희생양이 되기로 한 것이다. 단야낭자는 청룡을 향하여 물로 뛰어들었고, 청룡은 단야낭자의 거룩한 희생에 감동해 심술을 버렸고, 이후 공사가 순조로웠다고 한다.

어, 날씨를 자유자재로 다스리는 능력이 있다고 한다. 바람을 부르고 비를 내리게 하니, 용을 신성시하는 것이 당연했다. 따라서 국내 농사짓는 모든 곳에서 용과 관련한 전설이 많다. 전북자치도 내에서도 익산에 '마룡지(馬龍池)' 전설이 있다. 마룡지는 백제 무왕이 왕이 되기 전 이름인 서동이 태어난 곳 인근에 있다. 남원은 아예 별칭이 용성(龍城)이니 용의 고장이다. 교룡산에는 교룡산성이 있고, 지리산 자락 구룡계곡에는 교룡담이 있다. 구룡계곡에는 구룡폭포 전설이 있다. 음력 4월 초파일에는 아홉 마리 용이 내려와 아홉 군데 폭포에서 노닐다가 다시 승천했다는 내용이다. 구룡계곡은 용이 놀던 소(沼)와 호(湖)가 있다고 해 용호구곡(龍湖九曲)이라고 부른다.

 조선 시대에는 '팔도가 흉년이라도 호남이 풍년이면 살 수 있다'라고 말하곤 했다. 호남 중에서도 김제는 가장 너른 땅이니 호남 풍흉을 좌우했을 것이다. 전국지리교사모임이 쓴 『지리 쌤과 함께하는 우리나라 도시여행』에서는 '역사와 문화가 살아 숨 쉬는 벼 고을 관광도시'라고 김제를 정의한다. 그러면서 김제가 너른 평야를 가지게 된 이유를 다음과 같이 설명한다. 중생대 쥐라기에 대규모로 대보 화강암 관입이 있었는데, 김제는 대보 화강암층이 우세한 지역이었고, 그 화강암층이 심층풍화를 받아 오랫동안 침식당한 결과 드넓은 평야가 만들어졌다는 것이다. 신생대 제3기에 한반도 북동부가 크게 융기했는데 상대적으로 서남부는 거의 융기하지 않아 동고서저 지형이 만들어졌고, 이후 해수면이 상승하면서 충적지가 발달하게 된다. 특히 만경강과 동진강 및 그 지류 부용천, 두월천, 신평천 등 하천 주변에 충적지가 넓게 발달해서 김제가 우리나라 최대 충적지가 됐다는 설명이다(전국지리교사모임, 2016: 292~293). 게다가 김제 일대는 금이 함유된 화강암인 함금(含金) 석영맥이 많다고 한다. 모악산 주변이 유명한 사금 산지이고, 금 관련 지명이 많은 이유이기도 하다. 사금 채취는 1900년대 시작됐다. 이후 일제 강점기에 본격적인 금광산업이 시작돼, 국내 금 생산량의 30% 정도 차지할 정도로 호황을 이뤘다고 한다. 일제 강점기 이후 생산량이 급감하면서 명맥이 끊겼고, 지금도 사양길 상태에 있다(전국지리교사모임, 2016: 301).

『지리 쌤과 함께하는 우리나라 도시여행』에는 이 외에도 재미있는 설명이 많다. 먼저 이 책은 일제강점기 이후 우리나라 도시를 전통 도시와 식민지형 신흥도시로 나누면서 김제를 설명한다. 전주·고부(정읍)·태인(정읍)이 전통 도시라면, 군산·익산·김제·신태인(정읍) 등지는 식민지형 도시라고 한다. 조선 시대까지 김제는 작은 촌락이었다. 1899년(대한제국 광무 3) 군산이 개항되고, 1912년(병탄 3) 호남선이 개통된 이후 일본인들의 이주와 더불어 본격 도시가 됐다. 김제에도 역이 생겼고, 역 앞에 일본인 마을이 형성됐다. 쌀과 같은 농업만이 아니라 정미·양조 등 식품가공업 중심으로 산업화와 도시화가 이루어졌다. 강점기 내내 김제역 중심으로 성장했다. 일본 자본은 농업 부문 집중 수탈과 착취를 원활하게 수행하는 기능에만 집중했다. 반면 조선 시대부터 형성됐던 전통 상권은 몰락했다. 일제 자본주의 상품 소비를 위한 새로운 상권 중심지들이 성장했다. 해방 이후 경제개발 시기에도 김제는 여전히 농업을 담당하는 도시로 남게 됐다. 1970년대까지도 별다른 변화 없이 유지됐고, 1980년(대한민국 62)에 와서야 최초의 도시계획이 이루어졌고, 역 앞 도로가 2배로 확장됐다. 이때가 돼서야 역 도로변에 늘어선 일본식 건물이 철거됐다고 한다(전국지리교사모임, 2016: 293~294). 이런 과정을 거치면서도 김제 동헌은 살아남았다. 김제 동헌은 16세기 중반에 처음 지어졌다가, 1881년(고종 18)에 중건됐다고 한다. 동헌 이름은 근민헌(勤民軒)이다. 『주역』에 나오는 '경천근민(敬天勤民)'이 어원인데, '하늘을 공경하고, 백성을 부지런히 섬긴다'라는 뜻이다. 김제 동

〈그림 2-53〉 김제 동헌

헌은 아무런 용도 없이 방치됐다면 훼손됐을 수도 있었지만, 일제 강점기부터 1960년대 초까지 김제 읍사무소로 사용되다 보니 살아남았다. 목사 살림 공간인 내아와 동헌 옆 정자 피금각(被襟閣)이 비교적 온전하게 남아 있다.

그리고 이 책에는 쌀 시장 개방에 대한 해법으로 가족농(지역에 거주하면서 비교적 소규모로 농사를 짓는 농가) 강화를 제시한다. 우리나라 농가는 대부분 가족농(지역에 거주하면서 비교적 소규모로 농사를 짓는 농가)이라고 한다. 통상 9000평(3헥타르, 이하 ha) 이상 경작하면 대농, 3000~6000평(1~2ha)이면 중농, 3000평(1ha) 이하는 소농이라고 한다. 우리나라는 소농이 66% 이상이다. 농가 중 노인 한두 명이 농사를 짓는 경우가 65%, 농가 84%에는 후계자가 없다. 농가 인구는 1990년(대한민국 72) 715만 명에서 2023년(대한민국 105) 약 209만 명(농가 인구비율 4%, 국가통계포털)이다. 상황이 이러하니 우리나라도 미국 등처럼 대규모 기업농이 필요하지 않는가 하는 의문이 있다. 이에 관해 이 책은 다음과 같은 이유로 반대한다. 우리나라 경우 산이 많고 뚜렷한 사계절 등 다채로운 자연환경이기 때문에 다품목 소량생산이 잘 맞는다는 것이다. 즉 대량생산은 환경에 이롭지도 적합하지도 않다는 것이다. 따라서 결국 가족농을 보호하는 수밖에 없다고 한다. 그리고 재해나 시장변동 등에 따라 농사를 망칠 걱정 없이 적절한 노동 대가가 보장되고 생산비를 확보할 수 있도록 국가 차원에서 지원해 줄 필요가 있다고도 한다. 대기업에 의한 기업농보다는 가족농을 통해 마을을 이루고, 마을 내 활동 등을 통해 농촌 문화, 풍습 및 전통을 전승하는 역할이 중요하다. 가족농은 기업농과는 달리 전통적으로 전해오는 생태 및 자연을 생각하고 적절함을 유지하려는 습성이 있다. 기업농은 수익 추구 과정에서 생태계 다양성을 무시하기 쉽기 때문이다. 그리고 가족농은 비교적 소규모 다양한 경작을 한다. 생태계를 다양하게 유지하는 관점에서 다른 작물을 심는 지혜와 유연성을 발휘하는 것이다. 즉 가족농이 생태적·문화적으로 건강하고 우수하다. 경제 논리로는 기업농이 나을지 몰라도 그 지역의 문화나 정서까지 고려하고, 자연과 문화 및 식량의 건강한 확보를 추구하는 관점에서 가족농이 낫다고 주장한다. 그리고 노동집약적 소규모 경영은 일거리도 많이 창출할 뿐 아니라, 인간 소외 현상에도 좋다. 공업이 발달하지 않으면 개도국이 될 수 없고, 농업이 발달하지 않으면 선진국이 될 수 없다고 한다. 농업을 살리기 위한 하나의 방법으로 가족농을 보호하는 것이 필요하다는 것이다(전국지리교사모임, 2016: 297~300). 다만 김제는 땅이 많아 대부분 중농 이상일 것이다. 그러함에도 대량생산이 유리할 것이기 때문에 기업 등에 의한 기업농이 아니더라도 새로운 소유-생산구조 설계를 통한 협력과 연대방안이 있지 않을까 생각해 본다. 이 역시 전북자치도 주민들이 풀어가야 할 숙제다.

최열이 쓴 『옛 그림으로 본 조선』에는 김제 출신 두 사람을 언급하고 있다. 한 사람은 백산면 사람 석정 이정직(石亭 李定稷, 1841~1910)이다. 그는 칸트 철학과 주자학을 비교 연구한 철학자다. 매천 황현(梅泉 黃玹, 1855~1910, 철종 6~대한제국 융희 4, 병탄 1)과 해학 이기(海鶴 李沂, 1856~1935, 철종 7~병탄 26)와 더불어 당대 호남 3절로 평가받는다. 황현은 광양 사람으로 한일병탄 16일 후 구례 자택에서 음독하여 자살한 우국지사다. 이기 역시 김제사람으로 조선 말 실학자이자 항일독립투사로서 동학농민혁명에도 참여했고, 전문대학 필요성을 강조했으며, 모든 국민이 의무적으로 학문을 배워야 한다고 주장했다고 한다. 이정직은 시와 글씨에도 뛰어나 그의 문하에서 많은 사람이 지역 예원을 일궈 나갔다고 한다. 다른 한 사람은 부량면에서 태어난 람전 허산옥(藍田 許山玉, 1924~1993, 병탄 15~대한민국 75)이다. 그는 원래 남원 권번 출신 기생이었다고 한다. 기생제도가 폐지된 해방 이후 화가가 되어 크게 성장했다고 한다. 수묵 팔군자와 채색 화조화는 20세기 후반을 힘차고 곱게 수놓았고, 눈부신 미술의 성좌로 우뚝 섰다고 한다(최열, 2024: 351). 전북자치도가 낳은 지역 예원 두 사람이다.

김제에는 아리랑 문학관이 있다. 조정래 선생과 그가 쓴 소설 『아리랑』을 조명하고자 2003년(대한민국 85) 5월 16일 건립됐다. 소설 배경이 김제시이기 때문이다. 일본이 행한 수탈과 우민화 교육만이 아니라 친일 반민족행위자에 대해서도 적나라하게 고발하고 있다. 총 4부 단행본 12권짜리 책으로 구한말부터 광복 때까지를 시대적 배경으로 삼고 있다. 선생이 책을 쓴 의도는 일제강점기에 치열하게 저항하며 수많은 고난을 끈질기게 버텨 낸 우리 민족 역사를 바로 알게 함으로써 민족 자긍심 회복에 있다고 한다. 조정래는 한국 현대사 3부작인 대하소설 『태백산맥』, 『아리랑』, 『한강』을 써서 1천 5백만 부 돌파라는 한국출판 사상 초유 기록을 수립했다. 『태백산맥』은 1983년(대한민국 65) 9월부터 월간지 현대문학에 연재되기 시작해 1986년(대한민국 68) 제1부 3권, 1987년(대한민국 69) 제2부 2권, 1988년(대한민국 70) 제3부 2권, 1989년(대한민국 71) 제4부 3권이 한길사에서 출간됐고, 이후 해냄출판사에서 다시 한번 발간됐다. 원고지 15,700매 분량이다. 『아리랑』은 1994년(대한민국 76) 해냄출판사에서 출간됐고, 원고지 20,000매 분량이다. 또한 2003년(대한민국 85) 대하소설로는 처음으로 프랑스어로 완역 출간되기도 했다. 『한강』은 1998년(대한민국 80)부터 2000년(대한민국 82)까지 『한겨레신문』에 연재한 후, 2001년(대한민국 83) 해냄출판사에서 10권으로 발행했다. 전남 장흥, 해남 지역이 배경으로 1959년(대한민국 41) 1월부터 1980년(대한민국 62)까지 20년 동안에 걸친 현대 한국사를 그리고 있다. 그런데 『아리랑』 배경은 왜 김제일까? 김제가 우리나라 대표적인 농업 도시이기 때문이다. 근대 산업이 우리나라에 도입되기 전 우리 민중 대다수는 농민이었고, 그러다 보니 일제에 의한 수탈과 이에 따른 모순이 가장 극대화됐던 곳이었기 때문이다. 조정래는 "36년간 죽어간 민족의 수가 400만 명인데, 2백 자 원고지 18,000매를 쓴다 해도 내가 쓸 수 있는 글자 수는 고작 300여만 자!"라고 개탄했다고 한다.

이제 김제는 내륙도시로 바뀌어 가고 있다. 새만금 개발로 인해 바다가 제방으로 막혀 버린 것이다. 새만금으로 잃어버린 또 다른 모습이다. 하지만 새롭게 얻은 땅이 있다. 김제는 우리나라 대표적인 '개땅쇠의 땅'으로 새롭게 확보한 땅을 슬기롭게 활용한 기억이 충분하다. 바다를 잃어버린 만큼 이에 상응하는 새로운 가치를 발견하기를 기대한다.

부안: 변산(邊山, 해발 509m)을 가운데 두고 둘러앉은 반도의 땅

부안은 반도다. 통상 한반도, 그리스 및 이탈리아반도 등에 익숙하다 보니 남북으로 길게 늘어진 것 만을 반도라고 생각하기 쉽다. 한반도 내에서도 남해안에 있는 화원반도, 해남반도, 고흥반도, 여수반

도, 고성반도 등 모두 남북 방향이다. 하지만 부안지역 변산반도는 왼쪽으로 서해를 향해 땅이 뻗어 나와 있다. 유럽에서도 스페인이 있는 이베리아반도, 튀르키예 아나톨리아 반도 등도 동서 방향이다. 조금 더 스케일을 확장하면 유럽 전체가 유라시아 대륙에서 서쪽으로 튀어나온 커다란 반도다. 이런 의미에서 유럽은 대륙이 아니다. 흔히 얘기하는 '5대양 6대주'가 아니라 '5대양 5대주'다.[59] 부안은 반도이기 때문에 대륙과 해양을 연결한다.

〈그림 2-54〉를 보자. 먼저 제일 왼쪽이 위도(蝟島)가 있는 위도면이다. 변산반도에서 약 15km 정도 떨어진 섬이다. 칠산바다 중심이다. 섬 모양이 고슴

---

59) 5대양은 태평양, 대서양, 인도양, 남극해, 북극해다. 통상 6대주는 아시아, 유럽, 아프리카, 남아메리카, 북아메리카, 오세아니아다. 하지만 아시아와 유럽은 굳이 구분할 필요 없이 유라시아라고 부르는 것이 맞지 않을까 싶다. 극단적으로는 아시아다. 남극 개발이 제대로 돼 사람이 거주하는 땅으로 바뀐다면 남극을 포함해 다시 '5대양 6대주'가 될 것이다.

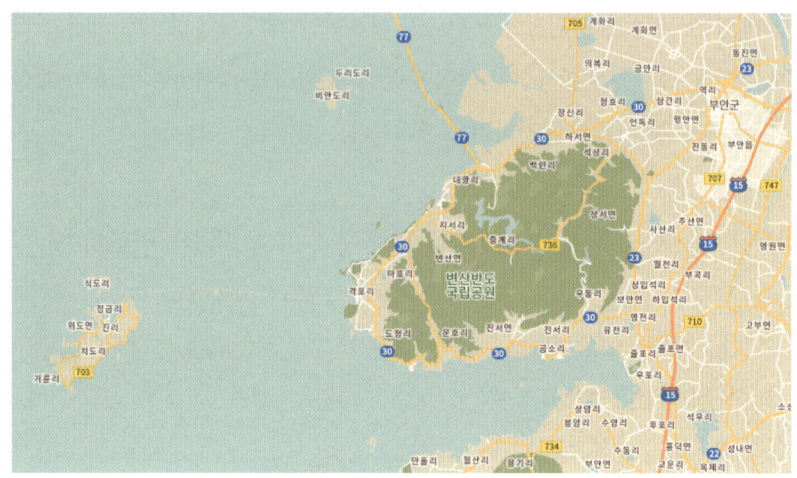
〈그림 2-54〉 변산반도와 부안군

도치를 닮았다 하여 '고슴도치 위(蝟)' 자를 쓴다. 부안군 본토와는 격포항에서 뱃길로 50분 거리이며, 유인도 6개와 무인도 24개로 구성돼 있다. 위도는 인천 연평도와 평북 선천 신미도 근해와 더불어 서해안 3대 조기 산란장으로, 4~5월 산란기에는 전국 각지에서 어선이 모여 바다 위에 시장이 섰다고 한다. 조선 시대 섬 중 관아 건물이 설치돼 남아 있는 유일한 곳이다. 1970년대에는 국가지정 어항이 될 정도로 융성했으나, 지금은 흔적만 남아 있다. 허균이 쓴 『홍길동전』 율도국이 이곳이라고 얘기할 정도로 위도는 풍요롭고 아름다운 섬이다. 그리 크지 않은 섬인 위도를 기억하는 것은 2가지 때문이다. 가장 먼저 기억하는 것은 1978년(대한민국 60) 제19회 전국민속예술경연대회에서 당시 전라북도 대표로 출전한 '위도 띠뱃놀이'가 대통령상을 받은 부분이다. 이후 1985년(대한민국 67) 2월 1일에 국가무형문화재 제82-3호로 지정됐다. '위도 띠뱃놀이'는 위도면 대리마을에서 정월 초사흘에 행해진다. 용왕굿을 할 때 띠배를 바다에 띄워 보내기 때문에 띠뱃놀이, 원당(소원을 빌기 위해 세운 집)에서 굿을 해서 '원당제'라고도 한다. 경연대회 때 '띠뱃놀이' 이름으로 하다 보니, 대외적으로 원당제보다는 위도 띠뱃놀이가 널리 알려져 있다. 또 하나의 기억은 1993년(대한민국 75) 10월 10일 서해 훼리호 침몰 사건 때문이다. 훼리호의 '훼리'는 'Ferry'를 외래어 표기법을 따르지 않고 지은 이름이다. 정확한 외래어 표기는 페리다. 발생시각도 오전 10시 10분이다. 과적과 무리한 출항이 원인으로 파악됐다. 탑승객 총 362명 중 292명이 사망했다. 2023년(대한민국 105) 10월 10일은 사고 30주년, 희생자 30주기였다. 2014년(대한민국 96)에 일어난 세월호 침몰 사건 이전 가장 큰 사고였다. 서해 훼리호 침몰 사건 이후 1994년(대한민국 76)에는 3월 종로 5가 통신구 화재, 10월 성수대교 붕괴 및 1995년(대한민국 77) 4월 대구 상인동 도시가스 폭발, 6월 삼풍백화점 붕괴 사건이 이어졌고, 급기야 IMF 외환위기를 불러와 김영삼 정부가 몰락하게 된다. 이 작은 섬에 이런 전통과 아픈 역사가 있어 아직도 위도를 기억하는 것이다.

〈그림 2-54〉에 녹색으로 보이는 부분이 변산(邊山, 최고봉 의상봉 509m)이다. 변산은 연암 박지원(燕巖 朴趾源, 1737~1805, 영조 13~순조 5)이 쓴 한문 단편소설 「허생전」에도 배경으로 나온다. 변산에 있는 도적떼를 복종시켜 살기 좋은 무인도로 데려가는 부분이다. 참고로 「허생전」은 『열하일기(熱河日記)』 중에 수록돼 있다. 그림을 다시 보면 변산을 중심으로 빙 둘러 해안가가 있고, 아래쪽에 움푹 파여 고창과 경계를 이루는 지역이 곰소만이다. 그림만 보더라도 해안가를 일주하면 보일 풍광이 눈에 선하다. 변산은 내변산, 해안가는 외변산으로 보면 된다. 이 일대가 변산반도 국립공원이다. 내변산에는 멋진 풍광, 외변산에는 뛰어난 해상 풍경을 즐길 수 있는 곳으로 우리나라 유일 반도형 국립공원이다. 1988년(대한민국 70)에 변산을 포함한 변산반도가 국립공원(제19호)으로 지정됐다. 부안읍 소재지는 변산반도 뒤쪽 평야 지대에 있다. 김민철 기자가 쓴 『서울, 화양연화』를 보면, 1993년(대한민국 75)에 변산바람꽃이 변산반도에서 발견됐다고 한다. 복수초(福壽草)와 함께 봄이 왔다는 것을 알리는 대표적인 꽃이다. 우리나라에는 바람꽃 종류가 10여 종이 있다고 한

다. 대부분 대개 이른 봄에 꽃을 피운다. 바람꽃 종류는 속명이 대개 '아네모네(Anemone)'인데, 그리스어로 '바람의 딸'이라는 뜻이라고 한다. 바람꽃 10여 종 중 변산바람꽃이 제일 예쁘다는 평가가 많다고 한다(김민철, 2019: 308~315).

〈그림 2-55〉 변산바람꽃(사진 김민철)

한때 부안은 '바람의 도시'라고 홍보했는데 바닷가라 바람이 많이 불기도 하지만, 바람꽃이 영향을 미친 것으로도 보인다. 변산은 2018년(대한민국 100)에 개봉한 영화〈변산〉 배경이기도 하다. 감독은 이준익, 주인공은 박정민, 김고은이다.

유홍준이 쓴『나의 문화유산답사기 2』를 보면, 부안과 강진이 자연과 인문 측면에서 매우 비슷하다고 한다. 재미있다. 먼저 부안에는 변산이 있고, 강진에는 월출산이 있다. 부안에는 줄포만 곰소 바다가 있고, 강진에는 강진만 구강포가 있다. 유형원과 시인 신석정이 부안이라면, 다산 정약용(茶山 丁若鏞, 1762~1836, 영조 38~헌종 2)과 시인 김영랑(金永郎, 1903~1950, 대한제국 광무 7~대한민국 32)이 강진이다. 부안에는 내소사와 개암사가 있고, 강진에는 무위사와 백련사가 있다. 부안에 유천리 상감청자, 우동리 분청사기가 있다면, 강진에 사당리 고려청자, 칠량 옹기가마가 있다. 부안과 강진 모두 동백꽃이 유명하다. 부안은 겨울날에 호랑가시나무와 꽝꽝나무가 푸르름을 더한다. 부안 인근 고창에는 선운사가, 강진 인근 해남에는 대흥사가 있다. 부안 고인돌이 있다면, 강진 인근 반남(나주) 고분군이 있다. 부안에는 의젓한 돌장승이, 강진에는 귀여운 석인상이 있다(유홍준, 2011b: 359~360). 강진과 부안을 비교한 항목들이 부안을 설명하는 대부분이다. 차례대로 알아보자.

변산은 우리나라 100대 명산 중 하나다. 변산은 능가산·영주산·봉래산으로도 불리고, 조선 8경 또는 호남 5대 명산 중 하나라고 한다. 능가산(楞伽山)

〈그림 2-56〉
내소사 대웅보전

이란 '그곳에 이르기 어렵다'라는 범어에서 나온 이름이다. 변산에는 내변산과 외변산이 있다고 했다. 내변산에는 내소사(來蘇寺)와 20m 높이 직소폭포가 유명하다. 내소사 원래 이름은 소래사였는데, 무슨 연유인지 100여 년 전에 내소사로 이름이 바뀌었다고 한다. 이 이름은 '내자개소(來者皆蘇), 즉 여기를 찾아오는 모든 사람은 다시 소생하리라'라는 불교 윤회 전생설에서 유래했다고 한다(이우평, 2007b: 138~139). 내소사 대웅보전(보물 제291호) 문에 있는 꽃창살 사방 연속무늬는 우리나라 장식문양 중에서 최고 수준으로 한국적 아름다움을 잘 보여 준다고 한다. 화이불치(華而不侈)다. 단청 또한 오색단청이 아니라 나무 빛깔과 나뭇결(木理. 나무의 줄기나 가지 따위를 가로로 자른 면에 나타나는 둥근 테. 나이테)을 그대로 드러내는 소지(素地. 본래의 바탕) 단청이다. 검이불루(儉而不陋)다.[60] 내소사는 일주문에서 대웅전까지 600m에 달하는 전나무 숲길이 있는데, 해방 직후 조림했다고 한다. 직소폭포는 물줄기가 그 아래 물웅덩이로 직접 떨어진다고 하여 직소(直沼)라고 부른다. 변산에는 배롱나무 꽃이 유명한 백제 고찰 개암사도 있다. 배롱나무는 꽃이 여러 날에 걸쳐 번갈

---

60) 완전한 문장은 '검이불루 화이불치(儉而不陋 華而不侈)'다. 해석하면 '검소하되 누추하지 않고, 화려하되 사치스럽지 않다'라는 뜻이다. 김부식이 '백제 본기'에서 온조왕 15년(BC 4년) 지어진 궁궐 자태에 대해 남긴 말이라고 한다. 백제 시대 미학이라 할 것이다.

아 피고 지고를 반복하기 때문에 백일홍(百日紅) 나무라고도 부른다. 실제 꽃은 한 번 피고 떨어지지만, 번갈아 피기 때문에 같은 꽃이 그대로 있는 것처럼 느끼는 것이다. 개암사는 내소사와 마찬가지로 썩 좋은 절 입구 경치와 대웅전(보물 제292호)이 보여 주는 늠름한 자태 등 사진작가들이 즐겨 찾는 곳이라고 한다. 개암사 뒤에는 웅장한 울금바위가 있다. 개암사지에 따르면 개암사는 변한 왕궁터였다고 한다. 이후 백제 묘련(妙蓮) 왕사가 왕궁을 고쳐 개암사를 지었다. 백제 멸망 후 일본에 있던 부여풍을 받들어 최후 항쟁을 벌인 주류성(周留城)이 이곳이라는 주장이 있다. 충남 한산설과 갑론을박 중인데, 백강전투에서 백강이 동진강이라는 주장과 함께 더욱 세를 얻고 있다고 한다(유홍준, 2011b: 391~394). 개암사는 개암 죽염도 유명하다. 변산은 기상봉, 쌍선봉, 신선대, 관음봉 등으로 둘러싸여 있고, 포토 스팟(Photo Spot)으로 마당바위가 유명하며, 낙조대, 월명암 등 경승이 있다. 내변산 중앙에는 원불교 5대 성지 중 하나인 변산 성지가 자리하고 있다.[61]

외변산에서 가장 유명한 것은 채석강(採石岡)과 적벽강(赤壁岡)이다. 채석강과 적벽강에서 '강'은 '강(江)'이 아니라, 산등성이나 언덕을 뜻하는 '강(岡)'이다. 해변에 드러난 퇴적암 절벽을 말한다. 채석강은 수만 권 책을 쌓아놓은 듯한 모습의 해식 절벽이다. 채석강에는 한반도 또는 유니콘 모양 해식동굴이 있어 신비함을 더한다. 적벽강은 채석강에서 격포 해수욕장을 지나면 바로 나오는데 바위가 불그스름한 색조를 띤다. 채석강은 이태백이 술에 취해 뱃놀이 하던 중 강물에 뜬 달을 잡으려다 빠져 죽었다는 중국 채석강에서, 적벽강은 송나라 시인 소동파가 노닐었다는 적벽강에서 이름을 따왔다고 한다. 채석강

---

61) 원불교 5대 성지는 1) 영산성지(소태산 박중빈 대종사가 탄생하고 깨달음을 얻은 곳. 최초 제자들과 모임을 시작한 곳. 전남 영광 소재), 2) 익산 성지(중앙총부를 설립한 곳) 3) 만덕산 성지(소태산 대종사가 3개월간 머물며 불법연구회 창립총회 후에 다시 찾아 12인 제자와 함께 1개월 선을 지낸 곳. 진안 소재), 4) 성주 성지(소태산 박중빈 대종사와 관련은 없음. 정산 송규 종사와 주산 송도성 종사 탄생지), 5) 변산성지(소태산 대종사가 5년간 기거하며 교법을 반포한 곳) 등이다.

과 적벽강은 퇴적암 지층으로, 이는 과거에 이 일대가 바다 또는 육지 내 호수였음을 뜻한다. 채석강에는 역암(礫巖)층 사이에 이암(泥巖)이 끼어 있는 것으로 보아 호수의 수심에 큰 변화가 있었다고 할 수 있다. 적벽강에는 국제적으로도 희귀한 페퍼라이트(Peperite)가 발견되는데, 페퍼라이트는 사람이 땅 위에 후추를 뿌려 놓은 모양과 비슷해 후추암이라고 불린다. 이 일대인 격포리 퇴적층은 경남 고성 덕명리와 전남 해

〈그림 2-57〉 채석강

남 우항리 퇴적층과 거의 비슷한 시기에 형성됐지만, 격포리 퇴적층은 두 지역과 달리 공룡 발자국이 보이지 않는다고 한다. 이유는 이 일대는 화산활동이 극심해 공룡이 서식할 수 없는 환경이었기 때문으로 추정된다고 한다(이우평, 2007b: 135~143). 외변산에는 격포 해수욕장(1933년 개장)과 고사포 해수욕장(2014년 개장)이 있다. 특히 격포 해수욕장 인근에 닭이봉(86m) 전망대가 있는데, 외변산 비경을 한눈에 볼 수 있는 곳이다. 격포는 전라우수영(全羅右水營) 관하의 격포진(格浦鎭)이 있던 곳이다. 격포항은 평온한 항구 모습이 정겹고, 방파제 해안 산책로가 나무 데크로 조성돼 있어 이 일대를 편하게 즐길 수 있다. 고사포 해수욕장은 이 일대 해수욕장 중 가장 규모가 크고 넓다. 외변산 중 채석강, 적벽강, 솔섬, 모항과 내변산 직소폭포 및 위도는 2017년(대한민국 99) 지정된 전북 서해안권 국가 지질공원(고창·부안권 국가 지질공원)이다. 전북 서해안권 국가 지질공원은 고창지역 6개소를 포함해서 총 12곳이다. 솔섬은 변산반도 최고의 낙조 명소다. 모항은 홍상수 감독 영화 〈다른 나라에서〉 촬영지다. 프랑스 여배우 이자벨 위페르가 출연한 첫 한국영화다. 위페르가 연

〈그림 2-58〉 격포항과 방파제 해안 산책로

〈그림 2-59〉 부안 솔섬과 모항

기한 '안느(Anne)'라는 이름을 가진 서로 다른 세 여인이 모항 해변에서 겪은 세 가지 이야기로 구성돼 있다. 2012년(대한민국 94) 칸 영화제 황금종려상 경쟁부문에 초청됐다. 모항은 햇살에 반짝이는 갯벌이 매우 매력적인 곳이다. 봄과 여름철 사이에 갯벌체험을 해 볼 수 있다.

  이제 곰소만에 관한 얘기로 넘어가 보자. 곰소는 곰처럼 생긴 만 2개와 앞바다에 깊은 소(沼)가 있어 붙여진 이름이라고 한다. 〈그림 2-60〉에서 보는 것처럼 변산반도 국립공원 남쪽이다. 왼쪽이 격포, 오른쪽이 줄포, 그 사이에 곰소항이 있다. 곰소항 아래쪽 바다가 곰소만이고 그 아래쪽은 고창이다. 이 일대 갯벌이 그간 간척되지 않은 이유는 곰소만으로 흘러드는 큰 하천이 없기 때문이다. 줄포는 20세기 초 제물포·군산·목포와 함께 서해안 4대 어항 중 하

〈그림 2-60〉 곰소만과 곰소항

나였다고 한다. 줄포 갯벌이 넓어지면서 어선 출입이 어려워지자 어항 기능은 바깥쪽 곰소항에 내주게 된다. 곰소는 1920년대 염전 개발과 함께 조성된 어촌이다. 줄포항이 폐항으로 바뀌어 감에 따라 1938년(병탄 29) 곰소항이 서해 어업 전진기지로 개항하게 된다. 곰소 천일염은 품질이 전국 으뜸이다. 풍성한 해산물이 곰소 소금과 만나 2년 동안 발효해 농익은 젓갈은 가장 한국적인 맛이다. 전라도 음식 맛은 곰소에서 나온다는 말은 이 젓갈 때문이다. 이런 조합이 너무나 훌륭해 곰소는 전국 대표 젓갈 산지로 성장하게 된다. 최근에는 곰소항도 매워지고 있어 격포항으로 모든 것이 넘어갈 상황에 있다고 한다(이우평, 2007b: 144). 곰소만이 있어 외변산 여행은 훨씬 다채로움을 더해 준다. 특히 곰소만을 어귀부터 들어가는 해안 드라이브 코스는 환상적이다.

이 일대와 관련해서 이중환이 언급하고 있는 곳은 두 부분이다. 먼저 「복거론」 '생리' 조에는 이 부분이 바닷가로 이어지는 포구여서 물류 측면에서 중요한 위치였다는 것을 말하고 있다(이중환, 2018: 178).

전라도에서는 나주 영산강과 영광 법성포, 흥덕 사진포, 전주 사탄이 물길이 짧기는 하지만 조수가 흘러드는 덕에 상선이 몰려든다. 「복거론」 '생리' 조

흥덕 사진포는 〈그림 2-60〉을 보면, 줄포 바로 아래쪽에 있다. 이곳은 현재 고창 흥덕면 일원인데 당시에는 흥덕현이었다. 전주 사탄은 만경강이다. 또 한 부분은 도읍지 또는 은둔지를 설명하는 부분이다(이중환, 2018: 236).

노령의 산줄기 하나가 북쪽에서 부안에 이르러 서해로 쑥 들어가니 서쪽과 남쪽, 북쪽이 모두 큰 바다이고, 내륙에는 많은 봉우리와 골짜기가 있는데, 이곳이 바로 변산이다. 높은 산봉우리나 깎아지른 듯한 산꼭대기, 평지, 비스듬한 벼랑 가릴 것 없이 어디든 낙락장송이 공중에 솟아 해를 가리고 있다. 골짜기 밖에는 소금을 굽거나 물고기를 잡는 사람의 집이 있고, 산 속에는 좋은 논과 비옥한 밭이 많다. 주민들은 산에 올라서는 나물을 캐고, 산에서 내려오면 고기잡이와 소금 굽는 일을 하기에 땔나무와 숯, 물고기와 조개 따위는 굳이 값을 치르고 사지 않아도 풍족하다. 「복거론」 '산수' 조

내변산과 외변산을 잘 설명하고 있다. 소금 굽는 일에 관해서도 소개하는 것으로 보아 이중환 시대에도 곰소 소금은 매우 이름이 있었던 것으로 보인다. 이 부분은 '산수' 조 '도읍 은둔(都邑 隱遁)' 편에 있는 내용이다. 변산은 크게는 도읍이 될 만하고, 작게는 고매한 사람과 은거하려는 선비가 숨어 살 만한 땅이라는 것이다.[62]

---

62) 이중환은 우리나라에는 큰 도읍이 될 만한 산으로 4군데를 꼽고 있다. 개성 오관산, 한양 삼각산, 진잠 계룡산, 문화 구월산이다. 다음으로는 도읍이 될 만하거나 은둔할 만한 산으로 변산과 함께

〈그림 2-60〉을 다시 보면, 곰소항 바로 위쪽이 진서리, 그 오른쪽이 유천리다. 두 마을 사이 약간 북쪽에는 유형원이 살았던 우동리가 있다. 진서리, 유천리 및 우동리는 부안 지방 대표적인 청자 생산지다. 강진 용운리, 사당리를 뛰어넘는다. 한국문화유산답사회에서 쓴 『답사 여행의 길잡이 1』을 보면, 특히 유천리 도요지는 가장 뛰어난 수준을 자랑하는 순청자와 상감청자를 구워 내던 곳으로, 강진보다도 더 많은 종류의 자기가 생산됐다고 한다. 형태나 양식, 문양도 매우 다양하고, 이곳에서 출토되는 백자나 백자 상감 파편들은 고려 백자 연구에 중요한 자료라고도 한다(한국문화유산답사회, 1994: 119~121). 유홍준은 부안 유천리가 상감청자에서는 강진보다 한 수 위라고 도자사(陶磁士)들이 평가하고 있다는 점을 언급하고 있다. 그리고 경자유전 원칙과 균전제를 주장한 유형원에 관한 얘기도 한다. 실학이 시작된 것은 유형원부터며, 이후 공재 윤두서(恭齋 尹斗緖, 1668~1715, 현종 9~숙종 41), 성호 이익, 다산 정약용, 연암 박지원, 환재 박규수(瓛齋 朴珪壽, 1807~1877, 순조 7~고종 14)로 이어진다고 한다. 이어 단재 신채호(丹齋 申采浩, 1880~1936, 고종 17~병탄 27), 위당 정인보(爲堂 鄭寅普, 1893~?, 고종 30~?) 등 20세기 한국 지성사에서 흔들릴 수 없는 종갓집이 부안 우동리라는 것이다(유홍준, 2011: 390). 우동리는 원래 '어리석을 우(愚)' 자와 '반석 반(磻)' 자 우반동이었는데, 일제 강점기 때 한자가 어렵다고 해서 '소 우(牛)' 자, '동녘 동(東)' 자로 바꿔 우동리가 됐다고 한다. 우동리에는 2.46m 입석과 높이 7m 나무 솟대가 함께 서 있는 우동리 당산나무가 유명하다. 이 나무 솟대를 '짐대'라고 부르고, 당산나무는 400여 년 된 팽

춘천 청평산, 금구(김제) 모악산, 안동 학가산, 원주 치악산(사자산), 공주 무성산과 천안 광덕산, 해미(서산) 가야산, 남포(보령) 성주산 등을 언급하고 있다. 이중환은 이 외에도 사람이 살지는 못하나 명승이라 일컬어지는 산으로 영평(포천) 백운산, 황해도 곡산 고달산, 광주 무등산, 영암 월출산, 장흥 천관산, 흥양(고흥) 팔영산, 광양 백운산, 순천 조계산, 대구 팔공산, 대구 비파산, 청도 운문산, 울산 원적산(천성산), 청하(포항) 내연산, 청송 주방산(주왕산) 등을 거론한다(이중환, 2018: 229~237).

나무다. 우동리에서는 매년 대보름에 당산나무 대보름 축제를 한다. 이 축제에서 가장 핵심 부분은 마을 사람들이 줄다리기 후, 그 줄을 당산나무에 옷을 입히는 과정이다. 이때 줄다리기 줄은 용을 상징한다. 풍물패를 선두로 용 줄을 어깨에 메고 당산으로 가서 한바탕 논 후, 당산나무를 신격화해 당산나무에 옷을 입히는 것이다. 용은 농경사회에서 절대적인 힘을 갖는 비와 바람을 관장한다고 믿겨져 온 영물이다. 줄다리기 과정은 암수 용을 결합, 즐겁게 함으로써 한해 농사가 잘되기를 비는 주술에 해당하는 것이다(한국문화유산답사회, 1994: 116~118). 부안은 목가적 전원시인 신석정 고향이기도 하다. 대표작으로 「아직은 촛불을 켤 때가 아닙니다」, 「임께서 부르시면」 등이 있다. 신석정은 또 다른 부안 사람이자 예인(藝人)인 이매창(李梅窓, 1573~1610, 선조 6~광해군 2)이 쓴 한시를 대역한 『매창시집』을 내놓기도 했다. 이매창은 허난설헌, 황진이와 함께 조선 3대 여류시인으로 평가받고 있으며, 현재 한시 61수가 전한다.

부안에는 천연기념물로 지정된 호랑가시나무(제122호), 후박나무(제123호), 꽝꽝나무(제124호) 군락지가 있다. 셋 모두 난대성 푸른 나무다. 특히 호랑가시나무와 후박나무는 부안지역이 북방한계선이기도 하다. 도청리 호랑가시나무는 크리스마스 카드 그림에서 흔히 볼 수 있는 상록 활엽수다. 빨갛고 동그란 열매가 예쁘다. 여섯 모가 난 갸름한 잎 가장자리에 뾰족한 가시가 있는데, 이것으로 호랑이 등도 긁을 만하다고 해서 호랑가시나무다. 이 지방에서는 호랑이 등긁개라고도 하며, 집안에 마귀가 침입하는 것을 막기 위해 영등날(음력 2월 1일) 정어리와 함께 문 앞에 내다는 풍습이 있다고 한다(한국문화유산답사회, 1994: 107). 격포리 죽막동에는 후박나무 군락이 있다. 죽막동 바닷가 벼랑 위에는 서해를 다스리는 바다 여신과 딸 8자매를 함께 모신 제당인 수성당(水聖堂)이 있다. 바다 여신은 개양할미라고 불리는 수성할머니다. 전설에 따르면 개양할미는 우리나라 각 도에 한 명씩 시집을 보내고, 막내딸 만을 데리고 살면서, 서해 바다 깊이를 재어 어부들 생명을 보호해 준다고 한다. 수성당은 1칸 규모 기와집이다. 들보에 1804년(순조 4) 건립된 것으로 적혀 있다. 격포 사람들은 정월 초사흗날이면 수성당 할머니에게 제사를 지낸다고 한다. 1992년(대한민국 74) 삼국시대 제사터가 발견됐다고 한다(유홍준, 2011b: 370~372).

꽝꽝나무 군락은 변산면 중계리에 있는데, 잎이 탈 때 꽝꽝 소리를 내며 타기 때문에 꽝꽝나무라고 한다. 변산반도 외에도 거제도·보길도·제주도에 주로 분포한다고 한다. 상록수 중에서 내한성이 강해 수도권에서도 월동을 나는 것도 가능하나, 실제 북방한계선은 충청남도 태안 부근이다. 하지만 기후위기로 인해 전국에서 보게 될 수도 있다고 한다(홍준석, 2023년 1월 23일자).

부안에는 고창과 함께 고인돌 밀집 지역이기도 한데, 특히 구암리 돌담집 고인돌이 유명하다. 민가에 고인돌 10여 기가 모여 있었는데 이 중 하나는 받침돌이 8개나 되는, 남한에서 가장 큰 고인돌이다. 지금은 고인돌 공원이 조성돼 고인돌은 모두 이 공원에 있다. 유홍준은 이 고인돌이 있는 구암리 마을에 대해 평가하기를 부안이 자랑하는 명소일 뿐 아니라 향후 대한민국이 자랑하는 명소가 될 것이라고 했다(유홍준, 2011b: 365~368).

마지막으로 부안 동제복합문화(洞祭複合文化, 마을 축제와 민간신앙을 함께 표현)를 소개한다. 부안에는 동제복합문화 이정표가 되는 기념비적 유물이 많다. 특히 동문안 당산이 유명하다. 1689년(숙종 15년) 세운 것으로 현재 우리나라에 남아 있는 마을 장승으로는 가장 오래된 것이라고 한다. 돌솟대는 동문안 당산 주인이다. 매년 정월 열나흗날 오후에 줄다리기한 후, 그 줄로 당산에 옷을 입히고 당산제를 지낸다. 동문안 당산과 서문안 당산은 모두 한 쌍의 돌솟대와 돌장승으로 구성돼 있다. 지금은 사라진 읍성 안에 있던 남문안 당산도 있다. 동제복합문화가 부안에 그나마 많이 남아 있다는 것은 우리나라에 큰 행운이다. 일제 강점기부터 새마을 운동에 이르기까지 동제 등은 비합리적인 것으로 치부됐다. 마을 축제가 사라지고 서낭당과 장승이 파괴됐다. 이런

〈그림 2-61〉 부안 서문안 당산(좌)과 서외리 당간(우)

과정에서 공동체는 해체되고, 그 정신 또한 희미해지게 됐다(한디디, 2024: 99). 하지만 이러한 과정에서도 부안에 그 흔적이 살아남았다는 것은 부안이 자랑할 만한 차별성이다. 우리에게 주어진 위기를 헤쳐 나가는 힘은 개인과 자본이 아니라 공동체 내 및 공동체 간 연대와 협력에 있을 것이기 때문이다.

고창: 유네스코 7관왕의 고장(세계문화유산, 세계자연유산, 생물권보전지역, 람사르습지, 세계지질공원, 인류무형문화유산, 세계기록유산 등)

고창은 유네스코 도시다. 유네스코 7관왕이다. 유네스코는 1970년대부터 한 나라가 아니라 모든 인류가 함께 보전해야 할 만한 가치가 있는 지역을 국제보호지역으로 지정하고 있다. 국립공원이 한

나라 정부에서 보호하는 것이라면, 국제보호지역은 국가 단위를 뛰어넘는다. 국제보호지역은 유네스코가 알아서 해당 지역을 지정하고 보호하는 개념이 아니라, 국제기구나 협약 회원국이 신청한 것에 대해서 심사하고 지정 여부를 결정한다. 국제보호지역을 구체적으로 세분하면 1) 세계유산, 2) 생물권보전지역, 3) 람사르 습지 및 4) 세계지질공원이 있다. 세계유산은 다시 세계문화유산과 세계자연유산으로 나뉜다.

고창은 이 4가지 종류 5개 항목에 대한 국제보호지역이 모두 있는 유일한 도시다. 아마 전 세계를 통틀어도 이런 도시는 없을 것이다. 세계적이다. 먼저 세계유산 중 세계문화유산으로는 2000년(대한민국 82) 지정된 '고창·화순·강화 고인돌 유적'이 있다. 특히 한반도는 고인돌 규모가 크고, 종류도 다양한 전 세계적 고인돌 왕국이다. 약 3만 5천여 기가 분포하는데, 이는 전 세계에 있다는 고인돌 8만여 건 중 40% 이상이다. 고인돌은 전 세계에서 발견되지만, 유네스코 세계문화유산에 등재된 고인돌은 고창·화순·강화 유적이 유일하다. 이 중에서도 고창은 세계에서 가장 넓게 고인돌 군집을 이루고 있는 곳이다. 고창군 죽림리와 도산리 일대 매산마을을 중심으로 동서로 약 1764m 범위에 447기가 분포하고 있다. 10톤 미만에서 300톤에 이르는 다양한 크기 고인돌이 분포하고 있으며, 탁자식, 바둑판식, 지상석곽형 등 형식도 다양하다. 세계유산 중 세계자연유산도 있다. 2021년(대한민국 103) 7월 31일, 고창 갯벌은 서천·신안·보성-순천 갯벌과 함께 세계자연유산 '한국의 갯벌'로 지정됐다. 특히 고창 갯벌은 개방형 갯벌로 계절에 따라 펄 갯벌, 혼합 갯벌, 모래 갯벌 등 퇴적양상이 변하는 희귀한 갯벌이다. 폭풍 모래 퇴적체인 쉐니어(chenier)를 형성해 '움직이는 모래톱 섬'인 것이다. 당연히 지형학, 지질학적으로 중요한 의미를 띠고 있다. 그리고 검은머리물떼새, 저어새, 황새 등 멸종위기 철새와 전 세계적으로 1속 1종만 보고됐다는 범게가 서식한다. 우리나라는 세계유산으로 총 16건이 지정돼 있는데, 이 중 세계문화유산은 14종, 세계자연유산은

2종이다.⁶³⁾ 북한까지 포함하면 총 18건이다. 고창은 세계문화유산과 세계자연유산 모두를 가지고 있는 유일한 곳이다. 다른 세계자연유산 1건은 제주도 화산섬과 용암동굴이다.

고창은 유네스코 생물권보전지역이다. 유네스코는 전 세계적으로 뛰어난 생태계(육상·연안 또는 해양 생태계)를 대상으로 생물권보전지역(Biosphere Reserves)으로 지정한다. 생물 다양성을 보전하면서 동시에 지속 가능한 이용을 조화롭게 하는 방안을 모색하기 위한 목적이다. 생물권보전지역 지정제도는 1970년대에 만들어졌다. 생물권보전지역 지정이 가지는 가치는 생물 다양성 보전과 지역사회 발전 추구다. 따라서 생물권보전지역은 '지속 가능한 발전을 위한 학습장'이라고 불린다. 한국에는 생물권보전지역이 열 군데 있다.⁶⁴⁾ 고창 전 지역은 2013년(대한민국 95) 생물권보전지역으로 지정됐다.

고창에는 유네스코에 등록한 람사르 습지도 있다. 운곡 습지(아산면 소재)가 그곳이다. 고창·부안 갯벌(고창군 심원면·부안면·흥덕면 일대 및 부안군 줄포면·보안면)도 람사르 습지로 등록돼 있다. 람사르 습지는 1971년(대한민국 53) 2월 2일, 이란에 있는 물새 서식지인 람사르(ramsar)에서 채택, 1975년(대한민국 57) 12월에 발효된 람사르 협약에 따라 지정제도가 만들어졌다. 람사르 협

---

63) 우리나라 유네스코 세계유산으로는 1) 석굴암·불국사, 2) 해인사 장경판전, 3) 종묘(이상 1995년 지정), 4) 창덕궁, 5) 화성(이상 1997년 지정), 6) 경주역사지구, 7) 고창·화순·강화 고인돌 유적(이상 2000년 지정), 8) 제주도 화산섬과 용암동굴(2007년 지정), 9) 조선왕릉(2009년 지정), 10) 한국의 역사 마을: 하회와 양동(2010년 지정), 11) 남한산성(2014년 지정), 12) 백제 역사유적지구: 공주, 부여, 익산(2015년 지정), 13) 산사: 한국의 산지 승원(2018년 지정), 14) 한국의 서원(2019년 지정), 15) 한국의 갯벌: 서천, 고창, 신안, 보성·순천(2021년 지정) 16) 가야 고분군(2023년 지정) 17) 반구천 암각화(2025년 지정) 등 총 17건이다. 8)과 15)는 세계자연유산이고 나머지는 세계문화유산이다. 북한은 고구려 고분군(2004년 지정), 개성 역사 기념물 및 유적지(2013년 지정) 등 총 2건이다.

64) 우리나라 생물권보전지역은 총 열 군데다. 1) 설악산(1982년 지정), 2) 제주도(2002년 지정), 3) 신안 다도해(2009년 지정), 4) 광릉숲(2010년 지정), 5) 고창(2013년 지정), 6) 순천(2018년 지정), 7) 강원 생태평화 8) 연천 임진강(이상 2019년 지정), 9) 완도(2021년 지정), 10) 창녕(2024년 지정) 등이다.

약(Ramsar Convention)은 습지 보존과 지속 가능한 이용을 위한 최초 국제협약이다. 공식 명칭은 "물새 서식지로서 국제적으로 중요한 습지에 관한 협약(The Convention on Wetlands of International Importance Especially as Waterfowl Habitat)이다. 이를 줄여 "습지에 관한 협약"(Convention on Wetlands)이라 하기도 한다. 생물지리학적 독특한 특성 또는 희귀동물과 물새 서식지로서 중요성을 지닌 습지를 보호하기 위해 제정됐다. 특히 습지는 경제적·문화적·과학적 및 여가적으로 큰 가치를 가진 자원으로, 한 번 손실되면 회복될 수 없다. 따라서 습지는 현재와 미래에 있어도 점진적인 침식과 손실을 막는 것이 중요하다. 람사르 협약이 목적하는 바다. 우리나라는 1997년(대한민국 79) 7월 28일, 대암산 용늪(강원 인제군 소재)을 람사르 습지로 등록해 세계 101번째로 람사르 협약 가입국이 됐다. 전 세계적으로 총 172개국 2523개소(257,317,367 ha, 2024년 말 기준)가 람사르 습지로 등록돼 있다. 우리나라는 총 26개소, 20,318.9ha(203.189km^2)가 등록돼 있다.[65]

유네스코 세계지질공원(UNESCO Global Geoparks)은 지질학적 가치를 지닌 명소와 경관을 보호하고, 지속 가능한 발전을 도모하며 관리하기 위해 유네

---

65) 우리나라 람사르 습지는 총 26개소다. 1) 대암산 용늪(강원 인제군 소재, 1997.3.28일 등록), 2) 우포늪(경남 창녕군 소재, 1998.3.2일 등록), 3) 신안 장도 산지 습지(전남 신안군 소재, 2005.3.30일 등록), 4) 제주 물영아리 오름(제주 남원읍 소재, 2006.11.18일 등록), 5) 무제치늪(울산 울주군 소재), 6) 두웅 습지(충남 태안군 소재, 이상 2007.12.20일 등록), 7) 제주 물장오리 오름(제주시 소재), 8) 오대산 국립공원 습지(강원 평창군 소재), 9) 강화 매화마름 군락지(인천 강화군 소재, 이상 2008.10.13일 등록), 10) 제주 1100 고지(제주 서귀포시 소재, 2009.10.12일 등록), 11) 제주 동백동산 습지(제주시 소재, 2011.3.14일 등록), 12) 고창 운곡 습지(2011.4.6일 등록), 13) 한강 밤섬(2012.6.21일 등록), 14) 제주 숨은물뱅디(제주 애월읍 소재), 15) 한반도 습지(강원 영월군 소재, 이상 2015.5.13일 등록), 16) 순천 동천 하구(전남 순천시 소재, 2016.1.20일 등록), 17) 고양 장항습지(경기 고양시 소재, 2021.5.21일 등록), 18) 순천만·보성 갯벌(전남 순천시, 보성군 소재, 2006.1.20일 등록), 19) 무안 갯벌(전남 무안군 소재, 2008.1.14일 등록), 20) 서천 갯벌(충남 서천군 소재, 2010.9.9일 등록), 21) 고창·부안 갯벌(2010.12.13일 등록), 22) 증도 갯벌(전남 신안군 소재, 2011.9.1일 등록), 23) 송도 갯벌(인천 연수구 소재, 2014.7.10일 등록), 24) 대부도 갯벌(경기 안산시 소재, 2018.10.25일 등록), 25) 돌리네 습지(경북 문경시 소재, 2024.2.7일 등록), 26) 평두메 습지(광주 북구 소재, 2024.5.13.일 등록) 등이다.

〈그림 2-62〉 세계지질공원, 고창 병바위 일원

스코가 승인하는 곳이다. 세계지질공원은 1990년대 초반 지질유산과 지질보존이 중요한 가치로 대두되면서, 1996년(대한민국 78) 제30회 국제지질과학총회(International Geological Congress, IGC)에서 처음 논의됐다. 2000년(대한민국 82)에는 유럽 4개 지질공원이 모여 유럽지질공원네트워크, 2004년(대한민국 86)에는 세계지질공원네트워크가 결성됐고, 이들을 중심으로 지질공원 프로젝트가 시작됐다. 급기야 2015년(대한민국 97) 11월 지질공원은 유네스코 공식 프로그램으로 지정되기에 이른다. 한국은 2010년(대한민국 92) 제주도가 최초로 유네스코 세계지질공원으로 등재됐다. 이후 2011년(대한민국 93) 자연공원법이 개정돼 법적 체계가 갖추어지게 됐고, 개정된 자연공원법에 따라 2012년(대한민국 94) 울릉도와 독도, 그리고 제주도가 국가 지질공원이 됐다. 2024년(대한민국 106) 말 현재 한국에는 세계지질공원이 총 5개소 있다.[66] 전북 서해안권(고창군·부안군)은 2023년(대한민국 105) 승인된 세계지질공원이다.[67] 전

---

[66] 한국에 있는 세계지질공원 5개소는 다음과 같다. 1) 제주도(2010년 인증), 2) 청송(2017년 인증), 3) 무등산권(2018년 인증), 4) 한탄강(2020년 인증), 5) 전북 서해안(2023년 인증) 등이다. 5개소는 모두 국가 지질공원으로 등록돼 있기도 하다. 국가 지질공원은 총 16개소. 전북특별자치도에는 전북 서해안을 포함해 진안군·무주군 일원과 고군산군도 등 총 3개소 국가 지질공원이 있다.

[67] 전북 서해안권 지질공원 중 고창군 일대에는 1) 천마봉, 2) 도솔암 마애불, 3) 진흥굴, 4) 소요산

북 서해안 지질공원은 원생대부터 신생대 제4기까지 암석 및 퇴적물이 곳곳에 자리 잡고 있어, 지질학 발달과정을 관찰할 수 있는 자연 학습장으로 최적이다. 특히 가장 눈여겨볼 지질학적 가치는 중생대 백악기 화산암체다. 지질명소 대부분을 차지하는 백악기 화산암체는 우리나라에서 일어난 백악기 화산활동 과정과 그 전후에 나타난 다양한 화산분출 작용과 더불어 퇴적작용에 관한 정보까지 고스란히 품고 있다. 〈그림 2-62〉는 고창 병바위 일원이다. 병처럼 생겨서 병바위다. 이 역시 중생대 백악기에 형성된 화산암체다. 이 앞을 흐르는 강을 '인천(仁川)'이라 부르며, 주변에 병바위와 함께 소반 바위가 있다. 바위 이름을 따서 주변 마을 이름도 호암(壺巖)마을과 반암(盤巖)마을이다. (배가 나온) 병 '호' 자와 소반 '반' 자를 쓴다.

2023년(대한민국 105) 고창지역이 부안지역과 함께 전북 서해안권이라는 이름으로 유네스코 세계지질공원으로 승인돼 고창은 유네스코 국제보호지역 모든 분야에 걸쳐 지정된 도시가 됐다. 제주도 일원 또한 모든 분야에 걸쳐 있는 것으로 보이기도 하지만, 도 차원이지 특정 도시 단위는 아니다. 게다가 제주는 세계자연유산은 있지만, 세계문화유산은 없다. 고창은 세계유산 중 자연유산 등 문화유산 두 분야 모두 있고, 다른 국제보호지역으로도 등록, 지정 및 승인돼 있다. 고창은 여기에서 한발 더 나아간다. 먼저 유네스코 인류무형문화유산이 있다. 무형문화유산은 전통문화인 동시에 살아 있는 문화다. 공동체 내에서 공유하는 집단적인 성격을 지니고 있다. 따라서 사람을 통해 생활 속에서 주로 구전으로 전승돼 왔다. 우리나라는 인류무형문화유산이 총

용암돔, 5) 병바위, 6) 고창 고인돌군, 7) 명매기 샘, 8) 송계리 시생대 편마암, 9) 구시포 가막도, 10) 명사십리, 11) 대죽도, 12) 움직이는 모래섬, 쉐니어, 13) 고창 갯벌 등 13개소가 있다. 부안군 일대에는 1) 적벽강, 2) 채석강, 3) 솔섬, 4) 모항 생선뼈 광맥계, 5) 모항 페퍼라이트, 6) 유천리 청자 도요지, 7) 선계폭포, 8) 굴바위, 9) 직소폭포, 10) 울금바위, 11) 계화도 제스퍼, 12) 계화도 역암, 13) 진리 공룡알 화석지, 14) 소리 유변성 응회암, 15) 치도리 해안, 16) 진리 주상절리, 17) 진리 용머리 층간 습곡, 18) 진리 대형 횡와습곡, 19) 대·소형제도 등 19개소다.

23개 등록돼 있어 세계 2위 수준이다.[68] 2001년(대한민국 83) 종묘제례 및 종묘제례악 등록이 처음이다. 유네스코에 등록된 무형문화유산 중에서도 특히 고창을 빼놓고 설명할 수 없는 것이 2003년(대한민국 85) 지정된 판소리다. 판소리는 한반도 남부, 특히 전라도 지역 어느 곳이나 관련이 깊다. 판소리 동편제는 섬진강 동쪽 남원·순창·곡성 등지에 전승된 소리로서, 가왕으로 일컬어지는 운봉 출신 송흥록이 부르는 소리 양식이 표준이다. 서편제는 섬진강 서쪽 광주·나주·담양·보성 등지에 전승된 소리로, 순창 출신이며 보성에서 말년을 보낸 박유전 소리 양식이 표준이다(판소리학회). 하지만 전주, 정읍, 부안 등지에서도 판소리는 크게 활발했다. 전라도 모든 지역이 판소리와 관련돼 있지만, 굳이 고창을 꼽는 것은 판소리 6마당을 정리한 고창 사람 신재효 선생 때문이다. 선생은 〈광대가〉를 지어서 판소리 이론을 수립하고, 인물·사설·득음(得音)·너름새라는 판소리 4대 법례를 마련했다. 신재효가 키웠다는 최초 여류 명창 진채선(陳彩仙, 1842~?, 헌종 8~?) 또한 고창 무장현(심원면) 사람이다. 2015년(대한민국 97) 개봉한 영화 〈도리화가(桃李花歌)〉는 신재효와 진채선 두 사람에 관한 이야기가 담겨 있다. 2014년(대한민국 96) 인류무형문화유산으로 지정된 농악에도 고창지역은 이름을 올리고 있다. 고창농악은 호남 우도 농악 중 하나다. 우도 농악은 정읍·김제·이리·부안 등 지역과 고창·영광·장성·함평 등 지역으로 다시 나누어 볼 수 있다. 고창·영광·장성·함평 등은 세습 무계(巫界) 예인을 중심으로 전승되면서, '영무장 농악'이라는 지역적 특성이 있어, 정읍·김제 등 우도 농악과 일정한 차이를 보인다. '영무장 농악'은

---

68) 우리나라 인류무형문화유산은 23건이다. 1) 종묘제례악(2001년), 2) 판소리(2003년), 3) 강릉단오제(2005년), 4~8) 강강술래·남사당놀이·영산재·제주칠머리당영등굿·처용무, 9~11) 가곡·대목장·매사냥(2010년), 12~14) 택견·줄타기·한산모시짜기(2011년), 15) 아리랑(2012년), 16) 김장 문화(2013년), 17) 농악(2014년), 18) 줄다리기(2015년), 19) 제주 해녀 문화(2016년), 20) 씨름(남북 공동 등재, 2018년), 21) 연등회(2020년), 22) 탈춤(2022년), 23) 한국의 장담그기 문화(2024년)

〈그림 2-63〉 유네스코 7관왕, 고창

영광·무장(고창 무장면)·장성 지역 농악이다. 고창농악전수관도 있다.

유네스코는 1992년(대한민국 74) '세계의 기억(Memory of the World: MOW)' 사업을 착수했다. 이로부터 파생된 사업이 유네스코 세계기록유산 사업이다. 유네스코 세계기록유산사업은 세계기록유산이 인류 모두가 가지고 있는 소유물이므로, 미래세대에 전수될 수 있도록 이를 보존하고 보호하고자 한다. 그리고 기록유산에 담긴 문화적 관습과 실용성이 보존돼야 하고, 모든 사람이 방해받지 않고 접근할 수 있어야 한다고 믿는다. 우리나라는 아시아 세계기록유산 최다 보유국인데, 2025년(대한민국 107) 4월 11일 산림녹화기록물과 제주 4.3 기록물이 19~20번째로 승인됐다.[69] 세계기록유산에도 고창이 있다. 2023년(대한민국 105) '동학농민혁명 기록물'이 세계기록유산으로 등재됐는데, 이 중 하나가 동학농민혁명 '무장기포' 시 무장포고문이다. 무장은 지금 고창군 무장면이고, 기포(起包)는 동학 조직인 포접제(包接制)에서 '접'보다 큰 조직이 '포'이니, 동학군 전체가 본격 봉기한다는 말이다. 이로써 고부 봉기는 전

---

[69] 우리나라 유네스코 세계기록유산은 총 20건이다. 1~2) 훈민정음 해례본·조선왕조실록(1997년), 3~4) 직지심체요절 하권·승정원일기(2001년), 5~6) 조선왕조 의궤·고려 대장경판 및 제 경판(2007년), 7) 동의보감(2007년), 8~9) 일성록·518 민주화운동기록물(2011년), 10~11) 난중일기·새마을운동기록물(2013년), 12~13) KBS 특별생방송 '이산가족을 찾습니다'·한국의 유교책판(2015년), 14~16) 조선왕조 어보 및 어책·조선통신사 기록물·국채보상운동 기록물(2017년), 17~18) 4.19혁명 기록물·동학농민혁명 기록물(2023년), 19~20) 산림녹화기록물·제주 4.3 기록물(2025년 4월 11일)

〈그림 2-64〉 유네스코의 도시, 고창

국 단위로 확대되어 동학농민혁명이 된다. 고창은 이 무장포고문이 있어 유네스코 7관왕을 달성했다. 국내에서 이와 같은 의미를 지니는 도시는 고창 외에 없다. 전 세계로 스케일을 확대해도 마찬가지다.

그간 고창은 복분자나 풍천장어 등 독특한 음식문화로 알려진 도시였다. 조금 더 나간다면 선운산 선운사(禪雲山 禪雲寺)가 그나마 기억에 있다. 대중가수 송창식이 1986년(대한민국 68) 〈선운사〉라는 제목을 가진 노래를 발표한 덕분이다. 송창식이 부른 노래 〈선운사〉는 "선운사에 가신 적이 있나요/ 바람 불어 설운 날에 말이에요/ 동백꽃을 보신 적이 있나요/ 눈처럼 후두둑 지는 꽃 말이에요"로 노랫말이 시작한다. 이 노래는 고창 부안면 선운리가 고향인 미당 서정주의 시 「선운사 동구」에 대한 헌사다. 선운사 동백꽃은 단지 몇 그루 있는 정도가 아니다. 선운사 뒷산인 선운산[다른 이름으로 도솔산(兜率山 335m)]은 커다란 동백나무숲을 이루고 있다. 선운사 입구 오른쪽 비탈에서부터 절 뒤쪽까지 약 30m 너비로 군락을 이룬 3천여 그루 동백나무는 천연기념물 제184호로 지정돼 있을 뿐 아니라, 수령 또한 500여 년을 자랑하는 위용이 있다. 그리고 동백나무 자생지 북방한계선에 가까이 있어 4월 말이 돼야 절정을 이루기 때문에 더욱 의미 있다. 도솔산 낙조대는 칠산 앞바다와 줄포만, 위도가 장관으로 아름다운 일몰을 자랑한다. 선운사는 한창 번성하던 시절에는 89개 암자를 거느리고 승려 3천여 명이 머물렀다고 한다. 유홍준은 선운사 창건 유지는 고창 땅 농업, 칠산바다 어업, 곰소만 지역 소금이었을 것이라고 한다(유홍준, 2011a: 374). 선운산은 이름만 전해오는 백제가요 중 하나인 〈선운산가(禪雲山歌)〉의 배경이기도 하다. 기록에는 '장사 사람이 전쟁터에 출정하여 기한이 지나도록 돌아오지 않는지라 그 아내가 남편이 그리워 선운산을 바라보며 노래를 불렀다(長沙人征役 過期不至 其妻思之 登禪雲山 望而歌之)'고 하는데, 그 가사는 전하지 않는다. 이래저래 고창은 아름다운 경관이 자연스레 아름다운 노래로 이어진 곳으로 보인다. 〈그림 2-65〉를 보면 우측 위쪽에 있는 사진은 서정주 고향에 만들어져 있는 서정주 시 문학관이다. 고창 부안면 봉암초등학교 선운분교를 개보수해 서정주 선생을 기념하는 공간으로 조성했

〈그림 2-65〉 서정주 문학관(우상) 및 생가(우하)

다. 2001년(대한민국 83) 11월 3일이다. 서정주 시 문학관 바로 옆에는 서정주 선생 생가가 있다. 시 문학관을 오른쪽에 두고 바라보이는 쪽 너머에는 바닷가가 나오고, 그 바닷가로 넘어가는 길이 선생이 쓴 시집 『질마재 신화』에 나오는 질마재다. 질마는 짐을 싣거나 수레를 끌기 위해 소나 말 따위 등에 얹는 기구인 길마에 대한 사투리다. 안장과 비슷하다고 이해하면 된다.

현재 고창은 고창현과 함께 흥덕현과 무장현 등 고을 3개가 합해진 곳이다. 조선 시대 인구 기준 크기로는 무장현 > 흥덕현 > 고창현 순이다.[70] 먼저 무장현은 1407년(태종 7) 무송(茂松)과 장사(長沙)가 합하여 만들어진 고을이다. 한 글자씩을 따 무장이 됐다. 장사는 〈선운산가〉에 나오는 그 장사다. 이곳 주변에는 삼국시대 이래 각 시대 토성과 석성 유적이 매우 많이 분포돼 있다(한국문화유산답사회, 1994: 198). 동학농민혁명 때 제1차 기포를 한 곳이기도 하다. 무장 읍성 내 객사와 동헌이 잘 보전돼 있어 드라마 촬영지가 되곤 했다. 2019년(대한민국 101) SBS 드라마 〈녹두꽃〉에서 주인공 백이강과 송자인 간 사랑이 무르익는 과정에서 나오는 그네 장면은 아름답기 그지없다. 무장 읍성은 1910년(병탄 원년) 일제가 성안에 무장초등학교를 세우면서 훼손됐는데, 2004년(대한민국 86) 무장초등학교를 다른 곳으로 이전하고 복원하기 시작했다. 2009년(대한민국 91) 읍성 내 연못 터를 발굴했고, 2018년(대한민국 100)에는 비격진천뢰가 발견됐다. 2009년(대한민국 91) 발굴한 연못 터를 복원했더니 연꽃이 다시 피는 등 100여 년 전 온전한 형태를 되찾았다고 한다. 한편 그간 우리나라 비격진천뢰는 6점이 있었는데, 무장 읍성 내 군사시설에서만 11점이 발견된 것이다. 동학 농민군이 무장 읍성에 입성할 때 관군이 은닉했던 것으로 추정되고 있다(전국지리교사모임, 2020: 357~359).

흥덕현에 대해서는 이중환이 언급한 내용이 많다. 한마디로 기름진 땅이고,

---

70) 1789년(조선 정조 13) 호구총수에 따르면, 무장현 27,149명, 흥덕현 10,115명, 고창현 8,402명 순이다.

경관도 아름다우며, 해상물류 중심이어서 살기에 적합하다는 것이다. '지리', '산수', '생리' 등 모든 측면에서 살기 좋은 곳이라는 것이다. 먼저 「팔도론」에 있는 내용이다(이중환, 2018: 101).

오직 부안의 변산 부근과 흥덕(興德)의 장지(長池) 아래는 토지가 비옥하고 호수와 산의 경관도 아름답다. 이들 지역 가운데 샘물에 장기가 없는 땅은 살기에 적합하다. 「팔도론」 '전라도' 조

다음은 「복거론」에 있는 내용이다(이중환, 2018:178).

전라도에서는 나주 영산강과 영광 법성포, 흥덕 사진포, 전주 사탄이 물길이 짧기는 하지만 어디나 조수가 흘러드는 덕에 상선이 몰려든다. 「복거론」 '생리' 조

「복거론」에는 이런 내용도 적혀 있다(이중환, 2018: 265)

전라도에서는 남원의 요천, 흥덕의 장연, 장성의 봉연(鳳淵)이 기름진 땅으로 이름난 마을이라 대대로 거주하는 토호가 많다. 「복거론」 '산수' 조. '시냇가의 주거지' 편

고창현은 마한 시대 54개 소국 중 모로비리국(牟盧卑離國)이었고, 백제 때는 모량부리현(毛良夫里縣) 또는 모양현(牟陽縣)으로 불렸다. 통일신라 이래 고창현이라는 이름이 유지됐다. 여기에서 고창읍성 별칭인 모양성이라는 이름이 나왔다. 모양성은 왜구를 막기 위해 조선 초기인 1453년(단종 원년)에 축조됐다. 자연석 성곽이다. 현재 우리나라에서 원형을 가장 잘 간직한 읍성이다. 이

유는 일제 강점기 때 고창 읍치를 성 아래쪽에 별도로 조성하다 보니, 성 자체는 원형 그대로 살아남은 것이다. 불행 중 다행이다. 모양성 높이는 4~6m. 둘레는 1,680m로 동(등양루, 登陽樓)·서(진서루, 鎭西樓)·북(공북루, 拱北樓) 세 문이 남아 있다. 치(雉. 적의 접근을 빨리 관측하고 성벽에 달라붙은 적을 물리칠 수 있도록 성벽 일부를 네모지거나 반달꼴로 밖으로 내어 쌓은 것. 모양성은 네모로 되어 있음)가 여섯 군데 있고, 수구문이 두 군데 있다. 조선왕조는 전남 영광 법성진성과 고창읍성, 정읍 입암산성을 잇는 방어선을 구축해 호남 내륙을 왜구의 노략질로부터 지켜왔다고 한다. 읍성이면서도 읍을 둘러싸지 않고 산성처럼 돼 있으며, 성 밖에는 해자를 팠다(한국문화유산답사회, 1994: 142~144). 매년 중양절(음력 9월 9일) 전후에는 모양성제가 열린다. 윤달에 돌을 머리에 이고 성곽을 3바퀴 돌면 무병장수하고 극락 승천한다는 전설이 있어, 지금도 답성(踏城, 성 밟기) 풍속이 이어지고 있다.

고창에서는 매년 4월 청보리밭 축제를 한다. 공음면 학원농장(鶴苑農場)에서 열린다. '천년 학이 사는 서식지'라는 학원이라는 이름이 예쁘다. 청보리밭 축제는 2004년(대한민국 86) 시작되어 2025년(대한민국 106) 22회 축제가 열렸다. 모양성에서 '모' 자가 '보리 모(牟)' 자니, 예전부터 고창은 보리재배로 유명했던 것으로 보인다. 봄에는 청보리와 유채꽃, 여름철 해바라기, 가을철 메밀꽃이 유명하여 영화 촬영장소 메카다. 특히 2016년(대한민국 98) 말에서 2017년(대한민국 99) 초까지 방영된 tvN 드라마 〈도깨비〉 촬영지로 유명하다. 고창은 또한 땅이 기름지고 풍수해가 거의 없어 땅콩, 해풍 고추, 멜론 등 다양한 특산품을 자랑한다. 특히 고창 수박은 1) 질 좋은 황토와 2) 온화한 기후, 3) 전국 유일 수박시험장에서 개발된 재배 기술 등 삼박자를 갖춰 탄생했다고 한다. 한때 전국 마트에서 판매되는 수박이 모두 고창 수박으로 바뀔 정도였다. 지리적 표시제로 복분자주(농산물 제3호), 복분자(제35호), 수박(제116호) 등 3개 품종이 등록돼 있다.

고창은 한 마디로 '유네스코 7관왕, 고창'이다. 가장 한국적인 도시가 가장 세계적인 도시가 됐다. 유네스코에 등록된 하나하나가 다 소중하고 잘 보존해야 한다. 이 중 개인적으로 우선순위를 정한다면 서해안 갯벌이다. 구체적으로 해리면 모래 갯벌, 부안면 펄 갯벌, 심원면 혼합 갯벌이다. 특히 고창 서해안 갯벌이 중요한 이유는 새만금 개발로 인해 전북자치도에 남아 있는 갯벌은 여기 밖에 없다. 서해안 갯벌은 세계 5대 갯벌 중 하나다. 고창은 우리나라 서해안을 대표하는 내만형 갯벌이다. 전남 신안 갯벌이 영역이 매우 크고 넓지만, 이곳은 섬 지역이라 육지 내만형 갯벌과는 다르다. 국가대표 갯벌인 만큼 고창·부안 갯벌은 등록 면적이 무려 45.5km^{2}다. 국제 축구장 규격과 비교 약 6400배 넓이다. 고창 갯벌 중 심원면에 있는 하전 갯벌과 만돌 갯벌에는 갯벌 체험 학습장이 운영되고 있다. 세계 여러 나라 갯벌 중에서 사람과 조화를 이루는 곳은 우리나라 갯벌뿐이라고 한다. 고창은 유네스코 7관왕이다. 가장 독보적인 면이다.

정읍: 절대 마르지 않은 샘이 깊은 고을[사랑과 평등과 협동의 도시, 그리고 눈과 노래와 의(義)와 개방의 도시]

정읍은 문화 콘텐츠가 매우 많은 도시다. 그것도 대부분 다른 도시에서는 찾기 어려운 독보성이 있는 아이템들이다. 아마도 전국 165개 도시[71] 중에서 정읍만큼 독보적인 문화 콘텐츠를 가지고 있는 도시는 매우 드물다고 생각한다. 정읍은 아주 작은 샘물의 도시였다. 출발은 백제 때 정촌현(井村縣)이었다. 입암면에 정해(井海, 새암 바다) 마을이 있어서였다. 신라 757년(경덕왕 16) 정읍현

---

71) 165개 도시를 구분하면 특별시 1, 광역시 6, 특별자치시 1, 75개 시, 76개 군에 부산광역시 기장군, 인천광역시 강화군·옹진군, 대구광역시 달성군·군위군, 울산광역시 울주군을 별도 군 단위 행정구역에 포함하여 산출한 것이다.

이 된 이래 지금까지 이 명칭을 유지하고 있다. 남북한을 통틀어 면 단위 지역을 포함한 고을 이름에 '우물 정 또는 샘 정(井)' 자가 들어간 곳은 정읍이 유일하다. 예컨대 서울 마포구 합정동(合井洞), 부산

광역시 금정구(金井區) 등에 '우물 정' 자가 들어간 지명이 있기는 하지만 도시 이름은 아니다. 게다가 '고을 읍(邑)'자가 들어간 도시도 없다. 조선 시대 지방 행정 구역인 부목군현(府牧郡縣)을 통틀어 읍이라고 불렀고, 한 고을 내에 관아가 있는 마을을 읍치(邑治)라고 했다. 신라 때 고을 명칭이 바뀔 때, 정촌현이 워낙 작은 고을이다 보니, '고을 주(州)'를 사용하지 못하고 정읍현이 된 것으로 추정한다. 1914년(병탄 5) 일제가 지방행정 조직을 재편할 때, 인근 고부군과 태인군을 병합해 통합 정읍군이 되면서 큰 샘물의 도시가 됐다.[72] 이때 고부군 일부가 왜 부안군으로 흡수됐는지, 그리고 고부와 태인이 정읍보다 더 컸음에도 정읍으로 통합됐는지는 미스터리다. 동학농민혁명 당시 고부 접주(接主, 동학교도의 지역관리책임자로 통상 교인 40~50명을 관리) 전봉준, 태인 접주 김개남 영향이 아닌가 하는 추정을 해 본다. 동학농민혁명 당시 무장 기포 후 혁명 깃발을 본격적으로 들었던 백산(白山, 47.4m, 이를 따서 백산 봉기라고 함) 또한 고부군 백산면 소재에서 부안군 백산면 소재로 바뀌었다. 당시 일제가 농민군이 의병으로 이어지는 것을 철저히 막기 위해 '동학군 모두 살육하라'라는 지시를 내린 연장선으로 추정할 수 있다.

정읍은 큰 샘물의 도시다. 샘이 깊은 고을이다. 샘물은 사랑이다. 샘물은 평

---

[72] 조선 시대 고부군과 태인현, 정읍현은 1896년(고종 33) 13도 체제로 바뀔 때 고부군, 태인군, 정읍군으로 각각 바뀌었다.

〈그림 2-66〉 정읍 9경

등이다. 샘물은 협동이다. 샘물(우물)이 나오는 빨래터는 아낙네들이 빨래하면서 수다를 떠는 공간이다. 남편에 대한 흉을 보기도 하고, 아이들 교육에 대한 정보를 교환하는 곳이기도 하다. 요새 카페에서 학부모 모임을 하거나, 부녀회, 계 모임 등을 하는 것과 비추어보면, 당시 여성들에게는 차원이 다른 제2의 공간이었다 하겠다. 빨래터에서 새롭게 얻은 정보는 집으로 돌아가서 자기 집에 적용해 보는 지혜로 작용했을 것이다. 게다가 샘터에서는 남녀 간 은밀한 교감이 이루어지기도 한다. 후삼국 시대 왕건(王建. 877~943, 신라 헌강왕 3~고려 태조 26)과 장화왕후 오씨가 나주 완사천(浣紗泉)이라는 샘터에서 처음 만났다는 러브스토리가 설화로 전해지고 있다. 한편 샘물(우물)가 빨래터에서 빨래하는 아낙들과 이를 훔쳐보는 남자들 시선을 담은 김홍도가 그린 〈빨래터〉라는 풍속화도 있다. 샘물(우물)은 사랑의 공간이다.

 샘물(우물)이 평등을 의미한다는 점은 중국 하·은·주 시대 정전제(井田制)까지 거슬러 올라간다. 토지를 '우물 정'자 모양으로 아홉 등분하고, 중앙은 공전(公田)으로 공동경작, 주변 여덟 지역은 사전(私田)으로 개별 경작하면서 공동경작을 하는 공전에서 나오는 소출을 가지고 세금을 내는 것이다. 정약용은 정전제 그대로는 어렵지만, 정신을 살려 실시하자는 의미에서 정전론을 제기하기도 했다. 호혜균점(互惠均霑) 사상이다. '우물 정'자는 형상 그대로 평등의 정신을 내포한다. 〈그림 2-66〉은 '우물 정' 자와 정읍 9가지 구경거리를 접목하여 멋지게 재해석한 이미지로 정읍을 상징적으로 잘 나타내 주고 있다.

마을 주민이 함께 사용하는 우물에 독을 타면 마을 주민 전체가 독물에 오염된다. 백여 년 전인 1923년(병탄 14) 관동대지진 때 일본 정부는 '조선인이 우물에 독을 탔다'라는 마타도어(matador, 흑색선전)를 하면서 조선인 대상 관동대학살을 했다고 알려져 있다. 우물물이 독물이 됐다는 사실은 우물을 함께 사용하는 전체 마을 주민들을 위협할 만큼 자극적인 표현이었던 것이라 하겠다. 2024년(대한민국 106) 광복절에 개봉한 다큐멘터리 영화 〈1923 간토 대학살〉을 보면 진실에 훨씬 근접할 수 있을 것이다. 1850년대 초 영국 의사 존 스노(John Snow, 1813~1858, 순조 13~철종 9)가 그린 런던 콜레라 지도는 질병이 발생한 지리적 분포와 시간에 따른 변화 추이를 보여 준다. 지리학이 중요함을 나타내는 한 사례로 자주 언급되기도 하지만, 우물을 함께 사용한다는 것이 가지는 의미를 알게 해 주기도 한다. 이와 같은 공동 시설은 함께 관리하는 것이 중요한데, 우리나라에서는 우물도 협동하여 관리했다. 두레나 향약 등 공동체 내부 자치 규약으로 규율하는 전통이 있기 때문이다. 그러니 게릿 하딘(Garrett Hardin, 1915~2003)이 주창한 '공유지의 비극(Tragedy of the Commons)'은 우리나라에서는 애초부터 대상이 아니다. 반면 엘리너 오스트롬(Elinor Ostrom, 1933~2012)이 쓴 책 『공유의 비극을 넘어』에는 공동체 내 자치와 자율을 통해 '공유지의 비극'을 넘어선 사례가 잘 나타나 있다(오스트롬, 2010: 126~170). 그는 여성 최초 노벨 경제학상을 2009년(대한민국 91)에 받았다. 우물은 우리나라 전통인 '더불어 숲' 정신 중 하나라 하겠다. 현대에 들어 '우물 정(#)' 자는 전화기 키패드에 들어간 후 해시태그로 바뀌어 집단지성을 상징하는 아이콘이 됐다.

정읍은 눈(雪)의 도시다. 정읍을 중심으로 이 부근 일대(고창, 부안, 임실 등)는 우리나라 3대 다설 지역(나머지 둘은 영동지방, 울릉도) 중 하나다. 한강 작가가 2024년(대한민국 106)에 우리나라 최초 노벨문학상을 받았지만, 일본은 1968년(대한민국 50) 가와바타 야스나리(川端康成, 1899~1972, 광무 3~대한민국 54)가 소설「설국(雪國)」을 대표작으로 해서 최초[아시아 2번째, 첫 번째는 1913년(병탄 4) 인도의 타고르]로 노벨문학상을 받았다. "국경의 긴 터널을 빠져나오자, 눈의 고장이었다"라고 소설은 시작한다(야스나리, 2011: 7). 가장 유명한 문장이기도 하다. 소설에서 말하고 있는 눈의 고장은 니가타현(新潟県)이다. 니가타현의 아름다운 설정에 대한 감각적 표현으로 동양미를 잘 나타내고 있다는 것이 소설에 대한 평가다. 니가타현은 동해에 인접한 지역인데, 바닷가 쪽에는 일본에서 2번째로 넓은 평야인 에치고(越後國) 평야가 있고, 평야를 앞에 두고 에치고 산맥 높은 산들이 에워싸고 있다. 습기를 가득 품은 바닷바람이 에치고 평야 지대를 거쳐 에치고 산맥을 타고 올라가다가, 낮은 온도에 눈으로 바뀌게 된다. 정읍에 눈이 많이 오는 이유도 호남평야와 갑자기 우뚝 솟은 내장산(內藏山, 763.2m)이 빚은 조합에 기인한다. 위도상 남부지방과 다설 지역이 어울리지 않는 것처럼 느껴지지만, 사실이 그렇다. 남쪽 지방임에도 눈이 많이 오는 눈의 고장, 정읍이 가진 독보적 특성 중 하나다. 다만 기온이 높아 오랫동안 쌓이지 않고 빨리 녹는 편이다. 하지만 내장산 등 산간 지역에 눈 쌓인 풍경은 장관이다. 눈이 많이 내리다 보니 정읍은 땅을 한 자만 파도 지하수를 구할 수 있을 정도로 물이 넉넉하다. 정읍이 큰 우물의 고장인 이유는 바로 눈의 고장이기 때문이다. 정읍은 기차를 타고 가다가 만나는 눈의 도시다. 그래서 샘물과 우물의 도시다.

정읍은 노래의 도시다. 고등학교 시절 국어 시간에 배웠던 백제가요「정읍사(井邑詞)」는 우리 국민 모두 알고 있을 것이다. 작자와 연대 미상으로 백제시대부터 민간에 전승돼 온 노래다. 『고려사(高麗史)』악지(樂誌)에는「정읍사」 외에도 「선운산가」, 「지리산가」, 「무등산가」, 「방등산가」 등 백제가요 총 5곡이 소개돼 있다. 『악학궤범(樂學軌範)』 제5권에 「동동」, 「처용가」, 「정과정」 등 고려가요와 함께 실려 전해지고 있고, 고려·조선 시대를 통해 춤과 함께 불렸던 노래로 알려져 있다. 「정읍사」가 가진 독보적인 면은 현존하는 유일한 백제가요라는 점 외에도 한글로 표기된 가장 오래된 노래라는 것이다. 조선 시대에 와서는 불우헌 정극인(不憂軒 丁克仁, 1401~1481, 태종 원~성종 12)이 쓴 「상춘곡(賞春曲)」이 있다. 「상춘곡」에서 상춘은 '봄을 맞아 경치를 구경하며 즐긴다'라는 뜻이니 「상춘곡」은 봄 노래다. 참고로 청와대 상춘재(常春齋)는 '늘 계속되는 봄'을 의미한다. 「상춘곡」 또한 고등학교 국어책에 수록돼 있다. 「정읍사」가 그렇듯이 「상춘곡」도 수능에 많이 출제되고 있으니, 모든 국민이 알고 있는 노래다. 가사 문학 효시라고 일컬어지고 있다. 가사 문학은 4·4조 또는 3·4조로 산문과 운문 중간 형태다. 처음에는 노래로 불렸고, 양반 남자들 사이 유행했다. 가사 문학은 정극인 「상춘곡」 이후 면앙정 송순(俛仰亭 宋純, 1493~1582. 성종 24~선조 15)이 쓴 「면앙정가(俛仰亭歌)」를 거쳐, 송강 정철(松江 鄭澈, 1536~1593. 중종 31~선조 26)에 이르러 「사미인곡(思美人曲)」, 「속미인곡(續美人曲)」, 「관동별곡(關東別曲)」 등 완성도를 높였다고 평가받고 있다. 「정읍사」와 「상춘곡」 두 곡만으로도 정읍은 위대한 노래의 고장이다.

무엇보다 정읍은 의(義)의 도시다. 의는 유교에서 '인간의 행위로서 마땅히 해야 할 일을 하는 것'을 말한다. 맹자(孟子, 기원전 372~기원전 289)가 주창하는 성선설의 4가지 실마리[4단(四端)] 중 의는 수오지심(羞惡之心)이다. 즉 의롭지 못함을 부끄러워하고, 착하지 못함을 미워하는 마음이다. 충무공 이순신(忠武公 李舜臣, 1545~1598. 인종 원년~선조 31) 장군은 전라 좌수사로 중용되기 전 1년 4개월 동안 정읍 현감이었다. 정읍에는 이순신 장군을 기리는 사당으로 충렬사(忠烈祠)가 있다. 이순신 장군 전 생애를 한마디로 말하면 충의(忠義)다. 동학농민혁명을 주도한 3대 지도자는 전봉준, 김개남, 손화중(孫化中, 1861~1895,

철종 11~고종 32)이다. 이들은 동학농민혁명 1차 거병인 백산 봉기 시 전봉준은 대장, 김개남과 손화중은 부대장 격인 총관령이 됐다. 여기에 혁명의 주인공을 5명으로 확대하면 김덕명(金德明, 1845~1895. 헌종 11~고종 32)과 최경선(崔景善, 1853~1895, 철종 4~고종 32)을 포함한다. 백산 봉기 시 김덕명은 총참모이었고, 최경선은 영솔장이었다. 이들 5명 대장은 모두 공통으로 정읍과 관련이 있다. 먼저 전봉준은 고창 당촌 마을 또는 지금 정읍시 태인면에서 태어났다고 한다. 동학농민혁명 당시에는 고부 접주로 있었다. 김개남은 지금 정읍시 산외면 태생이고 태인 대접주였다. 손화중은 지금 정읍시 과교동 태생으로 정읍 대접주였다. 김덕명은 김제시 금구면 출신으로 금구 대접주로 있었다. 어린 시절 전봉준과 교류했다고 하며, 젊어서는 김개남과도 교분이 있었다. 프롤로그에서 말한 것처럼 김덕명이 살던 김제 금구면과 전봉준과 김개남이 살던 정읍 산외면 동곡마을은 10여km에 불과한 아주 가까운 거리였다. 김덕명은 전봉준과 인척 관계에 있다고도 한다. 최경선은 정읍시 북면에서 태어났고, 고부 주산마을 접주였다. 동학농민혁명 다섯 대장을 비롯한 농민군이 보여 준 활동은 창의(倡義 또는 唱義)다. 또 하나의 의는 순의(殉義)다. 일제 강점기 대표적인 아나키스트 구파 백정기 의사(鷗波 白貞基 義士, 1896~1934, 고종 33~병탄 25)가 정읍 출신(지금 정읍시 영원면)이다. 백정기 의사는 서울 효창공원에 있는 삼의사(三義士) 묘역에 이봉창 의사, 윤봉길 의사와 함께 유해가 안장돼 계신 분이다. 삼의사 묘역에는 아직 유해를 찾지 못한 안중근 의사 가묘도 함께 조성돼 있다. 효창공원에는 이외에도 백범 김구 선생을 포함한 여러 임시정부 요인들 묘도 함께 있다. 삼의사 묘역 입구 석주(石柱)에는 백범의 유방백세(遺芳百世, 꽃다운 향기가 백 세에 전한다) 친필이 새겨져 있다.

끝으로 정읍은 개방의 도시다. 종교에 대해서 크게 열려 있는 도시다. 사상(思想) 스펙트럼도 매우 넓다. 동학은 경상도 경주에서부터 전라도 고부까지 전파되기까지는 제법 시간이 걸렸다. 그러함에도 짧은 기간 안에 혁명을 추동하는 정신적 동력이 됐다. '시천주조화정 영세불망만사지(侍天主造化定 永世不忘萬事知, 한울님을 모신 나는 스스로 조화를 정하여 평생 잊지 아니하고 하늘의 도에 맞도록 행하겠습니다)'는 동학교도가 항상 암송하는 시천주 주(呪)다. 이는 정읍에서 태어난 증산 강일순에게 전달되어 '훔치훔치'로 시작하는 태을주(太乙呪)로 바뀌어서 증산교(甑山敎) 핵심 주문이 됐다. 이런 주문들은 기독교인들이 하는 주기도문과 같은 성격이다. 증산교는 다시 강일순 제자인 차경석(車京石, 1880~1936, 고종 17~병탄 27)에 의해 보천교(普天敎)로 이어진다. 차경석은 고창에서 태어났으나, 주요 활동지는 정읍이었다. 보천교는 일제 강점기 때 신도 수가 600만 명에 이를 정도였고, 독립운동에 자금을 지원하기도 했으나, 이로 인해 해단하는 길을 거칠 수밖에 없었다. 지금도 보천교라는 종교는 남아 있으나, 명맥만 유지되고 있는 상태다. 당시 보천교 중앙본소는 지금 정읍시 입암면에 있었고, 보천교 본당이었던 십일전(十一殿) 건물은 이전돼 지금 서울 조계사 대웅전으로 바뀌었다. 동학 ⇨ 증산교 ⇨ 보천교로 이어지다가, 보천교가 몰락하고 난 이후 이 지역은 기독교가 지배하게 된다. 마을 단위로 가장 많은 교회가 있는 곳은 신태인, 부안, 백산 등 중에 한 군데라고 할 정도다. 그만큼 기독교 영향이 커진 것이다. 한편 세계에서 인구 대비 가장 많은 교회가 있는 도시는 기네스북에도 올랐다는 군산시이고, 단일 건물 안에 교회당이 많기로는 한동안 서울 강남 대치동 은마아파트 상가 건물에 14개가 있어 최고라고 한다(유홍준, 2011b: 408). 이는 최제우가 창시한 동학이 서학을 주체적으로 수용한, 즉 기독교를 동도서기(東道西器) 식으로 변형한 것이라는 점과 맥락을 같이한다. 1) 한울(천주)님을 내세우는 것, 2) 회당을 짓고 거기에 모이는 것, 3) 주기도문과 같은 주문을 외우는 것 등 동학과 기독교는 닮아 있다. 최제우는 이를 '도(道)는 같고, 이(理)만 다른 것'이라고 말했다(유홍준, 2011b: 410). 동학 등을 통해 염원하던 기존 후천개벽 사상을 대체해 기독교에서 말하는 메시아 메시지를 받아들인 것으로 보인다. 차별과 억압, 그리고 수탈받은 땅이어서 미륵불 사상이 폭넓게 퍼져 있던 지역이라는 점을 고려하면 맥락이 이해가 간다.

정읍을 돋보이게 만드는 것은 이것만이 아니다. 정읍시 칠보면에 가면 유네스코 세계문화유산에 등재된 무성서원(武城書院)이 있다. 신라 때 태산군수(태산군은 조선 태종 때 인근 인의 지역과 합해 태인현이 됨)를 지냈던 최치원을 배향한 서원이다. 신라 시대 유학자며, 우리나라 최초 유학자인 최치원을 배향한 서원은 무성서원이 유일하다. 1615년(광해군 7)에 현지 선비들이 최초 최치원 사당이었던 태산사(泰山祠) 자리에 서원을 만들고 태산서원이라고 했고, 1696년(숙종 22)에는 무성서원이라는 사액(賜額)을 받았다. 최치원을 배향했다는 독보성으로 인해 대원군이 행한 서원 철폐 시에도 살아남은 47개 서원 중 하나가 됐다. 2018년(대한민국 100)에는 유네스코 세계문화유산에 등재된 9개 서원 중 하나가 됐다. 마을 가까이에 있는 것이 특징으로 '향촌 사회와 자연스럽게 어우러져 백성들의 삶과 함께했다'라는 평가가 있다. 그리고 태인에는 '태인 고현동 향약(보물 제1181호)'이 있다. 조선 초 태인현 고현동(무성서원이 자리한 지역 일대)에서 자치적으로 실시된 순수 민간 차원 향약이다. 향약이란 고대 국가 형성과 계(契)를 운영했던 전통 속에서 마을 공동체를 오랜 기간 규율한 것이다(김익두 외, 2017: 110). 학창시절 '덕업상권(德業相勸)', '과실상규(過失相規)', '예속상교(禮俗相交)', '환난상휼(患難相恤)' 등 4대 덕목으로 외웠던 그 향약이다. 정극인(영광 정씨) 선생을 중심으로 경주 정씨, 여산 송씨, 경주 김씨, 도강 김씨 등 5대 문중 지역 유지들에 의해 만들어졌다. 고현동 향약은 1475년(성종 6)에 만들어진 우리나라 고을 단위에서 최초로 만들어진 향촌규약으로서 의의가 있다. '공유지의 비극'을 극복했던 우리나라 전통 중 하나다. 한편 고현동에는 광해군의 인목대비 폐위에 반대하던 이들이 은거하면서 지냈는데, 이들을 칠광십현(七狂十賢)이라고 불렀다고 한다. 이들을 기리기 위해 화가인 난곡 송민고(蘭谷 宋民古, 1592~1664, 선조 25~현종 5)가 〈칠광도〉와 〈십현도〉를 그려 봉안하고 뜻을 기려왔다. 이후 이 그림이 너무 낡아 1898년 석지 채용신(石芝 蔡龍臣, 1850~1941, 철종 원~병탄 32)에 의뢰해 옮겨 그린 〈고현동 칠광도〉와 〈송정십현도〉가 남아 있다(최열, 2024: 363~366). 칠보면 인근 태인 면에는 호남제일정(湖南第一亭)이라는 정자 피향정(披香亭, 보물 제289호)이 있다. 여름철이면 최치원을 추모하는 연꽃 향기가 가득하다. 태인면 인근인 산외면에는 호남 부자가 지은 99칸 김명관 고택이 있다. 현 주인 김동수 씨 6대 조 김명관(金命寬, 1755~1822, 영조 31~순조 22)이 17세 때 짓기 시작해서 11년 걸려 1784년(정조 8)에 완성한 집이다. 240여 년 된 집이다. 평야 지대인 호남 상류주택을 대표적으로 보여 주는 분산형 배치가 특색으로 안동 등 경상도 주택에서 나타나는 집중형과는 다르다(한국문화유산답사회, 1994: 174~177). 이런 의미에서 김명관 고택은 1) 양반집이 아니라, 말 그대로 부잣집 가옥이라는 점, 2) 우리나라에 얼마 남지 않은 99칸 한옥 중 하나라는 점, 3) 한옥을 짓는 원리인 '통(通)'에 입각한 바람길을 잘 드러내고 있는 한옥이라는 점 등 독보성이 있다(임석재, 2013: 66~90). 칠보면과 태인면, 그리고 산외면은 조선 시대 모두 태인현에 속했다. 이 외에 기층 농민들이 농업생산과정에서 발전시킨 호남 특유 풍물굿, 당산제, 장승과 벅수 문화 등도 풍부하다. 전북자치도 지역에 양반문화와 기층 백성문화가 조화롭게 발전했다는 것을 잘 보여 준다.

정읍에 가면 봄철에는 정읍 천변에 벚꽃길이 화사하고, 늦은 봄과 여름날에는 보랏빛 라벤더 향기가 가득하고, 가을날에는 산내면 구절초가 청초하다. 특히 가을날 내장산 국립공원(1971년 지정, 국립공원 제8호)에서는 우리나라에서 가장 많은 종류의 단풍이 온 산을 붉게 물들인다. 국내 자생 15종 단풍 중 11종이 서식하는데, 단풍잎이 일곱 갈래로 작고 섬세하며 유난히 붉은 빛을 띠므로 '애기 단풍'이라 불린다. 내장사 앞까지 길게 이어진 길에 100년이 넘은 단풍터널은 황홀하다. 내장산 단풍나무는 천연기념물로 지정(2021년 8월 9일)돼 있다. 눈의 도시여서 겨울철 설경은 더욱 장관이다. 내장산이 예로부터 한국 팔경 중 하나인 이유다. 그리고 섬진강 물이 터널로 연결돼 동진강으로 합류하는 칠보 수력 발전소가 있다. 우리나라 최초 유역변경식 발전소이다. 이때 만들어진 인공 저수지가 옥정호(玉井湖)다. 붕어섬과 출렁다리가 유명하다. 수몰된 지역 사람이 계화도로 이주했던 것 등은 임실 편에서 설명했다. 한편 정읍은 예로부터 약초 산지로 유명해서 약초시장이 활성화된 고을이다. 이런 영향인지 1980년대 이래 쌍화차 골목(구 정읍경찰서 부근)이 자생적으로 형성돼 풍미를 더 한다. 송명섭 장인이 실명을 걸고 주조하는 '송명섭 막걸리'도 유명하다. 송명섭 장인은 '죽력고(竹瀝膏)'라는 이름을 가진 술 제조로 식품 명인에 지정되기도 했다. 육당 최남선(六堂 崔南善, 1890~1957)은 전주 '이강주(梨薑酒)', 평양 '감홍로(甘紅露)'와 함께 '죽력고'를 조선 3대 명주라고 조선상식문답에서 언급했다. 대나무 진액이 첨가된 약소주에 속한다. 정읍에서는 친환경 농특산물 대표 브랜드(Umbrella Brand 또는 Family Brand)로 '단풍미인'을 활용한다. 현재 단풍미인 쌀·한우·수박·토마토·복분자주 등 품목 5개가 선정돼 있다.

　이처럼 풍성한 정읍의 문화 콘텐츠가 지리적 맥락과 구체적으로 어떻게 연결되는지는 정확하지 않다. 다만 서해안이 그리 멀지 않고, 북쪽은 뚫려 있지만, 남쪽과 동쪽에는 제법 높은 산들에 둘러싸인 반산반야(半山半野) 지형이 눈의 도시를 만든 것은 분명하다. 이는 샘물과 우물의 도시로 이어졌다. 적당한 산과 그보다는 조금 더 넓은 평야 지대(아주 낮은 구릉성 산지가 조금 많기는 하다)는 풍요로운 노래로 이어지고, 탁 트인 사상과 철학으로 이어졌을 것이다. 세상 변화에 항상 주목하고, 이를 수용하면서 보다 나은 가치로 승화시키고 행동하려는 노력은 이 도시를 '의(義)'의 도시로 만들었을 것이다. 멋진 단풍과 맛난 술과 깊은 차의 향기, 그리고 풍부한 특산물 등은 덤이다.

　하지만 정읍시에서 이렇게 다양하고 풍부한 문화적 자산을 제대로 활용하고 있는지는 미지수다. 가장 큰 이유는 내장산 단풍이 너무 좋아 '단풍의 고장'

이라는 틀 속에 안주했기 때문이라 생각한다. 그간 가을철 단풍 관광수요는 정읍시 경제에 크게 도움이 됐을 것이다. 정읍역은 새마을호만이 아니라 고속철도(KTX·SRT)도 정차하는 역이다 보니, 수도권과의 접근성이 아주 좋다. 하지만 단풍 구경은 이제 그저 그런 볼거리에 지나지 않는다. 단풍 구경하기 좋은 곳은 전국에 널려 있다. 1인당 국민소득이 4만 불 시대로 가고 있지만, 양극화는 심하다. 그러니 고소득 계층은 해외로 자꾸 나가고, 저소득 계층은 관광할 여력이 적다. 단풍철 기준 내장산 관광객 수는 2000년(대한민국 82) 60만 명에서 2023년(대한민국 105)에는 37만 명으로 급감했다(이준화, 2024년 9월 28일자). 문화 콘텐츠를 제대로 활용하지 못하는 또 다른 이유는 개별적인 콘텐츠를 하나로 엮는 작업이 부족하기 때문으로 보인다. 예컨대 동학농민혁명에 동참한 도시는 매우 많지만 각기 동학농민혁명을 말한다. 아마도 165개 도시 중 100여 개 이상 도시가 동학농민혁명에 참여했으니, 우선 이들을 묶어내는 작업이 중요하다. 동학농민혁명 참가 도시 간 연대모임을 만들고, 합동으로 혁명 기념일을 추념한다면 그 의미가 훨씬 증폭될 것이다. 정읍에서 추진하고 있는 세계 혁명 도시 연대는 차후에 해도 무방할 것이다. 그리고 4.19 혁명 ⇨ 5.11 동학농민혁명 ⇨ 5.18 광주민주화운동 ⇨ 6월 민주항쟁으로 이어지는 '민주주의 혁명 월간'으로 확대하는 행사를 기획해도 좋을 것이다. 그 시초가 동학농민혁명이다. 마지막 이유는 도시 내 상징공간 재현에 소홀하다는 점이다. 단풍 시대가 저물고 있음에도 여전히 정읍시 마스코트는 '단이'와 '풍이'다. 새로운 기획도 단풍을 중심으로 내장산 일대에 집중하고 있다. 우물의 도시임에도 우물을 상징하는 상징물이 길거리에 보이지 않는다.[73] '새암로'라는 도로에 새암이 없다. 하다못해 도로망이 직교형이라면 '우물 정'자 모습을 표현할 수도 있을 텐데, 정읍 도로망은 나뭇가지형이다. 자연도로를 그대로

---

73) 정읍시는 2023년 9월 정읍시 우물 보존 및 관리에 관한 조례를 제정한 후 2024년부터 관리 대상 우물을 지정하는 등 지역 상징 우물 보존에 나서고 있다.

살린 것으로 보이는데 어지럽다. 남원, 순창 등 인근 도시들이 계획적인 직교형 도로망을 갖춘 것과 다르다. 문화 콘텐츠에 대한 생각이 얼마나 부족한지는 도로명을 보면 알 수 있다. 정읍에는 문화 콘텐츠를 살린 도로명이 거의 보이지 않는다. '정읍사로', '내장산로'와 덕천면 '동학로' 정도다. 이를테면 '전봉준로', '파랑새로', '충무공로', '최치원로', '정극인로', '백정기로' 등이 없다. 파생되는 '상춘곡로', '녹두장

〈그림 2-67〉 전봉준 동상(종로2가)

군로' 등도 없다. 전봉준만이 아니다. 동학농민혁명 다섯 장군이 모두 정읍시와 관련돼 있는데, 이들 이름을 딴 도로명도 없다. 오히려 '손화중로'나 '전봉준로'는 고창에 있다. 이들이 고창과 연관이 있으니 도로명으로 사용하는 것도 가능하다. 그런데 동학농민혁명 메카인 정읍에 그들 이름을 딴 도로가 없다는 것은 심각하다. 그나마 고속도로 휴게소 이름이 '녹두장군'이라는 점은 다행이다. 동학로 변 '동학농민혁명기념공원' 내에 있는 '카페테리아 1894'에 '녹두라떼'가 있기도 하다. '녹두라떼' 외에도 '민초라떼', '파랑새에이드'도 있다. 「정읍사」를 상징하는 인공 보름달을 하늘에서 항상 볼 수 있다면, 이 또한 새로운 볼거리일 것이다. 단풍 도시라는 울타리를 버리고, 이를 극복하려는 노력이 새로운 도시 대안일 수도 있겠다는 생각이다. 예컨대 인공 우물을 구도심에 설치하고, 인공 달을 정읍만이 자랑하는, 차별화되고 아주 독보적인 공간에 띄우는 것이 어떨까 한다. 먼저 인공 우물을 구도심의 중심인 제일은행 앞 삼거리, 전통시장 오거리, 동초등학

〈그림 2-68〉 운명적 만남, 녹두라떼

교 앞, 쌍화차 골목, 충렬사 공원 등에 설치하자. 그리고 우물에 '용기', '지혜', '사랑' '절제', '용서' 등 이름을 붙이자. 브랜딩이다. 이후 희망의 답정(踏井, 우물 밟기) 코스를 만들고, 답정 후 개인 사연을 글로 제출하는 경연을 열고 1위에게 아주 큰 상금을 주자. 사람들이 몰려들고, 그들의 이야기가 널리 공유되고 확산된다면, 그 이야기가 회자되고 다시 사람들이 몰려오면서 구도심이 살아나는 선순환 고리를 만들 수 있을 것이다. 한편 아주 커다란 인공 달을 하늘 높이 띄우자. 동학 전승지 황토현에 뜬 달, 유네스코 세계문화유산 무성서원 위에 떠오른 달, 이순신 장군 사당 충렬사 공원 위의 달, 내장호에서 이태백이 놀던 달, 내장사 우화정 위 쟁반같이 둥근 달, 그리고 님 그리다 망부석이 된 그녀가 간절히 소망하고 염원하던 그 달. 역시 사진 콘테스트를 매년 개최하고 주민이 선발하는 과정을 거쳐 1등에게는 큰 상금을 주자. 많은 사람들이 달에게 소망을 빌러, 달을 보러 오는 사람을 보러, 그 사람들과 달을 찍은 사진을 보러 온다면 새로운 형태의 상징 공간으로 자리잡을 수 있을 것이다. 물론 이 과정에서 내장산 관광은 자연스럽게 필수 코스가 될 것이다.

정읍에는 역사상 질곡 속에 희생당한 조상 이름을 기억하는 추모공간이 두 곳이다. 먼저 황토현에 있는 동학농민혁명기념공원 내에 추모관이 하나 있다. 베를린에 있는 '홀로코스트 메모리얼'을 연상시킨다. 지하인 듯, 지상인 듯, 낮게 펼쳐진 공간에 들어가면 당시 희생자 이름이 벽면을 가득 채우고 있으며, 지금도 공란을 계속 채워 나가고 있다. 현재 4000여 명 가까운 참여자와 10,000여 명이 넘는 유족이 등록했다. 또 하나는 정읍시 주산(主山)이라고 알려진 성황산(城隍山, 169m) 중턱에 있는 충혼탑이다. 성황산 바로 아래에는 정읍 동초등학교가 자리하고 있다. 다른 도시들도 그러했듯이 주산 아래 정읍현 관아가 있던 자리가 초등학교로 바뀐 것이다. 바로 왼편에는 정읍향교가 있고, 조금 더 가면 이순신 장군 사당인 충렬사가 나온다. 충렬사 오른쪽을 보면 충렬사에서 충혼탑으로 올라가는 길이 나온다. 그 산록에는 3·1운동 민족대

〈그림 2-69〉 동학농민혁명 추모관 전시관

표 33인 중 한 분인 임실 사람 박준승(朴準承, 1866~1927, 고종 3~병탄 18) 선생 묘가 나온다. 박준승 선생 또한 동학농민혁명에 참여한 동학 접주다. 충혼탑은 한국전쟁 때 산화한 정읍 지역 순국선열을 기리기 위해 세운 탑으로 '거룩한 얼'이라는 글자가 아로새겨져 있다. 충혼탑 뒤편으로 3419명의 위패가 봉안돼 있다. 특히 평야 지대에 우뚝 솟은 내장산 너머 산악지대에 남부군이 활동했던 회문산(回文山, 837m. 순창·임실·정읍에 둘러싸인 산)이 있어 빨치산과 전투에서 사망한 군경들이 많다. 평야 지대인 아래에서 올라가기는 어렵지만, 그 너머는 300~350m 내외 고지여서 빨치산이 활약하기 좋았고, 국군은 정읍 경찰서에 거점을 두고 진격작전을 했다고 한다. 반산반야 지형이 한반도에서 일어난 굴곡진 역사와 함께 추모관 2개가 함께 있는 도시를 만든 것은 아닌가 생각한다. 정읍은 사랑과 평등과 협동의 도시다. 그리고 눈과 노래와 의(義)와 개방의 도시다. 이 많은 문화 콘텐츠를 어떻게 집약하여 핵심 메시지로 삼아 널리 알릴 것인지는 정읍 시민이 풀어가야 할 숙제다.

한반도 모든 도시는 오래됐다

한반도 역사가 5000여 년이 넘으니 모든 도시는 유구한 역사를 갖고 있다. 그 출발은 마을이다. 특정 씨족으로 구성된 집성촌이든, 아니면 여러 씨족이 함께 모여 사는 혼합 집성촌이든 그 출발은 마을이다. 통일신라도 원래 출발은 조그마한 마을부터다. 그 동네에 여섯 개 마을이 있었다. 사로육촌(斯盧六村)이라고 불렸다. 알천 양산촌·돌산 고허촌·취산 진지촌·무산 대수촌·금산 가리촌·명활산 고야촌 등이다. 씨족 기반 마을로서 여섯 촌장 밑에 혈연과 지연으로 결합한 사회였다. 앞에서 얘기한 것처럼 알천 양산촌장은 경주 이(李)씨, 돌산 고허촌장은 경주 정(鄭)씨, 취산 진지촌장은 경주 최(崔)씨, 무산 대수촌장은 경주 손(孫)씨, 금산 가리촌장은 경주 배(裵)씨, 명활산 고야촌장은 경주 설(薛)씨 시조다. 이 여섯 촌장이 모여 새로운 지도자를 뽑았는데, 이 분이 신라 초대 임금 박혁거세(朴赫居世, 기원전 69~기원후 4)다. 사로육촌은 합쳐져 사로국이 됐다. 사로국은 경상도 일대에 있었던 진한 12 소국 중 하나로서 작게 출발했지만, 이후 이 지역 모두를 병합하여 고대국가 신라로 성장했다. 작은 마을이 큰 국가가 된 것이다. 여섯 개 촌이 연합한 형태가 아니었다면 신라는 삼한을 제패하지 못했을지도 모른다. 고구려, 백제는 신라와 달리 연합체 성격은 아니다. 물론 확고한 근거는 없다. 로마도 비슷하다. 로마에는 7개 언덕이 있었다. 이곳에 사람들이 모여 작은 마을이 만들어졌다. 이 작은 마을들이 연합하여 점진적으로 로마제국으로 발전해 나갔다. 신라와 로마 모두 연합을 기반으로 도시 규모를 키워 농업, 수공업을 발전시켰고, 점차 지배세력으로 성장해 나간 것이다. 신라는 형산강(兄山江, 유로 길이 61.95km)가 언덕 아래 월성(月城)에서 세력을 키웠다. 〈그림 2-70〉을 보면 왼쪽에 형산강 본류가, 남쪽과 북쪽에는 형산강에 합류하는 지류인 남천과 북천이 흐른다. 그 사이에 경주가 자리 잡고 있으니, 천혜 요새다. 형산강은 경주 남쪽에서 북쪽으로 흐르다가, 안강읍 부근에서 오른쪽으로 방향을 틀어 포항으로 빠져 동해로 간다. 바다로 나가기 바로 직전에 포항제철이 있다. 로마도 경주와 유사하게 테베레(라틴어 Tiberis, 유로 길이 406km)강 팔라티노 언덕에서 출발했고, 테베레강과 그 강 지류인 아니에네(라틴어 Anio, 유로 길이 98km)강으로 둘러싸여 있다. 테

〈그림 2-70〉 형산강에 둘러싸인 경주 시내

베레강은 지중해(구체적으로는 티레니에해)로 흘러간다. 공교롭게 경주나 로마 모두 큰 바닷가에서 30km 정도 안쪽에 자리 잡고 있다. 경주나 로마 공통으로 인근에 큰 바다가 있어 이를 기반으로 성장했고, 천년왕국으로 이어졌다. 이 과정에서 조그만 마을은 인근 마을을 병합시켜 조금 더 큰 마을이 되고, 마을과 마을이 조금 더 커다란 고을을 형성했다. 작은 마을에도 리더가 필요했지만, 더 큰 마을, 조금 더 커다란 고을로 성장하면서 리더와 함께 질서를 잡기 위한 규율과 상호 협력을 위한 규칙 등이 만들어졌다. 국가 형성과정이다.

소설『삼국지』첫 문장은 '무릇 천하대세란 나뉜 지 오래면 반드시 합하고, 합한 지 오래면 나뉘는 법이다(天下大勢, 分久必合, 合久必分)'로 시작한다(박태원, 2008: 21). 작은 국가는 이합집산하면서 점차 큰 국가로 합쳐졌다. 현대에도 기술혁신에 따라 새로운 산업이 형성되면 초기에는 많은 기업이 난립하지만, 인수합병 등 과정을 거치면서 결국 큰 기업 3~4개로 통합되곤 한다. 중국에서도 위·촉·오 세 나라가 3각 경쟁 구도를 형성하는 시점이 있었고, 우리나라에서는 고구려·백제·신라 등 세 나라로 귀착됐다. 이전에는 가야까지 4국 쟁패 시기였다. 삼국은 다시 하나로 합해져 신라를 천년왕국으로 만들었다.

신라의 삼한통일 이후 오래되지 않아 고구려를 이어받은 발해가 북쪽에 자리를 잡아 남북국 시대가 된다. 이후 다시 셋으로 쪼개져 신라·후백제·태봉 후삼국 시대가 됐고, 북쪽 발해는 후삼국 시대에 거란에 멸망했다. 중국 삼국지에서 위·촉·오 3국이 다투지만, 결국 조조 위나라를 승계한 사마의 진나라에 의해 통일이 되는 것처럼, 우리나라 또한 태봉을 승계한 고려가 통일한다. 이후 역성혁명이 일어나 왕씨 고려는 이씨 조선으로 바뀐다. 지금은 다시 둘로 쪼개졌지만 언젠가 다시 하나로 합해질 것으로 생각한다. 나누어진 지 오래됐기 때문이다.

나라는 이처럼 쪼개지고 다시 하나로 되는 과정을 겪었지만, 마을 사람들과 고을 사람들은 그대로였다. 나라의 국호가 무엇이든 그 나라 왕이 누구든 간에 작은 마을 사람들이었고, 더 큰 고을 사람들이었다. 인위적으로 도(道)라는 경계가 생기고, 부목군현으로 나뉘어 부르기도 했지만, 근간은 'ㅇㅇ마을' 사람들이었고, 'ㅎㅎ고을' 사람들이었다. 경계와 구분은 정치적으로 편리하게 통치하기 위한 수단 그 이상도 그 이하도 아니었다. 이렇게 5000여 년을 살았다. 질시와 반목, 텃세와 차별이 어느 정도 있기도 했지만, 그래도 협력해야 할 마을 사람, 더불어 숨 쉬는 고을 사람으로서 서로를 인식했다. 이 과정에서 주변 자연환경은 일정 정도 극복 대상이었지만, 상당 부분은 함께 살아가는 일체였다. 이 과정에서 지리적 맥락이 형성됐다. 지역 사람이라는 정체성이 형성됐다. 조선 시대에는 330여 개 고을이었고, 현대에 들어와서도 남쪽만으로 160여 개 도시는 모두 이런 과정을 거쳐 만들어졌다. 짧다면 짧을 수도 있는 5000여 년이다. 전북자치도 내 14개 시군 또한 편의상 14개 시군일 따름이지, 더욱 세분하면 조금 더 작은 고을, 그리고 더 작은 마을로 나뉜다. 이는 시야를 거꾸로 돌려 '제대로 된 마을 만들기'는 '살기 좋은 고을 만들기'로 이어질 것이라는 환원론적 해석이 가능하다. 아니 더 나아가 1+1 = 2가 아닌 3 이상이 되어 다양한 분야에서 시너지를 만들 수 있을 것이다. 살고 싶은 고장을 만드는 일은 살기 좋은 동네(洞네)를 만드는 것에서부터 출발해야 하고, 이는 시민 한 사람, 한 사람의 힘이 모여 결국 우리 모두 함께 잘사는 고장으로 이어진다는 당위이기도 하다.

아주 오래된 도시 지명들

모든 도시에는 이름이 있다. 이름을 불러주기 전에는 다만 하나의 몸짓에 지나지 않는다. 사람이든 사물이든 마을이든 고을이든 마찬가지다. 이름을 불러줬을 때가 돼서야 꽃은 비로소 꽃이 된다. 도시는 비로소 도시가 된다. 이렇게 서로는 서로에게 무엇이 되고 싶고, 잊히지 않는 하나의 눈짓이 된다(김춘수 「꽃」). 최초 마을 이름은 그 마을에 살던 사람들이 정했을 것이다. 그리고 자기 마을 이름을 지을 때 주변 자연환경을 본떠 짓는 경우가 많았을 것이다. 또는 자신들을 중심에 놓고 지리적 공간에 대한 해석을 곁들여 이름을 만드는 마을도 있었을 것이다. 그리고 사전에 알고 있는 어떤 상징 존재가 있다면, 그것과 관련을 찾아 이름을 짓기도 했을 것이다. 주성재는 이처럼 자기 주변에 있는 유·무형 사물에 이름을 붙이는 것은 사람만이 가지는 기본 속성이라고 한다. 그래서 '이름 짓는 인간, 즉 호모 오노마스티쿠스(Homo onomasticus)'라는 개념을 제안한다. 그러면서 '이름 짓는 인간'은 사람이 지리적 존재이기 때문에 그렇다고 설명한다. 지리적 존재, 즉 대상과 위치적 관계를 통해 장소를 인식하는 호모 게오그래피쿠스이기 때문에 어떤 이름도 우연히, 아무 생각 없이 정해진 것은 없다고 한다(주성재, 2023: 27~30).[74] 주성재는 호모 게오그래

---

74) 주성재가 지명이 만들어지는 과정을 설명하는 부분은 재미있다. 우리나라 농·산·어촌에는 두모, 도마, 두무, 두문, 두만, 동막 등 지명이 많이 나타나는데, 이들 공통점은 'ㄷ'과 'ㅁ'이 각 음절 초성이라는 것이다. 그런데 몽골어, 일본어, 한국어 어원 비교 분석한 자료를 보면, ㄷ[t]은 '따뜻하다' 또는 '땅'과 관련된 의미, ㅁ[m]은 '물이 맑다.' 또는 '물이 마르다.'라는 의미를 제공한다는 것이다. 즉 이 둘을 합하면 '물이 있는 따뜻한 땅'이라는 뜻이 되며, 곧 인간 거주 공간으로 적합한 땅을 가

피쿠스로서 사람이 장소를 인식하는 것에는 4가지 유형이 있다고 한다. 먼저 대상과의 위치적 관계다. 우리를 기준으로 남쪽에 있는 산을 남산이라고 부르는 것이 대표적인 경우다. 두 번째는 현상에 관한 서술과 느낌을 표현한 것이다. 평화롭다는 의미를 담아 '태평양'이라고 하거나, 바다색이 누렇다고 해서 황해라고 부르는 것이 이 경우다. 특히 산 이름은 지형물이 생긴 모습을 담은 것[예, 독산(禿山)은 산봉우리가 대머리같이 벗겨졌다고 해서, 가리봉(加里峯)은 갈라진 봉우리 모습을 묘사]이 많다고 한다. 세 번째 요소는 특정 대상 또는 마음속 이상향과 연관을 맺는 '따라 하기'라고 한다. 이를 지명 연구에서는 '동일시(identification)' 또는 '유연성 추구'라는 말로 표현한다는 것이다. 대표적인 사례로 유교에서 말하는 강목(綱目)에서 따온 동네들, 예를 들면, 인의동, 예지동, 효제동, 충신동 등이다. 동일시를 통한 장소 인식에 관해서도 주변 지형물이 흔히 사용되곤 하는데, 공항 인근에 있어 공항동, 다리 마을 아래에 있는 마을은 교하리, 장승이 세워져 있던 곳은 장승배기 등이다. 네 번째는 숫자를 이용한 계수(係數)적 명명이다. 뉴욕 5번가는 명품 가게가 많아 명품거리, 42번가는 뮤지컬 극장 등이 모여 있어 뮤지컬 가, 32번가는 한국 음식점 등으로 구성된 한인타운 대명사. 계수적 명명이다. 이런 과정을 거쳐 지명이 만들어지고, 이후 역사성이 더해지면 새로운 장소성이 만들어지고 축적된다(주성재, 2023: 29~49).[75] 한반도에 사는 사람들 또한 5000여 년 동안 1) 대상과의 위

리킨다. 실제 'ㄷ'과 'ㅁ' 요소가 들어간 전국 220개 마을 이름을 보니, 이들 마을은 평야보다는 완만한 산지 마을이 확대되면서 지명이 확산한 경우가 많이 나타난다고 한다. 이는 공통으로 산을 배후에 두고 하천 가까이 위치한 남향과 동향, 즉 배산임수를 의미하는 것이어서 물이 있는 따뜻한 땅이 좋은 입지라는 가설이 맞다는 것을 보여 주고 있다고 한다(주성재, 2023: 57~59).

75) 주성재는 지명이 어떻게 만들어지는지에 대한 4가지 유형에 덧붙여, 지명 유래에 대해서도 유형을 분류한다. 새로운 지명을 정하는 때에는 1) 의미를 부여[예, 현자가 모여 있어 회현동(會賢洞), 좋은 인재가 있어 양재동(良才洞) 등], 2) 전설, 역사, 스토리 또는 사건을 담는 경우[예, 구로동(九老洞)은 장수했던 노인 아홉 명 전설에서, 제기동(祭基洞)은 조선 시대 풍년 기원 제사터 등], 3) 관찰과 느낌을 표현[예, 닭 발 모양 산줄기가 있어 계족산(鷄足山), 닭 벗을 쓴 용을 닮아 계룡산(鷄龍山) 등], 4) 생물체, 지형물, 시설 등 대상 관련 보통명사를 사용하는 경우[예, 오류동(梧柳洞)은

치적 관계, 2) 현상에 관한 서술과 느낌, 3) 특정 대상에 대한 '따라 하기', 4) 구분을 위한 계수적 명명 등 과정을 거치면서 마을, 고을을 만들고 살아왔던 것이라 하겠다.

전북자치도에 있는 고을 지명 또한 이런 과정을 거쳤을 것이다. 전북자치도 14개 시군 중에서 가장 오래된 도시는 남원이다. 현재 지명이 시작된 시점을 기준으로 삼을 경우다. 남원은 지금부터 약 1300여 년보다 훨씬 전인 685년(신문왕 5년)부터 현 지명이 됐다. 이 정도 오래된 지명은 경상도 상주 정도 외에는 거의 없다. 신라가 삼한을 통일한 것은 문무왕 때인 676년(문무왕 16)이다. 문무왕이 681년 죽자 큰아들인 신문왕이 왕위를 이어받는다. 신문왕은 신라 제31대 왕이고 재위 기간은 681~692년이다. 즉위하던 해에 귀족세력이 반란을 일으켰으나, 이를 진압하고 철저히 숙청함으로써 왕권을 공고히 했다. 다음 해인 682년(신문왕 2) 만파식적(萬波息笛) 이야기가 이어진다.[76] 왕권 강화를 위해 신비스러운 스토리가 필요했던 것으로 보인다. 이후 685년에는 중앙관제를 정비하고 지방행정 제도가 9주 5소경 제로 완성된다. 686년(신

오동나무와 버드나무가 많아서, 방이동(芳荑洞)은 아름다운 개나리꽃이 많아서, 후암동(厚岩洞)은 두꺼운 바위가 있어 등] 등 4가지 유형이 있다고 한다. 또 한 가지 기존 고유명사를 이용하는 사례가 있는데 이는 주변에 있는 지형물, 시설, 인물 등과 동일시 또는 따라 하기 차원[예, 우이동(牛耳洞)은 소귀처럼 보이는 우이암이 있어 우이령과 소귀고개가 됐고, 보문사(普門寺)가 있어 보문동, 압구정(狎鷗亭)이 있어 압구정동, 미국 보스턴은 영국 보스턴에서, 영국 요크(York)에서 뉴욕(New York)이 됐으며, 둔촌동은 이 지역에서 거주했던 둔촌 이집(遁村 李集, 1327~1387, 고려 충숙왕 14~우왕 13) 선생 이름에서 따왔다고 함]이라고 한다(주성재, 2023: 78~94).

76) 신라시대 용으로부터 영험한 대를 얻어 피리를 만들었다는 내용의 설화다. 신문왕이 아버지 문무왕을 위해 바닷가 근처에 감은사(感恩寺)를 지었다. 682년(신문왕 2)에 동해안에 작은 산이 감은사로 향하여 온다고 하여 점을 쳐 보니, 해룡이 된 문무왕과 천신이 된 김유신(金庾信, 595~673, 진평왕 17~문무왕 13)이 수성(守城)을 위한 보배를 주려고 하니 나가서 받으라 했다고 한다. 이견대(利見臺)에 가서 보니 거북 머리 모양이고, 그 위에 대나무가 있었는데, 낮에는 둘로 나뉘고 밤에는 하나로 합쳐졌다. 9일이 지나 왕이 그 산에 들어가니 용이 그 대나무로 피리를 만들면 천하가 태평해질 것이라고 해, 이를 가지고 나와 피리를 만들어 보관했다. 나라에 근심이 생길 때 이 피리를 불면 평온해졌기 때문에 만파식적이라고 이름을 붙였다고 한다. 만파식적이란 세상사 온갖 파란(萬波)을 없애고 평안하게(息) 하는 피리(笛)라는 뜻이다.

문왕 6)과 687(신문왕 7)년에는 새롭게 완성한 지방행정 제도에 따라 주·군·현을 정비한다. 남북국 시대 757년(경덕왕 16)에 한화정책을 시행하면서 기존 지명은 중국식으로 바뀌게 된다. 이에 따라 전주, 임실, 진안, 김제, 고창, 정읍 등 지명이 처음으로 등장한다. 완산주가 전주, 잉힐군(仍肹郡)이 임실군, 난진아현(難珍阿縣)이 진안현, 벽중(辟中) 또는 벽골현(辟 또는 碧骨縣)이 김제군, 모량부리현(毛良夫里縣)이 고창현, 정촌현(井村縣)이 정읍현으로 개칭된 것이다. 이때 마한 시대 오산(烏山), 옥천(玉川), 백제 때 도실군(道實郡)이었던 순창군은 순화군(淳化郡)으로 바뀐다. 현재 지명인 순창(淳昌, 일명 淳州)으로 개칭된 것은 고려가 건국된 후인 940년(고려 태조 23)이다. 경덕왕 시절 지금 장수군 지역에 있던 우평현(雨坪縣)은 고택현(高澤縣)으로, 백해군(伯海郡)은 벽계군(壁溪郡)으로 각각 개칭된다. 이후 940년(태조 23) 고택현이 장천현(長川縣)으로, 벽계군이 벽계현으로 바뀌었다가, 조선 태종 때인 1413년(태종 13) 장천현이 장수현으로 개칭되고 장계현을 병합한다. 태종 때 같은 해 익주는 익산군으로 바뀐다. 참고로 1413년은 호패법이 시행되고, 한반도가 8도로 재편됐으며, 『조선왕조실록』이 편찬되어 『태조실록』이 완성된 해다. 다음 해인 1414년(태종 14)에는 무풍현(茂豊縣)과 주계현(朱溪縣)이 통합되어 무주현이 되고, 부령현(扶寧縣)과 보안현(保安縣)이 통합되어 부안현이 된다. 전북자치도 14개 시군 중 12개 시군 지명 역사가 최소한 600여 년이 넘는 것이다.

군산과 완주는 가장 마지막에 등장한 지명이다. 완주는 1935년(병탄 26)에 전주읍이 전주부로 분리, 승격되면서 완주군이 된다. 명칭은 전주의 옛 이름인 '완산주'에서 가져왔다. 전주가 분리되었음에도 완주는 전북자치도 시군 중에서 면적이 가장 넓다. 군산은 전주를 제외하고는 가장 면적이 작은 도시다. 전북자치도는 전주를 제외하고 모두 도농복합 성격 도시이니, 사실상 군산이 면적상 가장 작은 도시라 할 것이다. 군산이라는 지명은 고려사에 지금 고군산군도를 가리키는 말로 처음 등장한다고 했다. 하지만 이 일대를 지칭하는 것은 임피와 옥구였다. 백제 때 임피는 시산군(屎山郡), 옥구는 마서량현(馬西良縣)이었다. 신라 경덕왕 때 임피군, 옥구현으로 바뀌었다. 대한제국 시기인 1899년(대한제국 광무 3) 옥구군이 개항장으로 지정되면서 옥구부로 승격됐다. 개항 때 군산항 근처 갈대밭 자리에 일본인들이 중심이 된 새로운 시가지를 조성했다. 근대 군산이 본격적으로 시작된 것이다. 1910년 한일병탄과 함께 군산부로 개칭된다. 1914년(병탄 5) 4월 1일, 일제에 의한 부군면(府郡面) 통폐합과 도농분리제에 따라 전국에 12부(현재 시 개념)가 만들어질 때, 이 중 하나가 군산부다. 즉 전북자치도에서 가장 먼저 시가 된 것이다. 이때 전주는 전주면이었다가, 1931년(병탄 22) 전주읍으로 바뀌었고, 이후 1935년(병탄 26)이 되어서야 전주부가 된다. 익산은 1947년(대한민국 29)에 부로 승격된다.[77]

정리하면 전북자치도 14개 시군 지명 중 가장 오래된 곳은 남원이다. 2025년(대한민국 107)에 1340주년이 된다. 가장 최근에 지명이 등장한 곳은 완주다. 완주와 군산을 제외한 12개 시군은 조선 태종 대 이전이므로 최소한 600여 년 이상 오래된 지명 역사를 갖고 있다. 1000년이 넘는 곳도 전주, 임실, 진안, 김제, 고창, 정읍(이상 757년 이후) 및 순창(940년 이후) 등을 포함 8곳이나 된다. 물론 완주를 완산주로부터 출발한다면, 남원과 같은 시기인 685년으로 올라간

---

77) 우리나라 행정구역에 시(市)가 등장한 것은 1949년(대한민국 31) 8월 15일 지방자치법이 시행되면서부터이다. 이전에는 일제에 의해 부(府) 제도로 운영됐다. 1914년(병탄 5) 4월 1일에 처음으로 12부가 등장한다. 남한에 7개부[서울(경성부), 인천, 목포, 군산, 대구, 부산, 마산], 북한에 5개부(평양, 진남포, 신의주, 원산, 청진)다. 도농 분리제가 동시에 시행됐기 때문에 순전히 도시 만을 관장하는 행정구역이었다. 농촌 지역과 분리된 행정구역이 최초로 만들어지게 된 것이다. 이는 1888년(고종 25) 일본에서 실시된 시(市) 제에 대응하고, 주로 도시지역에 거주하는 일본인 권리를 보호하기 위한 것이었다. 1935년(병탄 26) 10월 1일 대전, 전주, 광주, 1939년(병탄 30) 10월 1일 진주, 1946년(대한민국 28) 6월 1일 청주, 춘천, 1947년(대한민국 29) 2월 23일 익산이 부로 승격돼 정부 수립 이전 우리나라 부는 총 14개소가 됐다. 전북자치도와 경상남도가 3개, 전라남도 2개, 나머지는 서울, 경기도, 강원도, 충청북도, 충청남도, 경상북도 각 1개 등 총 14개 곳이다. 지방자치법이 시행되기 직전인 1949년(대한민국 31) 8월 14일 수원, 순천, 여수, 포항, 김천 등 5개 지역이 부로 승격됐고, 다음 날인 8월 15일 19개 부는 일거에 시로 바뀌게 된다. 전라남도 4개 시, 전북자치도, 경상남도, 경상북도 각 3개 시 등 13곳이다. 나머지 6개 시는 서울, 경기도 인천, 수원, 강원도 춘천, 충청남도 대전, 충청북도 청주 등이다.

다. 완주 이전 가장 최근 지명인 군산 또한 송나라 사신 서긍이 쓴 책에 현재 고군산군도를 의미하는 군산도라는 명칭이 나온다고 얘기한 바 있다. 이를 고려하면 군산이라는 지명 또한 1123년(인종 원년)까지 거슬러 올라간다. 이 또한 900여 년 이상이다. 물론 군산도 본토인 임피와 옥구는 757년(경덕왕 16)까지 거슬러 올라간다. 따라서 전북자치도 14개 시군 모든 도시 지명은 조선 태종 이후이니 최소한 600년 이상 오래됐다. 지명에도 생로병사가 있을 텐데, 사라지지 않고 아직 지명을 유지하고 있다는 것은 대단한 일이다. 이는 반면에 새롭게 만들어지는 도시가 없다는 의미일 수도 있다.

우리나라 도시 지명은 신라 757년(경덕왕 16) 이전까지는 각기 고유 언어에 입각한 지명이었을 것이다. 즉 마한·진한·변한 등 삼한 고유어가 있었을 것이고, 이후 고대국가 기틀이 만들어지면서는 각각 고구려어, 백제어, 신라어 또는 가야어였을 것이다. 삼한이 통일됐다. 언어도 신라어로 통일됐다. 신라 지역을 제외한 지역에 살던 사람들도 점차 신라어를 표준어로 인식하고 점차 수용하는 과정을 거쳤을 것이다. 통일신라가 250여 년 이상(676~935년) 존속됐기 때문에 한반도는 점차 신라어로 대체됐을 것이고, 현재 우리가 쓰는 말로 이어졌을 것이다. 지명 또한 통일시킬 필요가 있었지만, 아쉽게도 지명은 공식문서 등에도 사용돼야 했기에 언어를 통일하는 것과는 달랐다. 고유문자가 있었으면 훨씬 쉬웠을 텐데 당시에는 우리 문자가 없었다. 불가피하게 한자를 빌려왔다. 원래 의미를 반영하고 주로 2글자 한문으로 바뀐 새로운 지명이 만들어졌다. 한문으로 바꾸는 과정에서 음을 딴 지역도 있었을 것이고, 뜻을 딴 지역도 있었을 것이다. 해당 고을 주민들은 그래도 나름 원래 의미를 최대한 살려 한문으로 바꿨을 것이다. 이 과정에서 해당 고을 주민들이 인식했던 공간과의 관계를 반영한 최초 지명이 희석된 측면도 많았을 것이다. 예컨대 잉힐군(仍肹郡)이 임실군, 난진아현(難珍阿縣)이 진안현, 벽중(辟中) 또는 벽골현(辟 또는 碧骨縣)이 김제군, 모량부리현(毛良夫里縣)이 고창현 등으로 바뀐 과정은 정확하게 알 수 없다. 이 과정을 통일신라 중앙정부에서 일률적으로 시행한 것 같지는 않다. 물론 남원이나 전주, 완산주 등은 중앙정부에서 새롭게 만든 지명이라 생각한다. 이처럼 수천 년 역사 흐름을 통해 기존 의미에 또 새로운 의미가 부여되기도 하면서 만들어진 것이 현재 지명이다.

역사는 모든 고을에 지명만이 아니라 지리적 맥락을 남겼다

사람은 환경에 적응하면서 흔적을 남긴다. 나라가 만들어지고 고을 간 경계가 생기기도 했지만, 작은 마을에서 살아가는 사람들 눈에는 그리 중요하지 않았다. 당장 중요한 것은 '날씨 변화가 농사에 어떤 영향을 미칠 것인가'였다. 비가 많이 오면 많이 오는 대로, 날이 가물면 가문대로 하루하루가 걱정이었다. 사람들끼리 힘을 합했다. 두레 시스템이 필요했다. 두레는 기본적으로 협업을 중시하는 공동노동방식이지만, 구체적인 작업방식은 분업에 기초한 것이다. 문제는 집마다, 농사짓는 사람마다 각각 기술 수준과 농법에 차이가 있다는 것이다. 그래서 표준화와 평준화를 하는 과정이 불가피했다. 가장 생산량이 높은 농법을 채택하는 것이 표준화라면, 모내기, 벼베기 등 공동노동을 하면서 단위 시간당 생산성을 균등하게 하는 것이 평준화다. 이철승은 두레 조직이 수행했던 중요한 기능 중 하나가 기술을 표준화하고 평준화하는 것에 대한 비공식적 교육과 검증이라고 한다(이철승, 2021: 142). 이는 기업에서도 널리 활용하는 OJT(On-the-Job Training)와 같은 것이다. 표준화는 20세기 초 제조업 시대를 이끈 '테일러리즘(Taylorism)'과 '포디즘(Fordism)'을 관통하는 원리다. '테일러리즘'은 시간과 동작연구를 통한 과업 단위 표준화가 핵심이다. '포디즘'은 컨베이어 벨트'를 활용하여 부품 조립을 표준화한 것이다. '테일러리즘'과 '포디즘'은 대량생산을 이끌었다. 평준화는 20세기 중반 이후에 나온 '도요타 생산방식(TPS, Toyota Production System)' 핵심사상이다. 특히 간판시스템이 중요한데 이는 수요변동 흐름에 맞춰 생산공정을 동기화하여 낭비를 최소화하자는 것이다. 생산속도를 균일하게 만들기 때문에 다품종 소량생산에 최적화된 방식이다(라이커, 2004: 199~210). 그런데 우리 선조들 역시 두레라는 공동 협업모델을 통해 표준화와 평준화라는 20세기 경영원리를 충분히 이해하고 있었다고 하겠다.

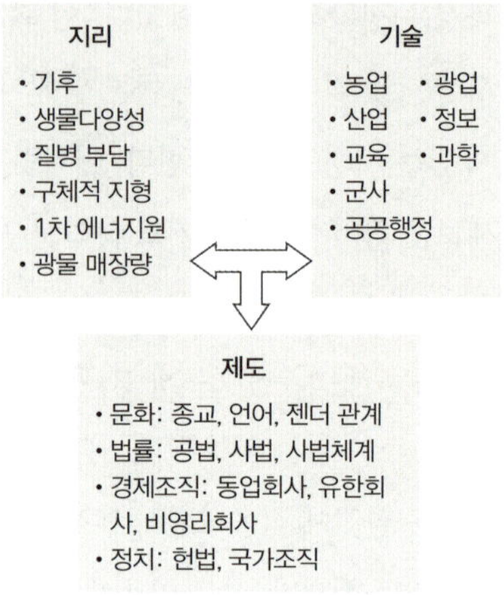

지리	기술
• 기후 • 생물다양성 • 질병 부담 • 구체적 지형 • 1차 에너지원 • 광물 매장량	• 농업 • 광업 • 산업 • 정보 • 교육 • 과학 • 군사 • 공공행정

제도
• 문화: 종교, 언어, 젠더 관계
• 법률: 공법, 사법, 사법체계
• 경제조직: 동업회사, 유한회사, 비영리회사
• 정치: 헌법, 국가조직

〈그림 2-71〉 지리, 기술, 제도의 상호작용
(삭스, 2021: 50, 재인용)

한반도에 사람들이 살기 시작하면서 수천 년을 살아온 동안 사람들은 자기 고을에 무수히 많은 흔적을 남겼다. 그중에서도 해당 고을에 가장 적합한 것들이 살아남아 그 고을을 규정하게 됐다. 농사짓는, 열매를 기르는 또는 따는, 나물을 캐는, 그물을 던지고 고기를 잡는 삶은 기본적으로 대동소이했다. 하지만 그 과정에서 그 고을만이 가지는 고유한 지리적 맥락을 낳았다. 지리적 맥락은 그 마을 및 고을을 살아가는 사람들이 환경을 헤쳐오는 과정에서 만들어진다. 우리는 모두 호모 게오그래피쿠스이기 때문이다. 어떤 것은 그 당시 기술, 사회, 정치, 경제와 무관하게 만들어지기도 했지만, 상당수는 당시 기술, 사회, 정치, 경제를 반영할 수밖에 없었다. 제프리 삭스는 역사를 바꾼 일곱 번의 세계화가 있었다고 한다.[78] 이때 세계화는 광대한 지리적 영역에 분포하는 다양한 사회 사이의 상호연계를 의미한다고 정의한다. 그는 일곱 번의 세계화가 진행되는 동안 이런 변화를 이끌어가는 3가지 힘을 1) 지리, 2)

---

[78] 삭스가 말하는 일곱 번의 세계화는 1) 호모 사피엔스의 세계화(구석기 시대), 2) 농업의 세계화(신석기 시대), 3) 말이 주도한 세계화(기마 시대), 4) 정치의 세계화(동서양이 만나는 고전 시대), 5) 제국주의의 세계화(해양시대), 6) 기술과 전쟁의 세계화(패권 국가가 등장한 산업시대), 7) 불평등의 세계화(불평등이 심화된 디지털 시대) 등이다.

기술, 3) 제도로 꼽는다. 이들 3가지 힘이 상호작용을 하는 가운데 인류는 진화해 왔고, 세계는 번영과 진보로 나아갔다는 것이다. 즉 이들 3가지 힘의 상호작용 과정이 곧 역사라는 것이다. 삭스는 이 3가지 힘의 상호의존적 관계를 산업혁명 당시 주요 발명품인 석탄 증기기관을 사례로 든다. 18세기 영국에서 증기기관을 발명할 수 있었던 것은 석탄 매장량이 많았기 때문이니 자연지리 덕분이다. 그리고 증기기관 기술에 대한 발명과 활용은 영국 특허제도 덕분이다. 영국은 지적재산을 법적으로 보호해줬고, 이를 판매할 수 있는 시장이 있어 수익을 기대할 수 있었다는 것이다. 이 과정에서 핵심이 무엇인가에 대한 논란이 있다. 한 주장은 특허제도가 없었으면 증기기관이 없었을 것이니 제도가 핵심이라고 한다. 다른 주장은 와트의 발명 능력과 숙련공으로서 기술이 없었다면 특허도 산업혁명도 없었으니 기술이 핵심이라고 한다. 또 다른 주장은 석탄을 가까운 곳에서 캐내 올 수 없었다면 와트의 기술도 이론에 그쳤을 것이니 지리가 결정적이라는 것이다. 이런 주장들 속에서 삭스는 한 측면만을 주장하는 것은 잘못이고, 산업혁명은 지리, 기술, 제도가 상호작용한 결과로 생겨난 것이라고 강조한다(삭스, 2021, 26~69).

삭스의 주장은 지리를 세계변화의 주요 추동력 중 하나로 인정했다는 점에서 매우 의미 있다. 그간 지리는 주로 거시적, 국가적 차원에서 지정학 관점으로만 얘기되곤 했다. 대표적으로 최근 미·중 패권 전쟁이나 동북아에서 한국 위치를 지정학적으로 해석하곤 한다. 그리고 팀 마샬이 쓴 『지리의 힘』 1, 2권이 지리학에 대한 대중서로 가장 널리 알려진 책 중 하나가 된 이유도 지정학 관점에서 세계 여러 나라를 설명하고 있기 때문이다. 하지만 마샬은 지리학자와 거리가 먼 언론인일 뿐이다. 지리는 또 한편으로 관광지를 소개하거나 부동산 입지 등과 관련으로 언급되곤 하는데 이들도 지리학 본류는 아니다. 지리학은 사람들과 아주 가까운 공간 이해로부터 출발하는 것이어서 오히려 제대로 보지 못하는 것은 아닐까 한다. 등하불명이다. 삭스는 그러나 아쉽게도 지리를 협소하게 생각해서 자연지리 측면만을 고려했다. 우리네 삶을 규정하는 것 중 하나는 실제 살아가는 공간이며, 이 공간에는 자연환경만이 아니라 인문사회환경도 함께 있다는 점을 간과한 것이다. 자연환경을 극복하는 과정에서 새로운 기술이 나오고, 사람들과 더불어 살아가는 인문사회환경에서 각종 제도가 나온다. 따라서 모든 것의 근본 원인 또는 궁극원인을 찾아가다 보면 지리가 근저에 있다는 것이다. 대표적으로 『총, 균, 쇠』가 이러한 입장을 견지하고 있다는 것은 제1장에서 말한 바 있다. 지리가 이처럼 중요하다고 해서 지리결정론이 절대적이라고 얘기하는 것은 아니다. 역시 제1장에서 말한 것처럼 결정론이나 가능론이 아니라 맥락론이다. 지리맥락론(또는 환경맥락론)은 지리(또는 환경)가 전적으로 결정적이지는 않지만, 일정한 영향을 미친다는 것이다. 시간 스케일상 장구한 역사 속에서 배태된 지리적 맥락이다. 그리고 지리적 맥락(또는 환경적 맥락)을 고려한다는 것은 해당 지역만이 가지고 있는 고유 특성이 있다는 상대주의적 시각이다.

이제 기술 측면을 알아보자. 통상 기술은 세상을 앞으로 나아가게 하는 진보 또는 혁신 관점에서 중요한 것으로 언급하곤 한다. 얼마 전까지 주로 얘기하곤 했던 4차 산업혁명이나 최근 인공지능 운운하는 트렌드로 기술이 가진 중요성을 쉽게 이해할 수 있다. 현재 (언제 그런 적이 있었는가 할 정도로) 4차 산업혁명은 대화 주제에서 점차 사라지고 있고, 모든 얘기가 인공지능으로 수렴하는 중으로 보인다. 실제로 기술이 세상을 바꾼 사례는 무수히 많다. 윤태성은 홍익인간처럼 널리 인간을 이롭게 할수록 가치가 큰 기술이라고 하면서 생명을 구한 기술을 나열한다. 생명을 구한 기술이니 그만큼 세상을 바꾼 것이다. 1억 명 이상 생명을 구한 기술에는 1890년(조선 고종 27) 발명된 저온 살균, 1919년(병탄 10) 물 염소 소독, 1928년(병탄 19) 항생제, 1965년(대한민국 47) 끝이 두 갈래로 갈라진 분기 바늘이 있다고 한다. 10억 명 이상 생명을 구한 기술은 1875년(조선 고종 12) 화장실, 1909년(대한제국 융희 3) 합성 비료, 1913년

(병탄 4) 수혈, 1945년(대한민국 27) 새로운 농업기술에 의한 녹색혁명 등을 거론한다. 그리고 매년 100만 명 이상 생명을 구하는 기술로는 2000년에 발명된 로봇 수술과 함께 뇌 기능 매핑 기술, 유전자 매핑 기술 등이 있다고 한다. 나아가 다른 많은 기술이 나노기술 및 인공지능과 결합하면 얼마나 많은 생명을 구할 수 있을지 가늠할 수 없다고 평가한다(윤태성, 2021: 61~64). 생명을 구한 기술 외에도 세상을 바꾼 기술은 셀 수 없이 많다. 이처럼 기술이 가지고 있는 선구자적 속성은 프리드먼이 '세계는 평평하다'고 하는 주장에서 극대화된다. 그에 따르면 세계화는 크게 3번의 시기로 이뤄졌다고 한다. 먼저 세계화 1.0 시기는 콜럼버스가 구세계와 신세계 장벽을 허문 1492년(조선 성종 23)부터 1800년 전후까지다. 이 시기는 세계가 중간 정도 크기로 줄어들었던 국가에 의한 힘의 시대라고 한다. 세계화 2.0 시대는 1800년 무렵부터 대략 2000년대까지다. 이 시기 세계적 통합을 가져오는 변화의 주체는 국가가 아니라 다국적 기업이다. 세계는 훨씬 작아져 지구촌이 됐다. 세계화 3.0 시대는 2000년대 이후다. PC와 광섬유 케이블(개인적으로 주를 달면 이 둘을 합해 인터넷이라고 지칭할 수 있음), 그리고 워크플로(workflow: 작업의 흐름) 소프트웨어가 한꺼번에 등장해 수렴하면서 나타난 결과라고 한다. PC는 개인을 디지털 콘텐츠 제작자로 만들었고, 광섬유 케이블로 인해 개인은 더 많은 디지털 콘텐츠에 거의 공짜로 접근할 수 있게 됐으며, 워크플로 소프트웨어는 전 세계 흩어져 있는 개인들이 거리와 무관하게 같은 디지털 콘텐츠 위에서 상호 협력을 가능하게 했다는 것이다. 따라서 이 시기를 이끄는 변화 주체는 개인이다. 프리드먼은 이들 개인이나 얼마 되지 않는 소집단이 세계화의 주역이면서 동시에 세계화를 위한 권한과 명령을 부여받는 현상을 '평평한 세계의 플랫폼(flat-world platform)'이라고 명명한다(프리드먼, 2006: 20:26). 그러나 프리드먼 주장과 달리 세계는 평평하지 않다. 지역과 계층과 국가 간 불평등은 여전히 우리 주변에서 흔히 확인할 수 있다. 세상은 여전히 뾰족한 것이다. 오히려 이전보

다 불평등 측면에서 무언가를 찌르거나 베지 않으면 안 될 정도로 훨씬 뾰족해지고 더욱 날카로워졌다. 그리고 세계화 시대에 기술이 거리 장벽을 소멸시킨 측면이 분명하게 있음에도 지리의 힘은 여전히 살아 있다는 비판도 있다. 즉 지리적 접근성(Geographic Accessibility)이 희석된 측면은 명확하지만, 지리적 근접성(Geographic Nearness)은 여전히 중요하다는 것이다. 지리적 근접성이 중요하다는 것은 코로나 시국에서 화상회의가 활성화됐음에도 결국 생산성이 그리 증가하지 못했던 이유이기도 하다. 화상회의로는 아무런 실감이 없기 때문이다. 직접 얼굴을 마주하고 상대의 체온을 느껴야 진정한 소통과 교감이 이루어지는 것이다. 통신 네트워크 속도가 이보다 훨씬 빨라져 실감 통신이 가능해지는 단계에 이르러서야 지리적 근접성이 가진 중요성이 완화될 것이나 너무나 요원한 일이다. 그리고 굳이 이것만을 위해 통신 네트워크를 6G 이상 고속으로 대체하는 것은 넌센스다.

마지막 제도의 힘을 알아보자. 이는 주류 경제학에서 약간 결을 달리하는 제도학파 주장에서 그 배경을 찾을 수 있다. 제도 경제학 창시자는 1983년(대한민국 65) 노벨 경제학상을 받은 더글러스 노스(Douglass North, 1920~2015, 병탄 11~대한민국 97)라고 한다. 그는 그간 경제학자들이 주장했던 경제성장 요인(노동, 자본, 기술혁신 등) 등은 원인이 아니라 결과라고 주장한다. 그러면서 보다 근본적인 요인은 생산요소(토지, 노동, 자본 등)를 효율적으로 활용하고 결합하는 메커니즘, 즉 효율적인 제도가 결정적이라고 한다. 제도 중에서 가장 중요하고 기본은 사유재산권이 보장된 시장경제 제도다. 이 바탕 위에서 가장 효율적인 제도는 모든 생산요소가 잘 결합할 수 있도록 해서 '거래비용(transaction cost)'이 가장 적게 드는 것이다. 그는 이런 제도를 만들기 위해서는 사적 수익이 사회적 수익에 근접하도록 사회적 유인체제(social incentive structure)를 조직해야 한다고 했다. 이를 쉬운 말로 표현하면 상과 벌을 분명하게 하는 제도다. 대표적으로 포상금제도이고, 이것을 국가 단위로 확대한 것이 특허제도다. 따라서 제도는 그 사회의 인센티브 구조를 반영한다고 한다(김승욱, 2015: 82~89). 이를 세계 불평등 기원으로 확장한 것이 대런 아세모글루(Daron Acemoğlu, 1967~, 대한민국 49~)와 제임스 로빈슨(James Robinson, 1960~, 대한민국 42~)이다. 이들은『국가는 왜 실패하는가』공저자로 2024년(대한민국 106) 국가 간 불평등 연구에 대한 공로로 노벨 경제학상을 공동 수상했다. 이 책에서 주장하는 핵심은 국가가 경제성장을 하기 위해서는 포용적 시장 잠재력을 활용하고, 기술혁신을 장려하며, 인재육성에 투자하고, 개인이 재능과 능력을 동원할 수 있는 경제제도가 필요하다는 것이다. 나아가 그간 수많은 경제제도가 있었음에도 이와 같은 목표를 달성하지 못하는 이유는 해당 국가의 정치제도가 포용적이냐 착취적이냐에 달려 있다고 한다. 그러면서 이에 대한 예로 남한과 북한 사례를 거론한다. 38선이 그어진 이후 남한에는 포용적 정치제도가, 북한에는 착취적 정치제도가 들어선 결과 포용적 정치제도는 포용적 경제제도로 이어졌고, 착취적 정치제도는 착취적 경제제도로 이어졌다는 것이다. 결론적으로 국가가 실패하는 이유는 경제성장을 저해하고, 나아가 발목을 잡기까지 하는 착취적 정치제도가 착취적 경제제도로 이어지기 때문이라는 것이다. 따라서 제도의 선택, 즉 제도의 정치가 국가의 성패를 결정하는 핵심이라고 한다(아세모글루 & 로빈슨, 2012: 113~145). 이들은 이런 결론을 내기 전에 국가 간 불평등 원인을 찾기 위해 몇 가지 가설을 기각한다. 이 중 하나가 지리적 위치 가설(geography hypothesis)이다. 이 가설은 세계 여러 국가 간의 극심한 빈부격차는 지리적 위치의 차이에서 비롯됐다는 것이다. 상당수 가난한 나라가 북회귀선과 남회귀선 사이 열대 지역에 자리 잡고 있으나 잘사는 나라는 대개 온난한 지역에 위치한다는 것이다. 이는 지리(환경) 결정론 시각인데 제국주의 시대에는 상당한 호응을 얻기도 했지만, 지금은 기각된 지 오래된 가설이다. 즉 이들이 굳이 책에서 거론하면서 기각하는 과정을 거치지 않아도 이미 기각된 가설인 것이다. 한편 이들은 다이아몬드 이론의 한계도 적시한다. 『총, 균, 쇠』얘기다. 다이아몬드 주장은 환경 자원의 차이가 결과적으로 농업 생산성에 영향을 주어 근대가 시작된 500여 년 전 대륙 간 불평등의 기원이 됐다는 것이다. 이에 대해 두 저자는 다이아몬드 주장은 강력하지만, 세계 불평등을 설명하는 것까지 확대할 수는 없다고 한다. 그리고 핵심기술이 균질적으로 퍼지지 못한 이유를 설명하지 못한다고도 한다. 예컨대 에스파냐와 페루 소득 격차는 평균 6배 이상이지만, 이는 에스파냐가 증기력, 철도, 전기, 기계화, 공장생산 기술 등을 페루와 비교해 빠르게 채택한 결과지 동식물종 차이나 농업 생산성 차이에서 비롯되는 것은 아니라는 것이다. 그리고 남미는 천혜 자원이 많아 북미보다 원래 융성했으나, 북미가 산업혁명에서 배태된 기술 등 각종 문물을 받아들인 후에 완전히 역전된 현상을 설명할 수 없는 문제점이 있다고 한다. 게다가 유라시아가 동·서향이어서 각종 작물, 동물, 혁신 등 확산이 유리하지만, 아메리카는 남·북향이어서 확산이 어려웠다는 점을 인정하면서도 이와 같은 대륙 방향으로 오늘날 세계 불평등을 설명할 수는 없다고 한다(아세모글루 & 로빈슨, 2012: 81~110).[79] 이들 주장을 전폭적으로 지지하고 동의하면서도 이들 주장은 세계 불평등을 설명하기 위한 이론적 구성이라는 점을 인식해야 한다. 앞서 말했듯이 지리적 위치 가설은 이미 기각된 지 오래되었다는 점에서 큰 의미는 없다. 게다가 지리를 설명하는 것에는 단순히 위치만이 있는 것이 아니고, 해당 지역을 구성하는 요소 전체를 들여다봐야 한다는 점에서 매우 편협한 생각이다. 다이아몬드 이론 한계를 설명하는 것에 대해서는 『총, 균, 쇠』를 이끌어 가는 알리의 핵심 질

---

79) 아세모글루와 로빈슨이 기각한 가설은 지리적 위치 가설 이외에도 문화적 요인 가설이 있다. 문화적 차이는 번영의 차이를 초래하는 원인이 아니라 결과라는 측면과 종교와 경제적 성공 간에는 상관관계가 없다는 점을 들어 이 가설을 기각한다. 그리고 무지 가설을 기각하는데, 그나마 이 가설은 무지에서 벗어나게 만든다면 빈곤에서 헤어날 수 있다는 해법을 제시한다는 점에서 지리적 위치 가설이나 문화적 요인 가설과는 다르다고 한다. 하지만 이 가설도 세계 불평등의 극히 일부만을 설명할 뿐이고, 경제적 무지가 아니라 정치적 의도에 기인하는 측면이 크다는 점에서 정치 혁명이 일어난다면 자연스럽게 바람직한 경제정책으로 선회할 것이라고 얘기한다.

문, "당신네 백인들은 그렇게 많은 화물을 발전시켜 뉴기니까지 가져왔는데 어째서 우리 흑인들은 그런 화물들을 만들지 못한 겁니까?(다이아몬드, 2015: 18)"에 거꾸로 이들이 대답하지 못할 것으로 생각한다. 그들도 지적하고 있는 것처럼 다이아몬드의 연구는 대상이 근대가 시작한 500여 년 이전까지이지 그 이후가 아니기 때문이다.

이처럼 세계변화를 이끌어가는 힘으로 지리, 기술, 제도 모두 의미가 있다. 이 중에서도 가장 시원적인 부분을 찾아가면 역시 지리 부분으로 귀결한다. 지리는 사람들이 살아가는 기본조건이기 때문이다. 그렇다고 해서 지리가 그 이후 모든 것을 결정한다는 의미는 아니고, 결정할 수도 없다. 다만 지리의 힘에 일정 부분 종속되어 살아가고 있다는 것은 분명하다. 게다가 수천 년 시간을 통해 보면 지리적 맥락은 더욱 강력한 힘을 가진다. 이 힘을 고을 단위로 내려가 들여다보면, 역사는 모든 고을에 지명만이 아니라 지리적 맥락을 남기는 것이다. 지리적 맥락은 해당 고을 그 자체이고, 해당 고을은 그 특유함이다. 이런 특유함은 마이클 포터가 경쟁우위 이론에서 말하는 차별화다. 즉 경쟁 전략이란 차별화에 관한 것이다. 독특한 가치 결합을 제공하는 데 필요한 차별적인 활동들을 모은 집합을 신중하게 선정하는 것을 의미한다(포터, 2001: 60). 따라서 (전북자치도 14개 시군을 비롯한) 전국 농산어촌형 도시 간 경쟁에서도 원가 우위가 아닌 차별화 전략을 구사해야 한다. 원가 우위로는 서울 등 수도권을 이길 수 없다. 서울 등 수도권은 가장 수요가 많으므로 전국 농산어촌형 도시들에서 생산한 농림수산물 중 가장 품질이 좋은 상품들이 모두 이곳으로 올라간다. 이 과정에서 중간 유통단계를 거치는 과정에서 판매단가는 높아지지만, 실제 농산어민에게 돌아오는 소득은 매우 적다. 지방은 수도권과 같은 규모의 경제가 없어 박리다매할 수밖에 없다. 현지 거래가 당연히 원가가 싸기 때문에 저가에 공급할 수 있음에도 저원가 전략을 구사하기 어렵다. 수요가 뒷받침되지 않기 때문이다. 그래서 타 도시 사람들을 모이게 하려고 온통 축제를 벌인다. 지방자치제가 되면서 축제는 갈수록 더욱 늘어만 간다. 봄·여름·가을·겨울 사시사철 온 나라가 축제판이다. 해마다 5월과 10월이면 지자체 간 축제 경쟁이 더욱 극심을 부린다. 지방 인구소멸 위기에 지자체 간 인구유치 경쟁 못지않게 축제 기간에는 지자체 간 관광수요 경쟁을 한다. 따라서 축제 기간 내내 자기 고장을 자랑하는 기회로 삼아 풍부한 인심과 풍성한 맛을 보여 주기 위해 노력한다. 치열하다. 하지만 안타깝게도 그 시점으로만 국한된다. 이처럼 저원가 전략이 쉽지 않다면 차별화 전략이 불가피하다. 해당 도시만이 보유하고 있는 고유한 것들을 차별화 포인트로 삼아 전략적으로 집중해야 한다. 기업 경영에서 전략은 기업 활동 간에 적합성을 창조하는 것이니(포터, 2001: 86), 지방 도시들은 모든 활동 하나하나를 차별화 포인트와 적합하게 연계해야 한다. 포터에 따르면 적합성에는 세 가지 유형이 있다고 한다. 1) 개별 활동(기능)과 전체 전략간 일관성을 간명하게 유지(simple consistency), 2) 개별 활동간 연계를 통한 강화과정에서도 유지해야 하는 적합성, 3) 활동간 조정 및 정보 교환을 통해 중복된 부분을 제거하고 낭비를 최소화하여 정렬성 유지 등이다. 이 3가지 적합성 유형은 부분이 아닌 전체 시스템 시각에서 가능한 것이고, 이런 전략적 전체 최적화가 있어야 지속성도 가능하다는 것이 포터 주장이다(포터, 2001: 80~86).

전북자치도 14개 시군 고유의 지리적 맥락은 '지속 가능한 도시 만들기'를 위한 차별화 지점

전북자치도 14개 시군이 수천 년 역사를 거치면서 남긴 지리적 맥락은 무엇인가? 이는 14개 시군만이 가지고 있는 독특함, 유일무이함, 고유함 등 차별화 지점은 무엇인가에 대한 질문이다. 제2장 14개 도시 총론 결론이기도 하다. 제2장은 남원으로부터 시작해 정읍을 마지막으로 전북자치도 14개 시군에 대해 차례차례 기술했다. 남원을 가장 먼저 언급한 이유는 남원이 가장 오래된 지명인 만큼 장구한 역사성을 자랑하기 때문이다. 게다가 남원은 남한 최고봉인 지리산이 있는 고장이어서 전북자치도 특성을 설명하는 출발지로 가장 적합하다. 특히 지리산은 각 왕조로부터 숭배의 대상으로 제사를 지냈던 곳이기도 하다. 그래서 민족의 영산이라고 했다. 그런데 이 민족의 영산이 경상남도, 전라남도 그리고 전북자치도 등 남한 9개도 중 오직 이 3개 도에만 걸쳐 있다. 그중심이 남원이다. 그러니 남원 지리산이다. 전북자치도 지리산이다. 그러면 왜 마지막이 정읍인가? 정읍은 눈이 많이 오는 연유로 지하수가 마르지 않는 우물(샘물)의 고장이다. 우물(샘물)은 사랑이요, 평등이요, 협동이다. 따라서 전북자치도 사람들이 가진 기본 품성을 잘 나타내는 고장이라 하겠다. 사랑에 대한 감성은 노래를 낳고, 평등을 지향하는 사상은 의로 이어졌다. 「정읍사」는 남편에 대한 사랑이자 가족에 대한 사랑이다. 「상춘곡」은 자연과 함께 더불어 사는 삶에 대한 사랑이다. 평등사상은 동학농민혁명군이 세상을 향해 외친 정의다. 협동 정신은 최초 민간 향촌 자치기구인 고현동 향약을 배태했다. 널리 열린 개방성이 토대가 되어 이 모든 것이 가능했다. 절대 마르지 않는 우물(샘물)처럼 사랑에 대한 감성과 평등을 지향하는 사상과 협동정신 역시 미래에도 절대 마르지 않을 것이라는 의미에서 마지막 도시로 정읍을 선택한 것이다.

남원은 이야기의 고장이다. 웅대한 지리산 봉우리와 그 사이사이 깊은 계곡에는 사람 냄새 진하게 풍기는 무수한 이야기가 숨어 있었다. 하라리는 지구상에서 결국 사피엔스가 지배하게 된 것은 대규모로 유연하게 협력할 수 있는 유일한 동물이기 때문이었다고 말한다. 그러면서 협력을 가능하게 만든 것은 이야기의 힘이라고 강조한다. 네안데르탈인이 사람과 사람의 연결만으로 네트워크를 구축했던 것을 뛰어넘어 사람과 이야기의 연결을 통해 모르는 사람과도 협력할 수 있었다는 것이다. 이야기를 공유하기만 하면 객관적 현실과 주관적 현실과는 또 다른 차원인 상호주관적 현실을 창조할 수 있었다. 객관적 현실은 우리가 그 존재를 모른다고 하더라도 존재하는 것이고, 주관적 현실은 우리가 그것을 인지하게 되면 그때가 되어야 발생한다. 상호주관적 현실은 사람들 마음을 연결하는 곳, 즉 서로에게 말하는 이야기 속에 존재한다. 서로 정보를 교환할 때 법이나 신, 화폐 등과 같은 상호주관적 현실이 생긴다는 것이다. 이야기의 힘이다(하라리, 2024: 58~75). 이야기가 서로에게 교환되어 사랑, 평등, 협동과 같은 이야기를 모두 공유하면 공동체 정신이 된다. 그리고 공동체 정신은 공유자원이 된다. 커머닝이다. 노동과 나눔, 커먼즈의 삶이다. 커머닝은 1) 공동체를 만드는 활동이면서 공동체를 외부에 개방하고 2) 타자와의 관계 속에서 공통성을 재구성하는 수행적 실천이다(한디디, 2024: 45~73). 그리하여 이야기는 끝이 없다. 남원은 우리나라 최초 소설이자 옴니버스식 소설인 『금오신화』 중 한 편인 「만복사저포기」 배경이 되는 도시다. 한 번 소설이 만들어지자 이는 「최척전」으로 이어지고, 인근 순창 지역에서 「설공찬전」이 된다. 그리고 인근 부안지역은 허균 『홍길동전』에서 율도국으로, 박지원 『허생전』에서 배경으로 등장한다. 이후 판소리 〈춘향가〉, 〈흥부가〉, 〈변강쇠〉가 등 판소리와 우리나라 역사상 가장 뛰어난 대하소설들로 이어진다. 이 모든 것은 지리산이 남원의 고장이기 때문이다. 그러니 남원은 지리산을 품고 1300여 년 이상 계속되어 온 이야기의 고장이다. 남원은 지리산이다. 지리산은 남원이다. 전북자치도는 지리산이다. 지리산은 전북자치도다.

 산은 그대로 있지만, 물은 항상 어딘가로 움직인다. 사람이 땅을 파서 인위적으로 물을 고이게 만들기도 하지만, 언젠가는 바다로 흘러갈 물이다. 정읍에서는 정해(井海) 마을 우물이 돼 갇히기도 했지만, 이내 다시 동진강이 돼 바다로 간다. 정해 마을 이름처럼 바다로 갈 운명이었다. 임실 섬진강댐에서 멈췄던 물 또한 동진강으로 흘러 서해로 간다. 진안 용담댐에서 머물렀던 물은 전주, 익산, 군산, 김제 등 서해안 지역에 농업용수, 공업용수, 생활용수를 공급한다. 장수읍 수분치 뜬봉 샘물은 금강이 돼 서해로 가고, 뜬봉샘 멀지 않은 곳에 있는 진안 백운면 데미 샘물은 섬진강이 돼 남해로 간다. 완주 동상면에 있는 밤샘 물은 상관면 슬치에 있는 작은 샘물로부터 출발한 전주천을 받아들여 만경강이 돼 드넓은 호남평야를 적신다. 내장산 까치봉 아래 까치 샘물은 여러 곳에서 출발한 물과 합해져 부안군 동진면 포구를 통해 서해로 가는 동진강이 된다. 이처럼 물은 멈추지 않는다. 자신을 낮추며 한없이 아래로 구비구비 흘러간다. 낮은 데를 찾아가 사는 자세(居善地, 거선지)다. 게다가 물은 심연을 닮은 마음이 있고(心善淵, 심선연), 사람됨을 갖춘 사귐이 있고(與善仁, 여선인), 믿음직한 말이기도 하며(言善信, 언선신), 정의로운 다스림이 있다(正善治, 정선치). 힘을 다한 섬김(事善能, 사선능)과 때를 가린 움직임(動善時, 동선시)도 있다. 노자가 정의하는 물이다(노자, 1995: 47~50). 상선약수다. 그 긴 여정에서 때 묻은 많은 것들과 함께 섞여 흐르지만 결국 다시 맑아지며 제 모습으로 돌아온다(도종환 「멀리 가는 물」). 때로는 웅덩이를 만나지만 웅덩이를 다 채우고서 기어이 앞으로 나아가는 물이다. 맹자가 말하는 영과후진(盈科後進)이다. 작은 샘물로부터 시작해 기필코 바다로 가고서야 멈추는 물. 남원에서부터 출발한 이야기는 절대 마르지 않는 우물(샘물)의 고장 정읍에 와서 그 격정과 욕망을 내던지고 새로운 꿈과 희망을 피어나게 한다. 흔들리지 않고, 넘어지지 않고, 지치지 않는 전북자치도의 꿈과 희망이다.

 지리산이 있어 남원, 정해 마을이 있어 정읍이다. 산이 뒤에 있고 앞에 물이 있으니 배산임수다. 비단 남원과 정읍 얘기만이 아니다. 전북자치도 동부산 쪽에서 서부 바다를 향해 바라보면 뒤에 산이 있고 앞에 강과 바다가 있으니 배산임수다. 뒤로는 바람을 막아주는 산이 있고, 앞으로는 먹고 마시고 농사짓는 물이 있으니 천하 명당이다. 산이 깊고 물이 맑으니 산수가 좋다. 산에서는 붉은 열매가 탐스럽게 영글고, 들에서는 누런 곡식이 알차게 여문다. 남원에 이야기가 있다면 순창에는 북두칠성 국자 모양인 산 4개가 있다. 내장산, 추월산, 강천산, 회문산이다. 이 산 4개를 잇는 트레일 코스를 만든다면 특히 가을날 멋진 장관일 것이다. 게다가 세계 최고 고추장이 있다. 산학연 연계로 고추장 원료-고추장-고추장을 이용한 음식과 이들을 유통하는 네트워크 체인이 필요하다. 임실은 임 만나러 찾아가는 '임과 함께'의 고장으로 대한민국 치즈 산업 중심지다. 섬진강 상류는 아름답다. 그리고 전주와 남원 사이 임실 밸리가 있다. 실제 전주에서 남원으로 가는 길을 가다 보면 좌우에 아주 높지는 않은 산들이 이어져 있다. 노령과 소백산맥 사이다. 이를 새의 눈으로 바라보면 길 전체가 마치 기다란 계곡으로 보일 것이니 밸리라고 칭해도 전혀 어색하지 않다. 이 계곡에 새로운 무언가 줄지어 입지를 다지는 기회가 오기를 기대한다. 장수는 긴 강의 시원이다. 금강이다. 고을 경계가 모두 높은 산인데, 이보다 더 높은 덕유산과 지리산 사이에 있어 바닷가에서 바라보면 움푹 들어가는 것처럼 보일 것이다. 덕유산과 지리산 사이 장수 일대를 '덕유-지리 밸리'라고 이름 지을 만하다. 산이 높은 만큼 물도 많다. 고을 내 작은 고을 이름도 모두 산과 계곡과 내와 바위다. 산악분지임에도 들 문화도 풍성하여 양귀비꽃보다 더 붉은 삼절이 있는 단심의 고장이다. 붉은 마음은 붉은 열매와 어우러져 '빨간 맛'의 향연이 펼쳐진다. 걸그룹 레드 벨벳이 2017년(대한민국 99) 발매한 노래 〈빨간 맛〉의 고장이 장수다. (예전에는 전혀 생각지 못했던) 레드 벨벳과 장수 지역을 빨간 맛으로 잇는 연상을 하는 것은 문화 콘텐츠가 보여 주는 무한한 잠재력을 말해 준다. 무주는 전라-경상-충청 등 삼남지역 중심지다. 전라남도를 제외하고 무려 삼남지역 5개 도와 접해 있다. 하지만 그간 무주는 덕유산이라는 높은 산이 도시의 30% 이상을 차지하고 있어 교통 불편으로 중심지성 발현이 쉽지 않았다. 게다가 덕유산 앞뒤로 또 다른 산줄기만 최소한 세 겹이니 더욱 어려웠을 것이다. 이제는 현대 토목·건설기술이 있어 교통 문제는 이제는 문제가 아니다. 세종이 행정수도가 되면 수도권 외 5개 모든 광역시와 빠르게 연결하는 교통 거점이 되길 희망한다. 무주에 가면 라제통문 제1경으로부터 덕유산 최고봉인 제33경 향적봉까지 사시사철 아름다운 풍광을 만끽할 수 있다. 눈이 많으니 겨울에 가면 더욱 좋을 것이다. 너그러운 품으로 덕유산이 맞이해 줄 것이다. 교통이 더욱 편리해진 휴양도시로서 무주 입지는 더욱 견고해질 것으로 기대한다. 진안은 고원이다. 수태극과 산태극 중심이라는 마이산이 있다. 마이산은 세계 유일 부부봉이다. 두 봉우리 사이 천황문에 내린 빗물이 북쪽으로 가면 금강, 남쪽으로 가면 섬진강으로 흘러가니 수태극이다. 위로부터 계룡산-대둔산-운장산을 거쳐 마이산으로 도착한 산줄기는 팔공산-지리산으로 이어지고, 왼쪽으로부터 모악산-만덕산을 거친 산줄기는 마이산에 머물렀다가 덕유산-민주지산으로 뻗어 나가니 상하로도, 좌우로도 산태극을 이룬다. 마이산만이 아니라 산악지형이 80%나 되지만 높낮이 차이가 그리 크지 않아 바람도 쉬어 가는 고원이 된다. 그래서 진안은 남부지방의 지붕이다. 조선 시대에 진안은 담배가 유명했지만, 지금은 인삼이 유명하다. '수태극과 산태극 중심, 마이산이 키워낸 태극삼'으로 브랜딩하자. 전 세계적으로 독보적인 인삼 산지가 될 것이다.

남원에서부터 출발해 동부 산악지대 6개 시군을 돌아들면 평야 지대 8개 시군이 있다. 완주는 전라도 수도인 전주의 경기지역이다. 완주는 시간상 전주에서 독립한 지 100년이 채 되지 않는다. 다만 고산면 일대 6개 면은 역사적으로 고산현 지역이어서 전주는 아니다. 공간상 전주를 둘러싸고 있어 배후지 성격이다. 특히 이서면은 전주를 거쳐야 들어갈 수 있는 외딴 섬(월경지)이 돼 버렸다. 완주는 9경(九景)·8품(八品)·8미(八味) 고장이다. 그리고 완주는 상업, 문화 등 생활 서비스 인프라를 대부분 전주와 공유하고 있기도 하다. 그래서 완주는 전주다. 하지만 지금은 굳이 전주가 아니어도 그리 큰 문제가 되지 않아도 될 만큼 자생력이 튼튼한 도시로 변했다. 1995년(대한민국 77) 도농통합시 제도가 시행될 때에도 완주는 전주에 통합되지 않았다. 이후에도 3차례(1997년, 2009년, 2013년)에 걸친 완주-전주 통합 시도가 있었으나 무산되었다. 2025년(대한민국 107) 들어 네 번째 시도가 있으나 쉽지는 않아 보인다. 완주 주민들 삶이 어떻게 좋아질 것인가에 대한 명확한 비전에 관해 아직 확신이 없기 때문이다. 완주는 9경, 8품, 8미만으로도 든든하고, 전주 3공단, 현대자동차 전주공장, KCC 등 대기업 사업장이 있어 일자리도 풍부하기 때문이다. 전주는 전북자치도 그 자체다. 전주를 제외한 나머지 13개 시군에 있는 모든 것이 전주에 와서 하나로 융합된다. 비빔밥이 된다. 콩나물국밥을 먹으면서 느끼는 속 풀이 시원함이 된다. 원효대사의 원융회통이 실현된다. 특히 전주는 가장 한국적인 도시다. 경쟁 상대 서울은 이미 한국적인 정서와는 거리가 멀다. 가장 한국적인 고유성을 어떻게 세계인들에게 널리 알릴 것인지가 중요하다. 세계 시민이 공감할 만한 보편성을 널리, 그리고 확실히 보여줘야 한다. 눈에 보이는 모든 것과 움직이는 전 과정, 즉 시선과 동선에서 모든 것을 글로벌 기준에 맞추고 적합도를 높여 나가는 것이 기본이다. 기본을 바탕으로 가장 세계적인 도시로 나가야 한다. 익산은 한국의 메소포타미아 지역이다. 금강과 만경강 사이, 그리고 그 강을 대표하는 포구인 웅포와 춘포 사이가 익산이다. 이런 지형으로 4번이나 왕도였던 기억이 있는 도시다. 게다가 익산은 행운이 저절로 찾아오는 도시다. 1970년대 자유무역지대가 되면서 보석의 도시가 되는 행운을 가졌다. 또 다른 행운으로 전주와 사이에 한국식품산업클러스터가 조성됐다. 전북자치도에 드문 산업클러스터다. 무엇보다 가장 큰 행운은 익산역이다. 전라도 지역으로 가는 모든 열차는 익산을 거쳐가게 돼 있다. 충청 서부권을 가로질러 서울로 연결되는 장항선 기점이기도 하니 우리나라 서부지역은 모두 익산으로 연결된다. 서울과 기차로 1시간에 연결되는 곳이니 서울 생활권이라고 할 수 있다. 한국식품산업클러스터가 있다는 것과 기차 노선 3개가 연결되는 곳이라는 점을 어떻게 활용할 것인지가 익산의 미래를 결정한다고 하겠다. '비즈니스 베이스캠프', '투어 베이스캠프'가 돼야 한다. 유라시아 대륙철도 출발역, 익산역은 어렵지만 꿔 볼 만한 꿈이다. 황등석과 황등비빔밥, 그리고 황등석으로 만든 미륵사지 등은 익산을 더욱 풍성하게 만든다. 군산은 고군산군도와 임옥평야, 그리고 금강이 바다로 나가는 포구가 전부다. 그런데 이들이 조합되니 산업-항만 물류-군사도시 군산이 됐다. 조선 시대에는 단지 군사기지와 함께 작은 어촌이었는데, 일제에 의한 이중 수탈 창구가 되면서 큰 항구로 바뀌었다. 현대가 되어 미군 공항이 들어섰고, 익산을 대체해 수출자유무역지대가 됐으며, 인근 충남 장항과 연계한 군장 산업단지가 만들어졌다. 장항은 제련소가 폐쇄되면서 더 확장이 없었으나, 군산은 미면을 간척하면서 산업공단을 건설했다. 지금은 고군산군도와 연결하는 방조제를 쌓으면서 새만금 개발을 통한 기회를 모색하고 있다. 새만금 개발이 어떻게 귀결될지는 모르겠지만, 이 지역이 가진 지리적 맥락으로 산업-항만 물류-군사도시 가능성은 지속할 것이다. 김제는 언덕마저 산으로 만드는 드넓은 만경의 땅이다. 우리나라 쌀과 보리 생산 1위를 자랑하는 땅이다. 한반도에서 지평선이 보이는 유일한 땅이기도 하다. 오른편에 불쑥 솟아 있는 모악산을 제외하고는 대부분이 평야다. 그러나 현재와 같이 쌀 중심 농업정책이 계속 유지될 수는 없을 것이다. 식량안보 차원에서도 문제다. 그래서 기업농 얘기가 자주 거론되고 있다. 이런 상황에서 새만금 개발로 농업용지를 더욱 늘리고 있는 부분은 의문이다. 쌀 소비를 촉진할 수 있는 대안과 함께 기업농이 가진 대형화, 현대화 장점과 현 소유 및 생산구조가 지니는 장점을 모두 아우르는 새로운 틀에 대한 고민이 필요하다. 그렇지 않으면 자본의 논리는 결국 기업농 대안으로 귀결될 것이다. 농수산물 유통과 외국인 고용 정책 등 전반적인 농업정책에 대한 근본적인 수술도 병행돼야 한다. 게다가 새만금 방조제 완공으로 김제는 바다가 없는 내륙이 되었다. 그러니 이에 대한 고민은 더욱 절실하다. 부안은 반도의 땅이다. 이 일대를 반도로 만드는 변산은 아름답고, 보존 필요성 등이 있어 국립공원이 된 지 40여 년이다. 국내 유일 반도형 국립공원이다. 내변산은 한국적 아름다움을 보여 주는 내소사와 직소폭포 등이, 외변산에는 채석강과 적벽강, 모항과 격포항 등이 뛰어나다. 곰소만 소금과 젓갈은 전라도 음식 맛을 좌우할 정도로 풍미가 압도적이다. 고창은 유네스코 7관왕이다. 세계 유일이다. 전 세계에서 알아주는 자연경관과 문화경관이다. 고창은 이것만으로도 전국 160여 개 도시 중에서 가장 확실한 차별화 지점을 가지고 있는 도시라고 할 것이다. 제주도가 2025년(대한민국 107) 4.3 사건 기록물이 유네스코 세계기록유산에 등재되어 유네스코 5관왕이라고 말하고 있지만, 고창은 도 차원이 아니라 개별 도시 차원으로 이미 7관왕이다. 게다가 제주도에는 세계문화유산은 없다. 반면 고창은 우리나라 최대 고인돌 유적이 있어 세계문화유산으로 지정돼 있다. 전북자치도 동부 산악지대에 있는 6개 시군 못지않게 평야 지대에 있는 8개 시군이 가지고 있는 특유한 지리적 맥락은 마르지 않는 정읍 생물처럼 쉼 없이 나갈 것이다.

> **동사로서의 도시 만들기**
>
> 인류가 만든 가장 위대한 창조물은 도시라고 한다. 도시는 사람이 자연환경을 새롭게 바꿀 줄 안다는 증거물이자, 상상력을 발휘하여 만든 최고 세공품이라는 것이다(코트킨, 2007: 24~25). 인류가 최초로 만든 도시는 메소포타미아 지역 우루크라고 한다. 이 지역은 강수량이 적고 땅은 메말랐지만, 유프라테스와 티그리스강 관개 사업을 통해 잉여 곡물 생산이 가능해지면서 도시가 만들어졌다는 것이다(윌슨, 2021: 41).[1] 두 강 사이, 즉 메소포타미아 지역이다. 도시 우루크가 성공한 비결은 장인들이 한 동네에 모여 있으면서 지식과 전문기술 등을 공유했기 때문이라고 한다. 따라서 규모의 경제 달성과 정보망 구축이 쉬웠고, 나아가 암호화된 문자로 이어졌다. 설형문자다. 한편 18세기 런던은 비공식적인 회합 장소와 지식거래소 역할을 한 커피점 문화, 20세기 뉴욕은 가까운 거리 안에 모여 있었던 특정 직역 간 경쟁 등이 빠른 혁신 활동과 함께 도시화를 앞당겼다고 한다(윌슨, 2021: 621~622). 즉 도시 성장은 3가지 경제원리, 이른바 규모와 범위와 밀도 중 밀도의 경제가 핵심이라는 것이다. 조밀한 가운데 사람들이 부딪히면서 새로운 창의와 혁신 에너지가 나오고, 이 에너지가 도시의 성장을 이끈다는 것이다. 집
>
> ---
> 1) 메소포타미아에서 최초로 발명된 것은 도시 외에도 달력, 바퀴와 쟁기, 돛단배, 화폐, 법전, 맥주 등이 있다. 영어로 문명(Civilization)은 도시화라는 뜻이니 도시의 발명은 곧 문명을 의미한다. 즉 문명의 제1 조건은 도시의 형성이라는 것이다(양정무, 2016: 376~380).

적 이익(Agglomeration Benefits)이다. 집적 이익을 설명하는 2가지 키워드는 접근성 (Accessibility)과 근접성(Nearness)이고, 이를 가능하게 하는 것은 연결성(Connectivity) 이다. 교통과 통신 인프라가 중요한 이유이기도 하다. 실리콘 밸리 또한 대면접촉과 인맥을 통해 생기는 기업가정신이 성공비결 중 하나라고 한다(윌슨, 2021: 623). 제러미 리프킨이 경제적 변혁을 견인하는 3가지 요소로 에너지와 함께 통신, 운송 및 물류를 꼽은 것도 마찬가지 맥락이라 하겠다(리프킨, 2021: 25~57). 도시는 이처럼 1) 공동 목표를 위해 함께 움직이는 협력, 2) 비교우위를 통해 장거리 교역이 가능해진 토대로서의 분업 체계, 3) 상호작용 결과로서 창조력 기반인 발명 등 3가지 동력을 촉발하여 역사를 주도했던 것으로 볼 수 있다(골딘 & 리-데블린, 2023: 44~66).

도시를 번성하게 만드는 것은 무엇이고, 반대로 쇠락하게 만드는 것은 무엇인가? 코트킨은 중요한 요소로 3가지를 주장한다. 1) 도시로서 가지는 인문학적 경관, 2) 거주민에 대한 안전 제공, 그리고 3) 활력을 주는 상업 및 산업기반 등이 도시를 번성하게 하는 요소라는 것이다. 반대로 이 요소들이 약해지면 쇠락한다고 한다(코트킨, 2007: 27~28).[2] 그러면서 도시들이 성장하고 쇠락하는 전 과정은 역사와 그 역사가 일으킨 변화에 뿌리를 두고 있다고 말한다. 그리고 성공적인 도시는 예로부터 내려온 3가지 중요한 요소를 보존하고 있어야 한다고 주장한다(코트킨, 2007: 289).

이처럼 도시는 흥망성쇠 역사를 지니고 있다. 한때 대도시로서 위상이 있었더라도 그 위상을 지속하기는 어렵다는 것이다. 최초 도시 우르크를 우리는 잘 알지 못한다. 다만 도시 사학자들이 최초 도시였다고 추정할 뿐이다. 함무라비 법전이 만들어졌던 최초 거대 도시 바빌론은 BC 1900년 무렵 이래 1500여 년 동안 가장 큰 도시였다고 한다. 당시 25만 명 인구가 있었다고 추정한다(코트킨, 2007: 289). 하지만 지금은 옛 바빌로니아 제국 수도였던 고대도시로만 남아 있다. 보니 엠이 부른 노래 〈바빌론 강가에서, Rivers of Babylon〉가 없었다면 더욱 몰랐을 것이다. 한때 도읍이었던 경주와 공주 또한 당시 위상은 사라져 지금은 작은 중소도시로 전락했다. 그나마 전주는 전북자치도 소재지여서 도내 13개 도시 인구 등 흡수를 통해 그럭저럭 버티는 중이다. 도시는 시대 흐름에 따라 역할이 달라지고, 이것이 도시가 부침하게 되는 배경이 된다. 농업 도시, 상업 도시, 공업 도시 등 우리 역사가 알려주는 바다. 따라서 지금 쇠락한 (또는 쇠락하고 있는) 도시도 새로운 계기로 인해 운명이 달라질 수 있다. 전북자치도 내 14개 도시 모두 쇠락하고 있는 과정에 있다. 하지만 햇볕과 바람과 공기와 물이 전북자치도를 비옥한 땅으로 만들었듯이, 인공지능 시대를 맞아 다시 햇볕과 바람과 공기와 물이 전북자치도를 새로운 산업도시로 만들지도 모른다. 햇볕과 바람이 태양광 발전으로 에너지 자립화를 이끌 수 있고, 공기와 물이 친환경 청정 기업 도시를 만들어 나갈 수 있을 것이다.

제이콥스는 낙후된 도시들은 서로를 필요로 해야 한다고 말하면서 베니스 사례를 거론한

---

[2] 책에서는 1) 장소의 신성, 2) 안전의 필요성, 3) 통상의 역할로 번역되어 있으나, 문맥과 서술 내용에 맞춰 표현을 수정하였다.

다. 6세기경 베니스에 정착한 사람들은 갯벌을 이용해 소금을 생산, 이를 당시 가장 큰 도시인 콘스탄티노플에 팔게 된다. 그리고 베니스는 콘스탄티노플에서 소금과 교환한 다른 물품을 자신과 별로 상황이 다르지 않은 지역과 교역하면서 성장했다고 한다. 베니스가 콘스탄티노플과 쌍방향 교역에만 의존했다면 고유 도시경제를 발전시키지 못하고 종속됐을 것이라고 한다. 베니스가 더욱 대단했던 것은 콘스탄티노플로부터 사들여 온 물품을 현지 자체 생산으로 대체하면서 더 많은 혁신을 위한 새로운 시장을 창출했다는 점이다. 수입품을 모방했을 뿐 아니라 이를 생산하는 방식을 즉흥적으로 개발하기까지 했고, 이를 통해 자생적 경제를 발전시킨 것이다. 이와 같은 유럽 내 낙후 도시의 발전 경로는 미국에서, 그리고 일본에서도 유사하게 나타난다고 한다. 정리하면 1) 낙후된 도시끼리 서로 의지하고, 2) 경제적 즉흥성이 이루어지면 발전을 향한 과정에 들어설 수 있다는 것이다. 그리고 낙후된 도시가 현지 대체 생산을 하는 과정에서 재료를 독창성 없이 모방하기보다 보유하고 있거나 보다 값싼 것을 활용할 수 있다고 한다. 이와 같은 대용 생산(improvisation)은 실용적이라는 장점 외에도 정신적인 측면에서도 의미가 있다. 대용 생산이 성공하면 좋지만, 성공하지 않더라도 대안이 있다는 점에도 의욕을 고취할 수 있다. 성공적 대용 생산은 직면한 상황에 맞는 적절한 기술을 의미한다(제이콥스, 2004: 157~178). 이때 적절한 기술은 슈마허가 말한 중간기술과 맥락을 같이하는 것이라 하겠다. 중간기술(intermediate technology)은 (대체로 사라질 운명인) 토착 기술보다 엄청나게 생산성이 높지만, 복잡하면서도 고도로 자본 집약적인 기술에 비교해 엄청나게 저렴할 것이기 때문에 중간기술이다. 즉 과거의 원시적인 기술에 비교해 훨씬 우수하지만, 부자들의 거대 기술(super technology)과 비교하면 훨씬 소박하고 값싸며 제약이 적다는 의미에서 중간기술이다. 인간의 얼굴을 한 기술이다. 원자력은 아니다(슈마허, 2002: 187~240).

골딘과 리-데블린은 부유한 나라들의 쇠퇴하는 도시가 번영과 기회를 되찾기 위한 대안을 얘기한다. 그는 자신도 묘책은 없다면서도 1) 수도권이 아닌 지방 간 고속철도 연결을 통해 수도권 외의 집적 이익을 촉진, 2) 지역사회 앵커 기관(거점 대학, 병원, 도서관, 공공기관 등) 육성과 함께 매력적이고 살기 좋은 환경을 통한 인재 유치, 3) 민관 협력과 공공재정의 중요성 등 3가지를 말한다. 침체한 도시를 반전시키는 것은 정부에 더해 기업과 지역사회 전반이 참여하는 수십 년에 걸친 전체적이고 통합적 노력이라는 것이다(골딘 & 리-데블린, 2023: 89~96). 끊임없는 과정이다.

플로리다는 도시 위기 해법으로 7가지를 제시한다. 1) 유익한 일자리 클러스터 만들기, 2) 도시 밀도와 성장을 위해 사회기반시설에 투자, 3) 적당한 가격대 임대주택 건설, 4) 저임금 직업을 중산층 직업으로 바꾸기, 5) 빈곤과 싸우기 위해 사람과 지역에 투자, 6) 번영하는 도시 건설을 위해 지구적 노력을 선도, 7) 도시와 지역사회에 권한을 부여 등이다. 모두 공감이 가는 부분이다(플로리다, 2023: 279~322). 플로리다의 해법에 덧붙여 시민들의 자발적인 참여로 직접 살고 싶은 도시를 만들어 가는 활동 및 이를 지원하는 유인책이 병행됐으면 한다. 플로리다가 말하는 '동사로서의 주택' 못지않게 '동사로서의 도시'를 만들자는 것이다. 무엇보다 국가 차원의 불평등 해소 노력이 선행되어야 할 것이다. 도시 간 또는 도시 내부의 불평등은 국가 차원의 불평등에 포섭되기 때문이다.

제3장

복거론(卜居論)

[또는 복거총론(卜居總論) 개념]

이중환이 말하는 살기 좋은 곳에 대한 4가지 기준

이중환이 쓴 『택리지』를 우리가 쉽게 접할 수 있게 된 계기는 최남선이 1912년(병탄 3) 출간한 '광문회본'이 결정적이다. 『택리지』는 그 이전까지는 필사본으로 거래되다 보니, 대중화에는 한계가 있었다. 한편으로는 필사 과정에서 개인 의견 등 가감이 이루어지기도 하고, 편집하는 과정에서 다양한 변형이 이루어지기도 했다. 이러다 보니 판본이 200여 종이 넘었고, 어떤 것이 진본인지도 정확하지 않았다. 이런 상황에서 최남선이 조선광문회(朝鮮光文會, 1910년 서울에 설립되었던 한국고전간행단체)를 통해 출간한 것이 이른바 '광문회본'이다. 이 '광문회본'이 광범위하게 유통되다 보니, 이것이 진본인 것처럼 이해하기 쉽다. 하지만 이는 사실과 다르다. '광문회본' 출간 100여 년이 흐른 2018년(대한민국 100) 안대회 등 학자 10명이 200여 종 판본을 비교 분석해서 가장 진본에 근접할 것이라고 만든 것이 『완역 정본 택리지』다. 안대회는 여기에서 한발 더 나아가 이중환에 대한 소개, 이중환이 책을 쓰게 된 배경 및 책이 출간된 이후 변화했던 과정 등을 종합하여 2020년(대한민국 102)『택리지 평설』이란 제목으로 또 다른 책을 출간한다. 『택리지』를 이해하기 위한 아주 훌륭한 교재라 할 것이다.

『택리지』에 대한 평가는 한 마디로 조선 시대 최고 인문지리서라는 것이다. 그 이전까지 지리지는 관에서 편찬한 것으로, 지지(地誌, 특정 지역의 자연 및 인문현상을 백과사전식으로 나누어 기술한 책) 성격이 강했다. 국방과 통치 관점에서 정보를 모아 서술한 것이다 보니 관이 아닌 일반에게는 관심을 끌지 못했다. 즉 다른 곳에 대한 호기심, 가 보고 싶다는 희망, 다른 사람에게 널리 얘기하고 싶은 욕구 등과는 무관했다. 게다가 사대부로서 가져야 했던 실존적 질문, 즉 (어지러운 시대에 나는) '어디에서 살 것인가?' 또는 '살 만한 곳은 어디인가?' 또는 '어디에서 살아야 하는가?' 등에 대한 대답을 찾을 수 있는 정보가 아니었다. 이런 시점에 말 그대로 '(살기 좋은) 마을(또는 고을)을 고르는 책'이 나왔으니 관심을 크게 가질 수밖에 없었다.

이 책에 대한 또 다른 제목은 사대부가거처(士大夫可居處), 즉 사대부가 가히 살 만한 땅에 관한 책이라는 점은 얘기한 바 있다. 따라서 『택리지』에서 가장 핵심적인 주장은 「복거론」(卜居論. '광문회본' 기준으로는 복거총론)이다. 복거(卜居)란 '좋은 땅을 찾아서 살 곳을 정한다'라는 뜻이다. 「복거론」에서 이중환은 좋은 땅으로 살 만한 곳을 정하기 위한 기준으로 4가지를 제시한다. '지리(地理)', '생리(生利)', '인심(人心)', '산수(山水)'다. 책은 이 순서대로 우선순위가 있다고 얘기하고 있다(이중환, 2018: 169).

터를 잡고 살 만한 땅을 고르는 조건은 지리가 최우선이고, 생리가 다음이다. 다음은 인심이고, 그 다음은 산수이다. 네 가지 조건 가운데 하나라도 빠지면 살기 좋은 땅이 아니다. 지리가 좋다고 하더라도 생리가 충족되지 않으면 오래 살 수 없고, 생리가 좋더라도 지리가 나쁘면 오래 살 수 없다. 지리와 생리가 모두 좋으나 인심이 착하지 않으면 반드시 후회하게 되고, 가까운 곳에 감상할 만한 산수가 없으면 성정을 가다듬을 길이 없다.「복거론」'복거론 서설'

하지만 책 내용을 보면 4가지 기준이 우선순위라고 보기에는 어폐가 있다. 당장 이중환이 말하는 '생리', '인심' 및 '산수'는 '지리'보다 스케일이 훨씬 크다. '지리'는 집터를 잡기 위한 지형 지세를 설명하는 것이어서 매우 미시적이다. 한편 '인심' 기준은 각 도에 대한 인상평을 담고 있으니 일반 고을 수준을 뛰어넘는다. 즉 스케일 순으로 정리한다면 '지리'<'생리'='산수'<'인심' 순이라 하겠다. 마을 수준<고을 수준<8도 수준이다. 그러함에도 궁극적으로는 내가 살아야 할 집을 결정하는 것으로 귀결되기 때문에 '지리' 기준을 가장 우선시한 것으로 추정한다. 한편 풍석 서유구(楓石 徐有榘. 1764~1845, 영조 40~헌종 11)가 쓴『상택지(相宅志)』에서도 이 4가지를 그대로 적시하고 있다(서유구, 2019a: 70)[1] 다만 '생리(生理, 생업조건)', '이인(里仁, 인심이 어진 마을)', '승개(勝概, 경치 좋은 곳)'로 표현은 약간 바뀌었고, 여기에 추가로 '수토(水土, 물과 흙)'와 '피기(避忌, 피해야 할 곳) 부분을 포함하고 있다. 서유구는 구체적으로 '집터 살피기(점기, 占基)'를 정리하면서 이중환이 말한 기준을 원용하고 있는 것으로 보인다. 역시 집터 잡기를 가장 중점에 두고 논의를 시작하는 것이다. 4가지 기준에 대해 하나하나 살펴보자.

---

1) 「상택지」는 서유구가 쓴 임원경제지 중 한 부분이다. 택리가 고을을 고르는 거라면, 상택은 집터를 고르는 것이므로 그 대강에 있어 공통적인 부분이 많다. 임원경제지는 전원생활을 하는 선비에게 필요한 지식과 기술, 기예와 취미를 기르는 백과 전서로 생활과학서 성격을 지니고 있다. 총 800여 종 문헌을 참고하면서 인용서를 밝혀 놓아 서지학적 가치도 있고, 한국과학기술사 또는 농업기술사 연구에도 귀중한 자료라는 평가가 있다. 총 16개 부문에 걸친 113권 52책인데, 이 중「상택지」는 '집터 가꾸기(권 1)'와 '전국의 명당들(권 2)' 등 우리나라 지리 전반을 다룬 것으로 총 2권이다. 「택리지」가 나온 몇십 년 후에 나온 것이니「택리지」영향을 그대로 이어받은 것이라 하겠다.

지리(地理): 장풍득수(藏風得水)가 가능하고, 양전옥답(良田沃畓)이 있는 땅

이중환이 제일 먼저 제시한 기준인 '지리'는 미시적 스케일인 집터에 관한 것이다. 좋은 땅을 찾기 위한 기준으로 (고을 단위가 아니라) 마을 단위를 가장 먼저 제시한 것이다. 그러다 보니 풍수지리에서 얘기하는 양택(陽宅) 풍수 관점이 녹아 있다. 다만 이중환은 '집터는 못자리와는 다르다(이중환, 2018: 172)'라면서 음택(陰宅)풍수와는 거리를 두고 있다.[2] 양택은 사람들이 사는 것과 관련돼 있기에, 우물물, 시냇물, 강물 등 물과 관련한 고려가 많다. 반면 음택은 못자리를 보는 것이라 물과 관련한 고려가 매우 적다. 이중환은 지리를 보는 관점으로 1) 수구(水口) ⇨ 2) 들의 형세(野勢) ⇨ 3) 산의 모양(山形) ⇨ 4) 흙의 빛깔(土色) ⇨ 5) 수리(水理) ⇨ 6) 조산(朝山, 뒤편 산 가운데 가장 멀리 떨어진 높은 산)과 조수(朝水, 앞으로 흘러드는 물줄기) 순으로 6가지를 봐야 한다고 한다. 현대인들이 이들을 구분하는 것은 어려울 것이나, 당시 사람들은 직관적으로 이해했을 것이다. 이중환이 말한 좋은 집터란 한 마디로 '장풍득수(藏風得水)가 가능하고, 양전옥답(良田沃畓)이 있는 땅'이라 하겠다. 집터 주변의 산세, 들 모양과 함께 주변에 흐르는 물길을 어떻게 이용할 것인지를 중시하고 있기 때문

---

2) 양택 풍수[또는 양기풍수(陽基風水)]가 집터와 마을 및 도읍 등을 결정하는 것이라고 한다면, 음택풍수는 묘지를 결정하는 것과 관련이 있다. 따라서 대상이 다른 것이지 기본적인 방법은 같다고 한다. 다만 묘지보다는 집터와 마을 등이 더 큰 공간을 요구하기 때문에 음택보다는 양택이 훨씬 지세가 넓다. 한편 양택에서는 그곳이 평야인가 산골짜기인가에 따라 근본적 차이가 발생한다고 한다. 평야 지대에서는 득수(得水)가 중요하고, 산골짜기에서는 장풍(藏風)이 우선시된다. 평야 지대니 홍수 및 가뭄에 의한 피해를 먼저 걱정해야 한다는 것이고, 산골짜기는 물과 관련 피해보다는 산바람에 의한 피해를 우선해야 하니 과학적으로 당연하다. 게다가 양택에서는 한번 결정된 이후에는 옮기기가 어렵거나 불가능해서 비보(裨補, 도와서 모자라는 것을 채워주는 것)가 등장하는 배경이 된다. 비보는 우리나라 풍수만이 가지는 고유한 특징이라고 한다(최창조, 1984: 253~257). 예컨대 한양 동쪽은 지세가 낮아 동대문 이름을 다른 사대문과 달리 갈지(之) 자를 추가했다거나, 나주 땅 모양이 배 모양이어서 돛대 모양으로 석당간(나주 동점문 밖 석당간, 보물 제49호. 〈그림 3-1〉 참조)을 세운 것 등이다.

이다. 자연 그대로를 인정하면서도 그 상태에서 어떻게 최대한 활용할 것인지에 대한 고민이다.

'지리' 기준은 19세기에 들어 연경재 성해응(研經齋 成海應, 1760~1839, 영조 36~헌종 5) 『명오지(名塢志)』나 서유구 『상택지(相宅志)』 등에 영향을 미쳤다. '명오'는 좋은 집터, '상택' 역시 좋은 집터가 가져야 할 조건인 명기(名基)에 관한 것이니, 모두 좋은 집터에 대한 논의다(안대회, 2020: 103). 성해응은 『택리지』에서 주목한 지역과 내용을 취사선택해 책을 편찬했다고 한다. 서유구는 다양한 주택정보와 지식을 폭넓게 체계적으로 서술해 주택과 주거지 문제를 학문의 차원으로 높였다고 평가를 받는다(안대회, 2020: 104~109). 다만 『상택지』권 1은 집터와 관련한 부분, 즉 '지리'와 관련이지만, 권 2는 8도에 대한 소개와 함께 각 도에 있는 명당에 관한 내용이기 때문에 주로 '산수'와 관련한 부분이다. 이들이 말하는 '지리' 기준은 모두 집터에 대한 논의여서 역시 미시적 스케일이다.

임석재에 따르면 당시 선비들에게 '집을 짓는 행위는 단순히 일상생활을 살아가는 건물을 세우는 것 이상'이라고 한다. 자신들이 생각하는 이상을 구현하고 실천하는 중요한 증거로서 자연의 이치를 깨달아 취한다는 것, 즉 '승리(勝理, 만물의 본성인 리를 얻는 것)'를 위한 방편이었다는 것이다. 당시 선비들에게 '공부한다는 것은 지식 취득이 아니라 인격 수양'이라고 본 것처럼, 집을 짓는 일 또한 땅을 확보하거나 재산을 형성하는 것으로 보지 않고 자연 이치를 구하는 기회로 본 것이다. 따라서 선비들은 전국에 있는 경치 좋은 곳을 찾아다니며 자연을 벗 삼아 공부했고,

〈그림 3-1〉 비보풍수: 나주 동점문 밖 석당간

집 또한 주변 자연과 어울리게 지었다는 것이다(임석재, 2013: 91~92). 이중환이 '택리'를 통해 마을을 고르고, 서유구가 '상택'을 통해 집터를 고르는 것도 당시 사대부로서 가진 소양으로는 자연스러운 발로였다고 할 것이다. 이런 배경은『택리지』가 베스트셀러가 된 이유가 됐다. 집터만이 아니라 이를 둘러싸고 있는 마을과 고을에 대한 설명까지 곁들여 있어 당시 사대부로서는 매우 관심을 가질 만한 내용이었다. 안대회에 따르면 사대부가 주거지 선택을 두고 담론을 펼친 시기는 17세기 후반 이후이고, 본격적으로 담론의 대상으로 삼은 최초 인물은 이중환이라고 한다. 그전 사대부들이 누정기(樓亭記)나 가사기(家舍記) 등으로 자신이 선호하는 주거지를 평가하기는 했으나, 이중환처럼 전국을 대상으로 근거를 밝히고 평가하여 서술한 경우는 없었다는 것이다(안대회, 2020: 104~109).

생리(生利): 생활을 윤택하게 만들 수 있는 유리한 위치

'생리'는 경제지리 관점에서 나온 기준이다. 경제활동 측면에서 고을을 바라보고, 교통과 물류가 원활한 지역을 보다 강조한다. 당시 이중환이 얼마나 시대를 앞서 있었는지를 알 수 있다. 「복거론」 '생리' 조에 있는 다음 글을 보자(이중환, 2018: 175).

> 그러므로 한 세상을 살면서 산 사람을 봉양하고 죽은 자를 장사 지내는 데에는 세상의 재물이 필요한데 이는 하늘에서 내리거나 땅에서 솟아나는 것이 아니다. 그러므로 땅이 기름진 곳이 제일 좋고 배와 수레, 사람과 물자가 모두 모여들어 각자 소유한 물품을 서로 바꿀 수 있으면 그에 버금가는 곳이다.

이중환은 생리가 좋은 땅으로 2가지 기준을 제시한다. 첫 번째는 땅이 기름진 곳이고, 두 번째는 교환이나 거래를 쉽게 하는 결절지역(Node)이다. 땅이 기름지다는 것은 오곡이 잘 되고, 목화가 잘 자라는 땅이라는 것이라고 얘기한다. 그러면서 예를 든 곳이 대체로 전라도와 경상도 땅이다. 가장 기름진 땅으로 전라도에서는 남원과 구례, 경상도에서는 진주와 성주를 꼽는다. 이곳에서는 볍씨 한 말을 논에 뿌리면 최상 140두, 중간 100두, 최소 80두 이상인데, 다른 고을은 그렇지 못하다는 것이다. 목화는 영호남 어느 곳에서나 다 잘된다고 한다(이중환, 2018: 175~177). 이외 특용작물로서 (앞에서 얘기한 바 있는) 진안 담배밭, 전주 생강밭, 임천(현재 부여 임천면)과 한산 모시밭, 안동과 예안(안동 예안면) 왕골자리밭 등을 거론한다. 두 번째 교환이나 거래를 쉽게 하는 결절지역에 대한 글은 다음과 같다(이중환, 2018: 177).

화물을 수송하여 무역하고 교환하는 일은 신농씨(神農氏) 이래 성인(聖人)의 행위이다. 이를 하지 않으면 재물을 만들어 낼 길이 없다. 그러나 물건을 옮기는 데 말은 수레만 못하고, 수레는 배만 못하다. 우리나라는 산이 많고 들이 적어 수레가 다니기에 불편하므로 온 나라의 상인은 모두 말에 화물을 싣는다. 그런데 길이 멀면 노잣돈을 많이 허비하여 얻는 이익이 적다. 그렇기에 배로 화물을 운반하여 무역하고 교환하는 것보다 못하다. 「복거론」 '생리' 조

이 글에서 가장 인상적인 부분은 경제적 교환 행위를 성인이 하는 행위라고 단정하고 있다는 점이다. 그리고 노잣돈이 많으면 이익이 적다는 것을 언급하고 있다. 이는 경제지리 관점인 산업 입지론에서 가장 중요한 변수로 삼는 운송비 측면을 언급하는 것으로 볼 수 있다. 통신과 교통이 발전하기 이전 생산함수에서 가장 중요한 것이 운송비인데, 이중환도 이것이 가장 중요하다고 통

찰하고 있다. 그리고 운송비 효율 관점에서 말을 통한 운송＜수레를 통한 운송＜배를 통한 운송을 순서대로 비교 분석한 것도 의미 있다. 이처럼 운송비를 중요하게 생각한 것은 초기 산업입지론 토대를 마련했다는 평가를 받는 독일사람 튀넨(Johann Heinrich von Thünen, 1783~1850, 정조 7~철종 원년)이 주창한 고립국 이론과 비교해 70여 년 이상 앞선 생각이다. 물론 이중환이 운송비 측면을 언급하고 있다고 해도 과학적인 가설과 검증 과정을 거쳤거나 이론화에 이른 것까지는 아니라 할 것이다. 하지만 우리나라 근대성이 일제에 의해 이식되었다는 주장이 여전히 존재하고 있는 상황에서, 이중환이 한 이와 같은 통찰은 그 나름대로 의미가 있다 할 것이다. 실학이다. 성리학과는 결이 다른 실용과학이다.

튀넨 모델은 1826년(조선 순조 26) 등장했는데, 이 모델은 시장으로부터 거리에 따라 토지 이용상 공간적 차이가 발생한다는 것으로 요약할 수 있다. 이 모델은 세 가지 가정을 한다. 1) 한 중심도시(시장)와 이를 둘러싼 동질적 농업용 토지로 이루어진 고립국가가 있고, 2) 농부들은 생산비와 시장가격을 고려한 합리적 극대 이윤 추구자이며, 3) 운송비는 거리에 비례한다는 것이다. 이 이론에 따르면 수입이 많지만 손상되기 쉬운 작물 X는 시장과 가까운 거리를 선호하기 때문에 땅값이 올라가게 된다(입찰지대 곡선이 가파르다). 수입이 적지만 쉽게 운송할 수 있다면(운송비가 싸다면) 땅값이 내려간다(입찰지대 곡선이 완만하다). 따라서 이를 고려하여 농작물 경작지가 동심원적 패턴을 나타내게 된다고 한다(아오야마 외, 2018: 100~102). 〈그림 3-2〉에서 작물 X는 손상이 쉬운 작물이어서 시장과 가까운 거리에 입지가 불가피하다. 즉 높은 지대를 부담하더라도 가까운 거리에 자리 잡으려 할 것이다. 높은 지대에도 그만큼 낮은 운송비를 부담하기 때문에 지대와의 차액을 보전할 수 있다. 이와 반대로 작물 Z는 지대는 낮지만, 운송비가 그만큼 소요되기 때문에, 장거리 운송에도 손상되지 않는 작물을 재배하게 되는 것이다. 작물 Z를 넘어서는 지역은 운송비가

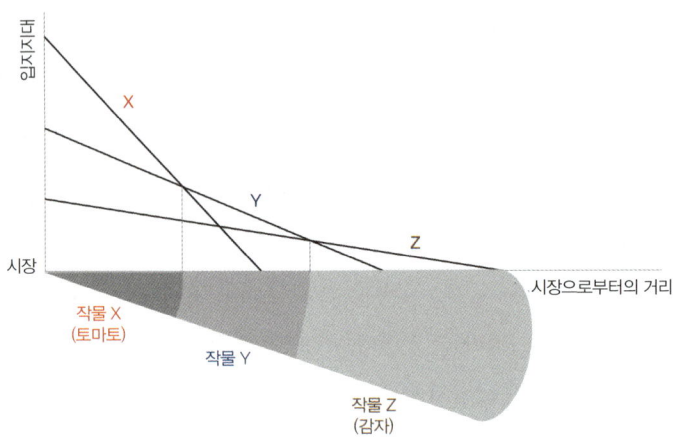

〈그림 3-2〉 튀넨의 고립국 이론에서 입찰 지대곡선

너무 비싸므로 (작물을 재배하더라도 이윤이 남지 않으므로) 어떤 작물도 재배하지 않게 된다.

'생리' 관점에서 이중환은 이전까지 고을 안에 속해 있던 작은 마을 두 곳이 새롭게 부상하고 있다는 점을 특별히 언급하고 있다. 이 또한 이중환의 선견을 보여 준다고 하겠다. 이중환이 상업적 이익이 높은 마을로 언급한 지역 중 한 곳은 충청도 은진현 내 강경이란 마을, 다른 한 곳은 함경도 덕원도호부 내에 있던 원산촌이다.[3] 먼저 강경에 대해 이중환이 언급하고 있는 내용을 보자 (이중환, 2018: 178).

오로지 은진현의 강경이란 마을이 충청도와 전라도의 육지와 바다 사이에 자리 잡아, 금강 남쪽 들판 가운데 하나 있는 큰 도회지이다. 바닷가와 산골

---

[3] 두 지역 외에 무역과 운송 측면에서 이중환이 강조하고 있는 지역은 다음과 같다. 경상도에서는 김해 칠성포, 전라도에서는 나주 영산강, 영광 법성포, 흥덕(고창 흥덕면) 사진포, 전주 사탄(만경강), 아산 공세호, 덕산(예산 덕산면) 유궁포, 홍주(홍성) 광천(廣川), 서산 성연(聖淵) 등이다. 그리고 한양에서는 용산과 마포, 경기도에서는 강화도와 교동도, 평안도에서는 평양 대동강과 안주 청천강 인근 등이다(이중환, 2018: 177~180). 남해로 빠져나가는 김해 칠성포를 제외하고 모두 서해안에 있는 곳들이다.

의 주민이 모두 여기에서 물건을 내다 놓고 교환한다. 봄여름에 고기잡이가 왕성할 때마다 비린내가 마을에 가득하고, 크고 작은 배가 밤낮으로 차항(汊港, 물길이 두 갈래로 갈리는 곳)에 담장을 친 듯이 늘어선다. 한 달에 여섯 번 큰 장이 설 때에는 먼 곳과 가까운 곳의 화물이 실려와 쌓인다. 「복거론」 '생리'조

은진현은 지금 논산시 은진면이다. 이 고을에는 관촉사가 있고, 관촉사에는 일반인에게 '은진 미륵'으로 잘 알려진 '석조미륵보살입상'이 있다. '은진 미륵'은 높이 18.12m, 둘레 9.9m로 국내 최대 석불이다. 〈그림 3-3〉을 보면 왼쪽 위로부터 금강이 내려오다가 왼쪽으로 돌아가고 있고, 그 우측 위쪽에 논산천이 금강으로 흘러 들어간다. 우측 아래쪽에 있는 강경천은 상단에 있는 논산천으로 합류한다. 이중환이 말한 것처럼 차항 형국이다. 한편 당시 강경포가 충청남도가 아니라, 전북특별자치도라는 의견이 있다. 국립중앙도서관 고문헌연구총서『고지도를 통해 본 전라지명연구』를 보면 당시 강경포인 강경 황산리(왼쪽 위쪽 점선)는 여산 도호부(지금 익산시 여산면 일원)에 속해 있다. 따라서 지금 강경읍 모두가 전북자치도 땅은 아니라 하더라도, 당시 강경포라고 했던 황산리 일대는 확실히 전북자치도 땅이었던 것은 분명하다. 이 땅이 충청남도로 이관된 것은 1895년(고종 32)이다. 이곳만이 아니라 지금 논산시 연무읍 황화면(신화리, 안심리, 봉동리, 죽평리, 황화정리 등) 역시 여산 도호부 산하였다(국립중앙도서관, 2016: 75). 〈그림 3-3〉에 점선으로 표시된 부분이다. 지금 연무읍 황화면 일대가 여산에서 논산에 편입된 것은 1963년(대한민국 45) 1월 1일, 충남 논산 구자곡면 대부분과 익산군 황화면을 통합한 후 연무읍[연무대(논산훈련소라고 불렀음)가 있어 연무읍이 됨]으로 승격될 때다. 1962년(대한민국 44) 12월 12일, 금산군 이관에 이어 또 한 지역이 전북자치도에서 충청남도로 넘어간 것이다. 행정 효율성 차원이 아니라 정치적 이유라고 한다. 참고로 황

〈그림 3-3〉 강경포구(강경읍 황산리 일대)

화면 황화정리는 전라도 관찰사가 임무 인수인계를 했던 곳이다. 기억은 아주 오래간다. 오랜 시간이 흘렀음에도 전북자치도 사람들은 강경과 금산이 예전에 전북 땅이었다는 것을 또렷이 기억하고 있다. 특히 강경은 조선 시대만이 아니라 일제 강점기 초까지만 하더라도 전국 2대 포구(원산과 강경), 3대 시장(대구, 평양, 강경)으로 꼽혔기에 더욱 그러하다. 강경 일대가 이처럼 큰 포구로 성장했던 것은 호남평야에서 생산한 쌀 등 농산물을 운송하는 거점이었기 때문이다. 게다가 강경은 서쪽으로 군산, 북쪽으로 공주, 남쪽으로 전주까지 모두 40km 정도 거리에 있어 교역 중심지로 기능했다.

또 한 곳인 원산에 대해 이중환이 언급한 부분은 다음과 같다(이중환, 2018: 60~61). 이 내용은 「복거론」 '생리' 조에 있는 부분은 아니고, 「팔도론」 '함경도' 조에 있는 부분이다. 은진현 강경처럼, 덕원 도호부 원산이라는 작은 마을에 대한 것이다.

안변에서 서북쪽은 덕원(德源) 경내이고, 바닷가에는 원산촌이란 마을이 있다. 포구에 모여 사는 백성들은 물고기 잡고 해산물을 채취하며 생계를 잇는다. 바닷길이 동북쪽으로 6진과 통하여 6진과 바닷가에 있는 모든 고을의 상선들이 여기에 돛을 내리고 정박한다. 무릇 생선과 소금, 해삼, 올이 가는 고운 베, 가벼운 다리(여자들이 머리 숱이 많아 보이라고 덧넣었던 민머리), 담비, 산삼, 널 만드는 데 쓰이는 목재 따위의 물건이 모두 여기 원산촌에서 팔려 나간다. 따라서 강원도와 황해도, 평안도, 경기도 등지의 많은 상인들이 밤낮으로 떼를 지어 몰려들고 온갖 물산들이 쌓여 큰 도회지를 이루고 있다. 백성들 가운데 물건을 사고파는 일로 큰 부자가 된 사람이 많다. 조정에서는 여기에 원산창(元山倉)을 설치하여 경상도의 곡물을 뱃길로 운반해 창고에 쌓아 두었다. 함경도에 흉년이 들거나 필요한 때에 여러 고을에 뱃길로 곡물을 운반하여 진휼(賑恤)하는 물자로 삼았다. 「팔도론」 '함경도' 조

안변은 〈그림 3-4〉에서 원산시 바로 아래다. 함경남도 가장 아래에 있는 고을이었다. 지금은 그 아래에 있는 통천과 함께 북한 강원도 땅이 됐다. 덕원은 고려 초기에 용주(湧州)라 칭했고, 995년(성종 14) 방어사(防禦使)를 두었으며, 뒤에 의주(宜州)라 개칭했다. 1413년(태종 13)에는 지방조직을 재편하면서 고려 때 '주(州)'가 들어간 고을이 많아 20개로 조정할 때 의천(宜川)으로 바뀌었다. 앞서 말한 것처럼 익주가 익산, 인주가 인천, 울주가 울산, 금주가 김해로 바뀐 것과 같은 이유다. 이후 1437년(세종 19)에는 덕원군이 됐고, 태조 이성계 4대 선조인 목조(穆祖)·익조(翼祖)·도조(度祖)·환조(桓祖) 고향이라 도호부로 승격됐다. 1895년(고종 32)에는 함흥부 덕원군, 1896년(고종 33)에는 함경남도 덕원군이 됐다. 1910년 원산부(元山府)가 됐다. 1880년(고종 17) 원산이 부산에 이어 두 번째로 개항된 후에 큰 도회지가 되면서, 덕원 도호부 내 자그마한 원산촌이 거꾸로 원산부가 되어 덕원군을 흡수한 것이다. 군산이 옥구보다 커

〈그림 3-4〉 함경도 원산과 역사상 북한 주요 고을

지면서, 옥구가 군산시 옥구읍으로 바뀐 것과 비슷하다. 원산은 남북 분단 이후 함경남도에서 강원도로 바뀌었고, 지금은 북한 강원도 소재지가 됐다.[4] 참고로 〈그림 3-4〉를 보면, 한반도 국경이 만들어지는 과정에서 역사상 주요한 북한 지역이 표시돼 있다. 고려 때 서희(徐熙, 942~998, 태조 25~목종 원년) 강동 6주와 윤관(尹瓘, 1040~1111, 정종 6~예종 6) 동북 9성, 그리고 조선 시대 세종 때 4군 6진 위치다. 강동 6주와 동북 9성에 대한 지명은 있으나, 위치는 여러 학설이 있어 정확하지는 않다. 원산은 새롭게 확장된 영토인 동북 9성 및 동북 6진 간 연결통로이자 물산 집산지다.

이처럼 당시에 아무도 눈여겨보지 않았던 작은 마을을 주목하고, 책에 기술했다는 것은 전통 사대부 시각으로는 쉽게 볼 수 없는 혁신성이라 하겠다. 게다가 사대부가 살 만한 땅을 고르는 기준 중 하나로 '생리' 항목을 독립시켰다는 것만으로도 이중환 생각이 가진 위대함이 있다(배우성, 2015: 170). 물론 당시

---

[4] 해방 후 38선이 갈라지면서 강원도 북한 쪽 중심부는 철원군이었다고 한다. 철원군은 1945년(대한민국 27) 소련 군정에 의해 철원시로 승격됐지만, 너무 최전방에 있다는 리스크 때문에 1946년(대한민국 28) 도 소재지가 원산시로 옮겨지면서 다시 철원군으로 환원됐다. 한국전쟁 때 철원읍 등 군 내 주요 지역을 수복하면서 이 지역과 이천군, 연천군 잔여 지역을 합하여 새로 철원군을 구성했다.

사대부로 살아가면서 불가피하게 존재하는 일정한 한계가 있는 것도 사실이다. 이중환이 가지는 선견과 한계는 특히 다음 문장에 잘 나타나 있다(이중환, 2018: 184).

> 그러나 사대부는 이런 일을 해서는 안 된다. 다만 생선과 소금이 유통되는 곳을 잘 찾아서 배를 대고 이익을 남겨서 관혼상제 네 가지 예식에 드는 비용을 장만한다면 해 될 일이 있겠는가? 「복거론」 '생리'조

이 문장처럼 이중환은 상업 활동을 통한 경제적 실익을 강조하면서도, 최소 필요 한도에 그치고 있다는 점에서 사대부 의식을 완전히 버리지는 못하고 있다. 이는 이중환이 서론('광문회본' 기준 사민총론)에서 사농공상 평등관을 제시하면서도 사대부를 별도 구분하는 것과 같은 맥락이다. 이중환이 인식한 사대부라는 한계는 결국 살 만한 땅이 없다는 결론으로 이어진 것이라는 점은 얘기한 바 있다. 이를 일체 사물이 분화되지 않은 태극 상태에 도달함으로써 정치적 갈등과 붕당 문제를 해결할 수 있다는 것으로 해석하는 의견이 있다. 태극 상태가 도달 가능한지 확신할 수 없는 상황에서도 희망을 놓지 않고 싶었다는 것이다(배우성, 2015: 191).

인심(人心): 자신과 자녀의 교육 등을 위해 세상 풍속이 아름다운 곳

이중환이 언급한 세 번째 기준은 '인심'이다. 왜 '인심'을 강조한 것인지는 다음 글에서 확인할 수 있다(이중환, 2018: 185).

> 어떻게 인심을 논할 것인가? 공자께서는 "마을 풍속이 어질어야 아름답다. 어진 마을을 가려서 살지 않으면 어찌 지혜롭다 하겠는가?"라고 하셨다. 옛

날에 맹자의 어머니는 아들을 가르치려고 세 번 집을 옮겼다. 선택한 곳의 풍속이 바르지 않다면 자신에게 해가 될 뿐만 아니라 자손에게도 반드시 나쁜 물이 들어 인생을 그르치는 우환이 생기므로 앞으로 살고자 하는 지방의 풍속을 살피지 않을 수 없다. 「복거론」 '인심' 조

너무나 잘 알고 있는 맹모삼천지교(孟母三遷之敎) 고사를 인용하고 있다. 자신과 자손 교육을 위해 살고자 하는 마을 또는 고을 풍속을 살펴야 한다는 것이다. 그러면서 이를 지혜로까지 승화시키고 있다. 하지만 실제 각 지역 '인심'과 관련된 부분은 팔도에 대한 인상평 중심에 그친다. 게다가 전라도와 평안도 지역은 직접 가 보지 않은 상태에서, 즉 그 지역 사람들과 직접 교류해 본 경험이 없는 상태에서 기술했다는 한계가 있다. 전라도와 평안도를 직접 가 보지 않았다는 부분은 「복거론」 '인심' 조에 있지 않고, '산수' 조에서 기술하고 있는데 그 내용은 다음과 같다(이중환, 2018: 209~210).

전라도와 평안도는 내가 가 보지 않았고, 함경도·강원도·황해도·경기도·충청도·경상도는 많이 가 보았다. 내가 본 것을 토대로 하고 들은 것을 참고하여 다음과 같이 쓴다. 「복거론」 '산수' 조

이중환은 「복거론」 '인심' 조 앞부분에서 팔도에 대한 인상평을 짧게 기술한다. 이후 당시 사색당파가 형성된 과정과 이합 집산하는 역사 중심으로 '인심' 조 대부분을 할애한다. 사색당파 전개과정을 잘 정리해 서술했다는 점은 평가할 만하다. 한편 이중환은 팔도에 대한 인상평은 비천한 백성을 두고 한 말이라면서, 사대부 풍속은 이와는 다르다고 얘기한다. 자연스럽게 사대부 간 사색당파 전개과정으로 넘어가기 위한 서술 방편으로 보인다. 즉 사색당파가 생기기 전 사대부 풍속은 어느 지역이든지 크게 다르지 않고 사대부 이상을 실

현하는 것에 있었으나, 사색당파 형성과정에서 크게 달라졌다는 것이다. 나아가 당색(黨色) 간 반목과 갈등이 200여 년간 진행되면서, 오히려 인심이 더욱 나빠졌다고 얘기한다.[5] 즉 붕당의 폐단으로 실익과 실리만 도모하는 것으로 변질되다 보니, 인심보다는 당색이 같은 사람이 많은 지역을 찾아가게 되는 악순환에 빠졌다는 것이다. 서울 또한 '사색당파가 다 함께 모여 살아서 풍속이 서로 반목하여 고르지 않다'라고 한다. 그러면서 영조 시대 탕평책 시행에 따라 오히려 인심이 사나워졌다는 평가를 한다(이중환, 2018: 200~201).

> 탕평책을 펼친 근래에는 네 갈래 색목이 모두 조정에 나와서 오로지 관직을 얻으려고만 하지
> … (중략) …
> 매번 공적인 자리에 많이 모였을 때 이야기를 나누다가도 조정의 일에 이르면 각을 세우려 하지 않고 대답하기 힘들면 그때마다 농담하고 웃고 대충 때우면서 유야무야 얼버무린다.
> … (중략) …
> 재상은 어느 쪽도 편들지 않는 것을 어질다 하고, 삼사는 입을 다물고 있는 것을 고매하다 하며, 지방관은 청렴하고 검소한 처신을 바보짓이라 하여 결국에는 점차로 손을 써 볼 수 없는 지경에 이르렀다. 「복거론」 '인심' 조

탕평책에 따라 사색당파가 모두 관직에 들어갈 기회가 생겼으나, 바람직한 나라 건설과 운영에 관한 논의는 하지 않고, '좋은 게 좋은 것'이라는 식으로

---

5) 이중환은 1583년과 1584년 사이(선조 16~17)에 동인과 서인이라는 이름으로 처음 갈라졌다고 하면서 이를 붕당 시초라고 적시한다. 동인 영수 김효원 집이 동쪽(건천동)에 있어서 동인, 서인 심의겸 집이 서쪽(정릉동)에 있어 서인으로 불렀다는 것이다(이중환, 2018: 187~188). 이때부터 이중환이 책을 출간한 1751년(영조 27)까지는 170년이 되지 않는데 이를 이중환은 200여 년간이라고 표현했다.

넘어가고 만다는 것이다. 이런 현실 인식 속에서 이중환이 불가피하게 내린 결론은 다음과 같다(이중환, 2018: 201~202).

> 그러므로 향촌에 살고자 하면, 인심의 좋고 나쁨을 따질 것 없이, 비록 풍토나 기후가 잘 맞지 않더라도 형편상 도리 없이 색목이 같은 이들이 많은 곳을 찾을 수밖에 없다. 그래야 비로소 남과 오가며 어울리고, 담소 나누며 잔치 벌이는 즐거움을 누리고, 문학을 연마하고 학업을 닦을 수 있다. 하지만 아무리 그렇더라도 차라리 사대부가 없는 곳을 택해서 문을 닫아걸고 사대부와 교유하지도 않으면서 제 한 몸 착하게 사는 것보다는 못하다. 농부가 되거나 공인이 되거나 상인이 되더라도 나름의 즐거움이 있을 것이다. 이렇게 산다면, 인심이 좋고 나쁨은 굳이 따질 일이 아니리라. 「복거론」 '인심' 조

'인심' 관점만 놓고 본다면 나와 당색이 같은 사람과 살아야 하지만, 이보다는 사대부가 없는 곳을 찾아 차라리 농공상업에 종사하는 것이 더 나을 것이라고 얘기한다. 즉 '인심'이 중요한 기준인 것은 맞으나, 더는 '인심'을 논할 수 있는 환경이 아닌 것으로 바뀌었다는 것이다. 이는 결국 팔도 어느 곳에서도 사대부로서 살 만한 땅을 찾기 어렵다는 것이고, 사대부가 아니라 결국 농공상업에 종사한다면 굳이 '인심'을 따질 이유가 없다는 결론이다.

산수(山水): 사람들을 즐겁게 하고 감정을 화창하게 하는 아름다운 자연경관

마지막 기준은 '산수'다. 『택리지』에서 가장 분량도 많고 내용도 풍성하다. 강과 계곡 주변에 살 만한 곳에 대해 구체적으로 언급하는 등 이 책에서 가장 핵심적인 내용이기도 하다. '산수' 조는 백두산에 대한 설명으로부터 출발한다.

백두산으로부터 금강산, 설악산을 지나 태백산까지, 태백산으로부터 소백산, 덕유산을 지나 지리산까지 이어지는 백두대간(약 1400km)을 설명한다. 이중환이 설명한 백두산과 백두대간은 다음과 같다(이중환, 2018: 203~204).

산수를 어떻게 논할 것인가? 백두산은 여진과 조선의 경계에 있으며 한 나라의 지붕이다. 산 위에 대택(大澤, 천지)이 있는데 그 둘레가 80리다. 여기 담긴 물이 서쪽으로 흘러 압록강이 되고, 동쪽으로 흘러 두만강이 되며, 북쪽으로 흘러 혼동강[흑룡강과 송화강(松花江)이 합쳐지는 길림성 동강현(同江縣) 북쪽의 하류]이 된다. 두만강과 압록강 안쪽에 우리나라가 있다.
… (중략) …
백두산의 대간(大幹)은 골짜기가 끊기지 않고 남쪽으로 수천 리를 내리 뻗어서 경상도 태백산까지 이루니 전체가 한 줄기 고개다.
… (중략) …
태백산에서 산맥 등성이가 좌우로 갈라져 뻗어간다. 왼쪽 줄기는 동해를 따라 내려가고, 오른쪽 줄기는 소백산에서 남쪽으로 내려가는데 태백산 위쪽의 산과는 비교가 되지 않는다. 설령 첩첩산중이라도 산등성이와 산맥이 잇따라 자주 끊겨서 큰 고개가 네 개, 작은 고개가 일곱개다.
소백산 아래 죽령은 큰 고개이고, 죽령 아래의 천주령(天柱嶺)과 대원령(大院嶺)은 작은 고개다. 주흘산 아래 조령은 큰 고개이고, 조령 아래 희양산과 율치는 작은 고개다. 속리산 아래 화령과 추풍령, 황악산 남쪽의 무풍령(舞豊嶺)은 작은 고개이고, 덕유산 남쪽 육십치(六十峙)와 팔량치(八良峙)는 큰 고개이며, 여기를 지나면 지리산이다.

내용을 요약하면, 백두산과 두만강, 압록강 안쪽이 우리나라라는 점과 백두산과 태백산까지는 골짜기가 이어지지만, 태백산에서 지리산까지는 골짜기가 자주 끊겨 고개가 많다는 것이다. 그러면서 태백산에서 지리산 사이 고개를 11개나 거론한다. 큰 고개가 4개(죽령, 조령, 육십치, 팔량치), 작은 고개가 7개(천주령, 대원령, 희양산, 율치, 화령, 추풍령, 무풍령)다. 실제 덕유산 아래 육십치(령)는 큰 고개로 해발 734m로 높지만, 속리산 아래 추풍령은 작은 고개로 해발 221m에 불과하여 고도차이가 매우 크다. 〈그림 3-5〉는 지리학 관점에서 말하는 백두대간과 지질학 관점에서 구분하는 산맥을 비교한 그림이다. 백두대간을 산맥으로 얘기하면, 마천령산맥, 함경산맥, 낭림산맥, 태백산맥, 소백산맥을 아우른다. 백두대간, 즉 '백두에서 지리'까지가 우리나라 사람들이 가지고 있던 오래된 국토관이었다. 하지만 백두대간이라는 말 자체는 이중환이 『택리지』에서 처음 언급한 것이라고 한다. 신경준이 지었다고 전해지는 『산경표』에서는 백두대간 외에도 장백정간, 그리고 13개 정맥까지 훨씬 체계적인 지리 설명 형식을 보여 준다.

백두대간 설명에 이어 이중환은 '명산과 명찰', '도읍과 은둔지', '바다 위의 산', '영동지역의 산수', '네 고을의 산수', '강가의 주거지', '시냇가의 주거지' 순

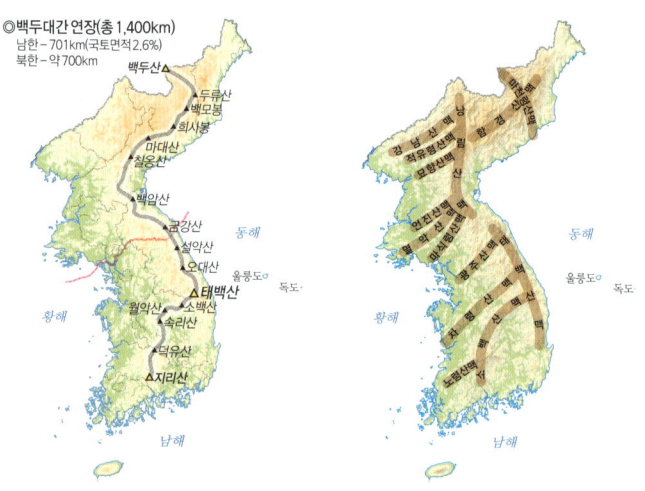

〈그림 3-5〉 지리학적 백두대간과 지질학적 산맥

으로 얘기를 풀어간다. 신정일이 쓴 『새로 쓰는 택리지』는 훨씬 구체적으로 구분하여 설명하는데, '산수' 조 내용 이해에 더 도움이 된다. 신정일이 구분한 소제목은 '줄기차게 뻗어가는 백두대간', '우리나라의 지세', '금강산은 어떤 산인가', '설악산에서 소백산으로 이어진 산줄기', '속리산에서 여러 산줄기가 갈라지다', '백두대간 산줄기의 끝인 지리산', '백두대간 주변의 명산', '신라의 고찰 부석사', '통도사와 동화사, 도갑사와 득모암', '금산사와 송광사, 능가사', '오관산과 삼각산', '계룡산과 구월산', '그 밖의 빼어난 산들', '바다에 떠 있는 산', '산과 호수가 어울려 절경을 이룬 곳', '안변에 있는 학포', '충청도 네 고을의 산수', '강 주변에서 살 만한 곳', '산과 강이 어우러져서 살 만한 곳', '들 가운데 시냇가에서 살 만한 곳' 순이다.

종합하면 이중환은 '산수' 편에서 우리나라 산천과 사찰 소개와 함께 살 만한 곳에 대한 자신의 의견을 개진하고 있다. 당시 죽을 때까지 자기 마을을 벗어난 경험을 가진 사람도 극히 드문 상태에서, 다른 고장 이야기, 가 보고 싶은 산천, 그리고 그곳에 있는 명찰을 함께 소개하고 있으니 많은 사람이 관심을 가지기에 충분했을 것이다.

이중환은 무엇을 가장 우선시했는가?

이중환은 이 4가지 조건 가운데 하나라도 빠지면 살기 좋은 땅이 아니라고 했으나, 실제 이 모든 조건을 만족시킨 곳은 찾기 어렵다. 이런 곳이 있었다면 모든 사람이 여기에서 살고자 했을 것이다. 하지만 처한 배경과 환경이 달라 실제 모든 사람이 그곳에서 산다는 것은 물리적으로 불가능하다. 게다가 이중환 또한 사대부가 살 만한 땅이 없다는 결론과 함께, 이러한 결론은 사대부가 사라진 세상, 즉 사농공상(사민)에 구분이 없는 세상이 된 것이니 굳이 살 만한 땅을 구분할 이유도 없다는 역설을 얘기하고 있다(이중환, 2018: 275~276).

현상이 극단에 이르면 처음으로 돌아오는 것은 이치상 당연하다. 그러므로 온 천하에서 한 번 사대부라는 이름이 붙으면 갈 곳이 아무 데도 없다. 그렇다면 장차 사대부라는 이름을 버리고 농부나 장인, 상인 사이로 들어가 살면 자기 몸을 안전하게 지키며 이름을 드러낼 수 있을까? "그렇지 않다!"
… (중략) …
따라서 나는 말한다. 동쪽에서도 살 수 없고, 서쪽에서도 살 수 없으며, 남쪽에서도 살 수 없고, 북쪽에서도 살 수 없다. 이와 같다면 장차 살 땅이 없어지고, 살 땅이 없어지면 동서남북이 없어지며, 동서남북이 없어지면 이는 바로 혼돈의 태극 그림 한 폭을 방불케 한다. 이렇게 되면 사대부가 없어지고, 농부와 장인·상인도 없어지며, 마찬가지로 사람이 살 만한 장소도 없어진다. 이것을 '사람이 살 수 있는 땅이 아닌 땅'이라 일컫는다. 그리하여 「사대부가거처」를 지었다. 「결론」

한편 이 4가지 기준을 실제 적용하려고 해도 같은 계위에 있지 않기 때문에 한계가 있다. 앞서도 언급했듯이 4가지 기준 중 '지리'는 스케일이 마을 단위여서 매우 구체적이고 협소하다. '생리'와 '산수'는 고을 단위다. '인심'은 이보다 더 커서 고을을 뛰어넘는다. 게다가 이 4가지 기준이 왜 도출됐는지에 대한 설명력도 부족하다. 그러함에도 이러한 4가지 기준을 가지고 '어디에서 살 것인가'에 대한 대답을 구한다면, 나름 우선순위를 정해야 할 필요도 있을 것이다. 이에 대해 이중환은 '지리', '생리', '인심', '산수' 순이라고 얘기하고 있지만, 맥락을 통해 보면 이와는 다르다. 이중환이 「복거론」 '산수' 조에서 말한 부분을 보자(이중환, 2018: 268).

무릇 산수란 심신을 즐겁게 하고 감정을 발산하게 하는 것이다. 사는 곳에 그런 산수가 없으면 사람을 거칠게 만든다. 그러나 산수가 좋은 곳은 생리가 변변치 않은 곳이 많다. 사람인 이상 자라처럼 제 등껍질을 이고 살거나 지렁이처럼 흙을 파먹고 살 수는 없으니, 그냥 산수만을 취하여 삶을 영위할 수는 없다. 차라리 기름진 땅과 넓은 들이 있어 지리가 좋은 곳을 선택하여 집을 짓고 살면서, 10리 밖이나 반나절 경치가 아름다운 산과 물을 두고, 흥취가 일어날 때마다 가서 시름을 풀거나 하루 이틀 묵고 돌아오는 것이 낫다. 이야말로 훗날까지 이어갈 만한 좋은 방법이다. 「복거론」 '산수' 조

이 내용에서 이중환은 '인심' 부분을 따로 언급하지 않는다. '인심' 부분은 스케일이 고을이나 마을 차원이 아니라 8도 차원이기 때문에 다른 세 개 기준과 계위과 다르기 때문이다. '인심' 기준을 따른다면 특정 도에 살아야 한다는 결론을 내야 하는데, 이는 사실상 의미가 없다. '생리'와 '산수' 조건은 고을 단위인데, 이 중에서 '생리' 부분을 더 크게 생각하고 있다는 것을 알 수 있다. '산수'는 필요조건이지, 충분조건으로 언급하고 있지 않은 것이다. 책에서는 '산수' 부분에 많은 분량을 할애하면서 설명했지만, 그리 크게 중점을 두는 기준은 아니었다는 것이다. 한반도 곳곳에 산수가, 즉 아름다운 산과 물이 좋은 곳이 많기에 더욱 그러하다. 이를 극단적으로 표현한 부분이 '자라처럼 제 등껍질을 이고살거나 지렁이처럼 흙을 파먹고 살 수는 없으니'라고 언급한 부분이다. '산수'가 좋은 곳보다는, 가까운 곳에 '산수'가 좋은 곳이 있으면 좋다는 식이다. 결론은 가까운 곳에 좋은 '산수'가 있으면서, '생리'가 좋은 곳을 고른 후에, '지리' 측면에서 '장풍득수'와 '양전옥답'이 충분한 땅을 골라 집을 짓고 사는 것이 좋다는 것으로 해석할 수 있다. 게다가 이런 곳은 '훗날까지 이어갈 만한 좋은 방법'이라고 하니, 지속가능성 측면에서도 훨씬 낫다는 것이다. 명시적으로는 '지리', '생리', '인심', '산수' 순으로 4가지 조건을 얘기했지만, 실제 맥락은 '생리'를 가장 크게 염두에 두었다고 하겠다.

한양, 4가지 조건에 가장 부합하는 곳

이중환이 말하는 가거지 4가지 기준에 가장 부합하는 지역은 한양이다. 먼저 한양은 도읍지로서 갖춰야 할 '지리'와 '산수'가 있다. 한양 삼각산은 개성 오관산, 진잠 계룡산, 문화 구월산 등과 함께 이중환이 한 나라 도읍지로 가능한 곳으로 꼽은 네 군데 중 하나다. 이들 산에 대해 이중환은 다음과 같이 설명한다(이중환, 2018: 229).

> 산의 생김새는 반드시 아름다운 바위로 봉우리를 이루어야 비로소 산도 수려하고 물도 맑다. 또 강과 바다가 서로 섞이고 모이는 곳에 산이 뭉쳐 있어야 큰 역량을 갖춘다.

이중환은 이같이 일반론을 서술하고 난 후에, 구체적으로 한양이 가지는 도읍지 성격을 설명한다(이중환, 2018: 230~231).

> 한양의 삼각산은 동남쪽의 산이며 외곽 100리 밖에서 수려하게 하늘로 솟아 있다. 산의 앞쪽 면은 평탄하고 서북쪽은 높다랗게 막혀 있다. 한양은 동남쪽이 멀리까지 시원스레 트여 있으니 천상의 수도이자 훌륭한 도읍터다. 다만 1,000리 정도 뻗은 기름진 들이 없다는 것이 결점이다.
> 삼각산은 도봉산과 이어져 산세를 형성하는데, 암석으로 이루어진 봉우리가 한껏 맑고 수려하여 1만 개의 횃불이 하늘로 치솟은 것처럼 특이한 기운이 있어 그림으로도 형용하기가 힘들다. 다만 산세를 보필하는 주위의 산이 없고, 골짜기도 적다. 옛날에는 중흥사(重興寺) 골짜기의 산수풍경이 좋았으나 북한산성을 쌓을 때 모조리 깎아내어 평평하게 돼 버렸다.
> 한양성 안에 있는 백악산과 인왕산은 바위의 형세가 사람을 두텁게 만들기

때문에 살기가 없는 송악산보다는 못하다. 다만 미더운 것은 남산 한 줄기가 강을 거슬러서 형국을 만든다는 점이다. 안쪽 수구는 낮고 앞쪽은 비어 있으며 관악산이 비록 강 건너편에 있기는 하지만 너무 가깝다. 아무리 화성(火星)의 산(관악산)이 서울을 향하며 떠받치는 양상이라 해도 풍수가들은 한결같이 정남향이라 방위상 길하지 않다고 본다. 그러나 형국 안이 밝고 산뜻하면서도 삼엄하고 중후하며, 흙이 맑고 깨끗하며 단단하고 희어서 길에 떨어뜨린 밥알을 주워 먹어도 좋을 것 같다. 따라서 한양의 인사들은 시원시원하고 트여 있을 뿐 아니라 밝고 총명한 이가 많으나 웅혼한 기상을 가진 이가 없는 것이 유감이다.

삼각산을 동남쪽의 산이라고 하는데, 이는 개성 오관산 설명에 이어지는 내용이어서 오관산 동남쪽이라는 의미다. '외곽 100리 밖'이라는 표현 또한 오관산과 삼각산 사이 거리가 100리가 넘는다는 얘기로 이해하면 된다. 동남쪽이 시원스레 트여 있다는 부분은 조선 시대 왕실이 운영하던 마장동 일대의 목장과 한강 너머 뽕밭이 있었던 잠실 지역까지 얘기하는 것으로 보인다. 1000리 정도 뻗은 기름진 들은 중국 북경 일대 화북평야를 염두에 두고 얘기하는 것으로 추정한다.[6] 북한산성은 『택리지』가 쓰이기 40여 년 전인 1711년(숙종 37)에 고려시대 중흥산성을 바탕으로 축성됐다.

이중환은 한양이 '생리' 측면에 장점이 있다는 점을 언급하면서 용산과 마포 지역을 강조한다(이중환, 2018: 179).

경기도의 바닷가 고을은 조수가 통하는 하천을 끼고 있으나 한양과 가까워서 상선이 많이 모이지 않는다.

---

6) 화북평야는 면적이 약 409,500km²로 중국에서 가장 큰 평야 중 하나다. 한반도가 22만km²이니 2배에 가깝다.

한양에서는 남대문에서 서남쪽으로 7리쯤 떨어진 지점에 용산호(龍山湖)가 있다. 한강 본류는 옛날에는 남쪽 언덕을 따라 흘러갔는데 그중 한 갈래가 북쪽 언덕을 뚫고 들어가서 길이가 10리나 되는 큰 호수를 만들었다. 서쪽에서는 염창(鹽倉) 모래 언덕에 막혀서 물이 빠져나가지 못하여 안에서 연꽃이 피었다. 고려 때 임금의 행차가 여기 이를 때마다 머물러 연꽃을 감상했다. 조선왕조에 들어와 한양에 도읍을 정했는데 별안간 조수가 들이닥쳐 염창의 모래 언덕을 무너뜨리고, 그로부터 조수가 용산까지 이르렀다. 그리하여 팔도의 조운선이 모두 용산에 정박하게 되었다.
용산 서쪽에는 마포와 토정(土亭), 농암(籠巖)이 있다. 어디나 서해와 통하여 이익을 거둘 수 있어 팔도의 선박이 몰려든다. 「복거론」 '생리' 조

한양에서는 용산과 마포가 조운선이 정박할 수 있고, 장사를 통한 이익을 거둘 수 있는 교역 중심지가 됐다는 것이다. 반면 경기도는 한양과 가까워 육로로 충분히 물자를 수송할 수 있기에, 바닷물이 드나드는 하천이 있어도 그리 많이 이용하지 않는다는 것이다. 다만 당시 큰 나루였던 잠실 나루나 송파 나루 등을 거론하지 않은 이유는 정확하지 않다. 아마 용산, 마포는 바닷길을 통한 물류이니 더욱 큰 물류거점일 것이고, 잠실과 송파는 강을 이용한 물류여서 조금 작은 물류일 것이라는 차이가 있기 때문이 아닌가 생각한다. 다만 다음과 같이 큰 강과 바닷길을 통한 물류가 활발하다는 점을 포괄적으로 거론하고 있다(이중환, 2018: 153).

한양은 동쪽과 남쪽, 북쪽에 모두 큰 강이 흐르고, 서쪽으로 바닷물이 드나든다. 여러 갈래의 물이 다 모여드는 지점에 자리 잡고 있어, 이야말로 한 나라 산수의 정신이 다 모이는 곳이다. 「팔도론」 '경기도' 조

이 글에서 동쪽은 북한강(또는 중랑천), 남쪽은 남한강(또는 한강), 그리고 북쪽은 임진강을 얘기하고 있는 것으로 보인다. 동서남북 모두 물길로 연결되어 있다는 점은 한양이 '생리' 측면에서 뛰어난 입지라는 점을 보여 준다. 한양이 뛰어난 입지라는 점은 다음 글에서 더욱 확연히 나타난다(이중환, 2018: 181).

온 나라 안에서 한강이 가장 크고 강줄기가 멀리 뻗어 있어 바닷물을 많이 받아들인다. 동남쪽은 청풍의 황강, 충주의 금천과 목계, 원주의 흥원창, 여주의 백애촌, 동북쪽은 춘천의 우두촌, 낭천(狼川)의 원암(元巖), 정북쪽은 연천의 징파도(澄波渡)가 배로 교통할 뿐 아니라 상선들이 모여 매매를 하는 장소이다. 그중에서 한양만이 좌우로 바다와 산지의 이익을 챙기고, 동쪽과 서쪽의 한강에서 사람과 화물을 배로 실어 나르는 데 따르는 이익을 독차지하고 있다. 이익을 노려 부자가 된 사람이 많기로는 오로지 여기가 제일이다. 「복거론」 '생리' 조

이 글에서 동남쪽은 남한강이고, 동북쪽은 북한강이다. 정북 쪽은 임진강이다. 동, 남, 북쪽 큰 강과 서해안이 연결돼 교통과 물류 거점으로 기능할 수 있다는 점은 특히 천혜의 제방 역할을 하는 강화도가 있어 더욱 강화된다. 물론 강화도 손돌목에서 많은 사고가 발생했다고 한다. 〈그림 3-6〉을 보면 손돌목은 폭이 좁기도 하지만, 물길이 90도 꺾이는 곳에 있다. 당연히 물살이 매우 거칠었을 것이다. 우리나라에서 가장 물살이 거센 명량(울돌목)에 이어 두 번째로 물살이 거친 것으로 평가받고 있다. 그러니 많은 사고가 발생했다. 하지만 손돌목 사고는 가로채기(사고로 위장한 후 물품을 착복)도 포함돼 있어 약간 과장된 측면이 있다고 한다. 다만 이처럼 물살이 거세더라도 바닷물이 들 때와 날 때를 잘 이용하면 요령껏 통과할 수 있었다. 손돌목 전설과 지금도 있는 손돌 묘는 이와 같은 상황을 잘 전해 주고 있다.[7] 이처럼 손돌목은 물살이 거

〈그림 3-6〉 강화도 손돌목

칠어서 쉽게 넘나들지 못하는 곳이었다. 이는 몽골 침략 때 1232년(고려 고종 19) 강화도로 천도하고, 다시 개경으로 환도한 1270년(원종 11)까지 40여 년 가까이 고려가 저항할 수 있는 기반이 됐다. 초원지대에 살아 바다를 건넌 경험이 없던 몽골은 강화 바다를 극복할 수 없었다. 여기에는 손돌목 거센 풍랑도 한몫 거들었을 것이다. 여담이지만 조선 시대에 와서 1627년(인조 5) 청나라(당시는 후금)가 침공할 때도 조선왕조는 강화도로 피신하지만, 이때는 달랐다.

---

7) 손돌은 고려 때 뱃사공이다. 몽골 침략으로 왕이 강화도로 피난을 가게 됐을 때 뱃길을 안내하게 됐다. 바닷길과 바람길에 밝았던 손돌은 안전한 여울을 찾아 배를 몰았다. 하지만 풍랑은 더욱 거세질 뿐이었고, 왕은 손돌이 일부러 잘못된 길로 가는 줄 의심하고 손돌을 처형하게 했다. 손돌은 죽기 직전에 '내가 죽으면 박을 물에 띄워 따라가면 적을 피할 수 있다'라고 말한 뒤 처형됐다. 손돌이 한 말에 따라 박을 띄워 그대로 따라가니 왕은 무사히 강화도에 도착할 수 있었다. 손돌은 바닷물이 들 때와 날 때를 잘 알았던 것이라 하겠다. 손돌이 보여 준 충성심에 감복하고 자신의 경솔함에 후회한 왕은 덕포진(지금의 경기도 김포시 대곶면 대명리) 바다가 내려다보이는 곳에 손돌 무덤을 만들고 후하게 장사 지내어 그 영혼을 위로했다고 한다. 이후 해마다 손돌이 죽은 날(음력 10월 20일경)이 되면 매서운 강풍이 불기 시작하니 이 바람을 '손돌 바람'이라 불렀다. 그리고 손돌이 죽은 곳은 이후 '손돌목'이라 불렀다.

이때는 강화 바다를 극복하기에 충분한 장거리 대포인 홍이포(유효 사정거리 2.8km 이내. 당시 조선 천자총통은 960m) 영향이 컸고, 결국 조선은 패하여 청나라와 형제의 예를 하게 된다. 1636년(인조 14) 병자호란에서 조선이 패하여 삼전도에서 군신의 예를 갖출 수밖에 없었던 것도 이 대포 때문이었다. 물론 당시 조선은 급하게 남한산성에 피신하느라 식량이 부족했던 것도 패한 원인 중 하나지만, 성능에 차이가 나는 대포가 결정적 영향을 미친 것으로 본다. 몽골 침략 이후 400여 년 동안 군사 무기가 크게 달라진 것이고, 조선은 이런 변화를 충분히 알지 못했다.

한양은 물류와 교통의 요지라는 점 외에도 서북쪽에 김포평야, 동북쪽에 양주평야, 동남쪽에 여주, 이천, 안성평야 등 농업생산력 측면에서도 그리 빠지지 않는다. 수요를 채울 만한 인구수도 있었다. 1789년(정조 13) 호구총수 기준으로 보면 당시 336개 고을 중에서 가장 인구가 많은 한성부(한양+성저십리)는 189,153명이었다. 당시 강원도 흡곡현(현재 북한 강원도 통천군)은 가장 적은 2789명이었다. 한성부 인구가 흡곡현 인구에 비교해 67.8배 많다. 참고로 2025년(대한민국 107) 6월 말 기준으로 보면 가장 인구가 많은 도시는 서울로 9,325,616명이고, 가장 적은 경북 울릉군의 경우 9,022명이다. 서울 인구가 울릉군 인구에 비교해 1,033.7배 많다. 250여 년 사이에 우리나라는 변해도 너무 변했다. 서울 및 수도권 집중이 갈수록 심화하면서, 18세기 후반에도 북적댔을 서울은 지금은 다른 지역을 압도하고 있다. (물론 수도라는 특성도 무시할 수 없겠지만) '생리' 측면에서 한양은 가장 뛰어난 입지여서 사람도 많이 몰려든 것이다.

'산수' 측면을 보더라도 한양은 참 좋은 입지다. 이중환 기준으로 '10리 밖이나 흥취가 일어날 때마다 가서 시름을 풀거나 하루 이틀 묵고 돌아오는' 것에 적합한 '산수'가 충분히 많이 있다. 한양을 둘러싼 내사산(동서남북 기준으로 낙산, 인왕산, 남산, 백악산)과 외사산(용마산, 덕양산, 관악산, 북한산) 및 한강수와 여기에 흘러 들어가는 지천 등도 풍성하다. 반면 이중환처럼 정권투쟁에서 몰락한 남인 양반 처지에서 보면, '인심'이 사나운 곳이 한양이기 때문에 가장 살만하지 않은 곳이 한양이다. 모순과 역설이다. 다만 이중환이 한양을 제외하고 향촌 단위에서 가장 살 만한 곳을 찾으려는 것이 이 책 목적이라는 점을 생각해야 한다. 따라서 한양을 제외하고 어디에서 살 것인가를 따지면 '생리' 관점이 입지 최우선이다. 이 관점을 쫓아가면 가장 농업생산력이 높고, 교통과 물류 중심지 역할이 뛰어난 전라도 땅이 한양 못지않게 가장 살 만한 곳이라고 할 것이다.

우문(愚問): 현시점에도 이 기준은 유효한가?

이중환이 가거지 4가지 기준을 설정했다는 것은 지리학사에서 획기적이란 평가를 받는다고 한다(안대회, 2020: 85). 게다가 행정중심지 위주로 서술하는 것이 아니라, 경제적으로 새롭게 부상하는 지방과 현장을 중심으로 서술했다는 점도 차별적이다. 특히 당시 지리지가 팔도 행정중심지인 감영 소재지 위주로 서술했는데, 이중환은 이 비중을 축소했다는 점에서 또 다른 혁신이다. 경제 관점에서 생리를 중시했다는 것은 1) 교통과 물류 요충지로 상업거점인 포구를 강조, 2) 국가 미곡 창고가 설치된 곳이 교역 중심지로서 인구가 밀집하는 현상에 주목, 3) 한양과 거리 접근성을 중시, 4) 산과 들 접경지, 육지와 바다가 서로 통하는 경계지역에 관한 관심 등에서 나타난다. 안대회는 이런 점 등을 언급하면서 사대부가 가진 주거 욕망을 채워주는 좋은 주거지 핵심적 입지 조건을 1) 생계를 넉넉하게 꾸릴 수 있는 경제 중심지, 2) 서울 접근성, 3) 편리한 교통으로 정리한다(안대회, 2020: 84~99).

이중환이 (자기 생각과는 별론으로) 사대부라는 실존적 한계를 가지고 있었던 것은 분명하다. 사대부로서는 살 곳이 없다는 결론으로 이어진 배경이다. 당시 유교 이데올로기가 깊숙이 침투되어 있는 상황에서 이중환이 가졌을 절망감은 오주 이규경(五洲 李圭景. 1788~1856, 정조 12~철종 7)이 한 얘기로 충분히 추정해 볼 수 있다. 이규경은 '이중환이 가진 생각이 오로지 이익을 도모하는 것에 있다'라고 지적하면서, 지리를 생업과 이익 관점으로 보는 것에 대해 비판했다고 한다. 나아가 『택리지』가 대중적 인기를 얻어 널리 읽히게 되자, 사람을 현혹하는 폐단이 있다고도 주장했다(안대회, 2020: 86). 당시 중국 실학에도 정통했고, 19세기 최고 백과사전으로 평가받는 『오주연문장전산고(五洲衍文長箋散稿)』를 저술할 정도로 박학다식한 이규경이 이런 평가를 했을 정도다. 『오주연문장전산고』는 '오주 이규경이 문장을 부연하여 쪽지(부전지)를 붙인 이런저런 글'이란 뜻이다. 참고로 이규경은 이중환보다 1세기 후인 19세기 실학자로 정조 때 규장각 4 검서(檢書)[8] 중 한 사람인 형암 이덕무(炯庵 李德懋. 1741~1793, 영조 17~정조 17) 손자이기도 하다. 한 세기 후 사람이면서도 이중환을 이해하지 못했던 이규경에 비교해 이중환이 가졌던 생각은 한참 앞서 있는 것이 분명하다. 이같이 앞선 생각이 사대부라는 한계와 더불어 그를 절망으로 이끌었다고 하겠다.

 이중환이 말하는 이 4가지 기준은 18세기 중엽에 만들어진 것이다. 지금으로부터 270여 년 전이다. 당연히 이 기준이 현재에도 유효하다는 것은 어불성설이다. 앞에서도 말했지만, 이중환이 제시한 4가지 기준은 1) 스케일이 다르고, 2) 스케일이 다르기에 같은 계위로 보기에도 한계가 있다. 따라서 미국 맥킨지 컨설팅사에서 창안한 MECE(Mutually Exclusive, Collectively Exhaustive, 상호배제와 전체 포괄) 관점과 부합하지 않는다. 즉 상호 배타적이지만 이들을

---

8) 정조는 즉위년인 1776년 왕실 도서관으로 규장각을 세운다. 이때 서적을 검토하고 필사하는 직책으로 정원 4명인 검서관을 두는데 최초 검서관 4인이 이덕무와 유득공(柳得恭. 1748~1807, 영조 24~순조 7), 박제가(朴齊家.1750~1815, 영조 26~순조 15), 서이수(徐理修. 1749~1802, 영조 25~순조 2) 등이다.

모았을 때는 전체를 포괄할 수 있어야 하는데 그러하지 못한 것이다. 다시 4가지 기준을 모아 보면, '지리'는 한 마디로 '장풍득수가 가능하고, 양전옥답이 있는 땅'이기 때문에 미시적인 집터 잡기와 관련된 기준이다. '생리'는 '생활을 윤택하게 하기 위한 유리한 위치'를 말한다. 구체적으로 1) 기름진 땅과 2) 인적, 물적 자원이 집중되는 결절 지점을 유리한 위치라고 평가한다. 집터와 비교해 스케일이 클 뿐 아니라, 기름진 땅을 언급한다는 점에서 '지리' 기준과 중첩된다. '인심'은 '자신과 자녀 교육 등을 위해 세상 풍속이 아름다운 곳'이 땅이 좋고 나쁨에 대한 기준이다. '세상 풍속이 아름답다'라는 부분은 매우 추상적이다. 스케일 또한 집터보다 크다. 이중환은 이것을 도 단위 스케일로 매우 크게 구분해 소개했다는 점은 설명한 바 있다. 마지막 '산수'에서 좋은 땅은 '사람들을 즐겁게 하고, 감정을 화창하게 하는 아름다운 자연경관'이다. 하지만 이 기준은 '생리' 기준과 배타적인 지역이 많기 때문에 이중환은 반드시 갖추어야 할 기준은 아니라고 한다. '산수'만을 취해서는 '생리' 문제를 해결할 수 없기 때문이라는 것이다(이중환, 2018: 268). 즉 '생리'냐, '산수'냐에 있어, '생리'는 필수적인 부분이기 때문에 이를 선택하는 것이 맞다는 것이다. 이처럼 4가지 기준은 각각 중요한 요소라고 이중환이 생각하는 것을 말하고는 있지만, 이들 4개의 합이 좋은 고을을 고르는 절대 기준 전체를 구성한다고 얘기할 수 없다. 즉 전체 포괄(Collectively Exhaustive)을 충족시키지 못할 수 있는 것이다. 당시로써는 엄밀한 과학적 기준이 적용되지 않은 시대였고, 이중환 또한 이러한 접근방법에 따라 4가지 기준을 선정한 것도 아니다. 책 내용 어디에서도 왜 이 4가지 기준을 선정했는지에 대한 얘기가 없기 때문이다. 다만 이 4가지 기준은 각각 하나의 기준으로서 의미가 있다는 점은 분명하다. 상호 배제(Mutually Exclusive) 관점에서 가장 큰 문제는 스케일이 다르다는 점이다. '지리' 기준이 미시적 집터 잡기여서 '생리'와 '산수' 등 고을 선정 과정에 포섭되기 때문이다. 어떤 마을을 선정하는 것과 이보다 큰 특정 고을을 고르는 것은 분명 계위가 다르다. 마을을 먼저 결정해야 할지 고을을 먼저 결정해야 할지도 모호하다. 특히 '지리' 기준은 작은 '산수'라고 여겨질 만큼 '산수' 기준과 중첩돼 보인다. 책 제목이 고을을 고르는 것이니, 계위도 고을에 맞추고, 결정 우선순위도 고을이 앞서는 것으로 정리해야 한다. 이러한 관점을 반영하여, '지리' 측면은 '주어진 조건에서 이용할 수 있는 기본 토대', '산수' 측면은 '기본 토대를 제외한 해당 고을의 외관 측면'이라고 해석한다면 그나마 구분할 수 있지 않을까 한다. 이렇게 구분하고 나면 전체를 포괄하지는 못하더라도 최소한 중첩은 없앨 수 있고, 주요 4가지 기준으로는 설명할 수 있을 것이다.

이중환 4가지 기준에 대한 현대적 해석

이중환이 말한 4가지 기준을 정리하면 다시 큰 개념에서의 '지리'라고 통칭할 수 있다. '지리'는 자연지리적 조건과 같이 그 고을 사람들이 살아가기 위한 기본 토대라고 개념 정의할 수 있다. '생리'는 먹고 사는 문제가 얼마나 쉬운지, 그리고 그 수준은 어느 정도인지 등과 관련된 경제적 측면에서의 지리라고 할 수 있다. '인심'은 고을 사람들 무의식에 잠재한 가치와 정신 등 집단심리적·정신 문화적 환경으로 정의할 수 있다. 마지막 '산수'는 오랜 시간을 두고 해당 고을에 축적되어 온 자연경관 일체로 정의하면 될 것으로 보인다. 이 4가지 기준을 현대 경제지리학 관점에서 본다면 입지(Location)를 찾는 것과 관련된 입지론(Location Theory)으로 이해할 수 있다. 농사짓는 땅과 관련해서는 농업입지, 공장을 만드는 것과 관련해서는 공장입지, 공장입지를 산업 차원으로 확장하면 산업입지다. 그리고 장사를 하기 위해 점포를 구한다면 매장입지일 것이고, 이중환과 같이 사람이 살 만한 곳에 관련되면 주거입지라 할 것이다. 다만 이중환 시대와 달리 현대 입지론에는 경제적 관점이 기본적으로 전제되어 있다. 그러니 4가지 기준 모두에 경제적 관점, 즉 효율성과 효과성을 최대로 하는 의사결정을 한다는 점이 내재하고 있다는 것을 염두에 두고 장소를 선택한다고 이해해야 할 것이다. 그러면 기존 경제적 측면을 담당하는 '생리' 기준은 경제적 이익을 극대화하기 위한 특정한 차별적 부분에 집중하는 것으로 이해하면 될 것이다.

그럼 주거입지와 관련해서 4가지 기준을 현대적으로 해석해 보자. 현대로 왔으니 고을보다는 도시가 맞는 표현이라 생각해 앞으로는 도시라고 얘기하겠다. 먼저 '지리'는 자연지리적 조건과 같이 그 고을 사람들이 살아가기 위한 기본 토대로 개념 정의할 수 있다고 했다. 현대 시각으로 도시 주민들이 살아가기 위한 기본 토대는 공공 인프라라고 할 것이다. 인프라는 민간이 만들기도 하지만, 대체로 주민들이 낸 세금을 예산으로 전환하여 만들어진다. 그러니 공공 인프라라고 통칭해도 무방할 것이다. 가장 대표적인 공공 인프라는 전기와 도시가스 등으로 상징하는 에너지 인프라다. 에너지 인프라는 단순히 가정 내 전력 및 도시가스 공급 외에도 다양한 변형된 형태로 확장되기도 한다. 또 하나 중요한 인프라가 있다. 초고속인터넷 등 정보통신망이다. 매일 같이 휴대하고 다니는 이동전화망도 있을 것이다. 물론 이들은 수익자 부담 원칙에 따라 사용한 만큼 비용을 부담하기는 하지만, 이러한 망에 쉽게 접근할 수 있다는 것 자체가 인프라적 성격을 지니고 있다고 할 것이다. 이 외에 도로·철도 등 교통망과 이를 활용한 물류망 또한 공공 인프라라고 할 것이다. 에너지, 인터넷 통신 및 교통·물류 인프라는 리프킨이 말하는 세상 변화를 결정짓는 3대 핵심 인프라다(리프킨, 2020: 25~57). 리프킨은 최근 이 3가지 인프라에 덧붙여 수자원 인프라가 가지는 중요성을 강조한다. 수자원 인프라 개발로 인해 마을 생활과 소규모 농업 및 목축업 공동체에서 수만 명 이상 인구가 밀집한 도시 사회로 옮겨 갈 수 있게 되었다는 것이다. 문명이다(리프킨, 2024: 78). 그러면서 기후위기로 인류가 수자원 인프라와 그간 형성된 적응 관계에 변형이 불가피하다며 크게 우려한다. 한편 당연한 것처럼 보이는 생활 서비스 인프라도 중요하다. 이 인프라는 양적 차이만이 아니라 질적 차이가 더욱 커서 이에 따른 해당 지역 지가를 결정하기도 한다. 대표적인 것이 병·의원, 약국 등 의료 인프라와 대학교 등 각급 학교 소재 여부에 따른 교육 인프라다. 이 두 가지 인프라는 해당 지역, 나아가서 해당 도시 집값을 결정하는 핵심 요인으로 작용한다. 물론 이 외에도 영화, 커피숍, 쇼핑몰, 마트 등도 매우 중요하지만 결정적이지는 않다. 정리하면 현대 관점에서 '지리'는 정해진 토대로서 공공 인프라와 생활 서비스 인프라다. 공공 인프라의 경우 일부 지역에 있어 교통 인프라 차이로 인해 접근성에 제법 영향을 미치지만, 이외 에너지와 통신 인프라 등에서는 그리 큰 차이가 나지 않는다. 반면 생활 서비스 인프라는 양적·질적 접근성에서 큰 차이가 있다. 특히 생활 서비스 인프라에 대한 질적 접근성은 살기 좋은 곳으로 인식되어 집값을 결정하는 요인으로 크게 작용한다.

다음은 '생리'다. '생리'는 먹고 사는 문제가 얼마나 쉬운지, 그리고 그 수준은 어느 정도인지 등과 관련된 경제 환경 기준이다. 현대에 와서도 이중환이 말한 '생활을 윤택하게 하기 위한 유리한 위치'와 그리 크게 차이가 나지 않는다. 다만 주력 산업이 근본적으로 변화함에 따라 내용도 달라졌다. 이중환 시대에는 기름진 땅과 자원 집중 결절을 유리한 위치라고 판단했는데, 이제 더는 기름진 땅이 중요하지 않다. 다만 자원 집중 결절은 여전히 의미가 있다. 추가로 대도시와 거리 접근성도 중요하지만, 이는 자원 집중 결절 기능에 포섭될 수 있다. 훨씬 근본적인 부분은 먹고 살기에 얼마나 편한지, 나아가서 잘 먹고 살기에 얼마나 쉬운지에 있다고 할 것이다. 이 모든 것을 설명하는 핵심변수는 일자리다. 농업이 주력 산업인 시대에는 먹고 살기 좋은 전라도 인구밀도가 매우 높았지만, 주력이 공업으로 바뀌면서 서울 등 수도권 외에도 남동 임해 공업단지인 경상도로 사람이 많이 몰렸다. 직업선택의 자유(헌법 제15조)와 거주이전의 자유(헌법 제14조)가 생기고 난 이후니 더욱 많은 사람이 몰려들었다.

최근에는 ICT(Information and Communication Technology의 약자로, 정보 기술과 통신 기술을 통합한 개념), 지식서비스 등 첨단산업에서 요구하는 지식노동자가 중요해지자 수도권에 더욱 많은 사람이 몰리는 집중현상이 벌어지고 있다. 지금은 공장과 제조업에서 필요로 하는 육체 노동자가 중요한 시대가 아니기 때문이다. 공장이 아니더라도 일자리는 많이 있으니 갈수록 수도권 집중현상이 가속화되고 있다. 반면 지방은 붕괴를 넘어 소멸단계로 이행 중이다. 리처드 플로리다는 소수 선도적인 슈퍼스타 도시와 지식 테크 허브(tedh Hub) 도시로 산업과 사람들이 집중하는 현상을 '승자독식 도시화(Winner-Take-All Urbanism)'라고 부른다(플로리다, 2023: 42). 플랫폼 기업 특징인 승자독식 경제가 도시 변천에도 반영됐다는 것이다. 플로리다는 경제적으로 성공하는 도시는 3T[기술(Technology), 인재(Talent), 관용(Tolerance)] 측면에서 탁월하고, 특히 기업 유치가 아니라 인재 유치와 유지가 중요하다고 한다(플로리다, 2023: 9~10). 플로리다가 항상 강조하는 창조계급이다. 그러면서 플로리다는 인재와 경제적 자산 집중이 일방적이고 불평등한 도시화를 낳고 있다고 주장한다(플로리다, 2023: 14). 새로운 도시 위기를 벗어나는 길은 역설적으로 도시화, 즉 '모두를 위한 도시화(Urbanism for all)'에 있다고 한다(플로리다, 2023: 281~322).[9] 하지만 이런 설명은 일반적이다. 자세히 보면 한국은 넓고, 할 일은 많다. 특히 한반도 도시들은 흥망성쇠를 거듭한 오래된 역사를 지니고 있다. 한번 흥했다고 해서 영원히 계속되지 않고 부침이 있다. 특히 각 도시는 그 오래된 역

---

[9] 플로리다는 '모두를 위한 도시화'를 위한 7가지 해법을 제시한다고 말한 바 있다. 다시 한번 기술하면, 1) 유익한 일자리 클러스터를 만들어라, 2) 도시의 밀도와 성장을 위해 사회기반시설에 투자하라, 3) 적당한 가격대의 임대주택을 건설하라, 4) 저임금 직업을 중산층 직업으로 바꿔라, 5) 빈곤과 싸우기 위해 사람과 지역에 투자하라, 6) 번영하는 도시 건설을 위해 지구적 노력을 선도하라, 7) 도시와 지역사회에 권한을 부여하라 등이다. 다만 이는 미국 대기업 대도시에서 벌어지는 불평등 구조에 대한 해법이어서, 한국 전북자치도 14개 시군처럼 중소도시 구조에는 들어맞지 않는다. 다만 1) 일자리 클러스터 구축, 2) 대중교통 연계체제 강화 등 사회기반시설 투자, 5) 사람과 지역에 투자, 7) 도시와 지역사회에 권한 부여 등은 정책화할 필요는 있다고 생각한다.

사만큼 쌓아온 특유의 차별화 포인트를 가지고 있다. 이 포인트를 잘 살리면 지속 가능한 도시 생태계를 만들어 영속성을 담보할 수 있는 규모와 범위 및 밀도까지 성장할 수 있을 것이다. 모든 도시가 다 서울이 될 수는 없다.

다음은 '인심'이다. 이는 고을 사람들 무의식에 잠재한 가치와 정신 등 집단 심리적·정신 문화적 환경으로 정의할 수 있다고 했다. 참 어렵다. 예전에는 인심이 좋고 나쁨, 후하고 박함 등을 얘기할 수도 있었고, 얘기할 만할 정도로 쉽게 판별할 수도 있었을 것이다. 하지만 지금은 아파트 생활이 70% 가까이 되는 상황에서 바로 옆집과 말을 섞어볼 일도 없이 지내는 경우가 허다하다. 이러니 '인심'을 가지고 가거지를 찾는 기준으로 삼기에는 다소 무리가 따른다. 그러함에도 플로리다가 도시가 성장하기 위한 3T 중 하나로 관용을 거론하는 것처럼, 정신적 기반은 나름대로 의미가 있다고 할 것이다. 특히 이런 정신적 기반은 중단기는 아니더라도 중장기 관점에서 도시 성장을 위한 동력이 된다는 측면에서 중요하다. 예컨대 관용이 전제되어야 기술력이 있는 다양한 인재가 모여들고, 모여든 인재가 가진 기술력으로 도시가 성장하게 되는 힘을 가지게 되는 것이다. 시오노 나나미는 '다른 민족에게 개방적이면서도 공동체 의식이 강한 로마인은 단결하여 싸우면 쉽게 승리를 거둘 수 있었다'라면서 관용과 같은 추상적 부분이 가진 힘을 표현한다(나나미, 1995: 167). 물론 이 표현이 절대적이지는 않겠지만, 상식적으로 맥락이 이해가 된다. 이 문장에서 키워드는 '개방', '공동체 의식', '단결'이다. 실제 로마인이 지닌 개방성은 천년 로마를 지탱한 원동력이라고 한다. 김경준은 로마가 천년을 버텨 온 힘 중 하나로 '적까지 포용하는 대담한 개방성'을 꼽는다. 기득권을 개방해 인재 활용 범위를 넓힌 것이 큰 힘이 됐다는 것이다(김경준, 2008: 43~59). 정복을 통한 영토 확대가 하드웨어 M&A 방식이라면, 피정복민에게도 시민권을 부여하면서 역량이 있으면 지배계층으로 편입시키는 개방성은 소프트웨어 M&A라고 한다(김경준, 2019: 29). 이런 전통은 로마를 창건한 로물루스 뒤를 이은 2대 왕 누마가 시행한 개혁정책에 기인한다고 한다. 누마는 백성을 하나로 통합하기 위해 '소그룹'으로 나눠 통치했다. 농민은 '파기'라는 공동체로, 도시 거주민들은 직능에 따라 조합을 만들고 가입시켰다. 이처럼 혈연이 아닌 직능에 따라 사회를 조직하다 보니 자연스럽게 개방성이 형성되었고, 이 개방성이 향후 로마 발전 방향을 결정지었다는 것이다(김경준, 2019: 26~27). 개방성은 관용으로 이어진다. 관용은 서로 다르다고 무시하거나 차별하지 않고 인정한다는 뜻이다. 물리적 폭력을 배제한다는 관점을 포함한다. 학문(헌법 제22조)·종교(헌법 제20조)·양심(헌법 제19조)·표현의 자유(언론·출판 및 집회·결사의 자유, 헌법 제21조) 등과 긴밀한 관련이 있다. 특히 이는 프랑스 말 톨레랑스로 잘 알려져 있는데, 톨레랑스는 혁신을 추동하는 원동력이다. 서로 다른 생각이 부딪혀야 더 나은 생각이 나오는 것이기 때문이다. 톨레랑스는 공동체 정신으로 이어진다. 톨레랑스가 없다면 공동체는 쉽게 무너지기 때문이다. 공동체가 계속됐던 전통이 있어 인류 진화가 가능했다. 정리하면 '인심'은 전통적으로는 추상적인 호불호 개념일지도 모르나, 현대에 와서는 집단심리적·정신 문화적 관점으로 개방성과 관용, 그리고 공동체 정신으로 해석할 수 있다. 개방성은 천년 로마를 지탱하는 원천, 톨레랑스는 혁신을 이끄는 뿌리, 공동체 정신은 인류 진화를 가능하게 했던 동력이라고 할 것이다. 문제는 시민 개개인에게 흩어져 있는 이런 정신을 일관된 방향 하에 정렬시켜 한 걸음 나가게 할 수 있는지다.

 마지막은 '산수'다. '산수'는 오랜 시간을 두고 해당 고을에 축적되어 온 자연경관 일체로 정의했다. 경관(landscape)이란 단순히 눈에 보이는 풍경(view)이나 경치(scene)와는 다르고, 경관 요소들로 이루어진 하나의 총체(a whole)라고 한다(전종한 외, 2012: 248~249). 이 또한 가거지 기준으로 삼기에 다소 부족해 보인다. 실제로 자연경관을 절대적 기준으로 삼아 주거지 결정을 하는 경우는 많지 않을 것이다. 예컨대 설악산이 있어 속초에서 살겠다는 사람은 극히 적을 것이라는 얘기다. 다만 이 기준이 그나마 유효한 측면은 개별 주택 결정 시 마케팅 차원에서 의미 있다는 정도일 것이다. 아파트 광고를 하면서 '○○뷰' 하면서 가격을 올리는 이유이기도 하다. 그리고 관광지 홍보 차원에서 활용되기도 한다. 자연경관은 해당 도시가 본래 가지고 있던 것이다. 시간이 흐르고, 그 흐르는 시간 속에 사람이 개입하는 가운데 기존 경관이 변하기도 하고, 새롭게 형성된 경관이 생기기도 한다. 이-푸 투안이 말하는 것처럼 공간은 시간을 품고, 시간이 어느 정도 흘러야 장소를 알게 되는 것이다. 만약 공간이 방향성이나 관점을 가지고 있다면 그 공간은 역사적인 곳이 된다고 한다. 따라서 지도는 반역사적이지만, 풍경화는 역사적이라는 것이다. 원근법으로 풍경을 보는 것은 공간만이 아니라 시간까지 재정렬하는 것이니, 공간이 시간을 품게 되는 것이다. 한편 장소는 공간과 달리 구체적이다. 이를 시간과 접목하여 생각해 본다면, 흘러가는 시간 가운데 일시 정지라 할 수 있는 부분이 장소다. 시간이 계속 흐르고, (물론 첫눈에 반하기도 하지만) 그 장소에 대한 반복된 감각적 경험이 쌓이면 그때가 돼서야 그 장소를 알게 된다. '장소감(sense of place)'이다. 이런 '장소감'이 바탕이 되어 내재화되면 해당 장소에 대한 애착이 생긴다(투안, 2020: 297~360). 애착이 생기면 보존하려고 하고, 자랑하려고 하고, 더 나은 것으로 변화시키려고도 한다. 고향 사랑 또한 이런 논리 흐름 속에서 형성된 것이라 하겠다. 이런 과정들을 거쳐 자연경관은 사람에 의해 다소 변형된, 또는 의미가 부여된 가치 있는 공간인 인문 경관으로 바뀐다. 자연경관과 인문 경관을 총체적으로 반영하면 해당 도시에 대한 마케팅 소재가 된다. 물론 거주민에게 훌륭한 경관은 자랑거리이기도 하고, 그곳에 살고 싶은 욕망을 갖게 만드는 측면도 있다. 하지만 이는 부차적인 이유에 불과하다. 마케팅 소재로 활용하기에 좋다는 점이 다른 곳에 있는 사람들을 몰리게 하여 지역 내 총생산과 총소비를 높이는 측면이 있지만, 이는 간접효과다. 예컨대 우리나라에서 자연경관이 뛰어난 곳은 아무래도 제주일 것이다. 화산섬이라는 독특한 자연경관은 이국적인 정취와 신비감을 더해 주는 풍광으로 이어지지만, 막상 이로 인해 제주에 거주하며 살고 싶다는 욕망에까지 이르기는 쉽지 않다는 것이다. '한 달 살이', '1년 살이'에 그치는 경우가 많다. 그러함에도 이런 경관 요소로 인해 거주 의사결정을 하는 경우가 있는 것은 분명하니, 가거지 기준으로는 의미 있다고 하겠다.

이중환이 제안한 4가지 가거지 기준을 현대를 사는 사람 관점에서 다시 정리하면 다음과 같다.

1. 지리: 공공 인프라(에너지, 정보통신, 도로·물류, 수자원 등) + 생활 서비스 인프라(교육, 의료, 문화 등)
2. 생리: 산업 및 경제(일자리와 지역 특화 산업 창출 수준의 차별화 포인트를 가진 지역성)
3. 인심: 로마의 개방성 + 혁신의 뿌리로서 근대의 톨레랑스 + 인류 진화의 동력인 공동체 정신
4. 산수: 경관(Landscape)으로 자연경관만이 아니라 역사가 빚어낸 유산(Legacy)로서 인문 경관으로까지 확장

이 중 가장 중요한 것은 역시 '생리'다. 두 번째로는 '지리'다. 관점에 따라서는 '인심'을 가장 중요하게 생각해야 할 수도 있다. '지리', '생리', '산수'를 바꾸는 힘 또한 '인심'에 따라 달라질 것이기 때문이다.

접목할 만한 2가지 현대이론

이중환이 말한 가거지 4가지 기준은 현대에서는 입지론이라고 얘기한 바 있다. 주거 입지론이다. 이중환 입지론은 결정하는 주민 관점에서는 어떤 기준을 가지고 주거지를 선택해야 하는가 이슈다. 이는 거꾸로 사람들이 바람직한

주거지로 선택하게 하려면 어떤 도시를 만들어야 하는가에 대한 것이다. 방향은 다르지만, 결론은 같을 것이다. 그리고 현대에 와서는 이중환과 같이 주거입지 결정기준에 대한 체계적 해석을 하는 이론가도 없다. 각자 처한 상황에서 모두 최선으로 의사결정을 하는 것이기 때문에 굳이 이를 이론화할 필요도 없다. 2가지 이론을 소개하고자 한다. 이 2가지 이론은 주거지 측면을 뛰어넘어 국가 또는 지구 단위 스케일을 거론하고 있다. 거시적 담론이다. 스케일이 다르더라도 기본적으로 사람이 살 만한, 살아가는 공간에 대한 것이니 충분히 원용할 수 있는 측면이 있다.

2가지 이론 중 하나는 마이클 포터(Micheal Morter, 1947~, 대한민국 29~)가 창안한 국가 우위 결정이론이다. 포터는 다이아몬드 구조를 가지고 이론을 설명하고 있다. 다른 하나는 케이트 레이워스(Kate Raworth, 1970~, 대한민국 52~)가 기존 경제학 한계를 극복하려는 관점에서 새로운 경제모델로 주창한 도넛 다이어그램(Doughnut Diagram)이다. 두 이론은 지향점이 정반대다. 포터는 기존 경제학 바탕에서 논지를 전개하는 반면, 레이워스는 기존 경제학 이론에 대한 맹신을 뛰어넘어야 한다는 관점이다. 대표적인 것이 '성장'에 대한 차이다. 포터는 지속 성장은 가능하고, 부(Wealth)는 생산성에 의해 결정되는 것이니 생산성을 계속 높여 나가야 한다는 주장이다. 그러면서 부의 원천으로서 비교우위가 아니라 경쟁우위 개념을 내세운다. 비교우위는 노동력, 천연자원, 자본과 같은 투입 부존자원 등 생산요소에 달려 있지만, 이런 생산요소가 가지는 중요성이 점점 떨어지고 있다는 것이다. 그리고 국가 규모와 군사력도 생산성을 결정하는 요소가 아니어서 경쟁력 보장과는 무관하다는 것이다. 그러면서 번영은 전통적인 생산요소가 아니라, 제도를 지원하고 비즈니스 친화적 환경을 창조하는 데 달려 있다고 한다(포터, 2009: 12~13). 즉 국가가 지속 성장하여 번영하기 위해서는 애덤 스미스(Adam Smith. 1723~1790, 조선 경종 3~정조 14)가 주창한 절대우위나 리카도(David Ricardo. 1772~1823, 조선 영조 48~

순조 23)가 얘기한 비교우위가 아니라 경쟁우위가 중요하다는 것이다. 반면 레이워스는 생산성을 계속 늘리는 것은 불가능하고, 성장 또한 영원하지 않는다는 관점이다. 따라서 성장에 구속될 필요는 없고, 대신 삶을 풍요롭게 만들어주는 경제가 중요하다는 것이다. 그는 기존 경제학 이론에 대한 근본적인 질문으로부터 시작한다. 주류 경제학 이론이, 그리고 그 이론을 증명하는 수학이 매우 협소한 전제와 가정 위에 있다는 것이다. 그리고 실제 금융시스템이 미치는 영향력이 매우 큼에도 불구하고, 실제 학교에서는 이에 대한 비중이 지극히 낮다는 것이다. 게다가 세계적으로 중요해지는 불평등과 기후변화 같은 위기에 대해서도 주류 경제학은 관심을 가지지 않는다고 한다. 가장 큰 넌센스는 2050년경에 시민들이 배우게 될 경제학은 1950년경에 만들어진 교과서에 뿌리를 두고, 1850년경에 만들어진 경제이론에 근거하고 있을 거라는 점이다. 즉 현 주류 경제학은 급변하는 21세기 맥락에 전혀 맞지 않고, 따라서 어떤 위기상황이나 문제도 해결할 수 없다는 것이다. 그래서 그가 대안으로 제시한 것이 도넛 경제학(Doughnut Economy)이다. 도넛은 동심원 한 쌍이다. 안쪽 동심원은 최소 수준이라도 모든 사람이 반드시 누려야 할 것으로 이를 레이워스는 '사회적 기초'라고 정의한다. 기본사회 개념과 유사하다. 바깥쪽 동심원은 우리가 살아가는 지구가 버틸 수 있는 생태적 한계다. 동심원 사이에서 모든 사람이 안전하고 정의롭게 살아간다. 즉 이 공간이 사람이 살 수 있는 곳, 먹을 수 있는 도넛이다(레이워스, 2018: 9~21).

마이클 포터(Michael Porter)의 경쟁우위론: 국가 우위 결정요소로서 다이아몬드 모형

포터가 주장하는 경쟁우위론은 스케일이 국가 단위다. 기본 질문은 '왜 어떤 국가는 특정 산업에서 국제적으로 성공하는가'다. 포터는 '현지 기업들이 경쟁하고, 경쟁우위 창출을 촉진하거나 방해하는 환경을 형성하는 4가지 속성에 달려 있다'라고 대답한다(포터, 2009: 131~132). 이 질문을 지역 단위로 스케일을 바꾸면, '왜 어떤 지역(또는 도시)은(는) 특정 산업에서 국가적으로 성공하는가'다. 이에 대한 해답 역시 '해당 지역 기업들이 경쟁하고, 경쟁우위 창출을 촉진하거나 방해하는 환경을 형성하는 4가지 속성에 달려 있다'라고 바꿀 수 있다. 즉 '어떤 지역은 산업을 유치하고 성공해서 일자리가 생기고 사람들이 몰리는 매력적인 도시가 되지만, 다른 지역은 그러하지 못하는가'에 대한 대답이다. 다시 말해 '4가지 요소를 어떻게 활용하고 기능하도록 배치하여 경쟁우위를 확보하고 지역 번영으로 이끄는가'다. 국가 우위 결정요소로서 다이아몬드 모형이다. 그리고 지역 우위 결정요소로서 다이아몬드 모형이다.

　포터가 말한 4가지 속성은 1) 요소조건, 2) 수요조건, 3) 연관 및 지원산업, 4) 기업전략 등(기업전략, 구조, 경쟁 관계)이다. 4가지 속성은 개별적으로 그리고 하나의 시스템으로 한 국가(지역) 기업들이 생겨나고 경쟁하는 여건을 창출한다. 이 4가지를 포터는 '다이아몬드 모형'이라고 명명했다. 〈그림 3-7〉을 보면 4가지 속성이 마치 다이아몬드처럼 마름모꼴 형태를 보인다. 먼저 요소조건은 기존에 알려진 생산요소인 토지, 노동, 자본을 몇 개 넓은 범위로 그룹화한다. 그룹에는 인적자원, 물적 자원, 지식자원, 자본자원, 인프라 등이 있다. 수요조건에는 규모의 경제가 중요하다. 그러나 이는 단지 정적인 효율성을 반영할 뿐이고 중요한 것은 동적인 부분인데, 여기에는 해당 국가(지역) 수요 구성, 수요 규모와 성장 패턴, 국내(해당 지역) 선호도가 외국시장(다른 지역)으로 이동되는 메커니즘 등 특성이 있다. 세 번째 연관 및 지원

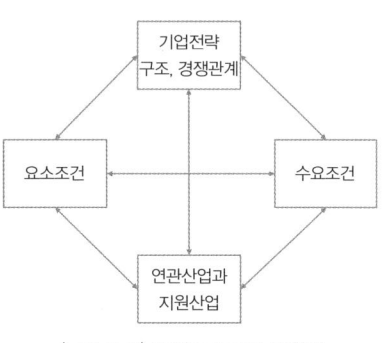

〈그림 3-7〉 마이클 포터가 주창한 다이아몬드 모형

산업 부분은 공급자 산업이 존재하면 경쟁우위가 전방산업으로 이어지기 쉽다는 측면과 연관산업이 존재하면 경쟁력 있는 새로운 산업을 낳기 쉽다는 것으로 연결된다고 한다. 마지막 기업전략 등은 한 마디로 기업을 하기 좋은 환경을 만들면 좋은 기업전략으로 이어져 국가(지역) 경쟁우위로 이어진다는 얘기다. 국가(지역)는 이 4가지 속성이 유리한 조건으로 작용할 때 경쟁우위로 이어져 성공할 가능성이 크다는 것이 포터가 주장하는 핵심이다. 정리하면 요소조건과 수요조건은 입지 그 자체가 가지는 경쟁우위, 연관 및 지원산업과 기업전략 등은 해당 국가(지역)가 가지는 연결 네트워크가 가지는 경쟁우위라고 해석할 수 있다. 포터는 이 4가지 속성으로 모든 것을 설명할 수 없다고 생각했는지 포터는 몇 가지 요소를 추가한다. 우연한 사건, 발명과 기업가정신, 정부, 문화적 요소 및 지도자의 리더십 등이다(포터, 2009: 129~212).

이처럼 나열식이다 보니 매우 구체적으로 설명하는 것처럼 보이면서도 중구난방이라는 느낌을 지울 수 없다. 'So What?'이라는 질문이 바로 나온다. 게다가 해당 국가(지역) 입장에서는 어떻게 하면 된다는 건지 해답을 찾기에 모호하다. 요소조건은 해당 산업(상품)에 있어 공급 측면이니 수요조건에 대응되고, 기업전략 등은 산업 내부 측면이고 연관산업과 지원산업은 산업 외부 측면을 대변하는 것이니, 설명모델로도 매우 단순하다. 너무나 당연한 프레임워크여서 설명하는 가운데 동어반복이 될 개연성이 높다. 예컨대 수요조건이 충족되지 않아 수요가 없다는 식이다. 그러함에도 성공하는 국가(지역)는 왜 성공하는가에 대한 설명 프레임워크로 기능할 수 있다는 점은 분명하다. 특히 매력이 많은 도시를 만들기 위해서 의미 있는 포인트들이 있다. 먼저 요소조건도 중요하지만, 수요조건이 더 중요할 수 있다는 점이다. 포터가 말한 요소조건은 현대적으로 해석할 때 '지리'에 상응한다고 볼 수 있다. 현대적 의미에서 '지리'는 단기간에 바꿀 수 없는 주어진 조건이다. 우리나라 모든 도시는 수천 년 역사 속에서 형성된 고유 특성이 있다. 이런 특성 중 해당 도시만

이 가지고 있는 것을 자신만이 가지는 차별화 포인트로 삼는 것이 필요하다. 하지만 이것만으로 부족하고 수요조건이 더 중요하다. '지리' 조건을 더욱 매력 있는 것으로 만들 수 있는 또 다른 힘이 필요한 것이다. 도시가 가지고 있는 매력 포인트를 살리기 위한 수요 집중이다. 시장이고 '생리'다. 이래야 규모를 만들 수 있고, 규모를 만들 수 있어야 선순환 피드백 고리로 이어질 수 있다. 또 한 가지 중요한 지점은 연관산업과 지원산업이 충분해야 해당 산업이 더욱 확장될 가능성이 훨씬 커진다는 점이다. 포터는 경쟁우위 개념 설명 과정에서 이 부분에 대해서는 구체적으로 몇 가지 사례를 든다. 예컨대 이탈리아에서 (가죽) 신발 산업이 성공했던 것은 공급자 측면에서 신발 부품, 디자인 서비스, 가죽 작업 기계 및 가공된 가죽 그 자체 산업이 가지고 있었던 경쟁우위 측면과 밀접하게 관련돼 있었기 때문이라는 것이다. 그리고 관련 산업 측면에서 한국에서 2000년대 VCR 산업 성공은 관련 산업인 비디오테이프 산업, 스위스 제약산업 성공은 관련 향신료 산업, 덴마크 낙농 제품 및 양조 산업 성공은 관련 산업인 효소 산업 경쟁우위로 인해 가능했다는 식이다(포터, 2009: 173~181). 이처럼 연관산업과 지원산업이 가진 영향력을 포터는 클러스터(cluster)라는 개념으로 설명한다. 클러스터는 특정 분야에서 경쟁하면서도 때때로 협력관계인 기업, 전문 공급업체, 용역업체, 관련 산업에 속해 있는 기업 등과 기관들(예컨대, 대학, 공인기관, 기업연합회 등)을 일체로 묶은 결집체다. 그런데 이 관련 산업클러스터는 대체로 지리적으로 집중되어 나타나기 때문에 지역 클러스터다. 나아가 이는 국가 간 경쟁에서 핵심적인 경쟁력은 소수 지역 클러스터(regional cluster)에 의해 주도된다는 것으로 이어진다. 교통과 통신이 고도로 발달했기 때문에 '세계는 평평하다'라는 프리드먼(Thomas L. Friedman, 1953~, 대한민국 35~) 주장과 달리 지리적 근접성(Geographic Nearness)이 중요하다는 것이다. 포터는 이탈리아와 독일에서 개별 산업이 특정 지역에 집중돼 있다는 것을 사례로 들면서 지리적 집중이 중요한 역할을 한다는 점을 강조한다. 클러스터가 형성된다는 것은 경쟁우위 상당 부분이 특정 기업 외부, 나아가 그 기업이 속해 있는 산업 외부에 달려 있다는 의미이기도 하다는 것이다. 결론적으로 경쟁우위는 기업 내 특정 사업부가 위치한 지역에 있다는 것이다(포터, 2001: 240). 이처럼 클러스터를 개념화하고 구체적 사례를 통해 설명하고 있다는 점이 포터 경쟁우위론이 가지는 가장 큰 공헌이라 할 것이다.

케이트 레이워스(Kate Raworth)의 도넛 경제학(Doughnut Economics)

레이워스는 포터가 정립한 경쟁우위론보다 스케일이 더욱 커서 전 지구적이다. 생각하기에 따라서는 우주적이다. 〈그림 3-8〉을 보자. 비취색은 우리가 지금 살아가고 있는 세계다. 도넛 모형이다. 먼저 도넛 바깥쪽은 생태적 한계로 이 바깥으로 벗어나면 기후변화와 생물 다양성 손실 등 치명적인 환경 위기가 닥친다고 하겠다. 그리고 도넛 안쪽은 사회적 기초로서 이 안으로 떨어

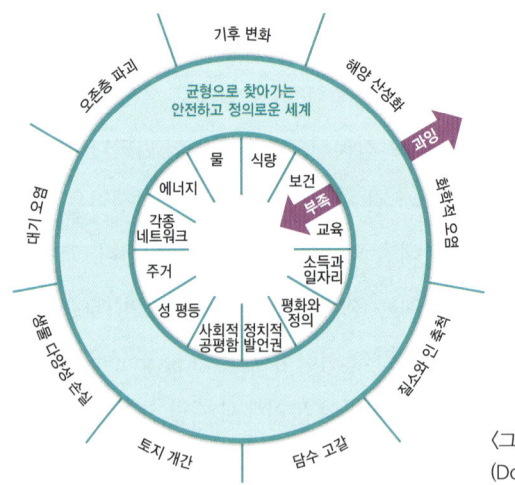

〈그림 3-8〉 도넛 다이어그램 (Doughnut Diagram)

지면 기아와 문맹 등 인간성이 심각하게 박탈된다. 이는 지리학에서 물리적 거주지역 개념으로 설명하는 외쿠메네(ecumene, 지구 위에서 인류가 사는 지역)에 빗대어 말하면 '사회적 외쿠메네(social ecumene)'라고 하겠다. 이 '사회적 외쿠메네'를 벗어나면 물리적으로 살아가는 것은 가능하더라도 사회적으로는 살아가기 어렵다는 의미다. 이 도넛(공간 또는 지역)이 지구가 베푸는 한계 안에서 사람들 필요와 욕구를 충족시키는 영역이다. 즉 사람들은 생태적 한계와 사회적 기초 사이에서 살고 있으며, 생태적 한계를 벗어나면 심각한 지구 위기가 오고, 사회적 기초가 부족하면 심각한 인간성 박탈 상태가 되는 것이다(레이워스, 2018: 19~20). 레이워스는 이 도넛이 현재는 불평등과 불균등으로 가득한 것이니 이를 극복하여 '균형으로 찾아가는 안전하고 정의로운 세계'로 바꾸어야 한다고 주장한다. 참고로 외쿠메네 반대말은 An을 붙인 아뇌쿠메네(Anecumene)로 사람이 살지 못하고 있는(비거주지) 지역을 말한다. 주로 극지, 고산지대, 사막 등을 말하는데, 이와 같은 비거주지역은 인간이 하는 개척 활동으로 인해 점차 줄어들고 있다.

그럼 이제 도넛 바깥쪽과 안쪽을 구성하는 요소들을 알아보자. 레이워스는 생태적 한계로서 9가지 요소를 든다. 1) 기후변화, 2) 오존층 파괴, 3) 대기오염, 4) 생물 다양성 손실, 5) 토지 개간, 6) 담수 고갈, 7) 질소와 인 축적, 8) 화학적 오염, 9) 해양 산성화 등이다. 이 한계를 초과하면 생태계에 위기가 와서 지구 자체가 위험해질 수 있다. 사회적 기초를 구성하는 요소로 1) 식량, 2) 물, 3) 에너지, 4) 각종 네트워크, 5) 주거, 6) 성 평등, 7) 사회적 공평함, 8) 정치적 발언권, 9) 평화와 정의, 10) 소득과 일자리, 11) 교육, 12) 보건 등 12가지를 거론한다. 이것이 부족하면 사회적으로 살아가기 어렵다는 것이다. 이 부분은 이중환이 말한 가거지 기준과 접목해 생각해 볼 부분이 많이 있다. 먼저 현대적으로 재해석한 '지리' 관점에는 1) 식량, 2) 물, 3) 에너지, 4) 각종 네트워크, 5) 주거, 11) 교육, 12) 보건 등과 관련되어 있고, '생리' 부분은 10) 소득과 일자리다. 그리고 '인심' 부분은 6) 성 평등, 7) 사회적 공평함, 8) 정치적 발언권, 9) 평화와 정의 등과 관련돼 있다고 볼 수 있다. '산수' 부분과 관련된 측면은 없어 보인다. 여기에서 '인심'과 관련된 부분은 국가 단위에서는 차이가 있을지 몰라도 국내 도시 간에는 차이가 미미할 것이다. 게다가 차이를 측정한다고 하더라도 대리변수를 고려해야 하는 등 복잡하고 실익도 별로 없다. 그러나 '지리'와 '생리'와 관련된 부분은 도시 간에 제법 차이가 크다. '지리'에서 11) 교육과 12) 보건 등에는 사람마다 주관적 인식 차이가 매우 큰 것이 현실이다. 이는 주거환경 차이로 이어져 지역 간 주택가격 차이를 심각하게 만든다. 무엇보다 더 큰 차이는 '생리'와 관련된 10) 소득과 일자리 부분이다. 지방에는 일자리가 없어 젊은 사람들이 상당수 빠져나가다 보니 소멸을 걱정하고 있는 도시들이 많다. 대부분 지방이 심각하지만, 특히 전북자치도는 그 상황이 처참한 수준이다.

보론: 해방 이후 유일하게 인구가 줄어든 전북자치도

잠시 전북자치도가 얼마나 심각한 상황인지 살펴보자. 이는 전북자치도를 대상으로 이 책을 쓰게 된 이유라고 설명한 바 있다. 〈그림 3-9〉는 해방 이후 최초 인구 총조사인 1949년(대한민국 31)과 비교하여 2025년(대한민국 107) 6월 말까지 지자체별로 인구가 변화한 추이다.[10] 출처는 국가통계 포털이다. 그림을

---

10) 비교를 위해 1949년(대한민국 31) 인구수에서 당시 전라북도였던 금산군 인구(90,646명)는 전라북도에서 빼서 충청남도 금산군으로, 강원도 울진군 인구(95,100명)는 강원도에서 빼서 경상북도 울진군 인구로 각각 더했다. 지금은 충청남도 금산군과 경상북도 울진군이기 때문이다. 평택군은 1914년(병탄 5)에 이미 충청남도에서 경기도로 바뀌었기 때문에 반영하지 않았다. 그리고 1949년 기준 광역 행정구역에 맞춰 현재 인구를 반영했다. 즉 경기도에는 인천광역시, 충청남도에는 대전광역시, 세종특별자치시, 전라남도에는 광주광역시, 경상북도에는 대구광역시, 경상남도에는 부산광역시, 울산광역시 인구가 포함돼 있다. 지금 세종특별자치시에는 일부 충청북도 지역이 포함돼 있지만 미미하다고 보아 충청남도로 통일했다.

〈그림 3-9〉 해방 이후 지자체별 인구 변화(1949년에서 2025년 6월 말)

보면 1949년 이후 인구가 줄어든 곳은 전북자치도 외에는 없다. 1949년 대비 2025년 6월 말 우리나라 인구는 2.54배 증가했다. 가장 많이 증가한 곳은 서울로 6.49배, 다음이 경기도로 6.13배다. 제주가 2.62배, 경남이 2.41배, 충남 1.87배 순이다. 이와 비교해 전북자치도는 0.88배이니 12%나 감소한 광역 지자체다. 전국 유일이다. 다음이 전남으로 1.05배 증가에 그쳤다. 전라남·북도를 합한 전라도 인구수 역시 약 500만 명에서 491만 명으로 9만 명 가까이 줄어들었다. 0.98배이니 2%가량 줄어들었다. 연평균 증가율로 따져보면 우리나라 인구는 1949년 대비 2025년 말(편의상 2025년 6월 말 인구를 2025년 말 인구로 설정)까지 76년간 매년 1.23%씩 증가했다. 서울이 2.49%, 경기가 2.41%씩 매년 증가하여 1, 2위를 기록했다. 역시 제주 1.27%, 경남 1.17%, 충남 0.83%씩 증가 순이다. 전북자치도는 매년 0.16%씩 감소한 수치를 보여 준다. 전남은 0.06%씩 증가해서 전라도 전체로 보면 매년 0.02%씩 연평균 순 감소율을 보여 준다. 모든 광역 지자체에서 근래 지방 소멸에 관해 우려 목소리를 내고 있지만, 그 심각성이 전북자치도 만큼은 아니다. 적어도 감소한 지자체는 아니기 때문이다. 그리고 인구 14만 명 정도(현재 약 318만 명 대비 1949년 약 304만 명) 감소하게 되면 전라남도도 해방 이후 인구가 줄어든 2번째 광역 지자체가 될 것이다. 최근 추세인 2011년(대한민국 93) 이후 전라남도 인구감소 추이(매년 0.42%)로 단순 환산하면 대략 향후 11년 후인 2036년(대한민국 118)으로 예상된다.[11] 전북자치도 또한 2011년 이후 인구감소 추이(매년 0.57%)로 단순 환산하면 올림픽 개최를 희망하는 2036년에는 약 162만 명, 100년 만인 2049년에는 약 150만 명으로 급격하게 줄어든다. 100년 만에 45만 명(약 23%) 조금 넘게 줄어드는 셈이다. 지금도 교육과 일자리를 찾아 서울로, 수도권으로 그리고 경상도 공장지대로, 지금은 충청도 지역으로 계속 빠져나가고 있고, 한번 타지에 정착한 후에는 다시 귀향하지 않으니 상당 기간 이런 추세는 계속될 것이다. 농업시대에 가장 앞선 농업생산력으로 인구밀도가 높았던 전라도 지역은 이처럼 공업시대를 맞은 이후 가장 쇠락한 곳으로 변모하게 됐다.

하지만 보다 정확하게는 공업시대가 아니라 중화학공업 시대이기 때문이라고 봐야 한다. 1949년 전북자치도 인구수는 2,048,951명(금산 포함)이다. 이후 1966년(대한민국 48) 2,521,207명으로 정점이 됐다가 2025년 6월 말 기준 1,730,258명으로 줄어든다. 즉 해방 이후에는 다른 지역과 마찬가지로 인구가 증가하다가, 1966년 이후 이촌향도(離村向都) 현상으로 줄어든 것이다. 이는 1966년 제2차 경제개발계획 시부터 중화학공업을 본격적으로 지향하겠다는 것을 천명했던 영향으로 볼 수 있다. 제1차 경제개발계획 시점까지는 농업시대에서 경공업 시대로 변화를 도모했고, 경공업은 제1차 산업에서 나온 생산물을 단순 가공한 것에 불과했다. 따라서 천혜의 땅 전북자치도로서는 기

---

11) 2011년(대한민국 93) 광주광역시를 포함한 전라남도 인구는 3,377,803명(광주 1,463,464명+전남 1,914,339명)이다. 2024년(대한민국 106) 말에는 3,197,241명(광주 1,408,422명+전남 1,785,487명)으로 매년 0.42%씩 감소했다. 이런 추세를 단순 반영하면 2036년(대한민국 118)에 3,039,147명이 된다. 1949년 3,041,491명 아래다.

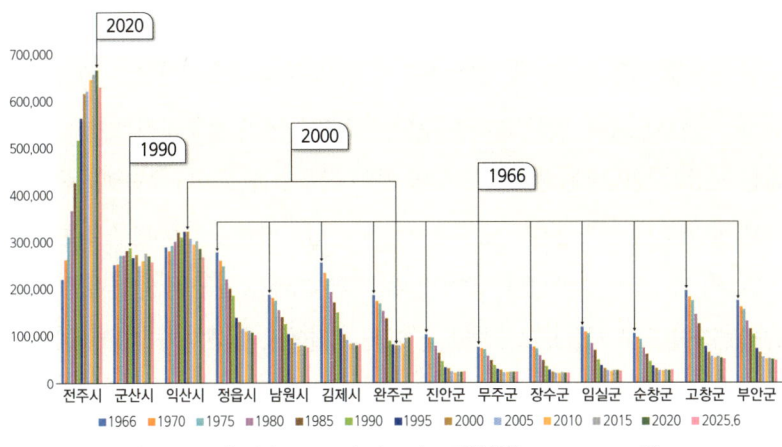

〈그림 3-10〉 전라북도 14개 시군 인구변천현황(1966~2025.6월)

본 농림수산자원이 풍부했기 때문에 경공업 과정에 그리 뒤지지 않았다. 하지만 중화학공업이 국가 성장전략이 되면서 전북자치도 지역이 특히 쇠락하게 된다.[12] 〈그림 3-10〉은 1966년을 정점으로 전북자치도 14개 시군 중 11개 시군에서 모두 인구가 감소했음을 보여 주는 그림이다. 전북자치도 14개 시군별 1966년, 1970년(대한민국 52) 이후 매 5년 단위, 그리고 2025년 6월 말 인구수에 대한 그래프다. 그림을 보면 전주는 2020년(대한민국 102), 군산은 1990년(대한민국 72), 익산은 2000년(대한민국 82)을 정점으로 인구수가 줄어들고 있고, 나머지 시군은 1966년이 정점이다. 그나마 완주군이 2000년 이후 소폭 증가하고 있다는 점이 눈에 띈다. 매 5년 단위 변화추세를 보면 시군별로 다소 등락이 보이는 곳도 있지만, 정점이었던 시점에는 변화가 없다. 정리하

---

12) 경제개발 5개년 계획은 박정희 정부가 시행했지만, 실제는 4.19 후 장면 내각에서 준비했던 것이었다. 이를 박정희 정부가 이어받아 1962년(대한민국 44)부터 1996년(대한민국 78)까지 7차에 걸쳐 추진됐다. 제1차 경제개발 5개년 계획(1962~1966년)에서는 경공업 중심 위주였다. 제2차 경제개발 5개년 계획(1967~1971년)부터 중화학공업(화학, 철강, 기계 등)으로 전환했다가, 제3차 경제개발 5개년 계획(1972~1976년)에서는 중화학공업 중심으로 전면 바뀌게 된다. 특히 이 시점에 포항제철과 울산 현대중공업이 문을 열었다. 즉 전북자치도는 1966년(대한민국 48)까지는 그럭저럭 살 만한 곳이었지만, 이후 일자리가 사라지면서 반등의 기회를 찾지 못했다고 하겠다.

면 1966년 이후 11개 시군에 있는 사람들은 전주·익산·군산 3대 도시 및 수도권 등으로 이동했고, 이후 점점 수도권 등의 구심력이 커지면서 1990년부터 군산, 2000년부터 익산, 2020년부터 전주 인구도 줄어들기 시작하고 있다. 물론 지방이 밀어내는 원심력도 상당 부분 작용했을 것이다. 1949년을 시점으로 삼았을 때 전북자치도 인구는 0.16%씩 감소하지만 1966년을 기준으로 보면 매년 0.5%씩 감소한다. 1995년(대한민국 77)에는 인구 센서스 자료 기준 1,900,558명으로 처음으로 200만 명 이하로 떨어졌다. 게다가 2011년(대한민국 93)부터는 매년 0.57%씩 감소하고 있으니 상황이 그리 크게 개선되지 않고 있다는 점을 확인할 수 있다. 2011년 전북자치도 인구수 1,874,031명, 2024년 말 인구수 1,738,690명으로 계산한 결과다. 올림픽 개최를 희망하는 2036년(대한민국 118)에 전북자치도는 제주도 다음 가장 적은 인구가 있는 지자체로 전락할지도 모를 일이다. 사회적 감소와 자연감소가 이중으로 작동할 것이기 때문이다.

프롤로그에서 1789년(정조 13) 기준 전북자치도 인구밀도는 74.6명으로 가장 높았다는 점을 말한 바 있다. 당시 한반도 전체 인구밀도인 33.2명에 비교해서도 2배 이상 높았던 지역이었다. 이런 추세는 최소한 1949년까지는 확실히 이어졌던 것으로 보인다. 실제 1949년 시점에 남한에 있는 총 13개 부(府, 현재 시 개념) 중 3개가 전북자치도에 있었다. 매우 높은 비중이다. 부로 지정된 순서대로 군산부 ⇨ 전주부 ⇨ 익산부다.[13] 게다가 당시 시점에 읍이 5개나 있었다. 읍으로 지정된 순서대로 정읍(1931년 4월 1일 ⇨ 1981년 시로 승격), 남원(1931년 11월 1일 ⇨ 1981년 시로 승격), 김제(1931년 11월 1일 ⇨ 1989년 시로 승격), 신태인(1940년 11월 1일), 부안(1943년 10월 1일) 등이다. 현재 14개 시군을 기준으로 하면 7개 시군이 읍 이상이었으니 당시 전북자치도 인구가 많았음을

---

13) 이 외 인천부, 춘천부, 청주부, 대전부, 광주부, 목포부, 경북 대구부, 경남 부산부, 마산부, 진주부 등 13개 도시다.

확인할 수 있다. 그러다 1966년 이후 인구수는 점점 줄어들면서 현재에 이르렀다. 실제 어느 정도인지 알아보기 위해 1789년과 2025년 6월 말 인구를 비교한 〈표 3-1〉을 보자. 1789년 한반도 전체인구는 양인 기준 7,415,659명이었고, 2025년 6월 말 인구는 51,164,582명으로 6.9배 증가했다. 평안, 함경, 황해도 인구를 제외하고 남한 인구로만 보면 4,843,444명이었으니 10.56배 증가했다. 이와 비교

〈표 3-1〉 전북자치도 14개 시군 인구변화

도시	1789년(A)	2025년 6월(B)	B / A
전주	72,505	630,274	8.69
군산	36,780	256,614	6.98
익산	56,401	267,618	4.74
정읍	69,510	101,240	1.46
남원	50,466	75,011	1.49
김제	51,501	81,382	1.58
완주	16,773	100,131	5.97
진안	35,070	24,191	0.69
무주	14,032	22,917	1.63
장수	17,539	20,476	1.17
임실	27,516	25,401	0.92
순창	26,849	26,792	0.998
고창	45,666	50,631	1.11
부안	38,448	47,580	1.24
계	559,056	1,730,258	3.09

해 전북자치도 6월 말 인구수는 1,730,258명이니 3.09배에 불과하다.[14] 인구배수가 가장 높은 전주가 8.69배에 불과하니 전북자치도 14개 시군 모두 전국 평균에도 미치지 못한다. 미치지 못할 뿐 아니라 한참 부족하다. 게다가 진안(0.69), 임실(0.92), 순창(0.998) 등 3개 군은 오히려 인구수가 줄어들었다. 현시점에서 인구수가 더 적다는 것은 가히 충격적이다. 특히 진안은 18세기에 비해 인구가 30%가 넘게 줄어들었으니 매우 심각한 상황이다. 2001년(대한민국 83)

---

14) 전북자치도 3.09배 증가는 전국 최저다. 서울은 무려 49.33배 증가했다. 현 기준 광역 지자체 중에서는 인천 208.67배, 대전(진잠현+회덕현) 93.01배, 부산(동래도호부) 77.77배, 광주 42.80배, 대구 38.34배, 울산(울산도호부+언양현) 26.17배 등이다. 조선 8도 기준으로는 경기도(충청도 평택현 포함) 25.54배, 경상도(강원도 울진현, 평해군 포함) 7.69배, 충청도(전라도 금산현, 진산현 포함) 6.24배, 강원도 5.06배, 전라도 4.68배 순이다. 기준을 같게 하려고 현재 지자체에 맞춰 조정했다. 그리고 현 기준 6대 광역시 및 세종특별자치시는 당시 속했던 도에 포함했다. 경기도에는 인천, 경상도에는 부산, 대구, 울산, 충청도에는 대전, 세종특별자치시, 전라도에는 광주가 포함돼 있다. 6대 광역시가 60.54배 증가한 것이 8도 인구수 변화에 크게 영향을 미쳤다. 참고로 세종특별자치시(연기현+전의현)는 23.24배 증가했다.

용담댐이 건설되면서 이주민 12,000여 명 정도 발생한 것이 매우 크게 영향을 미쳤을 것으로 본다. 임실과 순창 또한 당시보다 면적이 더 커졌음에도 인구수는 더 줄어들었으니 역시 심각하다. 현재 임실군 삼계면, 지사면, 그리고 일부 오수면과 순창군 동계면 대부분 및 적성면 일부는 조선 시대에 남원도호부에 속해 있었기 때문이다(국립중앙도서관, 2015: 130). 이 3개 군에서는 230여 년 넘는 세월이 무상하다. 물론 다른 시군도 그리 좋다고는 할 수 없다.

물론 인구수가 절대적인 것은 아닐 것이다. 사람이 많이 몰려 살지 않아도 사람답게 살 수 있는지가 더 중요할 것이다. 레이워스가 주장하는 것도 많은 인구가 아니다. 다만 사람들이 떠나는 이유가 소득과 일자리가 없기 때문이라는 점이 중요하다. 일자리가 절대적으로 부족하면 사회적·인문지리적 아뇌쿠메네가 되는 것이다. 레이워스는 어느 정도면 부족하다는 것인지에 대한 구체 수치를 밝히지는 않았다. 생태 한계에서도 어느 정도면 과잉이라는 것인지에 대한 설명도 없다. 이 부분이 레이워스의 한계다. 원칙에 있어 그렇다는 것으로 이해한다. 여하튼 전북자치도는 상대적으로 매우 심각한 수준이라는 것은 분명하다. 지방 소멸시대라고 모든 지방에서 아우성이지만 전북자치도 만큼 심각하지는 않다. 어떻게, 왜 이럴 수 있을까? 중앙정부에서는 이런 사실을 알고 있을까? 지방정부에서는 이런 심각성에 대해 충분히 인지하고 있는가? 이런 현실을 타개하기 위해 지역주민들은 무엇을 할 수 있을까? 답이 쉽지 않다.

2가지 부분은 별도로 언급할 필요가 있다. 먼저 모든 도시는 흥망성쇠를 겪는다는 사실이다. 삶에도 생로병사가 있듯이 산업, 사업 및 상품에도 라이프 사이클(Life Cycle)이 있고, 도시 또한 마찬가지다. 지금 현재 전북자치도는 라이프 사이클상 성숙기를 지나 쇠퇴기에 들어섰다. 1960년대 중반 1차 가공산업이 주력인 수준까지는 풍부한 농림수산물이 있어 그럭저럭 견디는 힘이 있었으나, 1960년대 후반부터 중화학공업 중심으로 국가 주력 산업이 본격 변화하자 전북자치도는 쇠락할 수밖에 없었다. 세상이 변한 것이다. 중화학공업은 주로 동남 해안 벨트에 집중됐고, 전북자치도에는 큰 제조기업이나 주력 산업 관련한 공장이 자리 잡지 않았다. 하지만 고대 그리스 철학자 헤라클레이토스(Heraclitus of Ephesus, BC 535~BC 475)가 말한 것처럼 '만물은 유전(流轉)한다'. 변하지 않는 것은 오직 세상이 변화한다는 사실뿐이다. 『주역(周易)』에서 말하는 것처럼 '궁즉변(窮則變), 변즉통(變則通), 통즉구(通則久)'다. 궁하게 되면 변화하게 되고, 변화하게 되면 통하게 되고, 통하게 되면 오래간다. 출발은 다른 도시들과 같은 것을 쫓아가는 것이 아니라 자신이 가지고 있는 것을 찬찬히 들여다보고 핵심적인 차별화 포인트를 찾아 이것에 모든 역량을 집중하는 것으로 생각한다. '차별화해라, 그렇지 않으면 죽음뿐이다(Differentiate or Die)'라는 경영 격언은 모든 조직에 적용될 수 있는 것처럼 도시에도 적용될 수 있기 때문이다. 다음은 (다시 한번 말하지만) 인구수가 많고 적은 것이 절대적이지는 않다는 점이다. 인구수가 많은 것이 선(善)이고, 적은 것은 비선(非善)이라 말할 수 없다. 인구수가 많으면 많은 대로 적으면 적은 대로 각기 장단점이 있다. 중요한 것은 해당 주민들이 가지는 만족감 또는 행복감일 것이고, 이러한 만족감 또는 행복감은 전반적인 '지리', '생리', '인심', '산수' 간 적절한 균형에서 나올 것이다. 그러나 균형이 깨지면 튀어 나가려는 원심력이 커져 악순환 루프에 빠진다. 전북자치도가 이런 상황이다. 전북자치도는 적어도 너무 적은 것이다. 특히 '생리' 측면 불균형이 심각한 수준이다. 〈그림 3-9〉에서처럼 인구수가 유일하게 줄어들고 있다는 것은 그만큼 일자리가 매우 적다는 점에 대한 반증이다. 이로 인해 앞으로 갈수록 전북자치도는 사회적·인문지리적 아뇌쿠메네가 되어 갈 것으로 추정할 수 있다. 지방정부 차원에서 특단 대책이 필요하고, 중앙정부 차원에서는 전폭적인 지원이 요구되고 있다고 하겠다.

지속가능한 도시 만들기

포터 다이아몬드 모형은 국가 경쟁우위를 위해 필요한 4가지 변수를 말한다. 국가 내 특정 산업 성공을 위해서는 1) 요소조건과 2) 수요조건이 그 특정 산업에 부합하는 것이 좋다. 그리고 3) 기업전략, 구조와 경쟁환경 및 그 산업을 둘러싼 4) 연관 및 지원산업 측면 등에서 성공 요인을 찾을 수 있다(포터, 2001: 213~214). 요소조건은 남들과 다른 부분에서 차별화 지점을 찾는 것이다. 이는 지역 관점에서는 해당 지역만이 가지고 있는 차별화 지점과 관련되고, 차별화 지점은 현대 관점에서 보면 '지리'와 유사하다. 그리고 수요조건은 시장 규모보다 시장 구성 및 특성이 중요하다는 점을 강조한다. 이를 지역 관점으로 보면 지역만이 가지고 있는 고유 시장 구성 및 특성이 중요하다는 것이니 '생리' 측면과 유사하다. 나머지 2개 변수는 이중환이 말한 4가지 기준과 부합하지는 않는다. 다만 4)번은 입지를 더욱 좋게 만드는 구심력으로 작용하는 측면이 있기에 관련성이 높다고 하겠다. 개별 기업이나 산업이 아닌 연관 및 지원산업과 연결되는 것이 중요한 것이다. 산업클러스터다. 이는 기본적으로 지역적 근접성이 필요하기에 모든 산업클러스터는 지역 클러스터다. 단순히 접근하는 것이 아니라 이것을 연결하여 커다란 힘을 만드는 것이 중요하다. 지리적 집중이다. 클러스터다. 포터 모형은 특정 산업이 국가 경쟁에서 우위를 점하는 이유는 이 4가지 변수 중 하나로 설명할 수 있다는 점에서 하나의 프레임워크다. 지역 간 경쟁에서 우위를 점하기 위해서는 요소조건에 있어 차별화 지점을 찾고, 수요조건을 위해 고유 시장을 창출하고, 나아가 연관 분야와의 연결을 통해 전략적으로 집중해 나가는 것이다.

레이워스가 주장하는 도넛 경제학은 생존을 위한 경계 짓기다. 생물학적 생존과 함께 사회적 생존을 함께 도모한다. 지구가 생존 위기에 처하지 않도록 하는 것이 상한이라면, 기본적인 사회생활을 영위하기 위한 기본선이 하한이다. 상한을 넘어가면 당연히 전 인류 멸망으로 이어지고, 하한 아래로 내려가면 사회적으로 무가치한 삶이 된다. 상한선과 관련해서는 개별 지역 또는 국가 차원을 뛰어넘는 것이나, 내용으로 보면 현실에서도 작은 실천을 할 수 있는 부분이 있다. 나의 삶과 행동은 지구 생태계 전체와 연결되어 있기 때문이다. 하지만 미미하다. 상한에는 9개 가늠자가 있다. 하나하나 스케일이 크다. 전 지구적이다. 국가 간 연대와 협력이 필요하다. 이해가 모두 다르기에 쉽지 않다. 이해관계가 일치한다면 국제인터넷주소관리기구(ICANN, Internet Corporation for Assigned Names and Numbers. 인터넷 도메인 관리와 정책을 결정하는 국제 최고기구로 민간 비영리단체임)와 같은 모델도 가능하지만, 나라마다 경제발전단계 및 수준 등이 달라 쉽지 않다. 다만 하한선을 지키는 것은 우리 노력으로 충분히 가능하다. 하한선으로 레이워스는 반드시 짚고 넘어가야 할 12개 가늠자를 제시한다. 다소 추상적 또는 관념적 부분('성 평등', '사회적 공평함', '정치적 발언권', '평화와 정의' 등)이 있으나 이는 통칭 '인심'으로 환치할 수 있다. '인심' 부분은 닭이 먼저냐, 달걀이 먼저냐 하는 치킨 게임(chicken problem) 문제가 있다. 인심이 좋아 지역이 좋은 것인지, 해당 지역이 좋아 인심이 좋은 것인지 하는 문제다. 이 부분을 제외하고 나머지 8개는 하나하나 다 중요하다. 재해석한 '지리' 관점에는 1) 식량, 2) 물, 3) 에너지, 4) 각종 네트워크, 5) 주거, 11) 교육, 12) 보건 등과 관련되어 있고, '생리' 부분은 10) 소득과 일자리다. 현상적으로는 소득과 일자리가 중요하지만, 기저에 있는 '지리' 관점 7개가 더욱 중요하다.

 종합하면 포터 다이아몬드 4개 변수에 따른 성공 요인을 찾아 성장을 지향하는 것은 필요하지만, 이는 레이워스가 말하는 상한 이내, 하한 이상으로 균형이 필요하다는 것이다. 한 마디로 '지속 가능한 성장(Sustainable Growth)'이 중요하다는 것이다. 이를 가거지 기준으로 활용할 수 있는 부분을 정리하면, 먼저 해당 지역만이 가지고 있는 차별화 지점이 중요하다. 이는 조직 형태만

이 아니라 모든 유기적으로 활동하는 실체(Entity)가 생존을 위해 가장 중요한 부분이다. 차별화는 결국 해당 실체가 가지는 정체성이자, 미션(mission)이자, 목적이다. 이 부분을 명확히 해야 앞으로 나아갈 수 있다. 속도 이전에 방향이다. 즉 분명한 방향성이 선행돼야 혁신과 성장이라는 두 바퀴를 끊임없이, 그리고 제대로 굴러가게 할 수 있다. 두 번째로는 기본 인프라가 중요하다는 점이다. 하지만 사회적 생존 한계 이상이 있으면 된다. 이것이 부족하면 사회적으로 생존이 어렵다. 그렇다고 굳이 과잉으로 있을 필요는 없다. 과잉이나 중복은 낭비다. 이는 결국 생태계 상한에 영향을 미쳐 거꾸로 우리를 위협한다. 세 번째로는 연결성이 중요하다는 것이다. 특정 산업이 성공했던 것도 관련 및 지원산업이 존재했던 것에서 찾을 수 있는 것처럼, 유아독존으로는 성공하기 쉽지 않다. 전후방 관련 산업과 긴밀한 유대가 필요하고, 원청-하청-재하청 구조에 있는 협력업체 상호 간 공정한 파트너십 관계가 형성돼야 한다. 네 번째로 이 모든 것은 지속가능성으로 귀결돼야 한다. 영속성에 도움이 되지 못하는 모든 것은 기각돼야 한다. 일시적 유행을 따라가거나 휩쓸리지 않고, 1회에 그치는 전시성 활동은 지양해야 한다. 지방정부에서 하는 모든 활동은 지속가능성 관점에서 추진 여부를 판단하는 시스템이 필요하다.

지속 가능한 성장을 지향하는 복거(卜居) 대안 만들기 1: 기업 도시

기업 도시를 말하려면 다음 책에 관한 얘기부터 해야 한다. 지난 2005년(대한민국 87) 출간돼 제법 반향이 컸던 『주식회사 장성군』이다. 부제는 '공무원이 경영하는 회사'다. 당시는 1995년(대한민국 77) 지방자치제가 시행된 지 10년이 되던 해였다. 공무원 관료조직과 민간기업 사조직 형태는 서로 이질적이라는 통념을 가지고 있던 때이기도 했다. 기업 운영원리를 관 조직에 투영해 성공했고, 지방자치제를 도입한 이후 가장 모범적인 사례라고 평가받았으니 많은 사람이 관심을 가질 수밖에 없었다. 장성군 사례에서 기업 운영원리를 반영했다고 하는 핵심은 지식경영(Knowledge Management)이다. 그 중심에 1995년(대한민국 77) 9월 15일부터 시작된 장성 아카데미가 있다. 1995년 6월 27일 '제1회 전국 동시 지방선거'를 통해 지방자치제가 본격 시행된 지 3개월이 채 지나지 않았던 시점이었다. 매주 금요일마다 개최하는 것으로 시작했다가, 지금은 매월 첫째, 셋째 목요일 개최하는 것을 원칙으로 하되 조금 유연하게 운영하고 있다. 2025년(대한민국 107) 시행 30주년을 맞았고, 1월 9일 1200회 강연을 진행했다. 장성 아카데미를 기획해 주도한 분은 민선 1~3기 김흥식 군수다. 장성 아카데미 운영 정신은 '세상을 바꾸는 것은 사람이고, 사람을 변화시키는 것은 교육이다'이고, 장성군민과 공무원을 지식근로자로 거듭나게 만드는 것에 기본 목표가 있었다. 게다가 주민과 공무원이 함께 강연을 들으면서 상호 공감대를 형성할 수 있는 자리가 마련되는 장점도 컸다. 공개 장소에서 강연 내용에 대해 상호 토론이 이루어지는 구조였기 때문에 장성군 인재육성과 지역 발전이라는 방향으로 에너지를 한데 모을 수 있었다. 게다가 강연을 하러 온 강사들이 장성군 홍보대사가 돼 장성군을 널리 알리는 부수효과도 있었다(양병무, 2005: 53~76). 물론 학습조직인 아카데미 운영 하나만으로 공무원 조직을 주식회사라고 명명하는 것은 어폐가 있을 것이다. 몇 가지 사례를 더 확인해 보자. 김흥식 군수는 본인을 기업처럼 CEO라고 자칭하면서 아카데미를 기획하기 위한 첫 번째 작업으로 일반 행정·농업·건설·홍보 등 4개 반 5명으로 구성된 경영관리팀을 조직했다. 팀제 도입이다. 사일로처럼 분화된 기능조직이 아니고, 단순 팀제가 아니라 교차기능팀(CFT: Cross Functional Team)을 만든 것이다. 저자가 몸담았던 회사는 선진 경영기법 도입이 매우 빠른 회사 중 하나였는데, 교차기능팀 조직이 운영된 것은 2000년대 중반이었다. 이보다 10여 년이 앞섰으니 대단하다 하겠다. 교차기능팀이 되자 결재선이 3단계(팀장 ⇨ 부군수 ⇨ 군수)로 간소화돼 빠른 의사결정이 가능했다. 대한민국 최초 팀제 도입 외에도 홈페이지 개설, 1인 1PC 운동 전개, 전자결재시스템 및 목표관리제도(MBO: Management by Objective) 도입, 민원인 10대 권리장전 제정, 민간기업 위탁 연수교육 시행 등 장성군이 전국 지자체 중 최초로 시행한 사례는 많다(양병무, 2005: 21, 28~32, 45, 48~49, 92~96). 이 정도라면 장성군 주식회사로 칭하더라도 큰 손색이 없을 것이다. 주식회사 장성군 CEO 김흥식 군수는 민선 1기부터 3기까지(1995~2006, 대한민국 77~88) 11년간 재직하셨다. 지자체장 연임 제한에 따라 군수직을 그만두셨고, 아쉽게도 2010년(대한민국 92) 타계하셨다. 그가 테마파크 건설 등을 통해 장성을 홍길동 도시로 만든 것은 덤이다. 참고로 조선 시대 말 구전으로 전해오던 판소리 단가를 동리 신재효가 정리한 〈호남가〉 사본에 나오는 장성 부분은 다음과 같다. "우리 호남(湖南)의 군은 법성(法聖) 전주백성(全州百姓)을 거나리고 / 장성(長城)을 멀리 쌓고 장수(長水)를 돌아들어 / 여산석(礪山石)에 칼을 갈아 남평루(南平樓)에 꽂았으니 / 삼례(參禮)가 으뜸인가 거드렁 거리누나"(향토문화전자대전). 장성을 쌓았으니 호남사람들은 거드렁 거릴 수 있게 된 것이다. 장성 사례는 일본에서 자주 거론하는 슈퍼 공무원이 지역을 바꾼 사례와 비슷하다고 하겠다. 완주군 로컬푸드를 만든 '뽀빠이 공무원' 강평석 씨 사례와 마찬가지 경우다.

　지방자치제가 되면서 장성군만이 아니라 전국 모든 자치단체 간 경쟁체제에 돌입했다. 2025년(대한민국 107)이 벌써 30년째다. 지방자치단체는 광역자치단체와 기초자치단체로 나뉜다(지방자치법 제2조). 광역자치단체는 특별시, 광역시, 특별자치시, 도, 특별자치도가 대상인데 이는 중앙정부에 속한다. 서울특별시, 부산 등 6개 광역시, 세종특별자치시, 경기도 등 6개도, 전북 등 3개 특별자치도 등으로 총 17개소다. 광역자치단체에 속하는 하위 자치단체가 기초자치단체로 통상 시·군·구를 말한다. 우리나라에는 시가 75개, 군이 82

개, 구가 69개소 등 226개 기초자치단체가 있다. 여기에 제주특별자치도 산하 제주시와 서귀포시는 자치시가 아니라 행정시라는 점에서 226개에서 제외돼 있다. 따라서 전국 기초자치단체 간 경쟁이라고 하면 제주시, 서귀포시와 함께 단일 시이면서 광역자치단체인 세종특별자치시까지 포함해서 229개 자치단체 간 경쟁이라고 할 것이다. 광역자치단체 간 경쟁이라고 하면 세종을 제외한 16개 광역자치단체 간 경쟁이다. 자치단체 간 경쟁목표는 '어떻게 하면 해당 주민들이 살 만한 곳으로 만들 것인가'에 있다고 하겠다. 다만 주민들이 내는 세금이 활동 재원이기 때문에 재정이라는 제약요인이 있다. 즉 '재정 한계 속에서 어떻게 가거지(可居地)를 만들 것인가'가 지자체 간 경쟁목표이니, 한마디로 '가거지' 경쟁이다. 그런데 지방 간에는 재정력에 있어 불균형이 심각하다. 재정력이 취약한 지역은 기본 살림을 운영하기에도 벅차다고 한다. 악순환 굴레에 빠져 버린 형국이다. 〈그림 3-11〉의 ① 재원조달 단계에서부터 막히면 사회적 편익 창출까지 이어지는 연쇄가 제대로 작동하지 않는 것이다. 주식회사 장성군조차 절대 인구가 줄어드는 추세는 다른 지역과 다르지 않았다. 인구수 증감은 해당 지역이 살 만한 곳인지에 대한 간접지표이기 때문이다. 물론 장성군이 살 만한 곳이 아니라기보다는 다른 곳이 더 살기 좋아(?) 떠나고 있는 것이리라 생각한다. 장성군 사례는 지방 소멸이라는 큰 흐름을 거스르기 쉽지 않다는 측면 외에 군수 한 사람 개인기에만 의존할 수 없다

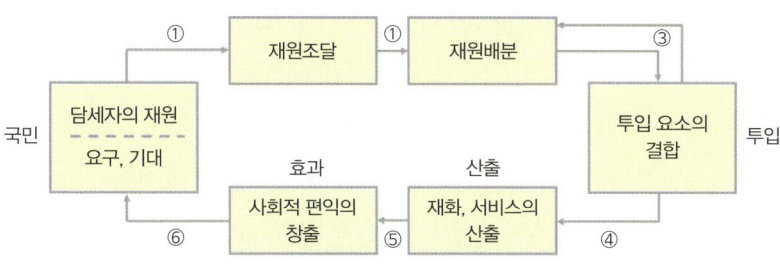

〈그림 3-11〉 재정결정모형(오연천, 2017: 87 재인용)

는 점을 알려준다. 뛰어난 한 사람 리더에만 의존하지 않아도 될 정도로 체계적이면서도 지속성이 있는 모델이 필요하다.

이 모델이 무엇인지에 대한 해답과 어떻게 해야 하는지에 대한 해법은 쉽지 않다. 다만 주민들이 함께 계속 방안을 찾는 과정에서 지역별 모범답안이 도출될 수 있지 않을까 기대한다. 그리고 그 방안으로 기업 경영에서 가져올 부분이 많을 것이라는 점은 분명하다. 주식회사 장성군처럼 기업 경영에서 의미 있게 활용할 수 있는 기법들을 관에도 적용하는 것이다. 이를 기업 도시라고 명명하는 것이 어떨까 한다. 그렇다고 이 책에서 말하는 기업 도시가 도요타 기업 이름을 딴 도요타시와 같은 형태를 말하는 것은 아니다. 도요타시는 원래 고로모시(挙母市)였으나, 읽기에 어렵고 도요타 기업이 도시를 만든 것이나 다름없기에 1959년(대한민국 41)에 도요타 자동차의 이름을 따 도시 이름을 바꿨다고 한다. 즉 기업 도시는 도요타시와 같이 특정 기업이 자리 잡고 있어 그 기업 부침에 좌우되는 형태는 아니라는 의미다. 대신 기업 경영에서 의미 있게 활용하는 핵심 개념을 적용하는 도시라는 점에서 기업 도시다. 경영기법을 도입한다고 해서 기업과 같이 이윤에 매몰될 수는 없기에 앞에 '공익'을 붙인 공익기업도시다. 이때 공익은 <그림 3-11>에서 재정 투입요소를 결합한 효과로 나타나는 사회적 편익과 같은 개념으로 이해하면 될 것이다. 지자체 관점에서 사회적 편익의 기준은 당연히 주민이다. 주민 이익을 위해 해당 재원을 효과적, 효율적으로 집행하는 것이 기업 도시의 구체적 모습일 것이다. 기업 또는 지자체 모두 조직 운영이라는 점에서 같고, 다만 지향점이 영리인가 사회적 편익인가의 차이만 있을 뿐이다. 기업가정신과 혁신은 모든 조직에서 필수이고, 지자체의 1차 고객은 해당 지자체 주민이다. 경제적 기업가정신이 아니라 사회적 기업가정신(social entrepreneurship)이다(드러커, 2006: 226).

기업경영으로부터 도입할 수 있는 첫 번째 개념은 미션과 비전이다. 미션과 비전은 기업 그 자체다. 미션은 회사가 존재하는 이유이고, 비전은 이 미션을 실현하기 위해 기업이 되고 싶은 것이다. 즉 질문으로 바꿔 보면 미션은 '우리의 존재 이유는 무엇인가?'이고, 비전은 '우리가 진정으로 원하는 것은 무엇인가?'다. 지자체도 조직이니 분명한 미션과 비전이 있어야 한다. 주민들이 매일매일 생계를 꾸려가며 사는 공간이 도시라는 점을 고려할 때 미션은 지속 가능한 도시여야 한다. 지속할 수 없다면 도시는 당연히 존립할 수 없을 것이다. 즉 포터와 레이워스 주장을 종합한 것처럼 '사회적 하한과 생태적 상한 내에서 지속 가능한 성장을 하는 도시'가 미션이어야 한다. 이런 미션을 제대로 수행하지 못하는 경우 도시는 통폐합 대상이 돼 지자체 광역화 과정에 희생이 될 것이다. 마치 기업에서 M&A(흡수합병) 대상이 되거나 한계기업이 구조조정 대상이 되는 경우와 비슷하다. 비전은 구체적인 숫자로 나타낼 수 있으면 좋다. 도시마다 처한 위치와 환경이 다르지만, 핵심적인 내용은 '생산하고 소비하기 좋은 장소'가 아닐까 한다. 생산과 소비는 동전 앞 뒷면과 같이 하나로 연결돼 있다. 무언가를 생산해서 판매하고, 판매를 통해 획득한 재화가 있어야 소비가 가능한 것이다. 이때 무엇을 생산하는가에 대해서는 여러 얘기가 가능하다. 농업시대에는 곡물 생산이겠지만, 제조업 시대에는 공산품으로 바뀌었다. 인공지능 시대로 바뀐 현재는 어떤 것이 생산품이 돼야 하는가? 우선 데이터와 데이터를 기반으로 한 정보, 그리고 이를 이론화 및 실용화한 지식 등이 생산품이다.[15] 인공지능 시대에는 많은 일을 인공지능으로 대체할 수 있다. 하지만 인공지능은 결국 확률적 지식이고, 이 지식을 기반으로 결정하는 것은 사람이다. 확률에 기초한 지식에 대해 맞고 틀림을 판단하고 결정할 수

---

15) 공학적 관점으로 해석하면 데이터는 사실이나 개념, 지시(instruction) 등을 의사소통이나 해석, 처리 등에 적합하도록 형식적·공식적으로 표현된 형태, 정보는 데이터에 실리는 의미로 커뮤니케이션에 있어 궁극적인 목적이다. 데이터는 정보를 포함하는 개념으로 데이터 중에 의미 있는 것이 정보라고 이해하면 된다(차동완, 2000: 6). 정보를 이해하고 이를 활용하는 단계로 넘어가면 지식, 여기에 더 나아가 판단 영역까지 확장하면 지혜에 이르게 된다. 지식과 지혜는 공학적 해석을 넘어선다.

있는 식견과 안목이 필요하다. 지리적 맥락은 해당 도시에서 무엇을 생산할 것인가에 대한 훌륭한 팁을 제공할 수 있다. 틀에 박힌 똑같은 모습이 아니라 해당 지역에서만 가능한, 그래서 경쟁우위로 작동 가능한 차별화 포인트를 지리적 맥락에서 찾을 수 있다는 것이다. 먹거리, 즐길거리, 볼거리, 놀거리, 할거리 등 사람들이 행하는 모든 것이 생산품이 될 수 있다. 두 번째는 콘텐츠와 스토리다. 지리적 맥락에 근거한 콘텐츠와 스토리다. 창의력과 높은 지식수준이 기반이 된 문화 창조력이다. 세 번째는 경험과 연결성이다. 콘텐츠와 스토리를 하나로 묶어 새로운 경험을 제공하도록 연결해야 한다. 이런 생산품을 구매하기 위해 사람들이 몰려와 돈을 쓸 수 있도록 하는 것이 생산하고 소비하기 좋은 장소다. 출발은 '살기에도 좋고 놀러 와도 좋은 마을 만들기'부터일 것이다. 이는 일본 벳푸시가 도시 발전의 개념으로 정한 것이기도 하다. 주민도 행복하고 관광객도 즐거운 도시 만들기라는 것이다(강대훈, 2023: 65). 그러니 진정성이 있어야 한다. 진정성이 없으면 한두 차례 방문하지만 재방문률은 현격히 떨어진다. 게다가 진정성이 없다는 입소문이 나면 해당 지역의 차별적 강점은 더는 강점이 되지 않게 된다. 이에 대해 현 수준을 파악하고 구체적인 목표 시점과 달성수준을 수치로 나타내면 좋은 비전이 될 것이다.

미션과 비전 달성을 위해서는 혁신과 성장이라는 핵심 개념 2가지가 필요하다. 기업에서도 회사를 이끌어 가는 두 개의 축이 혁신과 성장인 것처럼, 모든 조직에서도 혁신과 성장은 새가 날기 위해 필요한 좌우 양쪽 날개와 같다. 기업 경영의 역사는 혁신의 역사다. 경영의 목적은 생존과 번영을 통한 영속기업을 지향한다. 기업 도시 미션이 '지속 가능한 성장을 지향하는 도시'라고 한다면 지속가능성을 위해 매일매일 혁신이 필요하다. 일신우일신(日新又日新)이다. 혁신은 새로운 가치를 만들어 내는 것이다. 이때 새로운 가치는 궁극적으로 효율성과 효과성으로 귀결된다고 할 것이다. 사회적 편익을 위한 효율성과 효과성이다. 뜻하는 목표를 달성할 수 있는 것이 효과성 측면이라고 한다면, 이 과정에서 투입 자원을 최소화하거나 동일 투입 자원에서 훨씬 많은 성과를 창출한다면 효율성 측면일 것이다. 혁신은 조직 성장을 견인하는 프론티어 도미노(Frontier Domino) 역할이다. 제일 앞에 있는 도미노가 무너지면 이후 모든 도미노는 무너지게 돼 있다. 볼링에서 스트라이크를 위해서 공략해야 하는 5번 핀, 킹 핀(King Pin)이라고 할 수 있다. 성장은 조직 내 미션과 비전 달성을 향한 강한 동기가 되어 새로운 혁신을 이끈다. 기업에서는 통상 재무적 지표를 가지고 성장 여부를 판단한다. 재무적 지표 중에는 매출액과 영업이익을 주로 활용한다. 외형적으로는 절대 규모가 중요한 것으로 보인다. 외형이 커지면 대내외 이미지 측면에서 훨씬 유리한 측면이 많다. 특히 상장기업에서는 더욱 중요하다. 주주 관점에서는 매출액이 커지면 성장 신호로 읽혀 주가 상승에 따른 차익을 기대할 수 있고, 영업이익이 일정 수준 이상 유지되면 배당 수익이 안정적일 거라고 확신할 수 있기 때문이다. 물론 기업 도시는 재무적 지표가 크게 중요하지 않다. 대신 사회적 편익이 중요하기 때문에 무엇을 사회적 편익으로 정의할 것인지와 이를 어떻게 측정할 것인지가 필요하다. 이에는 비용편익분석(CBA, Cost-Benefit Analysis)이라는 방법도 있고, 무형 가치(예, 환경 가치)를 시장 가치로 환산하는 확장 비용편익분석도 있지만 모든 사안에 이 방법을 적용하기는 쉽지 않다. 편익을 정의하는 부분에서 자의성으로 인해 왜곡될 우려도 있다. 적극적인 주민 참여를 통해 빠르게 편익을 정의하고 측정하는 지자체 거버넌스 정립이 선행돼야 한다. 기업 도시는 혁신해야 성장할 수 있고, 성장이 없으면 지속가능성에 애로가 있다. 사회적 기업가정신이 필요하다.

또 한 가지 개념은 혁신 결과가 실제 성장으로 이어졌는지 측정하는 지표로서 균형성과표(BSC, Balanced Score Card)다. BSC는 로버트 S. 캐플런(Robert S. Kaplan, 1952~, 대한민국 34~)과 데이비드 P. 노튼(David P. Norton, 1941~2023, 병탄 32~대한민국 105)에 의해 개발됐다. 통상 사용하는 재무적 지표는 과거 활동 결과만 보여 주기 때문에 미래 지속 가능한 도시를 만들기 위해 무엇을 준비하고 활동해야 하는지 알려주지 못한다. 따라서 비재무적 지표로서 고객, 내부 프로세스, 학습과 성장 등 3가지 관점을 추가해 균형을 잡아줄 필요가 있다. 이로써 재무적·비재무적 관점, 과거와 현재 및 미래 시각, 단기 시급한 활동과 중장기 중요한 활동간 균형을 잡을 수 있다. 조금 더 구체적으로 들어가면, 먼저 재무적 시각은 조직이 수행한 활동을 쉽게 측정 가능한 경제적 결과로 요약하는 것에 도움이 된다. 그 결과는 전략과 실행 및 달성이 실제 재무적 개선에 도움이 됐는지를 구체적인 수치로 표현한다. 고객 시각은 1) 타깃 고객이 얼마나 만족하는지, 2) 그 고객이 유지되고 있는지, 3) 새로운 고객을 얼마나 유치했는지, 그리고 4) 고객유지 및 유치가 얼마나 재무적 수치로 이어졌는지를 평가한다. 고객 관점에서 이런 평가를 하지 않는다면 미래 지속가능성 전략 등을 구체화할 수 없다. 내부 비즈니스 프로세스 시각은 재무적 목표와 고객유지 및 유치 목표 등을 달성하는 것에 영향을 미치는 내부 프로세스에 초점을 맞춘다. 이때 내부 프로세스는 운영 프로세스와 혁신 프로세스 등 2가지로 구분할 수 있다. 운영 프로세스는 현행 프로세스의 단순 개선에 국한된다면, 혁신 프로세스는 고객 욕구를 예견 및 반영한 새로운 서비스 개발 등과 관련된 근본 변혁을 의미한다. 아마존이 말하는 '스몰 i(개선)'와 '빅 I(변혁)'다. 혁신이론에 따르면 운영 프로세스 개선은 공정혁신(Process Innovation), 혁신 프로세스 개선은 상품혁신(Product Innovation)과 유사하다(어터백, 1997: 6~8). 이 두 측면을 함께 중시하는 내부 프로세스 혁신 과정을 고려하기 때문에 단기와 중장기, 현재와 미래를 균형 있게 준비할 수 있게 만든다. 마지막 학습과 성장 시각은 모든 조직이 장기 성장과 개선을 창조하기 위해 반드시 구축해야 하는 기반구조다. 조직을 구성하는 3가지 원천인 사람, 시스템 그리고 프로세스에 있어 현 수준과 필요 수준에 대한 격차(갭, Gap) 해소를 위해 필요하다(캐플런 & 노튼, 1998: 59~65). 주식회사 장성군에서 추진한 아카데미 운영 또한 학습과 성장 시각에서 기반구조를 다지는 것이었다는 점에서 맞는 방향이었다고 할 수 있다. 학습 과정에서 군 공무원과 주민들 간 격차가 해소되면 고객 관점과 내부 프로세스 관점 혁신으로 이어지고, 그 결과는 지속 가능한 성장으로 이어질 것이라는 흐름에 부합하기 때문이다. 따라서 이 4가지 시각에서 균형을 잡아 목표 수준을 선정하고, 이에 적합한 활동에 모든 역량을 집중하며, 활동 결과를 측정하여 계속 개선해 나간다면 선순환 사이클에 들어설 수 있을 것이다. 다만 재무적 관점에 대한 약간의 변형이 필요하다. 기업에서는 통상 재무적 지표로 재무 건전성, 수익성, 성장성, 안정성, 생산성 등을 따지는데 공공에서는 이를 그대로 적용하기에는 어폐가 있기 때문이다. 이런 의미에서도 지속 가능한 도시 성장을 위해 필요한 사회적 편익이 무엇인지에 대한 주민의 공감대와 이를 정책으로 실현해 나가는 거버넌스 정립이 선행돼야 한다.

마지막은 문제해결 방법론이다. 케이티에서는 '4P+1E'라는 문제해결 방법론을 적용해 비용구조 개선에 탁월한 성과를 냈다(구현모, 2025: 122~130). 이 방법론은 문제 정의(Problem Define) ⇨ 근본 원인 찾기(Pinpoint Root Cause) ⇨ 개선기회 도출(Profit Improvement Proposition) ⇨ 실행계획 짜기(Programming & Planning) ⇨ 효과적 실행(Effective Execution) 순으로 구성돼 있다. 이때 문제란 현재 상태와 기대 상태 간 차이(Gap)다. 즉 기대 상태－현재 상태가 문제다. 기대 상태는 원래로 복귀하는 것은 정상에서 벗어난 것을 회복하는 성격이니 회복형 문제, 미래 달성해야 할 목표를 설정하고 이를 달성하는 형태의 것은 설정형 문제로 구분한다(유정식, 2011: 75, 92~93). 케이티는 매년 이 방법론과 비용혁신 캠프(본사, 사업부서 및 현장 전문가가 1박 2일간 참여하는 끝장토론 방식의 혁신 워크숍), 비용혁신 클리닉(실행과정에서 해결이 어려운 과제를 비용혁신 전문가 그룹이 맞춤형 컨설팅 지원) 등을 활용해 매년 1000억 원 이상 비용을 절감했다. 이는 영업이익이 1조 원이라고 할 때 매년 10% 이상을 비용혁신을

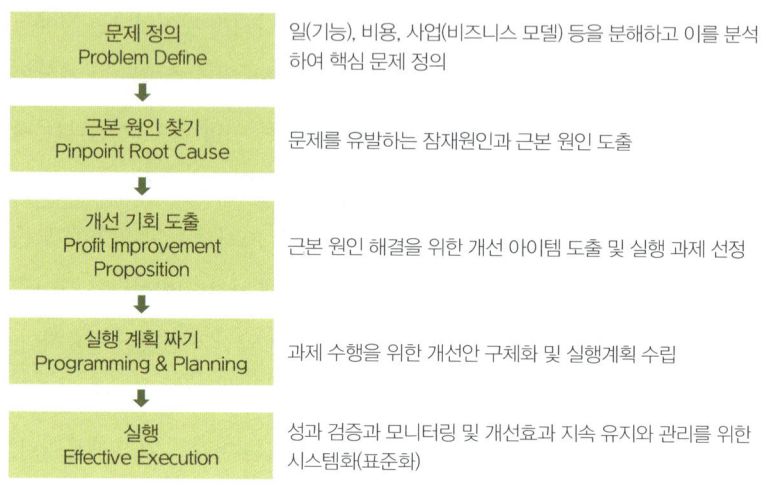

〈그림 3-12〉 케이티 문제해결 방법론(4P+1E)

통해 달성한 것과 같다. 매출 달성을 위해서는 추가 비용 투입이 필요하지만, 비용구조 개선은 절감 전액이 이익에 바로 반영되기 때문이다. 즉 영업이익률이 10%라고 한다면 매출 1000억 원은 이익 100억 원이지만 비용을 절감하면 1000억 원 그대로이니 10배 효과가 있는 것이다. 물론 이는 비용구조 개선만이 아니라 문제를 설정하고 이를 해결하는 과정 모두에 적용할 수 있다. 해결해야 할 문제는 모든 도시에도 있을 것이기 때문이다.

지속 가능한 성장을 지향하는 복거(卜居) 대안 만들기 2: 플랫폼 도시[1품(一品, Product) 도시]]

두 번째는 플랫폼 도시다. 먼저 플랫폼이 무엇인지 알아보자. 플랫폼은 최소한 2가지 의미를 지닌다. 하나는 토대다. 인터넷 토대 위에서 각종 서비스와 비즈니스가 돌아가니 인터넷은 토대다. 운영체계(OS, Operating System) 토대 위에서 각종 응용프로그램(App, Application)이 구동되니 운영체계는 토대다.

검색엔진이라는 토대 위에서 네이버, 다음, 구글 등 각종 검색 서비스를 이용할 수 있으니 검색엔진은 토대다. 자동차 뼈대라는 토대 위에 엔진, 운전대, 차체, 바퀴 등을 조립하면 자동차가 되니 자동차 뼈대는 토대다. 기차나 전철을 탈 때 타고 내리는 승강장 역시 플랫폼이다. 기차 플랫폼에서 사람들은 각자 이용할 시간대와 KTX, 새마을호, 무궁화호 등 각자 구매한 등급 기차를 이용할 수 있다. 토대가 된다. 기차 플랫폼은 여기에서 의미가 확장된다. 플랫폼은 타는 사람과 내리는 사람, 오는 사람과 가는 사람을 연결하는 곳이라는 것이다. 양면시장(Two-side Market) 이론이다. 양면시장 이론은 프랑스 경제학자 장 샤를 로셰(Jean-Charles Rochet, 1960~, 대한민국 42~)와 장 티롤(Jean Tirole, 1953~, 대한민국 35~)이 2003년(대한민국 85) 발표한 논문으로부터 출발했다. 양면시장이란 서로 다른 이해관계에 있는 두 집단이 플랫폼이라는 토대 위에서 상호작용을 하면서 상호 원윈(win-win)하며 성장하는 시장이다. 예컨대 페이스북에서 이용자들이 만나 연결되는데 추가로 부담하는 이용료는 없다. 하지만 이용자들이 검색 내용에 따른 알고리즘을 구동하면 광고주가 페이스북이라는 토대, 즉 플랫폼에서 만나 새로운 시장을 형성된다. 카카오톡은 메신저 이용자 상호 간을 연결한다. 쿠팡은 상품 소비자와 판매자를 연결한다. 유튜브는 콘텐츠 소비자와 영상 공급자를 연결한다. 카카오택시는 택시 이용자와 택시 운전자를 연결한다. 신용카드는 신용카드 이용자와 가맹점을 연결한다. 이처럼 플랫폼을 통한 양면시장은 우리 일상으로 자리 잡고 있다. 양면시장이 확대돼 여러 이해관계자 집단이 모이면 다면 시장(Multi-side Market)이 된다(강성호, 2021: 28~45). 하지만 이런 설명은 중요한 부분을 생략하고 있다. 이런 시장을 만드는 주체(Market Maker)가 따로 있다는 점이다. 따라서 조금 더 정확하게 플랫폼을 정의하면 '사람들이 시장을 만들고 계속 운영될 수 있도록 유지하는 데 조성자(Market Maker) 역할이 특별히 중요한 시장'을 말한다. 프랑스 샹파뉴(Champagne) 지방에서 정기시장 역할을 하던 박람회에서 그 원형을 찾아볼 수 있다고 한다. 자생적으로 만들어지는 것이 아니라 시장 조성자 역할이 필요하다는 것이다(피스먼·설리번, 2020: 205~215). 즉 자생적으로 형성됐던 시골 장터와 달리 정기시장에서는 이를 조성하는 중개자가 별도 필요한 것과 같다.

플랫폼을 이런 의미로 해석한다면 플랫폼 도시는 시장 조성 중개자로서 역할을 하는 도시다. 그리고 기업 도시로서 지속 가능한 성장을 도모한다면 모든 도시는 1가지 이상 상품을 거래하고 활성화하는 시장 조성 중개자 역할을 하는 플랫폼 도시가 돼야 한다. 1도시 1품이다. 이때 상품은 농산품, 수산품, 임산품 및 공산품에 국한되지 않는다. 인공지능 시대에는 실용지식, 콘텐츠와 스토리, 이미지와 체험 등도 상품이 될 수 있다. 즉 인공지능 시대에 1품이란 1물(一物)이든, 1상(一像)이든, 1향(一香)이든, 1색(一色)이든 해당 도시의 정체성을 가장 잘 드러내는 것이면 된다. 물론 이는 최소한이다. 단지 하나가 아니라 둘 이상이 될 수도 있다. 1 도시 1품(一品)을 지향해야 하는 이유는 간명하다. 도시별 가장 의미 있는 대표 1품을 선정하면 그 도시 정체성을 대내외적으로 분명하게 각인(Imprinting)시킬 수 있기 때문이다. 각인 효과는 상당하다. 대내적으로는 해당 도시를 어떻게 운영할 것인지를 명확히 할 수 있고, 대외적으로는 해당 도시에 대한 인지도가 뚜렷이 개선될 수 있다. 나아가 각인 효과는 해당 도시를 사람들이 모이는 공간으로 탈바꿈할 수 있게 만드는 촉매가 될 것이다. 최초에는 1품에 집중하고, 1품을 고객에게 전달하는 밸류 체인(Value Chain, 가치 연쇄 흐름) 앞뒤 인접으로 확장해서 전체 흐름을 장악하고, 이후 다른 상품에 확장하는 형태가 바람직하다. 단기적으로는 선택과 집중이다. 이후 성공사례가 확인되면 밸류 체인 전후방 연계 또는 통제권 확보를 했다가, 어느 정도 정착이 되면 다른 분야로 확장하는 흐름이다. 장성은 홍길동, 함평은 나비, 보령은 진흙(머드) 등이지만 여기에만 멈추지 않고 밸류 체인 전후방 연계를 하고, 나아가서 인접 영역으로 확장해야 한다.

전북자치도 14개 시군은 도시별 1품으로 삼을 만한 소재가 많다. 제2장에서 언급한 내용 중심으로 복기하면, 먼저 남원은 지리산 또는 이야기다. 온통 지리산 또는 이야기를 매개로 도시 정체성을 드러내야 한다. 순창은 짐작대로 고추장이고, 임실은 치즈다. 이 세 도시는 섬진강을 키워드로 묶어도 좋다. 장수는 빨강이다. 빨강은 가장 원초적인 색이어서 여기에서 파생하는 다양한 응용이 무궁무진하다. 누가 기획을 했는지 장수는 이미 '빨간 맛 축제'를 하고 있다. 대단하다. 무주는 아무래도 덕유산이다. 또는 휴양도시 개념도 좋다. 덕유산 국립공원을 설명할 때 장수와 경남 함양과 거창 등까지 포함해서 얘기하지만, 사실상 90% 이상이 무주에 있다. 5개 도 중심에 있고, 겨울에 남쪽에서 스키를 탈 수 있는 곳이니 영락없이 휴양도시다. 진안은 남부지방 지붕으로서 고원이다. 산태극과 수태극 중심 마이산이 있으니 태극삼에 초점을 맞추면 좋을 것이다. 완주는 모든 것이 골고루 잘 갖춰져 있어 딱히 한 가지를 꼽기 어렵다. 봉동 생강은 예전과 같은 의미를 상실했다. 전주 역시 한 가지를 꼽기 어렵다. 둘을 합해 '온고을'로 통칭해서 그 완전성을 부각하면 어떨까 한다. 사람이 가장 살기 좋은 온고을, 재난 걱정 크게 걱정 없는 온고을, 먹거리·놀거리·볼거리·즐길거리로 가득한 온고을 등. 익산은 4개국 왕도, 교통 거점 및 황등석을 포함한 보석(돌) 도시 중 고민스럽다. 웅포와 춘포 사이, 메소포타미아 지역이라는 점을 부각하는 것도 나쁘지 않을 것 같다. 메소포타미아 지역이어서 4개국 왕도가 됐고, 교통 중심지가 됐으며, 보석처럼 빛나는 도시가 됐다는 관념으로 이어질 수 있을 것이기 때문이다. 군산은 어렵다. 개방성이라는 키워드가 어떨까 한다. 군산은 항구도시로서 바깥에 항상 열려 있기 때문이다. 자연경관으로 보면 섬과 바다와 강과 평야와 야산, 인문 경관으로 보면 전근대와 근대와 현대가 혼합돼 있다. 특히 근대 역사문화가 가장 많이 남아 있는 곳이다. 군산 짬뽕과 이성당 빵집 스토리도 있다. 전북자치도는 전근대 미륵신앙과 근대 민족종교가 가장 많이 퍼져 있는 고장인데 의외로 우리나라에 교회가 가장 많은 곳이 군산이다. 일찍부터 외부에 개방되어 있어 기독교가 일찍부터 자리 잡았기 때문이다. 전북자치도 내 가장 큰 국가산업단지가 조성돼 있어 다른 지역 사람들도 많이 이주해 왔다. 부산보다 인구가 10분의 1도 되지 않는 작은 규모 도시에 부산 못지않은 개방성이다. 2023년(대한민국 105) 다큐멘터리 영화 〈군산전기〉는 군산 지역이 가지고 있는 개방성을 군산으로 이주해 온 이방인들 눈을 통해 잘 보여 주고 있다. 김제는 우리나라에서 유일하게 지평선이 보이는 곳이다. 그래서 해마다 지평선 축제를 하고, 이곳에서 나오는 쌀은 지평선 쌀이라고 브랜딩했다. 온-오프라인 매장도 '지평선 몰'이고, 유투브 '김제 지평선 TV'도 운영한다. 하지만 왠지 부족하다는 느낌이다. 지평선이 감흥을 주려면 중국 요동평야나 미국 중부 콘벨트(Corn Belt) 정도는 넓어야 할 것이다. 요동평야는 면적이 40만km^2로 3.5만km^2 정도인 호남평야 10배가 넘는 규모다. 한반도 2배 가까운 규모다. 그러니 박지원이 『열하일기』에서 요동평야를 보고 '가히 한 번 울 만한 좋은 울음 터[호곡장(好哭場)]'라는 역설을 말한 것이다(고미숙, 2012: 93~97). 미국 콘벨트는 요동평야보다 훨씬 커서 65만km^2 내지 110만km^2라고 하니 한반도 3~5배 규모다. 따라서 지평선을 볼 수 있다는 사실이 그리 크게 다가오지 않는다. 그래도 우리나라에서는 특유 독자 공간으로 의미 있다. 차제에 장수 빨강에 상응하는 노랑(황색)으로 표상하면 어떨까 한다. 황토에서 누렇게 익은 곡식이 황금벌판을 만들고, 벌판 앞쪽으로는 황해, 뒤편에는 모래에서 황금을 캘 수 있는 금산사 일원이 있으니까 그러하다. 부안은 반도형 국립공원이다. 우리나라 유일이다. 반도형이어서 산과 바다를 모두 한꺼번에 감상할 수 있다는 점에서 국내 유일이다. 이것으로 충분하다. 고창은 유네스코 7관왕이다. 국내만이 아니라 세계 유일이다. 고창도 이것으로 충분하다. 정읍은 복잡하다. 문화 콘텐츠가 많아 특정 하나를 꼽기 어렵다. 그러함에도 샘이 깊인 고을 이미지를 통한 개념 확장이 그나마 낫지 않을까 싶다. 샘 또는 우물은 평등과 사랑과 협동을 나타내는 것으로 이를 확장한 이미지화가 가능하기 때문이다. 물론 이는 예시에 불과하다. 해당 지역을 가장 잘하는 해당 주민 참여하에 결정하는 과정이 필수적으로 선행돼야 할 것이다.

이처럼 하나의 도시는 해당 도시를 가장 잘 표상하는 차별화 이미지를 선정해 이를 상품화한 후 이 상품 거래를 중개하는 시장을 창출하는 플랫폼 도시가 돼야 한다. 기차역에 있는 플랫폼처럼 하나의 상품을 거래하는 토대이자 사는 사람과 파는 사람을 중개하는 역할을 해야 한다. 문제는 팔거나 사는 사람이 일정 규모 이상으로 증가해 네트워크 효과(Network Effect)가 구현돼야 한다는 점이다. 하지만 이는 쉬운 작업이 아니다. 그리고 상품의 성격에 따라서도 달라질 수 있기도 하다. 그러함에도 이같이 명확한 방향성을 가지고 집중한다면 결과는 달라질 수 있다. 이를 위해 마이클 포터가 말하는 적합성을 심각하게 고려해야 한다. 제2장에서 적합성에는 3가지가 있다고 설명한 바 있다. 다시 한번 기술하면 1) 개별 활동(기능)과 전체 전략 간 일관성을 간명하게 유지(simple consistency), 2) 개별 활동 간 연계를 통한 강화과정에서도 유지해야 하는 적합성, 3) 활동 간 조정 및 정보 교환을 통해 중복된 부분을 제거하고 낭비를 최소화하여 정렬성을 유지하는 것 등이다. 이 3가지 적합성 유형은 부분이 아닌 전체 시스템 시각에서 가능한 것이고, 이런 전략적 전체 최적화가 있어야 지속성도 가능하다고도 얘기했다. 이를 한 마디로 표현하면 정렬(Alignment)이다. 정렬에 대해 캐플런과 노튼은 조정경기에 비유해 설명한다. 미국 보스턴과 캠브리지 사이를 흐르는 찰스강(Charles River, 129km)에서 벌어지는 8인승 조정경기에서 승리하는 것은 그들이 얼마나 조화롭게 일치단결해 노를 저을 수 있는가에 달려 있다. 아무리 강인하고 동기부여가 돼 있더라도 각자 다른 속도와 방향으로 노를 젓는다면 제자리를 맴돌다가 전복될지도 모른다. 즉 일치와 조화로움이 핵심이라는 것이다. 따라서 기업에서도 회사 내 기능 부서 간 정렬, 파트너사 등 사외 조직과의 정렬, 사업부와 고객 간 정렬 및 이에 대한 프로세스 관리가 중요한 것이다. 따라서 기업은 사업 및 지원부서 전반에 걸쳐 시너지를 창출하기 위해서는 정렬이 필수적이다(캐플런 & 노튼, 2007: 23~59). 이는 도시에서도 마찬가지다. 모든 도시는 1품을 선정한 후에는 이 1품을 중심으로 해당 도시에서 수행하는 모든 활동을 정렬(Alignment)시켜야 한다. 관 내부와 외부, 그리고 주민과의 관계 등 모든 분야에서 모든 활동이 '한 방향 정렬'을 통해 일관성을 유지하되, 이런 과정이 간명한 절차에 의해 수행되는 것이 필요하다. 어렵지만 가야만 할 길이라 생각한다. 1품 선정 그 자체보다 진정한 플랫폼 도시로 나아가기 위한 정렬이 더 중요한 것이다.

지속 가능한 성장을 지향하는 복거(卜居) 대안 만들기 3: 네트워크 도시[1품 1핵(核, Hub) 도시]

복거 대안 마지막은 네트워크 도시다. 물론 물리적 네트워크를 의미하는 것이 아니다. 특히 우리나라는 기술중심주의에 경도돼 유비쿼터스 도시(유시티, U-City) 또는 스마트 도시 담론이 유행처럼 퍼져 있어 네트워크 도시라고 하면 스마트 도시라고 오해하기 쉽다. 그리고 CCTV와 센서로 상징되는 물리적 네트워크과 이를 모니터링하는 관제센터 구축이 바로 스마트 도시라고 이해하는 것도 문제다. 화성 동탄 유시티(U-City)나 인천 송도 스마트 시티 등 그간 추진했던 곳에서 진정 도시 생활이 나아졌는지 의문이다. 예컨대 동탄 주거 중심지역 사이에 경부고속도로가 놓여있어 SRT 동탄역 접근성을 떨어뜨리고 있는 것 자체가 주민들로서는 당장 큰 문제다. 유시티는 이를 절대 해결해 주지 못한다. 박배균은 우리나라 스마트 도시론에 대해 3가지 문제점을 지적한다. 1) 4차 산업혁명론 문제점과 같이 산업주의적 관점에 강하게 포획돼 있음, 2) 스마트 기술을 고부가가치 도시개발로 포장하고 있으나 정작 도시적 삶의 질 향상에는 관심이 덜함, 3) 스마트 도시는 결국 스마트 감시사회로 이어질 우려 등이다. 그러면서 도시는 만남과 마주침의 장소라는 특성에 집중하여 우리가 사는 도시 사회를 보다 살기 좋은 곳으로 만들 것인가가 더욱 중요하다고 한다. 산업혁명 다음 단계로서의 도시혁명이다(박배균, 2024: 134~166). 즉 유비쿼터스 도시나 스마트 도시는 디지털 기술을 이용해 주민의 안전과 행복을 도모할 수 있다는 전제하에 다양한 시도를 했으나, 결국 CCTV와 센서를 설치한 것에 불과했다. 물론 이에 따른 소소한 편익도 있다.

네트워크 도시는 사람들이 연결돼 있다는, 즉 사람들 간의 네트워크를 의미한다. 따라서 기술주의, 산업주의, 국가주의에 경도되어 있는 유비쿼터스 도시나 스마트 도시와 다르다. 사람들 간 네트워크를 결정하는 기본적인 변수는 인구수다. 인구수가 많으면 많을수록 사람들이 연결될 가능성이 늘어난다. 따라서 인구수는 그 자체로 중요하다. 그런데 인구수를 무엇을 기준으로 할 것인가에 대해 최근 여러 개념이 등장하고 있다. 하지만 현재 거론되고 있는 개념은 그 목적에 따라 다양하게 정의되고 있어 일률적으로 이해하기 어렵다. 그나마 정주인구, 생활인구, 관계인구 등 3가지로 분류하면 MECE 관점에서 중복이나 누락 없이 구분할 수 있다고 본다. 먼저 정주(상주)인구(Resident Population)는 주민등록법상 거주인구다(주민등록법 제6조 1항). 통상 해당 지역 인구수를 말할 때 우리가 이해하는 인구 개념이다. 생활인구(De facto Population)는 정주인구를 포함해 지역에서 체류(통근, 통학, 관광 등)하며 지역의 실질적인 활력을 높이는 사람까지 포함한다. 법상으로는 특정 지역에 거주하거나 체류하면서 생활을 영위하는 사람으로서 다음의 어느 하나(주민등록인구, 체류인구, 외국인)에 해당하는 사람으로 정의하고 있다(인구감소지역 지원특별법 제2조 제2호). 우리나라는 국가 총인구 감소, 지역 간 인구유치 경쟁상황 극복 차원에서 생활인구 개념을 도입했고, 89개 시군구를 인구감소지역으로 지정(지방자치분권 및 지역균형발전에 관한 특별법 제2조제12호)해 생활인구를 산정하고 있다. 전북자치도에는 14개 시군 중 10개 시군(전주, 익산, 군산, 완주 제외)이 여기에 포함돼 있다. 이때 체류 여부를 측정하기 위해 주민등록자료 등 공공데이터와 통신 기지국 자료 및 카드회사 자료 등 민간데이터를 활용하는데 민간데이터는 누락 등이 있을 수 있어 정확하지는 않다. 하지만 추정치만으로도 의미 있다. 특히 수년간 누적 데이터 변화를 통해 변동 수치를 확인할 수 있다는 점에서 활용가치가 있다. 생활인구는 해당 지역 경제에 실제 영향을 미치기 때문에 중요하다.

생활인구에 대해 조금 더 구체적으로 들어가면, 먼저 주민등록인구는 정주인구 개념과 같다. 두 번째 체류인구(Staying Population)는 통근, 통학, 관광, 휴양, 업무, 정기적 교류 등의 목적으로 특정 지역을 방문해 체류하는 사람(주민등록지가 아닌 지역을 월 1회, 하루 3시간 이상)을 말한다(인구감소지역 지원특별법 제2조 제2호 및 시행령 제2조). 체류인구는 다시 방문인구, 장기체류인구, 교류인구 등으로 구분할 수 있다. 먼저 방문인구(Visiting Population 또는 Tourist, Traveler, Visitor)는 관광이나 체험을 목적으로 해당 지역을 방문하는 단기 방문객이다. 방문인구가 의미 있으려면 단순 1회 방문이 아니라, 재방문을 계속 유도하는 것이 필요하다. 숙박까지 해당 지역에서 한다면 지역경제에 더 도움이 되기 때문에 최소한 1박 2일 코스 이상 연계되는 프로그램 개발이 중요하다. 장기체류인구는 워케이션[Workation, 일(Work)과 휴가(Vacation)의 합성어로, 원하는 곳에서 휴식을 취하며 근무도 하는 새로운 근무형태]이나 장기출장, 여행 등 사유로 일정 기간 머무는 인구로 정의할 수 있다. 주민등록을 옮기지 않은 학생, 해당 지역에 직장이 있어 주중에 있다가 주말에 본인 집이 있는 지역으로 돌아가는 직장인 등도 여기에 포함되는데, 이들은 따로 '주 생활지 인구'로 분류하는 것도 가능할 것이다. 그리고 최근 유행하고 있는 '한 달 살이 또는 일 년 살이' 목적이나 퇴직 후 5촌 2도(五村二都) 또는 주말농장을 즐기기 위해 특정 지역에 거주하는 사람도 장기체류인구에 포함될 것이다. 교류인구(Interacting Population)는 일시적 방문이나 체류에 그치지 않고 경제·사회·문화 활동과 관련한 일정한 거래 활동까지 하는 사람으로 정의한다. 광역 관광 루트 개발 또는 자매결연 등을 통해 상호 협력관계에 있는 지자체, 온라인 창업자나 원격 근무하는 사람들도 해당 지역과 계속 교류한다는 측면에서 교류인구로 분류할 수 있다. 하지만 실제 그리 큰 규모는 아닐 것이어서 지역경제에 아직은 크게 도움이 되지 않을 것이다. 다만 초고속인터넷 시대이기 때문에 이런 부분에 종사하는 사람들이 훨씬 늘어날 개연성은 충분하다. 마지막 외국인은 관계 법령에 따라 외국인등록을 한 사람(출입국관리법 제31조) 또는 국내 거소신고를 한 사람(재외동포법 제6조)을 말한다. 참고로 정주인구는 해당 지역에서 잠을 자고 있다는 의미에서 야간인구(夜間人口), '주 생활지 인구'는 낮 시간에 해당 지역에서 활동하기 때문에 주간인구(晝間人口)로 분류할 수도 있지만, 정확히 일치하지는 않는다. 주간인구는 해당 지역 정주인구에 다른 지역에서 오는 통근 및 통학인구를 더하고, 다른 지역으로 가는 통근 및 통학인구를 뺀 것인데, '주 생활지 인구'는 주중 대부분을 해당 지역에 있다는 의미에서 매일 자기 집으로 돌아가는 주간인구와 구별된다고 하겠다.

다음은 관계인구(Related Population)다. 흔히 우리나라의 생활인구를 일본에서는 관계인구라고 부른다고 설명하는 경우가 많다. 하지만 생활인구와 관계인구는 개념이 엄연히 다르다. 관계인구는 '특정 지역에 계속 관심을 가지고 관계를 유지하는 (해당 지역에 도움 주는) 외지인'을 말한다(데루미, 2024: 87). 일본에서 2016년(대한민국 98)부터 등장한 개념이다. 지방 인구감소에 대응하는 차원에서 정주인구와 교류인구(일본에서는 주로 1회성 관광객) 사이에 잠자는 인구를 발굴하자는 의도다. 데루미는 『관계인구의 사회학』에서 관계인구 개념에 대한 배경으로 갸쿠산킨코타이[역참근교대(逆參勤交代)]를 거론한다. 이 제도는 에도 막부 시절 지방 다이묘를 통제하기 위해 다이묘를 정기적으로 당시 수도인 에도에 머무르게 한 제도다. 다이묘는 에도에 머무르다가 자기가 원래 거주했던 지방을 정기적으로 방문하는데, 시간이 지날수록 정기 방문 욕구는 갈수록 커졌을 것이라는 점에 주목한 것이다. 갸쿠산킨코타이는 우리나라 통일신라 시대 상수리 제도 및 고려 시대 기인제도와 유사하다.[16] 중앙집권이 확실히 자리 잡기 전, 지방을 통제하기 위해 일종의 인질을 중앙에 파견했던 제도라는 점에서 공통적이다. 수도 서울에 거주하고 있지만, 기반은 지방에 있어서 지방과 명확한 관계에 있다는 점이 관계인구 등장 배경이다. 데루미는 관계인구에 주목하는 2가지 이유를 거론한다. 하나는 지역재생을 위해 필요한 것은 도로와 시설 등 하드웨어 정비가 아니라 사람, 즉 주체라는 점이다. 일본에서는 지방 창생(재생이 아니라 아예 새롭게 만든다는 의미에서 창생임) 관점에서 하드웨어 정비에 주력했으나, 결국 한계에 봉착했다는 반성 차원이다. 두 번째는 사람 중에서도 지역 외 사람이 새로운 지역재생 주체로서 중요하다는 것이다. 관계인구는 지방 인구 감소시대에 정주와 관광 촉진에만 매몰되지 말자는 의미와 모든 지자체가 정주인구를 늘리는 과정은 결국 제로섬 경쟁이니 이를 지양하는 새로운 제3 대안으로서 의미가 있다. 정주인구는 주민등록을 어디에 둘 것인가 하는 0과 1의 선택으로 가기 쉽다. 그런데 인구감소 시대를 맞아 모든 지자체가 정주인구 증가를 목표로 한다면 인구수가 정해져 있는 상태에서는 플러스섬이 되기 어렵다. 이와 비교해 관계인구는 관계지역을 복수로 선택이 가능하니 지자체 간 공유도 가능하다는 것이다(데루미, 2024: 65~68). 한편 관계인구에서 외지인을 중시하는 것은 일본에서 지역소멸을 주장한 '마츠다 보고서(마츠다 히로야가 주축이 되어 만듦)'에서 지역을 되살릴 주역 3주체(청년, 바보, 외지인) 중 하나로 외지인을 거론하고 있는 것과 맥을 같이하

---

16) 상수리(上守吏) 제도는 각 주(州)의 관리 중 1명을 수도 경주로 불러 여러 관청에 머물게 한 제도를 말하는데, 이때 경주에 머물던 지방 관리를 지칭한다. 시행시기는 통일신라 문무왕 또는 신문왕 대라고 하지만 명확하지 않다. 이는 고려 태조 때 기인(其人)제도로 이어진다. 이 또한 지방 세력을 견제하기 위해 향리 등의 자제를 인질로 서울에 머물러 있게 한 제도로 조선 중기 1609년(광해군 1)까지 계속됐다가 폐지됐다.

는 것으로 보인다. 이때 청년은 나이가 아니라 청년 특유 감각으로 적극적인 실행력과 진취적인 판단력을 가진 사람을 말한다. 에너지를 상징한다. 한국에서도 '도시 청년 시골 파견제'를 운영하는 사례가 이와 같은 맥락인데, 나이가 15~39세로 제한된다는 점이 아쉽다. 그리고 외지 청년 유치보다 지역 청년 유출방지를 위한 투자가 우선돼야 한다는 지적도 있다. 바보는 아이디어와 애정을 갖춘 대담한 기획력을 가지고 있다는 의미에서 강조된다. 마지막 외지인은 숲을 바라보는 능력에 주목한다. 제3자로서 냉정한 관심과 객관적 분석을 갖추고 있는 사람이다(전영수, 2023: 130~134). 따라서 관계인구에서 강조하는 외지인과 맥락은 조금 다르다. 다만 외지인 중에서도 출향 후 다시 귀향한 사람은 고향에 대한 애정과 제삼자 시각을 동시에 가지고 있다는 점에서 같은 의미의 외지인이라 할 것이다.

관계인구에서 핵심은 사회적·정서적 유대감이다. 이런 관점에서 보면 관계인구에는 원래 해당 지역과 어떠한 형태이든지 연고가 있는 사람들과 그 외 관계인으로 나눌 수 있다. 연고가 있는 사람은 다시 단순 연고인과 출향인 등으로 구별할 수 있다. 단순 연고인은 과거 근무지, 거주지 또는 군대 복무 등 어떠한 형태이든 해당 지역과 유대 경험이 있는 사람들이다. 출향인은 해당 지역에서 태어났다가 타지로 떠난 사람들이다. 본인을 출향 1세대라고 한다면 자녀 세대로 내려가면 출향 2세대, 손자녀 세대는 출향 3세대다. 연고인과 출향인, 이 둘을 합해 연고가 있다는 의미에서 연고 인구라고 개념화할 수 있을 것이다. 그 외 관계인은 재해복구 참여 또는 기타 사회봉사 활동 등을 통해 해당 지역과 처음 관계를 맺다가 지속 이어진 경우라 하겠다. 연고가 있는 사람 중에서 특히 중요한 것은 출향인이다. 지방에 부모님을 두고 있는 출향인은 해당 지방에 대한 유대관계가 더욱 크다. 이들은 지금도 부모님에게 용돈 등 목적으로 일정 금액을 정기적으로 보내주고 있는데, 이 송금액이 쇠락하고 있는 지방을 그럭저럭 버티게 하는 이유 중 하나일 것이다. 고향에 있는 부모

님은 경제활동을 통한 소득이 없어도 자식들로부터 받는 이전소득이 있어 해당 지역에서 소비 등 경제활동을 할 수 있다. 개별적으로는 작은 규모지만 전체 부모님들을 모두 합하면 큰 규모여서 지역경제에 일정한 활력을 제공하는 것이다. 소비자 관점에서 박리다매를 이해하면 이와 같을 것이다. 하지만 인구구조상 베이비 붐 세대[17]가 갈수록 노령화되고 있고, 고향에 계신 부모님들도 점차 돌아가실 것이어서 이 또한 줄어들 것으로 예상한다. 다른 지역도 마찬가지지만 전북자치도는 특히 이 출향인에 주목해야 한다. 〈그림 3-9〉를 다시 보면 1949년(대한민국 31)에 전북자치도 인구는 전체 약 2020만 명 중 196만 정도(금산군 제외)여서 약 9.7%다. 이런 수치를 단순 환산하면 2025년(대한민국 107) 6월 말 기준 약 5120만 명 중 10% 수준인 500만 명 정도가 전북자치도 출신이라고 추정해 볼 수 있다. 물론 전북자치도에서 출생하지 않은 사람들(예컨대 출향 2~3세대)이 포함된 경우도 많을 것이다. 하지만 최소한 부모님이나 조부모님 고향이 전북자치도인 것은 분명하다. 따라서 2025년(대한민국 107) 6월 말 주민등록 기준 전북자치도 정주인구는 3.4% 수준인 약 173만 명 수준이지만, 출향인에 덧붙여 단순 연고인, 그 외 관계인 등을 고려하면 전북자치도 관계인구는 500만 명보다 훨씬 많을 것이다. 즉 이 관계인구를 실제 정주인구 못지않게 지역경제에 보탬이 되는 방향으로 유인할 수 있는지는 매우 중요한 과제다. 진정성을 가지고 이들에게 마음을 다해야 한다. 특히 2023년 1월 1일 시행(고향사랑 기부금에 관한 법률)된 '고향사랑기부제'는 운영 여하에 따라서는 큰 기폭제가 될 수 있을 것이다.

인구 개념 3가지를 종합 정리하면 다음 〈표 3-2〉와 같다.

정주인구와 생활인구 중 '주 생활지 인구'는 현재에도 해당 지역을 거점으로

---

[17] 우리나라에서는 1954~63년생을 보통 1차 베이비 붐 세대라고 하고, 1964~73년생을 2차 베이비 붐 세대라고 한다. 하지만 정확한 시기에는 여러 의견이 분분하다. 대체로 한국전쟁 후 1970년대 초중반에 태어난 사람으로 보면 될 것이다.

〈표 3-2〉 다양한 인구 개념에 대한 설명

	정의	세부 내용
정주인구	주민등록상 거주인구(주민등록법)	• 통상적으로 해당 지역 인구수는 이 기준으로 산정함
생활인구	정주인구에 더해 주민등록은 돼 있지 않으나, 해당 지역에서 경제사회문화 활동을 수행했거나 수행하는 인구(인구감소지역 지원특별법)	• 정주인구: 주민등록상 거주인구 • 방문인구: 단순 관광객으로 1회 방문 • 장기체류인구: 워케이션, 출장 및 장기 여행 등 일정 기간 이상 체류(5촌 2도 생활 또는 ○○살이 포함)+주 생활지 인구(직장 및 학업 목적으로 해당 지역에서 주중 생활) • 교류인구: 상호 협력 지자체, 온라인 창업자, 원격근무자 등
관계인구	주민등록이 돼 있지 않고, 해당 지역에서 경제사회문화 활동을 수행하고 있는 것도 아니지만, 특정 경험에 따라 사회적·감정적 유대관계가 있는 인구	• 연고인구: 연고인(과거 근무지 또는 주거지 등 유대감이 있는 유경험자)+출향인(출생 후 다른 지역으로 출향, 최소 부모 또는 조부모 고향) • 그 외 관계인: 재해복구 및 사회봉사 활동 등을 통해 해당 지역과 유대관계를 가지고 있는 인구

살아가고 있는 사람이다. 정주인구는 해당 지역에 세금을 내는 사람이기 때문에 중요한 측면이 있지만, 오히려 다른 지역에서 주 생활지 인구로 살아가는 사람이 있을 수 있어 그 중요도가 다소 줄어든다. 생활인구의 경우 해당 지역에서 거래 활동이 늘어난다면 해당 지역 경제에 도움이 될 것이나, 세금 납부와는 무관하므로 기본적인 의식주에 국한돼 한계가 있을 것이다. 한편 정주인구와 생활인구 규모를 인위적으로 바꾸기는 어려울 것이다. 수도권, 일부 충청권을 제외하고 대부분 지방에서는 점점 이들이 줄어들고 있을 것으로 생각한다. 기업체에서 운영하던 많은 지점이 광역화 과정에서 통폐합되고 있어 지점 명칭이 출장소 또는 분점 형태로 바뀌고 있다. 상황이 이렇다 보니 인구가 줄어들고 있는 지방에서는 관광 목적 방문인구를 증가시키는 것에 주력하고 있다. 하지만 우리나라 사람 속성상 한 번 가 본 곳을 다시 가는 비중이 매우 낮다. 재방문률을 높이기 위해서 모든 지자체에서 다각적으로 노력하고 있지만 쉽지 않다. 정주인구와 생활인구는 법에서 정의하고 있어 개념도 명확

하다. 정주인구는 정확한 수치로 나타낼 수 있고, 생활인구는 모바일 기지국과 신용카드 이용정보 등을 통해 근접하게 추정할 수 있기도 하다. 하지만 관계인구는 여전히 개념이 모호하여 이들을 늘리기 위한 활동을 명확하게 할 수 없다. 측정할 수 없으니 평가도 할 수 없다. 게다가 인구라는 개념까지 붙어 있으니 다른 지역 인구를 옮기도록 해야 우리 도시 인구가 늘어나는 것처럼 오해할 수도 있다. 그러함에도 사회적·정서적 유대가 있으니 이들을 타깃으로 한 활동 여하에 따라 지역경제에 크게 도움이 될 수 있으니 관심을 가져야 한다. 관계인구 중요성은 이론적으로 멧칼프 법칙(Metcalfe's law)으로 설명할 수 있다. 이 법칙은 통신 네트워크 가치는 사용자 수 제곱에 비례한다는 경험적 법칙이다. 네트워크에 단지 속해 있다는 것보다는 실제 사용하게끔 만드는 것이 중요하다. 즉 점으로서 절대 인구수보다 선으로서 사람들 간 실제 연결이 중요한 것이다. 관계인구는 사회적·정서적 유대감이 있으니 연결될 개연성이 높아 네트워크 가치를 훨씬 키운다. 여기에 한 가지 더 중요한 개념이 있다. 이른바 네트워크 효과(Network Effect)다. 이는 특정 상품에 대한 어떤 사람의 수요가 다른 사람들의 수요에 의해 영향을 받을 때 나타나는 효과다. 경제학 관점에서는 경제 거래 당사자가 아닌 제삼자에게 영향을 준다는 의미에서 네트워크 외부성(Network Externality)이라고도 한다. 네트워크 효과는 연결의 수에 비례한다. 즉, 네트워크의 가치가 노드(사용자)의 수가 아니라 링크(관계) 수(즉 점이 아니고 선)에 의해 결정된다는 것이다. 역시 연결이 중요함을 말하고 있다. 사회적·정서적 연결이다.

대한민국 2024년(대한민국 106) 말 합계출산율은 0.75명이다. 합계출산율은 여성 1명이 평생 낳을 것으로 예상하는 평균 출생아 수다. 쉽게 이해하면 남녀 한 쌍이 평생 낳는 자녀의 수와 같은 개념이다. 출생하는 아이는 줄어들고 노인 인구는 급속히 증가한다. 2024년(대한민국 106) 12월 23일 우리나라는 65세 이상 주민등록인구가 전체 주민등록인구의 20%에 도달했다. 초고령사회가 된 것이다. 이러다 보니 인구감소에 대한 위기의식이 점차로 커지고 있다. 우리나라는 인구감소도 문제지만 감소 속도가 지나치게 빠르고 인구구조 변화가 심해 일할 사람이 사라진다고 얘기할 정도다.[18] 이런 와중에 지방은 이중의 인구위기를 겪고 있다. 수도권 등으로 빠져나가는 사회적 감소와 함께 노년층 사망 등에 따른 자연감소가 더해지고 있다. 전국적으로는 다소 견딜 만한 수준으로 보일지 몰라도 지방은 심각한 상황이다. 평균의 함정이다. 상황이 심각함에도 정주인구 수를 쉽게 늘릴 수 없다. 생활인구 증가에도 한계가 있다. 따라서 관계인구가 중요하다. 그렇다고 모호한 개념인 관계인구 증가를 위해 무작정 노력할 수 없다. 따라서 정주인구를 증가시키려는 노력과 함께 생활인구 중 주 생활지 인구를 타깃으로 삼아 집중해야 한다. 그래서 주 생활지 인구가 원래 지역으로 돌아가더라도 연고인구로서 역할을 할 수 있도록 만들어야 한다. 연고인구에는 출향인이 포함돼 있다. 따라서 지자체에서 타깃으로 삼아야 할 주 고객은 이들 세 인구(정주인구＋주 생활지 인구＋연고인구)여야 한다. 한편 이 세 인구 개념을 조합한 지표를 만들어 목표 수준을 잡고 재생정책 방향을 잡는 것도 가능할 것이다. 예컨대 주 생활지 인구를 정주인구로 나눈 수치도 가능하고, 주 생활지 인구와 연고인구의 합에서 중복인구를 제외하고 정주인구로 나눈 수치도 가능하다. 앞 지표를 단순 활력 지수, 그리고 뒤 지표를 가중 활력 지수라고 명명하면 어떨까 한다. 이 지수를 지속 누적 측정한다면 해당 지역을 어떻게 활성화할 것인가에 대한 유용한 팁을 발견할 수 있을 것이다. 연고인구는 단기적으로 고향사랑기부한 사람수를 기준으로 측정하고, 중기적으로 정의를 보다 다듬어 나가면 될 것이다. 일관되게 꾸준히 측정하는 것이 더욱 중요하다.

네트워크 도시는 3가지 유형으로 구분한 인구 개념을 적극적으로 활용하

---

18) 자세한 내용은 이철희(2024) 참조

는 도시다. 이 중에서도 정주인구, 주 생활지 인구 및 연고인구에 주력하는 도시다. 이들 세 인구는 해당 지역에 대한 일정한 인연이 있는 인구들이다. 해당 지역에서 태어났거나(지연), 학창 생활을 보낸 지역이거나(학연), 가족이 있거나(혈연), 직장 및 군생활 등 근무지가 있었던(업연 또는 직연) 곳이다. 그러다 보니 해당 지역에 대해 사회적·정서적으로 매우 가깝다고 느낀다. 인연을 강조한다고 해서 끼리끼리 패거리 문화를 만들자는 것은 당연히 아니다. 정실주의(情實主義)나 인맥주의를 주창하는 것도 아니다. 다만 유대감이 있으니 연결이 쉽고, 연대가 가능하다는 점에 주목하자는 것이다. 사람 간 연계가 중요한 네트워크 도시다. 이런 연계를 기반으로 모든 도시는 플랫폼 도시에서 한발 더 나아가 해당 1품 거래 중심 역할을 하는 1핵(Hub) 도시로 나아가야 한다. 1품 1핵 도시다. 1핵 도시가 되기 위해 사람 간 연계, 즉 네트워크 규모를 키워야 하고, 이를 위해서는 정주인구, 주 생활지 인구 및 연고인구 등 3가지 인구 유형 모두를 활용해야 한다. 이때 유대감 강화를 통해 도시의 매력을 계속 제공하는 것이 중요하고, 매력을 제공하는 과정에서 핵심 개념은 '진정성'이다. 한때 선풍적 인기가 있었던 관광지 또는 아이템(예, ○○ ××마을 등)이 주로 외부인에 의한 상업화 잇속에 따라 원래 매력을 잃어버리는 경우가 부지기수다. 진정성이 사라지면 해당 도시가 제공했던 매력도 줄어들어 유대감도 점차 희석돼 버리는 것이다. 우리나라 사람들은 특히 입소문에 강해 한 번 나쁜 평가가 나타나면 급속도로 퍼지기 때문에 진정성은 항상 염두에 두어야 할 철칙과도 같은 것이다. 지역 특유 차별적인 1품을 독창성이 있는 진품(Originality)으로 삼아야 한다. 'made in ○○'와 'designed by ○○'를 넘어 'originated from ○○'으로 바뀐 브랜드 원산지가 중요한 시대다. 지리적 결합을 통해 특정 시·공간 시장 상황에서 1품의 가치를 포착하고 이를 브랜딩해서 스며들게 해야 한다. 앤디 파이크는 이를 오리지네이션으로 개념화했다(파이크, 2022: 107). 지역주민으로부터 자연스럽게 우러나오는 진정성(Authenticity)이 뒷받침되고, 주민 자치 역량(Autonomy)에 의해 강화되며, 이런 진정성을 받아들이는 소비자들의 충분한 수용성(Acceptability)에 의한 호응이 있어야 제대로 된 진품이 된다. O = 3A다. 전북자치도 14개 시군은 독창성이 뛰어난 1품이 많다. 따라서 진정성과 자치역량으로 소비자들의 수용성을 이끈다면 확실한 1품 플랫폼이 될 것이다. 이를 정주인구, 주 생활지 인구 및 연고인구 등을 연결해 확장적 선순환 구조를 만드는 것이 필요하다. 1품 1핵(Hub) 도시다. 1품 1핵 도시는 최소한 한가지 상품에 관해서는 확실한 중추도시다. 1품 1핵 도시가 정착되면 지역 활기 ⇨ 경기 회복 ⇨ 소득 증대 ⇨ 세수 확대 ⇨ 기반 강화 ⇨ 직주 실현 ⇨ 인구 유지 또는 증가로 이어질 것이다. 1품 1핵 도시 성공을 발판으로 2품, 3품 등으로 확대하자.

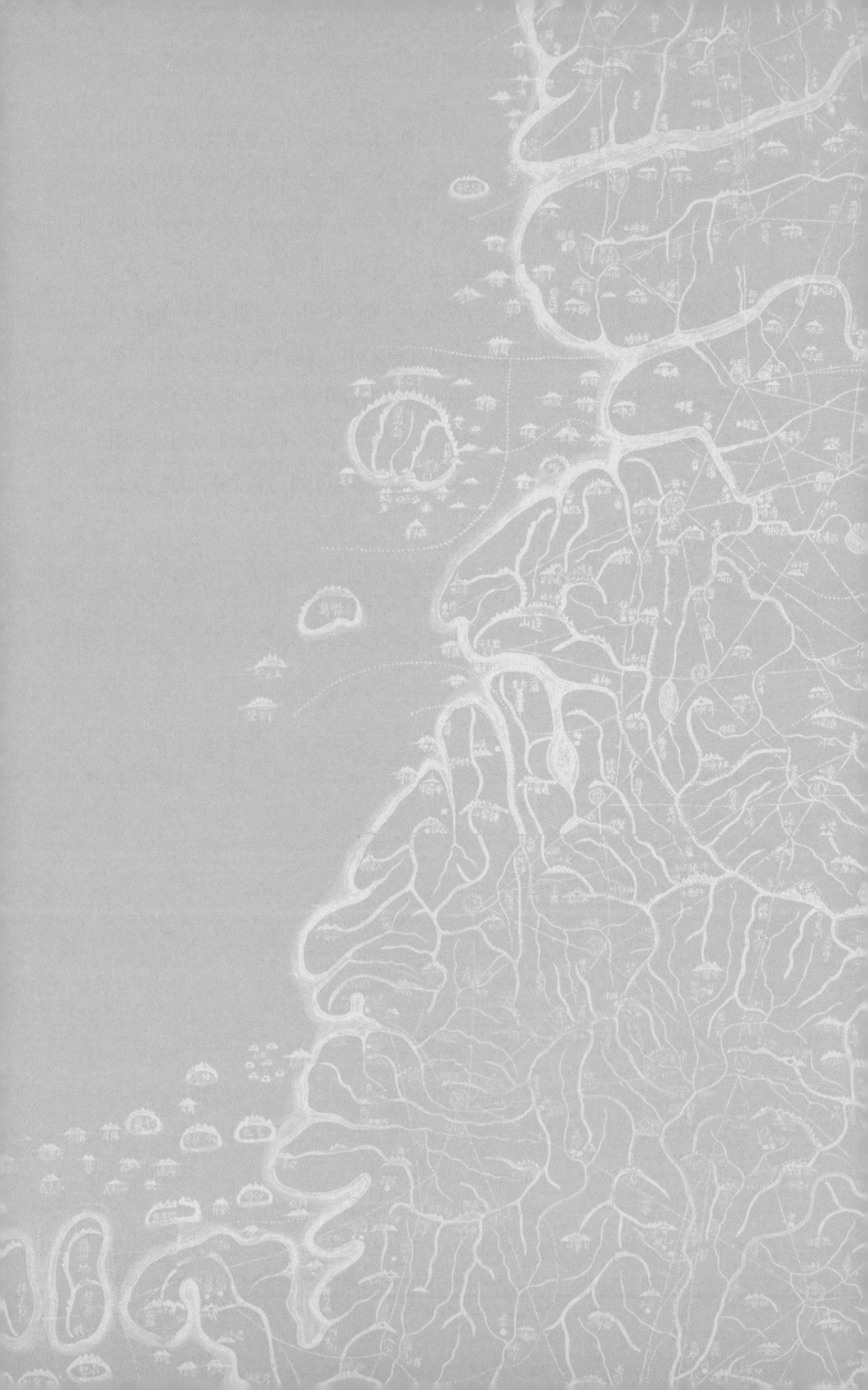

제4장

결론 [또는 총론(總論)]
_가거지(可居地) 전북자치도

전북자치도는 동고서저(東高西低) 지형

전라도, 특히 전북자치도는 '따로 또 같이' 문화를 가지고 있다고 했다. '따로 또 같이'는 '같은 것은 같게, 다른 것은 다르게' 대우하는 아리스토텔레스(Aristoteles. BC 384~322)가 말하는 배분적 정의와 통한다.[1] 합리적 기준에 따른 상대적 평등관이다. 원효대사가 말한 원융회통(圓融會通) 정신이다. 모든 대립과 모순 및 쟁론을 조화롭게 극복해 하나의 세계로 지향하는 화쟁(和諍) 사

---

1) 정의는 올바름이다. 아리스토텔레스는 정의를 크게 보편적 정의와 특수적 정의로 나눈다. 보편적 정의는 모든 사람에게 요구되는 올바름이다. 이는 준법을 의미하는데 이때 법에는 넓은 의미에서 사회규범을 포함한다. 특수적 정의는 특수 상황에 적용되는 것으로 자신에게 주어진 몫보다 많은 몫을 갖지 않고 공정하게 갖는 상태. 특수적 정의는 다시 교정적 정의와 배분적 정의로 구분한다. 교정적 정의는 산술적 비례의 동등함을 추구하는 것이다. 기브 앤 테이크(Give and take)다. 함무라비 법전에서 '눈에는 눈, 이에는 이', 고조선 8조 법금에서 '살인을 한 자는 사형에 처한다'라는 원칙과 같다. 배분적 정의에는 기하학적 비례에 따른 동등함이 중요하다. 기계적 균등이 아니다. 배분적 정의는 시민들 사이에 분배되는 권력, 명예, 재화와 관련된 것으로 각자의 가치에 따라 권력, 명예, 재화가 분배돼야 한다는 것이다. '같은 것은 같게, 다른 것은 다르게'다. '따로 똑같이'다 (인터넷에 있는 자료를 저자가 정리).

상이다.[2] 전북자치도가 이런 문화를 가지게 된 배경 중 하나로 다양한 지형과 식생 및 기후가 기인한 바가 크다고 본다.

전북자치도는 동고서저 지형이다. 동쪽은 아주 높은 산들로 가득하다. 한반도 남쪽에서 가장 높은 지리산과 세 번째로 높은 덕유산이 있다. 지리산과 덕유산은 흙산이다. 봉우리가 가파르게 높지 않고 평평하다. 뼈를 앙상하게 드러낸 골산(骨山)이 아니라, 뼈를 부드럽게 덮는 육산(肉山)이다. 따뜻하고 평화롭다. 산 정상 부근에 평전(平田. 세석평전과 덕유평전)이 있어 봄날 철쭉 가득한 자태를 자랑한다. 지리산과 덕유산이 이처럼 평평한 모양을 갖게 된 이유는 대부분이 편마암으로 구성돼 있기 때문이다.[3] 편마암은 수평적으로 매우 치

---

[2] 원융회통(圓融會通)은 원효대사가 표방하신 화쟁 사상을 설명하는 핵심 글귀다. '원'은 거대한 순환, '융'은 융합, '회'는 모임, '통'은 의사소통'이니, '서로 다른 생각을 조화롭게 통합, 즉 융합해 하나로 소통하게 한다'는 말이다. 화쟁 사상은 원광(圓光. 542~640, 신라 진흥왕 3~선덕여왕 9)과 자장(慈藏. 590~658, 신라 진평왕 12~태종무열왕 5)에 의해 싹이 텄고, 삼국통일 전후 시기에 원효에 의해 집대성됐다. 원효는 특정 교설이나 학설을 고집하지도 버리지도 않고, 모순과 대립을 한 체계 속에 통일시켰다. 이 기본구조를 가리켜 원효는 '화쟁'이라고 했다. 인간 세상 또한 '화'와 '쟁'이라는 양면성으로 구성돼 있다. 원효 화쟁 사상은 고려 시대 의천(義天. 1055~1101, 문종 9~숙종 6)과 지눌(知訥. 1158~1210, 의종 12~희종 6)로 이어진다. 의천이 교(教)를 중심에 두고 선(禪)을 수용하려고 했던 반면, 지눌은 선을 중심에 두고 교를 통합하려 했다. 오늘날 지눌을 선교합일(禪教合一)을 주창한 사람, 정혜쌍수(定慧雙修) 구현자라고 말하는 것은 그가 화쟁 정신에 입각해 있다는 것을 말해준다. 선을 실천, 교를 이론이라면 이 둘을 함께 해야 한다는 것이다. 정혜쌍수 역시 마찬가지로 선정과 지혜를 따로 닦지 않고 병행해야 한다는 불교 수행법이다. 조선 초기에 기화(己和. 1376~1433, 고려 우왕 2~조선 세종 15)는 불교 내 화쟁에서 한 걸음 더 나아가 유교와 불교 간 화쟁을 도모하고자 했다. 조선 시대 불교 중흥조라 일컬어지는 휴정(休靜. 1520~1604, 중종 15~선조 37)은 지눌이 주창한 정혜쌍수를 계승했을 뿐 아니라, 선과 염불 간 일치를 주장해 선과 교와 염불 사이에 있어 조화로움을 정착시켰다. 화쟁은 화와 쟁을 정(正)과 반(反)에 두고 그 사이에서 타협함으로써 이루어지는 변증법적 합(合)이 아니다. 오히려 정과 반이 가지고 있는 근원을 꿰뚫어 보아 이 둘이 불이(不二)라는 것을 체득함으로써 쟁(爭)도 화(和)로 동화시켜 나간다. 현상적으로 쟁(爭)이 있는 상태도 그 근원에서 보면 하나로 화(和)하는 과정에 있을 뿐이라는 것이다. 화쟁 사상은 우리나라 불교 저변에 깔린 핵심사상이다. 우리나라 불교가 이룬 크나큰 성과다(한국민족문화대백과사전).

[3] 편마암이 아니라 화강암으로 구성된 산들은 기기묘묘한 형상을 가진 바위로 된 봉우리들을 만든다. 화강암은 우리나라 산지에서 구성비율이 30%를 차지한다. 화강암은 무척 단단하고 견고하지만 물을 만나면 쉽게 풍화된다. 화강암을 구성하는 석영, 운모, 장석 등이 물과 반응할 때 화학적 수치가 달라 침식을 받으면 쉽게 부서지기 때문이다. 서울 북한산, 도봉산, 관악산, 강원도 금강산,

밀하고 단단한 구조여서 수분이 쉽게 침투하지 못한다. 따라서 침식과 풍화작용이 활발하지 못해 암석 경관이 다양하지 않고 평평한 모양이 된 것이다. 대신 식생이 안착하기 쉽고, 그 밀도와 영속성이 높아 울창한 삼림지대를 만든다(이우평, 2007b: 178~179). 비단 지리산과 덕유산만이 아니다. 이 큰 두 산 외에도 20여 개 이상이나 되는 1000m 넘는 큰 산들이 있다고 얘기한 바 있다. 면적이 그리 크지 않은 도에 이렇게 높은 산들이 많다는 것은 전북자치도가 다채로움을 간직하고 있는 독특한 자연경관이라는 점을 말해 준다. 산봉우리가 높이 솟은 만큼 골짜기도 깊을 것이기 때문이다. 다소 낮은 능선에는 산 이쪽에서 저쪽으로 넘어가는 고갯마루도 많을 것이기 때문이다. 게다가 전북자치도에는 한반도 남부지방에서 찾아보기 어려운 고원지대를 품고 있다. 북부지방에는 개마고원, 중부지방에는 대관령 고원이 있다면, 남부지방에는 진안고원과 운봉고원이 있다. 전북자치도 동쪽 산악지대에는 6개 시군이 자리 잡고 있다. 남원시를 위시하여 순창군, 임실군, 장수군, 무주군, 진안군 등이다. 시군별 가장 높은 산을 보면, 남원시는 전라남도 구례군과 경계에 있는 지리산 반야봉(1732m), 순창군은 회문산(837m), 임실군은 성수산(876m), 장수군은 경상남도 거창군과 함양군 경계인 남덕유산(1507m), 무주군은 덕유산 향적봉(1614m), 진안군은 운장산(1126m)이다. 최소한 800m가 넘는 산들로 소백산맥에서 가장 높은 지리산과 노령산맥에서 가장 높은 운장산이 포함돼 있다. 장수에는 온전히 장수군 내에 있는 장안산(1237m)도 있다. 이처럼 상대적으로 높은 지형임에도 그 산들 사이에 구릉성 분지가 있고, 구릉성 분지에 사람이 들어가 살면서 크고 작은 마을, 나아가 더 크고 작은 고을이 됐다.

    전북자치도 서쪽은 온통 평야다. 한반도 전체에서 가장 너른 들이다. 이곳에는 큰 산이 없으니 고도가 낮다. 서저다. 이곳에는 바닷가를 끼고 있는 군산

설악산, 충청북도 월악산, 충청남도 계룡산, 전라남도 월출산 등이 이에 해당한다(이우평, 2007a: 38~41).

〈그림 4-1〉 전북자치도 14개 시군 내 가장 높은 산

시, 김제시, 부안군, 고창군 등 2시 2군이 포함된다. 이 4개 시군별 가장 높은 산은 순서대로 군산시는 망해산(230m), 김제시는 모악산(795m), 부안군은 변산(509m), 고창군은 방장산(743m)이다. 군산시 망해산은 전국 160여 개 시군별로 시군 내에 있는 가장 높은 산 중 오산시 독산(禿山, 208m), 평택시 무봉산(舞鳳山, 208m), 목포시 유달산(儒達山, 228m)에 이어 네 번째로 낮다. 그 외 시군은 고도 250m를 넘는다. 김제시는 모악산이 가장 높은 산인데 완주군과 경계에 있는 이 산을 제외하고는 대부분 평야다. 벽골제 수리에 동원된 일꾼들이 버린 짚신과 흙이 쌓여 만들어진 신털미산(15.9m)도 산이라고 부른다고 얘기한 바 있다. 부안군 변산 주변은 대부분 해안가다. 거꾸로 얘기하면 변산이 우뚝 솟아서 변산반도를 만든 것으로 얘기할 수 있다. 부안 읍내는 변산 뒤쪽 평야 지대에 물러나 있다. 고창군 방장산은 문수산(文殊山, 621m), 구황산(九皇山, 500m)과 함께 전라남도 장성군과 경계를 이루는 산이다. 노령산맥 마지막 줄기다. 장성군 경계가 아닌 곳으로 따지면 가장 높은 산은 선운산 도립공원

내 소요산(逍遙山, 445m)이다. 타 시군과 경계가 아닌 지역으로 따지면 서저 평야 지대에서 가장 높은 산은 부안 변산이다. 이외 지역은 구릉성 평야이거나 낮은 산으로 구성돼 있다. 구릉성 평야가 아닌 순수한 평지는 상당수가 간척지다. 따라서 서저 지대에서는 지평선과 수평선을 모두 볼 수 있고, 낙조 또한 일품이다. 게다가 바다에는 무인도를 포함 130여 개 섬이 있는데 남한 5위 규모다.

동고서저 가운데 융합(점이)지대가 있다. 지나친 비약을 막기 위해 당연히 필요한 부분이다. 융합지대에는 완주군, 전주시, 익산시, 정읍시 등 3시 1군이 포함된다. 너무 높지도 않고 너무 낮지도 않다. 비산비야다. 대체적으로는 동부 산악지대와 비교해서 상당히 낮은 지대로 서부 평야지대와 다른 점은 바다와 면해 있지 않다는 것이다. 〈그림 4-1〉을 다시 보면 완주군에서 가장 높은 산은 대둔산(大芚山, 878m)이다. 익산시는 천호산(天壺山, 500m), 전주시는 기린봉(麒麟峰, 307m), 정읍시는 내장산(內藏山, 763m)이다. 상대적으로 높은 두 산인 대둔산과 내장산 역시 동쪽 지방에 치우쳐 있으며, 그 외 지역은 500m 이내다. 대둔산은 충남 논산시, 금산군과 경계이고, 내장산은 순창군, 전라남도 장성군과 경계. 경계 안쪽은 완전한 평야 지대는 아니지만, 상대적으로 너른 들이 펼쳐져 있는 곳이다. 〈그림 4-2〉를 보면 오른쪽 산악지대와 왼쪽 평야 지대 사이는 산과 평야가 혼합된 형태로 보인다는 것을 알 수 있다. 정확하게는 노령산맥과 노령산맥 산록과 접해 있는 저지대 호남평야 부분이다. 겨울철 서해에서 습기를 품은 공기가 갑자기 높아진 노령산맥을 만나 올라가다

〈그림 4-2〉 전북자치도 지형도

가 정읍 등지를 다설지역으로 만들었다고 얘기한 바 있다. 한편 군산 등지를 지나는 바다 공기는 노령산맥을 넘어 더 높은 소백산맥을 다시 만나다 보니 덕유산 일대를 다설지역으로 만들었다. 노령산맥과 소백산맥 사이 하단 부분이 임실군과 순창군이다. 맛있는 고추장 제조법은 이 산맥 사이라는 점이 영향을 미쳤을 거라고 얘기한 바 있다. 왼쪽 가운데 부분에 앞으로 튀어나온 변산반도 일대가 보이고, 그 아래 곰소만이 있다. 그 일대에서 약간 진한 색으로 보이는 부분이 부안 변산과 그 아래 소요산이 있는 고창 선운산 도립공원이다. 이처럼 전북자치도 지형은 노령산맥과 소백산맥이 동쪽에 길게 늘어서 있고, 서해와 면해 있는 너른 평야 지대가 있으며, 그 사이에는 이 둘을 하나로 묶는 융합지대가 있다. 전형적인 동고서저 지형인데 가운데 융합지대가 있어 동고와 서저를 완충한다.

동고서저 지형이 '따로 또 같이' 문화로 이어졌다

전북자치도의 동고서저 지형적 특성은 16대 명산과 4대강을 낳았다. 16대 명산은 산림청에서 '2002년(대한민국 84) 세계 산의 해'를 기념하고 산의 가치와 중요성을 새롭게 인식시키기 위해 같은 해 10월에 선정한 100대 명산 중 전북자치도에 있는 산들이다. 다시 한번 언급하면, 지리산(남원), 추월산, 강천산(이상 순창), 장안산(장수), 덕유산, 민주지산, 적상산(이상 무주), 마이산, 운장산(이상 진안), 대둔산(완주), 모악산(김제), 변산(부안), 선운산, 방장산, 백암산(이상 고창), 내장산(정읍) 등이다. 지리산, 덕유산, 변산, 내장산 등은 국립공원으로 지정됐다. 4대강은 금강, 섬진강, 만경강, 동진강이다. 그리고 16개 국가 지질공원 중 3곳(전북 서해안권, 진안·무주, 고군산군도)이 있다. 이 중 전북 서해안권은 우리나라에 있는 유네스코 세계 지질공원 5곳 중 1곳이다. 남한 면적 8%에 불과한 자그마한 땅에 100대 명산 중 16개, 국립공원 4개, 국가 지질공원 및 세계 지질공원, 그리 짧지 않은 4대강 발원지, 150여 개가 넘는 섬 등 전북자치도 지형은 이 지역을 더욱 다채로운 공간으로 만든다. 전라도 전체로 확대하면, 전북자치도에 상대적으로 적은 섬 지형을 전라남도에서 크게 보완해 주고, 전북자치도는 전라남도 지역에 부족한 고원지대와 너른 평야를 보완해 주니 정말로 다채로운 경관이라고 할 것이다. 이처럼 다채로운 공간은 한반도 전체로 보아 전라도 외에는 없다. 햇빛과 바람도 충분하다. 모든 것이 풍성하다. 천혜의 땅이다.

동고서저 지형과 서해를 면하고 있다는 특성은 전북자치도 기후에도 영향을 미친다. 기상청 날씨누리집에 따르면 전북자치도 기후는 남북보다는 동서의 차이가 크게 나타난다. 당연한 말이지만 동고서저 지형으로 인한 영향이다. 전북자치도 기후는 크게 서해안, 동부내륙 및 중부내륙 등 3개 기후권으로 분류한다. 서해안은 해안에 면해 있는 평야 지대인 군산, 부안, 김제, 고창 등이다. 동부내륙은 남원, 임실, 장수, 무주, 진안 등이다. 중부내륙은 융합지대로서 완주, 전주, 익산, 정읍에다 순창이 포함된다. 순창 지역이 동부내륙이 아니라 중부내륙에 포함되어 있다. 이 부분이 '순창' 고추장이 가진 비밀일지 모른다는 점은 '순창' 지역을 설명하면서 얘기한 바 있다. 3개 기후권 각각을 보면, 먼저 서해안은 바닷가 특성이 있어 상대적으로 기온 연교차가 적고, 습도가 높으며, 바람이 다소 강하다. 동부내륙은 기온 연교차와 월간 강수량 편차가 크고, 중부내륙은 해안성 기후와 산악성 기후 특성이 혼재돼 나타난다. 이런 설명은 너무나 당연하다. 그리고 이렇게 구분하지만 3개 기후 권역별로 엄청나게 차이가 날 정도는 아니다. 상대적 미세 차이에 불과하다. 전북자치도 연평균기온은 12.5도이고, 전국 연평균기온은 7도(대관령)~15도(부산)이니 전북자치도는 상대적으로 조금 높은 편이다. 그리고 전북자치도 연 강수량은 1326.8mm로 전국 평균 1306.3mm보다 약간 많다. 한편 전북자치도는 규모 4.9 이상 지진이 발생한 적이 한 번도 없는 지역이다(기상청 날씨누리집). 재해에 상대적으로 안전한 지역이라는 점은 전북자치도를 살 만한 곳으로 만드는 요인 중 하나다.

　전북자치도 동고서저 지형을 시계 방향으로 90도 돌리면 서유럽과 유사하다고 얘기한 바 있다. 동고 지형은 알프스요, 서저 지형은 플랑드르 지방이다. 강줄기가 산발사해(散發四海)하는 모습은 프랑스와 비슷하다. 한곳으로 모이는 독일과 다르다. 마샬은 서유럽과 남유럽을 비교하면서 서유럽은 지리적으로 축복받은 땅이며, 남유럽은 차별을 받는 땅이라고 얘기한다. 서유럽 중에서 특히 가장 지리적 이점을 가장 많이 누리는 나라는 프랑스라고 한다. 광대한 대지와 이 위를 흐르는 서로 연결된 강들이 있다. 서쪽으로는 대서양으로 향하는 센강, 남쪽으로는 지중해로 흘러 들어가는 론강이 있다(마샬, 2016: 94~95). 이는 마치 전북자치도 4대강 중 서해로 흐르는 금강, 만경강 및 동진강, 그리고 남해로 흐르는 섬진강이 있는 것과 유사하다. 외형상으로 보아 크게 동고서저 지형이지만 두 지역을 하나로 묶는 중간 융합지대가 있어 더욱 다채롭다. 다채로운 지형 경관은 다소 다른 느낌을 주는 기후와 식생으로 이어진다. 나아가 볼거리와 먹을거리 등에 있어서도 다양성이 훨씬 극대화된다. 전북자치도 지형과 기후 등이 갖다 준 축복이다. 지금은 쇠락하고 있지만, 만물은 유전하니, 이 지형과 기후가 궁즉변(窮則變), 변즉통(變則通)에 이은 통즉구(通則久)로의 변화를 촉발할 것이라 본다.

　전북자치도 면적은 서울을 13개 합쳐 놓은 것과 같다고 했다. 남한에서 가장 면적이 큰 경상북도(대구광역시 포함)에 비해 40% 정도에 불과할 정도로 작은 도라고도 얘기했다. 즉 경상북도는 2.5 전북자치도다. 이 작은 도에 14개 시군이 있다. 고려 시대에는 52개 주현까지 있었고, 조선 시대에 들어와서도 28개 부목군현이 있다고도 말한 바 있다. 해안가를 조금 벗어나면 구릉성 평지가 있고, 산악지대라 하더라도 농사를 지을 수 있는 분지 형태 땅이 있어 사람들이 모여 살았다. 작은 땅덩어리임에도 토지가 넓고 비옥하여 상대적으로 많은 사람이 함께 마을을 만들고 고을을 형성했다. 사람들은 자연과 적응해 가면서 나름대로 흔적을 남기기 마련이다. 땅과 바람과 햇빛과 바다를 경험하면서 체득한 감각을 살려 나갔다. 호모 게오그래피쿠스다. 사람들은 마을과 마을 사이에 길을 만들었고, 고을과 고을 사이를 넘나들던 길은 고개가 됐다. 새롭게 만들어진 길과 고개를 통해 서로 만나서 얘기하고 서로에 대해 공감했다. 함께 할 것은 함께 하고 각자가 할 것은 각자가 할 것으로, 일을 나누고 합치고 하는 과정이 진행됐다. 산에서는 산지 특성에 맞게, 들에서는 들판 여건에 맞춰, 그리고 바다에서는 바다 환경에 적합한 각자 고유문화를 만들어 간 것이다. 산 문화와 들 문화, 들 문화는 다시 바다를 끼고 있는 들 문화와 산지 아래 자락에 있는 들 문화로 나뉘었다.

전북자치도는 크게 산 문화와 들 문화가 확연하고 두 문화 사이는 차이가 제법 있어 '따로'다. 대표적인 사례로 좌도 농악과 우도 농악, 판소리 동편제와 서편제 등이 있다는 점은 얘기한 바 있다. 좌도 농악은 산 문화다. 복색은 간편한데 동작은 기민하고 활기차다. 그래서 가락이 빠르고 힘차며 단순하다. 개인보다는 단체 연기에 치중하여 소박하고, 동적이며, 남성적이다. 검이불루(儉而不陋)다. 검소하지만 누추하지 않다. 반면 우도 농악은 들 문화다. 복색이 화려하고 꽃 달린 상모에 역시 꽃 달린 고깔을 주로 쓴다. 가락이 섬세하면서 느리고 유연하고 다양하다. 단체연기보다 개인 연기에 치중한다. 화이불치(華而不侈)다. 화려하지만 사치스럽지 않다. 검이불루 화이불치는 『삼국사기』 「백제 본기」에서 온조왕(溫祚王, BC 48년 전후~AD 28)이 만든 궁궐에 김부식(金富軾, 1075~1151, 고려 문종 29~의종 5)이 내린 평가라고 한다. 부안편에서 소개한 바 있다. 판소리 동편제는 거칠게 오르내리는 산 사람들에게서만 느낄 수 있는 씩씩함이 있다. 감정은 최대한 절제하고, 기교 또한 부리지 않는다. 서편제는 들판에 사는 사람들이 느끼는 애조가 있어 슬픈 가락을 표현하는 것에 중점을 둔다. 발성과 리듬에 있어 다양한 기교를 부리고, 소리가 늘어지는 특징을 보인다. 서로 다른 느낌을 주지만, 좌도 농악과 우도 농악은 같은 농악이다. 소리를 전달하는 방식과 기교가 조금 다르지만, 동편제와 서편제는 같은 판소리다. '따로'에 이은 '또 같이'다. "따로 또 같이"다.

'따로'를 '또 같이'로 만드는 것은 산 문화와 들 문화 사이에 있는 융합지대 때문이다. 만약 전북자치도를 엄정하게 산 문화와 들 문화로 양단하기만 했다면 '또 같이'는 어려웠을지도 모른다. 완주군, 익산시, 전주시 및 정읍시는 산 문화와 함께 들 문화도 가지고 있는 곳이다. 따라서 이 지역은 양쪽 느낌을 고루 수용하여 통합하는 힘을 갖고 있다. 이 지역이 예로부터 왕도로서 기능했던 역사는 이를 반증한다. 완주는 전주다. 전주는 후백제 도읍이기도 했지만, 전주 이씨 본향이어서 조선왕조 내내 왕도에 버금가는 대우를 받았다. 익산은 4개 국가에서 왕도였던 것으로 추정되는 역사가 있다. 정읍은 백제 때 지방행정 조직인 5방 중 하나인 중방(中方)이 설치되어 있었던 곳이다. 만약에 한반도 전체가 아니라 전라도만 별도 섬으로 존재했다면 아마 왕도로 기능했을 수도 있다. 정읍은 전라도 위치적 중심이고, 토지가 비옥하며, 곰소만을 이용한 해상 교통도 편리했기 때문이다. 마치 템스강(유로 길이 334km)이 있는 영국 런던처럼 동진강 포구를 이용하는 물길도 있다. 이 융합지대 사람들이 동쪽 산악지대와 서쪽 해안을 낀 평야 지대 사람들과 수시로 교류하면서 좌도 농악과 우도 농악을 하나의 농악으로 만들었고, 동편제와 서편제를 아우르는 같은 판소리로 들리게 했다. 그리고 이 지역은 어떤 때는 산 문화, 어떤 때는 들 문화를 표방하기도 했다. 특히 전주는 전라도 전체 대표 고을이어서 주변 많은 것을 끌어들이고 받아들여 새로운 것으로 비벼내는 힘이 큰 도시다. 산악지대 산채비빔밥과 해안을 면한 평야 지대 해물비빔밥을 융합하여 한층 고급스러운 전주비빔밥을 만들었다. 돼지국밥도 아닌, 소고기국밥도 아닌 콩나물만으로도 맛깔나는 콩나물국밥을 만들었다. 한지와 부채, 서적 출판과 약령시로 이어졌다. 전주는 전국 제1 출판 도시였고, 350여 년도 전에 전국 최초로 약령시가 만들어진 곳이다. 대사습놀이는 전북자치도 곳곳에서 각기 기량을 뽐내던 사람들을 한 자리에 모아 한바탕 잔치를 벌인다. 판소리는 전국으로 뻗어나가 팔도 방방곡곡에서 기량을 뽐내려 모여들었다. 대사습놀이 전통은 벌써 300여 년 가까이 됐다. 전북자치도를 '따로 또 같이' 문화로 만든 힘은 전주를 위시한 가운데 융합지대가 있어 가능했다고 하겠다.

전북자치도는 노랑과 하양과 빨강이 조화로운 곳

이번에는 전북자치도 동쪽이 아니라 서쪽부터 들여다보자. 해안가를 끼고 있는 평야 지대 4곳에 대해 가장 먼저 떠오르는 이미지는 황금 들판이다. 노랑이다. 원래부터 너른 들이 있었지만, 바닷물이 범람해서 농사지을 땅이 아닌 곳도 많았다. 펄을 메웠다. 새로운 땅으로 만들었다. 전북자치도 3대 간척지는 모두 이곳에 있다고 말한 바 있다. 군산 옥구군 미면(지금 군산시 미성동), 김제군 광활면과 부안군 계화면이다. 개간한 땅과 함께 원래 있던 그 너른 땅을 갈고, 볍씨를 뿌리고, 피사리도 하고 나면 햇빛과 바람은 누런 황금 벼를 안겨다 줬다. 이모작이 되면서부터 황금벌판은 청보리 들판으로 바뀐다. 고창에서는 청보리 축제를 하고, 김제에서는 청보리를 먹은 한우로 육회비빔밥을 만든다. 보리가 다 자라면 군산에서는 보리 만주를 빚고, 보리 비빔밥을 만들며, 꽁당 보리 축제를 한다. 이 지역은 전국 최대 쌀과 보리 생산지이기 때문이다. 그것도 압도적으로 1위다. 그러니 이 지역은 한반도 기본 먹거리를 책임져 주는 황금의 땅이다. 게다가 땅도 황색이어서 황토라 부른다. 여기에서 이름을 딴 황토 고구마는 이 지역만이 가지는 특산품이다. 따라서 이 지역을 대표하는 색깔은 황색이다. 한편 이 지역에 면해 있는 서해는 황해라고도 부른다. 김제는 강에서 황금을 캐는 사금 채굴지역이기도 하다. 따라서 김제에 금(金)이 들어간 지명을 많이 남겼다. 절 이름이 아예 금으로 만든 산, 금산사다. 이 지역은 매일 저녁 황금빛 낙조가 있고, 매년 마지막 날에는 더욱 황금빛을 발한다. 바다로 가면 황금어장인 칠산바다가 있다. 칠산바다는 전남 영광 지역에 있는 섬 일곱 개(일산도부터 칠산도)로부터 이름이 유래한다. 오륙도 만큼이나 재미있는 섬 이름이다. 칠산도부터 고창 앞바다를 지나 부안군 위도까지를 칠산바다라 한다. 칠산바다 위쪽 고군산군도 또한 '앞쪽이(물고기를 잡는 장치인) 어량과 같아서 고깃배들이 구름처럼 몰려든다'라고 이중환이 말한 바 있는 또 다른 황금 어장이다. 한편 이 지역 바다를 막아 새로운 황금을 캐내려는 노력이 있다. 새만금 개발사업이다. 태평양에서 몰려오는 파도를 온몸으로 막으면서 앞쪽을 평온하게 감싸는 고군산군도가 있어 가능한 것이다. 게다가 전북자치도 3대 간척지가 먼저 육지로 바뀌었기 때문에 고군산군도와 거리가 가까워진 것도 영향을 미쳤다. 그러면서 황금 갯벌이 상당수 사라지게 됐다. 사라진 황금 갯벌보다 더 큰 황금을 캐낼 수 있어 한반도에 또 다른 먹거리를 만들어 내는 새로운 황금의 땅으로 거듭나길 기대하고 있다.

다시 동쪽으로 가 보자. 서쪽이 황금이라면 동쪽은 빨강이다. 동쪽은 산악지대이다 보니 각종 과일나무에서 나는 열매가 풍성한데, 대체로 과일 색깔은 빨강이다. 장수에서는 아예 '빨간 맛 축제'를 한다. '한우랑 사과랑' 외에도 토마토, 오미자가 포함된다. 온통 빨간 맛의 향연이다. 장수 삼절은 붉은 마음, 단심이다. 사과와 오미자는 무주에서도 유명하다. 지리적 표시제에 사과와 오미자 외에도 검붉은 산 머루와, 이를 가공한 머루 와인도 등록돼 있다. 무주에는 적상산에 양수발전소를 만들면서 생긴 머루 와인 동굴이 있는데, 머루 와인 이름 중 하나는 붉은 진주다. 머루는 전국 생산량 60%를 무주에서 담당한다. 적상산은 붉은 치마라는 이름이니 무주 또한 장수 못지않게 빨강으로 가득하다. 적상산 영향으로 이 일대에는 '붉을 적(赤)', '붉을 단(丹)', '붉을 주(朱)' 자를 쓴 지명이 많다. 백제 땅 적천(赤川)은 주계현(朱溪縣), 신라 땅 단천(丹川)은 무풍현이 됐고 이 두 고을을 합해 무주가 됐으니, 무주는 원래 이름이 붉은 고을이다. 임실에서 실은 '열매 실'이니 아예 이름에 열매가 들어가 있다. 임실은 아주 높지는 않지만, 또한 산악분지 형태이니, 이때 열매는 산에서 나는 열매일 것이다. 임실에는 고추와 토마토와 딸기가 유명하지만, 최근에는 애플 망고를 열심히 밀고 있다. 진안이 자랑하는 인삼은 당연히 홍삼이다. 홍삼 맥주도 있다. 인삼은 열매 또한 붉은색이다. 고추와 사과, 오미자도 있다. 남원 운봉 바래봉(1165m)은 봄날 진분홍 산철쭉이 화사하다. 소백산(小白山, 1440m), 황매산(黃梅山, 1113m)과 더불어 우리나라 3대 철쭉제 중 하나인 바래봉 철쭉제가 열린다. 동쪽을 대표하는 빨강은 뭐니 뭐니 해도 순창 찹쌀고추장이다. 동부 산악지대에서 다른 빨강은 천연 그 자체로서 빨강이지만, 순창에서 빨강은 천연을 조합해 만든 가공품이다. 특히 고추장은 간장, 된장을 뛰어넘는 가장 한국적인 양념이다. 중국과 일본에 간장과 된장은 있어도 우리와 같은 고추장은 없기 때문이다. 고추장이 들어가야 한국 음식만이 가지는 맛있게 매운맛이 난다. 고추장이 들어가야 비빔밥은 제맛이 난다. 고추장이 유명해서 전주 한정식과 함께 순창 한정식도 순창 대표 음식이 됐다. 순창에서 섬진강은 적성강(赤城江)이 된다. 적성산은 지금 채계산이다. 얼마나 아름다웠는지 춘향전에 들어가서 적성가(赤城歌)가 됐다. 적성가는 이몽룡이 남원에 와서 광한루 오작교를 보며 견우직녀 같은 배필을 만나기를 기대하면서 부르는 노래다. '적성의 아침 날에 늦은 안개 끼어 있고'로 시작한다. 순창 고추장을 만든 그 안개다. 전북자치도 서쪽이 들판에서 여무는 누런 곡식이라면, 동쪽은 산록에서 영글어 가는 붉은 열매다.

 전북자치도 서쪽이 황색을 표상한다고 해서 동쪽 지방에 황금벌판이 없는 것이 아니다. 〈그림 4-3〉은 순창 적성강과 적성뜰이다. 벼농사를 지을 땅만 있으면 쌀을 재배하는 것이 한국인이 가지고 있는 보편 정서이기 때문이다. 동쪽 산록에 자라는 떡갈나무 황금가지에서는 수많은 이야기가 뻗어 나온다. 한편 동쪽 지방이 붉은 열매와 붉은 바위로 대표된다고 해서 서쪽에 붉은

〈그림 4-3〉 순창 적성강과 황금벌판 적성뜰 (사진: 전은신)

부분이 없다는 것은 아니다. 고창에는 진한 검붉은색 복분자 및 복분자주와 함께 겉은 파랗지만 속은 빨간 수박도 전국적으로 유명하다. 선운사 동백꽃은 참으로 붉다. 부안에는 붉은 바위 적벽강(赤壁崗)이 있다. 적벽강이 붉은색을 띠는 이유는 국제적으로 희귀한 페퍼라이트(peperite, 후추암) 성분 때문이라고 말한 바 있다. 적벽강은 해안가에 있어 맑은 바닷물에 비친 붉은 색이 영롱하며, 석양 무렵 햇빛을 받아 바위가 진홍색으로 바뀔 때가 가장 아름답다고 한다. 노랑과 빨강은 유사 이래 한반도 최고 단풍명소인 내장산 일대를 울긋불긋 물들인다. 그러다가 내장산은 한겨울에 순식간에 백설의 고장이 된다. 황금벌판은 벼와 보리가 익기 전에는 온통 파란색이니, 황색은 청색하고 통한다. 황해는 또한 푸른 바다이기도 하다. 붉은 열매는 우리나라 대표적인 흙산인 덕유산과 지리산으로부터 뻗어 나간 것이니, 빨강은 흙색인 검정과도 통한다. 큰 산에 있는 울창한 숲과 깊은 골짜기는 신비스러움을 불러일으키니, 이 또한 검정과 통한다.

이제는 가운데 융합지대다. 서쪽 황색과 동쪽 적색을 합하면 주황색이 되어야 하는 것이 마땅한데 그렇지는 않다. 모든 색을 아우르면 검정이 되어야 하는데 그렇지도 않다. 대신 모든 빛이 한꺼번에 모이면 나타나는 하양이다. 왜 융합지대는 하양일까? 황금 누런 벌판에서 자란 벼는 도정을 하면 하얀 쌀로 바뀐다. 겉이 붉은 장수 사과는 껍질을 벗기면 하얀 속살을 드러낸다. 사과

꽃 또한 하얀색이다. 특히 전주는 하양으로 표상할 수 있다. 대표적으로 전주는 우리나라 최고 한지 산지다. 한지 자체가 융합으로 새롭게 탄생한 결과다. 닥나무가 자라기 좋은 토양과 맑고 깨끗한 전주천이 있어 가능했다고 얘기한 바 있다. 여기에 전라도 사람들이 가진 기술력도 작용했을 것이다. 한국 한지는 훨씬 강하고 질겨 500년을 간다는 비단과 비교해 1000년을 간다고도 언급했다. 비결은 닥나무에 있다. 중국이나 열대 지방에서 자라는 닥나무는 섬유질이 약하고, 일본에서 닥나무는 석회질에서 자라기 때문에 질기지 않다고 한다. 반면 한국 닥나무는 4계절이 뚜렷해 단단하게 자라기 때문에 훨씬 오래가는 것이다. 게다가 한지는 통풍이 되어 습도를 조절하기 때문에 썩지 않는 장점도 있다. 완주군 소양면 신원리에는 대승 한지마을이 있는데, 이곳이 우리나라 닥나무 최고 산지다. 한지 중 구름처럼 흰 종이는 운화지, 대나무 속같이 흰 종이는 죽청지라고 한다는데, 실제 어떻게 구분하는 건지 모르겠다. 한지는 부채와 출판문화로 이어졌다는 점도 말한 바 있다. 전주가 하양인 이유는 전주 이씨 본향이기 때문이다. 전주 이씨에서 '이'는 오얏(자두)이다. 오얏꽃은 하얗다. 오얏꽃은 꽃말이 순박, 순백이다. 그리고 열매의 모양을 본떠 순수, 다산, 생명력 등이라는 뜻이 있다. 맑고 순결하고 고귀한 오얏꽃은 조선 황실을 상징하는 문양으로 1892년(고종 29) 처음 등장했다고 한다. 김민철에 따르면 오얏나무는 자두나무의 순우리말로 '오얏나무 아래 갓끈을 고치지 마라(이하부정관, 李下不整冠)'라는 말이 나온 출처다. 이 글은 『삼국지』에서 조조(曹操, 155~220) 아들인 조식(曹植, 192~232)이 지은 '군자행(君子行)'에 나오는 말이라고 한다. 자두나무 꽃은 한자로 이화[李花, 배꽃은 이화(梨花)]다. 덕수궁 석조전 삼각형 박공지붕 등 건축물에 오얏꽃 무늬가 있고, 덕수궁 미술관 옆에는 오얏나무 세 그루가 심겨 있다. 매년 3월 말 이후 덕수궁에 가면 한창 피어 있는 하얀 오얏나무 꽃을 볼 수 있다(김민철, 2019: 134~135). 한지와 오얏꽃만으로도 융합지대는 하양으로 표상할 수 있다. 전주는 나아가 막걸리 골목이 유명

〈그림 4-4〉 대한제국 국장 이화문과 덕수궁 오얏나무 (사진: 김민철)

하여 막걸리 축제도 개최하는데 막걸리는 다른 말로 백주(白酒)다(허시명, 2010: 21). 막걸리는 농주로서 주재료는 흰 쌀이기 때문이다. 그리고 익산에 가면 회백색을 띠는 황등석이 유명하다. 미륵사지 석탑을 만든 그 돌이다. 황등석은 우리나라 산지 30%를 구성하는 암석인 화강암 중 하나다. 우리나라에 화강암이 많은 이유는 세 차례에 걸친 대규모 지각변동과 화성(火成) 활동 등 때문이다. 즉 한반도는 중생대 이래 대규모 지각변동을 겪으면서 습곡과 단층 작용 영향으로 만들어진 것이라고 하겠다(이우평, 2007a: 39~41). 화강암 중에서도 세계적으로 가장 뛰어난 품질을 자랑하는 것이 황등석이다. 철분이 적어 오랫동안 부식되지 않고, 철분 입자가 뭉치지 않아 녹물이 발생하지 않는다고 한다. 게다가 건물 미관을 흐리지 않고, 흡수율, 오염도 및 압축강도 면에서 가장 우수하다는 것이다. 일제는 강점기에 석재 조달을 위해 황등석을 갈취했고, 지금도 황등석은 상당량이 일본으로 수출되고 있다고 한다(향토문화전자대전). 황등석으로 만들어진 미륵사지 석탑은 우리나라에서 가장 먼저 만들어진 석탑이다. 원래 9층 석탑이었다는 증거에 따라 동탑을 복원했는데, 높이가 24m니 가장 큰 석탑이기도 하다. 남아 있던 서탑은 해체 후 보수했다. 이후 우리나라 석탑은 미륵사지 탑을 기원으로 한다고 이해하면 된다. 미륵사지는 5만 평 규모로 동양 최대다. 3탑 3금당 3회랑 방식인 독특한 가람 양식

〈그림 4-5〉 익산 미륵사지 석탑(국보 제11호)과 왕궁리 5층석탑(국보 제289호)

을 자랑한다고 했다. 백제 639년(무왕 40)에 만들어졌으니, 1400여 년 가까이 지났음에도 아직도 그 자태를 유지하고 있다. 회백색이 여전히 선명하다. 익산 왕궁면 왕궁리 5층 석탑 또한 황등석으로 만들어졌다. 이러니 뛰어난 백제 석탑문화는 황등석이 있기에 가능했다고 말할 수 있을 것이다. 한글로 된 가장 오래된 현존 백제가요인「정읍사」에 여인이 남편을 걱정하며 높이 오르기를 바라는 것은 하얀 달이다. 지구는 푸르고 달은 하얗다. 동산 위에 하얀 달이 떠오르면 초가집 새하얀 박꽃이 활짝 피어 달구경을 한다. 낮달은 낮 하늘에 핀 하얀 꽃이다. 이제 조선 시대까지는 정읍 고부에 속했던 부안군 백산(白山, 47.4m)으로 가 보자. 백산은 산 전체가 흰색 바위로 돼 있어서 붙여진 지명이다. 동학농민혁명이 본격적인 전국 봉기로 확산하게 된 기폭제가 된 백산대회가 개최된 곳이다. 그리고 서울로 진격할 목적으로 집결해 호남 창의 대장소를 설치했던 곳이다. 산이라고 부르기에도 낮지만, 꼭대기에서는 사방 모든 들판이 한눈에 들어오는 전략적 요충지다. 한편 정읍은 한겨울에 흰 눈이 많이 내리는 우리나라 다설지역 중 하나이기도 하다. 이런 내용을 종합하면 동서 지역과는 달리 중간 융합지대는 단순히 자연 그대로 존재하는 색이 아니다. 하얀색 그 자체에 그치지 않고, 그 위에 몇 꺼풀을 덮어 새로운 문화로 승화시킨 것으로 볼 수 있다. 중간 융합지대 하양은 한지문화, 왕실문화, 석탑문화, 노래문화로 이어진 것이다. 마침내 동학농민혁명으로 이어졌고, 이후 우리나라 민중운동사를 이끌었다. 이처럼 전북자치도는 서쪽은 파랑과 통하는 노랑, 동쪽은 검정과 통하는 빨강이다. 그리고 중간 융합지대는 이 모든 색이 하얀색 하나로 합쳐진다. 전북자치도는 이처럼 다채롭게 다양하고 순수한 원색이 펼쳐지는 고장이다.

전북자치도가 지니는 삼색 다양성(노랑, 빨강, 하양)+미래 라이트 그린

프랑스 혁명 3대 가치는 자유, 평등, 박애다. 이를 상징하는 것이 프랑스 국기인 삼색기다. 1789년(조선 정조 13) 프랑스 혁명 당시 국민군 총사령관 라 파에트(La Fayette, 1757~1834, 조선 영조 33~순조 34)가 시민에게 준 모자 표지 색깔에서 유래된 것이라고 한다. 당시 시민들은 3가지 색 표지를 모자에 붙이고, 자유·평등·박애를 외쳤다. 왼쪽 파란색이 자유, 가운데 하얀색이 평등, 오른쪽 빨간색이 박애를 상징한다. 그 결과 절대 왕정이 무너지고 국민주권에 의한 공화정이 탄생한다. 이후 시민혁명을 표상하는 삼색기는 민주주의 핵심인 국민주권주의를 대표하는 것이 됐다. 유럽 내 많은 국가에서도 절대 왕조에서 시민국

〈그림 4-6〉 삼색기

가로 재탄생하는 과정에서 프랑스 삼색기 영향을 받아 3가지 색깔로 구성된 삼색기를 만들었다고 한다. 〈그림 4-6〉에서처럼 세로로 된 삼색기도 있지만, 가로로 된 삼색기도 많다.

전북자치도 또한 세 가지 색깔로 나타낼 수 있다. 동서는 자연 그대로를 반영해 붉은 열매와 황금벌판을 표상한다. 가운데는 이를 융합해 새롭게 각색한

새하얀 문화자산을 상징한다. 노랑은 파랑과 통하고, 빨강은 검정과 통하니 이 자체만으로 오방색을 표상한다고 하겠다. 다양성이다. 오방색은 오행 사상에서 유래한 것이다. 오방에서 방(方)이란 방위를 뜻하는데, 동서남북 순으로 파랑·노랑·빨강·검정이고, 중앙은 하양이다. 빨갛다, 파랗다, 노랗다, 하얗다, 까맣다 등으로 표현할 수 있는 것은 오방색뿐이라고 한다. 다른 색은 '~ㅏ ㅎ다'로 표현할 수 없다. 예컨대 '주황다', '초록다', '보랏다' 등으로 표현할 수 없다는 것이다. 오방색이 가지고 있는 완전성 중 하나다. 세상은 5가지 원소로 이루어졌다는 얘기도 오방색과 연관 지을 수 있다. 우리가 오곡밥을 먹는 이유 또한 유사하다. 우리나라 음식에서도 다섯 가지 오방색을 모두 갖추는 것이 완전한 것으로 생각하기도 했다. 비빔밥은 다섯 가지 색을 모두 갖춘 완전체다. 전북자치도 또한 이런 다섯 가지 색을 모두 갖춘 완전한 곳이다. 전주를 다른 이름으로 '온 고을'이라고도 하는데, '온'은 '완전'. 또는 '모든'을 뜻하는 말이다.

그러함에도 다섯 가지는 너무 많다. 셋으로도 충분한데 다섯까지 갈 필요가 없다. 동양에서 음을 1, 양을 2라고 한다면 1+2=3, 즉 음과 양이 조합된 것이니 숫자 3은 길한 숫자라고 한다. 그리고 숫자 3은 의자 다리 수, 삼각형, 세계는 삼차원, 삼거리, 삼단논법 등에서 확인할 수 있는 것처럼 모든 사물이나 사실 등 '완성'을 위한 최소한이다. 그리고 숫자 3은 정반합, 제3의 길, 제3의 해법, 삼생만물(三生萬物) 등에서 나타나는 것처럼 새로운 변화를 위한 '생성'을 나타낸다. 즉 숫자 3은 '완성'과 '생성'이다(김동식, 2023: 152~155). 전북자치도는 왼쪽 노랑, 가운데 하양, 오른쪽 빨강 등 3가지 색상으로 나타낼 수 있다. 음양오행설에서 노랑은 서쪽, 빨강은 남쪽인데, 공교롭게 전북자치도는 한반도에서 서남쪽에 자리 잡고 있다. 가운데 하양은 중앙을 나타내니 서남쪽이면서 중앙 위치를 차지한다고도 해석할 수 있다. 서울 돈의문(서대문)과 숭례문(남대문), 그리고 중앙 보신각(종각)을 연결하는 트라이앵글이다. 인의예지신 중 의와 예와 신이 전북자치도다. 프랑스 삼색기에서 하양은 평등, 빨강은 박애를 상징하고, 이탈리아 삼색기에서 하양은 알프스 눈과 평화를, 빨강은 애국과 열혈을 나타낸다고 한다. 루마니아 삼색기는 몰다비아(파랑), 왈라키아(노랑), 트란실바니아(빨강) 등 3 지역 통합을 의미한다고 한다. 벨기에 삼색기는 브라반트 공국 문장으로부터 유래하는데, 이는 검은색 바

〈그림 4-7〉 삼색 전북자치도

〈그림 4-8〉 전북특별자치도 브랜드 슬로건

탕에 붉은 손톱과 붉은 혀를 내밀고 있는 노란색 사자를 나타낸다고 한다. 종합하면 노랑은 통합과 용맹, 하양은 평등과 평화, 빨강은 박애와 애국을 의미하는 것으로 삼색 전북자치도를 유추 해석할 수 있다.

하지만 이렇게만 하면 과거와 현재에만 머물게 된다. 여기에서 한발 더 나아가 미래를 표상하는 색깔을 추가해야 한다. 그림 〈4-8〉은 전북자치도 브랜드 슬로건이다. 전북자치도는 홈페이지에서 이 슬로건에 사용된 색깔 의미를 다음과 같이 설명한다. 빨강(전북 레드)은 전북의 전통 및 역사적 정체성, 노랑(전북 옐로우)은 맛과 멋과 문화적 깊이, 파랑(전북 스카이 블루)은 대한민국 미래를 이끌어갈 첨단산업 전진기지로서의 위상, 녹색(전북 라이트 그린)은 글로벌 생명 경제 도시로 나아가는 지속 가능한 비전, 진청색(전북 다크 블루)은 새로운 미래로 도약하는 전북자치도의 무궁한 잠재력을 담았다고 하면서 완전한 미래로 나아가는 전북 이미지를 구현한 것이라고 한다. 색깔 다음에 괄호로 언급한 부분은 전북자치도에서 지정한 색상이라는 의미다. 즉 같은 빨강이지만 전북자치도에서 사용하는 빨강은 명도와 채도 등 측면에서 다른 빨강이라는 것이다. 나름대로 의미를 담아 색깔을 지정해서 슬로건으로 만든 것이라고 평가하지만, 해당 색깔이 왜 그 의미를 담고 있는 것인지 모호하다. 물론 설명

이야 할 수 있을 것이다.

　전북자치도를 상징하는 노랑과 빨강은 이 지역을 품에 안은 자연, 특히 햇볕과 바람이 만든 색깔이다. 이를 융합한 것이 하양이다. 자연이 이 지역에 주는 혜택은 너무나 컸다. 어떤 지역도 이를 쫓아올 수 없었다. 최소한 근대 이전에는 그러했다. 하지만 이런 혜택에 대해 불화의 여신 에리스가 황금 사과를 던져 놓았던 것[4])인지 아니면 어떤 이유인지 모르겠지만, 운명은 전북자치도에 가혹했다. 다시 한번 강조하지만 1949년(대한민국 31) 이래 유일하게 인구가 줄어든 지자체가 전북자치도. 목선이 주력이던 시대에 장점으로 자리 잡던 갯벌과 깊지 않은 바다는 철선이 주력으로 바뀌자 오히려 한계가 됐다. 그러다 보니 공업시대에 들어서자 공단이 들어서기에 불편한 땅으로 변했다. 특히 일제 강점기 이래 서울과 부산 간 남동 축선이 중요해졌고, 이 영향으로 주요 공장들이 남동 해안 중심으로 건설됐다. 그 주변이 아닌 전라북도, 전라남도, 경남 서부, 경북 북부, 충남 서부, 충북 북부 및 강원도 지역 등은 변방으로 소외된 지역이 됐다. 국가 경제정책으로 중화학공업 중심으로 바꾼 1966년(대한민국 48) 이전에는 경공업 중심이어서 천혜 자연자산이 많은 전북자치

---

4) 불화의 여신 에리스의 황금 사과는 그리스 신화에서 트로이 전쟁이 왜 발발했는가를 설명할 때 등장한다. 테티스와 펠레우스의 결혼 축하 잔치에 불화의 여신 에리스 만은 초청받지 못했다고 한다. 화가 난 에리스는 잔치에 와서 '가장 아름다운 여신'이 받아야 한다며 황금 사과를 던졌다. 이 사과를 놓고 헤라(신들의 여왕, 로마 신화에서는 유노), 아테나(지혜의 여신, 미네르바), 아프로디테(사랑과 미의 여신. 비너스)가 서로 다퉜다. 제우스는 중재를 위해 트로이의 왕 프리아모스 아들인 파리스에게 판정하게 했다. 여신들은 자기가 가장 아름다운 여신으로 선정되기 위해 파리스에게 다양한 선물을 약속한다. 헤라는 '아시아의 군주' 자리, 아테나는 '전투의 승리', 아프로디테는 '가장 아름다운 여자'를 주겠다는 것이다. 파리스는 이 세 여신 중 가장 아름다운 여신으로 아프로디테를 고른다. '가장 아름다운 여자'는 스파르타의 왕 메넬라오스의 아내가 된 헬레네로 파리스는 헬레네와 함께 고국인 트로이로 도망치게 되고, 이에 격노한 메넬라오스가 그리스 연합군을 결성해 트로이를 공격하게 된다. 트로이 전쟁이 발발하자 파리스에게 앙심을 품은 헤라와 아테나는 그리스 편을 들었다. 이 사건을 '파리스 심판'이라고 하며 여러 예술작품 소재가 됐다. 한편 서구에서는 이 이야기에 나오는 황금 사과를 포함해 역사를 바꾼 결정적인 사과 4개를 언급한다. 하나는 성경에 나오는 이브의 사과, 빌헬름 텔의 사과, 뉴턴의 사과 등이다. 여기에 덧붙여 세잔이 그린 사과, 스티브 잡스 애플사를 포함하여 여섯 개의 사과를 거론하기도 한다.

도는 그럭저럭 위상이 유지됐다. 하지만 이후에는 상황이 달라졌다. 한국판 인클로저 운동이라는 이촌향도(離村向都) 현상이 나라 전체적으로 발생했다.[5] 전북자치도는 공장이 들어서지 않다 보니 단순한 이촌향도가 아니라 도 경계를 넘은 이촌월도(離村越道) 현상이 나타났다. 서울 등 수도권만이 아니라 일할 공장이 많은 경상도 지역으로 많이 이주했다. 이로부터 60여 년이 지났다. 동양 고유 세계관인 60 갑자를 고려하면 이제는 변화할 때가 됐다.

역사의 굴레는 항상 이런 상황을 지속시키지는 않는다. 인공지능 시대가 되어 이제는 공장과 산업단지 중요성이 완화됐다. 지식에 기초한 창의력이 중요한 시대로 변했다. 창의력을 가능하게 만드는 힘으로 김구 선생이 말한 높은 문화의 힘과 인후지덕(仁厚之德)을 배양하는 교육의 힘이 강조되는 시대가 다가왔다. 그리고 기후위기 시대가 돼 햇볕과 바람이 주는 혜택이 다시금 두드러지기 시작했다. 태양광과 풍력 발전이 강력한 동인으로 바뀌었다. 이런 의미에서 전북자치도가 글로벌 생명 경제 도시를 지향한다는 것은 바람직하다. 따라서 이와 관련한 지속 가능한 비전을 담았다는 녹색(전북 라이트 그린)은 전북자치도 미래를 상징하는 색으로 적합해 보인다. 따라서 전북자치도는 태생적 지리와 수천 년 역사 과정에서 만들어진 삼색 다양성에 미래를 상징하는 녹색을 포함해야 한다. 이래야 과거, 현재 그리고 미래까지 아우를 수 있다. 색이 연한 녹색, 라이트 그린이다. 라이트 그린은 노랑(Yellow, 황색)과 청록(Cyan, 옥색)을 섞어 놓은 색이니 금과 옥이다.

---

5) 영국 산업혁명 과정에서 판매용 곡물 혹은 양을 키우기 위해 농지에 울타리를 친(enclosure) 것을 말한다. 이로 인해 농민들은 농사지을 땅이 사라져 도시의 공장으로 내몰리면서 종국에는 도시의 하층 노동자로 전락하게 된다. 산업화 과정에서 필수 경로의 하나로 알려져 있다.

가장 한국적인, 그래서 가장 세계적인 전북자치도

이처럼 다채로운 전북자치도는 모든 분야에서 가장 한국적인 곳이다. 이 부분에서 전북자치도와 경쟁할 수 있는 곳은 서울 정도다. 경주가 한 나라 수도였던 것은 벌써 천 년 전이다. 한국적이 아니라 신라적이다. 신라가 통일한 이후 아마도 신라어가 표준어로 사용됐을 것이기 때문에 한국어에 영향을 미친 점은 있을 것이다. 서울은 고려 시대 남경으로 개경에 이은 작은 수도였고, 조선 시대 수도가 됐으니 이 또한 천 년 이상이다. 전북자치도는 신라 9주 5소경 중 완산주(전주)였고, 작은 서울인 남원경이 있던 곳이다. 685년(신라 신문왕 5) 이래 1340여 년이다. 서울보다 오래됐다. 게다가 익산은 마한 54개국 중심지 등 4개 국가 도읍이었다고 알려져 있다. 삼한 중 가장 컸던 마한의 중심이니 대한(大韓)이다. 특히 전주는 40여 년(892~936년)간 후백제 수도였고, 685년 이래 전북자치도에서 계속 중심지 역할을 했다. 경상도 어원인 경주와 상주, 전라도 어원인 나주 등은 중심지 역할이 특정 시기에 국한된다. 충청도에서 충주는 5소경 중 중원경, 청주는 서원경이었고, 현재까지 그나마 중심지 역할을 계속하고 있다. 물론 충주는 1908년(대한제국 융희 2) 충청북도 도청소재지가 청주로 옮겨지고 난 이후 중요도가 많이 떨어졌다. 그나마 청주가 전주 못지않게 중심지 역할을 한 것으로 보이나, 조선 시대에 충청도 감영은 임진왜란 전에는 충주, 왜란 후(1602년, 선조 35)에는 공주에 있었다.

전북자치도는 또한 한반도 축소판이라고 할 수 있다. 한반도 지형이라고 얘기하는 동고서저 모양이 전북자치도에서 나타난다. 평야 지대, 산악지대, 해안지대 및 섬 등이 골고루 분포돼 있다. 서해안 갯벌은 자연이 낳은 보고다. 해안지대에는 반도와 만도 있다. 화강암, 편마암 등 우리나라 지질구조를 대표하는 암석들이 골고루 있다. 그래서인지 우리나라 16개 지질공원 중 3개, 5개 세계 지질공원 중 1곳이 전북자치도에 있기도 하다. 람사르 습지도 있다.

국립공원이 4개소인데 산지형(지리산, 덕유산), 평야 지대형(내장산)과 함께 해안가에 있는 반도형(변산반도) 등 골고루 있다. 저지대 평야에서부터 아주 높은 산까지 있다 보니 고도에 따라 기후가 다르다. 전북자치도가 식생 한계선에 자주 걸치는 이유다. 이처럼 전북자치도는 한국 내 모든 것을 쉽고 편안하게 느낄 수 있는 공간이다. 자연지리적으로 전북자치도는 작은 한국이다.

　전북자치도가 가장 한국적이라는 점은 무엇보다 수많은 문화자산을 통해 확인할 수 있다. 이는 서울도 전북자치도를 쫓아올 수 없다. 서울에는 조선 시대 5대 궁궐이 모두 있고, 이 외에도 조선 시대 이래 수도였다는 상징성과 함께 이와 관련된 문화자산이 많이 있다. 하지만 대체로 조선 왕실과 관련된 사항이 많고 이를 모아 놓은 박물관 등 시설이 많이 있을 뿐이다. 가장 한국적이라는 북촌 한옥마을은 실상은 일제 강점기에 분양한 개량 한옥일 뿐이다. 이에 반해 전주 한옥마을은 일본인이 전주 도심을 차지하는 것을 막기 위해 지어졌다는 의미에서 훨씬 한국적이다. 한지와 한복, 한식과 한방, 그리고 한국 무술인 태권도 등 온통 한국적인 것이다. 한국적인 것은 모두 K-브랜드다. 한옥을 한옥답게 만드는 핵심은 온돌과 마루다. 온돌이 난방을 대표하는 것이라면, 마루는 냉방과 연결하는 핵심이다. 온돌은 북방문화라면, 마루는 남방문화다. 집이란 자연으로부터 보호하는 것이 목적인 만큼 더운 나라는 시원한 장치, 추운 나라는 따뜻한 장치가 필요했을 것이다. 사계절이 뚜렷한 나라들이 매우 많음에도 유독 한국에서만 이 둘을 조합한 장치가 포함된 집, 한옥을 만들었다. 한옥은 햇볕과 바람을 어떻게 슬기롭게 극복할 것인가에 대한 우리 선조들이 내놓은 대답이다. "K-주택'이다. 'K-난방시설'이자 'K-냉방시설'이다. 천년 간다는 전주 한지는 전국 최고였으니 'K-종이'다. 전주 약령시가 가장 먼저 만들어졌고, 전국 3개 한약학과 중 2개, 12개 한의과대학(전문대학원 1개 포함) 중 2개소가 전북자치도에 있다는 점도 이미 언급한 바 있다. 'K-한방'이다. 'K-한방'은 의료만이 아니라 식품, 미용, 운동 등 다양한 분야로 응용

될 수 있다. 무주에는 전 세계 태권도인이 찾는 성지인 태권도원이 있다. 'K-무술'이다. 태권도원이 무주에 들어선 이유는 2000년대 동계 올림픽 유치 후보를 평창에 연속 밀린 것에 대한 반대급부 차원이기는 했다. 하지만 무주는 1997년(대한민국 79) 우리나라 최초로 국제 규모 동계 스포츠 종합 대회를 성공적으로 개최했음에도, 몇 년도 지나지 않아 동계 올림픽 유치 기회가 평창으로 넘어갔던 것은 이해하기 어려운 결정이긴 했다. 이런 가운데 2025년(대한민국 107) 2월 28일, 오는 2036년(대한민국 118) 하계 올림픽 유치 후보지로 전북자치도가 선정된 것은 매우 뜻깊은 일이다. '지방 도시 연대를 통한 국가 균형발전 실현'이라는 메시지가 경쟁 도시 서울에 승리한 비결이라고 한다. 지방 도시 연대는 비용 분산을 겸한 것이니 매우 영리한 전략이었다고 하겠다. 개인적으로는 가장 한국적인 문화를 뽐내는 문화 올림픽을 핵심 주제로 잡았으면 한다. 김구 선생은 '오직 사랑의 문화, 평화의 문화로 우리 스스로 잘 살고 인류 전체가 의좋게 즐겁게 살도록 하는 일'을 꿈꿨다. 그래서 세계에서 가장 아름다운 나라가 되기를 원했다. 오직 한없이 가지고 싶은 것은 높은 문화의 힘이라고 말씀하셨다. 『백범일지』 '나의 소원'에 나오는 내용이다(김구, 2004: 433~445). 김구 선생이 1947년(대한민국 29)에 쓰신 글인데, 당시 먹고 사는 일이 해결되지도 않은 시점에서 문화의 힘을 강조한 것이니 정말 대단하다고 하겠다. 이 글 이후 100년이 채 되지 않아 드높은 문화의 힘을 전 세계에 보여 줄 수 있다면 정말 아름다운 일일 것이다. 이른바 'K-컬처'다.

 'K-컬처'를 알린 가장 대표적인 작품은 2002년(대한민국 84) KBS에서 방영한 〈겨울연가〉 20부작이라는 것은 널리 알려져 있다. 이후 무수히 많은 한국 드라마와 영화가 전 세계인에게 감동을 줬고, 2019년(대한민국 101) 봉준호 감독의 영화 〈기생충〉과 황동혁 감독의 2021년(대한민국 103) 넷플릭스 드라마 〈오징어게임〉으로 이어졌다. 〈기생충〉은 칸 영화제 대상 성격인 황금종려상과 아카데미 시상식에서 작품상, 감독상 등 4개 분야에서 수상하는 쾌거로 이어졌고, 〈오징어게임〉은 넷플릭스에서 가장 많이 시청한 시리즈가 됐다. 봉준호 감독은 2025년(대한민국 107) 여덟 번째 장편영화 〈미키 17〉을 개봉했고, 황동혁 감독은 2024년(대한민국 106) 12월 〈오징어게임〉 시즌 2, 2025년(대한민국 107) 6월 마지막 시즌 3를 공개했다. 한류에 대해 극찬을 아끼지 않고 '콘텐츠 투어리즘'을 역설하고 있는 마스부치 토시유키는 'K-콘텐츠' 가능성을 1999년(대한민국 81) 극장에 상영한 영화 〈쉬리〉에서 알아보게 됐다고 한다(토시유키·사치노부, 2024: 4). 김구 선생이 '문화강국'을 말씀하신 지 불과 40여 년 지난 시점이다. 'K-드라마'와 'K-영화'는 'K-팝'으로 이어졌다는 것도 잘 알고 있다. 2024년(대한민국 106) 발매한 블랙핑크 로제와 팝스타 브루노 마스가 부른 노래 〈아파트〉(APT.) 인기는 현재진행형이다. 2025년(대한민국 107) 미국 자본이 K-팝 스타를 주인공으로 해서 만든 넷플릭스 애니메이션 〈케이팝 데몬 헌터스〉는 'K-팝 신드롬'을 강화하고 있다. 콘텐츠가 앞서면서 이후 'K-푸드', 'K-뷰티', 'K-패션' 등 전 산업 분야로 확대해 나가고 있다.

'K-컬처' 시작을 만든 드라마와 영화를 세계인들이 사랑하게 만든 것에는 많은 요소가 작동했을 것이다. 하지만 가장 큰 것은 아마도 '이야기의 힘'이라 생각한다. 많은 이야기는 예기치 못한 변화가 발생하는 순간에 시작되고, 그 순간을 통해 이야기는 이어진다고 한다. 그리고 모든 이야기는 결국 인물에 관한 것이다(스토, 2020: 30, 134). 이는 결국 시간과 공간 속에서 살아가는 사람(들)에게 어떤 변화를 가져오는 계기가 이야기를 풀어가는 힘이라는 것이다. 전북자치도는 이런 의미에서 이야기를 자아내는 힘이 있는 공간이다. 수천 년 세월 동안 억압과 착취, 차별과 편견 및 질시와 왜곡과 함께 성장과 번영 및 영광이 다이내믹하게 교차하고 얽힌 흐름이 도도하기 때문이다. 이러한 시간 속에, 이 공간에서 살아가는 사람들은 다양한 모습과 태양으로, 자신만이 가지고 있는 신념 또는 요령으로 헤쳐 나왔다. 양반과 중인과 일반 백성, 농민과 상인과 공인, 산 사람과 들 사람과 바다 사람과 섬사람, 좌익과 우익, 무정부

주의자와 민족주의자와 개량주의자와 기회주의자 등 다양한 군상이다. 전북자치도는 시공간 특성상 이처럼 다양한 사람들이 함께 모여 사는 곳이다 보니 당연히 이야기 소재가 풍부했을 것이다. 특히 지리산이라는 남한 육지 최고 산이 있고, 한반도 최대평야가 있다는 사실은 이야기를 훨씬 풍부하게 했다. 우리나라 상당수 대하소설이 전라도 땅, 특히 전북자치도를 배경으로 하는 이유다. 큰 산과 넓은 땅은 그만큼 큰 이야기를 만들기 때문이다.

  이 이야기에 전라도 특유 리듬과 가락이 덧붙여지면 판소리가 나온다. 판소리는 마당(판)에서 소리를 하는 것이다. 일단 마당이 있어야 한다. 즉 마당이 열려야 한다. 대부분 사람이 많이 모이는 장터다. 부정기로 서는 난장(亂場)에서는 곳곳에서 한바탕 난장(亂場)이 벌어진다. 그 중심에 있는 가장 큰 공간, 광장에서 한 사람은 북을 잡고, 한 사람은 소리를 한다. 노래가 아니다. 소리다. 이야기다. 사람들이 관심 가질 만한 이야기에 리듬과 가락을 얹어 소리를 내지르면 듣는 사람들은 울기도 하고 웃기도 한다. 북 치는 사람은 소리하는 사람에게 잘하면 잘한다고, 힘들면 힘들지 말라고 기운을 불어 넣어준다. '추임새'다. 소리하는 사람은 이야기를 죽 풀어놓기도 하고, 가락이 있는 소리를 하기도 한다. 이야기를 풀어놓으면 소리가 아니니 '아니리'라고 하고, 가락이 있는 소리는 '소리'이면서 '창(唱)'이라고 하기도 한다. 소리하는 사람은 이야기 내용에 따라 동작을 함께 하면서 더욱 극적으로 만들려고 하니 이것이 '너름새(또는 발림)'다. 전주 명품 부채는 너름새를 훌륭하게 도와주는 멋진 도구다. 판소리 다섯 마당 중 한 마당을 전부 소화하려면 혼자서 소리와 아니리와 너름새를 섞어가며 짧게는 3시간 길게는 8시간 이상 소리를 내질러야 한다. 장시간 모노드라마다. 전 세계 어디에도 이런 예술은 없다. 그나마 고수가 북으로 흥을 북돋으니 외롭지는 않다. 청중이 함께 울기도 하고, 웃기도 하고, 박수로 호응하면 더욱 신이 난다. 하지만 장터에서는 이렇게까지 한 마당 전부를 소화하지는 않고 일부만을 뽑아 소리한다.[6] 대목이다. 우리에게 가장 잘 알려진 것은 아마도 『춘향전』 '사랑가' 대목일 것이다. '이리 오너라 업고 놀자. 사랑, 사랑, 사랑, 내 사랑이여'. 판소리 최초 이야기는 어디선가 들었을 법한 평범한 것으로 그리 새롭지는 않았다. 하지만 소리를 하러 이곳저곳을 돌아다니다가 최초 이야기에 살을 더하고, 멋스럽게 꾸미고, 훨씬 그럴듯하게 가꾸는 과정에서 전체적으로 완성도를 갖추게 된다. 2018년(대한민국 100)에 개봉한 영화 〈흥부〉나 2020년(대한민국 102) 영화 〈소리꾼〉은 판소리에서 이야기가 어떻게 만들어졌는지를 잘 보여 주고 있다. 그리고 고창 사람 신재효는 이를 판소리 여섯 마당으로 체계화해 정리했다. 원래 판소리 열두 마당이었는데, 상대적으로 인기가 적었던 것인지 일부는 창이나 이야기가 완전히 전해지지 않아 현재는 다섯 개(춘향가·흥부가·심청가·적벽가·수궁가)만 불리고 있다. 우리나라 'K-드라마'와 'K-영화' 및 'K-팝'은 판소리로부터 연유한 이야기와 리듬과 가락에서 그 원류를 찾을 수 있을 것이다. 전라도 특유 리듬과 가락은 사물(꽹과리, 징, 장고, 북)과 태평소를 더하여 전라 좌·우도 농악을 만든다. 농악은 다른 말로 마을굿, 풍물굿, 두레굿 등이라고 하니, 풍년 기원을 담고 액운을 막기 위한 마을 놀이다. 그리고 고된 농사일에서 벗어나 굿을 하는 사람과 보는 사람이 함께 놀면서 아픔과 설움을 푸는 한바탕 살풀이다. 카타르시스를 느끼면서 다음 날 또다시 일하기 위한 힘을 얻는다. 특히 농악은 농사를 짓는 모든 한반도 사람들에게 신명을 불어넣어 주는 것이었으니, 이 또한 'K-컬처'로 이어졌다. 'K-컬처' 밑바탕에는 한국인 특유 한(恨)과 신명(神明)이라는 양가적 정서가 깔려있다. 억압과 착취 속에서 살아가는 이 땅의 여름지기들은 판소리 구슬픈 가락에 공감하고, 양반 등 지배계층 풍자에 공명하며, 도덕적 결론을 담은 이야기에 동조했다. 농악대 뒤를 따라 신나는 리듬과 가락에 맞

---

6) 판소리 완창은 박동진 명창이 1968년(대한민국 50) 9월에 흥보가 5시간 공연을 한 것이 최초라고 한다. 그전까지는 대목 중심으로만 불렀다.

춰 어깨춤을 덩실덩실 추면서 억눌려왔던 복잡한 감정을 한꺼번에 털어버리곤 했다. 그리고 다시 집으로 돌아가 새로운 마음가짐으로 신바람 나게 일을 하면 효율과 효과가 훨씬 증가했다. 한과 신명이 양가적 이중주이면서도 다시 하나가 되는 과정이었다. '따로 또 같이'다. 국가유산청 산하 국립무형유산원이 전주에 있는 이유도 전북자치도가 모든 'K-컬처'의 원류이기 때문일 것이다. 2001년(대한민국 83) 이래 매년 전주세계소리축제를 전북자치도에서 개최하는 이유이기도 하다. 다만 이는 도가 주최하는 행사이고, 14개 시군 모두 함께 추진하는 만큼 전주를 빼고 다른 이름으로 개칭되면 어떨까 한다.

전북자치도는 종교 및 신앙 등 측면에서도 전국을 대표한다. 가장 먼저 얘기할 것은 동제복합문화를 상징하는 당산(堂山)과 솟대다. 동제복합문화는 마을 축제를 하면서 민간신앙을 담아 행하는 것이다. 전국 곳곳 농사를 짓는 곳이라면 이런 문화가 전통으로 자리 잡고 있다. 당산은 토지나 마을 수호신이 있는 것으로 믿어지는 곳이고, 동시에 당산 신체를 총칭하는 말이기도 하다. 오래 묵은 나무가 신체가 되는 경우가 많지만, 솟대, 돌기둥, 장승, 마을 뒤 숲이 신체가 되기도 하고, 이 모든 것이 복합되어 신체가 되기도 한다. 삼한시대 소도와 천신제가 오늘날 호남지방 당산과 당산제로 이어지는 것으로 추정된다고 한다(한국문화유산답사회, 1994: 94~95). 새해에 당산제를 마치고 줄다리기를 하고 나면 바로 전 해에 줄다리기를 한 후 당산에 감아놓았던 헌 줄을 방금 줄다리기를 했던 새 줄로 바꾸는 행사를 한다. 장승은 마을 어귀에 세워놓아 수호신 역할, 솟대는 솟아 있는 장대라는 말인데 위에 새를 올려놓아 사람과 신을 연결하는 안테나 역할을 한다. 전북자치도는 이와 같은 동제복합문화를 가장 잘 보존하는 곳이다. 서쪽 지방에는 석장승, 동쪽 지방에는 목장승이 많다. 특히 부안 동문안 당산에 있는 석장승은 세운 연대가 명확할 뿐 아니라 가장 오래된 장승이라고 얘기한 바 있다. 동쪽 운봉 지역에는 〈변강쇠가〉에서 소재로 사용된 목장승이 매우 많다고 말하기도 했다. 내장산 갈재 너머 순창 복흥면에는 320m 고지에 추령 장승촌이 관광지로 개발돼 있다. 전북자치도는 또한 서민문화와 양반문화가 골고루 발달해 있다. 농사를 짓는 일반 백성들에게는 두레와 울력, 품앗이가 있다면, 양반에게는 향약과 가사 문학이 있다. 두레와 울력, 품앗이 등 서민문화는 너무 잘 알려져 있으니 생략한다. 우리나라 최초 향약은 정읍 태인 고현동(古縣洞) 향약이라고 말한 바 있다. 고현동에서 고현은 옛 현이라는 말이다. 고려 시대 태산현과 인의현이 합해지면서 태인현(지금 정읍시 신태인읍·감곡면·북면·산내면·산외면·옹동면·칠보면·태인면 일대)이 되는데, 칠보면 일대는 예전에 현감이 있던 마을이어서 고현이라고 했다. 동은 골짜기다. 이곳에서 정극인 선생은 향약을 처음 만들기도 했고, 우리나라 최초 가사인 「상춘곡」을 불렀다고도 얘기했다. 유교 경전에만 치우치지 않고 삶 속에 이를 투영했으니 새로운 양반문화를 선도했다고 하겠다. 세 번째로는 전북자치도가 미륵신앙을 대표하는 곳일 뿐 아니라, 신흥 민족종교가 태동하여 활발하게 활동했던 곳이라는 점이다. 미륵신앙은 익산 미륵사지와 금산사 미륵전을 통해 미륵 사상 중심지가 전북자치도라는 점을 설명한 바 있다. 그리고 이것이 동학으로 이어져 전북 고부에서 동학농민혁명이 일어나게 된 계기로 작동했을 것이라는 점도 얘기했다. 신흥 민족종교로는 증산교, 보천교 등에 원불교 성지가 대부분 전북자치도에 있고, 원불교 종단이 재단인 원광대학교도 익산에 있다. 여기에 추가해 기독교 메시아사상과 미륵신앙이 결부돼 전북자치도에는 기독교인이 많고, 천주교 최초 순교지 또한 전주 한옥마을에 있는 전동성당 앞이기도 하다. 이처럼 종교 및 신앙 측면에서 전북자치도는 매우 개방적이고 유연하다. 그리고 이런 개방성과 유연성을 토대로 새로운 것을 융합하고 창조하는 것에 능하다. 가장 상징적으로 보여 주는 것이 2009년(대한민국 91) 선포한 '아름다운 순례길'이다. 총 9개 코스 240여km로 이루어진 이 순례길은 전주 한옥마을 전동성당에서 시작해 전동성당 옆 풍남문으로 돌아오는 것으로 구성돼 있다. 천주교, 기독교, 불교, 원불교, 증산교(대순진리회), 유교 외에 미륵신앙을 아우른다.[7] 전국 어디에도 이와 같은 도보 순례길은 없다. 약 800km에 이르는 스페인 산티아고 순례길보다 거리는 짧지만, 내포하는 의미는 몇십 배다. 머나먼 산티아고 순례길 가는 것보다 가까운 '아름다운 순례길'을 걷는 것이 훨씬 가치 있는 일이라 생각한다. 우리가 스페인 가는 것만큼이나 외국인들이 한국에 와서 '아름다운 순례길'을 걷는다면 정말 아름다운 일일 것이다. 오직 전북자치도에서만 가능한 일이다. 다만 이 길에 동학농민혁명 숨결을 느낄 수 있는 부분을 연결해야 제대로 된 의미를 담을 수 있다고 생각한다. 동학 역시 우리 민족종교로서 그 의미가 무엇보다 크기도 하지만, 한국적인 호국 신앙 특성을 가장 잘 반영할 수 있기 때문이다. 호국불교만이 아니라 유생들이 중심이 된 의병 전통과 3.1운동 주역 33인이 모두 종교인이라는 사실은 우리나라에서 종교가 호국 신앙적 성격을 띠고 있다는 것을 잘 말해 준다. 이런 의미에서 동학농민혁명 그 여정을 따라가는 것은 진정한 의미에서 순례길을 완성하는 일이라 생각한다. 순례길 이름에

---

7) 총 9개 코스로 구성된 내용을 보면 모든 종교를 아우른다는 것을 알 수 있다. 제1코스(풍남문~송광사, 26.1km): 전동성당(천)-한옥마을-교동교당(원)-전주향교(유)-한벽루-승암사(불)-치명자산 성지(천)-월암마을-계월교회(기)-점치고개-OK교회(기)-화심-무지개 가족(천)-송광사(불). 제2코스(송광사~천호성지, 27.1km): 송광사(불)-오스 갤러리-오도재-오덕사(불)-고산교회(기)-고산성당(천)-고산 천변길-율곡교회(기)-이수 백로고개- 민들레 포럼-구의사비-토마스 쉼터(천)-천호성지(천). 제3코스(천호성지~나바위 성지, 24.1km): 천호성지(천)-호남 교회사 연구소(천)-문드러미재-이병기 생가-남원사(불)-여산교당(원)-여산제일교회(기)-여산동헌(천)-여산성당(천)-여산순교성지(천)-생태하천변-무형교회(기)-나바위 성지(천). 재4코스(나바위 성지~미륵사지, 23.6km): 나바위 성지(천)-광교-중리교회(기)-구평교회(기)-황토 체험마을-미륵정사(원)-소림사(불)-미륵사지(불). 제5코스(미륵사지~초남이 성지, 25.5km): 미륵사지(불)-삼정원-동그라미 재활원(원)-왕궁 오층석탑(불)-천서마을-예인 음악예고-춘포-초남이 성지(천). 제6코스(초남이 성지~금산사, 25.9km): 초남이 성지(천)-이서 제일교회(기)-산림연구소-금구교당(원)-금구향교(유)-영천마을-구성산-귀신사(불)-오디마을-연리지-금산사(불). 제7코스(금산사~수류성당, 14.5km): 금산사(불)-금산교회(기)-동곡약방-증산법종교(대순진리회)-원평교당(원)-원평교회(기)-원평장터-주평교회(기)-수류성당(천). 제8코스(수류성당~모악산, 21.2km): 수류성당(천)-밤티재-우름티-안덕 힐링마을-모악산 둘레길-편백 오솔길-구이 중앙교회(기)-전북 도립미술관-모악산. 제9코스(모악산~한옥마을, 27.5km): 모악산-두방마을-세내교-모악식물원-전북도청-진북사(불)-전주 숲정이 성지(천)-서문교회(기)-예수병원(기)-책방거리-초록바위(천)-싸전다리-풍남문(천)[범례: (천) 천주교, (기) 기독교, (불) 불교, (원) 원불교, (유) 유교]

단어 하나를 추가해 '참 아름다운 순례길'이라고 명명하는 것은 어떨까 한다. '참'이라는 단어를 사전에서 찾아보면, 명사로 '사실이나 이치에 조금도 어긋남이 없는 것', 부사로 '사실이나 이치에 조금도 어긋남이 없이 과연', 다른 명사로 '일을 하다가 일정하게 잠시 쉬는 동안을 말하며, 한자를 빌려 참(站)으로 적기도 함', 또 다른 명사로 '학덕을 갖춘 스승을 뵙고 법(法)을 묻는 일로, 한문으로는 참(參)이라고 함' 등이다. 이를 풀이하면 '진실이 있는', '과연', 쉬는 순간으로서, '스승을 찾아 도리를 묻는' 아름다운 순례길이 된다. 구체적으로는 제7코스 출발지 금산사에서 우측 원평 쪽으로 가지 말고 좌측 정읍 쪽으로 가면 전봉준과 김개남이 소년 시절을 함께 보낸 정읍 산외면 동곡마을이 나온다. 이후 산내면 옥정호 들러 정읍 구절초 지방공원을 지나면 전봉준 장군이 체포된 순창 쌍치면 피노리(지금 금성리 피노마을)가 나온다. 피노리에서 녹두장군 전봉준관과 피노리 주막을 들렀다가 내장산 국립공원을 지나 정읍 시내로 들어선다. 이후 동학농민혁명 실패 후 이에 영향을 받은 신흥종교 보천교 성지인 정읍 입압면을 들렀다가 다시 고부면에 들어선다. 고부 일대에서 동학농민혁명 유적지 및 유적시설을 본 후에 다시 영원면-이평면-덕천면-태인면-옹동면을 거쳐 금산사 쪽으로 이어지는 코스다. 기존 코스 중에서도 원평 장터나 서문교회 등은 동학 농민군 발자취가 있는 곳이기도 하다. 동학 농민군 연전연승의 결과가 전주 화약으로 이어졌다는 사실을 고려하면 정읍에서 전주로 가는 여정은 동학 농민군이 승리했던 길이기도 하다. 별도 코스로 동학 농민군 승전지 장성 황룡강을 다녀오는 길을 추가하는 것도 좋다. 어하튼 기존 9개 코스에 '동학 농민군 승리의 길' 코스를 추가하면 전북자치도 융합지대인 완주, 전주, 익산, 정읍을 (김제, 순창 일부 지역을 포함해서) 모두 돌아볼 수 있는 코스가 완성된다. 이 코스를 걷다 보면 이 4개 도시가 '왜', 그리고 '어떻게' 전북자치도 좌우를 묶어 '따로 또 같이' 문화를 만들어 왔는지 이해할 수 있다. 비빔밥 문화다. 원융회통이다.

가장 한국적인 것은 먹거리에서 찾아야 한다. 의식주에서 의복과 주거 양식은 기술이 발전함에 따라, 그리고 시대에 따라 크게 달라지는데 먹거리는 변동성이 그리 크지 않을 것이기 때문이다. 따라서 의복과 주거는 시대별로 양식을 구분하면서 설명하는데 음식은 전혀 그렇지 않다. 우리가 먹는 것은 우리가 먹지 않는 것에 대한 것이기도 하고, 우리가 먹는 장소에 대한 것이라고 한다. 이를 음식경관(foodscapes)이라고 한다. 또한 음식의 구매, 준비, 차림, 섭취는 경제적·문화적 자본의 척도이자 사회적 배제의 잠재적 원천이 될 수 있다고 한다(맨스벨트, 2022: 187~193). 전라도에서 음식 문화가 발전한 이유다. 한국국제문화교류진흥원에서 실시한 '2024 해외한류실태조사' 결과에 따르면 가장 인기 있는 한류 문화 콘텐츠로 음식(52.3%)을 꼽았다고 한다. 세계 26개국 한류 경험자 25,000명을 대상으로 조사한 결과다. 음식 다음으로는 뷰티(50.8%), 음악(49.8%), 패션(47.1%), 영화(43.0%) 순이었다. 대중적 인기가 가장 높게 나타난 음식을 경험해 본 사람 비율도 75.2%로 매우 높았다. 'K-푸드'다. 한국 음식을 대표하는 가장 큰 특징은 1) 주식으로 쌀을 주(主)로, 보리를 부(副)로 생각, 2) 발효식품이 발달, 3) 채소를 많이 먹음 등 3가지로 요약할 수 있다. 먼저 주식과 부식인 쌀과 보리는 쌀밥, 보리밥으로 이어진다. 우리나라 최대 쌀과 보리 산지는 당연히 호남평야 일원이다. 군산 보리 만주와 김제 청보리 한우, 고창 청보리 축제 등에 관해 얘기한 바 있다. 쌀로 밥을 짓고 난 후 다시 물을 얹어 만든 숭늉은 가장 한국적인 맛이다. 두 번째 발효식품에는 1) 김치, 2) 장류, 3) 식초류, 4) 젓갈류, 5) 발효주 등이 있고 이를 보관하는 장독(옹기) 등이 있는데, 이 부분에 있어 가장 앞서 있는 곳이 전북자치도라는 점은 제2장 14개 도시론 '임실' 편에서 언급한 바 있다. 핵심은 소금인데 곰소만 천일염이 전북자치도 음식 맛을 결정했다고도 말했다. 소금은 부패를 막고 정화를 상징하는 천연 광물성 식품이다. 발효는 기다림의 미학이다. 햇볕과 바람이 곰소만 소금을 만들 때 첫 번째 기다림이 있고, 식품이 발효될 때까지 기다리는 두 번째 기다림이 있다. '장과 친구는 오래될수록 좋다', 그리고 '묵어야 장맛'이라는 속담이 있는 이유다. 장류에는 좋은 콩도 영향을 미치고, 고추장은 우리나라에서만 있는 소스다. 김치는 세계 5대 건강 장수식품이라고 한다.[8] 김장 문화는 2013년(대한민국 95), 한국의 장담그기 문화는 2024년(대한민국 106) 유네스코 인류무형문화유산 대표목록으로 등재됐다. 게다가 전북자치도에는 서양 대표적인 발효식품인 치즈를 최초로 국산화한 임실지역도 있다. 무주에는 과일 발효주인 머루 와인이 유명하다. 전주에서는 발효식품을 주제로 한 세계 유일 국제발효식품엑스포를 매년 개최한다. 2025년(대한민국 107)에 23번째 개최하는 것이니 연한도 오래됐다. 세 번째 채소를 많이 먹는 것과 관련해서는 나물 문화가 발달한 것을 꼽을 수 있다. 나물은 밭에서 나는 남새(채소)와 산과 들에 저절로 나서 자라는 푸새로 나눌 수 있다. 특히 우리나라는 남북으로 길어 기후가 다양(난온대＋냉온대＋냉대)해서 4500여 종 식물이 자라고 이 중 800여 종을 먹을 수 있다고 한다. 즉 나물이 지천이라는 것이다. 이 나물이 시래기, 무청, 상추쌈 등으로 이어진다. 쌈은 우리나라만이 보여 주는 독특한 식문화다. 쌈의 극치는 구절판인데, 이는 모든 것을 아울러서 쌀 수 있는 보자기 철학으로 이어진다. 보쌈김치도 있다(백문식, 2018: 31~39). 쌀밥과 함께 나물에 장류를 섞어 무치고, 데치고, 삶고, 지지고, 볶아 만든 반찬을 먹는 것이 우리네 밥상이다. 이처럼 풍성한 나물 문화로 인해 장류도 발달했을 것이다. 어쩌다 고기가 나오면 (또는 고기가 아니더라도 고기를 푹 삶거나 고운 물이라도 나오면) 그 날은 운수 좋은 날이다. 성질도 급해 '밥 따로, 반찬 따로'가 아니라 아예 함께 말아먹는 국밥도 선호했다. 소고기국밥, 돼지국밥, 순댓국밥, 황탯국밥, 굴국밥도 있지만, 우리 나물 문화와 연관을 짓는다면 콩나물국밥이 으뜸이다. 여기에 단백질을 보충하기 위해 새우젓갈로 간을 하고 달걀을

---

8) 세계 5대 건강 장수식품은 1) 김치(한국), 2) 낫토 등 콩요리(일본), 3) 올리브 오일(스페인), 4) 렌틸콩(인도), 5) 요구르트(그리스) 등이다.

수란(달걀을 깨뜨려 끓는 물에 넣어 반숙으로 익혀 먹는 음식)으로 만들어 함께 먹는다. 쌀밥과 콩나물과 함께 넣어 끓인 것이 콩나물국밥이라면, 국물 없이 밥과 나물을 함께 비빈 것이 비빔밥이다. 전북자치도 산지지역에서는 산채비빔밥, 해안가 등 평야지대에서는 해물비빔밥, 그리고 이 둘 사이 융합지대에서는 전주비빔밥과 익산 황등 육회비빔밥이 나왔다는 점은 말한 바 있다. 이 정도면 한국 음식이 가지고 있는 3가지 특징을 가장 대표하는 곳이 전북자치도라는 점을 확인할 수 있다. 게다가 황토로 된 땅을 1m 정도 파서 나온 물을 휘저어 가라앉힌 맑은 물을 한방에서 지장수(地漿水)라고 하는데, 황토는 전북자치도 상징이다. 황톳물 지장수는 한방에서 해독제로도 쓰이고, 질병 예방과 노화를 막는 효과도 있다고 한다. 지장수로 목욕하면 아토피, 무좀 등 피부병 치료와 피부미용에 효과를 보았다는 보고도 있다고 한다(백문식, 2018: 42~44). 이 정도면 전북자치도가 'K-푸드'를 대표하는 고장이라는 점에 있어 손색이 없다. 이처럼 한국을 가장 대표하는 먹거리에서조차 전북자치도가 가장 한국적이다.

　모든 'K-컬처' 원류는 전북자치도에 있다. 모든 길은 로마로 통하는 것처럼 모든 'K-컬처'는 전북자치도로 통한다. 'K-컬처' 바탕에는 전북자치도 특유의 삼색 다양성이 있다. 전북자치도의 자랑은 다채로운 음식 문화(K-Food)에만 있는 것이 아니다. 의식주 전반에 펼쳐져 있다. 이야기로부터 시작된 힘은 소리와 가락과 리듬으로 이어졌고, 사상과 종교의 다양성은 동학농민혁명의 숭고한 투쟁으로 연결됐다. 자그마한 도에 이런 강력한 문화자산을 가지게 된 것을 리처드 도킨스가 주장한 '밈(meme)'이라는 단어로 설명할 수 있다. '밈'은 도킨스가 만든 용어로 문화전달 단위 또는 모방 단위를 의미한다. 그리스어로 모방을 뜻하는 미메시스(Mimesis) 어근인 'mimeme'를 가져와 유전정보 단위를 뜻하는 진(gene)과 유사한 발음인 밈으로 만든 것이다. 도킨스에 따르면 사람이 가진 특이성은 문화에 있으며, 문화적 전달은 진화를 일으킨다는 점에서 유전적 전달과 유사하다. 문화적 진화의 예로 대표적인 것이 언어이며, 이 외에도 의복과 음식 유행, 의식과 관습, 예술과 건축, 기술과 공학 등이 있다. 이들은 역사를 통해 마치 속도가 빠른 유전적 진화와 같은 방식으로 진화한다. 즉 밈은 마치 유전자처럼 넓은 의미의 모방 과정을 거쳐 뇌에서 뇌로 건너다니며, 특정 아이디어가 인기를 얻게 되면 이 뇌에서 저 뇌로 퍼져 가면서 그 속도가 빨라진다는 것이다(도킨스, 2018: 359~378). 전북자치도 내에서도 무언가 새로운 문화적 특성이 발현되면 지역 내 가까이 살았던 사람들에게 빠르게 전달돼 모방했을 것이다. 이런 것들이 오랜 시간에 거쳐 쌓여 강력한 문화자산으로 자리 잡았고, 한 발 더 나간 새로운 것을 끊임없이 만드는 힘으로 작용했을 것이다.

전북자치도는 봉준호 감독이 말한 것처럼 가장 한국적인 곳이기 때문에 가장 세계적이다. 이 말이 가지는 핵심은 역시 차별화에 있다. 세계에서 통하는 것은 그 나라 특유한 차별적인 것이라는 것이다. 당연한 말이지만 가장 한국적인 것은 어떤 다른 나라에서도 찾아볼 수 없기 때문이다. 우리가 가진 것을 세계 흐름에 맞춰 세련되게 변조하면 그간 누구도 알지 못했던 새로운 것이 나타날 것이기 때문이다. 거꾸로 세계인 모두가 가지고 있는 보편 정서 및 문제의식과 부합하는 해법을 제시한다면 모든 세계인이 공감할 것이기 때문이다. 보편성은 다양성 속에서 피어난다. 보편성이 있는 고유성은 차별성으로 이어진다. 전북자치도는 다양성과 개방성을 함께 가지고 있기에 특유의 독자 고유성과 정체성을 세계적 보편성으로 쉽게 연결할 수 있다. 프리드먼은 세계적인 렉서스와 지역적인 올리브나무 사이의 균형을 유지하는 일은 모든 사회가 매일같이 실행하고 노력해야 하는 사안이라고 말했다. 건전한 글로벌 사회는 항상 렉서스와 올리브 나무 간 균형을 유지할 수 있는 사회라는 것이다. 그러면서 이와 같은 균형이 잡힌 가장 모범적인 나라로 미국을 언급한다(프리드먼, 2003: 797~799). 하지만 이는 20여 년 전 얘기일 뿐이다. 게다가 프리드먼은 세계적인 렉서스 측면에 보다 경도돼 있지 않았나 생각한다. 지금은 지역적인 올리브나무에 불과했던 'K-컬처'가 세계적 문화 흐름을 선도하고 있는 시대다. 그리고 그 중심은 당연히 가장 한국적인 전북자치도가 돼야 한다. 세계적인 렉서스를 파괴하지 않으면서도 지역적인 올리브 나무를 지키는 방법은 올리브 나무의 가치를 렉서스화하는 것이다. 전북자치도민이 풀어가야 할 숙제다.

전북자치도의 새로운 포지셔닝: '한국다움'의 수도, 그리고 'K-컬처'의 수도

전북자치도를 새롭게 위치 짓는 개념은 '한국다움'의 수도다. 'K-컬처'가 세계적으로 관심이 커지는 상황에서는 'K-컬처'의 수도다. 전북자치도가 앞으로 지향해야 할 포지셔닝(Positioning)이다. 전북자치도가 서 있어야 할 위치다. 포지셔닝은 마케팅에서 주로 활용하는 개념이다. 1969년(대한민국 51) 잭 트라우트(Jack Trout, 1935~2017, 병탄 26~대한민국 99)가 발표한 논문에서 처음 사용했다. 포지셔닝은 상품에 대해 어떤 행동을 취하는 것이 아니라 잠재 고객 마음속에 해당 상품 위치를 잡아주는 것이다(트라우트&리스, 2000: 19). 전북자치도를 상품, 세계인을 고객이라고 한다면, 세계인의 마음속에 전북자치도를 '한국다움'의 수도이자 'K-컬처'의 수도로 자리 잡게 해야 한다. 유일한 경쟁상대 서울은 'K-컬처'를 보여 주기에는 콘텐츠도 부족하지만, 이미 너무 서구인 표준에 부합하는 도시로 바뀌어 버렸다. 한국적이기에는 이미 너무 서구적이다. 서울은 한국 정치·경제·행정·사회·문화 등 모든 분야를 대표하는 수도로서 역할을 하다 보니 지나치게 버겁다. 역할 분산을 통해 구심력을 완화해야 한다.[9] 이와 비교해 전북자치도는 이미 한국적인 모든 것을 가지고 있

---

9) 세종이 행정수도가 되는 것은 그 필요성에도 법 개정을 요구하는 것이어서 요원하다. 새로운 정부에서는 세종으로 행정수도를 이전하겠다고 하지만, 시일이 제법 소요된다. 세종이 행정수도가 되

○ 출생률 감소와 인구 고령화 등으로 인한 국내 수요 감소에 직면 → 외부 수요 확대 필요
○ 일본 생활문화에서 양성된 콘텐츠, 패션, 식문화 등은 타국에서 모방하거나 따라할 수 없는 무형가치
○ 그러나 리스크 불투명 등으로 투자금 부족, 해외 거점 부족 → 구체적인 해외 활동 및 수익 창출 한계
○ 해외수요개척지원기구를 설립, 민간 투자의 '마중물'이 되는 자금 공급과 실천을 위한 경영 지원

1. 일본에 대한 관심 유도	2. 현지에서의 기반 조성	3. 일본에서의 소비
▶ 콘텐츠의 해외 전개 지원 ▶ 인플루언서의 초빙 ▶ 지역 명물 관련 해외 활동	▶ 제품개발, 팀 만들기 ▶ 현지 기업의 매칭 ▶ 테스트 마케팅	▶ 쿨재팬자원에 의한 관광 진흥

▶ 쿨재팬 기구에 의한 쿨재팬 관련 기업에 리스크 머니(고위험, 고수익 추구 자금) 공급
▶ JETRO(Japan Extermal Trade Organization, 일본 무역진흥기구), 일본정책금융공고 등에 의한 해외 판로 개척 지원

〈그림 4-9〉 일본 쿨 재팬 정책 과제와 3단계 과정(토시유키, 2023: 47. 재인용)

으니, 당장 전북자치도를 '한국다움'을 대표하는 수도로 말할 수 있다. 즉 전주는 '다시 전라도 수도'가 아니라, '이미 한국다움을 대표하는 수도'인 것이다. 따라서 'K-컬처'를 매력적으로 느끼는 사람은 '한국다움'을 제대로 알고, 느끼고, 호흡하고 싶다면 전북자치도를 찾을 것이다. 전북자치도 입장에서는 도를 방문하는 해외 여행객들을 대상으로 한국다움을 널리 알릴 수 있는 개인화된 럭셔리 여행을 제공한다면 좋은 기회가 될 것이다. 일본에서도 'K-컬처' 영향으로 쿨재팬 정책을 세웠고, 이를 통해 해외 판로 개척과 이를 지렛대로 삼은 인바운드 관광에 역점을 두고 있다고 한다. 핵심은 인바운드 관광 유치 근간이 되는 콘텐츠 투어리즘이다.[10] 전북자치도의 경우에도 단순 콘텐츠를 넘어 가장 한국적인 의·식·주 등 K컬처 원류를 제대로 느끼게 하는 인바운드 관광을 활성화할 필요가 있고, 충분히 그럴만한 자격이 있다.

면 입법부인 국회도 세종으로 옮겨야 한다는 압력이 커질 것이다. 한편 전북자치도는 초대 대법원장인 가인 김병로 등 사법부에서 가장 존경하는 인물들의 고장이니 사법기관의 이전대상지로 충분하다.

10) 일본 쿨재팬 정책, 콘텐츠 투어리즘 및 이를 구체화하는 인바운드 관광에 대한 자세한 내용은 토시유키(2023) 참조

가장 한국적인 전북자치도는 가장 세계적인 전북자치도다. 제대로 된, 가장 세계적인 전북자치도를 만들기 위한 다각적인 노력이 필요한 시점이다. 전북자치도를 '한국다움'으로 포지셔닝 했다면, 이에 맞춰 전북자치도는 '한국다움'을 기반으로 하는 선도적인 플랫폼이 되어야 한다. 나아가 '한국다움'을 전 세계에 알리는 허브로서 기능해야 한다. 도내 14개 시군을 비롯해 모든 도시가 '1품·1허브'를 지향해야 하는 것처럼, 전북자치도는 '한국다움'의 플랫폼이자 허브로서 자리 잡아야 한다. 이를 위해 전북자치도는 모든 내외국인이 전북자치도 여행 및 관광을 '쉽고 편리하게' 할 수 있도록 해야 한다. '쉽고 편리하게' 기준은 전북자치도에 처음 온 내외국인의 시선과 동선이다. 어떤 경로를 통해 전북자치도 여행과 관광 정보를 획득하는가, 전북자치도에 오기 위해 어떤 교통수단을 선택하는가, 전북자치도 내에서는 어떤 경로를 거쳐 이동하는가, 그리고 전북자치도에 와서는 어디에서 숙식을 해결하는가 등 모든 시선과 동선이다. 따라서 관련 인터넷 사이트, 관광 안내 팜프렛 및 책자, 교통 표지판 등 전반적인 부분에 걸쳐 근본적으로 점검할 필요가 있다. 즉 글로벌 관점에서 UI(User Interface)/UX(User Experience) 모두를 정비해야 한다는 것이다. 이때 글로벌이란 전북자치도 외 모든 지역이다. 이를 위해 전북자치도에 가칭 'CEO[Chief (Customer) Experience Officer]' 조직을 신설할 필요가 있다. 전북자치도라는 상품을 팔기 위해 내외국인 방문 유치 및 고객 경험을 극대화하는 것이 신설 조직 CEO 미션이다. CEO 조직을 위해 많은 사람이 필요하지는 않다. CEO는 방향성과 기준 및 원칙을 가지고 의사결정을 하기만 하면 된다. 가장 먼저 이 방향성과 기준 및 원칙에 대한 방안을 가지고 이에 대한 도민 전체 합의를 거치는 과정은 필수다. 구체방안은 CEO 조직에서 대안을 마련, 이에 대한 도민 의견 수렴을 거치는 과정을 몇 차례 거친 후에 최종안을 도민들에게 보고하면서 합의에 갈음하면 된다. 이후 도민들이 제안하는 아이디어를 접수하고, 접수한 아이디어에 대한 채택 기준에 따라 진행 여부(go or drop)를 판단하는 과정을 거친다. 아이디어 제안 분야는 글로벌 관점 UI/UX에 대한 모든 것이다. 전북자치도 여행 결정 이후 다시 돌아가서 주변 사람들에게 여행 경험을 전달하는 등 여행 전 과정이 대상이다. 이 과정을 조금 더 재미있게 게임 방식을 접목하는 것도 가능할 것이다. 이른바 게이미피케이션(Gamification)이다. 게이미피케이션은 '비게임적인 분야에 게임 메커니즘을 적용해 의도한 목적으로 사용자의 적극적인 참여 및 행동을 유도하는 커뮤니케이션 기법'이라고 할 수 있다. 마케팅 커뮤니케이션 관점에서는 '게임 메커니즘을 활용하여 다양한 고객 접점에서 고객과 상호작용하여 참여, 공감 및 공유를 증대시키기 위한 활동'이다(김형택, 2013: 16). 저자가 몸담았던 회사에서는 비용구조 혁신 과정을 즐겁고 재미있게 추진하기 위해 게임 방식을 접목한 경험이 있다. 모든 조직이 마찬가지지만 기업에서도 자기 부서에서 사용이 예정된 예산을 구조 혁신을 통해 절감하는 것은 매우 어려운 일이다. 따라서 이 과정이 즐겁고 재미있지 않으면 추진 동기가 생기지 않을 수 있다. 따라서 이왕 할 것이라면 즐겁고 재미있게 추진하는 방식이 긴요하다. 그래야 추진 동기도 생기고 성과도 극대화할 수 있다. 케이티에서 활용했던 것은 1) 팀별 '콘테스트(Contest)', 2) 우수사례 전파 및 직원을 소개하는 '날마다 영웅(Everyday Hero)', 3) 신기술·공법 개발 시 개발자를 해당 기술·공법 이름으로 명명하는 '네이밍(Naming)', 4) 현장 방문 후 기대하지 않았던 '깜짝 포상(Serendipity)' 등으로 구성돼 있었다. 직원으로서는 회사 방침에 따라 낭비적 요소를 발굴하고, 이를 개선하는 과정이 불가피했지만, 재미 요소가 가미되니 힘든 중에도 즐겁게 추진했다는 평가가 많았다. 기업 도시에서도 미션 및 비전 달성을 위해 주민들과 공무원들이 즐겁게 참여해 상호 간 공감하는 과정으로 게이미피케이션 방식을 도입하는 것도 매우 유용하리라 생각한다. 예컨대 글로벌 관점에서 UI/UX 개선이 필요한 부분과 개선 방향에 대해 주민들과 해당 지역 공무원들 참여를 극대화하는 방법으로 활용하는 것이 가능할 것이

1 Contest(순서)
- 1팀 1과제 Contest(수행기간: 3~9월)
  - x,xxx개 과제 등록, x,xxx개 과제 수행
  - 하반기 수행 실적 우수과제 포상
- 6化 1用 사진 Contest(6.14~7.4)
  - 총 xxx개 팀 참여, 우수 총 xx개 팀 포상
  (인해전술상, 복불복 상 등)

2 Everyday Hero(우수사례 전파/직원 소개)
- 뉴스레터 정례 발송(1호~32호: 매주 수)
  - 혁신활동 참여 우수부서 소개
  - Spot Award 우수사례 전파 등
- 우수사례 전사 엘리베이터 게시 전파
- 그룹 내 혁신 설명회 및 신입사원 강의

4 Naming(1등 혁신가)
- Spot Award 포상(4~9월)
  - 총 xx개 과제 제출, xx개 과제 포상
  - Naming(신기술/공법) 권한 부여
- 연말 Best of Best(1등 혁신가상) 선정
  - CORUS(COre Real-time Underground Sensing) 공법 등

3 Serendipity(깜짝 포상)
- Relay(성화봉송)방식 현장 혁신 Cheer Up
  - 총 xx개 우수기관 방문 및 우수활동 격려
  - 부서포상과 개인포상 동시 실시
- 전 직원 참여 활성화를 위한 이벤트 포상
  - 댓글 소감 포상, 퀴즈 이벤트, 십자 낱말 풀이 등

〈그림 4-10〉 케이티 게이미피케이션 활동 사례

다. 일본 사바에 시에서도 '지역 활성화 계획 콘테스트'를 했었다고 한다. 예컨대 빈 점포 문제에 직면한 상가의 매출을 늘리는 방법에 대한 아이디어를 받아 '어린이 상가' 사업을 시행했다고 한다. 지역 초등학생과 어른이 상점 주인들에게 배우면서 상품 기획에서 판매까지 한다는 구상이었다. 이런 전국 대상 아이디어 콘테스트를 통해 상대적으로 얇은 인재층 두께를 보완했다는 것이다(마사하루, 2016: 208~218). 이외에도 다양한 콘테스트 방식을 응용할 수 있다. 상상력과 창의력 문제다.

2024년(대한민국 106) 1월 18일 전북특별자치도가 출범했다. 이로써 이른바 '5극 3특' 체제가 완성됐다는 평가를 받는다. '5극 3특'이란 전국을 5개 메가시티(수도권, 부·울·경, 대구·경북, 광주·전남, 충청권)와 3개 특별자치도(제주·강원·전북) 등 8개 권역으로 나눠 고루 발전하자는 것이다. 이는 '전북특별자치도 설치 및 글로벌 생명 경제 도시 조성을 위한 특별법'(이하 '전북 특별법', 본문 131조, 부칙 8조 및 333개 정책 특례)에 근거한다. 전북자치도가 출범하게 된 목적은 규제혁신을 통한 자유로운 경제활동과 지역자원의 현명한 활용으로 글로벌 생명 경제 도시를 조성한다는 것에 있다(전북 특별법 제1조). 이때 생명 경제란 생

명과 친환경 성장을 목표로 지속가능성을 유지하면서 공익적 부가가치를 창출하는 활동을 말한다(전북 특별법 제2조). 이 법에 따르면 전북자치도가 특례를 가지고 진행할 수 있는 산업은 생명 산업, 전환산업, 금융산업, 관광산업 등 매우 많은 분야를 망라한다. 곤충, 한우, 식품 및 바이오 산업 등 농생명 산업, 탄소 소재를 활용한 의생명 산업, 수소 경제와 신재생에너지와 관련된 청정에너지산업, 고령 친화 복합단지 조성 등 생명 서비스 산업, 이차전지와 무인 이동체 등 전환산업 등이 눈에 띈다. 게다가 국제문화관광 거점으로 국제케이팝 학교를 만들 수 있고, 문화산업진흥기구를 둘 수 있으며, 야간관광산업이나 국제회의산업, 수상레저산업 등에도 특례가 적용된다. 친환경 산악 관광진흥 기구, 외국인 고용 특례, 금융산업과 생명 경제 녹색 도시 조성이나 지역특화 환경교육 시범 도시 지정도 가능하다. 하지만 1년이 지난 2025년(대한민국 107) 상반기까지 이렇다 하게 진전됐다는 보도는 거의 보이지 않는다. 게다가 막상 전북자치도에서 거주하는 주민 시각에서 피부로 느낄 만큼 달라지는 부분도 별로 없다. 좋아질 것이라는 얘기만 무성하다. 주민들이 쉽게 참여하고 연대하여 다양한 의견을 표출할 수 있는 공론장이 없는 것이 한 원인이라 생각한다.

전북자치도 출범으로 전라도 윗녘은 아랫녘과 확실히 다른 길을 걷게 됐다. 1000여 년이 넘도록 함께 하던 전라도 역사를 뛰어넘는 새로운 여정이 시작된 것이다. 광주·전남 메가시티와 달리 독자의 길을 걷게 된 것이다. 전북자치도 입장에서는 광주전남 메가시티에 포함되는 것을 쉽게 인정하기 어려웠을 것이다. 먼저 전라도라는 이름 어원에서 전주가 으뜸이어서 전북자치도 사람들은 매우 큰 자긍심을 가지고 살아왔다. 게다가 조선 시대 500여 년간 전라도 수부는 전주, 전라좌도 수부는 남원이었다. 이처럼 최소 500년에서 1000년 이상 이어진 전북자치도 사람들이 가진 자부심을 고려하면 더욱 수긍하기 힘들었을 것이다. 물론 이런 역사적 맥락이 실제 정책 결정에 반영되지는 않았을 것이다. 다만 이런 자부심이 독자의 길을 걷더라도 충분히 잘 헤쳐 나갈 힘이 있을 것이라는 도민들의 믿음으로 이어졌을 개연성은 농후하다. 이런 믿음이 특별자치도 논의에서 크게 작용했을 것 또한 분명하다.

특히 전북자치도에는 주민 자치에 대한 뚜렷한 전통을 갖고 있다. 다른 지역 모든 마을마다 있었던 두레나 계, 울력 등은 차치하더라도 다른 지역이 갖지 못한 두 가지 사실이 있다. 첫 번째는 1475년(성종 6) 우리나라 최초 민간 향약이 전북자치도에서 시작됐다는 것이다. 불우헌 정극인 등이 창시한 정읍 태인 고현동 향약이 그것이다. 물론 향약은 향촌 자치 성격도 있지만, 자치 이면에는 하층민을 통제하려는 숨겨진 의도가 있었다는 것을 무시할 수는 없다. 그러함에도 유교적 질서를 바탕으로 한 상부상조 전통을 말단 향촌 단위에까지 정착시켰다는 점은 의미가 있다. 고현동 향약에서 민간 최초라는 것보다 더욱 주목해야 할 부분은 이 향약 전통이 1977년(대한민국 59)까지 500여 년 넘게 이어져 왔다는 것이다. 그리고 임진왜란 전후인 선조 연간에서부터 약 400여 년간 이어진 관련 자료 29책이 1993년(대한민국 75) 보물 제1181호로 지정됐다. 아쉽게도 초기 100년 정도 자료는 빠져 있다. 향약 관련으로 국가 보물로 지정된 것은 태인 고현동 향약이 유일하다. 고현동 향약 외에도 전북자치도에는 향약 관련 자료가 가장 많이 남아 있다. 1572년(선조 5) 이후 400여 년도 훨씬 넘는 기간 동안 운영된 남원 원동 향약 관련 자료 20책, 1795~1883년(정조 19~고종 20)까지 약 100여 년간 진행된 남원 기지 입암 향약 관련 자료 6책 등이 전북자치도 유형문화유산으로 지정돼 있다. 이처럼 향약 관련 자료가 가장 많이 남아 있는 만큼 전북자치도는 자치 전통이 폭넓고 깊었던 것으로 보인다. 두 번째 자치 전통은 동학 농민군이 조선 정부와 전주 화약을 맺은 후 전라도 일원에서 주로 전개한 집강소 운영이다. 집강소는 중요한 재판에는 농민들이 직접 참여할 수도 있는 농민자치기구다. 전주 화약 후 집강소에서 시행한 폐정개혁 12조는 실제 공식문서가 남지 않았음에도 사실상 이런 방향에서 진행됐다는 것이 중론이다. 폐정개혁 12조는 이 바탕 위에서 조선 정부 갑오개혁으로 이어졌고 공식화됐다는 것도 대부분 역사학계에서 인정하는 바다. 집강소는 나주 등 일부 고을을 제외한 전라도 53개 고을에 만들어졌다. 전라우도 전주에는 집강소 총본부라 할 수 있는 대도소(大都所)가 설치됐고 전봉준이 통솔했다. 전라좌도에는 남원이 근거지로 김개남이 통솔했다. 동학 농민군은 집강소를 중심으로 폐정개혁을 추진해 나갔으나, 다음 해 농민군이 우금티를 넘지 못하고 패하게 되면서 결국 집강소도 폐지되고 말았다. 하지만 이런 전통을 만들고 이를 선도했다는 사실만으로도 전북자치도 자치 전통은 충분히 살아 있다.

이처럼 자치 전통이 뚜렷한 전북자치도임에도 아직 지방자치가 제대로 구현되지 못하고 있는 것으로 보이는 점은 매우 아쉬운 대목이다. 지방자치제가 시행된 지 30여 년이 됐음에도 말이다. 게다가 전북 특별법에 따라 특별자치도가 됐음에도 구체적으로 가시화된 성과가 아직 없다는 점도 안타깝다. 그나마 2036년(대한민국 118) 하계올림픽 우리나라 후보로 선정된 것은 고무적인 일이다. 하지만 이는 자치 전통과는 무관하다. 주민으로서도 과연 실제 올림픽 개최장소로 지정될 것인지에 대해 기대 반 의심 반 상태에 있고, 정말 작은 도시 전주에서 정작 올림픽을 개최할 수 있을지에도 반신반의하는 분위기다. 도 차원에서는 나름대로 열심히 하고 있다고 주장하겠지만, 주민과 얼마나 소통하고 있는지도 의문이다. 주민들 또한 현재 전북자치도 상황에 대해 안타까움만 표현하고 있을 뿐, 구체적으로 어떻게 할 것인지에 대한 고민은 적어 보인다. 에너지가 흩어져 있는 것이다. 이들을 하나로 모아 한 방향으로 나가게 만드는 것 또한 도정의 중요한 역할일 텐데 이에 대한 고민도 그리 커 보이지 않는다. 주민 시각에서 인상이 그렇다는 얘기다. 주민들 참여를 자연스럽게 이끌어갈 수 있는 프로그램이 필요하다. 앞에서 얘기한 게이미피케이션 방식을 도입하면 훨씬 효과적일 것이다. 이 과정에서 자연스럽게 주민들의 자각을 일깨우는 것이 필요하다. 기업에서도 위기상황에 처했을 때 이를 극복하기 위해 가장 먼저 시행하는 것도 위기의식을 북돋는 것이다. 존 코터(John Kotter, 1947~?, 대한민국 29~)가 말하는 변화관리 8단계를 보면 역시 1) 위기감 조성이 가장 먼저다. 이후 2) 혁신지도부 구성 ⇨ 3) 비전 및 전략 개발 ⇨ 4) 새로운 비전의 전파 ⇨ 5) 권한 위양을 통한 힘 실어 주기 ⇨ 6) 단기적 성공사례 만들기 ⇨ 7) 여러 성공사례의 통합 및 8) 혁신의 가속화 순이다(코터, 1999: 42). 자각 다음에는 자성 단계를 거치면서 기존 방식과 관성을 돌아볼 것이다. 단기적 성공사례를 빨리 만드는 것이 중요하다. 그래야 신뢰를 줄 수 있다. 이런 기반을 바탕으로 진정한 의미에서 주민 자치가 가능할 것이다. 주민들 의식 변화가 선행된다면 전북 특별법에서 규정하고 있는 333개 특례를 활용한 다양한 아이디어가 도출될 것이다. 새로운 산업을 일으킬 수 있는 유용한 비즈니스 모델 개발도 가능할 것이다.

자치 이후는 자립 단계다. 5가지 부분에서 자립이 중요할 것으로 본다. 기본은 물 자립, 식량 자립, 에너지 자립 등 3가지다. 이 3가지는 레이워스가 말하는 12개 사회적 기초 중에서도 핵심이다. 기후위기 대응 차원에서도 이 3가지 자립기반은 필요하지만, 지속 가능한 도시를 지향한다면 3가지 자립은 필수라 할 것이다. 우선 전북자치도는 농업에 강점이 있는 지자체여서 농업용수의 안정적 공급이 매우 중요하다. 기존 사용한 물을 다시 재사용할 수 있도록 선순환적 관리체계를 만든다면 가뭄 등 부족시기에 안정적인 물관리가 가능할 것이다. 농업용수 외에도 공업용수 등 산업용수 및 먹는 물을 포함한 생활용수 등 물 부족이 없도록 일상 관리해야 한다. 식량 자립 이슈도 기후위기와 무관하지 않다. 나라 전체적으로 식량자급률이 갈수록 떨어지고 있고, 쌀을 제외하고는 다른 곡물은 자급률이 낮은 등 곡물별 자급률 편차가 있어 농정에 큰 변화가 필요한 상황이다. 이런 상황에서 가장 밀도가 높은 농토가 있는 전북자치도 입장에서는 기본방향을 잘 정립해서 대응해야 한다. 에너지 자립

문제 역시 기후위기 문제와 직접 관련이 있다. 특히 기계, 장비, 비품 및 가전 등 생활용품에 이르기까지 모든 것이 전기화(Electrification) 과정에 있는 상황에서 기후위기는 신재생에너지로의 빠른 전환을 요구하고 있다. '전북자치도를 키운 것은 8할이 햇볕과 바람'이라고 할 정도로 전북자치도는 태양광과 풍력 발전에 매우 유리한 입지다. 풍성한 곡식을 여물게 하고 넉넉한 열매를 맺히게 한 그 햇볕과 바람이다. 특히 에너지 자립은 리프킨이 말한 3대 인터넷(통신, 전력, 교통 및 물류) 중 하나다. 전력 인터넷망을 완전히 재설계해야 한다. 특히 신재생에너지는 연계산업으로 1) 간헐성 문제 해결을 위한 ESS(Energy Storage System, 에너지 저장 시스템), 2) 산재해 있는 발전원을 원격으로 제어하는 VPP(Virtual Power Plant, 가상발전소), 3) 간헐성 단점을 보완해 줄 수 있는 또 다른 무탄소 에너지원인 그린 수소 산업 등 확장성도 있다(정성민, 2023: 62~86). 물, 식량 및 에너지 등 3가지 자립을 위해서는 기술혁신이 수반돼야 한다. 효율성과 효과성 측면이 담보돼야 하기 때문이다. 해수 담수화, 빗물 수집 및 정화, 물 재이용 및 재활용 등이 물 자립 기술이라면, 토양복원 및 생태농법, 스마트 농법, 수경재배, 수직 농장 등이 식량 자립 기술이다. 에너지 자립에서 가장 큰 것은 신재생에너지 발전, 에너지 저장, 마이크로 그리드(Micro Grid) 기술[11]과 함께 여유 전력 판매 등 송전망 건설에 대한 정책 방향이 정립

---

11) 그리드는 격자, 모눈이라는 뜻이지만, 전력에서는 발전소, 변압기, 송전선 등으로 이루어진 전력망을 의미한다. 스마트그리드는 이러한 그리드에 정보통신기술(ICT)을 결합해 전력수요와 공급을 언제든지 최적화할 수 있다는 것이다. 주요 기술로는 에너지저장장치(ESS), 지능형 원격검침 인프라(AMI, Automatic Metering Infrastucture), 에너지 관리 시스템(BEMS, Building Energy Management System) 등이 있다. 마이크로 그리드는 기존의 중앙집중식 전력 시스템으로부터 독립된 분산전원을 중심으로 한 국소적인 전력 공급 시스템이다. 즉 '자급자족'으로 표현될 수 있는 소규모의 전력 체계를 뜻한다. 필요에 따라서는 다른 지역에 전력을 공급할 수도 있으므로 기존 전력 시스템과는 상호보완적 관계다. 마이크로 그리드는 1) 지역적으로 제어되는 전력시스템, 2) 전력망과 연결되거나 독립적인 형태로 분리돼 운영될 수 있는 특징이 있다(시오산시, 2019: 132). 마이크로 그리드를 활용해 전북자치도 모든 자가 전력을 100% 자립하고, 여유 전력은 판매할 수 있다. 송전선 비용은 당연히 최소화된다. 이재명 대통령이 후보 시절 주장한 에너지 고속도로가 되면 선진국과 같이 거의 모든 소비자가 전력망에 연결된 통합망이 된다.

<표 4-1> 마이크로 그리드의 이점(시오샨시, 2019: 87, 재인용)

에너지 비용 절약	복원력, 운영&유지비용 감소	피크 부하 감소
온실가스 배출 감소	환경 규제 충족	백업 전력 공급
경제발전	기존 배전망 업그레이드 회피, 비용 감소	전력 품질 보장
송배전망 투자, 혼잡 감소	스마트그리드 기술 통합	수요관리, 부하 수준 경감
미래지향적 에너지 인프라 구축	분산에너지원, 열병합발전 통합 촉진	전압 감소, 과부하 보호

돼 있어야 한다. 근본적인 에너지 정책 대전환이 필요한 이슈다. 새정부에서는 에너지 고속도로를 만든다고 하니 기대가 매우 크다.

　물과 식량과 에너지 자립 기술은 기후위기 대응 관점 측면을 고려해 '기후테크'라고 명명할 수도 있을 것이다. 기술을 개발하거나 이미 구체화한 기술을 채택하여 이를 응용하고 현장에 빠르게 적용해야 한다. 우수 인력 확충이 가장 애로가 있는 부분이다. 우수 인력 확충을 위해 실제 현장 연계 활동이 가능하고, 그 결과를 바로 성과로 확인할 수 있다는 점을 장점으로 부각할 필요가 있다. 근본적으로는 현장과 실용 관점으로 성과 판단 기준을 재정립하고, 이에 대한 인센티브 설계를 새롭게 해야 한다. 이 과정에서 자연스럽게 일자리도 증가할 수 있기를 기대해 볼 수 있다. 일자리 자립이다. 일자리가 늘어나 사람이 증가하면 재정 자립도 어느 정도 기대할 수 있다. 핵심은 방향과 의지의 문제다. 명확한 방향을 잡고 강고한 의지로 추진한다면 가능하다. 14개 시군은 1품 1핵 도시를 지향하고, 도 차원에서는 '한국다움'의 수도, 'K-컬처'의 수도로 포지셔닝한 후 이에 걸맞게 일관된 정책을 추진한다면 가거지 전북자치도가 가능할 것으로 본다. 주민 자치를 기반으로 한 시민들의 참여와 연대는 선결 조건이다. 자각 ⇨ 자성 ⇨ 자치 ⇨ 자립 메커니즘이다. 물·식량·에너지·일자리·재정 자립이다.

가거지 전북자치도

이중환 시대 전북자치도는 가거지였다. 이중환이 가장 중요하게 생각했던 '생리' 측면에서 전북자치도를 따라갈 수 있는 지역은 없었다. 이중환이 말한 4가지 기준 중 가장 우선순위가 있다는 '지리' 측면에서도 전북자치도는 뛰어나다. 그가 말한 지리는 '장풍득수(藏風得水)가 가능하고, 양전옥답(良田沃畓)이 있는 땅'이다. 이는 양택 풍수 일환으로 구체적인 집터 결정, 즉 주거입지와 관련한 마을 고르기 정도다. 당연히 도 단위 큰 땅과는 다르다. 그러함에도 도 차원으로 확대하더라도 전북자치도는 '지리' 측면에서 아주 우수한 입지임을 알 수 있다. 뒤에 백두대간이 버티고 있고, 앞에는 4대강이 있으면서 서해를 바라보고 있다. 그리고 호남평야 너른 들에는 양전옥답이 있다. 당연히 도 차원으로 확대해서 해석하더라도 아주 훌륭한 입지임을 확인할 수 있다. '생리'는 생활을 윤택하기 위한 유리한 위치다. 장풍득수 산자락에서는 맛난 빨간 열매들이 가득하고, 양전옥답 들판에서는 쌀·보리 등 먹거리도 충만하다. 칠산바다와 고군산군도 어량에서는 펄펄 살아 있는 물고기들이 쉽게 잡힌다. 생산성이 가장 높은 지역이었다. 이 일대에 가뭄이 들면 나라 전체 재정이 흔들릴 정도였다고 하니, 경제적 관점에서 가장 뛰어난 입지다. 한양까지 갈 때 넘어야 할 높은 고개가 거의 없으니 한양과 접근성이 좋다. 당연히 해로로도 빠르게 연결될 수 있으니 더욱 좋다. 이중환이 말하는 '인심'은 자신과 자녀의 교육 등을 위해 세상 풍속이 아름다운 곳이다. 이는 주관이 개입될 요인이 많은 측면이니 좋고 나쁨을 쉽게 얘기할 수 없다. 어떤 사람에게는 좋다고 판단하는 부분이 다른 사람에게는 좋지 않다고 여길 공산이 있는 것이다. 다만 한 가지 확실한 것은 전북자치도가 '등 따시고 배부른' 곳이었고, 맹자가 말한 것처럼 '무항산 무항심(無恒産 無恒心)'이니 '인심' 측면에서도 그리 나쁘지 않았을 것이라는 점은 쉽게 예측할 수 있다. 물론 양반 계층이나 토호 대지주가 아닌 기층 민중들도 이 따스한 온기를 느낄 수 있었는지는 별론으로 한다. 다만 최소한 기본소득은 가능했을 것이니 사람들 밀도가 높았다. 만약 당시 거주·이전(헌법 제14조)과 직업선택의 자유(헌법 제15조)가 있던 시대였다면 전라도 집중현상은 더욱 커졌을 것이다. 현재도 일자리와 소득을 찾아 서울 등 수도권에 몰려 사는 것과 마찬가지 맥락이다. 하지만 지배계층과 피지배계층 간 모순이 심각했고, 이를 가장 쉽게 눈으로 확인할 수 있는 현장이었다. 그러다 모순이 극에 다다라 동학농민혁명의 불씨가 된 것이리라. 마지막 '산수'는 사람들을 즐겁게 하고 감정을 화창하게 하는 아름다운 자연경관이다. 전북자치도 16대 명산과 4대강을 떠올리면 '산수' 측면에서도 전북자치도는 훌륭한 입지라 할 것이다. 16대 명산과 4대강 외에도 섬과 해안가, 그 사이 갯벌이 있다. 전북자치도의 뛰어난 지리 경관이다. 지질 경관 측면에서도 우리나라 세계지질공원 5곳 중 1곳, 국가 지질공원 16곳 중 3곳이 이 자그만 땅에 펼쳐져 있다. 흙산(육산)과 악산이 고르게 있다. 덕유산 정상 부근은 편마암으로 구성된 평평한 흙산 형태이지만, 산 아래로 내려올수록 화강암 지대가 발달해 울퉁불퉁해서 33경을 자랑한다. 이처럼 지리 및 지질 경관 측면에서 다채로움이 함께 있으니 당연히 '산수' 측면에서도 훌륭하다. 가거지 전북자치도다.

이중환 시대에서 300여 년 가까이 흐른 지금 전북자치도는 여전히 가거지일까? 이 질문에 대한 대답은 쉽지 않다. 가능성 영역에서는 여전히 가거지다. 주민들이 각성해서 자치역량을 높이고 자립기반을 축적한다면 충분히 가거지가 될 수 있기 때문이다. 전북특별법이 통과돼 특별자치도로 변화했다. 이에 주민들의 자치역량을 높이기 위한 노력이 필요하다. 장성군 아카데미와 같은 공무원과 주민이 함께 참여해 공부하는 프로그램 개발도 가능할 것이다. 시민단체 간 연대를 통해서도 바람직한 대안 만들기 프로젝트 추진도 가능할 것이다. 물과 식량과 에너지 자립을 위한 구체적 타깃 목표를 정하고 이를 하나씩 해결하는 과정에서 일자리도 늘어날 수 있을 것이다. 단기간에 작은 성공사례를 만드는 것이 필요하다. 이런 과정에서 조금씩 변화하는 모습이 보이면 점점 가거지로 바뀔 것이다. 가거지 가능성이 실현되면 살기 좋은 곳이 되어 정주인구도 증가하는 그림으로 변화할 것이다. 당위성 측면에서도 전북자치도는 확실히 가거지다. 모든 지방이 마찬가지지만 중앙과 지방은 하나로 연결된 구조로 묶여 있으니 중앙만이 아니라 지방도 가거지여야 한다. 중앙이 제대로 잘 가동하기 위해서는 지방이 쉼 없이 식량과 물과 에너지를 공급해야 한다. 이것이 중단되면 중앙은 가동이 멈춘다. 게다가 지방은 중앙 사람들에게 휴식과 여가 공간을 제공하는 관광지이기도 하고, 일부에게는 예전 근무지, 다니던 학교, 그리고 그리운 고향이기도 한 연고지다. 지방이 사라지면 중앙도 없다. 하지만 이 메커니즘에 대한 이해가 없으면 지방은 매번 중앙에 재정과 개발을 요구하기만 하는 천덕꾸러기로 보인다. 천덕꾸러기로 보이는 또 다른 이유는 지자체의 선택과 집중 부족 원인도 있을 것으로 생각한다. 정돈되지 않은 상태에서 모든 지자체에서 같은 일을 벌이고 있으니 일정한 가지치기가 필요하다. 하지만 현상적으로 이렇게 보이는 것과 달리 지방이 없으면 중앙은 제대로 작동하지 못한다. 따라서 모든 지방은 가거지여만 한다. 우리나라는 사막 등 사람이 살 수 없는 아뇌쿠메네가 없는 삼천리 금수강산이다. 이를 인위적으로 사회적·인문지리적 아뇌쿠메네로 만들 수는 없다. 전북자치도 또한 명확한 방향성을 가지되, 불필요한 역량을 분산시키지 않고 집중해야 한다. 단적으로 전북자치도는 가능성과 당위성 측면에서 가거지이지만 아직은 아니다.

현대적으로 해석한 이중환 가거지 4가지 기준을 다시 언급하면 다음과 같다.

1. 지리: 공공 인프라(에너지, 정보통신, 도로·물류, 수자원 등)+생활 서비스 인프라(교육, 의료, 문화 등)
2. 생리: 산업 및 경제(일자리와 지역 특화 산업 창출 수준의 차별화 포인트

를 가진 지역성)
3. 인심: 로마의 개방성 + 혁신의 뿌리로서 근대의 톨레랑스 + 인류 진화의 동력인 공동체 정신
4. 산수: 경관(Landscape)으로 자연경관만이 아니라 역사가 빚어낸 유산(Legacy)로서 인문 경관으로까지 확장

'지리' 측면에서 단순한 인프라 확충 수준을 넘어 물, 식량 및 에너지 부분에서 자립기반을 갖추는 것이 중요하다. '생리' 측면에서 도내 14개 시군은 확실한 차별화 포인트를 가진 지역적 맥락을 활용, 1품 1핵 도시를 지향해야 한다. 기업 도시 ⇨ 플랫폼 도시 ⇨ 네트워크 도시로 이어지는 연쇄 메커니즘이다. '인심' 측면에서 전북자치도는 이미 개방적이고, 충분히 관용적이며, 아직 공동체 정신이 살아 있다. 마지막 '산수' 측면에서 수려한 자연경관과 역사적으로 축적된 풍부한 인문경관을 동시에 갖고 있다. 다만 이것이 제대로 알려지지 않았다는 아쉬움이 있다. 이에 대한 효과적 홍보방안이 필요할 것이다. 이처럼 (아직 부족하지만) 전북자치도는 가거지가 될 수 있는 기반을 갖추고 있다. 어떻게 실제 가거지로 만들 것인가 하는 과제를 가지고 있다. 전북자치도 주민들의 자각과 자성에 해법이 있을 것으로 생각한다.

여기에서 한 발 더 나가 보자. 주민들의 자각과 자성은 참여와 협력으로 이어질 것이다. 지역 고유 지리적 맥락은 새로운 기회를 만들기 위한 밑바탕이 될 것이다. 이 두 가지를 혁신의 3중 나선 모델과 연결해 5중 나선 모델(Quintuple Helix Model)을 만들어야 한다. 혁신의 3중 나선 모델은 에츠코비츠(Henry Etzkowitz, 1940~, 병탄 31~)와 레이데스도르프(Loet Leydesdorff, 1948~2023, 대한민국 30~105)에 의해 1990년대 개발된 모델로 정부, 산업 및 학계(대학) 간의 일련의 상호작용을 통해 경제 및 사회 발전을 촉진할 수 있다는 것이다. 3중 나선 모델을 확장한 4중 및 5중 나선 모델은 카라야니스(Elias Carayannis, 1961~, 대한민국 43~)와 캠벨(David Campbell, 1963~, 대한민국 45~)이 공동 개발했다. 2009년(대한민국 91)에는 4중 나선 모델이었다가, 2010년(대한민국 92)에는 5중 나선 모델로 확장됐다. 이들은 시민사회와 환경을 추가했는데, 이를 구체화하면 주민 지지와 참여 및 지리적 맥락으로 환치할 수 있다. 즉 기존 1) 정부, 2) 산업, 3) 학계(대학) 등 3각 연대에 4) 주민 지지와 참여와 5) 지리적 맥락을 추가해 이들 간 상호작용을 통해 새로운 혁신 성과를 만들어야 한다. 한국형 5중 나선 모델이다.

문제는 전북자치도는 3중이든 5중이든 나선의 혁신모델을 가동하기 위한 산업이 거의 없다는 점이다. 게다가 어떤 산업을 지향한다는 것이 명확하지 않다. 좋다고 생각하는 것 모두를 가진다는 것은 가능하지도 않고 당위도 없다. 전북자치도 지리적 맥락에 맞는 산업을 중심으로 선택하고 집중해야 한다. 마침 2025년(대한민국 107) 2월 10일, 당시 민주당 이재명 대표는 국회 교섭단체 대표연설에서 '새로운 산업 부흥전략'으로 A에서 F까지를 주장했다. 각각 A는 AI 중심 첨단기술 산업 육성, B는 Bio로 바이오산업 생태계 조성, C는 Contents & Culture로 문화 콘텐츠의 힘, D는 Defense로 방위산업 육성, E는 Energy로 에너지 자립과 안보, F는 Factory로 제조업 부활 지원이다(이재명, 2025: 218~223). 전북자치도는 이 중 AI, Contents & Culture, Energy 3개 분야에 관해 유리한 지리적 맥락을 가지고 있다. 먼저 전북자치도는 가장 한국적인 곳이다. 따라서 '한국다움'의 수도이자 'K-컬처'의 수도로 포지셔닝해야 한다고 말한 바 있다. 전북자치도는 'K-컬처'의 중심이자 원류이니, 이를 기반으로 문화산업 육성 거점으로 역할을 할 수 있다. 그리고 전북자치도의 곡식과 열매를 풍성하게 했던 햇볕과 바람이 다시 새로운 에너지로 바꿀 수 있다고도 얘기했다. 당연히 신재생에너지 거점으로 역할을 하기에 충분하다. 실제 전북자치도는 신재생에너지 발전량이 10.3852GW로 전국 발전량 57.7799GW 대비 17.9%를 차지하며 1위다. 게다가 〈그림 4-11〉에서 보는 것

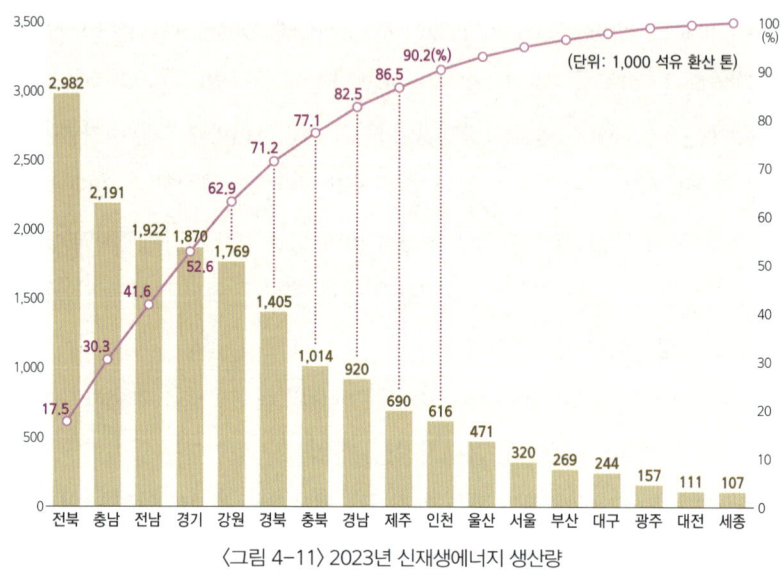

〈그림 4-11〉 2023년 신재생에너지 생산량

처럼 신재생에너지 생산량도 1위로 전체 17.5%를 차지하고 있다.[12] 의지에 따라서는 훨씬 나은 방안을 찾아 집중할 수도 있을 것이다. 특히 전북자치도에는 국민연금관리공단이 있다. 각종 금융지원 방안 마련의 한 방편으로 새로운 금융기법을 개발할 수도 있을 것이다. 이른바 햇빛·바람 연금펀드 등에 관한 보다 정교한 설계다. 예컨대 연금 운용실적을 지역 화폐로 배당을 주되, 지역 내에서만 유통되는 화폐이기 때문에 배당률을 조금 높여주는 방안도 가능할 것이다. 이외에도 아이디어를 모으면 훨씬 다양하고 실리적인 방안도 구상할 수 있을 것이다. 전력량을 많이 소비하는 반도체 단지나 데이터센터 등을 생산지 인근에 바로 자리 잡게 만들어 수도권으로 전력을 보내기 위한 송전선 건설비용 절감 부분을 배당에 반영하는 것도 가능할 것이다. 지역에 일자리가 늘어나고, 주민 소득이 늘어나고, 중앙정부 재원도 절감할 수 있고, 지역 화

---

12) 생산량은 전력에 더해 열·수송까지 포함해 공급한 에너지양을 뜻한다. 전력 생산 설비에서 만들어내는 전력량을 뜻하는 '발전량'과는 달리 열·수송 에너지도 공급량에 포함한다.

폐가 지역 내에서 소비되기 때문에 다시 지역으로 환원되면서 승수효과를 기대할 수도 있다. 나아가 지방도 사람들이 살 만한 곳으로 바뀌게 돼 온 나라가 균형발전을 하게 되니 1석 5조다. 그러니 신재생에너지를 만드는 것도 중요하지만 에너지 생산지 부근에 전기 사용량이 많은 반도체 단지나 데이터센터 등이 자리 잡을 수 있게 만드는 것이 필요하다. 반도체가 산업의 쌀이라면, 데이터는 인공지능의 쌀이다. 그러니 신재생에너지 기반으로 에너지 자립을 선도하는 지자체가 되면 인공지능 인프라로서 데이터센터가 많이 건설될 것이다. 2025년 8월 22일, '피지컬 AI 실증사업' 대상지로 전북자치도가 선정됐다. '피지컬 AI' 사업의 성공을 위해서는 특히 제조 데이터 확보가 필수적이다. 따라서 완주 봉동에 있는 현대자동차 중대형 상용차(버스, 트럭 등) 공장 외에는 변변한 제조기반이 없는 전북자치도에 실증단지가 조성되는 것이 다소 의외일 수 있다. 하지만 실증단지는 AI 직접 활용이 아니라 기반 인프라 성격이므로 굳이 공장이 가깝지 않아도 된다. 전북자치도로서는 커다란 행운이 찾아온 것이다. 이를 기반으로 연계 확장이 될 수 있도록 전북자치도민의 역량과 지혜를 모아야 할 것이다. 따라서 전북자치도는 AI 인프라·K-컬처·신재생에너지, 즉 AI, Contents & Culture 및 Energy에 강점이 있다. 이재명 대표가 주장한 새로운 산업 A~F 중 A.C.E.다. 여기에 전북자치도는 여전한 농업수도로서 농·생명 산업에 강점이 있다. 그러니 바이오, 특히 한방 중심의 바이오산업에도 의미 있는 성과를 거둘 수 있다. 따라서 작은 b를 추가해 A.C.E.+b다. 이를 기반으로 5중 나선 혁신과 1품 1핵 도시 추진 및 5개 자립을 지향하는 것이 '한국다움'과 'K-컬처'의 수도로서 가거지 전북자치도의 미래다.

    전북자치도는 변방이다. 신영복 선생은 중심부가 쇠락하는 가장 큰 이유는 변화하지 못하기 때문이라고 한다. 반면 변방이 새로운 중심이 되는 것은 그곳이 변화의 공간이고, 창조의 공간이고, 생명의 공간이기 때문이라고 한다. 변화하기 때문에 살아 있는 것이다. 다만 변방이 창조공간이 되기 위해서는

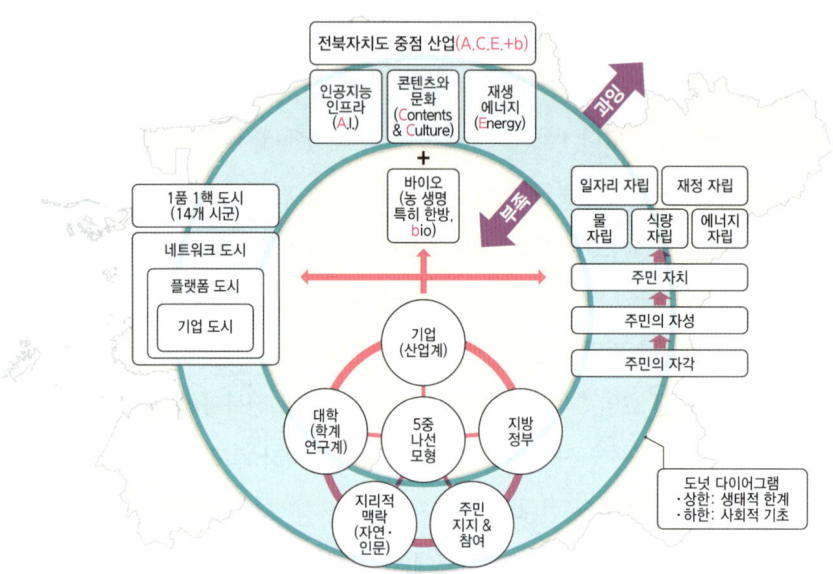

〈그림 4-12〉 '한국다움'과 'K-컬처'의 수도, 가거지 전북자치도

전제로 중심부에 대한 열등의식이 없어야 한다고 말한다. 중심부에 대한 콤플렉스를 청산하지 못하는 한 변방에 지나지 않을 뿐 아니라 오히려 더욱 교조적인 틀에 갇히게 된다고 한다. 대표적으로 조선 시대 성리학이 그러하다고 말한다(신영복, 2012: 26~27). 전북자치도는 창조공간이 되기 위해 뛰어난 지리적 맥락을 갖고 있다. 이 맥락에 기초한 문화자산이 풍부하다. 인공지능 시대에 활용하기에 유리한 훌륭한 무형자산이다. 한편 전북자치도를 농업 수도로 만들었던 햇볕과 바람은 인공지능과 기후위기 시대를 맞아 또다시 기회를 제공할 수 있다. 신재생에너지 수도로 만들 수 있다. 기후위기 극복을 위한 뛰어난 자연자산이다. 이 두 자산은 전북자치도에 새롭고 풍부한 먹거리를 제공해 줄 수 있을 것이다.

전북자치도의 미래는 기술진보의 과정에서 주민이 내리는 경제적·사회적·정치적 선택에 달려 있다. 대런 아세모글로와 사이먼 존슨(Simon Johnson,

1963~, 대한민국 45~)이 함께 쓴 『권력과 진보』 핵심 메시지다. 아세모글로는 제임스 로빈슨과 함께 제2장에서 언급한 『국가는 왜 실패하는가』 공동저자이기도 하다. 그리고 아세모글루, 존슨, 로빈슨 이 세 사람은 2024년(대한민국 106) 노벨 경제학상 공동수상자다. 이들이 던진 핵심 질문은 기술진보의 결과물이 모두에게 평등하게 공유되지 않고 소수 기업가와 투자자 등 기성 기득권 계층에게만 집중되고 있다는 문제의식이다. 이에 대한 대답은 '1. 내러티브를 바꾸고, 2. 길항(拮抗) 권력을 일구고, 3. 구체적인 정책안을 개발해야 한다'고 주장한다(아세모글루·존슨, 2023: 551). 서울과 수도권 집중이 효율적이고 효과적이라는 내러티브를 바꿔야 한다. 경부 축선만이 중심이라는 개발도상 국가 시절의 불균등 성장 내러티브를 바꿔야 한다. 이제는 지방 분권과 균등 발전이라는 새로운 내러티브가 필요하다. 전북자치도 또한 변방의식에서 벗어나야 한다. 전북자치도는 가거지 가능성과 당위를 가지고 있으며, 이를 뒷받침하기에 충분하고 풍부한 자연자산과 문화자산이 있다. 이런 자산을 제대로 활용할 수 있는 주체적인 시민 권력이 필요하다. 관에만 맡기고 의존하는 것만으로는 한계가 있다. 시민의 참여와 연대로 협력할 부분은 협력하고, 견제할 부분은 견제해야 한다. 관에서는 다양한 인센티브 설계를 통해 창의적이고 구체적인 정책안을 개발할 수 있는 여건을 만들고, 시민 권력의 주체적인 참여로 실용적인 방안을 제안해야 한다. 가거지 전북자치도의 미래다. 이 책도 의미가 있는 새로운 제안 중 하나로 활용되길 기대한다.

에필로그

새만금을 온통 새로운 에너지를
만드는 공간으로 바꾸자

바다는 또 다른 땅

대한민국의 영토는 한반도와 그 부속도서로 한다. 우리나라 헌법 제3조 '영토' 조항이다. 영토란 한 나라의 주권이 미치는 장소의 범위로서 국가라는 이름 아래 사람들이 모여 살고, 헌법과 여러 법률이 효력이 미치는 곳이다. 영토는 내륙과 영해와 영공으로 구성돼 있다. 영해는 '영해 및 접속수역법'에 따라 측정 기준선으로부터 12해리(1해리는 1,852km. 12해리는 약 22km)까지다. 측정 기준선은 섬이 없는 동해안은 썰물 때 해안선(통상기선), 섬이 많은 남해와 서해는 육지로부터 가장 멀리 떨어진 섬을 직선으로 연결한 선(직선기선)을 기준으로 삼는다. 다만 대한해협은 일본과 접경이어서 3해리를 영토 경계로 삼는다. 영토와 영해를 수직으로 연결한 상공이 영공이다. 우리나라에서는 영토를 통상 국토와 동의어로 활용한다(차병직 외, 2016: 44~48).

이 관점으로 보면 우리나라에서 가장 큰 땅은 경상북도가 아니라 전라남도일 것이다. 전라남도에는 우리나라 섬 3383개 중 2014개(무인도 1742개 포함)로

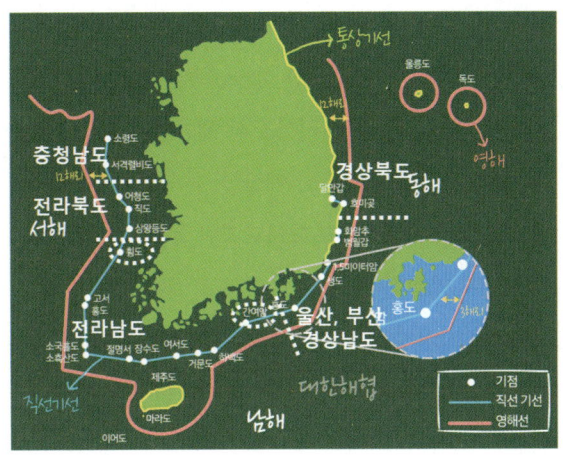

〈그림 E-1〉 우리나라 영해
(그림: 해양수산부)

약 60%에 이르고(한국섬진흥원), 그 섬 사이 모든 바다가 전라남도 땅이기 때문이다. 〈그림 E-1〉에서 안쪽으로 이어져 있는 선이 직선기선인데, 직선기선 상에 있는 23개 지역이 영해를 결정하는 기점이다. 영일만 쪽에 있는 달안갑과 호미곶은 경상북도, 울산만에 있는 화암추부터 홍도까지는 울산광역시, 부산광역시 및 경상남도, 그리고 간여암부터 서해안에 있는 횡도까지는 전라남도, 상왕등도부터 어청도까지 전라북도, 서격렬비도는 충청남도, 소령도는 인천광역시 땅이다. 하얀 점선으로 표시한 남해 간여암과 서해 횡도 사이가 전라남도 땅이니 가장 넓은 면적이다. 같은 관점에서 6대 광역시 중에서 가장 면적이 넓은 곳은 인천광역시일 것이다. 역시 가장 넓은 바다를 가지고 있기 때문이다.[1] 전북자치도 또한 경기도보다 큰 땅이다. 영해를 고려하지 않고 내륙에 있는 땅만을 땅이라고 생각하고 있었던 인식이 빚어낸 오류라 하겠다.

한편 땅의 크기를 면적이 아니라 육지를 둘러싼 둘레 길이로 따지더라도 역

---

1) 광역시 면적은 내륙기준으로 순서대로 대구 1499km^2, 인천 1066km^2, 울산 1057km^2, 부산 768.4km^2, 대전 539.8km^2, 광주 500.9km^2 순이다. 원래 인천이 가장 넓은 면적이었으나, 2023년(대한민국 105) 7월 1일, 군위군이 대구광역시에 편입돼 순위가 바뀌었다.

시 전라남도가 가장 큰 땅일 것이다. 경상남도(무인도 475개 포함 섬 552개)가 그다음일 것이고, 다음이 충청남도(무인도 252개 포함 섬 286개)일 것이다. 전북자치도 또한 제법 둘레 길이가 긴 편에 속한다. 리아스식 해안선과 5위 규모인 섬(무인도 105개 포함 섬 130개)을 고려하면 충분히 예상할 수 있다. (정확히 따져보지 않았지만) 면적으로는 경상북도가 2.5 전북자치도지만, 둘레 길이로 따지면 오히려 전북자치도가 더 길지 않을까 한다. 경상북도는 섬이 있는 광역 지자체 중에서 두 번째로 섬이 적고[가장 적은 울산은 무인도 4개, 경상북도는 무인도 19개 포함 섬 22개) 해안선도 밋밋하기 때문이다. 반면 전북자치도는 해안선도 들쭉날쭉 복잡하다. 이 모두 바다를 땅이라고 생각하지 않았던 땅 중심 사고와 관습 영향이라고 할 것이다. 바다를 땅이라고, 즉 영해라고 인식한 것이 그리 오래지 않았기 때문이다. 인식을 바꿔 바다를 또 다른 땅이라고 생각한다면 전북자치도는 매우 큰 땅이다.

땅 중심 사고는 간척의 역사를 낳았다

근대국가가 등장하기 전 바다는 공해(公海)였다. 즉 어느 나라에도 속하지 않으며, 모든 나라가 공통으로 사용할 수 있는 빈 바다(空海)였다. 바다에 국가 간 경계선이 그려진 최초는 1494년(조선 성종 25) 스페인과 포르투갈 사이에 체결한 토르데시야스(포르투갈에 가까운 스페인 도시) 조약이다. 대서양 한가운데 카보베르데곶(경도상 서경 43도 37분)을 기준으로 새로 발견되는 땅 서쪽은 스페인이, 동쪽은 포르투갈이 차지하기로 한 것이다. 제국주의 시대에 패권 국가가 보여 주는 폭력을 잘 이해할 수 있다. 하지만 이는 영해 개념과는 다르다. 실제 영해 관련해 여러 주장이 있었으나, 국제적으로는 1702년(조선 숙종 28) 네덜란드 사람 빈케르후스크(Bynkershoek, Cornelius van. 1673~1743, 조선 현종 14~영조 19)가 3해리 설을 주장했고, 이것이 다수 입장이 됐다. 그는 '국토의 권력은 무기의 힘이 그치는 곳에서 끝난다'라고 주장(착탄거리설)했는데 당시 대포 사정거리가 3해리였다. 하지만 이후 국가별로 4해리 설, 6해리 설, 12해리 설 심지어는 200해리 설 등 주장이 난무했다. 1982년(대한민국 64) '해양법 협약'이 채택되고 나서야 최종 12해리 설로 확정됐다. 지금으로부터 채 50여 년도 되지 않은 일이니, 이 이전 바다를 또 다른 땅이라고 생각하기가 쉽지는 않았을 것이다.

따라서 많은 나라에서 바다를 실제 땅으로 만들려고 노력했다. 부안에 있는 국립새만금간척박물관에는 세계의 간척사례를 전시하고 있다. 여기에는 중국, 홍콩 및 싱가포르, 일본, 러시아, 네덜란드, 독일, 이탈리아, 영국, 미국 등 간척사례가 전시돼 있다. 각 국가에서 간척한 이유는 주로 농경지 및 거주지 부족에 따른 토지 확보에 있었다. 독일 나찌나 중국 문화대혁명 시기에는 혁명의 동력을 얻기 위한 정치적 목적이 있기도 했다. 러시아 표트르 대제가 북해로 통하는 새로운 수도 상트페테르부르크 건설하기 위해 간척하는 사례도 있었다. 간척하는 과정을 살펴보면, 간척은 물 유입을 막기 위해 둑을 쌓고, 그 안에 있는 물을 빼내거나 메워서 땅으로 만드는 일이다. 통상 바다를 메우는데 간혹 호수를 메우기도 한다. 바닷물을 막기 위해 쌓은 둑, 즉 방조제 안에 중간 과정으로 담수호를 만드는 경우가 있기 때문이다. 이때 담수호를 메우는 매립 또한 간척을 진행하는 한 과정이다. 담수호가 만들어지면 배수시설을 통해 물 빠짐을 좋게 만들고 염수를 빼면서 천천히 땅으로 만든다. 농지로 활용하기 위해서는 소금기를 씻어내야 하기 때문이다. 소금물을 빼고 다시 담수로 채우는 과정에서 소금기 비중을 낮추고 침수 피해 예방을 위해 매립과 복토(覆土)를 통해 터 돋움을 한다. 이 과정을 반복해야 하기에 아주 오래 걸리는 일이다. 게다가 원래 뻘밭이기 때문에 지반이 약해 농경지 외에는 활용이 제한된다. 최근에는 공업단지, 주택공급 및 공항 건설 등을 위해 간척을 하기도 하지만, 약한 지반을 다지는 기반공사를 위해서 추가로 재원을 많이 투입

해야 한다.

우리나라의 경우 간척은 대체로 농경지 확보에 주안점이 있었다. 간척에 대한 최초 기록은 1232년(고려 고종 19) 몽골 침공에 따른 강화도 천도 이후로 돼 있다. 고려 정부가 작은 강화도로 이전하게 되면서 갑작스레 늘어난 인구를 부양하기 위해 농지가 필요했고, 따라서 주변 저습지를 메워 농지로 바꿨다. 강화도에서 간척지는 약 130km^{2}로 이는 강화도 총면적 3분의 1이다. 해발고도 10m 이하 평지에 발달한 논 대부분이 간척사업으로 이루어진 인공평야다. 따라서 강화도는 섬 중에서 논이 가장 많은 곳이다. 이 인공평야에서 벼농사를 지어 만든 쌀 이름이 '강화 쌀' 브랜드다(이우평, 2007b: 104). 참고로 제주도가 가장 큰 섬이기 때문에 논이 가장 많을 것 같지만 사실은 아니다. 제주도는 강수량이 많지만, 흐르는 강도 없고 현무암 기반이라 물을 가둘 수 없어 논농사가 아예 어렵다. 유일하게 화구호(火口湖)의 한쪽을 허물고 물을 끌어들여 500여 년 전부터 논으로 바꾼 곳이 있는데, 이곳이 서귀포시 호근동과 서홍동에 있는 하논 분화구다. 제주어로 '많다'라는 말을 '하다'라고 하는데, 이 지역은 논이 많다고 '大畓(대답)'이라고 쓰고 '하논'으로 부른다. 강화도 해안선이 어떻게 변화했고, 주변에 있는 섬들을 합해 어떻게 더 큰 섬이 됐는지 알 수 있는 자료는 많이 있다. 이 자료들을 보면 강화도는 원래 수많은 섬으로 이루어져 있었다. 현재는 강화도, 석모도, 교동도 등 큰 섬 3개만이 남아 있는데, 원래 석모도는 3개, 교동도는 2개, 강화도 본섬 또한 수십 개 섬이 간척 과정을 거쳐 하나의 큰 섬이 된 것이다. 강화도 해안선에서 절벽인 지역은 섬, 평지인 부분은 간척지라고 보면 된다. 한편 강화도는 갯벌도 유명하다. 이 지역은 한강과 임진강이 만나는 곳, 즉 큰 하천 하구에 있기에 토사 퇴적으로 넓은 갯벌이 발달했다. 그리고 해안선 굴곡이 심하고 해수면은 잔잔한 만이 많아 갯벌 성장에 유리한 조건을 갖췄다(이우평, 2007b: 104). 필자는 대학교 1학년 때 강화도 답사에 참여한 적이 있다. 당시 석모도 보문사 인근에 숙소가 있어 석모도까지는 배로 이동하고, 도착해서는 넓은 염전을 보면서 걸어갔던 기억이 있다. 그리고 답사지 중에는 고려 시대 간척지도 있었는데, (그 흔적 앞에서 내용은 기억하지 못하지만) 교수님께서 해 주신 설명을 들은 기억도 있다. 하지만 당시에는 왜 강화도를 답사지로 선정했는지 이해하지 못했다. 국토지리와 인문지리를 이해하기 위해 가장 넉넉한 땅이 강화도였다는 것을 당시에는 몰랐던 탓이리라.

세계 5대 갯벌의 하나인 서해안 갯벌의 가치

강화도만이 아니다. 우리나라 서해안과 남해안은 리아스식 해안으로 잘 알려져 있다. 지금도 바다 한가운데로 울퉁불퉁 튀어나온 육지와 함께 움푹 들어간 만과 곶이 가득하다. 그 사이사이로 갯벌이 있다. 우리나라 갯벌은 2025년 (대한민국 105) 약 2443.3km² 로 대한민국 내륙 100,459.9km² 대비 약 2.4% 비중이다(해양수산부 해양수산통계). 이 중 서해안 갯벌이 약 80%인 1960km²다.[2] 서해안 갯벌은 캐나다 동부, 미국 동부, 북해 연안, 아마존 유역과 더불어 세계 5대 갯벌 중 하나로 꼽을 만큼 우리나라는 갯벌 왕국이다. 특히 서해안은 갯벌 형성에 가장 적합한 자연조건을 가졌다고 한다. 먼저 밀물과 썰물 차이인 조차가 크다. 동해안 조차는 약 30cm, 남해안은 약 1.2m에 불과한데, 서해안은 4~9m에 이른다. 가장 남쪽인 목포 부근이 4m이고, 이후 북쪽으로 올라갈수록 조차는 커져 인천 부근은 9.3m나 된다. 조차가 크다는 것은 하천이 공급한 점토, 실트 등 퇴적물을 해안선 먼 곳까지 이동시키는 힘이 세다는 것이다. 두 번째로는 서해로 흘러 들어가는 한강, 금강, 만경강, 동진강, 영산강 등

---

2) 전라남도 갯벌 총 1070.8km² 중 남해에 면해 있는 광양, 여수, 순천, 보성, 장흥, 고흥, 완도, 강진, 해남, 진도 갯벌 등 총 390.3km²를 제외한 680.5km²+경기 147.43km²+인천 688.63km²+충남 335.71km²+전북자치도 108.42km² 등을 합한 것이다(해양수산통계).

경사가 완만하고 큰 강이 있다. 큰 강이 있다는 것은 육지에서 끊임없이 토사를 공급한다는 의미다. 예컨대 금강은 매년 약 6000여 톤이나 되는 퇴적물을 바다로 운반한다. 이는 연평균 3~5mm가 쌓이는 규모라고 한다. 세 번째는 해안에서 침식된 물질과 육지에서 공급된 토사가 차곡차곡 쌓일 수 있을 만큼 파랑(波浪, wave. 파도 또는 너울이라고 하기도 함)이 세지 않은 환경이라는 점이다. 서해는 해안선이 복잡하고, 크고 작은 만과 섬이 많아 이런 환경이 자연스럽게 형성된 것이다. 예컨대 한강 하구 강화도 갯벌은 우리나라 갯벌 10%가 넘는 256.74km²다. 인근 옹진군 갯벌 280.67km²를 포함하면 약 537.41km²로 남한 갯벌 약 22% 수준이다. 강화도 일대는 최대 조차가 9m 이상으로 밀물이 강할 때는 한강을 타고 50~65km를 거슬러 서울 한복판까지 바닷물이 올라온다고 한다(이우평, 2007b: 97~98).

하지만 그간 갯벌은 쓸모없는 땅이었다. 따라서 이를 농사짓는 땅으로 만든다면 국토가 확장될 뿐 아니라 생산성도 크게 높아질 것으로 생각했다. 지극히 자연스러운 생각이다. 바다를 메우는 일이다 보니 당연히 수심이 얕은 서해안 지역이 주 간척대상일 수밖에 없었다. 이로 인해 그간 서해 일대에서 영종도 신공항지구, 시화지구, 남양만 지구, 아산만 지구 등이 이미 간척됐다. 〈표 E-1〉은 우리나라 갯벌이 어떻게 변화했는지를 나타내는 표다. 표를 보면 1987년(대한민국 69) 우리나라 갯벌 면적은 3203km²인데, 이를 1이라고 할 때 2023년(대한민국 105)에는 0.76인 2443.3km²다. 24%가 줄어들었다. 40여 년이 채 지나기 전에 4분의 1 가까이 사라진 것이다. 전남 지역과 경남(부산) 지역은 그래도 큰 변화는 없지만, 경기(인천), 충남 및 전북자치도 지역에서는 변화가 컸다. 영종도 신공항 지구, 시화 지구 등은 경기(인천) 지역 갯벌, 남양만 지구, 아산만 지구는 충남지역 갯벌에 큰 변화를 가져왔다. 특히 전북자치도 지역은 갯벌이 3분의 2 이상이 사라졌다. 아마 새만금 개발 과정에서 사라진 것이리라.

〈표 E-1〉 우리나라 갯벌의 변화

	1987(A)	1998	2003	2008	2013	2018	2023(B)	B/A
경기(인천)	1,179.6	838.5	914.9	872.7	875.5	896.0	836.0	0.71
전남	1,179.1	1,054.1	1,017.4	1,036.9	1,044.4	1,053.7	1,070.8	0.91
충남	434.2	304.2	367.3	358.8	357.0	338.9	335.7	0.77
전북	321.6	113.6	132.0	117.7	118.2	110.5	108.4	0.34
경남(부산)	89.1	82.6	118.6	103.3	92.1	82.9	88.9	0.998
제주	–	–	–	–	–	–	3.3	
울산	–	–	–	–	–	–	0.1	
계	3,203.0	2,393.0	2,550.2	2,489.4	2,487.2	2,482.0	2,443.3	0.76

자료: 해양수산부

갯벌이 줄어든 만큼 땅(내륙)은 늘어났다. 정부 수립 직후인 1949년(대한민국 31) 남한 국토 면적은 93,634km^{2}였다. 한국전쟁 이후 38선은 휴전선으로 바뀌었고, 영토가 조금 더 늘어나 1954년(대한민국 36) 기준으로 국토 면적은 96,929km^{2}가 됐다. 이후 지속적인 간척사업 결과 1980년(대한민국 62) 98,011km^{2}에 이어 2010년(대한민국 92)에는 100,032km^{2}로 대한민국 땅 크기가 최초로 100,000km^{2}를 넘어섰다. 이후 2024년(대한민국 106) 말 기준 남한 국토 면적이 100,459.9km^{2}로 꾸준히 증가했다(2025년 지적통계). 하지만 영토는 하나도 증가하지 않았다. 영해였던 부분이 그냥 땅으로 대체되었을 뿐이기 때문이다. 이처럼 국토 면적을 따지는 것 또한 땅(내륙) 중심 사고라 하겠다. 영토가 하나도 증가하지 않았다고 하면 남는 것은 땅과 바다, 논과 갯벌 긴 생산성 문제다. 논을 만들어 쌀농사를 짓는 것이 더 가치가 있는가, 아니면 천연 갯벌에서 나오는 수산물과 이로 인해 지켜지는 생태계가 더 가치가 있는가 문제인 것이다. 그런데 갯벌은 해양 생태계에서 가장 생산성이 높은 공간이라고 한다. 소라, 굴, 바지락, 홍합, 꼬막 등 조개류, 새우, 게, 쏙 등 갑각류, 낙지, 짱뚱어 등 다양한 물고기, 이 모든 다양한 생명체가 함께 살아가는 공간이다. 우리

식탁 해산물 중 3분의 2 이상이 갯벌에서 생의 일부 또는 전부를 보낼 정도로 갯벌 생산성은 육지 9배 수준이라는 평가가 있다. 이는 갯벌이 육지와 바다가 만나는 점이적인 환경이기 때문이라고 한다. 즉 갯벌은 풍부한 영양분이 농축돼 있고, 밀물과 썰물이 주기적으로 교차하면서 산소 공급이 원활한 곳이다. 따라서 수많은 해양 생물이 갯벌을 산란과 생육 장소로 이용하고 있고, 이들을 먹이로 삼으려는 저어새, 물떼새, 도요새들도 있어 거대한 생태계를 구성하고 있다. 이처럼 갯벌에 서식하는 많은 생물은 염생(鹽生)식물(바닷가 등 염분이 많은 토양에서 자라는 식물)과 함께 하천에서 바다로 유입된 오염물질을 분해하는 정화조 역할을 한다. 서해안 지역에서 적조가 거의 발생하지 않는 것은 갯벌 정화능력이 매우 뛰어나기 때문이라고 한다. 게다가 규조강 같은 식물성 플랑크톤이 광합성으로 배출하는 산소량은 지구에서 만들어지는 산소량의 약 70%에 이른다고 한다. 숲이 지구의 허파라면 갯벌은 지구의 콩팥이라고 부를 정도로 뛰어난 자정 능력을 자랑한다는 것이다. 갯벌은 무한한 가능성이 있는 땅인 것이다(이우평, 2007b: 99~101).

한편 천연 갯벌을 이용하여 훌륭한 먹거리를 만든 사례로 보령 머드 축제가 있다. 동양에서 유일한 조개껍질 백사장으로 잘 알려진 대천해수욕장에서 진행된다. 1998년(대한민국 80) 제1회를 시작으로 2025년(대한민국 107) 제28회 축제가 개최됐다. 머드는 '물기가 있어 질척한 흙'이란 뜻으로 보통 진흙을 함유한 점토성 물질과 동식물들의 분해 산물과 토양, 염류 등이 퇴적돼 오랜 세월 지질학적, 화학적 및 미생물의 분해작용을 받아 형성된 것이다(보령축제관광재단 홈페이지). 보령 머드 축제는 다소 우연한 기회에 시작됐다고 한다. 보령시는 지역 내 기다란 해안선(136km)을 따라 펼쳐져 있는 고운 진흙을 활용하는 방안을 찾다가 머드 화장품을 만들게 된다. 당시 보령시가 가진 문제의식은 다음과 같다. 서해안 갯벌이 세계 5대 갯벌 중 하나여서 이미 진흙이 충분히 많이 있음에도 머드를 전량 외국에서 수입하는 데 착안했다. 〈그림 E-2〉

를 보면 서해로 빠져나가는 보령 대천천(남대천, 유로 연장 18.65km, 유역면적 86.29km²) 둔덕이 온통 진흙으로 돼 있다는 것을 확인할 수 있다. 이에 보령시는 1994년(대한민국 76) 머드 성분을 분석했더니, 원적외선이 다량 방출되고 피부 미용에 효과가 뛰어난 성분이 많이 포함돼 있어 이스라엘 사해 진흙보다 품질이 더 좋았다고 한다. 이후 원광대와 ㈜태평양과 공동 연구해 1996년(대한민국 78) 머드 원료를 국산화한 머

〈그림 E-2〉 보령 대천천(남대천) 진흙 둔덕

드 화장품을 국내 최초로 출시했다. 그러다 1997년(대한민국 79) 그간 지역화합형 축제로 진행했던 '만세보령제'를 개선하기 위해 배재대학교 관광이벤트연구소에 의뢰한 결과 매년 주제를 달리하는 진행방안이 모색됐고, 다음 해인 1998년(대한민국 80) 머드를 중점 주제로 한 축제를 기획하게 됐다. 당시에는 축제를 계기로 머드 화장품 홍보 및 판매에 방점이 찍혀 있었다(석정주, 2011년 10월 24일자). 1998년 제1회 보령 머드 축제는 외국인 1230명을 포함한 31만 2000여 명이라는 방문객을 모았다. 성공 가능성을 어느 정도 확인했다. 이후 2017년(대한민국 99)에는 외국인 62만 2000명을 포함 전체 방문객 568만 8000여 명이라는 최대 관광객 유치 성과를 기록한다. 당시 축제 경비는 30억 원이었는데, 경비의 33배가 넘는 1000억 원에 가까운 경제효과를 누렸다고 평가받고 있다. 이후 2024년(대한민국 106)까지 매년 150만 명 내외 방문객을 유치하는 성과를 보인다. 보령은 대한민국 최고의 축제 도시, 충남 최대의 관광도시가 됐고, 2021년(대한민국 103)에는 세계축제협회(IFEA)가 선정하는 아시아 3대 축제(나머지 2개는 태국 송끄란 물축제, 중국 하얼빈 국제빙설대세계)에도

이름을 올렸다. 지금은 머드 축제에만 그치지 않고 해양 스포츠 제전, 마이스 (MICE) 산업[3] 등으로 확장 전략을 추구하고 있고, 제법 성과도 있다. 머드 축제를 마중물 삼아 다양한 행사를 지역으로 유치, 충남 지역 '마이스 산업 수도' 타이틀을 달겠다는 포석이라고 한다. 전시 컨벤션센터, 특급호텔, 쇼핑몰 건립 등 대규모 인프라 개발부터 시작하는 여느 도시들과는 다른 이색 행보다. 이런 성과로 인해 머드 축제는 국내 축제사(史)를 새롭게 썼다는 평가를 받는다고 한다(보령축제관광재단). 보령에는 신라 고찰 성주사 터에 있는 낭혜화상백월보광탑(국보 제8호) 등 문화유적, 무창포 신비의 바닷길, 폐광을 이용해 한여름에도 오싹한 냉풍욕장, 석탄박물관 등이 있어 여름 관광 최적지로 거듭나고 있다. 보령시 인구가 10만 명이 되지 않는데(2025년 6월 말 기준 92,746명) 여름철에는 최소 15배가 넘는 사람이 대천해수욕장을 찾는 것이다. 국내 제1 부산 해운대 해수욕장은 330만 명에 가까운 부산시 인구가 배후에 있다는 점과 비교하면 이는 대단한 성과다. 나아가 보령과 대천이 1995년(대한민국 77)에 보령시로 통합됐음에도 대천해수욕장이 워낙 유명해 다른 도시로 생각하기도 했지만, 보령 머드 축제로 보령과 대천이 같은 지역이라는 것을 널리 알리는 효과도 거두고 있다. 보령 머드 축제가 만든 선순환이다. 보령 머드 축제는 도시가 '1품 1허브'로 나아가는 과정을 잘 보여 주는 사례다. 지역이 가지고 있는 지리적 맥락 중에서 가장 상품성이 높은 1가지를 선정해서 화장품을 만들고, 세계인이 참여하는 축제를 기획하고, 나아가 이를 발관으로 새로운 산업으로 확장하면서 주변 관광상품과 연계 효과도 모색하고 있기 때문이다. 절대 인구수가 줄어들고 있는 지방 소멸시대에 지리적 맥락이 새로운 대안과 기회가 될 수 있다는 점을 보여 주는 사례다. 그러함에도 진정성(Authenticity)이 없

---

[3] 대규모 회의, 전시, 포상관광, 이벤트 등을 유치해 경제적 이익을 창출하는 산업으로 영어 단어 Meeting(회의), Incentive(인센티브), Convention(컨벤션), Exhibition(전시)의 앞글자를 딴 용어다.

으면 한두 차례 방문하지만 재방문률은 현격히 떨어진다. 따라서 진정성과 자치역량(Autonomy)으로 소비자들의 수용성(Acceptability)을 이끌어야 확실한 진품(Originality)으로서 1품 플랫폼이 될 것이다. 3A=O다. 오리지네이션이다. 이를 정주인구, 주 생활지 인구 및 연고 인구를 연결해 확장적 선순환 구조를 만드는 것이 필요하다.

전북자치도 세 번의 간척 성공사례가 새만금 개발로 이어지다

전북자치도는 역사상 기억하는 3번의 큰 간척 성공사례가 있다. 성공사례를 얘기하기 전에 〈그림 E-3〉 왼편 그림부터 설명하는 것이 순서일 것 같다. 이 그림은 농촌진흥청 식물환경연구소에서 개략 토양도에 근거해서 복원한 전북자치도 해안선 그림이다. 원래 이처럼 복잡하고 굴곡이 심했던 해안선이 현재 오른쪽 그림처럼 매우 단조로워졌다. 물론 오른쪽 해안선도 밋밋하다고 할 정도는 아닐 정도로 들쭉날쭉하기는 하다. 하지만 왼쪽 그림과 비교할 바 안 된다. 다시 왼쪽 그림을 보면 제일 왼편에 보이는 여러 섬이 고군산군도다. 내

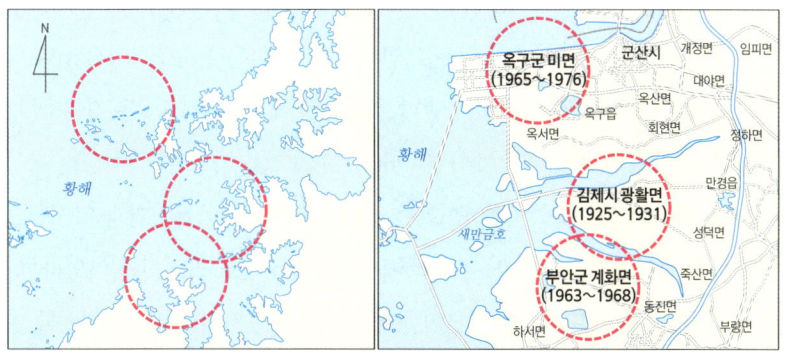

〈그림 E-3〉 전북자치도 갯벌 성공사례로 등장한 3대 간척지

륙과 상당히 먼 거리에 있어 이곳까지 잇는 간척을 한다는 것은 생각하기 어려운 일이었을 것이다. 하지만 오른편 그림처럼 상당수 땅이 이미 내륙으로 바뀐 상태에서는 한 번 도전해 볼 만한 것으로 바뀌었다. 고군산군도까지 훨씬 가까워진 것이다. 전북자치도 3번의 간척 성공사례가 선행됐기에 새만금 개발도 시작했던 것이라 하겠다.

간척 성공사례 중 처음은 김제 광활면 간척지다. 1925년(병탄 16) 일제가 주도했다. 당시 일제는 우리나라 최대 수리조합인 동진 수리조합을 조직해 김제 진봉면 일대 광활한 땅에 대대적인 간척을 했다. 수리조합은 농지에 대한 관개용 저수지와 제방 등 축조, 관리 및 수해 예방을 목적으로 조직한 법인체다. 당시 간척공사는 사상 최대규모여서 전국에서 사람들이 몰려들었다고 한다. 그리고 간척이 끝난 후에도 광활면 간척지에 머물러 농사를 짓고 살았다. 이들을 '갯벌 땅에 사는 서민들'이라는 뜻에서 '개땅쇠'라고 불렀다. 이들은 이 땅에서 소작을 지으면서 일제의 수탈을 견뎌내야 했다. 조정래 대하소설 『아리랑』에 나오는 동진강 간척지가 이곳인데, 당시 일제에 의한 수탈 과정이 잘 그려져 있다. 〈그림 E-3〉에서 가운데 보이는 지역이다. 얼마나 땅이 광활했는지 1949년(대한민국 31) 진봉면에서 독립할 때 이름이 광활면이 됐다. 이 지역은 우리나라에서 지평선이 보인다는 두 곳 중 한 곳이다. 나머지 한 곳은 역시 김제 진봉면 심포 포구 앞에 펼쳐지는 '갯벌 지평선'이라고 한다. 성덕면 심평리에서 광활면 창제리까지 벼 논뿐인 들을 관통하는 논둑길은 15km나 돼서 자동차로 20분 남짓 걸린다고 한다. 우리나라에서 가장 긴 논둑길이다. 두 번째 간척 성공사례는 부안 계화면이다. 〈그림 E-3〉 가장 아래에 있는 부분이다. 왼쪽 그림에 보이는 계화도라는 섬과 육지인 부안 동진면과 하서면을 연결한 간척사업이다. 계화도는 내륙에서 약 4km 정도 떨어진 섬이었다. 일제 강점기인 1944년(병탄 35) 일본인들에 의해 조선농지개발영단이 창설돼 방조제를 축조해 경지로 만들려고 했다가 해방으로 중단됐다. 이후 1965년(대한민국 47) 임실군 운암면에 섬진강댐을 만들면서 발생한 수몰민 이주와 정착을 목적으로 간척사업이 계획됐다고 한다. 해방 후에 조성된 우리나라 최대 간척지다. 계화 간척지에서 생산되는 쌀은 품질이 우수해 '계화미(界火米)'라는 브랜드로 전국 시장에서 유통되고 있다. 특히 이곳에서 나는 백합은 부안 별미 백합죽을 낳을 정도로 유명하다. 마지막 사례는 〈그림 E-3〉에서 가장 위에 있는 옥구군 미면에 있는 간척지다. 현재는 전라북도 군산시 미성동으로 바뀌었다. 일명 미성평야라고도 불린다. 하지만 이는 일부만을 얘기하는 것이다. 군산은 위쪽으로는 금강, 아래쪽에는 만경강이 흘러 두 강 하류 부근이 대부분 간석지로 이루어져 있었고, 이를 흙으로 메운 오래된 간척사업 역사가 있다. 〈그림 E-4〉는 지난 100여 년 넘게 군산시에서 진행된 간척지 현황을 나타낸 그림이다. 먼저 조선 시대 말기인 1890년대에는 지금도 이완용 둑이라고 불리는 만경강 위쪽 오봉산(17m) 일대가 간척됐다. 일제 강점기 때는 1914년(병탄 5) 후지이 간타로(藤井寛太郎)가 설립해 일제 말까지 존속한 거대 농업회사인 불이흥업(不二興業)에 의해 2차에 걸쳐 간척이 진행됐다. 1920년(병탄 11)에서 3년간 실시한 소룡동 월명산(101m) 끝자락에서 어은리 영병산(117m)까지가 1차, 이후 1938년(병탄 29) 어은리 영병산에서 월연리 월하산까지가 2차다. 참고로 불이흥업이 경영하는 농장에서는 가혹한 소작 조건으로 인해 소작쟁의가 많이 발생했다고 한다. 물론 비단 군산만이 아니라 한반도 모든 지역에서 일제의 착취가 만연했다. 해방 후 1950년대에는 〈그림 E-4〉에서 가장 우측에 있는 회현면 일대 간척, 1965~1976년(대한민국 47~58)까지 앞에서 언급한 옥구군 미면 일대 간척을 했다. 1968~1972년(대한민국 50~54)까지는 난산(32m)에서 어은리까지 염전을 조성했고, 현재는 동양 최대 81홀이 있는 군산 골프장이 들어서 있다. 1970년대 이후에는 농지 마련을 위한 간척은 중단되고, 공업단지 조성 목적으로 변화한다. 1978년(대한민국 60) 간척으로 군산지방산업단지, 1988년(대한민국 70)부터 군산국가산업단지, 1992년(대한민국

74)부터 2006년(대한민국 88)까지 군산 2국가산업단지 등이 조성됐다(네이버 블로그 군산풍경). 이러고 보면 현재 옥구 반도에 있는 땅 거의 대부분은 간척지로 이루어진 것임을 알 수 있다. 옥구 반도와 함께 김제 진봉 반도, 부안 변산 반도에서 추진되었던 수차례의 간척사업이 선행되었기에 이 바탕 위에서 새만금 개발이 진행되었던 것이라 하겠다.

새만금지구 간척종합개발사업은 1970년대 전북 옥구 지역과 충남 서천지역의 지역 첫 자를 인용하여 명명한 "옥서지구 농업종합개발사업"으로 시작됐다. 이는 1967~1968년(대한민국 49~50) 극심한 가뭄과 1970년대 초 세계적인 곡물 파동에 따른 위기 발생 타개를 위한 대응책이었다. 금강 하구에 둑을 만들어 관개와 배수시설을 개선하고, 김제 지역 방조제를 축조해 갯벌 간척과 만경강 주변 농경지에 관개와 배수시설을 개선한다는 계획이었다. 그러다가 1986년(대한민국 68) "서남해안 간척 장기개발계획"에 김제·옥구·부안 지구가 포함됐고, 농림수산식품부(구 농림부)에서 이들을 통합, 명칭을 새만금지구로 확정하면서 본격적으로 시작됐다. 이후 1987년(대한민국 69) 사업 타당

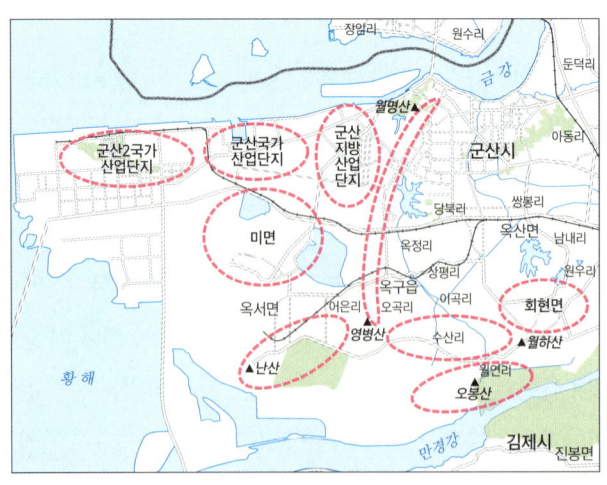

〈그림 E-4〉 군산시 간척지 현황

성 조사, 1988~1989년(대한민국 70~71) 기본조사, 1989년 11월 6일 새만금 간척 종합개발사업 기본계획을 수립했다. 기본계획이 수립됨에 따라 1991년(대한민국 73) 8월 19일 방조제 33km(부안에서 군산까지)에 대한 사업시행계획을 확정·고시하고, 1991년 11월 28일 제1호 방조제 착공을 시작으로 방조제 및 배수 갑문 설치공사를 추진했다. 그리고 2006년(대한민국 88) 4월 21일 물막이 공사를 완료함으로써 방조제 33km가 모두 연결됐다. 새만금 사업 기본 목적은 농지를 조성해 쌀 생산을 통한 식량의 자급자족에 있었다. 그러나 방조제를 축조하는 과정에서 사회적·경제적인 여건의 변화에 따라 토지 이용에 대한 다양한 의견이 표출됨과 동시에 환경단체들의 반대로 인해 많은 사회적인 갈등이 야기되면서 사업 장기화가 불가피했다. 2010년(대한민국 92)에는 방조제 도로 공사가 끝났고, 2016년(대한민국 98)부터는 일부 공사가 먼저 끝난 지역에서 농사도 지을 수 있게 됐다. 2020년(대한민국 102)에는 매립작업과 부지조성이 끝났고, 스마트 수변도시가 착공됐다. 그리고 새만금 동서도로가 개통됐고, 2022년(대한민국 104)에는 남북도로 1단계 구간, 2023년(대한민국 105)에는 남북도로 2단계 구간이 개통되면서 새만금 십자형(+) 간선도로가 완성됐다. 같은 해 스마트 수변도시 매립이 완료됐으며, 이차전지 특화단지와 투자진흥지구로 지정됐다. 초기 구상을 한 1970년대로부터 50여 년, 본격 방조제 착공을 시작한 1991년(대한민국 73)부터 30여 년 넘는 역사다. 그러함에도 전체 계획 완료 시점은 2050년(대한민국 132)이니 아직 25년이 남아 있다.

새만금 개발로 잃어버린 것들

새만금 간척사업은 오랜 세월 동안 진행했음에도 성공 여부에 대한 의문이 있다. 성공은 차치하고 제대로 마무리될 것인지에 대해서도 불투명하다. 그래서인지 새만금 방조제를 헐어 개발된 일부를 제외하고 다시 역간척 과정을 거칠 것이라는 전망도 있다(김시덕, 2024: 387~413). 간척으로 유명한 네덜란드에서도 일부 제방을 헐어 농경지를 습지로 복원하는 'Waterdunen Project' 등 여러 건의 역간척을 진행하기도 했다. 국내에서도 충남, 전남 등에서 역간척을 진행하고 있거나 계획 중이다. 간척으로 인해 환경이 오염되고, 갯벌이 사라지면서 생태계가 파괴됐으며, 지반이 취약하여 홍수피해나 지진 등 위협에 노출될 수 있다는 점 때문이다. 갯벌 생태계에는 천연기념물인 동식물만이 아니라 사람을 포함한 수많은 생물이 포함돼 있다. 갯벌을 터전으로 살아가던 사람들도 이주해야 할 운명이 불가피해졌다. 극단적인 예가 섬진강댐 공사로 계화도로 이주해서 생업에 종사하던 주민들이 세대를 달리해 다시 이주해야만 했다. 농민이었다가 정부 정책으로 어민이 됐는데, 이제는 또 다른 업을 찾아야 할 운명에 처한 것이다. 환경파괴와 관련 시화지구 간척사업에서 얻어야 할 교훈도 있다. 시화호는 1994년(대한민국 76) 물막이 공사를 완료했다. 이후 호수는 썩기 시작했고, 1997년(대한민국 79) 방조제 갑문을 열고 바닷물을 끌어들여 오염된 물을 희석했지만, 효과는 없었다. 결국 2001년(대한민국 83) 담수화 계획 자체를 포기할 수밖에 없었다(이우평, 2007b: 101~102). 이 부분은 새만금 개발 과정에서도 똑같이 검토해야 할 사항이다. 환경파괴 측면에서 또 다른 문제점은 조수 흐름의 방해다. 현재도 목포나 군산 등 간척으로 이루어진 도시들은 잦은 홍수피해에 시달리고 있는데, 조류가 흘러나가야 할 길목을 간척으로 틀어막고 있어 물이 넘치게 되는 것이다. 비슷하게 작은 물길을 메워 섬을 내륙으로 만든 잠실도 21세기 들어 배수펌프장을 확충하기 전에는 잦은 물난리에 시달렸고, 여의도 개발 시에는 샛강 매립을 포기하기도 했다고 한다. 새만금 신항만 또한 조수 흐름을 고려해 인공섬 형태로 건설한다고 하지만 워낙 넓은 면적을 방조제로 막았으니, 향후 어떤 일이 벌어질지 예측하기 어렵다고 한다. 세계적으로 조수 간만차가 크기로 유명한 서해이니 더욱 큰 문제일 수 있다. 그리고 지진에도 취약하고, 지진 후에도 액상화 현상 등

지반 불안정이 이어질 수 있다고 한다.

가장 안타까운 것은 갯벌이 사라진다는 것이다. 〈그림 E-5〉는 새만금 개발로 인해 사라진 또는 사라질 운명에 처해 있는 갯벌들이다. 이미 계화도 갯벌과 해창 갯벌은 사라졌다. 계화도 갯벌과 해창 갯벌이 사

〈그림 E-5〉 사라진 전북자치도 갯벌
(영화: 〈수라〉 중)

라졌으니 부안의 별미 백합죽도 제맛을 내지 못할 것이다. 계화도에서 계화는 '계=개', '화=불=벌'로 사실상 갯벌을 의미하는 것이었는데, 이제는 갯벌을 얘기하지 못한다. 해창 갯벌은 2024년(대한민국 106) 세계 잼버리 대회에서 준비 소홀 등으로 국제적 망신을 당했던 바로 그 지역이다. 침수를 막지 못해 대회 행사장 내 잼버리 청소년들 텐트에까지 물이 찼고, 습기가 있다 보니 모기를 비롯한 각종 해충이 있는 등 제대로 된 행사를 치르기 어려웠다. 새만금 개발을 위한 재원 확보 차원의 무리한 대회 유치가 국제적 망신의 근본 이유 중 하나라는 평가가 있다. 이제는 새만금에 신공항이 들어설 것으로 내정된 군산지역 수라 갯벌만이 남아 있다. 그리고 그간 어민들이 생계를 유지하기 위해 활용했던 김제시 심포항, 군산시 신시도·야미도 포구, 부안군 하서면 포구 등 각종 어항과 포구들도 사라졌다. 아름다운 경관만이 아니라 어민들 공동체와 어업 생태계도 사라졌다. 우리나라 남해안과 서해안은 전 세계적으로 대표적인 리아스식 해안인데 전북자치도 지역은 이 멋진 해안선이 사라졌다. 아름다운 해안선이 부산으로부터 왼쪽으로 전남을 거쳐 오른쪽으로 방향을 틀어 서해로 접어들어 올라간다. 하지만 전북자치도 지역에서 리아스식 해안은 잠시 멈췄다가 다시 충남 지역부터 모습을 나타낸다. 〈그림 E-3〉 그림을 다시 보면 해안선이 상당히 밋밋해졌다는 것도 확인할 수 있는데, 이처럼 밋밋한 해

안선도 아예 사라진 것이다. 옥구반도와 진봉반도도 사라져 이제는 변산반도 아래쪽만 남아 있다. 전북자치도에는 이제 유일하게 변산반도만 남게 된 것이다. 그것도 부분만이다. 진봉반도가 사라지면서 김제는 해안선이 없는 내륙의 땅으로 변해 버렸다. 새만금 개발로 인해 수려한 자연경관과 함께 사람 내음 가득한 인문경관도 사라진 것이다. 이를 대신해 공장과 빌딩이 들어선다고 하니 '뭣이 중헌디. 뭣이 중허냐고? 뭣이 중헌디도 모름서…' 라는 영화 〈곡성〉 대사가 절로 나온다. 이에 상응하는 금전적 보상이 된다 하더라도 잃어버린 것들을 되찾기는 어려울 것이다.

새만금을 온통 새로운 에너지를 만드는 공간으로 바꾸자

새만금은 새로운 기회의 땅이다. 새만금 개발은 시도할 만한 충분한 옵션 가치가 있다. 새로운 땅이니 토지 보상에 관한 잡음 없이 무언가를 만들 수 있다. 게다가 간척이 성공했던 그간 역사가 개발을 당위로 만든다. 본격 준비한 것만도 30여 년이 훌쩍 넘으니 명분도 충분히 쌓았다. 그 과정에 반대에도 무릅쓰고 단행했던 수많은 결정이 있었다. 그리고 이 결정 과정에 역대 대통령, 도지사, 장관 등 무수히 많은 사람이 관련돼 있다. 막상 그만두는 결정을 한다면 이에 따른 매몰 비용도 엄청나다. 이에 따른 책임 소재 문제도 불거진다. 그래서 더더욱 쉽사리 그만두기도 어렵다. 그 많은 시간 속에 셀 수 없는 전북자치도 주민들의 희망과 기대가 함께 녹아 있으니 이를 저버리기도 어렵다. 우리나라 건설 역사에서 이처럼 장시간 논의하고 착수한 사업은 극히 드물 정도다. 하지만 비용-편익·손실 관련 논의가 충분히 선행되지 않고, 1987년(대한민국 69) 대통령 선거에서 노태우 후보 공약이 되면서 급격히 진척됐다는 한계가 있다. 잃어버릴 것들과 새롭게 얻어야 할 것들에 대한 사전 검토가 없었다. 주민들에게는 숙려할 시간도 넉넉하지 않았다. 반면 만리장성 이후 최대 토목공사라는 중국 삼협댐(三峽댐, 싼샤댐) 건설은 1992년(대한민국 74) 공식 제안 이전에 30~40년에 걸친 비용-편익·손실 관련 논쟁이 있었다고 한다. 최초 언급이 1919년(병탄 10)에 쑨원[손문(孫文). 1866~1925, 조선 고종 3~병탄 16]이 한 것이라고 하니 2009년(대한민국 101) 완공까지 무려 90여 년에 걸친 이야기가 있다.[4] 대신 새만금 개발은 충분한 실질 검토 이전에 2가지 이데올로기가 앞섰다. 하나는 '지금은 서해안 시대', 또 다른 하나는 '낙후 지역 개발'이다. 하지만 1992년(대한민국 74) 중국과 수교가 된 이후 30여 년이 지났음에도 서해안 시대는 실감 나지 않는다. 구체화한 전략과 방향도 없는, 게다가 미·중 간 지경학적 경쟁여건에 따라 좌우되는 종속변수여서 정치권이 선거철에 남발하는 공허한 떠벌임이 됐다. 지역 개발 이슈도 장밋빛 전망은 무성하지만, 언제 완성될지 모르는 새만금 개발이 선결 조건이다. 그러니 이 또한 하 세월이다. 공교롭게 중국 수교와 비슷한 시점인 1991년(대한민국 73) 새만금 방조제 착공이 모든 것을 빨아들였다. '새만금이 완성되면'이라는 공염불에 전북자치도민의 개발 염원은 거의 완전히 희석됐다. 그 사이 어민들이 살아가던 정겨운 포구와 어항, 생산성 높은 갯벌 생태계, 그리고 아름다운 해안선이 만들어낸 만과 반도 등은 이미 잃어버렸다. 이에 상응하는 보상은 요원하다. 새만금 개발에 따른 전북자치도의 기회비용과 수많은 이해관계자와의 갈등비용을

---

4) 삼협댐은 설비용량은 22,500MW으로 세계 최대 발전소다. 댐이 건설된 곳은 소설 삼국지에서 관도대전, 적벽대전과 함께 3대 대전이라고 꼽는 이릉대전이 일어난 장소다. 이릉대전은 221년(고구려 산상왕 25, 백제 구수왕 8, 신라 내해이사금 26) 촉한 유비가 도원결의를 맺은 형제 관우와 장비의 죽음에 따른 원수를 갚기 위해 오나라와 벌인 전쟁이다. 오나라가 승리했고, 두 나라 경계가 확정됐다. 삼협은 양쯔강 중상류에 있는 3개의 협곡(구당협·무협·서릉협)으로, 약 193km에 걸쳐 펼쳐져 있다. 삼협댐은 1911년(병탄 2) 신해혁명을 통해 임시 대통령으로 추대된 중화민국의 국부 쑨원[손문(孫文). 1866~1925, 조선 고종 3~병탄 16]이 1919년(병탄 10) 출간한『건국방략』에서 처음 언급했다고 한다. 이후 장제스[장개석(蔣介石). 1887~1975, 조선 고종 24~대한민국 57], 마오쩌둥[모택동(毛澤東). 1893~1976, 조선 고종 30~대한민국 58]도 건설 검토를 한 적이 있다고 한다. 그러다 1992년(대한민국 74) 중국 전국인민대표회의에서 리펑[이붕(李鵬). 1928~2019. 병탄 19~대한민국 101] 총리가 공식적으로 건설을 제안했고, 1994년(대한민국 76) 착공해 2009년(대한민국 91) 댐을 완공했다.

누적으로 환산한다면 가히 천문학적일 것이다. 그러니 충분한 보상이 가능할지도 불투명하다.

핵심은 개발 그 자체가 아니라 보다 잘 살고 싶다는 욕망의 해결이다. 전북자치도에도 그럴듯한 산업 생태계가 조성돼 살 만한 땅으로 바뀌었으면 하는 희망과 기대의 충족이다. 따라서 굳이 현재 추진 중인 계획을 그대로 고수할 필요는 없다. 현 계획은 단지 수단일 뿐 목적은 아니기 때문이다. 그간 관성을 뒤집어 새 판을 짜야 한다. 혁신을 어렵게 만드는 이유 중 하나인 경로 의존성(Path Dependency)에서 벗어나야 한다. 경로 의존성이란 기술혁신 이론을 설명하는 개념 중 하나다. 기술혁신이 특정 경로를 따라 일어나고 있을 때 후속 혁신 역시 대체로 그 경로 연장 선상에서 일어나는 경향이 있을 때, 이를 경로 의존성이 있다고 한다. 조금 개념을 확대하면 이런 혁신의 특정한 발전 경로를 기술 궤적(Technology Trajectory), 이를 가장 넓은 의미에서 일반화한 개념을 기술 패러다임(Technological Paradigm)이라고 한다. 경로 의존성으로 대표적인 사례가 타자기에 있던 쿼티(QWERTY) 자판기다. 이로 인해 혁신이 어렵기도 하지만 새로운 시대는 이를 극복하기 쉽게 만들기도 한다(이정동, 2011: 88~91). 경로 의존성을 개인 차원에서는 스킬(Skill), 조직 차원에서는 루틴(Routine)으로 해석할 수 있다. 시간이나 정보가 불충분해 합리적인 판단을 할 수 없거나, 굳이 합리적 판단이 필요하지 않은 상황에서 사람들이 빠르게 사용할 수 있는 간편 추론의 방법인 휴리스틱스(Heuristics)다(넬슨·윈터, 2014: 139~149).

새만금 개발 역시 경로 의존성 연장에 있다. 그간 전북자치도에서는 농토가 중요했다는 사실, 수없이 많았던 갯벌 간척 성공에 대한 경험, 그리고 다른 지역에서는 공장 등 개발이 크게 이뤄지고 있다는 부러움 등이 복합적으로 작용해 경로 의존이 강화됐다. 그래서 농토를 늘리려고 했고, 규모가 전례 없는 간척을 하려 했다. 농토가 그리 중요하지 않은 시대로 바뀌자 농지 대신 다양한 형태로 변형을 했다. 산업연구용지, 관광레저용지, 환경생태용지, 복합개발용지 등도 추가됐고, 스마트 수변도시까지 만들겠다고 한다. 게다가 용지는 있지만 들어올 기업은 불투명하다. 수변도시를 만든다 한들 전북자치도 외에서 들어와 살 사람이 그만큼 있는지도 불확실하다. 혁신도시 건설의 부작용이 반복될 우려가 있다. 미래를 위해 현재를 버릴 수는 없다. 하지만 그간 현재가 커 보이지 않으니 불확실하지만 언젠가 훨씬 큰 어떤 것이 나올 것이라는 희망으로 현재를 버리는 것이다. 하지만 그 현재는 그곳에서 삶을 영위하는 사람에게는 절대적이다. 게다가 그곳은 사람만이 아니라 수많은 동식물이 함께 살아가는 커다란 세계다. 커 보이지 않을 뿐이지 크지 않은 것은 아니라는 것이다. 경로에 의존하다 보니 경로에서 벗어나 있는 것은 그리 중요하지 않은 것으로 취급될 뿐이다.

새만금 개발은 한 마디로 이러해야 하고, 동시에 저러해야 하는 물리적 모순상태에 있다고 본다. 즉 새만금 개발은 낙후된 전북자치도에 새로운 성장을 위한 토대가 돼야 하고, 동시에 어민들을 포함한 어업·갯벌 생태계도 살려야 한다. 새만금은 미래의 땅이어야 하고, 현재의 땅이기도 해야 한다. 모든 창을 막는 방패여야 하고, 모든 방패를 뚫는 창이어야 하니 모순이다. 예컨대 비행기 바퀴는 착륙을 위해 필수적이다. 한편으로 비행기 바퀴는 공기저항 및 이에 따라 연료 손실을 증가시키니 없어야 한다. 바퀴는 착륙을 위해서는 분명 필요한 것이지만, 비행을 위해서는 꼭 필요한 것은 아니니 모순이다. 이 물리적 모순을 해결한 것이 45도로 접히는 바퀴다. 1927년(병탄 18)『뉴욕타임스』에서 '올해 최고의 발명'으로 보잉 727 비행기를 선정했는데, 이유는 접히는 바퀴를 장착했기 때문이라고 한다. 접히는 바퀴라는 아주 간단한 발상의 전환으로 모순을 쉽게 해결할 수 있었다. 우리가 조총이라고 알고 있는 화승총은 재장전 시간이 길다는 단점이 있었다. 재장전 시간을 줄이려면 총신의 길이가 짧아져야 하고, 총신의 길이를 줄이면 사격 정확도는 더욱 낮아진다. 총신이 길어야 하고, 또 짧아야 하는 물리적 모순이 있는 것이다. 해결책은 총알을 뒤로 장전하는 것에 있었다. 초고층 빌딩 엘리베이터 수는 많아야 하기도 하고 적어야 한다. 해결책은 공간을 나눠 고층부와 저층부 엘리베이터로 구분하는 것이었다. 이처럼 이래야 하고 저래야 하는 물리적 모순은 해결할 수 있다. 트리즈(TRIZ) 분리의 원리다.[5] 시간이나 공간을 분리하거나 전체와 부분을 분리하는 것이다. 정치에서도 명분과 실리를 분리하는 타협은 최적 해법은 아니더라도 해결책으로 쉽게 채택된다. 정치인이 가장 저지르기 쉬운 실수이기도 한 시간의 분리는 거짓말이라고 한다(김효준, 2009: 90~122).

새만금 개발에서 발생한 모순의 해결책도 분리다. 개발 명분은 가지면서 동시에 실리도 획득해야 한다. 구체적으로는 시간의 분리다. 현재 먹거리가 충분하다면 굳이 미래까지 미룰 필요가 없다. 다른 방식의 개발을 통해 현재 먹거리를 만들 수 있다면 굳이 미래를 위해 현재를 양보할 필요가 없는 것이다. 전문가들이 모여 정교한 사업모델을 연구해 현재 먹거리를 만들어 보자. 기존 관성에서 탈피하자. 경로 의존에서 벗어나 원점에서 근본적으로 그리고 절실하게 재검토해 보자. 천혜의 자원, 햇볕과 바람이 새로운 에너지로 바뀌는 시대다. 신재생에너지다. 새만금을 온통 신재생에너지를 만들어 내는 공간으로 만들자. 에너지가 돈이다. 햇볕과 바람을 돈으로 바꾼 신안군 사례가 있다. 햇빛연금이다. 마침 국민연금관리공단이 내려와 있으니 공단 관계자와의 협력을 통해 지혜를 모아 새로운 연금상품을 만들 수도 있다. 예컨대 새만금 방조

---

5) 트리즈(TRIZ)는 구) 소련 겐리히 알츠슐러(Genrich Altshuller, 1924~1998, 병탄 15~대한민국 80)가 개발했다. 그는 1946년(대한민국 28) 20만 건의 특허분석을 했고, 이 중 특히 수준이 높은 약 4만 건(20%)에 집중한 결과, 이들 특허가 모순이라는 공통점을 발견했다고 한다. 즉 '창의적인 특허는 모순을 극복하고 있다'라는 공통점을 발견한 것이다. 모순은 생산량과 품질 문제와 같이 어느 하나가 좋아지면 다른 하나는 나빠지는 기술적 모순, 어떤 것이 이래야 하기도 하지만 또 저래야 하는 물리적 모순 등 2가지로 분류할 수 있다는 것을 확인했다. 그리고 기술적 모순은 분할, 추출 등 40가지 발명원리, 물리적 모순은 분리의 원리에 의해 해결방법이 있다고 하면서 TRIZ라는 문제해결 방법론을 창시했다(김효준, 2009: 73~98).

제로 만들어진 인공호수 위에 태양광 패널을 설치해 보자. 풍력과 조력 발전도 가능한지 따져보자. 대신 바닷물은 유통해 호수가 썩지 않도록 하고, 아직 남아 있는 수라 갯벌은 보존하자. 새만금에서 만든 전기를 저 멀리 수도권으로 보내지 말고 인근 군산 공단 등에서 활용하자. 마침 이재명 정부가 주장하는 에너지 고속도로는 이를 가능하게 할 것이다. 그러기 위해 아직 채워지지 않은 군산 공단이나 김제와 부안 등 새만금에서 가까운 여유 부지를 찾아 전기가 많이 필요한 반도체 공장이나 데이터센터를 유치하자. 이외에도 간척과 매립을 더는 하지 않고도 현재 가능한 먹거리를 위한 다양한 아이디어가 있을 수 있다. A.C.E+b 산업에 집중해 아이디어를 모으면 새로운 혁신이 가능할 수 있다. 이를 위해 기존 지방정부, 기업, 대학 간 협력 모델에 주민들의 참여와 연대 및 지리적 맥락을 합해 5중 나선 혁신 모델(Quintuple Helix Model)을 만들고 이를 성공시키자. 14개 시군은 가장 뛰어난 지리적 맥락을 활용해 1품1핵 도시로 거듭나자. 물과 식량과 에너지 자립을 통해 재정 자립과 일자리 자립까지 나아가자. 그리하여 지속 가능한 가거지 전북자치도의 미래를 주민들의 힘으로 만들어보자. 전북자치도 성공사례는 지방 소멸 위기를 함께 겪고 있는 다른 지자체에 모범이 될 것이다. 전북자치도의 미래는 지역주민이 내리는 경제적·사회적·정치적 선택에 달려 있다.

참고 문헌

강대훈. 2023.『도시는 어떻게 브랜드가 되는가』. 월간토마토.
강성호. 2021.『플랫폼 경제와 공짜 점심』. 미디어숲.
강평석. 2017.『나는야 뽀빠이 공무원』. 가림출판사.
고동환 외. 2022.『여암 신경준 연구』. 학자원.
고딘, 세스(Seth Godin). 2004.『보랏빛 소가 온다』. 남수영 옮김. 재인.
고미숙. 2012.『삶과 문명의 눈부신 비전, 열하일기』. 작은길.
고성훈. 2007.8.24. "키워드로 푸는 역시".《중앙일보》.
골딘 & 리-데블린(Ian Goldin & Tom Lee-Devlin). 2023.『번영하는 도시, 몰락하는 도시』. 김영선 옮김. 어크로스.
구현모. 2025.『더 샤프니스』. 시공사.
국립중앙도서관. 2016.『고지도를 통해 본 전라지명연구 1, 2』. 국립중앙도서관 도서관연구소.
국토교통부 외. 2019『2019 신한국철도사_총론』. 한국철도문화재단.
국토지리정보원. 2021.「"띠 지명" 이야기」.
글래드웰, 말콤(Malcom Gladwell). 2009.『아웃라이어』. 노정태 옮김. 김영사.
김경은. 2021.『집, 인간이 만든 자연』. 이가서.
김경준. 2008.『위대한 기업, 로마에서 배운다』. 원앤원북스.
김경준. 2019.『로마인에게 배우는 경영의 지혜』. 메이트북스.
김구. 2004.『백범일지』. 나남.
김덕진. 2018.『전라도의 탄생 1_생활의 터전』. 선인.
김덕진. 2020.『전라도의 탄생 2_생업의 현장』. 선인.
김동식. 2023.『OTT 시대의 미디어 백가쟁명』. 한울아카데미.
김동철. 2024.3.4. "전주 한옥마을 관광객 역대 최대, 지난해 1천 500만명 돌파".《연합뉴스》.
김민철. 2013.『문학 속에 핀 꽃들』. 샘터.
김민철. 2019.『서울 화양연화』. 목수책방.
김상웅. 2020.『개남, 새 세상을 열다』. 모시는사람들.
김승욱. 2015.『제도의 힘』. 프리이코노미스쿨.

김시덕. 2024. 『한국 도시의 미래』. 포레스트북스.
김용택. 1993. 『섬진강』. 창작과 비평사.
김이재. 2021. 『부와 권력의 비밀, 지도력』. 쌤앤파커스.
김익두 외. 2017. 『정읍사상사』. 민속원.
김형택. 2013. 『게이미피케이션 마케팅』. 영진닷컴.
김혜인. 2020.5.20. "세계에서 유일하게 한국에서만 먹는 음식". 《월간조선》.
김효준. 2009. 『창의성의 또 다른 이름 트리즈』. 인피니티북스.
나나미, 시오노(Shiono Nanami). 1995. 『로마인 이야기 1』. 김석희 옮김. 한길사.
넬슨 & 윈터(Richard Nelson & Sindy Winter). 2014. 『진화경제이론』. 이정동·박찬수·박상욱 옮김. 지필미디어.
노자. 1995. 『도덕경』. 오강남 풀이. 현암사.
다이아몬드, 제레드(Jered Diamond). 2015. 『총, 균, 쇠』. 김진준 옮김. 문학사상.
데루미, 다나카(田中輝美, Tanaka Terumi). 2024. 『관계인구의 사회학』. 김기홍 옮김. 한스하우스.
도킨스, 리처드(Richard Dawkins). 2018. 『이기적 유전자』. 홍영남·이상임 옮김. 을유문화사.
드러커, 피터(Peter F. Drucker). 2006. 『피터 드러커의 위대한 혁신』. 권영설·전미옥 옮김. 한국경제신문.
라이커, 제프리(Jeffrey Liker). 2004. 『THE TOYOTA WAY』. 김기찬 옮김. GASAN BOOKS.
레이워스, 케이트(Kate Raworth). 2018. 『도넛 경제학』. 홍기빈 옮김. 학고재.
로저스, 에버렛(Everett Rogers). 2005. 『개혁의 확산』. 김영석·강내원·박현구 옮김. 커뮤니케이션북스.
류명환. 2014. 『여암 신경준과 역주 도로고』. 역사문화.
리처즈 & 다위프(Greg Richards & Lian Duif). 2021. 『큰 꿈을 키우는 작은 도시들』. 이병민 외 옮김. 푸른길.
리프킨, 제레미(Jeremy Rifkin). 2020. 『글로벌 그린 뉴딜』. 안진환 옮김. 민음사.
리프킨, 제레미(Jeremy Rifkin). 2024. 『플래닛 아쿠아』. 안진환 옮김. 민음사.
마사하루, 후지요시(Fujiyoshi Masaharu). 2016. 『이토록 멋진 마을』. 김범수 옮김. 황소자리.
마샬, 팀(Tim Marshall). 2016. 『지리의 힘 1』. 김미선 옮김. 사이.
마샬, 팀(Tim Marshall). 2022. 『지리의 힘 2』. 김미선 옮김. 사이.
매킨더, 해퍼드(Halford Mackinder). 2022. 『심장지대』. 임정관·최용환 옮김. 글항아리.
맨스벨트, 줄리아나(Juliana Mansvelt). 2022. 『소비지리학』. 백일순 옮김. 앨피.

머피, 알렉산더(Alexander Murphy). 2022. 『지리학이 중요하다』. 김이재 옮김. 김영사.

모레티, 엔리코(Enrico Moretti). 2014. 『직업의 지리학』. 송철복 옮김. 김영사.

박배균. '스마트 도시론의 급진적 재구성'. 임서환 외. 2024. 『기술주의 너머의 스마트 도시』. 한울아카데미.

박정재. 2021. 『기후의 힘』. 바다출판사.

박태원. 2008. 『완역 삼국지 1_도원에서 맺은 의』. 깊은샘.

배우성. 2015. 『독서와 지식의 풍경』. 돌베개.

백문식. 2018. 『한국 전통문화와 상상력』. 그레.

블레이, 하름(Harm Blij). 2015. 『왜 지리학인가?』. 유나영 옮김. 사회평론.

삭스, 제프리(Jeffrey Sachs). 2021. 『지리·기술·제도』. 이종인 옮김. 21세기북스.

서유구. 2019a. 『상택지』. 이동인·정명현·민철기 외 옮김. 풍석문화재단.

서유구. 2019b. 『예규지 1』. 이동인·정명현·김현진 외 옮김. 풍석문화재단.

서유구. 2019c. 『예규지 2』. 이동인·정명현·김현진 외 옮김. 풍석문화재단.

석정주. 2011.10.24. "충남 보령의 머드 축제 통한 갯벌 활용방안". 《해남신문》.

손무. 2021. 『손자병법』. 임용한 옮김. 올재 셀렉션즈.

송수권. 1990. 『남도기행』. 시민.

슈마허, 에른스트(Ernst Friedrich Schumacher). 2002. 『작은 것이 아름답다』. 이상호 옮김. 문예출판사.

스토, 윌(Will Storr). 2020. 『이야기의 탄생』. 문희경 옮김. 흐름출판.

시오샨시, 페레이둔(Fereidoon P. Sioshansi). 2019. 『에너지 전환 전력산업의 미래』. 김선교 외 옮김. 이모션미디어.

신승남. 2017.3.27. "우리가 남이가". 《대구일보》.

신영복. 2012. 『변방을 찾아서』. 돌베개.

신정일. 2019. 『신정일의 신 택리지_전라』. 쌤앤파커스.

신정일. 2010. 『신정일의 신 택리지_살고 싶은 곳』. 타임북스.

아세모글루(Daron Acemoglu)·존슨(Simon Johnson) 2023. 『권력과 진보』. 김승진 옮김. 생각의힘.

아세모글루(Daron Acemoglu)·로빈슨(James Robinson). 2012. 『국가는 왜 실패하는가』. 최완규 옮김. 시공사.

아오야마 외 2인(Yuko Aoyama). 2018. 『핵심 개념으로 배우는 경제지리학』. 이철우 외 3인 옮김. 푸른길.

안대회. 2020. 『택리지 평설』. Humanist.

안승섭. 2017.10.17. "중국, 바닷물에서도 자라는 벼 상용화 성공". 《연합뉴스》.

야스나리, 가와바타(Kawabata Yasunari). 2011. 『설국』. 유숙자 옮김. 민음사.

양병무. 2005. 『주식회사 장성군』. 21세기북스.

양승훈. 2024. 『울산 디스토피아, 제조업 강국의 불안한 미래』. 부·키.

양정무. 2016. 『난생 처음 한 번 공부하는 미술이야기 1』. 사회평론.

어터백, 제임스(James Utterback). 1997. 『기술 변화와 혁신전략』. 김인수·김영배·서의호 옮김. 경문사.

오상학. 2005. 『옛 삶터의 모습 고지도』. 국립중앙박물관.

오스트롬, 엘리너(Elinor Ostrom). 2010. 『공유의 비극을 넘어』. 윤홍근·안도경 옮김. 알에이치코리아.

오연천. 2017. 『국가재정의 정치경제학』. 21세기북스.

윌슨, 벤(Ben Wilson). 2021. 『메트로폴리스』. 박수철 옮김. 매일경제신문사.

유시민. 2021. 『거꾸로 읽는 세계사』. 돌베개.

유정식. 2011. 『문제해결사』. 지형.

유홍준. 2011a. 『나의 문화유산 답사기 1_남도답사 일번지』. 창비.

유홍준. 2011b. 『나의 문화유산 답사기 2_산은 강을 넘지 못하고』. 창비.

유홍준. 2011c. 『나의 문화유산 답사기 3_말하지 않는 것과의 대화』. 창비.

윤태성. 2021. 『과학기술은 어떻게 세상을 바꾸는가』. 반니.

이기봉. 2021. 『조선 최고의 개발자, 김정호』. 덕주.

이기봉. 2024.7.15. "동재기 나루", 〈이기봉의 우리 땅 이야기〉. 《문화일보》.

이기봉. 2025.1.20. "천자의 권위와 하늘", 〈이기봉의 풍수 이야기〉. 《문화일보》.

이동민. 2023. 『기후로 다시 읽는 세계사』. 갈매나무.

이문종. 2022. 『이중환 이야기』. 글을 읽다.

이봉수. 2018. 『천문과 지리 전략가 이순신』. 가디언.

이우평. 2007a. 『지리교사 이우평의 한국지형산책 1』. 푸른숲.

이우평. 2007b. 『지리교사 이우평의 한국지형산책 2』. 푸른숲.

이이화. 2020a. 『이이화의 동학농민혁명사 1』. 교유서가.

이이화. 2020b. 『이이화의 동학농민혁명사 2』. 교유서가.

이이화. 2020c. 『이이화의 동학농민혁명사 3』. 교유서가.

이재명. 2025. 『결국 국민이 합니다』. 오마이북.

이정동. 2011. 『공학기술과 정책』. 지호.

이종근. 2023.11.15. "호남은 언제부터 호남이었나". 《새전북신문》.

이준화. 2024.9.28. "내장산 탐방객 2003년 52만명에서 지난 해 37만명, '몰락한 관광지?'". 《정읍신문》.

이중환. 1971. 『택리지』. 이익성 옮김. 을유문화사.

이중환. 2014. 『신정일의 새로 쓰는 택리지』. 신정일 옮김. 다음생각.

이중환. 2018. 『완역 정본 택리지』. 안대회·이승용 외 옮김. Humanist.

이철승. 2021. 『쌀, 재난, 국가』. 문학과 지성사.

이철희. 2024. 『일할 사람이 사라진다』. 위즈덤하우스.

임석재. 2013. 『지혜롭고 행복한 집, 한옥』. 인물과 사상사.

전국지리교사모임. 2016. 『지리 쌤과 함께 하는 우리나라 도시여행 1』. 폭스코너.

전국지리교사모임. 2019. 『지리 쌤과 함께 하는 우리나라 도시여행 2』. 폭스코너.

전국지리교사모임. 2020. 『지리 쌤과 함께 하는 우리나라 도시여행 3』. 폭스코너.

전영수. 2023. 『인구소멸과 로컬리즘』. 라의눈.

전종한 외. 2017. 『인문지리학의 시선』. 사회평론아카데미.

정성민. 2023. 『재생에너지 비즈니스 바이블』. 정성민.

정재서 역주. 1996. 『산해경』. 민음사.

제이콥스, 제인(Jane Jacobs). 2004. 『도시와 국가의 부』. 서은경 옮김. 나남출판.

주성재. 2023. 『인간 장소 지명』. 한울아카데미.

차동완. 2000. 『개념으로 풀어본 정보통신세계』. 영지문화사.

차병직·윤재왕·윤지영. 2016. 『지금 다시, 헌법』. 로고폴리스.

채만식. 2014. 『탁류』. 문학과지성사.

최병두 외. 2016. 『인문지리학 개론』. 한국지역지리학회 엮음. 한울아카데미.

최열. 2024. 『옛 그림으로 본 조선 3_경기·충청·전라·경상』. 혜화1117.

최영준. 1990. 『한국의 옛길 영남대로』. 고려대학교 민족문화연구원.

최인훈. 2014. 『광장/구운몽』. 문학과지성사.

최창조. 2000. 『땅의 눈물 땅의 희망』. 궁리.

최창조 1984. 『한국의 풍수사상』. 민음사.

카, 에드워드(Edward Carr). 1988. 『역사란 무엇인가』. 홍신문화사.

캐플런·노튼(Robert Kaplan & David Norton). 1998. 『가치실현을 위한 통합경영지표 BSC』. 송경근·성지중 옮김. 한·언.

캐플런·노튼(Robert Kaplan & David Norton). 2007. 『정렬(Alignment)』. ㈜웨슬리케스트 옮김. 21세기북스.

코터, 존(John Kotter). 1999. 『기업이 원하는 변화의 리더』. 한정곤 옮김. 김영사.

코트킨, 조엘(Joel Kotkin). 2007. 『도시의 역사』. 윤철희 옮김. 을유문화사.

토시유키, 마스부치(Masubuchi Toshiyuki). 2023. 『로컬 콘텐츠와 지역재생』. 정수희·이병민 옮김. 씨아이알.

토시유키(Masubuchi Toshiyuki)·사치노부(Sachinobu Okada). 2024. 『한류, 세계인을 사로잡다』. 이병민 외 3인 옮김. 씨아이알.

투안, 이-푸(Ifu Tuan). 2020. 『공간과 장소』. 윤영호·김미선 옮김. 사이.

트라우트(Jack Trout) & 리스(Al Ries). 2000. 『포지셔닝』. 안진환 옮김. 을유문화사.

파스투로, 미셸(Michel Pastoureau). 2020. 『빨강의 기원』. 고선일 옮김. 미술문화.

파이크, 앤디(Andy Pike). 2022. 『오리지네이션』. 이재열 외 3인 옮김. 푸른길.

포터, 마이클(Michael Porter). 2001. 『마이클 포터의 경쟁론』. 김경묵·김연성 옮김. 세종연구원.

포터, 마이클(Michael Porter). 2009. 『마이클 포터의 국가경쟁우위』. 문휘창 옮김. 21세기북스.

프리드먼, 토머스(Thomas Friedman). 2006. 『세계는 평평하다』. 김상철·이윤섭·최정임 옮김. 창해.

프리드먼, 토머스(Thomas Friedman). 2003. 『렉서스와 올리브 나무』. 신동욱 옮김. 창해.

플로리다, 리처드(Richard Florida). 2008. 『도시와 창조계급』. 이원호·이종호·서민철 옮김. 푸른길.

플로리다, 리처드(Richard Florida). 2023. 『도시는 왜 불평등한가』. 안종희 옮김. 매일경제신문사.

피스먼(Ray Fisman)·설리번(Timothy Sullivan. 2020. 『시장의 속성』. 김홍식 옮김. 부키.

하라리, 유발(Yuval Harari). 2024. 『넥서스』. 김명주 옮김. 김영사.

한국문화유산답사회. 1994. 『답사 여행의 길잡이 1_전북』. 돌베개.

한국문화유산답사회. 1996. 『답사 여행의 길잡이 6_지리산 자락』. 돌베개.

한국문화유산답사회. 2000. 『답사 여행의 길잡이 13_가야산과 덕유산』. 돌베개.

한디디. 2024. 『커먼즈란 무엇인가』. 빨간소금.

한정주. 2014.10.8. "교산 허균 ② 민중봉기를 꿈꾸다. … 호민론·유재론". 《헤드라인 뉴스》.

한중인문학교류연구소. 2021. 『중국 인문지리 알기』. 시사중국어사.

핸슨, 수잔(Susan Hanson) 엮음. 2001. 『세상을 변화시킨 열 가지 지리학 아이디어』. 구자용 외 4인 옮김. 한울아카데미.

허시명. 2010. 『막걸리, 넌 누구냐?』. 예담.

홍준석. 2023.1.23. "기후변화 이대로면…남쪽 살던 꽝꽝나무 전국서 볼 수도". 《연합뉴스》.

국가유산청 홈페이지.
국가통계포털.
국토교통부 통계자료
국토지리정보원.
기상청 날씨누리집.
네이버 블로그, 〈군산풍경〉.
네이버 블로그, 〈들꽃 향기의 풀내음, 꽃내음〉
디지털 남원 문화 대전.
보령축제관광재단 홈페이지.
외교부 홈페이지.
전북특별자치도 공유 블로그.
지적통계.
판소리학회.
한국민족문화대백과사전.
한국산업단지공단 통계자료.
한국섬진흥원 통계자료.
한국식품산업클러스터 홈페이지
해양수산부 해양수산통계.
향토문화전자대전.

새로 쓰는 택리지

초판 1쇄 발행 2025년 12월 17일
지은이 김동식
펴낸이 김선기
편집 이선주
디자인 조정이
펴낸곳 (주)푸른길
출판등록 1996년 4월 12일 제16-1292호
주소 (08377) 서울시 구로구 디지털로 33길 48 대륭포스트타워 7차 1008호
전화 02-523-2907, 6942-9570~2
팩스 02-523-2951
이메일 purungilbook@naver.com
홈페이지 www.purungil.com
ISBN 979-11-7267-067-2 93980

ⓒ 김동식, 2025

• 이 책은 (주)푸른길과 저작권자와의 계약에 따라 보호받는 저작물이므로 본사의 서면 허락 없이는 어떠한 형태나 수단으로도 이 책의 내용을 이용하지 못합니다.